SEYDLITZ

Gymnasiale Oberstufe

Herausgegeben und bearbeitet von

Artur Behr, Peter Fischer, Dr. Wolfgang Fregien,
Winfried Kunz, Andreas Peter, Dr. Dieter Richter

in Zusammenarbeit mit der Verlagsredaktion

Schroedel

Titelfotos:
Oberer Firehole River im Yellowstone Nationalpark
XENIEL-Dia
Highway 10 in San Antonio, Texas
Steenmanns

ISBN 3-507-**52301**-9

Druck B [6 5] / Jahr 1998 97 96 95

Alle Drucke der Serie B sind im Unterricht parallel verwendbar.
Die letzte Zahl bezeichnet das Jahr dieses Druckes.

Kartographie: Cornelsen Kartographie, Bielefeld
Dipl.-Ing. Rusteberg, Hannover
Graphik: F. J. Domke, Hannover; O. Götzl, Hannover;
HKS, Hannover
Repro: J. Rohrssen, Hannover
Satz: Satz-Zentrum West, Dortmund
Druck: Oeding Druck GmbH, Braunschweig

Kartengrundlagen

21.1: Topographische Übersichtskarte des Deutschen Reiches 1:200 000 (TÜDR 200). Wiedergabe mit Genehmigung des Instituts für Angewandte Geodäsie, Außenstelle Berlin, Nr. 73/86.

44.1: Topographische Karte 1:50 000, Blatt L 2122. Wiedergabe mit Genehmigung des Landesvermessungsamtes Schleswig-Holstein vom 24. 4. 1986, 3-352.6 S 181/86.

45.2: Topographische Karte 1:50 000, Blatt L 3926. Vervielfältigt mit Erlaubnis des Hrsg.: Niedersächsisches Landesverwaltungsamt – Landesvermessung – B 5-234/86.

185.1: Topographische Karte 1:50 000, Blatt L 4328. Vervielfältigt mit Genehmigung des Herausgebers: Niedersächsisches Landesverwaltungsamt – Landesvermessung – B 5-234/86.

187.1: Topographische Karte 1:50 000, Blatt L 5304 Zülpich. Wiedergabe mit Genehmigung des Landesvermessungsamtes Nordrhein-Westfalen Nr. 290/86.

247.1: Kurhannoversche Landesaufnahme, 116 (1781), 117 (1781), 122 (1781), 123 (1781). Herausgegeben vom Niedersächsischen Landesverwaltungsamt – Landesvermessung – und von der Historischen Kommission für Niedersachsen, Hannover. Vervielfältigt mit Erlaubnis des Niedersächsischen Landesverwaltungsamtes – Landesvermessung – B 5-234/86.

247.2: Topographische Karte 1:25 000, Blatt 3624. Vervielfältigt mit Genehmigung des Hrsg.: Niedersächsisches Landesverwaltungsamt – Landesvermessung – B 5-234/86.

251.1: Topographische Karte 1:100 000, Blatt C 3922. Vervielfältigt mit Erlaubnis des Herausgebers: Niedersächsisches Landesverwaltungsamt – Landesvermessung – B 5-234/86.

254.2: Karte von Berlin 1:10 000, Blatt 413. Vervielfältigt mit Erlaubnis des Senators für Bau- und Wohnungswesen V vom 22. 4. 1986.

254.3: Karte von Berlin 1:10 000, Blatt 404. Vervielfältigt mit Erlaubnis des Senators für Bau- und Wohnungswesen V vom 22. 4. 1986.

350.1: Topographische Karte 1:50 000, Blatt L 5716 Bad Homburg v. d. H.. Wiedergabe mit Genehmigung des Hessischen Landesvermessungsamtes Nr. 86-1-115.

Bildquellen

Art Consultant/Maas: 200.2; Bavaria: Hädeler 136.1, Higuchi 195.1 (1), Reinhard 195.1 (2); Binder: 180.1; Bischof & Broel: 245 (freigeg. Reg. v. Mittelfr. LAH-Nr. G-301); Bremer Lagerhausgesellschaft: 295 (1); Burghardt: 146.1; Cramm: 209.1 (1); DVFLR: 7; Frank: 268.1; Fregien: 274.1; Gerster: 67.1, 120.1, 344.1 (1); Glatho: 267.1; Goedl: 271.1; Heimrich: 295 (2); Historisches Museum am Hohen Ufer, Hannover: 248.1; Höpker/Agentur Hamann: 125; v. Irmer: 137.2; Jürgens: 100.1 102.1, 259.3, 259.4; Kobe Steel: 117.1; Luftbild Brugger (Freigabenummern des Reg. Präs. Stuttgart): 179 (2) (2/53854 C), 179 (3) (F 47311 C), 210.1 (2/32048 C); Mauritius: Candelier 193.2, Friedmann 130.1, Gerst 217.1, Kabes 267.3, Kuchlbauer 266.3, Kugler 159.1, Mayer 128.1, Pit 266.1, Plomer 56 (3), Ricatto 56 (2), Storck 266.2, Waldkirch 217.2; Niedersächsischer Minister für Bundesangelegenheiten: 213.1; Richter: 261.2; Schreiner: 199.1; Schroeder: 230.2, 231.1; Siemens: 79.2; Steenmanns: 58.1, 295 (3); Steinmetz: 130.2; Tappeiner Werbefoto: 191.1; Verlagsarchiv: 285.1; XENIEL-Dia/Dr. Bleich: 230.1, 231.2; ZEFA: Damm 56 (1), Ricatto 130.2, Sunak 137.1

Inhaltsverzeichnis

Deutschland

USA – GUS – Japan

Dritte Welt

Landschaftsökologie

Städtischer und ländlicher Lebensraum — Raumordnung

Weltwirtschaft und Welthandel

Möglichkeiten der Anreicherung und Vertiefung einzelner Kurse

Dieses Buch enthält die Texte und Materialien für sechs selbständige Kurse. Darüber hinaus bieten sich Möglichkeiten der Erweiterung und Vertiefung einzelner Kurse, indem Teilkapitel verschiedener Kurse in ein bestimmtes Kursthema integriert werden. So können Sie z. B. das Hauptkapitel „Die Vereinigten Staaten von Amerika (USA)" (S. 58 bis 83) des Kurses „USA – GUS – Japan" durch die Teilkapitel „Wirtschaftstheorien" (S. 320 bis 327) und/oder „Die nordamerikanische Stadt" (S. 280 bis 281) sinnvoll ergänzen. Ferner können Sie z. B. die Texte und Materialien des Kapitels „Wirtschaftstheorien" für ein ergänzendes Referat zur Einheit „Industriemacht Nr. 1" (S. 74 bis 75) verwenden.
Weitere Beispiele:

Deutschland (S.7 bis 56)

+ Ökosystem Mittelgebirge (S. 180 bis 189)
+ Ökosystem Hochgebirge (S. 190 bis 199)
+ Ökosystem Meer (S. 200 bis 201)
+ Die Stadt als Ökosystem (S. 210 bis 217)
+ Städtische Räume (S. 246 bis 269)
+ Ländliche Räume (S. 270 bis 279)
+ Die Stellung der Bundesrepublik Deutschland (S. 316 bis 317)
+ Industrialisierung in Europa (S. 328 bis 331)

USA – GUS – Japan (S. 57 bis 124)

+ China (S.154 bis 163)
+ Verstädterung (globales Phänomen) (S. 288 bis 289)
+ Nordamerikanische Stadt (S. 280 bis 281)
+ Welthandelsabkommen und wirtschaftliche Zusammenschlüsse (S. 310 bis 311)
+ Agrarische Rohstoffe – Beispiel Weizen (S. 304 bis 305)
+ Wirtschaftstheorien (S. 320 bis 327)

Dritte Welt (S. 125 bis 178)

+ Ökosystem Erde (S. 334 bis 339)
+ Lateinamerikanische Stadt (S. 282 bis 283)
+ Westafrikanische Stadt (S. 284 bis 285)
+ Orientalische Stadt (S. 286 bis 287)
+ Verstädterung (S. 288 bis 293)
+ Welthandelsabkommen und wirtschaftliche Zusammenschlüsse (S. 310 bis 311)
+ Strukturprobleme (S. 312 bis 315)
+ Handelsländer – Handelsgüter (S. 298 bis 307)
+ Wirtschaftstheorien (S. 320 bis 327)
+ Bevölkerungswachstum – ein Existenzproblem der Menschen (S. 332 bis 333)

Landschaftsökologie (S. 179 bis 244)

+ Die Landesnatur (S. 40 bis 45)
+ Die Landwirtschaft in Deutschland (S. 46 bis 51)
+ Die ökologische Situation (S. 72)
+ Umweltbelastung (S. 120)
+ Ein Entwicklungsprojekt in Ruanda (S. 170 bis 171)
+ Flurbereinigung – Ordnungsinstrument im ländlichen Raum (S. 274 bis 275)
+ Raumansprüche des Freizeitverhaltens (S. 276 bis 277)
Tragfähigkeit der Erde (S. 332 bis 341)

Städtischer und ländlicher Lebensraum – Raumordnung (S. 245 bis 294)

+ Industrieregionen in Deutschland (S. 12 bis 29)
+ Die Landwirtschaft in Deutschland (S. 46 bis 51)
+ Die Stadt als Ökosystem (S. 210 bis 217)
+ Das landschaftliche Ökosystem (S. 218 bis 234)
+ Wirtschaftstheorien (S. 320 bis 327)

Weltwirtschaft und Welthandel (S. 295 bis 300)

+ Die Bundesrepublik Deutschland in der EG (S. 52 bis 55)
+ Japans Stellung in der Welt (S. 121 bis 123)
+ Entwicklungspolitik (S. 164 bis 175)

Deutschland

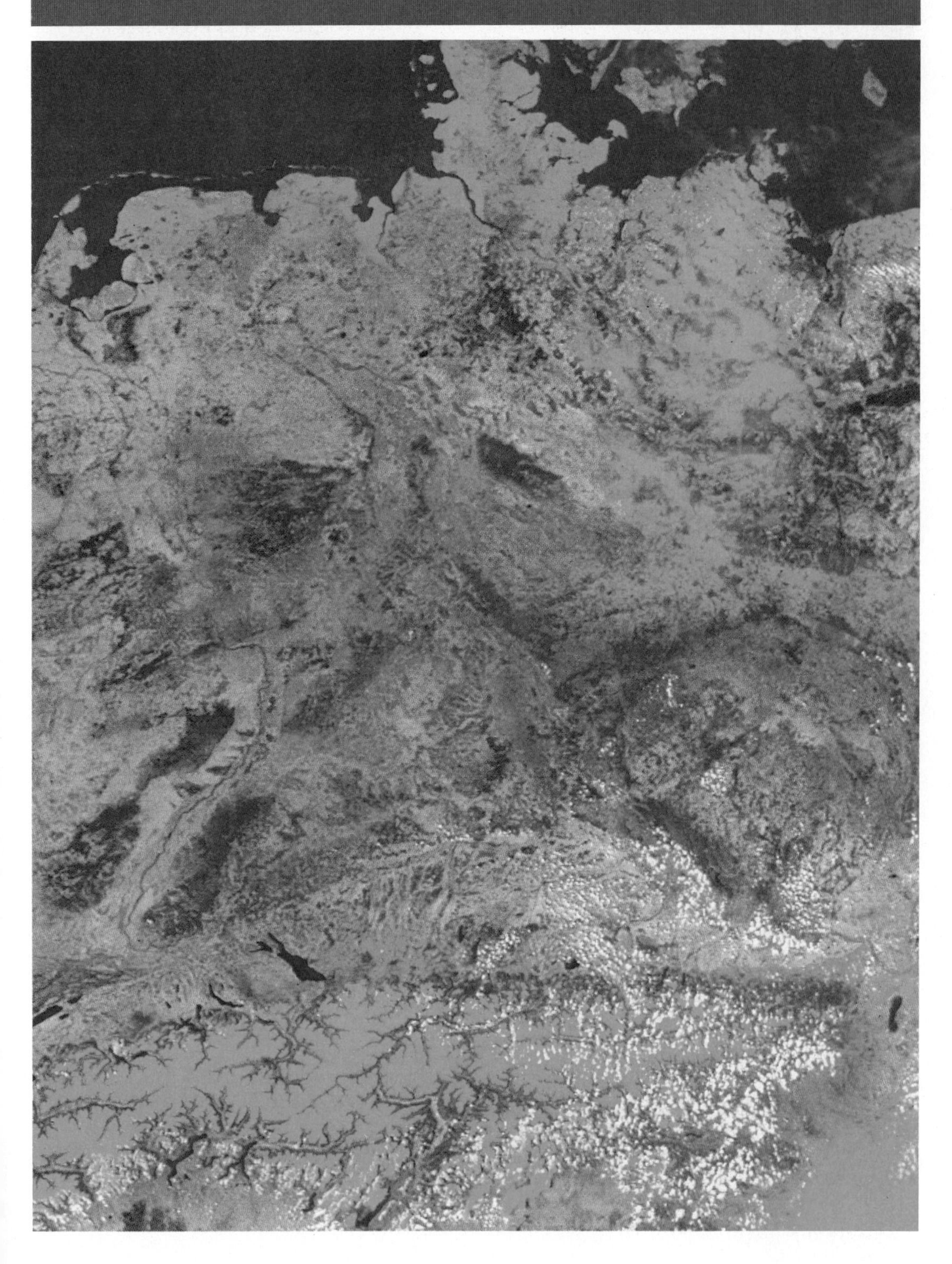

Londoner Protokoll vom 12.9.1944 (Auszug)
1. Deutschland wird innerhalb seiner Grenzen nach dem Stand vom 31.12.1937 für Besatzungszwecke in drei Zonen aufgeteilt, von denen jeweils eine jeder der Drei Mächte zugewiesen wird, und in ein besonderes Gebiet von Berlin, das der gemeinsamen Besatzung durch die Drei Mächte unterworfen ist.
Berlin-Deklaration der Siegermächte vom 5.6.1945
Die Regierungen (der Vier Mächte) legen zu einem späteren Zeitpunkt die Grenzen Deutschlands oder eines Teils von Deutschland ... fest.
Grundgesetz für die Bundesrepublik Deutschland vom 23.5.1949. Präambel (Auszug)
Das gesamte deutsche Volk bleibt aufgefordert, in freier Selbstbestimmung die Einheit und Freiheit Deutschlands zu vollenden.
Zwei-plus-Vier-Vertrag vom 12.9.1990
Artikel 1 (1) Das vereinte Deutschland wird die Gebiete der Bundesrepublik Deutschland, der Deutschen Demokratischen Republik und ganz Berlins umfassen ...
(3) Das vereinte Deutschland hat keinerlei Gebietsansprüche gegen andere Staaten und wird solche auch nicht in Zukunft erheben.
Artikel 7 (1) Die Französische Republik, das Vereinigte Königreich Großbritannien und Nordirland, die Union der Sozialistischen Sowjetrepubliken und die Vereinigten Staaten von Amerika beenden hiermit ihre Rechte und Verantwortlichkeiten in Bezug auf Berlin und Deutschland als Ganzes. Als Ergebnis werden die entsprechenden, damit zusammenhängenden vierseitigen Vereinbarungen, Beschlüsse und Praktiken beendet und alle entsprechenden Einrichtungen der Vier Mächte aufgelöst.
(2) Das vereinte Deutschland hat ... volle Souveränität über seine inneren und äußeren Angelegenheiten.
Vertrag zwischen der Bundesrepublik Deutschland und der DDR über die Herstellung der Einheit (6.9.90)
Artikel 1 (1) Mit dem Wirksamwerden des Beitritts der Deutschen Demokratischen Republik zur Bundesrepublik Deutschland gemäß Artikel 23 des Grundgesetzes am 3. Oktober 1990 werden die Länder Brandenburg, Mecklenburg-Vorpommern, Sachsen, Sachsen-Anhalt und Thüringen Länder der Bundesrepublik Deutschland. Für die Bildung und die Grenzen dieser Länder untereinander sind die Bestimmungen des Verfassungsgesetzes zur Bildung von Ländern in der Deutschen Demokratischen Republik vom 22. Juli 1990 ... maßgebend.
(2) Die 23 Bezirke von Berlin bilden das Land Berlin.
Artikel 2 (1) Hauptstadt Deutschlands ist Berlin. Die Frage des Sitzes von Parlament und Regierung wird nach der Herstellung der Einheit Deutschlands entschieden.
Berlin ist Sitz des Deutschen Bundestages und der Bundesregierung. Beschluß des Deutschen Bundestages vom 20.6.1991. Bonn bleibt (zunächst) Sitz des Bundesrates. Beschluß des Bundesrates vom 5.7.1991.

Politische Gliederung Deutschlands

Seit dem 3.10.1990 sind mit dem Beitritt der DDR zur Bundesrepublik Deutschland gemäß Artikel 23 des Grundgesetzes die 1949 gebildeten beiden deutschen Staaten vereinigt. Der Zwei-plus-Vier-Vertrag legt die Außengrenzen Deutschlands endgültig fest. Nach 45 Jahren der Teilung wurde eine „Wiedervereinigung", eine Rückkehr zu territorialen und politischen Verhältnissen, wie sie zwischen 1871 und 1933 bzw. 1937 bestanden, ausgeschlossen. Das vereinte Deutschland stellt sowohl historisch als auch geographisch etwas Neues dar.

Der Staatsname des neuen Staatsverbandes ist Bundesrepublik Deutschland. Dieser Bundesstaat besteht aus 16 Ländern (Gliedstaaten). Die bundesstaatliche Ordnung zielt, neben der horizontalen Gewaltentrennung (Legislative, Exekutive, Judikative), auf die Zerlegung staatlicher Gewalt in die des Zentralstaates und der Gliedstaaten (vertikale Gewaltentrennung). So wird es möglich, alle Bereiche staatlicher Tätigkeit, einbezogen die raumwirksame Staatstätigkeit, kontrollierbarer und bürgernäher zu entfalten. Um das verbindende in diesem Bundesstaat hervorzuheben, wird man den Landesnamen Deutschland gebrauchen. International spricht man schon immer von „Deutschland".

Die 16 Länder sind das Ergebnis einer langen föderativen Tradition sowie von Entscheidungen der Hauptsiegermächte über das Deutsche Reich im Zweiten Weltkrieg. Bereits das Heilige Römische Reich Deutscher Nation (Altes Reich) hatte nach dem Westfälischen Frieden (1648) einen föderativen Aufbau. Der Deutsche Bund war ein loser Staatenbund von nur noch 39 souveränen Fürstentümern und freien Städten, deren Territorien durch den Wiener Kongreß 1814 festgelegt worden waren. Das 1871 gegründete Deutsche Reich bestand aus vier Königreichen, sechs Großherzogtümern, fünf Herzogtümern, sieben Fürstentümern, drei Freien Städten und dem Reichsland Elsaß-Lothringen. In der Weimarer Republik (1919 – 1933) wurde mit der Bildung des Landes Thüringen (1920) aus acht Fürstentümern und dem Beitritt des Freistaates Waldeck zu Preußen (1929) die staatliche Zersplitterung in Mitteldeutschland abermals zurückgenommen.

An der gegenwärtigen politischen Gliederung hatten nach 1945 die Hauptsiegermächte USA, UdSSR, Großbritannien und Frankreich einen entscheidenden Anteil. In den Besatzungszonen ordneten die jeweils zuständigen Militärregierungen die Bildung von Ländern an. Da der Alliierte Kontrollrat die Auflösung Preußens verfügte, wurde die Länderstruktur erheblich verändert.

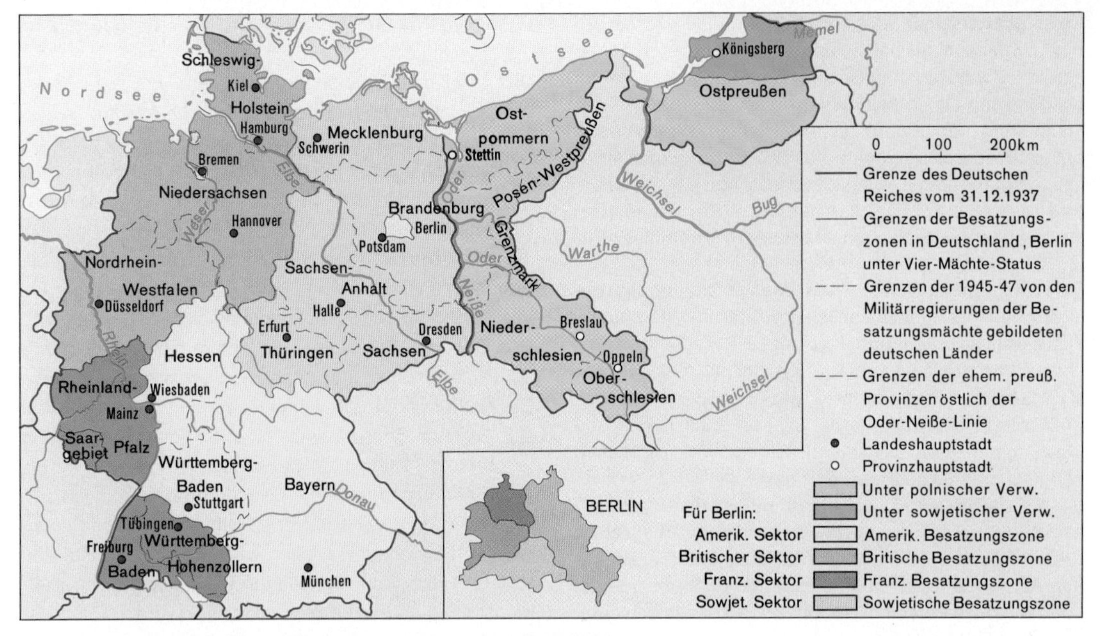

9.1 Deutschland nach den Vereinbarungen und Erklärungen der Vier Mächte

T 9.1 Veränderungen der politisch-geographischen Gliederung Deutschlands (1919 – 1990)

Deutsches Reich (1919 – 1933)		**Deutschland (1945 – 1948), ohne Ostgebiete**		**Bundesrepublik Deutschland (1990)**				
Länder	Fläche (km²)	Länder	Fläche (km²)	Länder	Fläche (km²)	%	Einw.	%
Preußen	292 776	Berlin	884	Berlin	883	0,2	3 348	4,3
Lübeck	298	Britische Zone	97 651					
Hamburg	415	Schleswig-Holstein	15 668	Schleswig-Holstein	15 729	4,4	2 565	3,3
Oldenburg	6 429	Hamburg	747	Hamburg	755	0,2	1 603	2,1
Braunschweig	3 672	Niedersachsen	47 288	Niedersachsen	47 344	13,3	7 185	9,2
Schaumburg-Lippe	340	Nordrhein-Westfalen	33 948	Nordrhein-Westfalen	34 070	9,5	16 874	21,6
Lippe	1 215							
		Sowjetische Zone	107 173					
Mecklenburg-Schwerin	13 110	Mecklenburg	22 938	Mecklenburg-Vorpommern	23 838	6,7	1 964	2,5
Mecklenburg-Strelitz	2 946	Brandenburg	26 976	Brandenburg	29 059	8,1	2 641	3,4
Anhalt	2 326	Sachsen-Anhalt	24 669	Sachsen-Anhalt	20 445	5,7	2 965	3,8
Sachsen	14 995	Sachsen	16 992	Sachsen	18 337	5,1	4 901	6,3
Thüringen	11 760	Thüringen	15 598	Thüringen	16 251	4,6	2 684	3,4
		Amerikanische Zone	107 451					
Bremen	256	Bremen	404	Bremen	404	0,1	662	0,8
Hessen	7 691	Hessen	21 109	Hessen	21 114	6,7	5 569	2,5
Bayern	75 996	Bayern	70 238	Bayern	70 554	19,8	11 049	14,1
Württemberg	19 507	Württemberg-Baden	15 700	Baden-Württemberg	35 751	10,0	9 433	12,1
		Französische Zone	40 216					
Baden	15 069	Baden	9 952					
(Hohenzollern)		Württ.-Hohenzollern	10 407	Rheinland-Pfalz	19 849	5,6	3 653	4,7
Saargebiet	1 925	Rheinland-Pfalz	19 856	Saarland	2 570	0,7	1 054	1,3
Insgesamt	470 726		353 375		356 954		78 149	

Ernst-Kommission: 1970 berief der Bundesminister des Innern eine Kommission unabhängiger Sachverständiger aus den Fachbereichen Geographie, Raumordnung und Landesplanung, Kommunalwesen, Politikwissenschaft, Staats- und Verwaltungsrecht, Verkehrspolitik, Verwaltungswissenschaft, Wirtschafts- und Finanzwissenschaft ein. Sie stand unter dem Vorsitz von Prof. Dr. W. Ernst, Staatssekretär a.D. Die Kommission sollte Grundlagen zur Neugliederung des Bundesgebietes erarbeiten.

GG (1949) Art. 29 (1): Das Bundesgebiet ist unter Berücksichtigung der landsmannschaftlichen Verbundenheit, der geschichtlichen und kulturellen Zusammenhänge, der wirtschaftlichen Zweckmäßigkeit und des sozialen Gefüges durch Bundesgesetz neu zu gliedern. Die Neugliederung soll Länder schaffen, die nach Größe und Leistungsfähigkeit die ihnen obliegenden Aufgaben wirksam erfüllen können.

GG (1976) Art. 29 (1): Das Bundesgebiet kann neu gegliedert werden, um zu gewährleisten, daß die Länder nach Größe und Leistungsfähigkeit die ihnen obliegenden Aufgaben wirksam erfüllen können. Dabei sind die landsmannschaftliche Verbundenheit, die geschichtlichen und kulturellen Zusammenhänge, die wirtschaftliche Zweckmäßigkeit sowie die Erfordernisse der Raumordnung und der Landesplanung zu berücksichtigen.

GG Art. 72 (1): Im Bereich der konkurrierenden Gesetzgebung haben die Länder die Befugnis zur Gesetzgebung, solange und soweit der Bund von seinem Gesetzgebungsrecht keinen Gebrauch macht.

(2) Der Bund hat in diesem Bereiche das Gesetzgebungsrecht, soweit ein Bedürfnis nach bundesgesetzlicher Regelung besteht, weil ... 3. die Wahrung der Rechts- und Wirtschaftseinheit, insbesondere die Wahrung der Einheitlichkeit der Lebensverhältnisse über das Gebiet eines Landes hinaus sie erfordert.

GG Art. 106 (3): Das Aufkommen der Einkommensteuer, der Körperschaftssteuer und der Umsatzsteuer steht dem Bund und den Ländern gemeinsam zu (Gemeinschaftssteuern) ... 2. Die Deckungsbedürfnisse des Bundes und der Länder sind so aufeinander abzustimmen, daß ein billiger Ausgleich erzielt, eine Überlastung der Steuerpflichtigen vermieden und die Einheitlichkeit der Lebensverhältnisse im Bundesgebiet gewahrt wird.

GG Art. 107 (2): Durch das Gesetz (den Länderanteil am Aufkommen der Einkommen- und Körperschaftssteuer betreffend) ist sicherzustellen, daß die unterschiedliche Finanzkraft der Länder angemessen ausgeglichen wird. Hierbei sind die Finanzkraft und der Finanzbedarf der Gemeinden zu berücksichtigen. Die Voraussetzungen für die Ausgleichsansprüche der ausgleichsberechtigten Länder und für die Ausgleichsverbindlichkeiten der ausgleichspflichtigen Länder sowie die Maßstäbe für die Höhe der Ausgleichsleistungen sind in dem Gesetz zu bestimmen. Es kann auch bestimmen, daß der Bund in seinen Mitteln leistungsschwachen Ländern Zuweisungen zur ergänzenden Deckung ihres allgemeinen Finanzbedarfs gewährt.

Geographische Gliederung Deutschlands

Das politische Ergebnis der Konferenz von Jalta (1945) war, in Übereinstimmung mit der Zwei-Lager-Doktrin Stalins, die Teilung Europas. Von nun an gebrauchte alle Welt die politischen Begriffe West Germany und East Germany, und heute wird das Gebiet der ehemaligen DDR häufig mit Ostdeutschland gleichgesetzt, obwohl Jalta mit dem Zwei-plus-Vier-Vertrag überwunden wurde. Gleichwohl wird für eine Übergangszeit ein griffiger Arbeitsbegriff für das Gebiet der ehemaligen DDR benötigt. Den Begriff „DDR“ sollte man, sofern nicht die Zeit zwischen 1949 und 1990 angesprochen wird, vermeiden. Der Name von den „fünf neuen Ländern“ (Neuländer) hat sich zwar als Bezeichnung fast durchgesetzt, er ist aber ungenau, da Berlin nicht einbezogen ist.

Betont man bei einer Gliederung die Landesnatur, so wird die Dreiheit von Nord-, Mittel- und Süddeutschland unterstrichen. Beziehen wir historische Kräfte und kulturelle Überformungen (ländliche und städtische Siedlungsbilder) in die Gliederung ein, so zerteilt sich der Dreiklang von Norden, Mitte und Süden in eine kulturräumliche Vielheit von Nord-, West-, Mittel-, Ost- und Süddeutschland.

Länderneugliederung

Die 16 Länder der Bundesrepublik Deutschland unterscheiden sich nach Größe und Einwohnerzahl. Diese unausgewogene geographisch-politische Struktur wird von Unterschieden in der Wirtschaftskraft und dem Zustand der natürlichen Umwelt zwischen den Alt- und den Neuländern überlagert. Hinzu kommt ein weiterer raumstruktureller Unterschied. Während sich in den Altländern eine Tendenz zu ausgewogeneren Raumstrukturen abzeichnete, bestanden in der DDR die aus der Industrialisierungsphase überkommenen Unterschiede zwischen wenigen Verdichtungsräumen und ländlichen Räumen fort. Raumpotential und Wirtschaftskraft der Gliedstaaten sollten aber einander angeglichen sein. Anderenfalls könnte bei ausgeprägten Unterschieden zwischen den Ländern sich einerseits ein soziales Konfliktpotential aufbauen, andererseits wäre eine Verlagerung der staatlichen Macht zu Gunsten weniger Gliedstaaten möglich. Beides könnte zur politischen Instabilität des Gesamtstaates beitragen.

Bestrebungen zur Länderneugliederung blieben in der Bundesrepublik Deutschland bis 1990 ohne Erfolg. Der Entwurf der Ernst-Kommission (1972) erwies sich als politisch nicht durchsetzbar. Im Blick auf die innere Machtbalance in einem föderalistischen deutschen Staat und im Zusammenhang mit dem europäischen Einigungsprozeß wird man aber eine Länderneugliederung dauerhaft nicht umgehen können.

11.1 Naturräumliche Gliederung

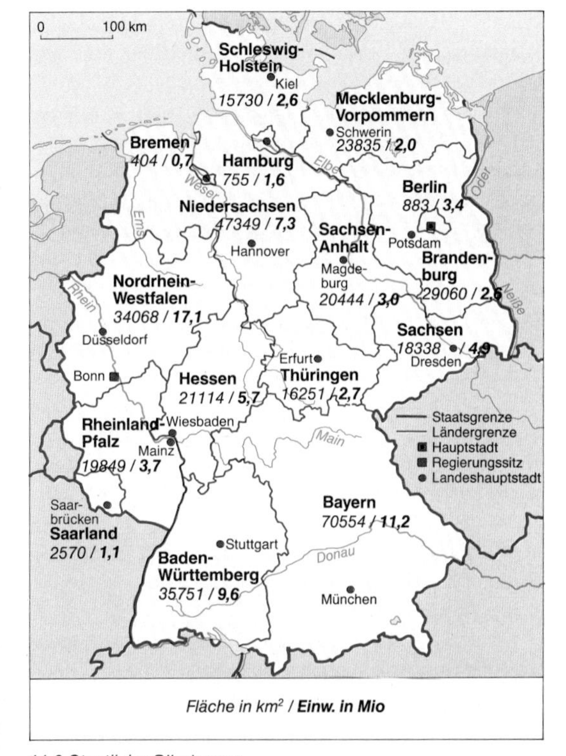

11.2 Staatliche Gliederung

11.3 Geographische Vielfalt

11.4 Länderneugliederung

Industrie in Hamburg

Hauptbeteiligte Wirtschaftszweige	Zahl der Betriebe 1970	1990	Beschäftigte 1970	1990	Umsatz (Mrd DM) 1970	1990
Bergbau, Grundstoff, Prod. Güter	**236**	**121**	**48910**	**30895**	**6,5**	**19,6**
Mineralöl	21	17	10734	6497	3,1	12,3
Steine/Erden	44	19	2647	1096	0,2	0,2
Chemie	123	56	17770	12345	1,6	3,2
Gummi	15	7	12657	5123	0,6	0,7
Investitionsgüter	**439**	**380**	**108449**	**75261**	**6,3**	**14,2**
Stahl/Leichtmetall	–	35	9315	3296	0,4	0,4
Maschinenbau	147	103	30596	17658	1,5	3,7
Straßenfahrzeuge	19	51	5098	6346	0,4	0,5
Schiffbau	26	12	20046	5965	0,9	1,2
Elektrotechnik	76	91	26655	18927	2,3	3,0
Feinmechanik/ Optik	32	54	3428	2636	0,1	0,5
Eisen-, Blech-, Metallwaren	58	21	6006	1346	0,3	0,3
Verbrauchsgüter	**373**	**153**	**23714**	**11619**	**1,3**	**1,9**
Musikinstrumente	–	13	–	3153	–	0,5
Papier/Pappe	37	10	2948	803	0,1	0,1
Druckereierzeugnisse	177	83	10799	4040	0,5	0,6
Kunststoffwaren	33	14	2198	1785	0,1	0,3
Nahrungs- und Genußmittel	**170**	**120**	**30321**	**15591**	**5,0**	**6,5**
Süßwaren	14	7	3485	1667	0,3	0,4
Ölmühlen	5	5	1718	752	0,6	1,3
Fisch	19	9	1556	686	0,1	0,2
Brauerei	6	3	3177	1577	0,2	0,6
Futtermittel	12	10	1337	507	0,5	0,5
Insgesamt	**1218**	**774**	**211394**	**136210**	**19,1**	**42,2**

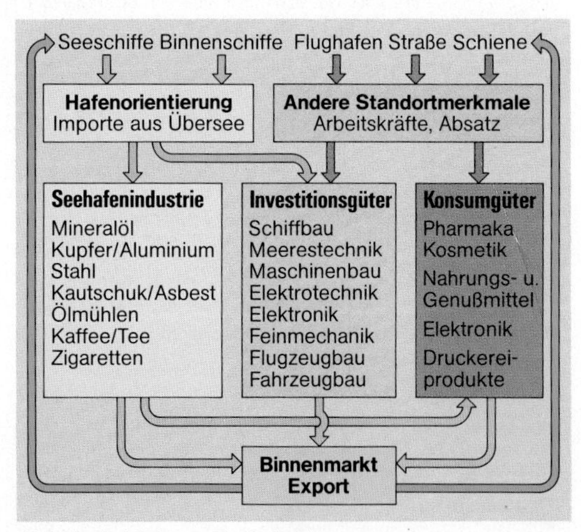

12.1 Die drei Sektoren der Industrie

Hamburg

Hamburg versteht sich als „Tor zur Welt", „Hafen- und Außenhandelszentrum", „Medienplatz" und als Industriemetropole. Von den ca. 950000 Erwerbstätigen in Hamburg (1990), einschließlich der 236000 Einpendler, sind jedoch nur knapp 14% in der Industrie beschäftigt. Wenigen Großbetrieben – 50 Firmen mit mehr als 500 Werksangehörigen – stehen eine Vielzahl von *Mittel- und Kleinbetrieben* gegenüber. Seit 1960 hat der industrielle Sektor ständig an Boden verloren. Dennoch bleibt Hamburg nach wie vor einer der größten industriellen Ballungsräume Deutschlands. Das Gewicht verlagert sich von den seehafennahen zu den innovativen Industrien.

Merkmale der Industriestruktur

1. Hafen und Außenhandel. Der **Hafen** bildet heute ebenso die Grundlage für **Handel, Gewerbe und Schifffahrt** wie 1189, als Kaiser Friedrich Barbarossa den Hamburgern Zollfreiheit gewährte. Im **Freihafen**, in dem Güter zollfrei umgeschlagen, gelagert und verarbeitet werden können, erfüllt die 100 Jahre alte „Speicherstadt" auf der Wandrahmsinsel (523000 m^2 Lagerfläche) noch eine wichtige Funktion, wie auch das Kontorhausviertel in der Altstadt. Die einstige **Schlüsselindustrie** Hamburgs, der Schiffbau, wurde durch die weltweite Überkapazität an Schiffsraum sowie durch kostengünstigere Neubauten in Japan und Südkorea in eine Krise gestürzt. Diversifikation in Richtung Meeres- und Offshore-Technik sowie schiffbaufremde Fertigung wie Motorenbau sollen den weiteren Rückgang von Arbeitsplätzen aufhalten. Für die hafenorientierte, importabhängige Mineralölwirtschaft wirken sich Standortnachteile durch die periphere Lage und ein Überangebot an Verarbeitungskapazitäten aus.

2. Verbundwirtschaft. Fühlungsvorteile ergeben sich zwischen der Grundstoff- und weiterverarbeitenden Industrie. So liefert die Kupferhütte Gase zur Produktion von Schwefelsäure, das als Vorprodukt für Schädlingsbekämpfungsmittel verwendet wird. Raffinerien versorgen die Petrochemie mit Rohstoffen, die daraus Kunststoffe, Harze und Folien produziert. Abnehmer hierfür wie auch für Kohlensäure und flüssigen Sauerstoff, Lacke und Farben sind das Stahlwerk, der Maschinen-, Fahrzeug-, Schiff- und Flugzeugbau.

3. Innovative Industrien. Durch Strukturwandel, Expansion und Neuansiedlungen entwickelten sich know-how-ausgerichtete und forschungsintensive Branchen. Sie umfassen die Luft- und Raumfahrt, die Solar- und Lasertechnik sowie die Halbleitertechnik.

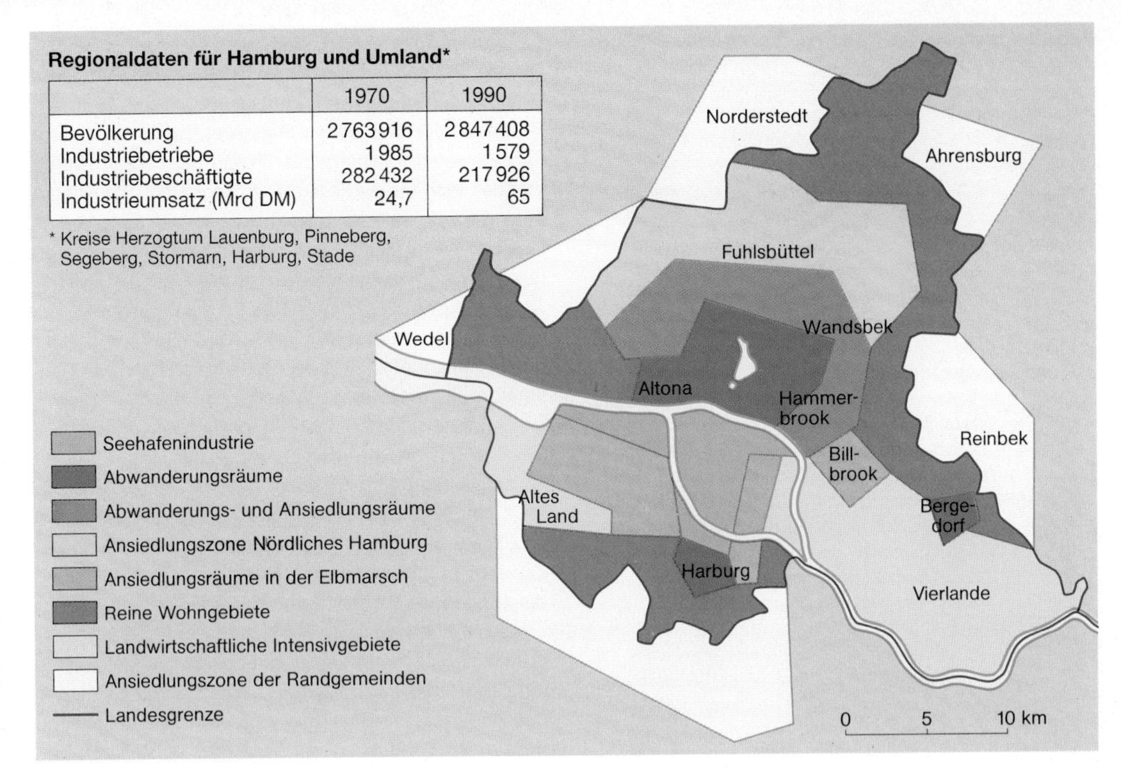

Regionaldaten für Hamburg und Umland*

	1970	1990
Bevölkerung	2763916	2847408
Industriebetriebe	1985	1579
Industriebeschäftigte	282432	217926
Industrieumsatz (Mrd DM)	24,7	65

* Kreise Herzogtum Lauenburg, Pinneberg, Segeberg, Stormarn, Harburg, Stade

13.1 Industrieregion Hamburg

Verlagerungstendenzen der Industrie

Der Erweiterung der über das Stadtgebiet verstreuten Industrie sind durch knappe und damit teure Gewerbeflächen, Umweltschutzauflagen und landesplanerische Maßnahmen wie Wohnblockentkernung in gemischten Wohn-Gewerbe-Gebieten Grenzen gesetzt. Besonders stark sind Klein- und Mittelbetriebe betroffen. Die Hauptabwanderungsräume umfassen die Stadtmitte, Altona und Wandsbek, d. h. Gebiete mit überalterter Industriestruktur. Um sie gruppiert sich halbmondförmig ein Areal, in dem sich Zu- und Abwanderung ausgleichen. Die Großindustrie im traditionellen Hafenstandort ist wegen des Transportanschlusses über die Elbe nicht verlagerungsfähig, kann aber noch auf Erweiterungsflächen in den Elbmarschen ausweichen. Investitionsanreize und die Übernahme von Erschließungskosten durch Niedersachsen und Schleswig-Holstein führten zur Verlagerung von Betrieben in das Hamburger Umland, ohne daß die Firmen auf die Standortvorteile der benachbarten Metropole verzichten müssen, während der Stadt die Gewerbesteuer entgeht.

1. Fassen Sie die Standortmerkmale und das räumliche Beziehungsgefüge der Hamburger Industrie zusammen.

2. „Hamburg als Industrieplatz: Kennzeichen Vielfalt". Untersuchen Sie den Strukturwandel von 1970–1990.

Industrieräumliche Entwicklung

- Vorwiegend Verarbeitung von landwirtschaftlichen Importgütern durch Handelshäuser; in Nachbargemeinden bereits Fabriken: Altona (Textilien, Leder, Tabak, Nahrungsmittel), Wandsbek (Nahrungs- und Genußmittel), Harburg (Kautschuk, Öl). 1877 Werftgründung Blohm & Voss.
- Ab 1888 Zollanschluß an das Deutsche Reich, Errichtung eines Freihafengeländes für zollfreie Lagerung und Verarbeitung; Hafenausbau mit Werftindustrie, Aufschwung importorientierter Verarbeitungsindustrie. Seehafenorientierte Industrie auch in Hammerbrook und Billbrook.
- 1937 Groß-Hamburg-Gesetz: Eingemeindung von Altona, Wandsbek und Harburg; 2100 Firmen mit 180000 Beschäftigten in Hamburg ansässig.
- Starke Zerstörung im Zweiten Weltkrieg; Demontagen.
- Nach 1945: Verlust des Hinterlandes; seit Beginn der 50er Jahre: Raffineriebauten im Hafen, Ausweitung des Maschinenbaus und Neuansiedlungen im Stadtgebiet.
- Ab Mitte der 60er Jahre: Erweiterung von Hafenstandorten (Kupferhütte, gegr. 1846), Neugründung von Aluminium- und Stahlwerk, beginnende Stadtrandverlagerungen, Sonderprogramme zur Erschließung von Industrieflächen.
- Seit den 70er Jahren: Ausweitung der Industrieflächen im Hafen; Reserveflächen; Standortverlagerungen in Nachbargemeinden; zunehmende Auflagen zur Verringerung der Umweltbelastung.

Braunschweig-Wolfsburg-Salzgitter-Peine

Stahlstandorte Peine und Salzgitter

Peine:

1858:	Gründung der Ilseder Hütte
1860:	Beginn der Erzförderung in der Grube Bülten
heute:	2 Hochöfen, 3 Oxigenkonverter, Walzstraßen

Salzgitter:

1937:	Gründung der staatl. Reichswerke Hermann Göring, Grundstoff-Industriekonzern für Erzbergbau, Verhüttung und Stahlproduktion, Werksfläche: 147 km²
1939:	erster Hochofenanstich
1945:	12 Hochöfen, 11 Thomaskonverter, 2 Walzwerke, Erzanreicherungswerk und Kokerei
Mai 1945:	Einstellung der gesamten Produktion auf Befehl der britischen Militärregierung
1946–1950:	Demontage
1952:	Gründung der bundeseigenen Salzgitter AG
1956:	4 Hochöfen, 4% der Roheisenerzeugung in der Bundesrepublik Deutschland
heute:	7 Hochöfen, 3 Oxigenkonverter, Walzstraßen, Gießerei, Kunststoffbeschichtungsanlage, Großrohrwerk, Anlagen für oberflächenveredelte Bleche
1970:	Zusammenschluß zur Stahlwerke Peine-Salzgitter AG, mit heute 7 Mio t Rohstahlproduktionskapazität/a

Beschäftigte in Salzgitter

1937:	7000, Facharbeiter aus Oberschlesien, dem Erzgebirge, aus Westfalen und von der Saar, Hilfsarbeiter aus Italien, Ungarn u. a. Ländern
1945:	77700, davon 80% bei Reichswerken; 27 Nationalitäten
1948:	48829, davon 3600 im Bergbau
1950:	12095 bei 14124 Arbeitslosen
1956:	21175, im Eisen- und Metallgewerbe 13709
1970:	63000 Arbeitsplätze
1980:	54000 Arbeitsplätze

Erzbergbau im Salzgittergebiet

1840–1850:	Erze aus Salzgitterhöhenzug zur Verhüttung mit schwefelfreier Holzkohle in den Harz
1868–1874:	Erzverhüttung in Salzgitter, Roheisen minderwertig, unterliegt der Konkurrenz aus Lothringen
1937:	Inbetriebnahme von 5 Schachtanlagen, 3 Tagebaue
1939–1945:	Verhüttung in Salzgitter mit Ruhrkohle
1945–1950:	Erzproduktion zur Verhüttung im Ruhrgebiet
1954:	Anteil an der westdeutschen Erzförderung: 33%
1960:	Rekordförderung mit 6,8 Mio t
1959/1962:	neue Schächte Konrad I und II bei Bleckenstedt
1961:	Ruhrgebiet nimmt kein Erz mehr ab
1965:	Ende des Tagebaus am Salzgitter-Höhenzug
1976:	Ende des Tiefschachtbaus im Gifhorner Trog
1982:	Schließung der Grube Haverlahwiese, Ende der Erzförderung im Raum Salzgitter

Der Automobilstandort Wolfsburg

Für die Serienherstellung eines preiswerten Autos als Grundlage allgemeiner Motorisierung wurde 1938 auf Beschluß der Deutschen Reichsregierung nahe dem Schlößchen Wolfsburg die Stadt des „Kraft durch Freude"-Wagens bei Fallersleben gegründet. Bei Kriegsbeginn 1939 war der erste Bauabschnitt des Werkes fertig. Die Produktion des zivilen Volkswagens wurde aber nicht mehr aufgenommen, da das Werk den „Kübelwagen" und V_1(Flugkörper)-Teile für die Deutsche Wehrmacht bauen mußte. Das Werk wurde 1944 und 1945 durch Luftangriffe zu zwei Dritteln zerstört. Ab 1948 begann mit dem Wiederaufbau der Aufstieg der Volkswagen AG zum viertgrößten Automobilkonzern der Welt.

Die Entwicklung Wolfsburgs zu einer jungen, modernen und infrastrukturell hervorragend ausgebauten Großstadt steht in enger Beziehung zum VW-Konzern. Werk und Stadt üben außerdem eine große Sogwirkung auf das teils dünn besiedelte Umland aus. Zur Entlastung des Standortes Wolfsburg mit seinem sehr hohen Lohnniveau wurden weitere Produktionsstätten an Standorten mit günstigem Arbeitskräfteangebot geschaffen (Emden, Hannover, Salzgitter, Baunatal). Zur Sicherung des Absatzes auf dem internationalen Automobilmarkt wurden VW-Produktionsgesellschaften in Brasilien, Mexiko, Südafrika und Australien sowie VW-Vertriebsgesellschaften in mehreren Ländern der Erde gegründet.

Großstadt Braunschweig

Braunschweig erlebte bereits im 14. Jh. die erste Blüte als Mitglied der Hanse und Fernhandelszentrum. Die mittelalterliche Großstadt nahm im Export von Getreide, Tuch-, Messing- und Kupferwaren eine führende europäische Stellung ein. Die Industrialisierung, bodenständig und flexibel zugleich, führte zu neuem Aufschwung: Nach 1850 wurden in der Braunschweiger Börde zahlreiche Zuckerfabriken gegründet, die in Braunschweig eine Anlagen- und Ausrüstungsindustrie entstehen ließen. Seit 1861 wird auf den leichten Böden nördlich Braunschweigs, wo auch ausgedehnte Rieselfelder angelegt wurden, Spargel und Feldgemüse kultiviert. So konnte sich in Braunschweig eine vielfältige Konserven-, Blechverarbeitungs- und Verpackungsindustrie entwickeln.

Die Eisenverhüttung im Harz und in Salzgitter sowie die Zuwanderung werkkundiger Arbeitskräfte aus dem Harz stimulierte die Metallverarbeitung, den Anlagen- und Maschinenbau sowie die elektrische und elektronische Industrie, um die sich Braunschweig heute durch Ansiedlung auch ausländischer Firmen besonders bemüht. Die größten Arbeitgeber der Stadt sind heute das Zweigwerk der VW-AG (etwa 6000 Arbeitskräfte), MAN-AG, Nutzfahrzeugbau (etwa 5000 AK) und Siemens, Signaltechnik (etwa 5000 AK).

T 15.1: Gewerbliche Branchenstruktur 1984

Branche	Braunschweig Zahl der Betriebe	Braunschweig Beschäftigte	Wolfsburg Beschäftigte
Maschinenbau, Metallverarb.	27	7769	–
Fahrzeugindustrie	2	8150	55860
Baufirmen	11	4890	1830
Kunststoff-Plastik	10	900	–
Holzverarb. Industrie	3	635	–
Druckereigewerbe, Papier	14	2865	104
Verpackungsindustrie	7	2190	–
Elektro-, elektronische Industrie	10	5900	–
Feinmechanik, Optik	5	1270	–
Musikinstrumente	2	670	–
Chemisch-pharmaz. Industrie	4	505	–
Textilindustrie	4	335	174
Lebensmittelindustrie	5	520	–
Getränkeindustrie	3	1050	1034
Beschäftigte insgesamt		127200	76926

T 15.2: Entwicklungen in Wolfsburg

	Einwohner	Beschäftigte bei VW: Wolfsburg (mit Einpendlern)	Kfz-Produktion in Wolfsburg (in Stück)
1.4.1938	1144	–	k.A.
10.10.1938	4931	1127	k.A.
1939	6797	4826	k.A.
1940	14494	8878	k.A.
1944	17109	17000	k.A.
20.8.1945	14296	9000	k.A.
31.12.1945	18677	6033	1785
1946	20542	8261	10020
1950	26941	14966	86886
1960	62935	36652	689294
1970	93494	59200	1011520
Gebietsreform 1972			
1972	130979	51836	842270
1980	131225	57927	908171
1984	128759	57867	890718

1. Beschreiben Sie die Struktur der gewerblichen Wirtschaft in Braunschweig, Wolfsburg und Salzgitter auf Grund der Industrialisierungsgeschichte.
2. Erklären Sie die Standortentscheidungen der 30er Jahre aus verkehrs-, rohstoff- und rüstungspolitischer Sicht. Erarbeiten Sie dazu die Wirtschaftsstruktur des Raumes vor 1937 sowie die klein- und großräumige verkehrsgeographische Situation der Industrieregion früher und heute.
3. Beurteilen Sie die heutige Situation der drei Standorte Wolfsburg, Peine-Salzgitter und Braunschweig nach Gunst- und Ungunstfaktoren.

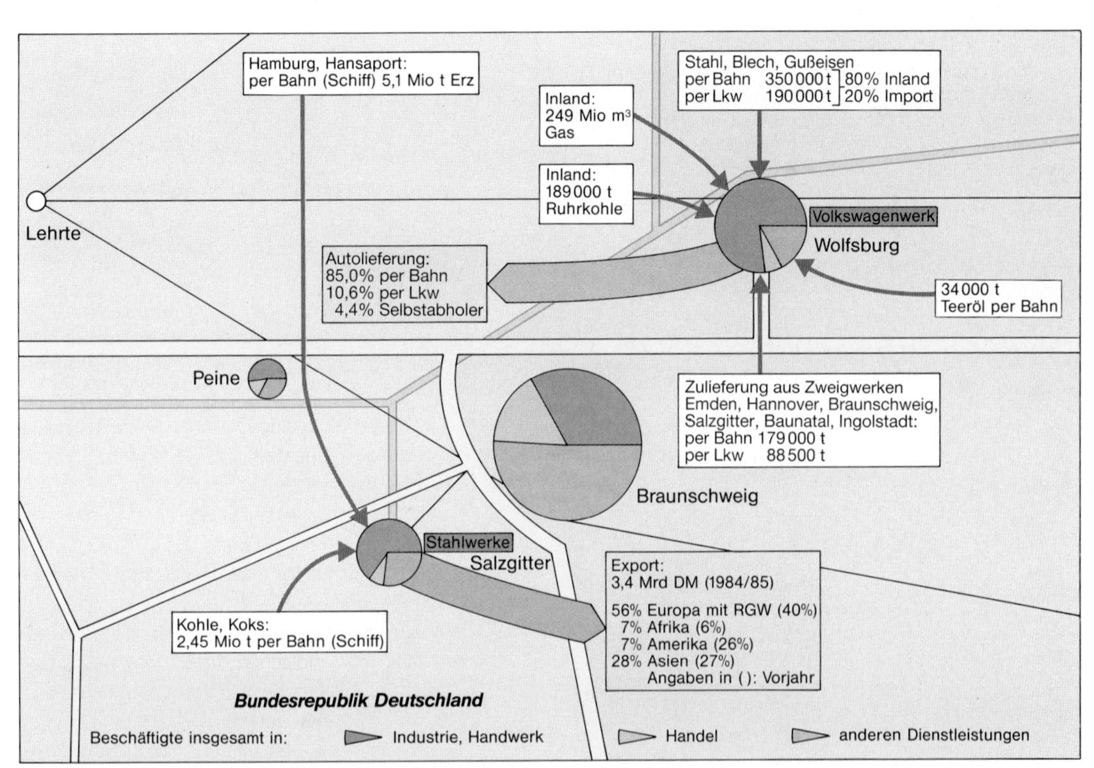

15.1 Industrieregion Braunschweig-Wolfsburg-Salzgitter-Peine

T 16.1 *Fläche und Bevölkerung deutscher Städte*

Stadt	Fläche km² 1990	Bevölkerung (in 1000) 1871	1939	1990
Berlin	883	900	4 340	3 350
Hamburg	755	–	–	1 626
München	310	190	840	1 212
Köln	405	200	772	946
Frankfurt/M.	248	130	554	628
Düsseldorf	217	–	–	574
Stuttgart	207	110	497	563
Leipzig	141	170	707	530
Hannover	204	–	–	505
Dresden	226	–	–	501
Chemnitz	129	–	–	302
Magdeburg	163	130	337	288
Kiel	110	40	279	239
Erfurt	106	50	166	217

T 16.2 *Industriezweige in Berlin 1936 (Auswahl)*

Industriezweig	Beschäftigte	% der Beschäftigten
Elektroindustrie	147 000	8,6
Maschinenbau	60 000	3,5
Bekleidungsind.	52 000	3,1
Druckgewerbe	37 000	2,2

Region Berlin

Entwicklung zum größten Industriestandort

Im Jahre 1936 entsprach die industrielle Produktion in Berlin 9 % der gesamten Industrieproduktion des Deutschen Reiches bei einem Bevölkerungsanteil von 6,3 %. Damit gab es im damaligen Berlin die höchste industrielle Konzentration in Deutschland. Das Produktionsprofil war vor allem durch Veredelungsfertigung gekennzeichnet (vgl. T 16.2).

Bis etwa 1890 entstanden Klein- und Mittelbetriebe zunächst am Rande der Zollmauer und mit der wachsenden Stadt inmitten der Wilhelminischen Wohnstadt innerhalb des S-Bahnringes als Hofindustrie. Der Übergang zur Massenproduktion in Großbetrieben führte zur Industrieansiedlung außerhalb der geschlossenen Bebauung auf preisgünstigem und ausreichendem Baugrund in guter Verkehrslage. So entstand beispielsweise der Stadtteil Siemensstadt.

1. Vergleichen Sie Fläche und Bevölkerung von Berlin mit einigen anderen deutschen Städten und mit Ihrem Heimatkreis (T 16.1).

2. Erläutern Sie die Verkehrslage und die Industriestandorte in Berlin vor 1945 (Abb. 16.1, Atlas).

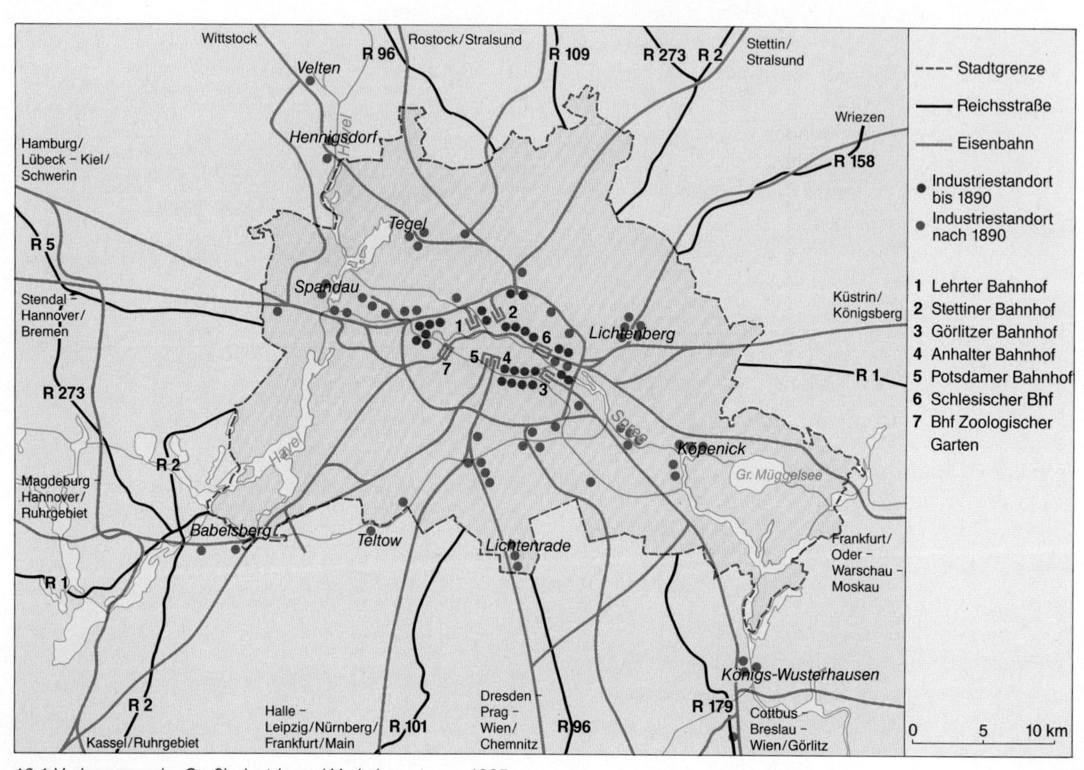

16.1 Verlagerung der Großindustrie und Verkehrsnetz um 1925

Die geteilte Stadt: Berlin (West)

Im Verlauf der Teilung Deutschlands und Berlins nach 1945 geriet Berlin (West) zunehmend in eine Insellage. Demzufolge verschlechterten sich die Standortbedingungen für die Wirtschaft in der Teilstadt:

- Traditionelle Liefer- und Bezugsgebiete des alten Hinterlandes gingen verloren. Lange Transportwege zum neuen Hinterland verteuerten die Lebenshaltung und die Produktion.
- Berlin (West) wurde eine „Strominsel". Der fehlende Stromverbund führte zu erhöhten Kosten für Elektroenergie.
- Die knappen Flächenreserven hemmten die Ansiedlung von Industrien in Konkurrenz zum Wohnungs- und Straßenbau sowie zu Erholungsflächen.
- Die politische Zukunft der Teilstadt galt vor 1971 als ungewiß. Deshalb verlagerten die meisten Großunternehmen ihre Hauptverwaltungen, Forschungs- und Entwicklungsabteilungen an andere Standorte in der Bundesrepublik Deutschland. Kapitalinvestitionen und Innovationen der Unternehmen wurden zögernd vorgenommen. In Berlin (West) blieben als „verlängerte Werkbank" traditionelle, veraltende und arbeitsintensive Industrien.
- Die hohe Arbeitslosigkeit – die Arbeitsplätze in den hauptstädtischen Dienstleistungen entfielen – führte zu einer Zuzugssperre in den 40er und 50er Jahren, zur Abwanderung von jüngeren Menschen und damit zur Überalterung der Bevölkerung.

Die Wirtschaftspolitik des Bundes und des Berliner Senats wirkte den Standortnachteilen entgegen. In den 1980er Jahren stieg der Anteil der Bundeshilfe am Berliner Landeshaushalt auf über 50 %.

Die Berlin-Förderung räumte der Berliner Wirtschaft und ihren Arbeitnehmern vielseitige steuerliche Vergünstigungen ein.

Förderung von Unternehmen in Berlin (West)

Ein Innovationsfond fördert Innovationsvorhaben sowie Gründungen von Unternehmen, soweit diese neue technische Produkte, neue Verfahren oder neue produktionsnahe Dienstleistungen zum Gegenstand haben und diese in Berlin entwickelt, hergestellt oder erbracht haben.

(Nach: Berlin-Werbung 1983)

1. Erläutern Sie die Standortbedingungen der Industrie in Berlin (West) nach 1945.

2. Diskutieren Sie die wirtschaftspolitischen Maßnahmen des Bundes und des Senats von Berlin zur Berlin-Förderung.

Daten zur Nachkriegsgeschichte von Berlin

1945 Die vier Hauptsiegermächte besetzen Berlin und teilen die Stadt in den amerikanischen, britischen, französischen und sowjetischen Sektor.

1948 Die Einführung der DM (Währungsreform) in den Westsektoren führt zur Spaltung der Stadt, Stalin verhängt die Blockade der Westsektoren, die Alliierten versorgen Berlin (West) von Juni 1948 bis Mai 1949 über eine Luftbrücke.

1949 Gründung der Bundesrepublik Deutschland und der DDR. Seither bekennen sich die West-Berliner zum Grundgesetz. Berlin (Ost) wird unter Verstoß gegen den Vier-Mächte-Status von der SED-Führung zur Hauptstadt der DDR erklärt. In beiden Teilstädten entstehen Verwaltungs- und Versorgungseinrichtungen.

1961 Die SED-Führung läßt quer durch Berlin und zwischen Berlin (West) und der DDR einen Sperrgürtel (Mauer) bauen. Die Teilstadt ist vom Umland total abgeschnitten.

1971 Das Viermächte-Abkommen führt zur Sicherung der engen Bindung von Berlin (West) an die Bundesrepublik Deutschland und sichert den ungehinderten Zugang nach Berlin (West) (Transitabkommen).

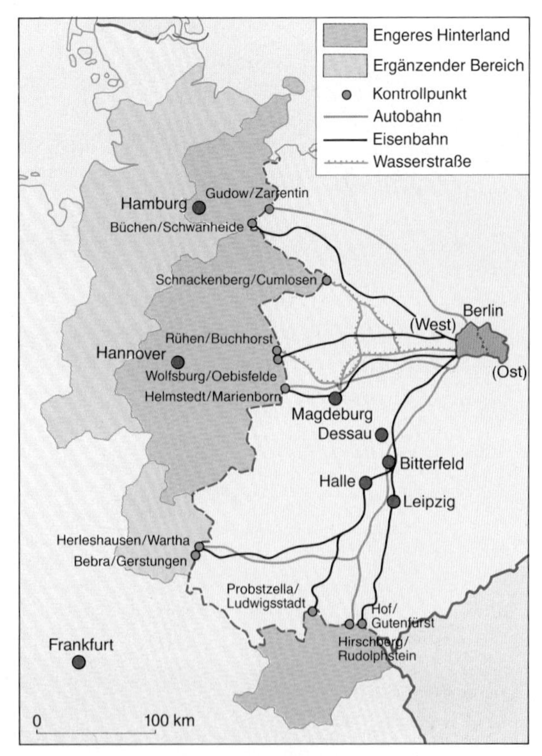

17.1 West-Berlins Umland 1948–1990

Die geteilte Stadt: Berlin (Ost)

Berlin (Ost), die Hauptstadt der Deutschen Demokratischen Republik, ist das gesellschaftliche Zentrum des Landes. Sie übt wichtige politische, wissenschaftliche und kulturelle Funktionen im Dienste des gesamten Staates aus. ...

Folgende Funktionen charakterisieren vor allem die Stadt und ihre Bedeutung für die Republik:

- politische, staatliche und wirtschaftliche Leitungsfunktionen im Republikmaßstab;
- arbeitsintensive Industrieproduktionen, vor allem im Bereich der elektrotechnischen und elektronischen Industrie sowie des Werkzeugmaschinenbaus;
- Durchführung wichtiger Forschungs- und Bildungsaufgaben und Gestaltung des kulturellen Lebens als Kulturzentrum der DDR. ...

Die Industrie der Hauptstadt wird vor allem durch arbeitsintensive, hochgradig veredelnde Produktionen der elektrotechnischen und elektronischen Industrie und des Maschinenbaus charakterisiert. Die genannten Bereiche sind mit fast 50 % an der hauptstädtischen Industrieproduktion beteiligt. Zu ihnen gehören solch bedeutende Betriebe wie der VEB Kombinat Oberspree „Wilhelm Pieck“, das Transformatorenwerk „Karl Liebknecht“ sowie das Werkzeugmaschinenkombinat „7. Oktober“ und Bergmann-Borsig. Charakteristisch für das Industrieprofil sind weiterhin die polygraphische, Konfektions-, Lebensmittel- und die chemische Industrie.

(Handbuch Deutsche Demokratische Republik, Leipzig 1984, S. 63 f.)

T 18.1 Anteile von Berlin (Ost) an der Industrieproduktion der DDR 1985 (in Prozent)

Gebiet	0,4	Einwohner	7,3	Beschäftigte	7,9
Industrielle Bruttoproduktion (der Industrie)					5,6

Industrielle Bruttoproduktion nach Industriebereichen			
Elektrotechnik	16,1	Lebensmittel	4,1
Leichtindustrie	8,5	Maschinenbau	3,9
Energie	5,0	Metallerzeugung	2,3
Chemie	4,3	Textilindustrie	0,1

1. Vergleichen Sie die Industriestruktur und deren Standortbedingungen von Berlin (Ost) und dessen Umland mit der von Berlin (West). Nehmen Sie dazu entsprechende Karten im Atlas zu Hilfe.

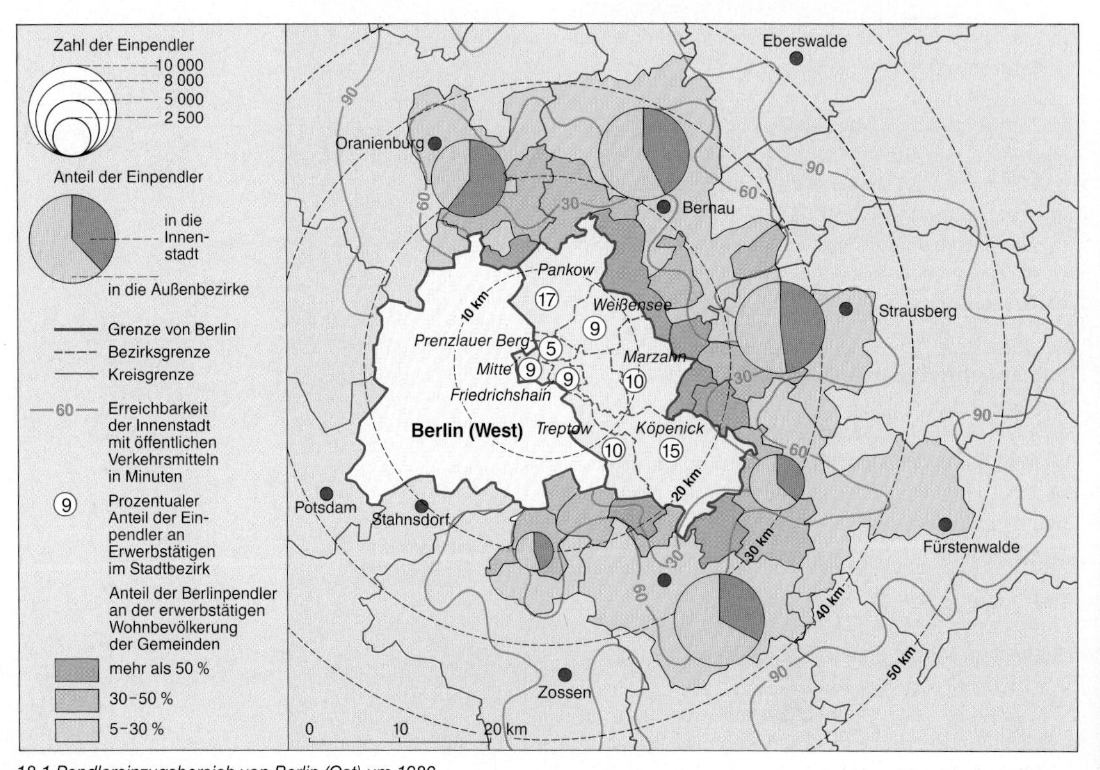

18.1 Pendlereinzugsbereich von Berlin (Ost) um 1980

Wirtschaftsentwicklung in der Region Berlin

Mit der Wiedervereinigung beider Teilstädte und mit der Vereinigung der beiden Staaten in Deutschland sowie mit der Entscheidung für Berlin als Hauptstadt und Sitz von Parlament und Regierung ergeben sich für eine wirtschaftliche Entwicklung in der Region Berlin wesentlich veränderte Standortbedingungen. Berlin und seine umliegenden Kreise stellen jetzt mit rund 4,3 Mio Einwohnern und rund 7 300 km Fläche die größte monozentrische Stadtregion Europas zwischen Paris und Moskau dar.

Überwunden sind die hemmenden Gegebenheiten der aufgezwungenen Insellage einerseits und der systembedingten Abschottung gegenüber dem „Klassenfeind" andererseits. Berlin wird nun Motor der deutschen Vereinigung und der Annäherung von West-, Mittel- und Osteuropa.

Die wirtschaftliche Entwicklung der Region Berlin wird gekennzeichnet sein durch

- die Herausbildung eines vorrangigen Dienstleistungszentrums. Neben den öffentlichen Dienstleistungen werden die privaten, nicht produktionsbezogenen (z. B. Kunst, Kultur, Wissenschaft, Bildung, Nachrichten, Medien, Hotels, Restaurants, Unterhaltung, Reisebüros u. a.), die verselbständigten unternehmensspezifischen (z. B. Software, Engineering, Marketing, Anlagen-Leasing, Management, Werbung, EDV, Immobilien, Rechts- und Steuerberatung, Sicherheit) und die betriebsgebundenen produktionsbezogenen Dienstleistungen die Entwicklung tragen.
- die Beibehaltung des Industriestandorts. Die Industrieentwicklung ist allerdings in Ostberlin durch eine Überalterung der Anlagen und eine erhebliche personelle Überbesetzung im unproduktiven Bereich und in Westberlin durch strukturelle Defizite (umsatzstarke Branchen mit wertschöpfungsschwacher Produktion: Zigaretten, Schokolade, Kaffeerösterei u. a.; Investitionsgüterindustrie als „verlängerte Werkbank") belastet. Chancen bestehen für die Industrieentwicklung in der Nutzung des hohen wissenschaftlichen Potentials der Stadtregion.

1. Erläutern Sie Veränderungen der Standortbedingungen der Wirtschaft in der Region Berlin seit dem 3.10.1990 (Tag der deutschen Einheit) bzw. dem 20.6.1991 (Beschluß des Deutschen Bundestages: Berlin wird Sitz von Parlament und Bundesregierung).

2. Diskutieren Sie kontrovers mögliche zukünftige Entwicklungen in der Region Berlin. Bedenken Sie dabei Maßnahmen zur Verbesserung von Infrastruktur und Wohnungsbau.

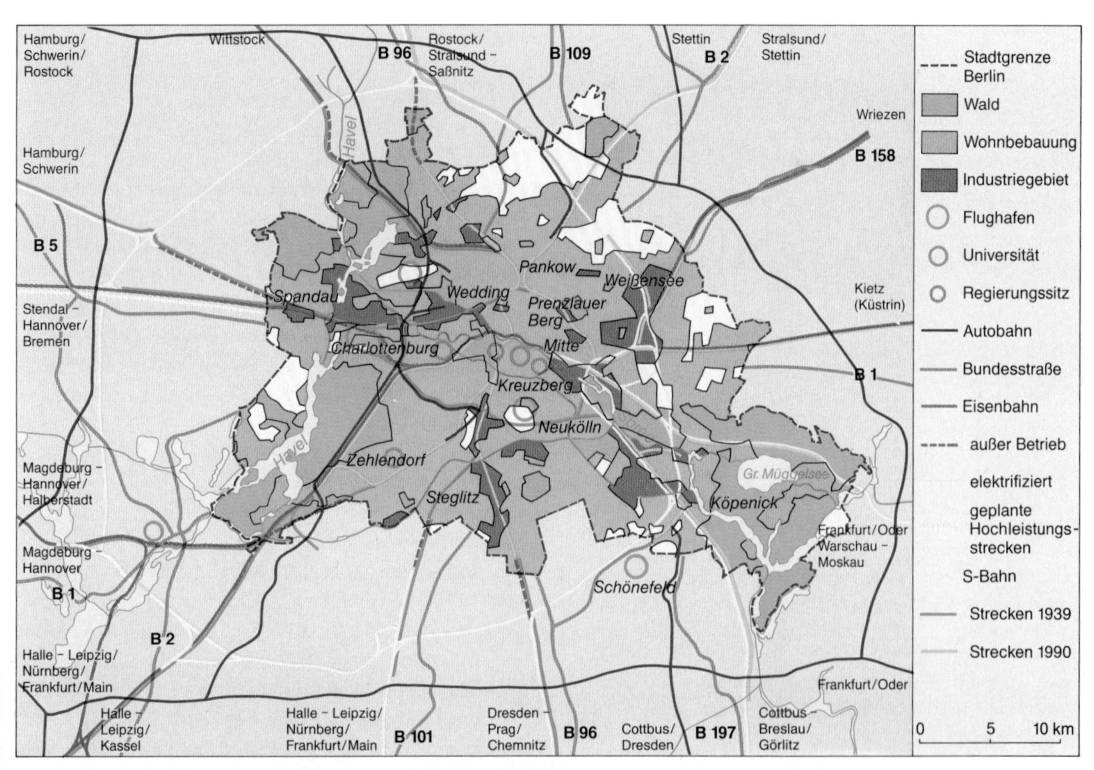

19.1 Region Berlin: Flächennutzung (Auswahl) und Verkehrsnetz 1990

20.1 Die Region Rhein-Neckar 1986

Mitarbeiter:	1870 – 500; 1990 – 55 500
Werksgelände:	6,34 km² (Rheinfront: 5,4 km)
Fahrstraßen:	103 km
Eisenbahngleise:	200 km
Gebäude:	1600
Rohrleitungen:	2000 km
Elektr. Erdkabel:	2802 km
Verkaufsprodukte:	über 8000 Artikel (8,6 Mio t/Jahr)
Güterabfertigung:	pro Tag werden 800 Güterwagen abgefertigt und 1000 Lkw sowie 25 Schiffe be- und entladen.
Jährlicher Verbrauch:	
Brennstoffe:	0,8 Mio t
Rohstoffe:	3,2 Mio t
Erdöl:	4,9 Mio t
Erdgas:	1,2 Mio m²
Wasser:	mehr als die Bevölkerung von Baden-Württemberg (1,2 Mrd m³)
Strom:	soviel wie die Stadt Köln (5,4 Mrd. kWh)

Mit den Produkten werden mehr als 55 000 Abnehmer in mehr als 130 Staaten beliefert. Heute gehört die BASF zu den bedeutendsten Chemiewerken der Welt. Sie produziert Dünge- und Pflanzenschutzmittel, Kunststoffe, Ton-, Video- und Computerbänder, Arzneimittel, Kosmetika, Farben und Waschmittel. Grundstoffe dafür sind Rohöl, Gas, Kohle, Schwefel und Salze.

20.2 Die BASF Ludwigshafen in Zahlen (1990)

Die Region Rhein-Neckar

Die Region Rhein-Neckar ist der Raum zwischen Worms und Speyer sowie zwischen dem Pfälzer Wald und dem Odenwald. Zentrum des Verdichtungsraumes, in dem etwa zwei Millionen Menschen leben, ist die **Doppelstadt** Mannheim-Ludwigshafen. Seinen Aufstieg zum Wirtschaftszentrum an der Mündung des Neckars verdankt **Mannheim**, das als Residenz- und Garnisonstadt bereits im 18. Jh. eine Blütezeit erlebt hat, vorwiegend der Gunst der Lage an Rhein und Neckar. Die Aufwärtsentwicklung beginnt, als die Rheinkorrektion den **Ausbau eines Rheinhafens** (seit 1834) neben dem alten Neckarhafen ermöglicht, und als durch die Dampfschifffahrt und durch den Beitritt Badens zum Deutschen Zollverein (1835) Mannheim zum süddeutschen Endpunkt der Rheinschiffahrt wird. Es entstehen große Transportunternehmen und Handelshäuser und seit den 50er Jahren des letzten Jh. eine wachsende Industrie, u. a. die Werke von Lanz (Landmaschinen) und Daimler-Benz. Nachdem die Stadt neben den staatlichen Hafenbecken große Industriehäfen ausgebaut hat, entwickelt sich Mannheim um die Jahrhundertwende zur **Großindustriestadt**. Großbetriebe wie das Zellstoffwerk Waldhof, die größten Getreidemühlen Süddeutschlands, die „Vereinigten Jutespinnereien“ u. a. lassen sich hier nieder.

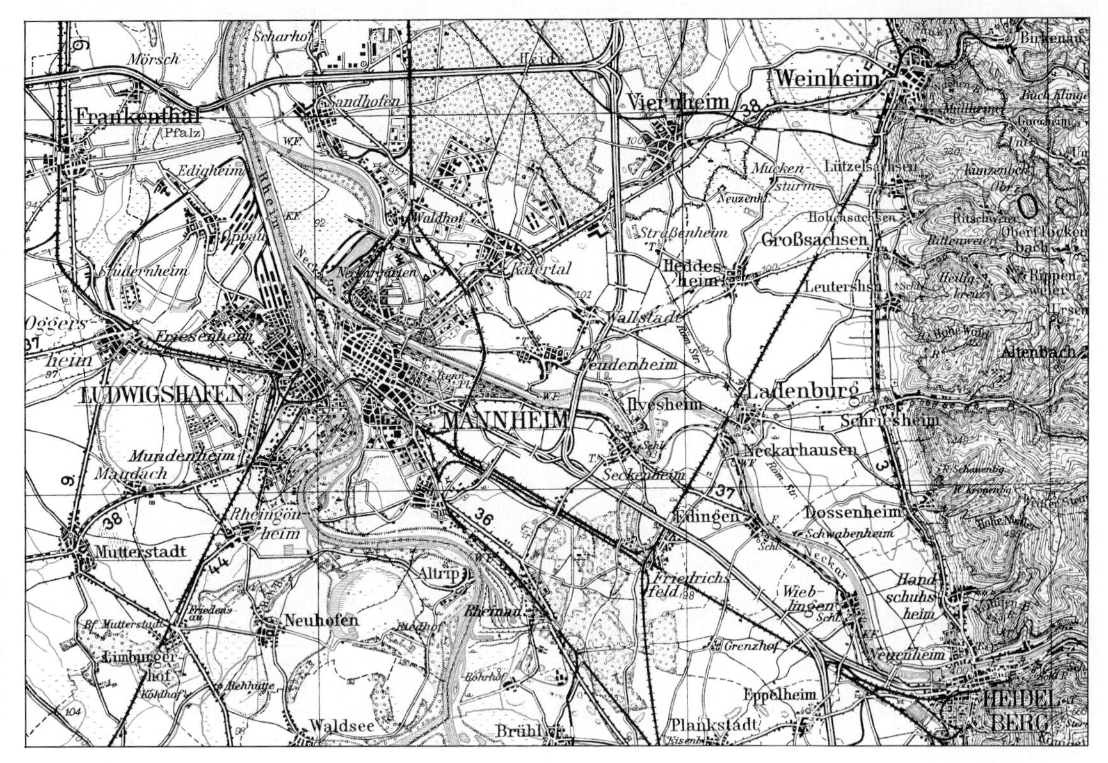

21.1 *Die Region Rhein-Neckar um 1950 (Ausschnitt aus der TüDR 1 : 200 000)*

Heute sind im 11 km² großen Mannheimer Hafengebiet mehrere hundert Betriebe mit über 20 000 Beschäftigten ansässig. Die Lagerflächen (0,8 Mio m² überdacht) dienen dem Güterumschlag für ganz Süddeutschland.

Die in Mannheim gegründete **Badische Anilin- und Sodafabrik (BASF)** verlagert schon 1865 aus Platzgründen ihren Standort in den linksrheinischen badischen Brückenkopf **Ludwigshafen**. Erst 1822 aus einer Ladestelle am Rhein entstanden und 1843 nach König Ludwig von Bayern benannt, entwickelt sich der Ort (seit 1859 Stadt) durch die BASF zur **Chemiestadt** am Oberrhein.

Zahlreiche Dörfer, vor allem an der 25 km langen Rheinfront, wandeln sich in kurzer Zeit zu Industrie- und Hafensiedlungen. Mehrere Dörfer, deren Bewohner schon überwiegend nach Mannheim oder „in die Anilin" nach Ludwigshafen pendeln, aber nebenher noch eine kleine Landwirtschaft betreiben, werden nach und nach eingemeindet. Zunehmende Raumordnungsprobleme in der Zeit des „Wirtschaftswunders" führen zur Gründung der kommunalen Arbeitsgemeinschaft „Raumordnungsverband Rhein-Neckar". Seit 1969 regelt ein Staatsvertrag die grenzüberschreitende Zusammenarbeit.

1. Vergleichen Sie die beiden Karten im Hinblick auf das Wachstum der Siedlungs-, Gewerbe- und Industrieflächen. Stellen Sie Schwerpunkte heraus.
2. Erläutern Sie das Straßen- und Schienennetz in der Region Rhein-Neckar. Welche Raumordnungsprobleme leiten sich daraus her?
3. Bewerten Sie die Daten von T 21.1.

T 21.1: Hauptverwaltungen der 500 größten bundesdeutschen Unternehmen (1978) – ohne Berlin (West)

Verdichtungsräume	Unternehmens- und Konzernverwaltungen in Klammern: Verwaltungen von Tochtergesellschaften			
	insg.	Industrie	Dienstleistungen	Handel
1. Rhein-Ruhr	98 (42)	49 (27)	7 (4)	42 (11)
2. Rhein-Main	48 (10)	33 (7)	6 (2)	9 (1)
3. Hamburg	45 (5)	23 (3)	6 (1)	16 (1)
4. Stuttgart	27 (2)	19	4 (1)	4 (1)
5. München	26 (6)	17 (5)	3	6 (1)
6. Rhein-Neckar	11 (2)	9 (2)		
7. Nürnberg	10 (1)	6 (1)	1	3
8. Hannover	10 (5)	5 (2)	2 (2)	3 (1)
	275 (73)	161 (47)	31 (10)	83 (16)

(Aus: Fricke und Gaebe, 1981, S. 26)

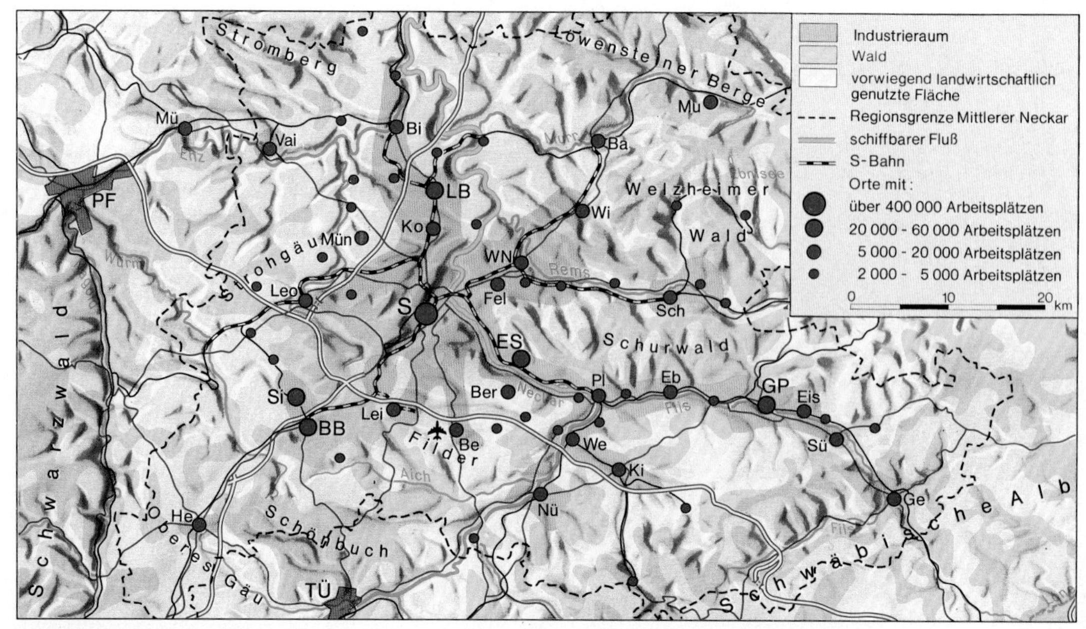

22.1 Region Mittlerer Neckar

Die Region Mittlerer Neckar

Für Planungszwecke wurde die „Region Mittlerer Nekkar" geschaffen. In ihr wohnten 1980 auf rund 3650 km^2 2,38 Mio Menschen. Dies entsprach 16% der Fläche bzw. 26% der Bevölkerung des Landes Baden-Württemberg. Etwa 14% der Einwohner waren Ausländer.

Nach der Region Rhein-Ruhr ist der Mittlere Neckar mit 458 000 Beschäftigten (1980) die bedeutendste Industrieregion der Bundesrepublik Deutschland. Die stark ausfuhrorientierte Wirtschaft dieses Raumes exportierte 1979 28% des Umsatzes. Hier werden heute die höchsten Industrielöhne der Welt gezahlt.

Gliederung der Region

Die Region wird von Stuttgart beherrscht. Anders als bei den monozentrischen Verdichtungsräumen München, Hamburg oder Hannover ist die Stadt von einem Kranz wirtschaftsstarker Mittelstädte umgeben. Sie bilden die Wurzeln von sechs Verdichtungsachsen, die radial von Stuttgart wegführen. Im Osten folgen sie den Leitlinien der Täler, so im Rems- und im Filstal; weniger dicht besiedelte Höhenzüge wie der Schurwald liegen dazwischen.

Der Nord- und Westteil des Verdichtungsraumes wird von lößbedeckten und heute weitgehend waldlosen Gäuebenen eingenommen.

Im Süden liegt die lößbedeckte Filderebene. Daran schließt sich der Schönbuch als großes trennendes Waldgebiet an.

Geschichte der Region

Die ersten **Verdichtungsachsen** entwickelten sich vor etwa 140 Jahren dort, wo Verkehrswege gebaut wurden und Wasserkräfte verfügbar waren. So entstanden vor allem im Neckar- und Filstal zwischen Stuttgart und Geislingen bereits früh Fabriken. Wegen der eingeengten Tallage sowie einer oft wenig wachstumsintensiven Wirtschaftsstruktur vollzieht sich das jüngere Wachstum des Raumes jedoch nicht mehr in den alten Industriegassen, sondern hauptsächlich auf den Gäuebenen. Diese Bereiche waren zunächst durch ihre schlechte Verkehrserschließung im Nachteil. Als aber der Straßenverkehr die enge Bindung der Pendler an die Bahnlinien aufhob und die Elektrifizierung die Betriebe von der Wasserkraft unabhängig machte, wuchs der Verdichtungsraum.

Wegen der ungünstigen Lage Stuttgarts im Talkessel wohnt ein Großteil der 580 000 Einwohner in den Vororten. Die Tallage, die nur einen bequemen Zugang vom Osten her offen läßt, erschwert den Verkehr und die Durchlüftung der Stadt. Da – bei gestiegenen Wohnansprüchen der Bevölkerung – starker Bauplatzmangel herrscht, wohnen viele ehemalige Stuttgarter heute in Umlandgemeinden. Seit 1978 steht diesen 135 000 berufstätigen Einpendlern ein S-Bahn-Netz zur Verfügung. Ihr Ziel sind z. T. die 406 Industriebetriebe (mit über 20 Beschäftigten) mit ihren 132 000 Arbeitsplätzen. Etwa drei Viertel davon entfallen auf die drei Branchen **Fahrzeugbau, Elektrotechnik** und **Maschinenbau**. Die Stuttgarter Industrie erzielte 1980 einen Umsatz von rund 32 Mrd DM.

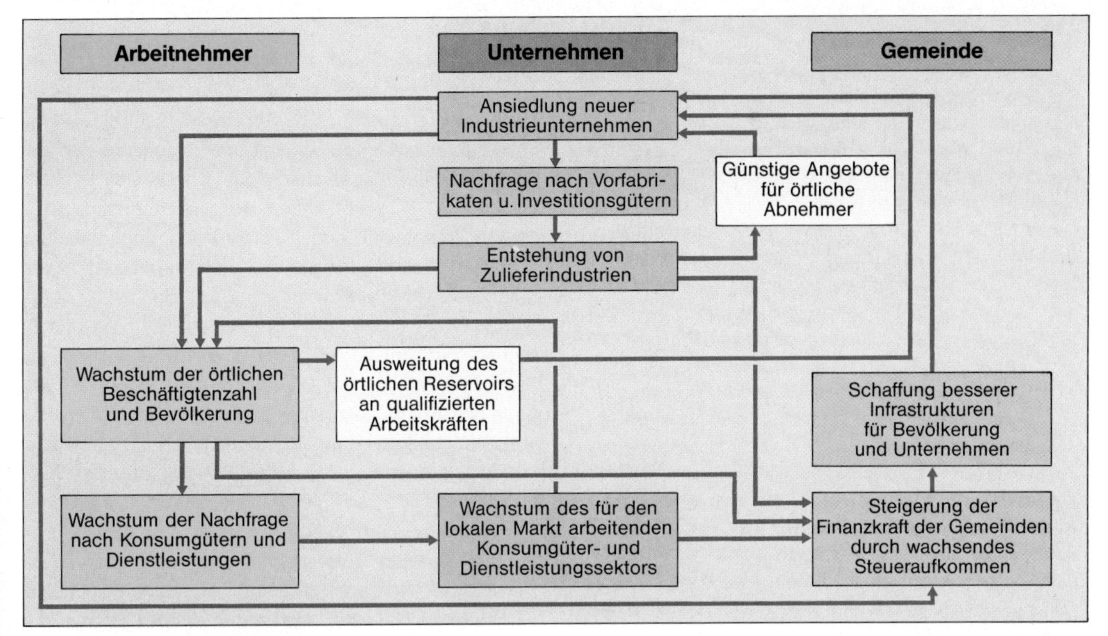

23.1 Modell des ungleichmäßigen Wirtschaftswachstums

Wandel der Standortgunst: Das Beispiel Stuttgart-Sindelfingen

Eines der ältesten und größten Stuttgarter Familienunternehmen, das Textilkaufhaus Breuninger, verlegte 1981 seine Hauptverwaltung nach Sindelfingen im Landkreis Böblingen. Gleichzeitig hatte Breuninger hier auf 11 ha ein Einkaufszentrum mit 20 000 m² Verkaufsfläche und 3000 Parkplätzen eröffnet.

Der Wegzug eines Gewerbesteuerzahlers, der Raum gewinnen und Kosten mindern will, ist ein kommunales Strukturproblem, unter dem viele deutsche Großstädte leiden. Während aber Flächenstädte wie München oder Düsseldorf genügend eigenes Umland haben, ist Stuttgart wegen seiner von Waldrändern gesäumten Talkessellage benachteiligt. Die Erhaltung der stadtnahen Wiesen, Wälder und Weinberge führt damit zur Abwanderung von Betrieben.

Mit dem Abzug der etwa 350 Personen umfassenden Breuninger-Verwaltung verliert Stuttgart jährlich an die 2 Mio DM, die Gesellschaft spart wegen der geringeren Gewerbesteuerhebesätze am neuen Standort jährlich eine halbe Mio DM, und Sindelfingen stärkt seine Stellung als reichste Gemeinde der Bundesrepublik Deutschland.

Noch 1948 hatte die am Rande des Oberen Gäus gelegene Stadt der Weber nur 8500 Einwohner. Inzwischen sind es 55 000; dazu kommen täglich 30 000 Einpendler. Das Daimler-Benz Karosserie- und Montagewerk ist mit seinen 39 000 Beschäftigten der bei weitem größte Arbeitgeber. Aber neben den 70 mittelständischen Unternehmen, die sich z. T. als Zulieferer niederließen, kommen noch fast 10 000 Beschäftigte in den Elektronikunternehmen IBM und Hewlett-Packard in Sindelfingen/Böblingen.

Bereits 1979 verfügte Sindelfingen über 2528 DM Steuerkraft pro Einwohner (Stuttgart 1015 DM). Entsprechend großzügig ist die Infrastruktur der Gemeinde: So verfügt z. B. das städtische Krankenhaus über das modernste Operationszentrum Südwestdeutschlands. 1976 entstand für 33 Mio ein Badezentrum mit Freibad und Stadion, 1977 für 22 Mio DM eine Sporthalle mit über 5000 Plätzen. Die Stadt erweiterte die Stadthalle um ein Theater- und Konzertgebäude.

Das Beispiel Märklin

Als der Klempnermeister Märklin 1859 mit der Fabrikation von Puppenküchen begann, hatte er nur einen Gesellen. Den Verkauf besorgte seine Frau Caroline. 1891 präsentierten seine Söhne auf der Leipziger Frühjahrsmesse eine „Uhrwerkbahn mit Schienenanlagen in Form einer Acht“, 1914 stellten sie den ersten „Metallbaukasten mit echter Schraubtechnik“ vor. Heute ist die Göppinger Firma der weltgrößte Hersteller von Modelleisenbahnen.

1. Erläutern Sie die räumliche Erweiterung des Verdichtungsraumes „Mittlerer Neckar“.
2. Erläutern Sie folgende Kausalkette: Realteilung → Arbeiterbauerntum → Handwerk und Heimarbeit → hochqualifizierte Arbeitskräfte → Industrialisierung → Rohstoffmangel → arbeitsintensive Veredlungsindustrie.
3. Erstellen Sie einen Wachstumskreislauf für Sindelfingen.

Idealtypische Raumentwicklung in Industriestädten

Seit Beginn der **Industriellen Revolution** zogen die großen Städte Industriebetriebe an sich: Sie verfügten zumeist über eine gute Verkehrslage, eine kaufkräftige Bevölkerung und eine Reserve von Arbeitskräften, die handwerkliche Fähigkeiten mitbrachten. Fühlungsvorteile durch Nähe zu den zahlreichen Handwerksbetrieben, landesherrliche Förderung und eine vergleichsweise gute infrastrukturelle Ausstattung waren weitere Gunstfaktoren. So wurden viele der in der Altstadt gelegenen Handwerksbetriebe zu Industriebetrieben. Die Lage im Zentrum bot Vorteile wegen der Nähe zu den Arbeitskräften, den Kunden und den Zuliefer- und Abnehmerbetrieben. Durch den Bau der Bahnhöfe, die meist direkt am Altstadtrand entstanden, wurde die Orientierung auf das Zentrum unterstützt. Sie blieb auch in der Wachstumszeit der **Gründerjahre** (nach 1870) erhalten, weil zentrumsnahe Arbeiterviertel gebaut wurden. Das Wachstum der Städte im **20. Jh.** führte zu raschem Funktionswandel und räumlicher Funktionstrennung: Betriebe aus dem Dienstleistungsbereich verdrängten auf Grund der hohen Bodenpreise Industrie und Gewerbe aus dem Zentrum (Citybildung); gut erschlossene, billige Gewerbeflächen in den Außenbezirken förderten dort die Industrieansiedlung. Die Entwicklung des Individualverkehrs ermöglichte die flächenhafte Wohnbebauung der Außenbezirke.

Heute sind Großbetriebe in Citylage seltene Ausnahmen. Dagegen haben Industriebetriebe, die wenig Raum benötigen, auf mehreren Stockwerken arbeiten können und die Umwelt wenig belasten, häufig ihren alten Standort behalten und sind heute auch stadtplanerisch wieder hier erwünscht.

Theoretische Verteilung von Büros, Industrie und Wohnvierteln in einem monozentrischen Verdichtungsraum in Abhängigkeit von den Mietpreisen

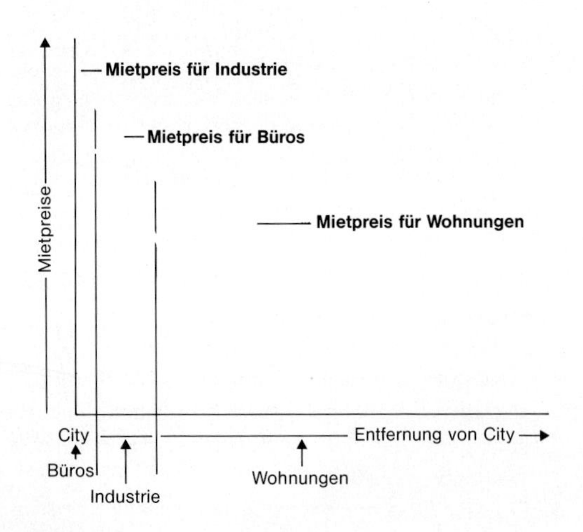

München

München hat sich spät zur größten Industriestadt Süddeutschlands entwickelt. 1505 wählten die Wittelsbacher München zu ihrer einzigen Residenzstadt. Die erst im 19. Jh. einsetzende Industrialisierung stützte sich auf das Handwerk, wurde durch das Königshaus intensiv gefördert und erfuhr durch den Eisenbahnanschluß (1839) den entscheidenden Aufschwung. Besonders die optische, feinmechanische und metallverarbeitende Industrie entwickelte sich auf der Basis des alten Handwerks. Daneben erlangten Brauereien, Nahrungsmittelbetriebe und Druckereien rasch überörtliche Bedeutung. Auf Grund königlicher Förderung entstanden um die Mitte des 19. Jh. Lokomotivfabriken (Krauss-Maffei), die später auch Motoren und Rüstungsgüter herstellten. Um 1900 hatte noch kein Münchner Betrieb 1000 Beschäftigte. 1916 wurden die Bayerischen Motorenwerke (BMW) weit außerhalb der damaligen Stadtgrenze gegründet. Am Oberwiesenfeld, einem ehemaligen Exerzierplatz im Norden der Stadt, baute man zunächst Flugmotoren – später kamen Motorräder und Autos hinzu.

Heute ist BMW in der Münchner Industrie nach Siemens der zweitgrößte Arbeitgeber. Über die Hälfte der 43 000 Beschäftigten von BMW, die 1983 über 420 000 Autos und 28 000 Motorräder herstellten, arbeitet hier. Seit Jahren gehen über 50% der BMW-Produktion in den Export.

Entscheidend für Münchens Aufstieg nach dem Zweiten Weltkrieg war die Verlagerung der Siemens-Hauptverwaltung von Berlin an die Isar. Allein dieser Konzern stellte 40 000 Beschäftigte ein. Produktionsstätten und Verwaltungen anderer – vielfach auch ausländischer – Firmen folgten. Bis zu Beginn der 70er Jahre verzeichnete der Raum München einen jährlichen Zuzug von bis zu 30 000 Menschen. 1972 wurde in der Nachbarschaft des BMW-Werkes das Olympiagelände eingeweiht. Die Münchner Industrie profitierte von dem Ansehen, das die „Olympiastadt" weltweit gewann.

Eisenhütten, Geschützfabriken und Werften, das waren einmal die großen Rüstungsschmieden des Landes ...

Daran hat sich im Zeitalter der elektronischen Kriegsführung vieles geändert. In der Stadt München und ihrer Umgebung findet man die stärkste Konzentration an Rüstungsaktivitäten in der Bundesrepublik Deutschland: Hier befinden sich der Luft- und Raumfahrtkonzern Messerschmidt-Bölkow-Blohm (MBB), der Flugzeughersteller Dornier, die Panzerfabrik Krauss-Maffei, die Motoren- und Turbinen-Union (MTU) als einer der wichtigsten europäischen Hersteller von Flugtriebwerken und eine nicht zu ermittelnde Zahl von teilweise hochspezialisierten Klein-und Mittelunternehmen.

(Nach: Süddeutsche Zeitung vom 21.1.85)

Münchner Modellversuch „Existenzgründungen im High-Tech-Bereich"

Im Gewerbehof Westend hat die Stadt München 3000 m^2 Nutzfläche der Technologieförderung vorbehalten. Gemeinsame Serviceleistungen wie ein zentrales Büro helfen Kosten sparen und erleichtern die erwünschte Kooperation der kreativen Jungunternehmer. Nach US-amerikanischem Muster erhofft man sich von der Nähe zur Technischen Universität, der Universität und den Instituten der Max-Planck- und der Fraunhofer-Gesellschaft einen regen Ideenaustausch. Eine städtische Betriebsgesellschaft soll die erwarteten Hochschulabsolventen und Erfinder in der Unternehmensführung beraten.

Der Freistaat Bayern und die Stadt München tragen für vier Jahre je zur Hälfte die Kosten dieses Projektes. Hinzu kommen Mittel aus dem Programm für „technologieorientierte Unternehmensgründungen" des Bundesministers für Forschung. Schon mehr als 40 Interessenten haben sich beworben. Hält man ihre Idee für innovativ, technisch realisierbar und marktgerecht, so können sie die Arbeit aufnehmen.

Eine Stiftung „Deutsche Aktionsgemeinschaft Bildung Erfindung Innovation" (DABEI) plant einen „Erfinder-Bahnhof" am Westpark. Hier sollen „Erfinderwerkstätten" eingerichtet werden. Ende 1984 wurde der Rohbau des „Techno Center München" fertiggestellt. Hier entsteht das erste privat finanzierte Technologiezentrum der Bundesrepublik. Als Mieter stellen sich die Bauherren kleine und mittlere Firmen der aufstrebenden Mikroelektronikbranche vor. „Der eine hat die Idee, der andere das Geld" lautet das Konzept.

(Nach Artikeln der Süddeutschen Zeitung 1985)

1. Stellen Sie die Lage der Münchner Industriegebiete fest (Atlas). Vergleichen Sie diese mit dem Standortmodell.
2. Erläutern Sie die zentral-periphere Standortverlagerung am Beispiel von München.
3. Erläutern Sie das Konzept des Münchner „Gewerbehof Westend", und bewerten Sie es.

T 25.1 Strukturdaten München

Bevölkerung (1990):	1218000
Bevölkerungsentwicklung	
1961–1970	+19,2%
1972–1980	– 3,0%
Umland 1961–1970	+23,5%
Verhältnis Ein- und Auspendler	8:1
Strukturbestimmende Branchen mit Beschäftigtenzahl (1990)	
1. Elektrotechnik	75700
2. Stahl-, Maschinen-, Fahrzeugbau	71000
3. Nahrungs- und Genußmittelindustrie	15800
4. Holz-, Papier- und Druckgewerbe	15700
5. Leder- und Textilbekleidung	10600

Technologieparks – Industriegebiete der Zukunft?

Das kalifornische Silicon Valley südlich von San Francisco ist in der Welt zum Synonym geworden für die High-Tech-Industrie. Der 1951 gegründete Industriepark der Stanford University wird heute als Vorbild genannt, wenn über die Ansiedlung von Spitzentechnologie diskutiert wird. Ein Konzept für die Industriezukunft lautet daher: Aufbau von Industrieparks und Gründerzentren. In der Bundesrepublik Deutschland gab es 1985 etwa 40 solcher Zentren – sie verteilen sich von Syke bei Bremen über Berlin (West) bis nach München. Welche Faktoren müssen zusammentreffen, damit das Industriepark-Konzept aufgeht? US-amerikanische Untersuchungen kommen zu folgenden Ergebnissen:

1. Nähe zu einer Forschungsuniversität

Mit Forschungsuniversität ist eine Hochschule gemeint, die sowohl Grundlagenforschung betreibt als auch ihre Ergebnisse zur technischen Anwendung aufbereitet. Die Hochschulen unterhalten enge Kontakte zur Industrie. Wissenschaftler der Elite-Universitäten Stanford und Berkeley erhalten im Schnitt pro Jahr 60000 Dollar von der Universität und 30000 Dollar von der Industrie, die dafür auch Leistungen erwartet. Professoren werden oftmals zu Unternehmern; sie gründen eigene Firmen, um ihre Ideen zu verwirklichen. Kleine Firmen verwerten „Abfallprodukte" (spin-offs), denen sie Marktchancen einräumen.

2. Infrastruktur und Fühlungsvorteile

Eine junge Firma ist sehr abhängig von einer ausreichenden Anzahl von Lieferanten, risikobereiten Kreditgebern, Unternehmensberatern, Kunden und Arbeitskräften. Ein voll erschlossenes, günstig gelegenes Industriegelände mit niedrigen Grundstückspreisen erleichtert den Start.

3. Klima und Lebensqualität

Ein angenehmes Klima und leicht erreichbare Badestrände, Wälder, Skigebiete, Theater und Konzertsäle lockten hochqualifizierte Arbeitskräfte an und halten sie in der Region.

4. Unternehmer

„Die treibende Kraft bei der Entstehung eines neuen Silicon Valley ist zweifellos das Unternehmerfieber, es wird durch Nachahmung und selektive Zuwanderung übertragen", stellt eine der Studien fest. Anstatt Firmen aus anderen Städten mit teuren Vergünstigungen anzulocken, sollten lieber Bedingungen geschaffen werden, die es Mitarbeitern von bestehenden Firmen erleichtern, sich selbständig zu machen. Manager und Techniker stellen im Schnitt 20% der Beschäftigten eines Spitzentechnikunternehmens. Jeder von ihnen schafft zwölf Arbeitsplätze in den Zulieferbetrieben. (Nach: Rogers/Larsen)

Das Leunawerk bei Merseburg

Während des Ersten Weltkrieges entstand 1916 auf der Flur des Dorfes Leuna und vier weiterer Dörfer das „Ammoniakwerk Merseburg GmbH". Der Standort war gut gewählt. Vom naheliegenden Geiseltal westlich von Merseburg, wo das Mitteldeutsche Braunkohlensyndikat seit 1909 einen Großtagebau betrieb, wurde die Braunkohle geliefert. Aus den Salzbergwerken bei Staßfurt erhielt das Chemiewerk Kali- und Steinsalz. Mit dem Grundwasser aus der benachbarten Saaleaue konnte der Brauchwasserbedarf gedeckt werden.

In wenigen Jahren wuchs die Zahl der Beschäftigten auf 20 000 an. Die fünf Gemeinden schlossen sich 1917 zu einem Zweckverband und 1930 unter Einbeziehung der 1916 gegründeten Werkssiedlung (1925: 5 000 E) zur Großgemeinde Leuna zusammen. Sie wurde im Sommer 1945 zur Stadt erklärt. Mit seinen 13 hohen Schornsteinen war das Leunawerk ein Wahrzeichen in der flachen Bördenlandschaft. In der Werkssiedlung entstanden 1916 auch der Kindergarten, die Schule, die Volksbücherei, das Krankenhaus, das Gesellschaftshaus mit 1 200 Plätzen im großen Saal, eine Turnhalle, ein Sportplatz, Tennisplätze, ein Bootshaus und zwei Bäder an der Saale.

Anlaß zur Gründung im Ersten Weltkrieg war der Bedarf an Schießpulver und Mineraldünger. Die Einfuhr von Salpeter aus Chile und Guano aus Peru war unterbunden, deshalb gingen die Erträge in der Landwirtschaft zurück. In einer zeitgenössischen Darstellung heißt es „Die Riesenschornsteine recken sich stolz in den Himmel und drohen den Hungergespenstern, die uns beschleichen wollen. Segnend wehen die großen Rauchfahnen über die Felder." Das Leunawerk produzierte Ammoniak und Salpetersäure. Die Benzinherstellung durch Kohleverflüssigung wurde dort 1927 aufgenommen. Das Produktionsprogramm umfaßte auch Schwefel, Salzsäure, Kunststoffe und Pharmazeutika.

Der seit 1925 zur I.G. Farbenindustrie AG (Interessen-Gemeinschaft Farbenindustrie), dem größten Chemiekonzern des Deutschen Reiches, gehörende Betrieb wurde 1945 von der sowjetischen Besatzungsmacht enteignet und als Sowjetische Aktiengesellschaft in sowjetisches Eigentum überführt. Deshalb begann der Wiederaufbau des 1944 durch Bombenangriffe zu 80 % zerstörten Betriebes sofort nach Kriegsende. 1955 kaufte die DDR den Betrieb zurück. In unmittelbarer Nachbarschaft entstand Anfang der 60er Jahre Leuna II. Dieser Betrieb verarbeitete Erdöl und Erdölprodukte aus dem VEB Erdölverarbeitungswerk Schwedt.

Das Industriegebiet Halle–Leipzig–Dessau

In Mitteldeutschland setzte die Industrialisierung hauptsächlich wegen der guten Verkehrslage schon in der ersten Hälfte des 19. Jh. ein. Seit dem Mittelalter liefen hier wichtige Handelsstraßen zusammen. Leipzig war seit dem kaiserlichen Messeprivileg ab 1507, wonach im Umkreis von 15 deutschen Meilen (etwa 110 km) keine Messen abgehalten werden durften, privilegierter Handelsplatz.

Ein weiterer Anstoß war die Zuckergewinnung aus Zuckerrüben, deren Anbau sich auf den guten Böden rasch ausweitete, nachdem F. K. Achard 1786 die Zukkererzeugung aus Zuckerrüben eingeleitet hatte. Entsprechend nahm die Zahl der Zuckerfabriken und deren Brennstoffbedarf zu. Er konnte durch die heimische Braunkohle gedeckt werden. Gleichzeitig entwickelten sich aus Handwerksbetrieben in Leipzig, Halle und anderen Städten Maschinenbaubetriebe, die Ausrüstungen für den Bergbau und die Zuckerfabriken sowie landwirtschaftliche Geräte und Maschinen herstellten. Außerdem ging das Druckerei-, Schuhmacher- und Textilgewerbe in den Städten zur industriellen Produktion über. Mit der rasch anwachsenden nichtlandwirtschaftlichen Bevölkerung stieg auch der Bedarf an Konsum- und Nahrungsgütern, was zum Ausbau entsprechender Industriezweige führte.

Als um 1900 die Maschinenbaubetriebe in der Lage waren, Großraumbagger, Förderanlagen, Brücken, Kräne und Pumpen für den industriellen Abbau der Braunkohle in großen Tagebauen herzustellen, begann die Entwicklung zum Standort der Braunkohlenindustrie mit Brikettfabriken und Kraftwerken sowie von Betrieben der Großchemie. Bereits 1917 – nach der Gründung des Leunawerkes 1916 – war durch die Deutsche Erdöl AG (DEA) in Rositz bei Altenburg ein Hydrierwerk gegründet worden. Seit 1922 war bei Böhlen der bis dahin größte Tagebau der Welt erschlossen und das damals größte Braunkohlenkraftwerk in Betrieb. Wesentliche Erweiterungen setzten in den 30er Jahren im Rahmen des Autarkieprogramms der nationalsozialistischen Regierung ein. 1936 entstanden das Bunawerk bei Schkopau zur Produktion von synthetischem Kautschuk aus Kohle und Kalk sowie die Braunkohlenschwelereien bei Böhlen (1935) und Espenhain (1944) zur Benzin- und Ölherstellung. Dadurch war die deutsche Wirtschaft von Benzin- und Kautschukeinfuhren fast unabhängig.

Für die teilweise Umstellung von Kohle- auf Petrochemie wurden in der DDR zwischen 1965 und 1976 rund 45 Mrd DM investiert. Neue Produktionsanlagen entstanden in Leuna II, Böhlen und Wittenberg-Piesteritz. Die Braunkohlenvorkommen bilden weiterhin einen wichtigen Standortfaktor.

Absehbare wirtschaftsräumliche Entwicklungen

Der Vertrag über die Schaffung einer Währungs-, Wirtschafts- und Sozialunion zwischen der Bundesrepublik Deutschland und der DDR vom 18.5.1990 bedeutet den Umbruch von der Zentralverwaltungswirtschaft des SED-Staates zur Sozialen Marktwirtschaft des Grundgesetzes der Bundesrepublik Deutschland. Somit werden gerade in den monostrukturierten und stark umweltbelasteten Standorten der Großchemie im Industriegebiet Halle–Leipzig–Dessau tiefgreifende Veränderungen ausgelöst. Der Strukturwandel zielt in drei Richtungen:

- Stillegung der Produktionslinien, die im SED-Staat aus autarkischen Erwägungen subventioniert wurden.
- Privatisierung der modernen und auf konkurrierenden Märkten wettbewerbsfähigen Betriebsteile bzw. Modernisierung marktgerechter Produktionslinien.
- Gründung neuer Betriebe zur Diversifizierung der Chemiestandorte bei gleichzeitiger Abschöpfung der qualifizierten Arbeitskräfte (Humankapital) und Nutzung der Infrastruktur (Sachkapital).

1. „Vom Bördenland zum Chemiezentrum". Erläutern Sie die räumliche Entwicklung.

2. Erörtern Sie mögliche wirtschaftsräumliche Entwicklungen im Industriegebiet Halle–Leipzig–Dessau. Verfolgen Sie Berichte in den Medien.

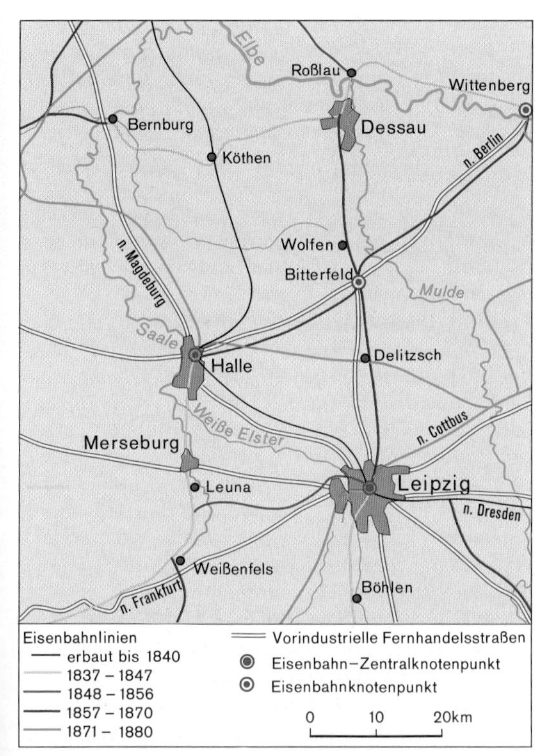

27.1 Entwicklung des Verkehrsnetzes

All dies zeigt überdeutlich, wie sehr die chemische Industrie am Boden liegt. Klar sind indessen auch die Ursachen. Ob Leuna, Buna oder Bitterfeld – alle stellen vorwiegend rohstoffnahe Massenprodukte her, zumeist aus Braunkohle. Die Karbochemie verpestet aber nicht nur die Luft, sie ist auch der Konkurrenz, die durchweg mit Erdöl als Grundstoff produziert, hoffnungslos unterlegen. (Hannoversche Allgemeine Zeitung, 13.5.1991)

Jetzt gilt es, die Autarkiebestrebungen des DDR-Regimes zu korrigieren. Neben den Schwierigkeiten mit den Altlasten (Altschulden, Sozialpläne, Umweltschäden, Nachholinvestitionen) gibt es auch positive Seiten, wie viele gut ausgebildete Fachkräfte. In den Betrieben konnte man unter den Anweisungen der zentralgelenkten marxistischen Wirtschaftsführung wettbewerbsfähige Entscheidungen nicht ausführen. In der Chemie AG Bitterfeld-Wolfen und auch in der Filmfabrik Wolfen AG wird mit Hochdruck an Konzeptionen für die Zukunft und an der Entwicklung neuer Produkte gearbeitet.
(Frankfurter Allgemeine Zeitung, 13.4. und 14.6.1991)

Das nationale Sonderprogramm für Halle, Bitterfeld und Merseburg ist inhaltlich soweit festgelegt, daß die Kommunen ihre Förderanträge für entsprechende Maßnahmen danach ausrichten können. Das Sonderprogramm sieht fünf Schwerpunkte vor: Sanierung der Altlasten, Ansiedlung umweltschonender Industrietechnologien, Erhaltung und Stärkung lebenswichtiger und zukunftsfähiger Kernbereiche vorhandener Unternehmen, Umschulung, Wohnungsneubau. (Mitteldeutsche Zeitung, 24.5.1991)

Im Raffineriebereich der Leuna-Werke AG soll künftig nicht ausschließlich nur Erdöl aus der UdSSR zu Kraftstoff und chemischen Rohprodukten verarbeitet werden, sondern auch Erdöl aus der Nordsee oder dem Nahen Osten. Im Vorstand zeigt man sich deshalb stark am Projekt einer Pipeline interessiert, die den Anschluß an das westeuropäische Erdölversorgungssystem herstellt.
(Mitteldeutsche Zeitung, 30.4.1991)

Staatliche Stellen planen zusammen mit den Vereinigten Mitteldeutschen Braunkohlewerken AG (Mibrag), einen Teil der ehemaligen Tagebaustätten des Braunkohlengebietes von Delitzsch und Bitterfeld in ein Naturschutz- und Naherholungsgebiet für die Bürger des Ballungsraumes Leipzig–Halle–Dessau umzuwandeln. Außerdem sollen Gewerbegebiete für mittelständische Unternehmen entstehen. (FAZ, 25.4.1991)

Auf lange Sicht hält man in Mitteldeutschland Fördermengen von 25 bis 40 Mio t Kohle jährlich für realistisch, denn in Großversuchen mit zirkulierender Wirbelschichtfeuerung sei die umweltverträgliche Verstromung der hiesigen Kohle nachgewiesen. Neue Braunkohlenkraftwerke könnten in Buna, Leuna und Zschornewitz errichtet werden.
(Mitteldeutsche Zeitung, 24./25.5.1991)

Die „Auto-Union AG“ in Zwickau, Zschopau und Chemnitz

Der deutsche Kraftfahrzeugbau ist eng mit den sächsischen Industriestädten Zwickau, Zschopau und Chemnitz verbunden. Mit der Gründung der Horchwerke AG begann 1904 der Autobau in Zwickau. Der Autokonstrukteur und Unternehmer August Horch (1868–1951) führte den Kardanantrieb und die Reibungskupplung ein und schuf 1903 den ersten Vierzylindermotor. Nach Differenzen mit den Aktionären schied er 1909 aus der Horch AG aus und gründete in Zwickau die Audi-Automobilwerke AG (lat. audi = horch!). Im Verlauf der Weltwirtschaftskrise fusionierten 1932 die Horch- und Audi-Werke mit den Zschopauer Motorradwerken und den Wanderer-Werken in Chemnitz, die vorwiegend Fahrräder herstellten, zur „Auto-Union AG“, die ihren Sitz nach Chemnitz legte. Bekannte Markenzeichen der Autoproduktion waren bis dahin Horch, Audi, DKW und Wanderer.

Der Däne Rasmussen (1878–1964) gründete 1906 in Zschopau die Zschopauer Motorenwerke J.S. Rasmussen, nachdem er in Mittweida 1903 seine Ausbildung zum Maschinenbauingenieur abgeschlossen und in Chemnitz vorübergehend eine Armaturenfabrik betrieben hatte. Er baute einen kleinen Zweitaktmotor als Fahrradhilfsmotor, den er DKW „Das Kleine Wunder“, nannte, und 1921 das erste Zweitakt-Motorrad, später auch Autos mit Zweitaktmotoren und Frontantrieb. 1937 war das Zschopauer Werk die größte Motorradfabrik der Welt.

1945 löste die Sowjetische Militäradministration in Deutschland (SMAD) die Auto-Union auf, enteignete die Betriebe und demontierte sie teilweise. Der VEB Horch-Werke Zwickau war zunächst eine Großreparaturwerkstatt der Sowjetischen Besatzungsmacht und stellte seit 1947 wieder Lkw her. 1949 wurde die Traktorenproduktion der Marke „Pionier“ für die staatlichen Maschinen-Ausleihstationen aufgenommen. Im VEB Audi-Werk begann 1948 die Herstellung von Personenkraftwagen. Der DDR-Kleinwagen „Trabant“ wurde 1957 entwickelt. Zur Produktionssteigerung hat man 1958 das Horch- und das Audi-Werk zum VEB Automobilwerke Sachsenring vereinigt, dem zweiten Standort der Pkw-Produktion in der DDR neben Eisenach, wo der Mittelklassewagen „Wartburg“ hergestellt wurde. Die Lkw-Produktion hat nach 1965 der VEB IFA-Automobilwerke in Ludwigsfelde (IFA = Industrieverband Fahrzeugbau der DDR) übernommen.

Die Wartburg- und Trabiproduktionen wurden 1991 wegen Absatzschwierigkeiten stillgelegt. In Zwikkau errichtete die Volkswagen AG und in Eisenach die Adam Opel AG je ein Zweigwerk. Mercedes-Benz übernahm das 1990 gegründete Automobilwerk Ludwigsfelde GmbH und baut dort mittelschwere Lkw. In Zschopau nahm 1948 das VEB Motorenwerk Zschopau (MZ) die Produktion von Motorrädern wieder auf. In den 80er Jahren beschäftigte der Betrieb etwa 3200 Arbeitskräfte. Als Motorradwerk Zschopau GmbH (MZ) wird der Standort für 600 bis 800 Mitarbeiter erhalten bleiben.

85 000 t Garne Jahresproduktion, rund 14 000 Beschäftigte. Baumwollspinnereien in Flöha, Plauen, Mittweida, Leipzig,Venusberg, Zwickau; Zwirnerei Glauchau; Nähfadenfabrik Oederan. Insgesamt 64 Produktionsstätten. Weitere Erzeugnisse: Zwirne, Nähfäden, Handarbeitsgarne, Polyesterseidenprodukte, Kord. Der Steckbrief des VEB Vereinigte Baumwollspinnereien und Zwirnereien Fläha konnte sich in der DDR sehen lassen. Der Baumwoll-Gigant belieferte die gesamte Textilindustrie der DDR.

Die Marktwirtschaft zwang den Riesen in die Knie. In den Altbundesländern beherrschen die dort ansässigen Textilbetriebe bzw. Billigimporte den Markt. Mit nur wenigen Beschäftigten in automatisierten Fabriken und einer dementsprechend hohen Arbeitsproduktivität produzieren sie mit einer Effektivität, die jedem sächsischen Anbieter überlegen ist. ... Nur wenige Textilbetriebe der DDR sind zu retten. Der Schrumpfungsprozeß läuft auf Hochtouren. Doch ein leistungsfähiger Kern wird überleben ... Nicht nur finanzstarke West-Unternehmer können die ehemaligen Staatsbetriebe kaufen. Auch weniger gut betuchte Sachsen – wie ehemalige Betriebsangehörige – stellten Anträge zur privaten Übernahme einzelner Betriebe. Kredite als Basis, Mut zum Risiko inklusive. Einen anderen Weg aus der Talsohle heraus gibt es nicht.
(Leipziger Volkszeitung vom 8.2.1991)

Plauener Spitze, Klöppeleien aus dem Erzgebirge, vogtländische Stickereien, die Dresdener Gardinenmanufaktur. Die sächsische Textil- und Bekleidungsindustrie ist auf dem Weg in eine ungewisse Zukunft. Die osteuropäischen Märkte der ehemaligen volkseigenen Betriebe sind nach der Währungsunion zusammengebrochen ... Die sächsische Textil- und Bekleidungsindustrie muß jetzt abrupt den Strukturwandel nachholen, der sich in Westdeutschland in Jahren vollzogen hat. Verkürzt heißt das: weg von billigen, lohnintensiven Massenproduktionen, hin zu hochwertigen, in kapitalintensiver Produktion hergestellten Textilien.
(Frankfurter Allgemeine Zeitung vom 12.3.1991)

Der größte Hersteller von Maschinen und Anlagen für die Nahrungs- und Genußmittelindustrie, der VEB Kombinat Nagema in Dresden (29 Betriebe, 20 000 Mitarbeiter), jetzt Nagema AG, gehört zu jener Gruppe von Unternehmen, die mit Optimismus in die Zukunft blicken. Aber der Umstand, daß Nagema bisher in der DDR und in Osteuropa eine Monopolstellung hatte, verlangt nach einer völligen Neuorientierung.
(Frankfurter Allgemeine Zeitung vom 15.3.1991)

1. Erläutern Sie die Herausbildung des Industrieprofils im Sächsischen Industriegebiet.

2. Erörtern Sie fördernde und hemmende Bedingungen des Strukturwandels im Sächsischen Industriegebiet.

Das Sächsische Industriegebiet

Die naturräumlichen Verhältnisse begünstigten allgemein eine Entfaltung von Bergbau, Gewerbe und Industrie. Vom Nordsächsischen Tiefland steigt das Land allmählich nach Südosten an und gipfelt im Erzgebirge. Den Übergang bilden flachwellige Hochflächen und Bekken. Das kristalline Gestein war reich an Erzen. Inzwischen ist der Bergbau bis auf wenige Uran-, Zinn-, Blei- und Zinkerzgruben zurückgegangen.

Weiße Elster und Mulde sowie ihre Nebenflüsse haben tiefe Täler in die Hochflächen eingeschnitten. Sie waren Leitlinien der Besiedlung des Waldgebirges im Mittelalter. In der Neuzeit wurden in fast allen Tälern Eisenbahnen gebaut. Schwieriger waren die West–Ost-Verbindungen herzustellen.

Die Wasserkraft und der Holzreichtum waren andere Grundlagen der Gewerbe. Bergbau und Erzverarbeitung verschlangen große Mengen an Grubenholz und Holzkohle. So war das Erzgebirge im 18. Jh. bereits stark entwaldet. Aber in der Industrialisierungsphase stand Steinkohle aus den Zechen bei Zwickau, Ölsnitz und Freital zur Verfügung. Wegen ungünstiger Abbauverhältnise wurde die Förderung 1977 eingestellt. Zuletzt arbeiteten hier noch 3000 Bergleute.

Die Wurzeln der vielseitigen Industrie reichen bis in das Mittelalter, als 1168 im Stadtgebiet des späteren Freiberg Silbererze gefunden wurden. Damals hat das Waldgebirge seinen Namen erhalten. Bald nach 1170 zogen niedersächsische Bergleute von Goslar ins Erzgebirge, denn hier war der „Berg frei". Im 15. Jh. entstanden weitere freie Bergstädte wie Schneeberg und Annaberg.

Mit zunehmender Bevölkerungszahl wuchs der Bedarf an Kleidung. Es entstanden Tuchmacherorte, wo Flachs und Schafwolle, die der Erzgebirgler anbaute oder aus der Schafhaltung gewann, zumeist in Heimarbeit verarbeitet wurden. 1357 erhielt Chemnitz das Bleichmonopol in Sachsen. Durch Tuchmacherei und Leineweberei wurde die Stadt Mittelpunkt des obersächsischen Garn- und Leinwandhandels. Nach dem Niedergang des Bergbaus entwickelte sich Chemnitz zum Zentrum der Textilherstellung. Bereits um 1800 setzte mit der Baumwollspinnerei die Industrialisierung ein.

Bergleute brauchten auch Schuhe und Fahrleder. So entwickelte sich in den Bergstädten die Gerberei und die Schuhfabrikation. Andere Vorstufen der Industrialisierung waren Hammerwerke, Gießhütten, Drahtmühlen und Nagelschmieden. Das Ende der „Bergfabriken" kam um 1820, als England billiges Roheisen und Bleche zur Weiterverarbeitung an Deutschland lieferte. Aus den Bergfabriken entwickelten sich Maschinenbau- und Metallverarbeitungsunternehmen. Der Lokomotiv- und Textilmaschinenbau konzentrierte sich in Chemnitz.

Holz wurde für die Erzgebirgler nach dem Niedergang des Bergbaus zum Rohstoff der in Heimarbeit betriebenen Holzschnitzerei. Posamentenherstellung, Stickerei und Spitzenklöppeln waren andere erzgebirgische Handwerke. So standen für die industrielle Entwicklung im 19. Jahrhundert geschickte Arbeitskräfte in großer Zahl zur Verfügung.

Von der Wirtschaftspolitik der SED in den 40er und 50er Jahren, die eine Verstaatlichung und die Förderung der Grundstoffindustrie bezweckte, waren die kleinen und mittelgroßen Betriebe der Verbrauchsgüter- und Textilindustrie besonders betroffen. Viele Unternehmer schufen sich nach ihrer Enteignung in der Bundesrepublik Deutschland eine neue Existenz. In der DDR führte diese Entwicklung zu erheblichen Rückschlägen in der Produktion und zu Versorgungslücken. Erst seit den 70er Jahren versuchte die SED gegenzusteuern.

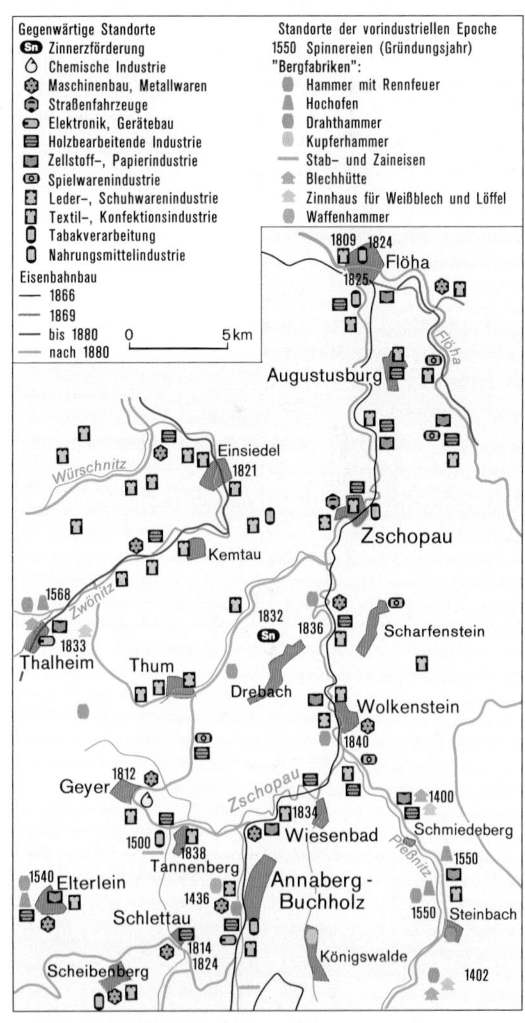

29.1 Industrialisierung im Zschopautal

Wirtschaftsraum Deutschland

Deutsches Reich um 1937

Seit der zweiten Hälfte des 19.Jh. entwickelt sich das Deutsche Reich sehr schnell von einem Agrar- zu einem Industriestaat. Während der Maschinenbau z. B. 1861 erst 50000 Arbeitnehmer beschäftigt, sind es 1907 über eine Million. In den 20er Jahren sind trotz Kriegsfolgen und Wirtschaftskrisen noch rund 700000 Arbeiter in dieser Branche tätig. Im gleichen Zeitabschnitt steigt die Steinkohlenförderung von 40 Mio t auf 150 Mio t an.

Die Steinkohle und seit den 20er Jahren die Braunkohle sind Grundpfeiler der Industrialisierung in Deutschland. An Ruhr, Saar und in Oberschlesien entstehen wichtige Industriegebiete. Die Lage der Steinkohle an den Grenzen des Reiches bringt jedoch wirtschaftliche Nachteile für die Industriestandorte in der Mitte und im Süden. Günstiger liegt die Braunkohle. Sie trägt wesentlich zur Versorgung mit elektrischer Energie, z. T. mit Benzin und Öl, bei. Stein- und Braunkohle sind auch Grundlage der chemischen Großindustrie, die seit der Jahrhundertwende, aber vor allem in den 20er und 30er Jahren bei Duisburg, Leverkusen, Höchst, Ludwigshafen, Halle und Leipzig entsteht.

Die Industrialisierung führt im Deutschen Reich zu einer scharfen wirtschaftsräumlichen Trennung: in die ländlichen Räume in Ostpreußen, Pommern, im östlichen Brandenburg und in Niederschlesien nördlich der Oder, in Mecklenburg, in der Lüneburger Heide, der Oberpfalz und in Niederbayern einerseits und in die Industriegebiete andererseits. Die verschiedenen Wirtschaftsräume sind durch einen intensiven Austausch von Nahrungsmitteln, Rohstoffen, Halbfertig- und Fertigwaren innerhalb des Reiches zu einem einheitlichen Wirtschaftsraum miteinander verflochten.

1. Erläutern Sie die Verteilung der Industriestandorte im Wirtschaftsraum des Deutschen Reiches.
2. Wie war Ihre engere Heimat mit anderen Wirtschaftsräumen im Deutschen Reich verflochten?
3. Welche Auswirkungen haben die Grenzziehungen 1945 auf den Wirtschaftsraum des Deutschen Reiches?

T 30.1: Wirtschaftliche Leistungen 1937 (in 1000 t)

	Deutsches Reich	Großbritannien	USA
Steinkohle	185000	244000	448000
Eisenerz	2800	4300	37100
Rohstahl	19300	13100	51100
Aluminium	127	19	133
Kunstseide	57	54	142
Papier, Pappe	3200	2300	10900

Industriestandorte im Deutschen Reich (um 1937)

Industriestädte, Industriegebiete	Wichtige Industriezweige (ohne Elektro-, Nahrungsmittelindustrie)
Bremen	Schiffbau, Chemie, Metall, Textil
Hamburg	Schiffbau, Chemie, Metall, Textil, Feinmechanik, Edelmetallwaren, Glas
Lübeck	Eisen und Stahl, Schiffbau, Chemie, Metall
Hannover	Kali- und Steinsalz, Chemie, Metall, Textil
Braunschweig-Salzgitter	Eisenerz, Eisen und Stahl, Chemie, Metall, Textil, Musikwaren
Bielefeld-Osnabrück	Eisen und Stahl, Metall, Textil
Rheinisch-Westfälisches Industriegebiet	Stein- und Braunkohle, Eisen und Stahl, Chemie, Metall, Textil
Aachen	Steinkohle, Chemie, Metall, Textil
Siegen-Gießen	Eisenerz, Eisen und Stahl, Metall
Saargebiet	Steinkohle, Eisen und Stahl, Chemie, Metall
Kassel	Braunkohle, Metall, Textil, Glas
Frankfurt/M./ Rhein-Main	Chemie, Metall, Textil, Edelmetallwaren, Kraftfahrzeuge
Rhein-Neckar	Chemie, Metall, Textil, Papier
Stuttgart/ Mittlerer Neckar	Chemie, Metall, Textil, Papier, Edelmetallwaren
Nürnberg	Eisen und Stahl, Chemie, Metall, Spielwaren, Glas
Augsburg	Eisen und Stahl, Chemie, Metall, Textil
München	Chemie, Metall, Papier
Rostock	Schiffbau, Chemie, Metall, Lederwaren, Papier
Stettin	Eisen und Stahl, Schiffbau, Chemie, Metall
Magdeburg	Chemie, Metall, Musikwaren
Berlin	Chemie, Metall, Textil, Edelmetallwaren, Feinmechanik, Porzellan, Papier, Musikwaren
Halle-Leipzig-Dessau	Braunkohle, Kali- und Steinsalz, Chemie, Metall, Textil, Musikwaren, Leder
Sächsisches Industriegebiet	Steinkohle, Buntmetalle, Chemie, Metall, Textil, Musik- und Spielwaren
Vogtland, Hof-Plauen	Metall, Textil, Porzellan, Musikwaren
Dresden	Steinkohle, Chemie, Metall, Textil, Feinmechanik, Uhren, Porzellan, Musikwaren, Papier
Cottbus-Guben	Textil, Braunkohle, Chemie
Hirschberg-Waldenburg	Steinkohle, Chemie, Textil,Uhren, Porzellan, Glas, Papier
Breslau	Chemie, Metall, Textil, Musikwaren
Oberschlesisches Industriegebiet	Steinkohle, Eisenerz, Eisen und Stahl, Metall, Papier

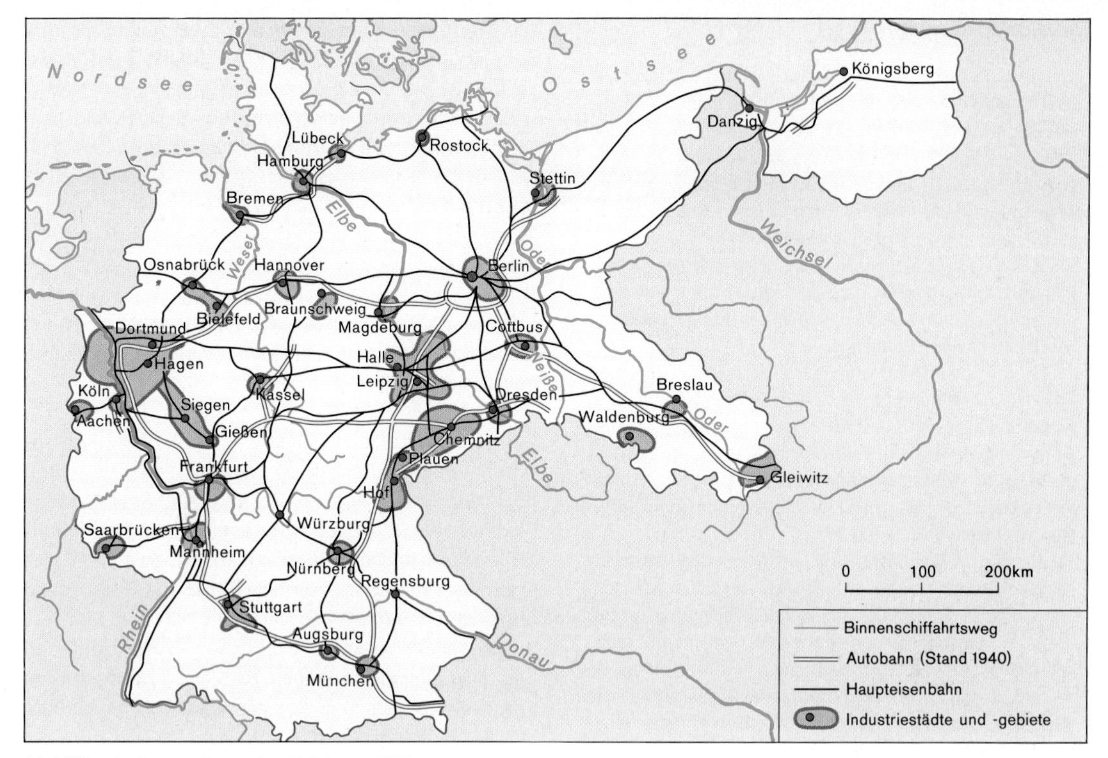

31.1 Wirtschaftsraum Deutsches Reich um 1937

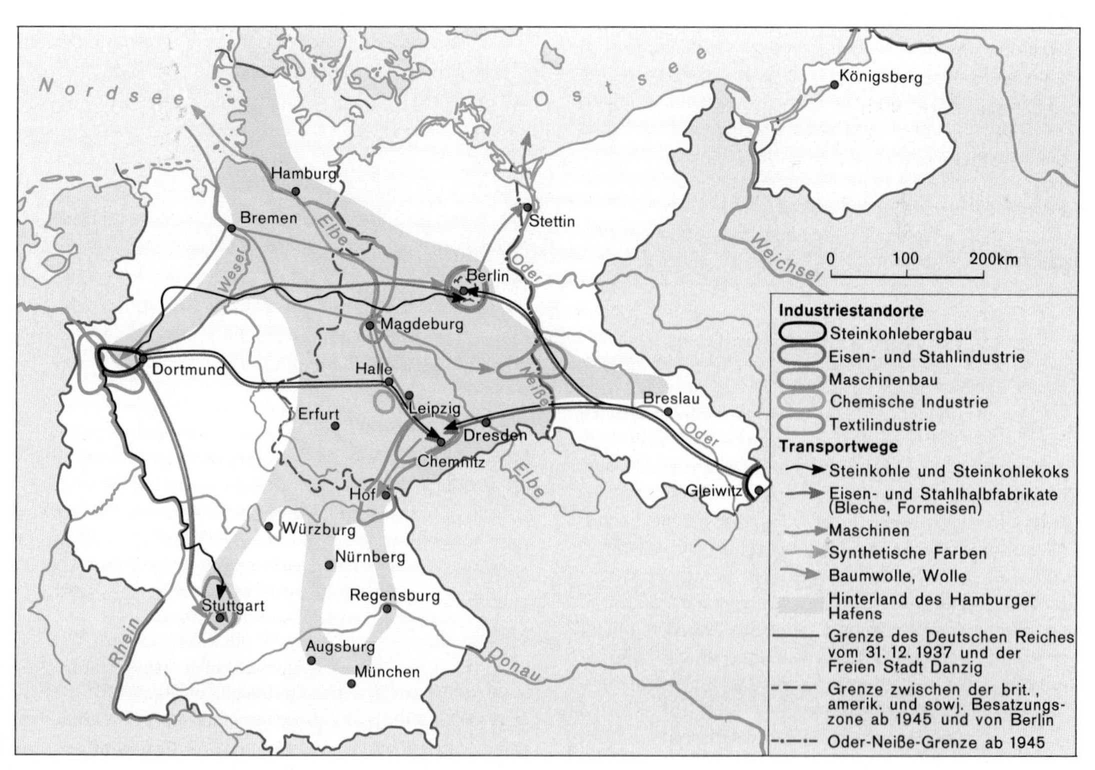

31.2 Wirtschaftsräumliche Verflechtungen im Deutschen Reich (Auswahl)

Marktwirtschaft

„Der Mensch braucht dauernd die Hilfe seiner Mitmenschen, und er würde sie vergebens von ihrem Wohlwollen allein erwarten. Er wird viel eher zum Ziel kommen, wenn er ihren Egoismus zu seinen Gunsten interessieren und ihnen zeigen kann, daß sie ihren eigenen Nutzen davon haben, wenn sie für ihn tun, was er von ihnen haben will ... Nicht von dem Wollen des Fleischers erwarten wir unsere Mahlzeit, sondern von seiner Bedachtnahme auf sein eigenes Interesse. Wir wenden uns nicht an seine Humanität, sondern an seinen Egoismus. ...
Im Leistungswettstreit setzen sich die besten Güter und Produktionsmethoden durch, die freie Preisbildung nach Angebot und Nachfrage sorgt für den bestmöglichen Ausgleich zwischen den unterschiedlichen Interessen der Produzenten und Konsumenten, und die Nutzung der Arbeitsteilung in Verbindung mit Freihandel erhöht den Wohlstand der Nationen ...
Räumt man alle Begünstigungs- und Beschränkungsmaßnahmen aus dem Wege, so stellt sich von selbst das klare und einfache System der natürlichen Freiheit her. In ihm hat jeder Mensch, solange er nicht die restlichen Schranken überschreitet, die Freiheit, seine eigenen Interessen so, wie er will, zu verfolgen und seine Arbeit sowie sein Kapital mit der Arbeit und den Kapitalien anderer Menschen oder anderer sozialer Schichten in Wettbewerb zu bringen. ...
Der staatliche Eingriff beschränkt sich auf die Erfüllung dreier Funktionen: 1. die Nation gegen Gewalttätigkeiten anderer Nationen zu schützen; 2. jeden einzelnen Vertreter der eigenen Nation vor den rechtlichen Übergriffen aller anderen soweit wie möglich zu bewahren, d. h. Rechtspflege zu üben; 3. bestimmte öffentliche Einrichtungen zu schaffen, deren Errichtung und Unterhalt der privaten Initiative nicht überlassen werden kann."
(Adam Smith, Natur und Ursache des Volkswohlstandes.1776)

„Unter einem System von völlig freiem Handel widmet natürlicherweise jedes Land sein Kapital und seine Arbeit solchen Verwendungen, die jedem am segensreichsten sind. Dieses Verfolgen des individuellen Nutzens ist wunderbar mit der allgemeinen Wohlfahrt der Gesamtheit verbunden. Indem es den Fleiß anregt, wenn man die Erfindungsgabe und wenn man am erfolgreichsten die besonderen Kräfte, die von der Natur verliehen sind, ausnutzt, verteilt es die Arbeit am wirksamsten und am wirtschaftlichsten; während es durch die Vermehrung der allgemeinen Masse der Produktion allgemeinen Segen verbreitet und die Universalgesellschaft der Nationen der zivilisierten Welt durch ein gemeinsames Band des Interesses und Verkehrs miteinander verbindet."
(David Ricardo, Grundsätze der Volkswirtschaft und Besteuerung. 1817)

Die Konzeption einer **freien Marktwirtschaft** entsteht um 1800. *Adam Smith* (1717–1790), *David Ricardo* (1772–1823) und andere fordern freie Bahn für den technischen Fortschritt und den Erwerbssinn des Menschen. Sie propagieren den **wirtschaftlichen Liberalismus**, in dem das Individuum auf sich gestellt ist, und sie vertrauen auf die Vernunft des freien Menschen. Die staatliche Gesetzgebung setzt in dieser Gesellschaft lediglich den Rahmen für das Zusammenleben der Menschen, dessen Einhaltung er überwacht; er hat „Nachtwächterfunktionen". Von den Ideen des Liberalismus gingen starke Impulse auf die Entfaltung der heutigen Industriegesellschaft aus.

Der Liberalismus setzt voraus, daß Verbraucher und Produzenten sich wirtschaftlich verhalten, indem sie nach höchstem Nutzen streben. Die Verbraucher wollen eine bestmögliche Bedarfsdeckung erreichen und die Produzenten den höchstmöglichen Gewinn erzielen. Dabei spielt der Preis eine besondere Rolle. Die Preisbildung erfolgt durch Angebot und Nachfrage auf freien Märkten.

Jeder Bürger kann frei über seine Arbeitskraft und über sein Eigentum verfügen. Es bleibt ihm überlassen, einen Arbeitsplatz zu finden, eine Fabrik zu bauen oder ein Geschäft zu eröffnen.

1. Erläutern Sie anhand der Texte von Ricardo und Smith sowie der Abb. 33.1 das Wirtschaftssystem der freien Marktwirtschaft.
2. Inwiefern ermöglichten die Ideen des wirtschaftlichen Liberalismus die Entfaltung der Industriegesellschaft?

Eigentum und Wettbewerb in der Marktwirtschaft

Nach dem Vorbild der amerikanischen Verfassung von 1789 und der französischen Verfassung von 1791 gilt auch das Recht auf Eigentum als ein Grundrecht des Menschen. Diese Auffassung wurde im 19. Jh. Grundlage der liberalen Wirtschaftsordnung.

Die wirtschaftliche Entwicklung führte jedoch schnell zu krassen sozialen Unterschieden zwischen Eigentümern an Produktionsmitteln („Kapitalisten") und Besitzlosen („Proletariern"). Die Eigentümer konnten den Gewinn aus dem Kapitaleinsatz immer wieder gewinnbringend einsetzen und so Kapital und Eigentum vermehren („Kapitalakkumulation"). Die Arbeitnehmer konnten nur ihre Arbeitskraft verkaufen. Da es zunächst weder Gewerkschaften noch eine den Arbeitnehmer schützende staatliche Sozialpolitik gab, waren die Arbeitnehmer gegenüber den Unternehmern in einer unterlegenen Stellung. Diese Abhängigkeit wurde von den Eigentümern der Produktionsmittel häufig mißbraucht.

Das **Gewinnstreben** ist ein notwendiger Motor für alle im **freien Wettbewerb** stehenden Betriebe. Es wird durch den Leistungswettbewerb und den Preiswettbewerb der Unternehmen am Markt reguliert. Der Markt trägt somit zur bestmöglichen Bedürfnisbefriedigung der Konsumenten bei.

Im Gegensatz dazu wirkt die Ausschaltung des Preismechanismus wettbewerbslähmend. Dies trifft z. B. dann zu, wenn sich mehrere Unternehmen zusammenschließen, um den Markt beherrschen und die Preise diktieren zu können (Kartellbildung), oder wenn ein einzelnes marktbeherrschendes Unternehmen ein Preisdiktat ausübt (Monopol). In diesen Fällen werden der Markt-Preis-Mechanismus und zugleich der freie Leistungswettbewerb der Unternehmen ausgeschaltet. Der Benachteiligte ist in diesem Fall der Konsument, der in seiner Kaufentscheidung nicht mehr frei ist.

„Das Recht auf Eigentum bildet in der Tat eine Stütze und zugleich einen Ansporn für die Ausübung der Freiheit."
(Aus der päpstlichen Enzyklika „Mater et Magistra", 1961)

„Das Recht der Menschen, über irdische Dinge zu verfügen, ist eine Gabe Gottes, die den Menschen hilft, in Verantwortung und Freiheit miteinander zu leben."
(Aus einer Denkschrift der Evangelischen Kirche, 1962)

„Es gilt nach der von Adam Smith inaugurierten Tradition, daß Markt mit Ethik unverträglich sei, weil freiwillige „moralische" Handlungen den Marktregeln widersprächen und den moralisierenden Unternehmer einfach aus dem Markt werfen würden ...
In diesem Determinismus, in dem der Mensch mit seiner scheinbaren Freiheit in Wirklichkeit ganz unter den notwendigen Gesetzen des Marktes agiert, ist aber noch eine andere und vielleicht noch erstaunlichere Voraussetzung mit eingeschlossen, nämlich daß die Naturgesetze des Marktes ihrem Wesen nach gut sind und, wie immer es um die Moralität der einzelnen Menschen bestellt sein mag, notwendig zum Guten wirken ...
Der ganze Umfang der Frage wird aber erst sichtbar, wenn wir die marxistische Welt mit einbeziehen. Von seiner wirtschaftstheoretischen und praktischen Struktur her ist das marxistische System als Zentralverwaltungswirtschaft der radikale Gegensatz zur Marktwirtschaft ... Es ist ein Irrtum, anzunehmen, das Zentralverwaltungssystem sei ein moralisches System im Gegensatz zu dem mechanistischen System der Marktwirtschaft ...
Der Liberalismus anerkennt immerhin den Bereich des Subjektiven und sieht ihn als den Raum des Ethischen an; hier sind dagegen Werden und Geschichte total auf Ökonomie reduziert."
(Josef Kardinal Ratzinger, FAZ, 7.12.1985)

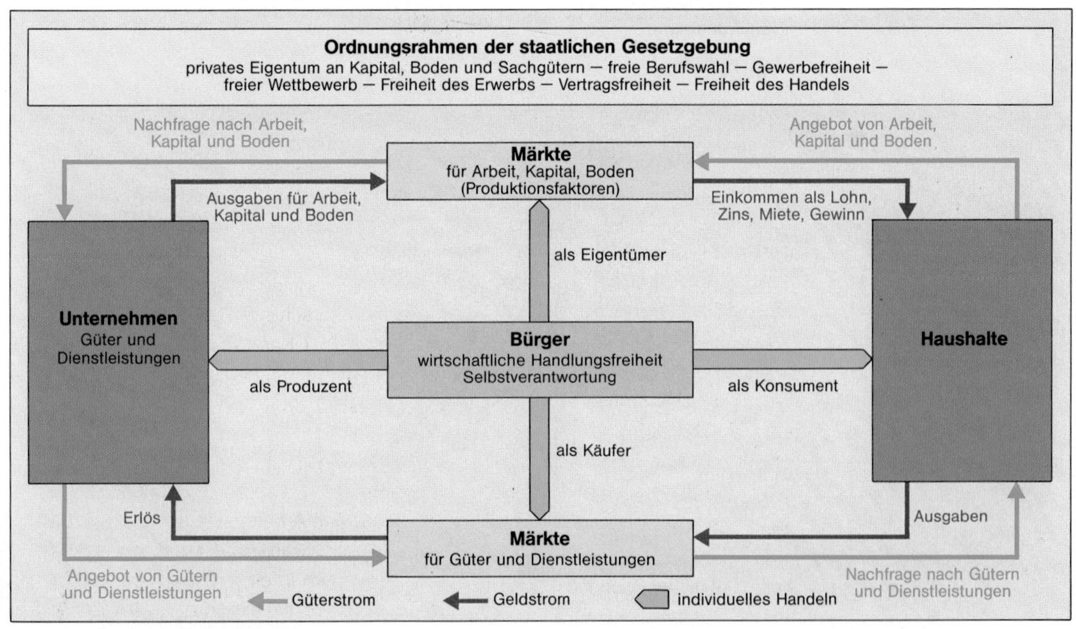

33.1 Freie Marktwirtschaft (Modell)

Soziale Marktwirtschaft in der Bundesrepublik Deutschland

Seit der Währungsreform (1948) wurde in Westdeutschland in Übereinstimmung mit dem Grundgesetz der Bundesrepublik Deutschland (1949) eine neue Wirtschaftsordnung, die Soziale Marktwirtschaft, angestrebt. In ihr sollen einerseits Elemente der Marktwirtschaft ein entscheidendes Ordnungselement sein, andererseits soll soziale Gerechtigkeit verwirklicht werden. Daraus ergeben sich Rahmenbedingungen und Zielsetzungen:

- Die Gewährleistung eines Wettbewerbs der echten wirtschaftlichen Leistungen, der nicht zum gezielten Schädigungs- und Vernichtungswettbewerb entarten darf. Leistungswettbewerb bewirkt ein Höchstmaß an Produktivität, ein faires Zusammenwirken der wirtschaftlichen Kräfte und erschwert die Bildung von privater wirtschaftlicher und politischer Macht.
- Die Grundlage muß ein stabiler Geldwert und ein von größeren Schwankungen freier, hoher allgemeiner Beschäftigungsgrad sein. Dadurch werden der Wille und die Fähigkeit breiter Schichten zur Eigentumsbildung gefördert. Eine Sozialversicherung trägt zur sozialen Sicherheit bei.
- Der Staat muß große strukturelle Anpassungen nötigenfalls durch geeignete vorübergehende Maßnahmen erleichtern, glätten und beschleunigen. Dazu zählen auch die Bereiche des Sozialen, der Raumordnung und der Erziehung. Dieser genau umrissene Zweck bestimmt zugleich das Höchstmaß staatlicher Eingriffe.

(Nach: Die Grundideen der Sozialen Marktwirtschaft. Heidelberg, ohne Jahresangabe.)

Konjunkturen und Krisen

In der Marktwirtschaft ist die wirtschaftliche Entwicklung oftmals starken Schwankungen unterworfen. Dieses Auf und Ab im Wirtschaftsprozeß nennt man **Konjunkturverlauf.** Er hat seine Ursachen einerseits in den vielen Einzelentscheidungen der Haushalte und Unternehmer, die zu einem geringen Verbrauch, zu großer oder zu geringer Spartätigkeit oder zu überhöhter Produktion (endogene Faktoren) führen können. Andererseits beeinflussen Naturkatastrophen, Kriege, Bevölkerungsbewegungen, neue Märkte, Erfindungen sowie staatliche Aus- und Einfuhrverbote (exogene Faktoren) das wirtschaftliche Gleichgewicht. Zur Bekämpfung konjunktureller Schwankungen wurde in der Bundesrepublik Deutschland der Staat zu einer aktiveren Wirtschaftspolitik verpflichtet. Das „Gesetz zur Förderung der Stabilität und des Wachstums der Wirtschaft“ (Stabilitätsgesetz) von 1967 erweitert die Möglichkeiten des Staates für eine konjunkturgerechte Ausgaben- und Einnahmenpolitik.

Stabilitätsgesetz § 1: Bund und Länder haben bei ihren wirtschafts- und sozialpolitischen Maßnahmen die Erfordernisse des gesamtwirtschaftlichen Gleichgewichts zu beachten. Die Maßnahmen sind so zu treffen, daß sie im Rahmen der marktwirtschaftlichen Ordnung gleichzeitig zur Stabilität des Preisniveaus, zu einem hohen Beschäftigungsstand und außenwirtschaftlichem Gleichgewicht bei stetigem und angemessenem Wirtschaftswachstum beitragen.

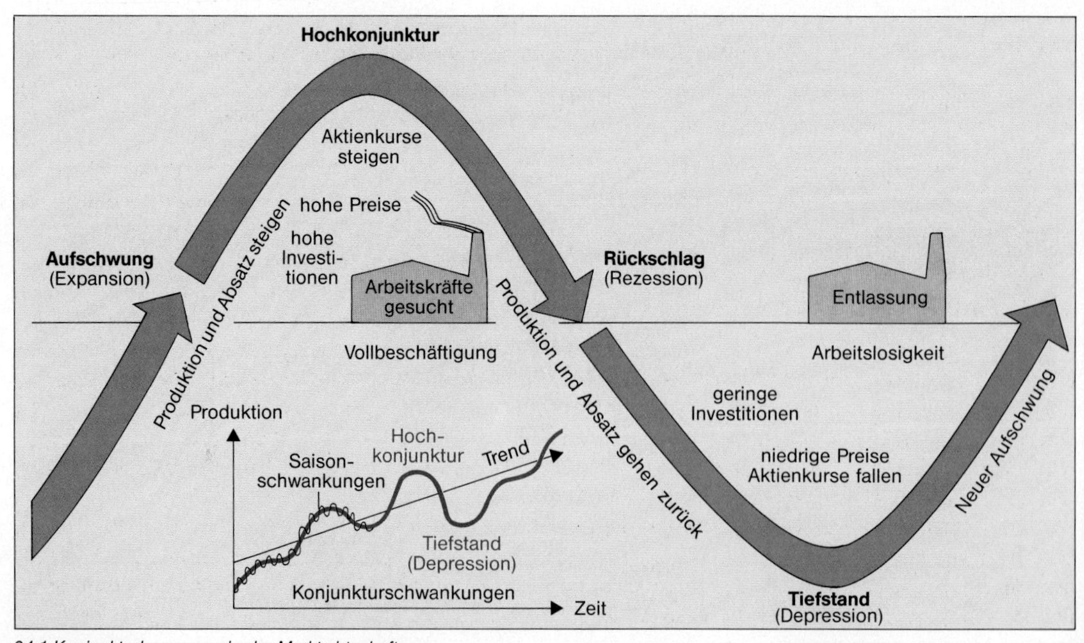

34.1 Konjunkturbewegung in der Marktwirtschaft

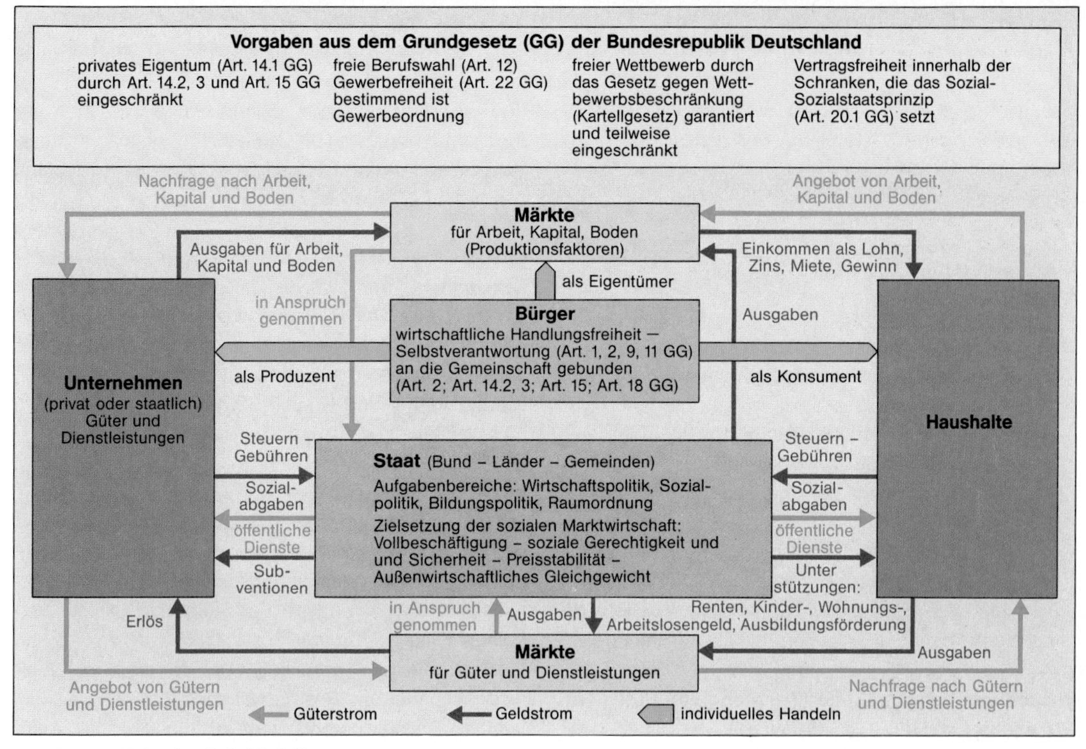

35.1 Soziale Marktwirtschaft (Modell)

„Wenn auch nicht im Ziele völlig einig, so ist doch die Richtung klar, die wir einzuschlagen haben – die Befreiung von der staatlichen Befehlswirtschaft, die alle Menschen in das entwürdigende Joch einer alles Leben überwuchernden Bürokratie zwingt, die jedes Verantwortungs- und Pflichtgefühl, aber auch jeden Leistungswillen abtöten und darum zuletzt den frömmsten Staatsbürger zum Rebellen machen muß."

(L.Erhard, Wirtschaftsminister der BR Deutschland 1949–1963)

Grundgesetz Artikel 14

(1) Das Eigentum und das Erbrecht werden gewährleistet. Inhalt und Schranken werden durch die Gesetze bestimmt.
(2) Eigentum verpflichtet. Sein Gebrauch soll zugleich dem Wohle der Allgemeinheit dienen.
(3) Enteignung ist nur zum Wohle der Allgemeinheit zulässig.

Die technische Entwicklung, der Zwang zur Rationalisierung bis hin zur Automation sowie aufwendige Forschungsarbeit verlangen einen hohen Kapitaleinsatz. Um das Unternehmerrisiko zu mindern, aber auch den Markt und den Absatz zu steuern, kommt es zu Zusammenschlüssen von Unternehmen. Die Befürworter wirtschaftlicher Konzentrationen meinen, nur Großunternehmen seien in der Lage, mehr, besser, billiger zu produzieren und in dem internationalen Wettbewerb zu bestehen. Dadurch seien auch Arbeitsplätze dauerhaft gesichert.

Verstöße gegen das Wettbewerbsgefüge zu verhindern, gehört zu den ordnungspolitischen Aufgaben eines marktwirtschaftlich orientierten Staates. Es war das Anliegen aller Bundesregierungen seit 1949, den freien Wettbewerb als Lenkungsinstrument zu erhalten und zu gestalten. Bereits im „Gründungsdokument unserer Marktwirtschaft" nach der Währungsreform 1948 heißt es: „Soweit der Staat den Verkehr mit Waren und Leistungen nicht regelt, ist dem Grundsatz des Leistungswettbewerbs Geltung zu verschaffen. Bilden sich wirtschaftliche Monopole, so sind sie zu beseitigen und bis dahin staatlicher Aufsicht zu unterstellen."

1957 hat der Bundestag das „Gesetz gegen Wettbewerbsbeschränkungen (*Kartellgesetz*)" verabschiedet. Es enthält ein grundsätzliches Verbot der Kartellbildung, regelt die Kontrolle marktbeherrschender Unternehmen und bestimmt die Ausnahmen vom Verbot der Preisbindung (z. B. bei Büchern, Arzneimitteln, Strom). Der Wächter über den freien Wettbewerb in der Bundesrepublik Deutschland ist das Bundeskartellamt mit Sitz in Berlin.

1. Welches allgemeine Ziel und welche vier Teilziele der Wirtschaftspolitik spricht das Stabilitätsgesetz an?
2. Welche Ziele sind bei der gegenwärtigen Wirtschaftslage besonders gefährdet?

T 36.1 Wirtschaftsleistung in Deutschland je Einwohner in DM (BIP in Preisen von 1989, 1992 und 2000 Schätzung)

	1936	1950	1960	1980	1989	1992	2000
Altländer	8215	8638	16804	30699	35856	37910	45520
Neuländer	8595	4285	6560	11167	11829	9480	22760

(Hannoversche Allgemeine Zeitung vom 30.4.1991)

Treuhand (Anstalt zur treuhänderischen Verwaltung des Volkseigentums)

- am 1.3.1990 von der DDR-Regierung unter Ministerpräsident Modrow (SED/PDS) gebildet.
  Aufgabe: Umwandlung der rund 8000 VEB in Kapitalgesellschaften.
- am 17.6.1990 verabschiedet die frei gewählte DDR-Volkskammer das Treuhandgesetz.
  Aufgaben: Privatisierung und Sanierung der DDR-Wirtschaft, Auflösung nicht sanierungsfähiger Betriebe.

Thesen zur Zielsetzung der Treuhand von Präsident Rohwedder im März 1991 (Auswahl):

1. Die Entscheidung für die deutsche Einheit war zugleich eine Entscheidung für die Soziale Marktwirtschaft in ganz Deutschland. Dies macht einen umfangreichen Umbau der Wirtschaft in den neuen Ländern erforderlich.
2. Zentrale Aufgabe ist es, die Staatswirtschaft so schnell wie möglich zurückzudrängen und neue unternehmerisch aktive Eigentümer zu finden.
3. Der Weg zu diesem Ziel ist heute verständlicherweise umstritten. Nachdem die Wirtschaft der neuen Länder in den Wettbewerb des Weltmarktes integriert ist, haben viele Arbeitsplätze ihre Wettbewerbsfähigkeit verloren, die sie vorher durch Subventionen und Abschottung vom Weltmarkt scheinbar hatten. Die Entscheidung, diese Arbeitsplätze abzubauen, ist schmerzlich für die Betroffenen, sie aufrecht zu erhalten ist teuer für die Gesamtheit und verlangsamt den gewollten Umbau der Volkswirtschaft.

Ursachen des Zusammenbruchs der Wirtschaft in der Deutschen Demokratischen Republik

Nach den Vereinbarungen der Siegermächte über Deutschland in der Potsdamer Konferenz vom 2.8.1945 sollte Deutschland während der Besatzungszeit unter der Kontrolle der Besatzungsmächte als wirtschaftliche Einheit erhalten bleiben. Eine Zerreißung des Wirtschaftsraumes Deutschland ergab sich also nicht zwangsläufig als Folge des Zweiten Weltkrieges, wie es die SED später darstellte. Vielmehr war die Teilung – vor allem betrieben durch die Sowjetunion – eine Voraussetzung für den „Aufbau des Sozialismus auf der Grundlage des Marxismus-Leninismus".

Das enorme wirtschaftsräumliche Potential der SBZ – DDR unterlag von zwei Seiten einem ruinösen Zugriff: einerseits durch die Besatzungsmacht Sowjetunion, welche die vorhandenen Kapazitäten als Kriegsbeute nutzte und andererseits durch die Wirtschaftspolitik der SED. Diese Zugriffe führten schließlich Ende der 80er Jahre zum wirtschaftlichen und staatlichen Zusammenbruch der DDR.

Mit der Entscheidung, einen Sozialismus nach dem Vorbild der Sowjetunion zu verwirklichen, zwang die SED-Führung der DDR das im Vergleich zur Sozialen Marktwirtschaft bei gleichem Faktoreinsatz weniger leistungsfähige System der Sozialistischen Planwirtschaft (Zentralverwaltungswirtschaft) auf. Die Folgen waren eine Wirtschafts- und Gesellschaftspolitik der Abgrenzung vom „kapitalistischen Klassenfeind" und der gleichzeitigen Bindung an den „Sozialistischen Bruder". Man verschloß sich zugleich einem wirtschaftlich potenten Handelspartner und band sich an eine Hegemonialmacht, deren Wirtschaft durch krasse strukturelle wie räumliche Mißverhältnisse gekennzeichnet war. Diese ideologisch motivierte Autarkiepolitik erforderte die Komplettierung der Branchenstruktur in der DDR, dies bedeutete erhebliche Investitionen in den Aufbau ganzer Industriezweige sowie in den Neubau moderner Industrien.

In einer Kette von Veränderungen der Organisationsstruktur und des wuchernden Planungsapparates der staatlichen Plankommissionen suchte die SED-Führung, die Leistungsschwächen ihres Wirtschaftssystems zu überwinden. Der systembedingten gigantischen Ressourcenverschwendung und der dramatisch zunehmenden Zerstörung der natürlichen Umwelt konnte sie allerdings nicht mehr entgegentreten. Alle Bemühungen um Effektivität und Produktivität von Arbeit und Kapital blieben letztendlich erfolglos.

1. Beschreiben Sie die Ausgangslage der Industrieproduktion in der Sowjetischen Besatzungszone bzw. der DDR (T 36.1, S. 30/31).

2. Erläutern Sie den Niedergang der Wirtschaft in der Deutschen Demokratischen Republik.

3. Diskutieren Sie kontrovers den Auftrag der Treuhandanstalt.

Soziale Marktwirtschaft in der BR Deutschland	Sozialistische Planwirtschaft in der DDR
1. Zwecksetzung	
materieller Wohlstand, soziale Gerechtigkeit und soziale Sicherheit (Art. 2, 14 GG)	Stärkung der sozialistischen Ordnung, ständig bessere Befriedigung der materiellen und kulturellen Bedürfnisse (Art. 9, Verf.)
2. Entscheidung zur Bedarfsdeckung	
primär dezentral durch private Haushalte, Einzelentscheidungen unter starker Beeinflussung durch Werbung; sekundär zentral durch öffentliche Haushalte	primär zentral durch das ZK der SED, Steuerung des Bedarfs durch staatliche Planziele; sekundär dezentral durch individuelle Konsumauswahl
3. Produktion – 3.1 Steuerung	
durch Preisbildung auf Märkten, die von privater Nachfrage und dem am Gewinn orientierten Angebot bestimmt wird; das Angebot deckt die Nachfrage – meist Überangebot; innerhalb einer staatlichen Rahmenordnung: Arbeitsrecht, Tarifrecht, Zulassungs- und Ausübungsvorschriften, Gesetze gegen Wettbewerbsbeschränkungen und unlauteren Wettbewerb; beeinflußt durch staatliche Wachstumspolitik: konjunktur- und strukturpolitische Maßnahmen	durch zentrale staatliche Planung (Produktionspläne, Arbeitsnormen), Zulassungs- und Ausübungsvorschriften: a) Fünfjahrespläne als konkrete Produktionspläne b) Jahresvolkswirtschaftspläne als gesetzliche Festlegung des detaillierten Produktionsprogrammes Das Angebot deckt die Nachfrage zumeist nicht.
3.2 Voraussetzungen	
3.2.1 Verfügungsgewalt über Produktionsmittel	
dezentral durch Unternehmen: überwiegend private Unternehmen, geleitet durch Eigentümer oder Angestellte, genossenschaftliche Unternehmen, geleitet durch Geschäftsführer, öffentliche Unternehmen, geleitet durch Angestellte und Beamte;	zentral durch den Staat (Volkseigentum, genossenschaftliches Eigentum), persönliche Verantwortung der Betriebsleitungen (Angestellte des Staates) volkseigener und genossenschaftlicher Betriebe gegenüber dem Plan;
3.2.2 Antriebskräfte der Produktion	
individuelles Erwerbsstreben, Leistungswettbewerb, Einschränkung und Ausschluß durch Konkurs und Arbeitslosigkeit;	kollektiver Zwang zur Planerfüllung, staatliche Kontrolle, Bestrafung durch den Staat (materielle Einbußen, Freiheitsstrafen), Arbeitsantreiberei durch „Sozialistischen Wettbewerb", Prämien, Auszeichnungen, Propaganda, freiwilliger Arbeitseinsatz;
3.2.3 „Schattenwirtschaft"	
Schwarzarbeit zur Umgehung von Steuern und Sozialabgaben;	Feierabend- und Wochenendarbeit zur Ausfüllung der planwirtschaftlichen Versorgungslücken
4. Verteilung	
4.1 der Güter	
dezentral durch privaten Groß- und Einzelhandel der privaten Nachfrage entsprechend;	zentral durch staatlichen Handel nach Verteilungsplänen, häufig Verteilungsmängel;
4.2 des Sozialprodukts	
dezentral auf den Märkten bei Mobilität von Arbeit und Kapital sowie Tarifautonomie; zentral durch Sozialleistungen.	zentral durch den Staat, der Bedürfnisse und Leistungen gewichtet, Festlegung der Arbeitsnormen, Arbeitseinkommen, Steuern und Sozialleistungen; soziale Sicherheit für alle.

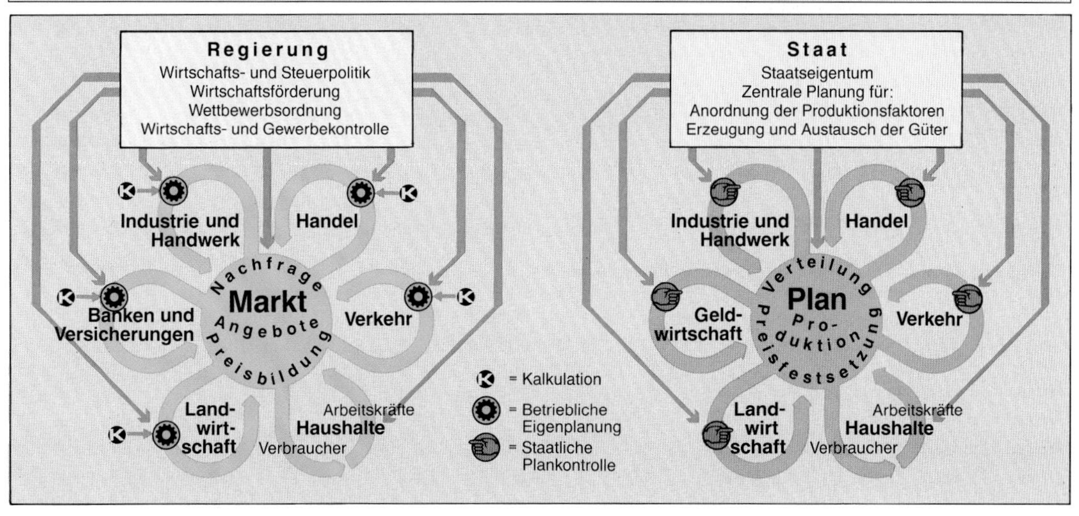

37.1 Wirtschaftssysteme im Vergleich

Grundzüge der Industriestruktur

In Deutschland prägt vor allem im Verarbeitenden Gewerbe eine breite Branchenstruktur die Industrie. Der wichtigste Industriezweig der Grundstoff- und Produktionsgüterindustrie ist gegenwärtig die chemische Industrie. Von besonderer Bedeutung sind Zweige der Investitionsgüterindustrie wie Maschinen-, Straßenfahrzeug-, Luftfahrzeug- und Schiffbau, elektrotechnische Industrie sowie die Herstellung von Büromaschinen und Datenverarbeitungsanlagen. In der Verbrauchsgüterindustrie sind die Textil- und Bekleidungsindustrie die wichtigsten Zweige.

Die Standorte des Produzierenden Gewerbes sind zwar über den deutschen Wirtschaftsraum verteilt, es sind aber Verdichtungsräume mit großer Industriedichte (Industrieräume), Räume mit Verdichtungsansätzen und mäßiger Industriedichte (Industrie-Agrarräume), ländliche Räume mit geringer Industriedichte in den Städten (Agrar-Industrieräume) und ländliche (periphere) Räume (Agrarräume) deutlich voneinander zu trennen.

In den Verdichtungsräumen lebt mehr als die Hälfte der Bevölkerung Deutschlands, und der Anteil der Arbeitsplätze im Produzierenden Gewerbe ist ähnlich hoch. Am Rande der Verdichtungsräume ist die städtische Überformung stark fortgeschritten. Hier profitieren die Bewohner vom Arbeitsplatzangebot und von der hochwertigen Infrastrukturaustattung.

Dagegen sind die Umlandgebiete der Räume mit Verdichtungsansätzen noch stark ländlich geprägt. Die dünn besiedelten ländlichen Räume liegen abseits der Wirtschaftszentren. Auf Grund ihrer peripheren Lage ergeben sich erhebliche Nachteile für gewerbliche Standorte.

Das Grundmuster der industrieräumlichen Struktur in der Bundesrepublik Deutschland entwickelte sich in der zweiten Hälfte des 19. Jahrhunderts. Nach der Teilung des deutschen Wirtschaftsraumes setzte in den Altländern mit der Ausformung der Sozialen Marktwirtschaft, infolge technologischer Neuerungen und mit dem Hineinwachsen in den Wirtschaftsraum der Europäischen Gemeinschaft ein tiefgreifender Wandel ein. Die Entwicklungsschwerpunkte verlagerten sich auf die Rheinachse, in den Westen, Südwesten und Süden Deutschlands. Die Strukturunterschiede zwischen Stadt und Land nahmen aber im Gegenstrom zum Süd-Nord-Gefälle nach Süden hin zu.

In der DDR blieb das Süd-Nord-Gefälle erhalten. Die Ansätze der SED-Führung zur Industrialisierung in Brandenburg, Mecklenburg und Vorpommern konzentrierten sich auf wenige Städte. Mit dem Beitritt der DDR zur Bundesrepublik Deutschland kam in Deutschland ein West-Ost-Gefälle hinzu. Zugleich erfuhren die bisherigen Randgebiete beiderseits der ehemaligen innerdeutschen Grenze kräftige Wachstumsimpulse.

T 38.1 Wirtschaftskraft der Länder der Bundesrepublik Deutschland 1990 in Prozent

Altländer	Beschäftigte	Anteil am Bundes-BIP	Neuländer	Beschäftigte	Anteil an der Produktion
Schleswig-Holstein	4,2	3,4	Mecklenburg-Vorpommern	12,5	6,8
Hamburg	2,7	4,5	Brandenburg	15,6	16,7
Bremen	1,0	1,3	Sachsen-Anhalt	18,4	21,8
Niedersachsen	11,4	9,9	Sachsen	29,8	32,8
Nordrhein-Westfalen	25,8	26,2	Thüringen	15,1	16,1
Hessen	9,2	10,2	Berlin (Ost)	8,2	5,7
Rheinland-Pfalz	5,8	5,2			
Saarland	1,5	1,5			Anteil am Bundes-BIP
Baden-Württemberg	15,6	16,0	Berlin (West)	3,6	3,8
Bayern	19,2	18,0			

T 38.2 Erwerbstätige nach Wirtschaftsbereichen in Deutschland (in %)

		1950		1960		1975		1989	
Wirtschaftsbereich	Sektor	BR Deutschland	DDR	BR Deutschland	DDR	BR Deutschland	DDR	BR Deutschland	DDR
Land- und Forstwirtschaft	primär	25,0	28,0	14,0	17,0	6,0	11,0	4,2	10,6
Industrie, Handwerk	sekundär	43,0	45,0	48,0	49,0	46,0	52,0	41,1	50,1
Handel und Verkehr	tertiär	18,0	14,0	20,0	17,0	18,0	16,0	17,9	16,2
Dienstleistungen		14,0	13,0	18,0	17,0	30,0	21,0	36,8	23,1

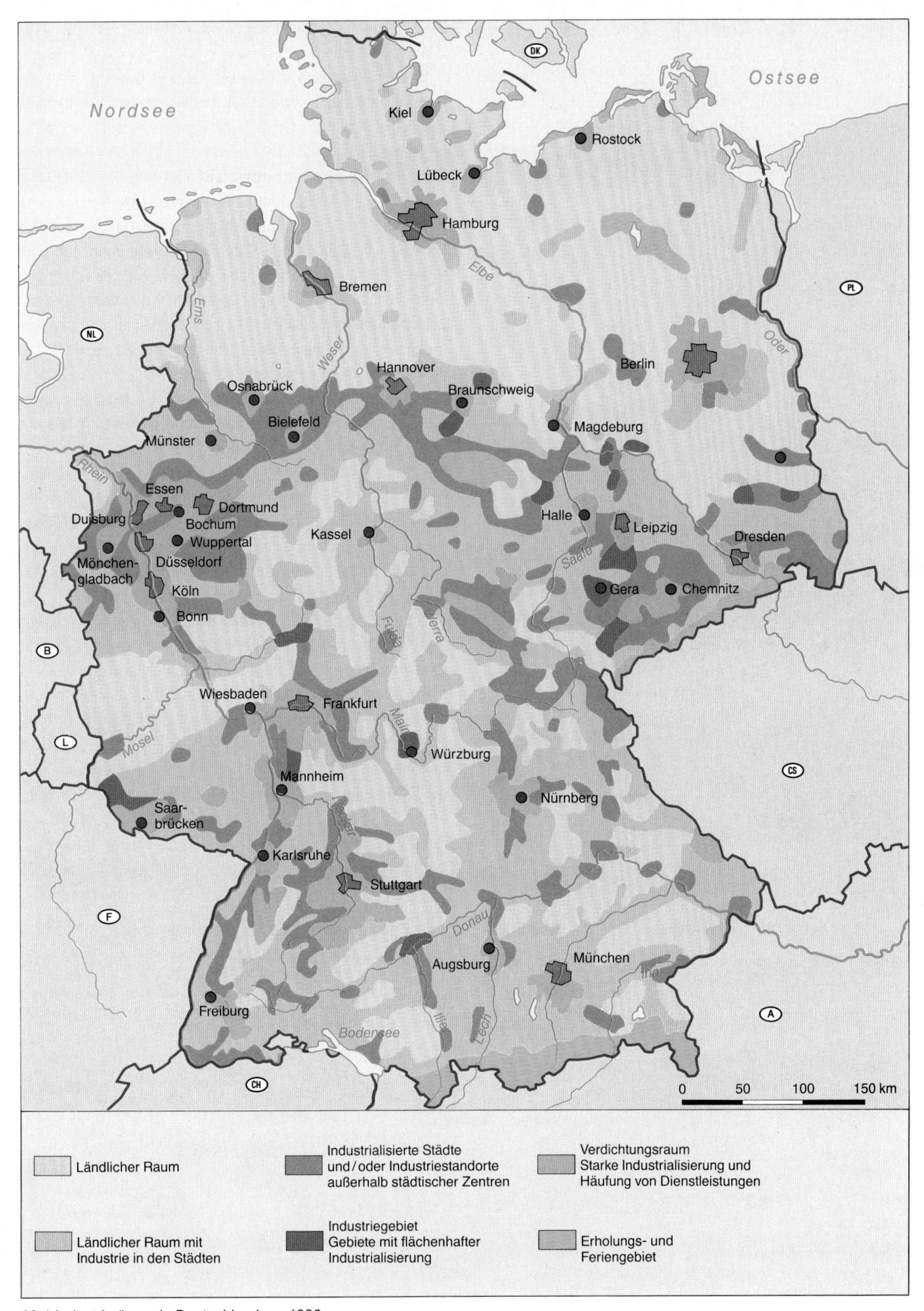

39.1 Industrieräume in Deutschland um 1990

40.1 Ausschnitt aus der TK 50 Itzehoe

Die Landesnatur

Altmoränenland: Itzehoer Geest und Störtal

Der Kartenausschnitt erfaßt von Norden nach Süden die Itzehoer Geest, das Störtal und die Münsterdorfer Geest. Die Geest ist ein Altmoränengebiet. Im Norden liegt eine **Grundmoränenplatte** zwischen 15 und 30 m absoluter Höhe. Heckenbestandene Wälle aus Lesesteinen und Sand, die Knicks, bestimmen das Flurbild der Geest. Sie grenzen die Felder der Blockflur ab und sind zugleich Windschutz. Die Dörfer gehören, wie Münsterdorf und Oelixdorf, zum Typus der Haufendörfer. Auffällig sind die zahlreichen Fischteiche, frühere Mühlteiche, die zum Antrieb der Mühlräder das natürliche Gefälle zum Störtal nutzten. Die Grundmoränenplatten sind z. T. bewaldet.

Die nach Süden anschließende **Endmoräne** trägt fast geschlossen Wald. Sie steigt im Kaiserberg bis auf 71 m Höhe an. Vom südlichen Geestrand aus ist die Stadt Itzehoe in den Wald hineingewachsen. Die Geestrandstadt zeigt in der Altstadt eine unregelmäßige Anlage, nur die Außenbezirke lassen das planmäßige Wachstum seit dem ausgehenden 19.Jh. erkennen. Radial führen die Straßen auf den Störübergang zu, der zur Gründung der Stadt Itzehoe im Jahre 1238 führte.

Der Unterlauf der Stör fließt in ausgeprägten Mäandern in einem ehemaligen **Urstromtal**, das heute zur Elbmarsch gehört. In den letzten Jahrtausenden war die Ablagerung von Sand und Schlick im Elbunterlauf so stark, daß sich auch das Gefälle der Stör verminderte. Dadurch kam es zur Mäanderbildung. Ein Deich schließt das Wiesen- und Weideland gegen den Tidenhub im Fluß ab. Bei Hochwasser schließt ein Sperrwerk die Störmündung ab. Das Bild der Flußaue wird durch gradlinige Entwässerungsgräben und Langstreifenfluren bestimmt.
(Nach: G. Borchert, Trier 1979)

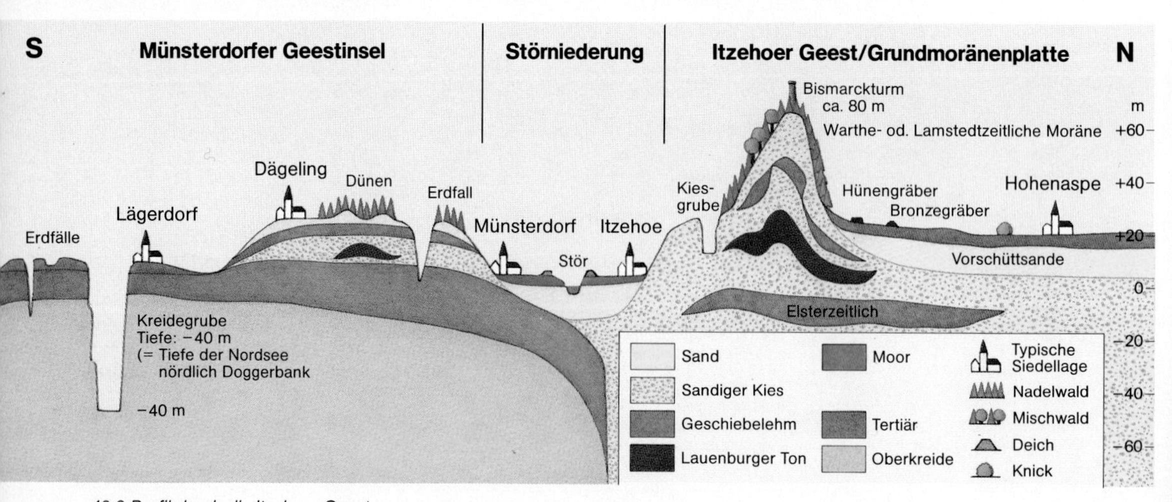

40.2 Profil durch die Itzehoer Geest

Schichtstufen- und Tafelland: Braunschweig-Hildesheimer Börde und Leinebergland

Die wesentlichen Unterschiede in den Oberflächenformen und in der Bodenbedeckung zwischen der Braunschweig-Hildesheimer Bördenlandschaft im Norden und dem Leinebergland im Süden kommen in diesem Kartenausschnitt zum Ausdruck. Die **Börde** ist eine vorwiegend waldfreie, offene Landschaft mit erkennbaren Geländewellen und -senken zwischen 125 und 90 m Höhe. Diese Merkmale treten in der Kleinlandschaft der Lesser-Mulde hervor.

Dagegen zeigt sich das **Leinebergland** als ein Berg- und Hügelland mit eingeschalteten Becken und Tälern. Die Höhenzüge sind bewaldet. Bei Berücksichtigung des Gesteinsaufbaus erkennt man, daß die Rücken und Höhenzüge Schichtstufen oder Schichtkämme aus widerstandsfähigen Schichtgesteinen bilden. Der Kalkstein aus der Kreidezeit läßt bei seinem Ausstreichen am Südrand des Hohenasseler Holzes eine Schichtstufe entstehen. Die im Söhlder Wald steil aufgestellten Schichten des Muschelkalkes und mittleren Buntsandsteins bilden die Schichtkämme des Langen Bergs. Dazwischen liegt im Bereich von Verwerfungen das Senkungsfeld des Asselgrabens. Die Täler sind Leitlinien des Verkehrs.

Die Börde ist eine durch Ackerbau intensiv genutzte Kulturlandschaft. Zu diesem Zweck wurde der Wald seit dem Frühmittelalter gerodet. Restwälder, wie nördlich von Berel, blieben von der Rodung verschont, wenn sie im Grenzbereich von Ortsgemarkungen lagen und die Eigentumsrechte strittig waren. Die Becken und Täler des Berglandes werden ebenfalls landwirtschaftlich genutzt. Ackerflächen überwiegen. Wiesen und Weiden sind nur auf die Talauen beschränkt. In beiden Landschaften liegen Haufendörfer dicht beieinander.

(Nach: W.Evers, Trier 1979)

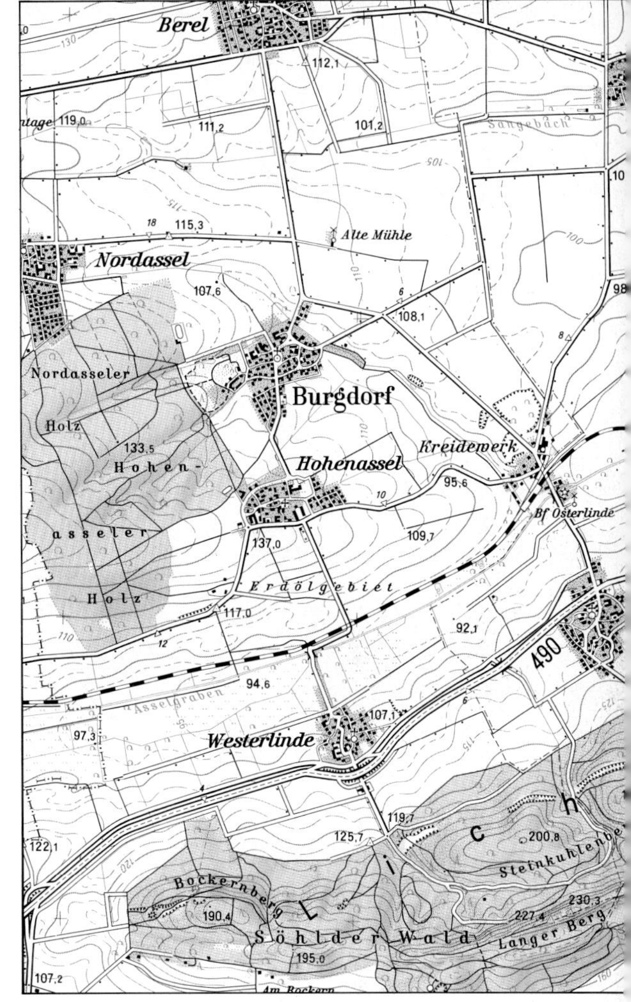

41.2 Ausschnitt aus der TK 50 Bad Salzdetfurth

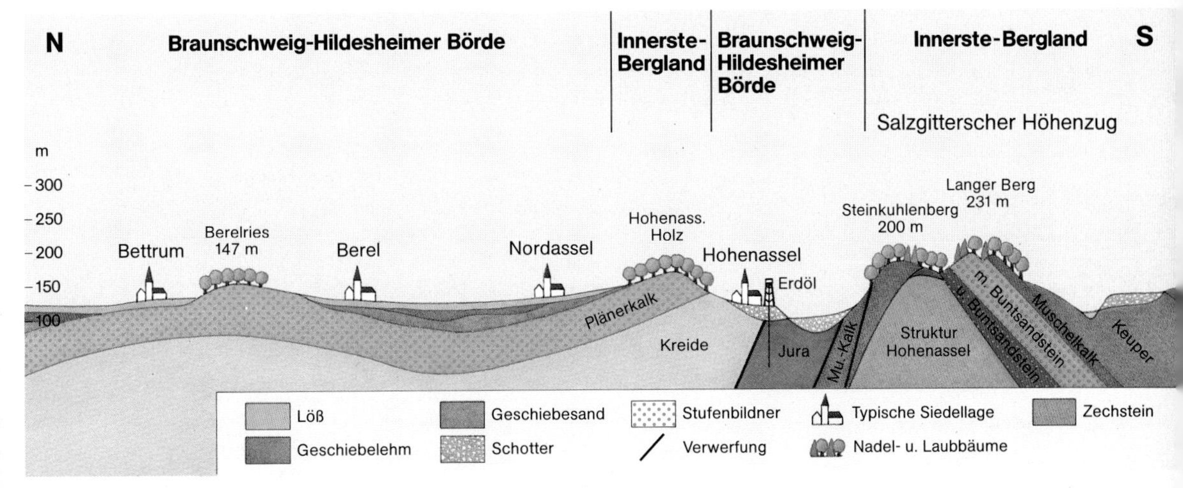

41.1 Profil Braunschweig-Hildesheimer Börde/Leinebergland

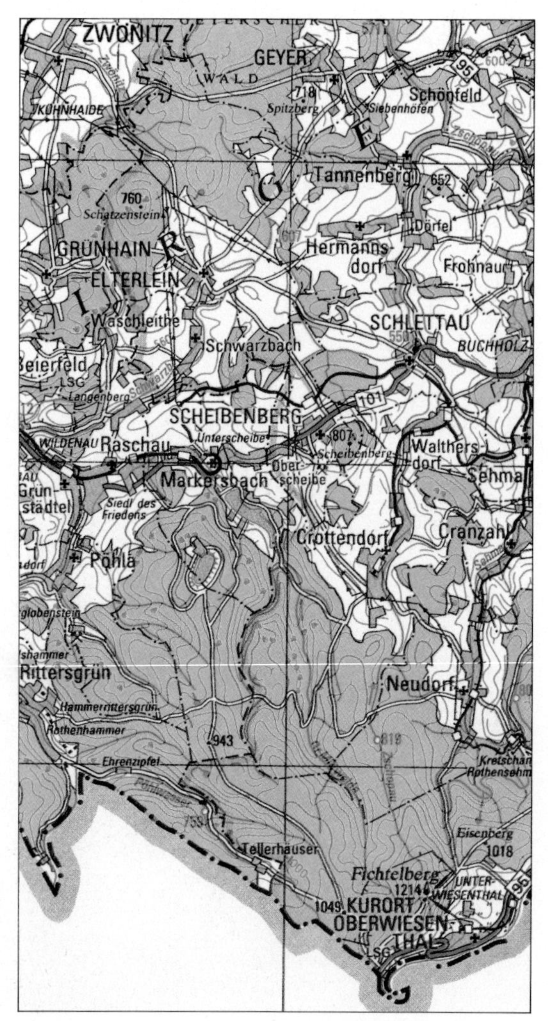

42.1 Ausschnitt aus der topographischen Karte

Ein Bruchschollengebirge: Das Erzgebirge

Der Kartenausschnitt umfaßt den Erzgebirgskamm im Fichtelberggebiet. Schmale und langgestreckte Hochflächen, die von tiefen und steilhängigen Tälern zerschnitten werden, steigen nach Süden zum Kamm des Gebirges an. Die breite Hochfläche des Kammes wird von den Kuppen des Fichtelberges und des Keilberges (Klinovec) noch um 200 m überragt. Weit dringt in diesen Tälern das Ackerland in das geschlossene Waldgebiet ein. Nach Süden aber wird die Kammhochfläche, auf der ebenfalls noch große Rodungsflächen liegen, durch den jähen Abfall des Gebirges hinab zum Nordböhmischen Becken unvermittelt abgeschnitten.

Das kühle Sommerwetter, das die Entwicklung der Ackerpflanzen hemmt, war eine der natürlichen Voraussetzungen dafür, daß im Fichtelberggebiet große Waldflächen erhalten blieben.

Oberwiesenthal wurde 1527 gegründet, als der Bergbau auf Silber, Zinn und Eisen einsetzte. Zusammen mit dem Bergbau entwickelten sich erzaufbereitende und metallverarbeitende Handwerke. Schmelzhütten und Hammerwerke entstanden, Büchsenmacher, Nagelschmiede und Nadler siedelten sich an. Als der Bergbau zurückging, gewann die arbeitsintensive Heimindustrie (Klöppeln, Sticken, Bortenwirken) an Bedeutung.

Die Industrieansiedlung im Pöhlbachtal führte 1897 zum Bau der Schmalspurbahn. Der Bahnbau förderte auch den um diese Zeit einsetzenden Fremdenverkehr. Um 1910 entstanden in Oberwiesenthal Hotels und der Berggasthof auf dem Fichtelberg. Im Sommer wie im Winter ist der Kurort Oberwiesenthal Ziel eines umfangreichen Touristen- und Wintersportverkehrs, zumal die bioklimatischen Bedingungen günstig sind, und das Gebiet relativ schneesicher ist.

(Nach H. Richter, Berlin/Leipzig 1978)

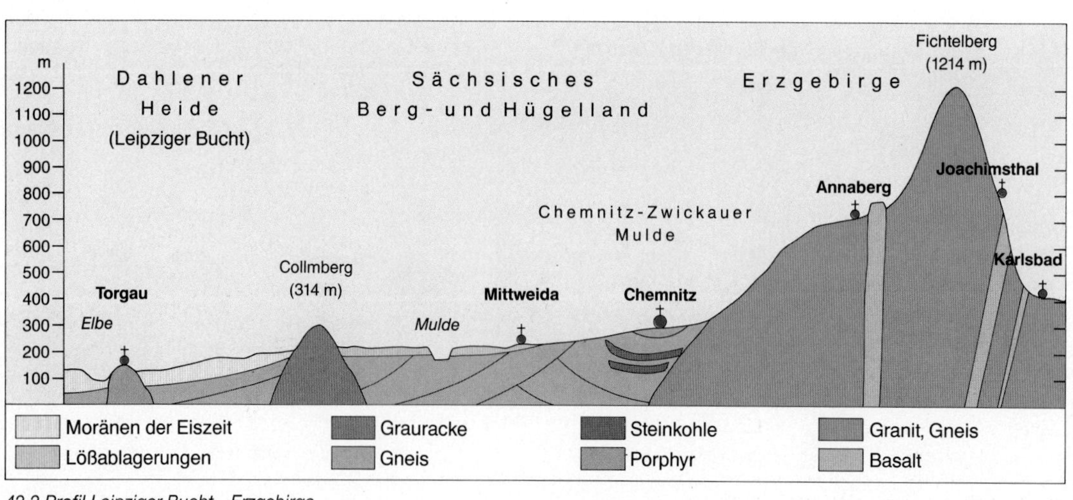

42.2 Profil Leipziger Bucht - Erzgebirge

Südwestdeutsches Stufenland:
Albrand nördlich Geislingen

Der Kartenausschnitt zeigt den Rand der Schwäbischen Alb gegen das Albvorland (Schwäbisch-Fränkisches Keuper-Lias-Land) nördlich von Geislingen in der Höhe des Albuch. Der stark aufgelöste hohe Rand der Schwäbischen Alb, der sogenannte **Albtrauf,** verläuft noch einigermaßen geschlossen am Eierberg (756 m) nördlich Degenfeld und an der Bernharduskapelle (774 m) südöstlich Weiler i.d. Bergen. Dennoch wird er unterbrochen von einigen in die Alb eingreifenden Tälern wie dem Lautertal mit seinen Nebentälern, in denen sich sein Steilabfall albeinwärts unter beständiger Erniedrigung bis zum Talschluß hinein fortsetzt.

Auf der nach Südosten geneigten **Albhochfläche** ist der Verlauf der Höhenlinien bemerkenswert. Diese runden sich häufig zu Hügeln und Kuppen, deren Höhen 20–40 m über dem Flächenniveau liegen. Vor dem eigentlichen Trauf am Albrand fallen viele losgelöste oder erst teilweise vom Albkörper abgetrennte, in den Flanken von steilen Traufrändern umschlossene Hochflächenreste auf, wie der Galgenberg. Mit Ausnahme der großen Talzüge am Albrand und im Albvorland prägt Land- und Forstwirtschaft das kulturlandschaftliche Bild. Größere Wälder finden sich auf dem Albuch. Auch der Albtrauf ist mit Laub- und Mischwäldern bedeckt. Sonst kommt Wald nur inselartig vor.

Auf der Alb gibt es wenige Dörfer mit Weilern und Einzelhöfen (Lützelalb) dazwischen. Im Albvorland ist die Besiedlung dichter. Die Siedlungen, Städte (Lauterstein), Dörfer (Degenfeld, Weißenstein), Weiler (Herdtlingsweiler) und Einzelhöfe liegen nur in den Tälern. Das Lautertal ist, neben einer Straße, bis Weißenstein durch eine eingleisige Zweigbahn erschlossen.

(Nach: H. Fischer, Trier 1978)

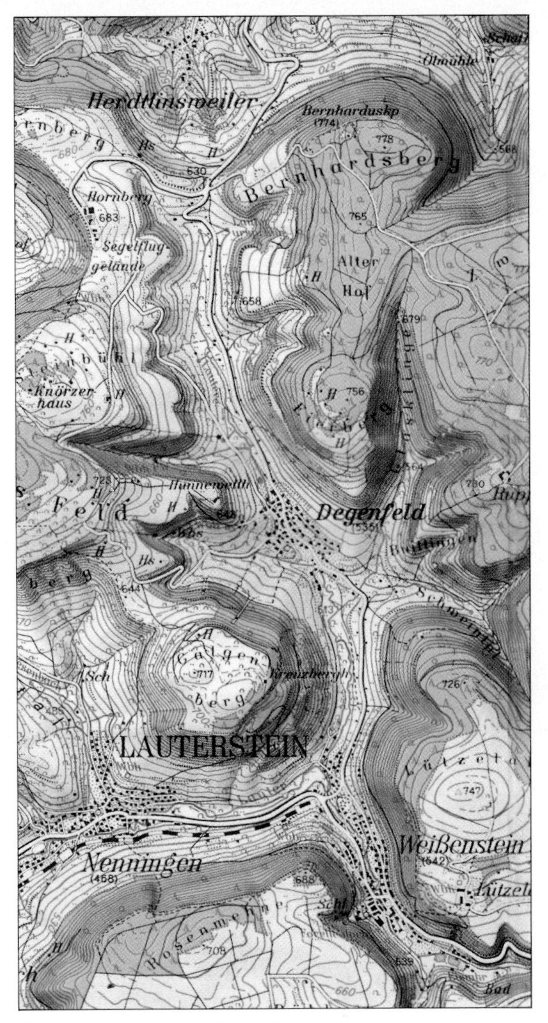

43.2 Ausschnitt aus der TK Geislingen

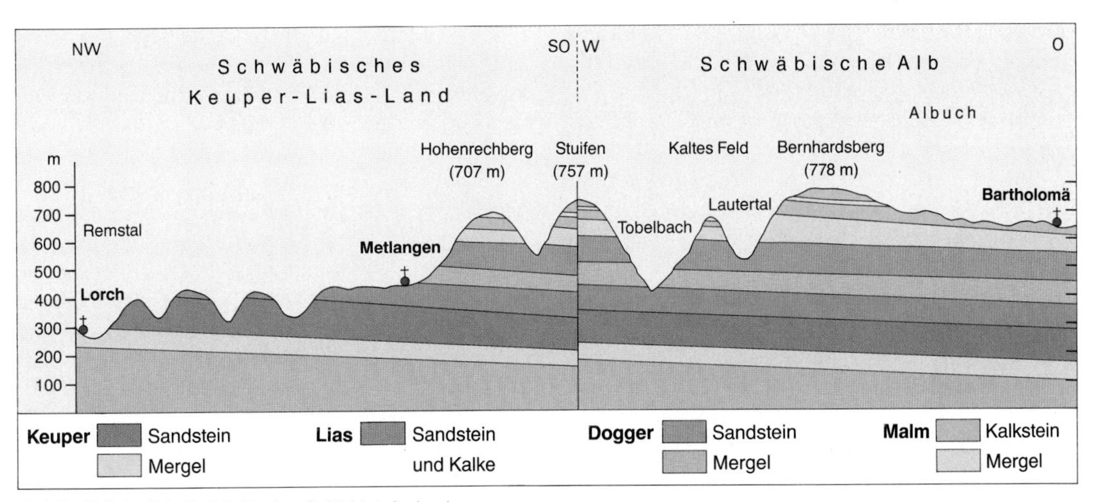

43.1 Profil Schwäbisch-Fränkisches Schichtstufenland

Lage, Gliederung und Klima

Deutschland grenzt infolge seiner **Lage** in Mitteleuropa an neun Nachbarstaaten. Zugleich ist Deutschland ein Durchgangsland von West- nach Osteuropa sowie von Nord- nach Südeuropa. Diese Mittellage beeinflußt insbesondere seit dem Mittelalter die politische, wirtschaftliche und kulturelle Entwicklung in Deutschland.

Hinsichtlich des **geologischen Baus** und der **Oberflächengestalt** bilden Nord- und Ostsee im Norden und die Alpen im Süden natürliche Grenzen in Mitteleuropa. Dazwischen erstrecken sich von Westen nach Osten die Großlandschaften des Tieflandes, des Mittelgebirges und des Alpenvorlandes als natürliche Bauglieder.

Unter dem Gesichtspunkt des **Klimas** liegt Deutschland innerhalb der nördlichen gemäßigten Zone im Übergangsbereich vom Seeklima Westeuropas zum Landklima Osteuropas. Während des ganzen Jahres dringen mit der vorherrschenden Westströmung der außertropischen Westwindzone warme oder kühle Meeresluftmassen ein. Die eingelagerten Tiefdruckgebiete verursachen einen wechselhaften Witterungsverlauf. Temperatur- und Niederschlagshöhe erfahren in Abhängigkeit vom Relief und von der Lage zum Meer Abwandlungen. So ist der Nordwesten im Winter milder und im Sommer kühler als der Südosten Deutschlands.

Entsprechend dem humiden Klima führen die **Gewässer** in Deutschland das ganze Jahr Wasser. Rhein, Ems, Weser, Elbe und Oder durchqueren mit ihren Nebenflüssen die Mittelgebirge und das Norddeutsche Tiefland von Süden nach Norden und münden in die Nord- oder in die Ostsee. Dagegen entwässern die deutschen Alpen und das Alpenvorland, mit Ausnahme des Bodenseegebietes, über die Donau zum Schwarzen Meer. Größere Seen besitzt Deutschland nur im Jungmoränengebiet der Tiefebene und des Alpenvorlandes.

Die Bildung der **Böden** unterliegt dem mehr oder weniger einheitlichen Klima. Deshalb unterscheiden sich die Böden vorwiegend durch die mineralische Zusammensetzung. Den Tieflandsböden auf den Ablagerungen der Eiszeit sowie Niederungsböden auf Auelehm und Mooren stehen im Gebirge Böden auf Verwitterungsschutt gegenüber. Daraus bildeten sich im wesentlichen fünf Bodentypen: *Podsole* im Altmoränenland auf Endmoränen und Sandern, auf Grundmöränen und im Jungmoränenland sowie in den Börden *Parabraunerden*; in den Börden des mitteldeutschen Trockengebietes *Schwarzerden*; im Mittelgebirgsland in den Tal- und Beckenlandschaften Parabraunerden, in höheren Lagen des Grundgebirges *Braunerden* und *Podsole*. Im Kalkgestein des Deckgebirges *Rendzinen*.

Erdgeschichtliche Entstehung

Das **Norddeutsche Tiefland** ist ein Aufschüttungs- und Ablagerungsgebiet von Lehm, Kies, Sand und Löß. Während des Eiszeitalters transportierten die mehrmals vorstoßenden Inlandgletscher den in Skandinavien abgetragenen Gesteinsschutt nach Norddeutschland. Hier wurde er als Grund- und Endmoräne aufgeschüttet. Das vom Eisrand abfließende Schmelzwasser lagerte den mitgeführten Sand im Sander ab und floß in einem breiten Urstromtal zur Nordsee. So entstanden die Landformen der glazialen Serie. Die Ablagerungen der vorletzten Kaltzeit (Saale-Kaltzeit) bilden den Südlichen Landrücken, die der letzten Kaltzeit (Weichsel-Kaltzeit) den Nördlichen Landrücken. Der vom Inlandeis wehende Wind blies aus den Ablagerungen vor dem Eisrand die feinen Kalk-, Ton- und Sandteilchen aus und lagerte sie am Nordrand der Mittelgebirge als Löß ab.

Gebirgszüge und zwischen ihnen liegende Becken und Senken gliedern das **Mittelgebirgsland**. Es baut sich je nach der Entstehungsgeschichte aus den kristallinen Gesteinen des Paläozoikums oder aus den Sand- und Kalksteinen des Mesozoikums auf. Die kristallinen Gesteine bilden das Grundgebirge. Es entstand im Devon und Karbon als Variskisches Faltengebirge in West- und Mitteleuropa. Bereits im Perm war dieses Gebirge durch die abtragenden Kräfte weitgehend zu einem Gebirgsrumpf eingeebnet. Im Mesozoikum wurde er wiederholt und für lange Zeit von Meeren überflutet. Dabei lagerten sich die Gesteinsschichten des Deckgebirges ab. Gegen Ende der Kreidezeit setzte die alpidische Faltung ein, die zum Aufsteigen der **Alpen** führte. Von Süden driftet seitdem die Afrikanische Platte gegen das versteifte variskische Rumpfgebirge. Unter dem Druck zerbrach das Grundgebirge in einzelne Schollen. Diese Bruchschollen wurden vom mittleren Tertiär an beweglich, es entstanden die gegenwärtig das Landschaftsbild prägenden Bruchschollengebirge. Im Westen stieg die große Scholle des Rheinischen Schiefergebirges auf, an deren Südrand Hunsrück und Taunus liegen.

Im Südwesten senkte sich in eine Aufwölbung die Oberrheinische Tiefebene als Grabenbruch ein. Harz und Thüringer Wald wurden als Horstschollen, das Erzgebirge als Pultscholle herausgehoben. Über den weniger gehobenen Schollen sowie in den Senken und Becken blieben die Sedimentgesteine des Deckgebirges teilweise erhalten. Sie bilden heute ein abwechslungsreiches Schichtstufen- und Tafelland. Eine weitere Folge der Krustenbewegungen war der tertiäre Vulkanismus, z. B. im Kaiserstuhl oder auf der Schwäbischen Alb. Das **Alpenvorland** erhielt sein Gepräge während des Eiszeitalters, als die Alpengletscher sich bis dorthin ausdehnten.

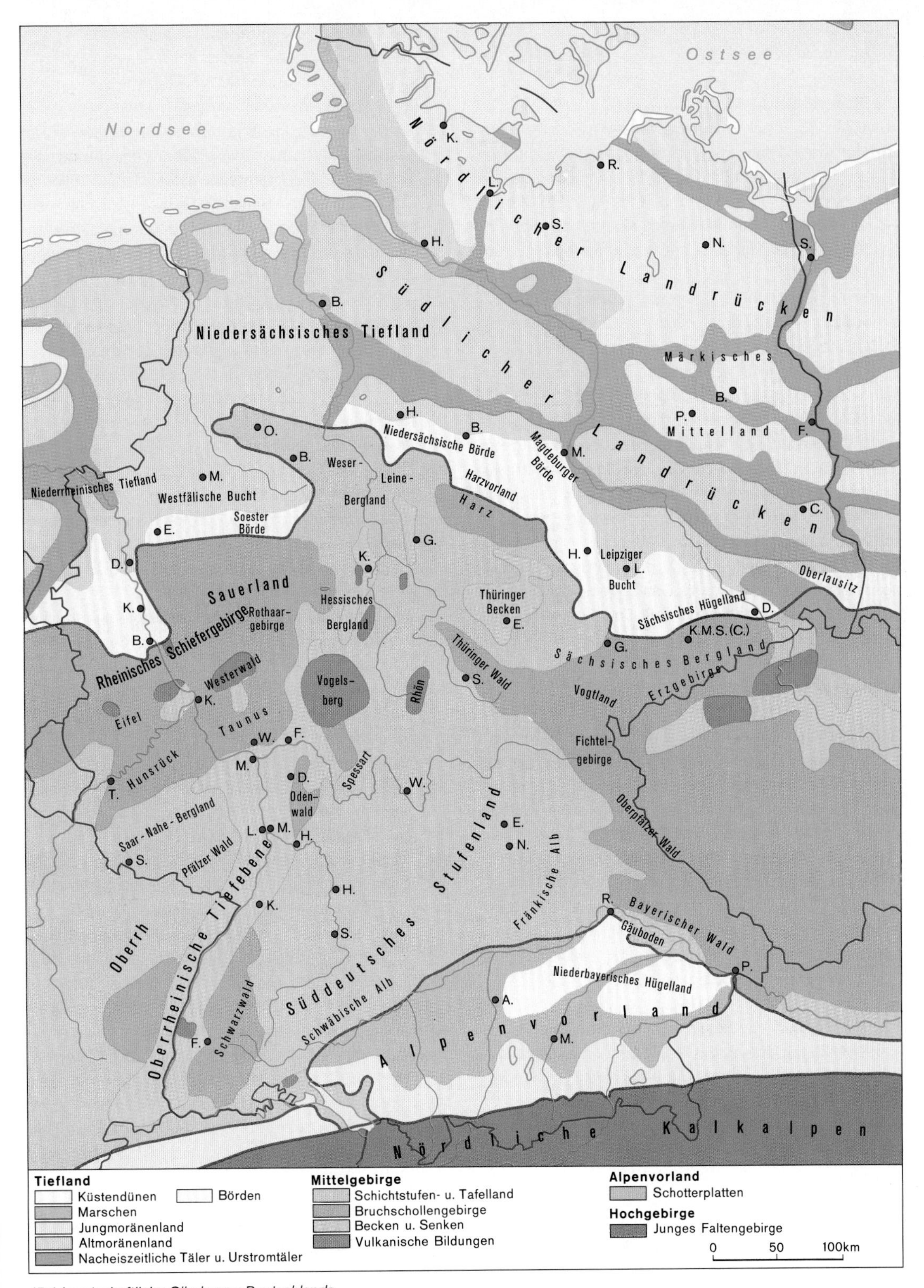

45.1 Landschaftliche Gliederung Deutschlands

Die Eiderstedter Marsch

In völliger Ebenheit springt die Marschhalbinsel Eiderstedt an der schleswig-holsteinischen Westküste, von Seedeichen geschützt, in die Nordsee vor. Die Gezeiten haben hinter Dünen und Strandwällen eine alte Marsch aufgeschlickt, die durch Bedeichung und Landgewinnung zur heutigen Halbinsel zusammenwuchs.

Die Seemarsch besteht aus grauem, meist kalkreichem Seeschlick. Sturmfluten lagerten feinsandreichere, normale Fluten ton- und schluffreiche Sedimente ab, die erhebliche Mengen an Kalk aus den Schalen der Meerestiere enthalten. In den hoch aufgeschlickten, nicht mehr ständig überfluteten Teilen verringert sich der Salzgehalt durch Auswaschung: Natrium-Ionen werden langsam durch reichlich vorhandene Calcium-Ionen ersetzt. Mit zunehmender Auswaschung nimmt auch der Kalkgehalt ab. Der pH-Wert liegt meist im neutralen bis ganz schwach sauren Bereich. Auf Grund der Korngrößenstruktur ist die Wasserkapazität groß, und der Oberboden neigt zur Verschlemmung. Das Bodenleben leidet oft unter der Wassersättigung sowie unter dem dadurch bedingten Luftmangel. Insgesamt weist der fette Seemarschboden eine hohe natürliche Fruchtbarkeit auf, der eine schwere Bearbeitbarkeit gegenübersteht.

Diese Bedingungen könnte man als nur für Weidewirtschaft geeignetes Naturpotential ansehen. Aber die berühmte Eiderstedter Fettgräsungswirtschaft, die oft als naturbedingt hingestellt wird, war nur eine kurze Periode in der langen Kulturgeschichte Eiderstedts. Zwar waren die ersten Siedler vermutlich Viehzüchter, die um 100 n.Chr. ihre ersten Wurten anlegten, aber im Mittelalter herrschte der Ackerbau vor. Man hatte genügend schwere Pferde, um die fruchtbare Marsch zu pflügen. Der Getreidebau war so erfolgreich, daß allein 1615 aus Eiderstedt 31 000 t exportiert wurden.

Erst im 19. Jh. entwickelte sich die ertragreiche und bequeme Weidewirtschaft: Die Marschbauern kauften im Frühjahr auf der Geest Jung- und Magervieh auf, ließen es auf den fetten Marschweiden grasen, um es im Herbst nach England zu verkaufen, so daß im Winter nur wenig Vieh im eigenen Stall zu versorgen war. Um 1875 wurden jährlich 45 000 Rinder und 60 000 Schafe nach England verkauft. Diese arbeitssparende Fettgräsungswirtschaft blieb auch erhalten, als England 1889 ein totales Einfuhrverbot zum Schutz der Kolonialimporte erließ. Hamburg, Berlin und vor allem das Ruhrgebiet wurden neue, nachfragestarke Absatzgebiete.

Heute ist die Weidewirtschaft wieder etwas rückläufig, und die Tendenz zum Ackerbau steigt: Magervieh ist sehr teuer geworden, und betriebseigene Nachzucht lohnt sich nur bei Milchviehhaltung, die aber arbeitsintensiv und wegen der Milchkontingentierung nicht mehr ausbaufähig ist. Da scheint es bei den fruchtbaren Böden günstiger, mit wenig Arbeitskräften und großem Maschinenpark Getreidebau zu betreiben, zumal bei Weizenerträgen von 80–100 dt/ha und staatlicher Garantie für Abnahme und Preis. Bei Getreidepreissenkungen durch die EG können sich diese Rentabilitätsentscheidungen auch wieder ändern.

Die Allerheide

Am Südrand der Lüneburger Heide hat das Flußsystem der Lachte einen breiten, flachen Schwemmfächer aus Sanden und Kiesen in das Urstromtal der Aller geschüttet. Auf diesen nährstoffarmen glazialen Sanden mit sehr geringer Wasserspeicherfähigkeit, hoher Durchlässigkeit und nicht zu tiefem Grundwasser stockten ursprünglich lichte Eichen-Birken-Wälder.

Die mittelalterliche Wirtschaftsweise hatte hier durch Waldzerstörung große Heideflächen geschaffen. Die Heidebauernwirtschaft wußte diese Heiden noch um 1800 intensiv zu nutzen: als Bienen- und Schafweide, zur Gewinnung von Heideplaggen zur Einstreu im Schafstall und zur Düngung des Ackers.

Erst durch den Einsatz von Grün- und Mineraldünger sowie den Niedergang der Schafhaltung verlor die Heide ihre betriebswirtschaftliche Bedeutung. Sie wurde aufgeteilt, privatisiert und weitgehend mit Kiefern aufgeforstet. Die Bodenbedingungen haben, verstärkt durch Heide- und Kiefernbewuchs, zur Bildung von Podsolen geführt, deren pH-Wert im A-Horizont unter 4 liegt.

Trotz dieser geringen natürlichen Fruchtbarkeit werden auch größere Parzellen als Acker genutzt. Hohe, optimal in der Vegetationszeit verteilte Düngergaben und eine Beregnung zur Sicherstellung der Bodenwasserreserven sichern ein gutes Pflanzenwachstum. Der steinlose Boden ist leicht und jederzeit zu bearbeiten, erwärmt sich im Frühjahr schnell und zeigt auch bei schweren Maschinen keine Verdichtungserscheinungen. Hier wachsen hochwertige Braugerste, gute Speisekartoffeln und heute auch Zuckerrüben, obwohl die Böden mit 18 von 100 Bodenpunkten zu den Grenzertragsböden gehören.

1. Erläutern Sie an Beispielen, wie unterschiedliche Agrartechniken und Wirtschaftsbedingungen zu verschiedenen Nutzungsformen des Naturpotentials führen können.

Reiner Ackerbaubetrieb, Landkreis Celle, 3,5 Arbeitskräfte/100 ha (Durchschnitt 3 AK/100 ha)

Wirtschaftsjahr 1984/85 (überdurchschnittliches Betriebsergebnis)

Aufwand in DM	Saatgut	Anbau	Ernte	Ertrag in DM
8 000	130 kg/ha	75 ha Braugerste	47 dt/ha	211 000
9 000		36 ha Zuckerrüben (Anbaukontingent)	420 dt/ha	151 000
21 000	24 dt/ha	10 ha Kartoffeln (Vertragsanbau)	308 dt/ha	48 000
weitere Aufwendungen				
86 000	Düngemittel			
43 000	Pflanzenschutz			
39 000	Pacht			
35 000	Versicherungen, Steuern, Lasten; Zinsen			
25 000	Energie			
18 000	Unterhaltung Maschinen und Gebäude			
15 000	Allgemeine Wirtschaftskosten, Fahrzeuge			
14 000	Maschinenring			9 000
11 000	Lohn für Fremdarbeitskräfte			
Bruttoüberschuß:				95 000
Abzüge:	Altenteil			7 000
	Krankenkasse, Alterskasse und Lebensversicherung			16 000
	Einkommens- (Privat)Steuern			18 000
Nettoüberschuß:				54 000

47.1 Betriebsspiegel

	Stammbetrieb (Kreis Celle)	Pachtflächen bis	
		Klein-Wanzleben	Oschersleben
Bodenpunkte	18 – 35	85 – 90	85 – 90
Weizenanbau	53 ha	115 ha	135 ha
Gerstenanbau	40 ha		
Grassamenvermehrung	35 ha		
Zuckerrübenanbau	52 ha	15 ha	20 ha
Kartoffelanbau	60 ha		

47.2 Flächen eines landwirtschaftlichen Betriebs 1991

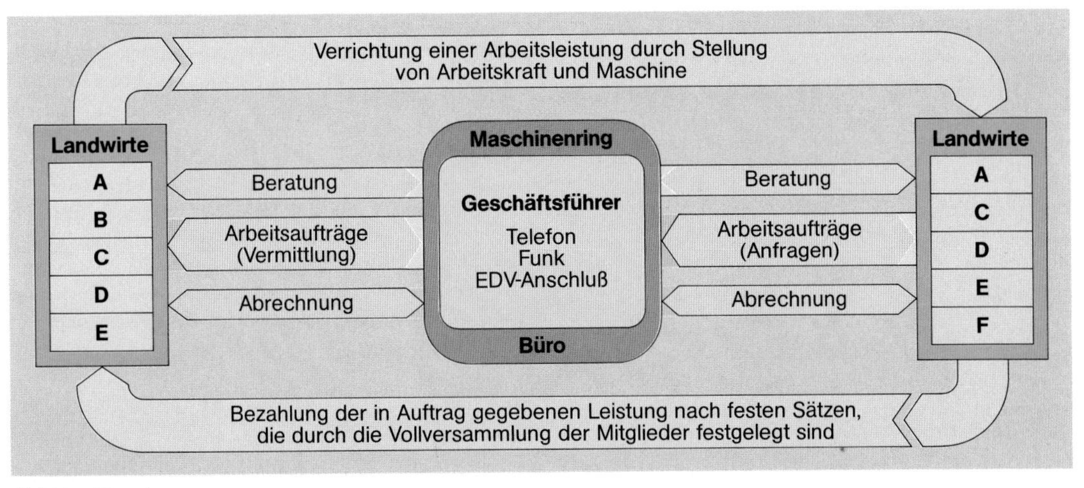

47.3 Maschinenring

Agrarpolitik der SED 1945–1989

„Im *‚Manifest der Kommunistischen Partei‘* begründen Marx und Engels mit der historischen Mission der Arbeiterklasse und der führenden Rolle der Partei auch den **Aufbau des Sozialismus** auf dem Lande. Ihre programmatischen Forderungen reichen von der ‚Urbarmachung und Verbesserung der Ländereien nach einem gemeinschaftlichen Plan‘ bis zur **‚Vereinigung des Betriebs von Ackerbau und Industrie,** Hinwirken auf die allmähliche **Beseitigung des Gegensatzes von Stadt und Land‘.** Im weitesten Sinne umfaßt die Lösung der Agrarfrage die **Zerschlagung der kapitalistischen** und die Schaffung der **sozialistischen Produktionsverhältnisse** auf dem Lande ...

Die konsequente Anwendung des Leninschen Genossenschaftsplanes erfordert eine Reihe von politischen und ökonomischen Voraussetzungen. Die wichtigsten sind ‚die Verfügungsgewalt des Staates über alle großen Produktionsmittel, die Staatsmacht in den Händen des Proletariats ...‘. Darin ist die Brechung des kapitalistischen Bodenmonopols eingeschlossen."

(Aus: Rempel, E.: Ökonomie der Landwirtschaft und Nahrungsgüterwirtschaft der DDR. Berlin (Ost), 1984)

T 46.1 Zusammensetzung des 1945 in der SBZ enteigneten Grundbesitzes (3 298 082 ha = 30 % der LN)

Zahl der Betriebe	Herkunft des Grundbesitzes	% der Fläche
7 160	Privatbesitz über 100 ha	76,3
4 537	Privatbesitz unter 100 ha	4,0
1 288	Staatsbesitz des Deutschen Reiches	10,2
1 104	Sonstiger Grundbesitz	9,5
14 089	Gesamtgrundbesitz	100,0

T 46.2 Ertragsentwicklung in der Landwirtschaft der DDR (absolut in dt/ha; relativ in % der Erträge auf dem Gebiet der Bundesrepublik Deutschland

	1935/ 1938*	1966/ 1970*	1971/ 1975*	1976/ 1980*	1987
Getreide	23,9	29,8	36,2	35,8	45,6
relativ	107	86	90	85	88
Zuckerrüben	301	313	279	269	350
relativ	95	70	61	57	69
Kartoffeln	194	184	171	175	273
relativ	105	66	60	63	82

* im Durchschnitt

(Nach: Hohmann, K.: Agrarpolitik und Landwirtschaft in der DDR. Berlin 1988, ergänzt)

Umgestaltung der Landwirtschaft in der Deutschen Demokratischen Republik

1945–1949: Bodenreform und selbständige Einzelbauern
Ziele: Vergrößerung der Kleinbauernschicht, statt Vollkollektivierung behutsames Vorgehen a) um Widerstand der Bauern zu vermeiden, b) um Kleinbauern politisch zu gewinnen, c) um Heimatvertriebene einzugliedern, d) um die angespannte Ernährungslage nicht zu belasten.
Maßnahmen: „demokratische Bodenreform", Verteilung der entschädigungslos enteigneten Flächen an Landarbeiter, Kleinbauern, und Heimatvertriebene, Gründung von Volkseigenen Gütern (VEG) auf ehemaligen Gutshöfen.

1949–1952: Erste Zuspitzung des „Klassenkampfes auf dem Lande"
Ziele: Mehrheit der Kleinbauern als Partner der SED gewinnen, Mittel- und Großbauern sozial isolieren und wirtschaftlich ruinieren.
Maßnahmen: staatliches Unterstützungsprogramm für Kleinbauern, Ablieferungsnormen für die Bauern steigen mit Zunahme der Betriebsgröße, Inhaftierung und/ oder empfindliche Geldbußen bei Nichterfüllung der Ablieferungsnormen.
Folgen: Aufgabe oder Beschlagnahme von 2 400 Betrieben, erste Fluchtwelle der Bauern in die Bundesrepublik Deutschland.

1952–1960: Zwangskollektivierung
Ziele: Übergang zur genossenschaftlich-sozialistischen Produktionsweise.
Maßnahmen: Bildung von LPG, verschärfter politischer und wirtschaftlicher Druck auf Bauern.
Folgen: anfangs mäßiger Zustrom überwiegend von Kleinbauern zur LPG, April 1960 Vollkollektivierung, zweite Fluchtwelle der Bauern in die Bundesrepublik Deutschland.

Seit 1960: Industrieähnliche Produktion in spezialisierten Großbetrieben
Ziele: Konzentration und Verbesserung der Organisation, industrieähnliche Produktionsmethoden.
Maßnahmen: Mehrschichtbetrieb, spezialisierte Großbetriebe: LPG Tierproduktion, LPG Pflanzenproduktion, Agrochemische Zentren.
Folgen: anfangs Stabilisierung und Steigerung der Produktion, soziale Sicherheit der LPG-Mitglieder, vergleichsweise hoher Lebensstandard; ab Ende der 1970er Jahre: Abnahme der natürlichen Bodenfruchtbarkeit (Bodenverdichtung durch zu schweres Gerät, Erosion auf großen Schlägen, Abnahme des Humusgehaltes), Ausgleich durch Chemisierung, steigende Subventionen; komplizierte und uneffektive Betriebsstruktur, hohe Betriebskosten (lange Wege, Energieverbrauch).

1. Erläutern Sie Grundlagen und Zielsetzungen der Agrarpolitik der SED.
2. Diskutieren Sie Vorzüge und Nachteile der Agrarpolitik der SED.

Umbau der Landwirtschaft in den neuen Ländern

Die Entwicklung der Landwirtschaft in Mecklenburg-Vorpommern, Brandenburg, Sachsen-Anhalt, Sachsen und Thüringen hängt entscheidend davon ab, wie es den landwirtschaftlichen Betrieben gelingt, sich auf unternehmerische Betriebsführung und die Bedingungen des EG-Agrarmarktes umzustellen.

Im Verlauf des Umbaus müssen rund 60 % der über 900 000 Beschäftigten ausscheiden; in der DDR waren rund 12 % aller Erwerbstätigen in der Landwirtschaft tätig. Belastend wirken besonders die Altschulden der Landwirtschaftsbetriebe in Höhe von fast 8 Mrd DM. Diese Beträge mußten die LPG auf staatliche Weisung aufwenden, um außerlandwirtschaftliche Projekte wie Straßen, Kindergärten, Schulen oder Kulturhäuser zu finanzieren.

Das Landwirtschaftsanpassungsgesetz vom Juni 1991 soll regeln, unter welchen Bedingungen LPG-Angehörige aus der Genossenschaft ausscheiden können und wie ein VEG oder eine LPG geteilt, umgewandelt oder aufgelöst werden kann. Vor der Neugründung von Unternehmen müssen Eigentumsfragen geklärt werden. Die LPG-Flächen sind im Durchschnitt zu zwei Dritteln privates Eigentum von LPG-Mitgliedern. Das restliche Drittel der LPG-Flächen und die Flächen der VEG sind jetzt staatliches Eigentum, über das vorübergehend die Treuhandanstalt in Berlin verfügt.

Der Bogen der Privatisierung spannt sich vom einzelkaufmännisch geführten Familienbetrieb („Wiedereinrichter") über Personen- und Personenhandelsgesellschaften (z. B. Kommanditgesellschaft: KG) bis hin zur eingetragenen Genossenschaft (eG) und zu den Kapitalgesellschaften (GmbH, AG). Eigentümergemeinschaften verpachten ihre Flächen, damit der Pächter – ein Landwirt oder ein gewerbliches Unternehmen - sie geschlossen bewirtschaftet. Betreibergesellschaften bewirtschaften die Flächen selbst. Auf diese Weise werden sich Formen der Landbewirtschaftung herausbilden, die man in den Altländern bisher nicht anwendet. So entstehen landwirtschaftliche Unternehmen mit einer Betriebsgröße, die im europäischen und internationalen Wettbewerb gute Marktchancen haben.

Landwirte aus den Altländern, deren Betriebe in Grenznähe zu den Neuländern liegen, pachten dort große Flächen, besonders im Bereich der hochwertigen Bördeböden. Damit vergrößern sie nicht nur ihre Betriebe, sondern nutzen ihren bereits vorhandenen modernen Maschinenpark erheblich besser aus. Außerdem kehren durch die „demokratische" Bodenreform verschiedene Eigentümer bzw. deren Nachfahren zurück. In einigen Fällen kaufen sich niederländische Agrarproduzenten in LPG ein.

Eine Idee gedeiht auf eigenem Mist

Jüngst gründeten Einwohner der märkischen Gemeinde Brodowin bei Eberswalde das „Ökodorf Brodowin e.V.". Ziel der Vereinigung ist die Bewahrung und schöpferische Erneuerung der natürlichen und bebauten Umwelt im Interesse der Lebensbedingungen der Menschen, die in diesem ländlichen Raum wohnen.

Das von sieben Seen, großen Mischwäldern, vielen Feuchtgebieten und Grundmoränenhügeln umgebene, in der Landschaft des Choriner Endmoränenbogens gelegene Dorf gehört zum Biosphärenreservat „Schorfheide-Chorin". Der Bürgermeister, ein Diplomingenieur für Landtechnik, hat klare Vorstellungen von der Zukunft des Dorfes. Erst muß der Boden sich von der Überdüngung erholen. Die Seen sollen ihr klares Wasser zurückerhalten. Prioritäten sieht er in der Lösung des Abwasserproblems und dem Schutz vor weiterer Umweltverschmutzung. Die Ausbringung von Mineraldüngern und Pflanzenschutzmitteln wird auf das notwendige Maß beschränkt. Der pflanzenschutzaufwendige Raps fehlt im Anbau, dafür werden alternative Pflanzen wie Leinen, Flachs, Hanf aufgenommen. 150 ha wurden 1991 mit Luzerne bebaut, die keinen Stickstoffdünger benötigt.

Der Amtsleiter dieser 406-Seelen-Gemeinde weiß auch den neuen Vorsitzenden der Agrargenossenschaft eG hinter sich. Die noch bestehende LPG könne sich nicht mehr halten. Alle müßten sich über neue Produktionsstrukturen Gedanken machen. Ob sie nun Privatwirtschaft oder Gruppeneigentum heißen, sie müßten nur die nötige Effizienz des Wirtschaftens haben, um sich der Konkurrenz stellen zu können. Die Genossenschaftsmitglieder versperren sich nicht dem Trend, von intensiv betriebener Landwirtschaft mit vielen verheerenden Folgen für die Umwelt zu einer extensiven und schließlich zu einer ökologischen zu kommen, weil sie darin eine Überlebenschance in einer geschützten Landschaft sehen.

Mit Rat und Tat stehen die Mitarbeiter des Aufbaustabes des Biosphärenreservats und des Dezernats für Landwirtschaft, Ernährung, Forsten sowie Umweltsicherheit, Naturschutz und Tourismus im Landkreis Eberswalde den Brodowinern zur Seite. Denn allein von der Landwirtschaft kann das Dorf auf Grund der geringen Bodenwertzahlen und der ökologischen Altlasten nicht mehr leben. Gedacht sind an Ferien auf dem Bauernhof, Pferdesport, Kremserfahrten und Fahrradverleih. Eine touristische Attraktion verspricht ein frisch angelegtes Gehege für Damwild zu werden.

Die Landschaftsgestaltung betrachtet der Bürgermeister wie viele andere im Dorf als „Kapital für die Zukunft". (Nach: Deutsches Landblatt vom 12.4.1991)

Um der Landwirtschaft die Teilnahme an der fortschreitenden Entwicklung der deutschen Volkswirtschaft und um der Bevölkerung die bestmögliche Versorgung mit Ernährungsgütern zu sichern, ist die Landwirtschaft mit den Mitteln der allgemeinen Wirtschafts- und Agrarpolitik in den Stand zu setzen, die für sie bestehenden naturbedingten und wirtschaftlichen Nachteile gegenüber anderen Wirtschaftsbereichen auszugleichen und ihre Produktivität zu steigern. Damit soll gleichzeitig die soziale Lage der in der Landwirtschaft tätigen Menschen an die vergleichbarer Berufsgruppen angeglichen werden. (§ 1 des Landwirtschaftsgesetzes von 1955)

1. Ziel der gemeinsamen Agrarpolitik ist es:
a) die Produktivität der Landwirtschaft durch Förderung des technischen Fortschritts, Rationalisierung der landwirtschaftlichen Erzeugung und den bestmöglichen Einsatz der Produktionsfaktoren ... zu steigern,
b) auf diese Weise der landwirtschaftlichen Bevölkerung ... eine angemessene Lebenshaltung zu gewährleisten,
c) die Märkte zu stabilisieren,
d) die Versorung sicherzustellen,
e) für die Belieferung der Verbraucher zu angemessenen Preisen Sorge zu tragen.
2. Bei der Gestaltung der gemeinsamen Agrarpolitik ist folgendes zu berücksichtigen: Die besondere Eigenart der landwirtschaftlichen Tätigkeit ... (und die) naturbedingten Unterschiede der verschiedenen ... Gebiete.
(Römische Verträge zur Gründung der EWG, 1957, Art. 39)

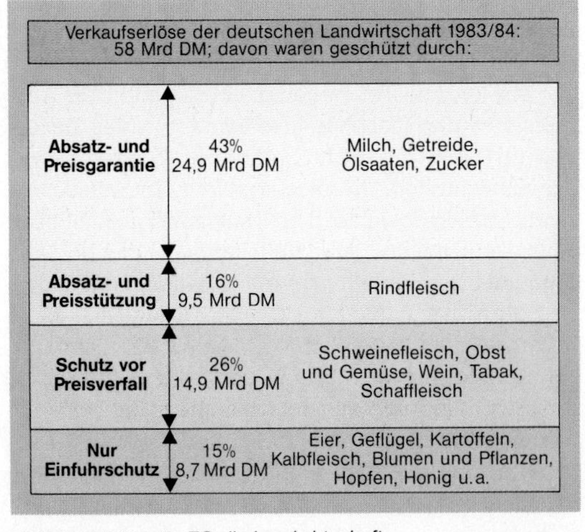

50.1 So schützt die EG die Landwirtschaft

Agrarpolitik

In den ersten Nachkriegsjahren war der Landwirtschaft vor allem die Aufgabe gestellt, genügend Mengen an Grundnahrungsmitteln zu erzeugen. Mit zunehmender Kaufkraft stieg die Nachfrage nach Veredelungsprodukten und mit wachsendem Wohlstand der Bedarf an hochwertigen und reichhaltigen Nahrungsangeboten, die immer stärker durch ausländische Produkte ergänzt wurden. Die Lohnentwicklung und das Arbeitsplatzangebot in außerlandwirtschaftlichen Bereichen führten zu einem schnellen Abwandern der Landarbeiter. Die Landwirte mußten dies durch Mechanisierung und Technisierung unter Einsatz von viel Kapital kompensieren. Der stürmischen gesamtwirtschaftlichen Entwicklung konnte die naturabhängige und unflexible Landwirtschaft nicht folgen, so daß sich die Regierung aus wirtschaftlichen und sozialpolitischen Erwägungen veranlaßt sah, der Landwirtschaft zu besseren Produktionsbedingungen zu verhelfen. Im Rahmen des **Grünen Planes** wurden Mittel bereitgestellt, um die **Agrarstruktur** zu verbessern und die Leistungsfähigkeit der Betriebe zu fördern. Zur Verbesserung der Agrarstruktur dienten die Maßnahmen der **Flurbereinigung**.

Der einzelbetrieblichen Förderung dienten zinsverbilligte Kredite zum Landerwerb **(Aufstockung)** und für andere Betriebsinvestitionen. Hierzu gehört auch die Rückerstattung der Steuer auf Dieselkraftstoff. Die agrarstrukturellen und betriebsbezogenen Förderungen wurden durch bildungs- und sozialpolitische Maßnahmen flankiert: Förderung des Ausbildungs-, Versuchs- und Beratungswesens, Einführung eines gesetzlichen Altersgeldes für Landwirte und eine Hofabgaberente bei rechtzeitigem Generationswechsel in der Betriebsleitung.

Die Europäische Agrarordnung

Der **EG-Agrarmarkt** ist heute weitgehend staatlich geregelt und z. T. mit einem fast undurchschaubaren und ständig wachsenden Dickicht von behördlichen Maßnahmen überzogen. Für viele Produkte setzt der Ministerrat jährlich nach meist zähen Brüsseler Verhandlungen **Richt- und Mindestpreise** fest, die am Markt auch bei Überangebot durch **Aufkauf** und **Lagerhaltung** durchgesetzt werden. Zur Begrenzung der teuren Lagerhaltung greift man zu **Sonderaktionen** („Weihnachtsbutter"), **Exportsubventionen** und auch zur **Vernichtung**. Gegen billige Importe aus Drittländern schützen Zölle (sog. **Abschöpfungen**). Die eigenen Exporte werden dagegen durch Subventionen (sog. **Erstattungen**, Differenz zwischen EG- und Weltmarktpreis) gefördert. Für eine Reihe von Produkten gibt es eine staatliche **Abnahmegarantie**, die bei Zuckerrüben und seit 1984 auch bei Milch durch zugeteilte **Kontingente** eingeschränkt ist.

Probleme im Agrarbereich

Die *Existenzprobleme bäuerlicher Betriebe* konnten trotz des Einsatzes erheblicher Mittel und vielfältiger nationaler wie gemeinschaftlicher Maßnahmen nicht grundsätzlich beseitigt werden. Viele landwirtschaftliche Betriebe kämpfen um ihre betriebliche Existenz auf Grund von zu *geringen Betriebseinnahmen* und *ständig gestiegener Betriebsmittelkosten*. Alle Maßnahmen zur Sicherung von Absatz und Preis sowie die eigenen gewaltigen Anstrengungen der Landwirtschaft zur Rationalisierung und Ausweitung der Produktion haben nicht verhindern können, daß viele Betriebe immer stärker unter Kostendruck und in die Verschuldung geraten. Andererseits gibt es auch Betriebe, die auf Grund von günstigen Standortbedingungen und umsichtiger Betriebsführung weit überdurchschnittliche Einkommen erzielen.

Da der einzelne Landwirt keinen Einfluß auf die Preise der benötigten Betriebsmittel und der erzeugten Agrarprodukte hat, ihm andererseits die Abnahme aber weitgehend garantiert ist, folgt er eindeutig wirtschaftlicher Logik, wenn er seine Produktion ständig auszuweiten versucht. Dieses für einen Einzelbetrieb richtige Verhalten hat aber gravierende Folgen:

1. Wachse oder weiche!

Am einfachsten erfolgt die Produktionsausweitung über die *Vergrößerung der landwirtschaftlichen Nutzfläche*, durch Zupacht oder Kauf. Ohne Neulandgewinnung ist dies nur möglich, wenn andere Betriebe aufgeben. Bei einer großen Anzahl unrentabler Kleinbetriebe war die Betriebsaufgabe sicherlich ein volkswirtschaftlich richtiges Ziel, zumal die freigesetzten Arbeitskräfte außerhalb der Landwirtschaft gebraucht wurden. Die Tendenz zur Konzentration ist aber fast ungebrochen und hat inzwischen nicht nur kleinbäuerliche Höfe erfaßt.

Die *nutzflächenunabhängige Produktionsausweitung* kann nur durch die *Aufstockung der Nutzviehbestände* erfolgen. Dieser Weg der betrieblichen Expansion wurde von vielen bäuerlichen Betrieben auch sehr erfolgreich beschritten. Die flächenunabhängige Tierproduktion durch preiswertes Importfutter und Massentierhaltung bot die Möglichkeit, tierische Produktion aus der bäuerlichen Wirtschaft herauszulösen und in kapitalintensiver, industrieller Form zu organisieren. So ist die Produktion von Eiern und Hähnchen heute völlig in der Hand weniger nichtbäuerlicher Großunternehmen. Auch die bäuerliche Schweinemast gerät immer stärker unter den Konkurrenzdruck gewerblicher Mastbetriebe.

2. Ökonomie vor Ökologie

Da Produktionsausweitung und Ertragssteigerungen Vorrang in den Betriebszielen genießen müssen, kann der Bauer, um den Betriebserfolg sicherzustellen, auf negative ökologische Nebenwirkungen nur bedingt Rücksicht nehmen. So kommt es zwangsläufig zu Erscheinungen der Bodenerosion, der Überdüngung sowie der ökologisch bedenklichen und gefährlichen Anwendung von Pflanzenschutzmitteln und von Hormonpräparaten in der Tierhaltung. Bei der Massentierhaltung entsteht z. B. das Problem der Güllebeseitigung. Die Gülle fällt in so großen Mengen an, daß der Boden hauptsächlich als Gülledeponie benutzt wird. Dadurch kommt es zu einer schädlichen Nitratbelastung in Boden und Grundwasser.

3. Das Hauptproblem: Überproduktion

In den Lagerhäusern der EG lagerten Mitte der 80er Jahre über 800 000 t Butter, 500 000 t Magermilchpulver, 17 Mio t Getreide (bei 23 Mio t Jahresernte in der Bundesrepublik Deutschland) und 785 000 t Rindfleisch, alles in der EG unverkäufliche Bestände, die hohe Lagerkosten verursachen, allein bei Butter täglich etwa 3 Mio DM. Diese Überschüsse lassen sich nur zu subventionierten Preisen auf dem Weltmarkt absetzen, wo sie den internationalen Agrarhandel und die Bauern anderer Länder stark belasten, oder gelegentlich zu Schleuderpreisen an die UdSSR verkauft werden.

Zeitlich begrenzte Billigangebote wie die Weihnachtsbutter bringen keine Lösung, weil sie wegen der unflexiblen Nachfrage den Absatz des Normalangebotes hemmen. Der Abbau der alten Vorräte läßt gleich die neuen wieder anschwellen.

In den Anfangsjahren der EG war die **Politik der Produktionsanreize** richtig, weil die Gemeinschaft noch Grundnahrungsmittel importieren mußte. Heute aber ist der **Selbstversorgungsgrad** fast überall erreicht bzw. teilweise weit überschritten.

Gesamtwirtschaftlich müßte in einer Marktwirtschaft das Angebot über den Preis an die Nachfrage angeglichen werden. Ein Verfall der Erzeugerpreise träfe aber die Landwirtschaft so hart und z. T. existenzgefährdend, daß eine Preisfreigabe ohne Abnahmegarantie gesellschaftspolitisch bedenklich und deshalb nicht durchsetzbar erscheint.

Die EG-Kommission hat zwar erklärt: „Es ist mittlerweile weitgehend anerkannt, daß eine Landwirtschaft, die nicht für den Markt produziert ..., langfristig keine Aussicht auf Erfolg hat."

Aber auch der Sachverständigenrat stellt in seinem Jahresbericht von 1985 nüchtern fest: „Die Frage bleibt offen, wie das Hauptproblem der Agrarpolitik, die Eindämmung der Agrarüberschüsse, bewältigt werden soll."

1. Belegen Sie, daß die EG-Agrarpolitik stark sozialpolitisch und weniger marktwirtschaftlich bestimmt ist.

Die Bundesrepublik Deutschland in der EG

Ziele der EG:
Gemeinsamer Markt, Wirtschafts- und Währungsunion, Politische Union
Vergemeinschaftet wurden:
Industrie- und Agrarmarkt, Außenhandel
Wege zur Vergemeinschaftung der Wirtschaftspolitiken:
Abstimmung nationaler Politiken, Strukturpolitische Rahmenpläne, Koordination, außenpolitische Zusammenarbeit, gemeinsamer Fonds zur Finanzierung von Spitzen bei nationalen Maßnahmen, gegenseitige Währungskredite.

Walter Hallstein (Präsident der EWG-Kommission 1958–1967):
„Der wirtschaftliche Grundgedanke des gemeinsamen Marktes ist, daß die Möglichkeiten der modernen Technik nur dann voll genutzt werden können, wenn das Wirtschaftsgebiet, in dem sie zur Anwendung kommen sollen, groß genug ist. Wirtschaftlich gesehen ist unsere moderne Welt eine Welt der Kontinente, der Großmächte und der Großraumwirtschaft. Geteilte Wirtschaftsräume und geteilte Märkte sind gleichbedeutend mit geringer Leistung ... Der Gedanke eines einzigen großen Binnenmarktes ist deshalb der Wesenskern der Bewegung für eine wirtschaftliche Integration."

Willy Brandt, 1971:
„Jedenfalls sehe ich die EWG, ihre Erweiterung und Vertiefung nicht nur als einen ökonomischen Vorgang von großer Bedeutung, sondern auch als politischen Ansatz, der für die Organisation des Friedens viel bedeuten kann."

T 52.1: Strukturdaten der EG (1990)

Mitglieder	Fläche (1 000 km²)	Einw. (Mio)	BIP je Einw. (DM)	Pkw je 1 000 Einw.	Arbeitslosenrate
Deutschland	357	79,1	34 090	429	7,9
Belgien	31	9,9	30 620	354	10,2
Dänemark	43	5,1	32 990	323	9,4
Frankreich	547	56,6	32 970	409	9,5
Griechenland	132	10,0	16 540	130	7,5
Großbritannien	244	57,3	32 630	345	6,3
Irland	70	3,5	19 780	220	17,9
Italien	301	57,6	31 520	420	12,0
Luxemburg	3	0,4	36 740	453	1,4
Niederlande	41	14,9	31 220	362	5,7
Portugal	92	10,3	16 420	155	5,0
Spanien	505	38,9	22 708	293	17,3

„Westeuropa stagniert auf wirtschaftlichem und zaudert auf politischem Gebiet. Nach 30 Jahren ununterbrochenen Wachstums ist das europäische Nachkriegswunder ins Stolpern gekommen und abgestorben. Die Vorherrschaft in Wissenschaft, Technologie und wirtschaftlicher Aktivität ist an die USA und Japan übergegangen, wahrscheinlich für immer ... Der einst höchst lebendige Traum einer geeinten und einflußreichen EG ist zu einer Parodie seiner selbst geworden ... Die europäischen Staaten haben verschwenderische Sozialprogramme aufgebaut, die angesichts sinkender und überalternder Bevölkerungen unmöglich auf dem gegenwärtigen Niveau gehalten werden können." (Aus: Newsweek vom April 1984)

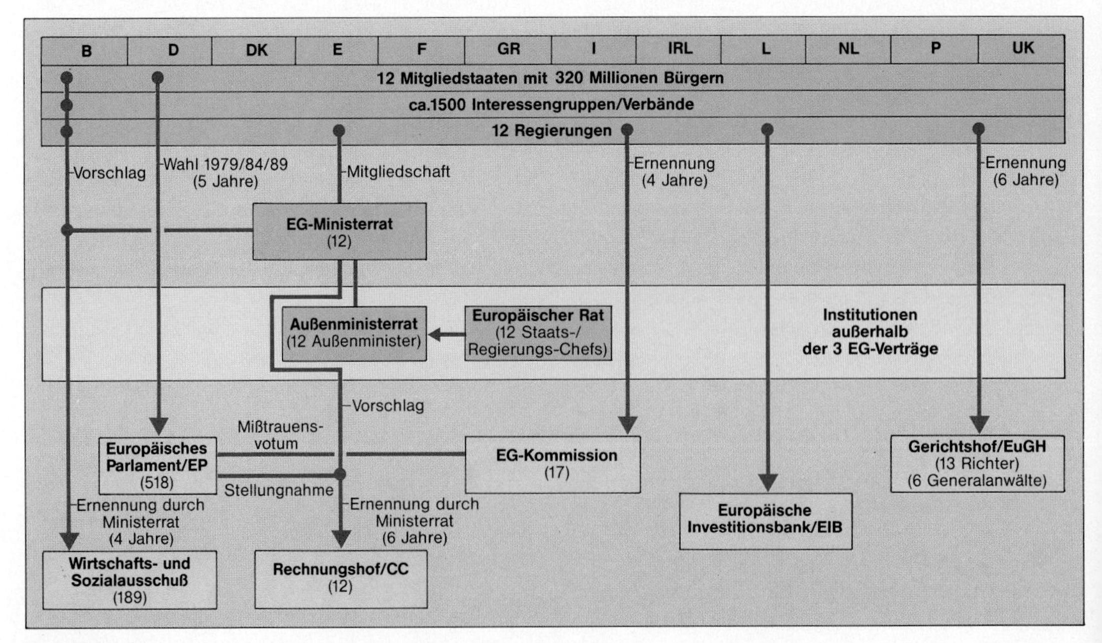

52.1 Die Europäische Gemeinschaft

Schritte zur Europäischen Union

1951: Pariser Vertrag der Europäischen Gemeinschaft für Kohle und Stahl (EGKS/Montanunion)

1957: Römische Verträge der Europäischen Wirtschaftsgemeinschaft (EWG) und der Europäischen Atomgemeinschaft (EAG/Euratom)

1987: Einheitliche Europäische Akte (EEA); sie enthält u.a. die Zielsetzung für die Schaffung des Europäischen Binnenmarktes bis 1992

Fortschreibung der EEA durch einen Vertrag über die künftige Europäische Union. Ziele sind:

- Förderung einer ausgewogenen Entwicklung durch die Schaffung eines „Raumes ohne Binnengrenzen“, durch Verstärkung des wirtschaftlichen und sozialen Zusammenhalts, durch Errichtung einer Wirtschafts- und Währungsunion mit einer einheitlichen Währung;
- „Behauptung ihrer Identität“ auf internationaler Ebene, insbesondere durch eine gemeinsame Außen- und Sicherheitspolitik, die auf längere Sicht eine Verteidigungspolitik einschließt;
- Schaffung einer europäischen Staatsbürgerschaft;
- eine möglichst enge Zusammenarbeit in der Innen- und Sicherheitspolitik.

1. Informieren Sie sich über die staatlichen Organisationsformen Einheitsstaat, Bundesstaat, Staatenbund.

2. Erörtern Sie die gegenwärtige und angestrebte Organisationsform der EG.

Das Europäische Währungssystem (EWS)

Seit 1979 besteht unter den Mitgliedstaaten der EG ein Europäisches Währungssystem (EWS). Es soll in Europa einen Raum währungspolitischer Stabilität schaffen. Zu diesem Zweck sollen die Wirtschafts- und Finanzpolitik der Mitgliedstaaten koordiniert werden.

Der ECU (European Currency Unit) ist eines der Mittel für den Saldenausgleich zwischen den Zentralbanken der Mitgliedstaaten. Der ECU und der Wechselkursmechanismus zur Aufrechterhaltung des Austauschverhältnisses zwischen den nationalen Währungen (Paritäten) sind die beiden wichtigsten Bestandteile des Europäischen Währungssystems.

Den ECU gibt es für die Allgemeinheit noch nicht in Form von Geldscheinen oder Münzen, dennoch nimmt die Zahl der internationalen wirtschaftlichen und finanziellen Transaktionen in ECU ständig zu. Außerdem können Privatpersonen bei Urlaubsreisen im Ausland, selbst außerhalb der Gemeinschaft, auf ECU ausgestellte Reiseschecks verwenden. Ferner können sie auf ECU lautende Papiere kaufen, ECU-Einlagen vornehmen und in bestimmten Ländern sogar ECU-Darlehen bei Banken aufnehmen.

Sollte der ECU eines Tages die gemeinsame Währung der EG-Staaten sein, so käme dadurch Privatpersonen wie Unternehmen die in Europa neuartige Leichtigkeit seiner Verwendung und seine Wertstabilität zugute. Außerdem müßte man nicht mehr bei jedem Grenzübergang Geld wechseln.

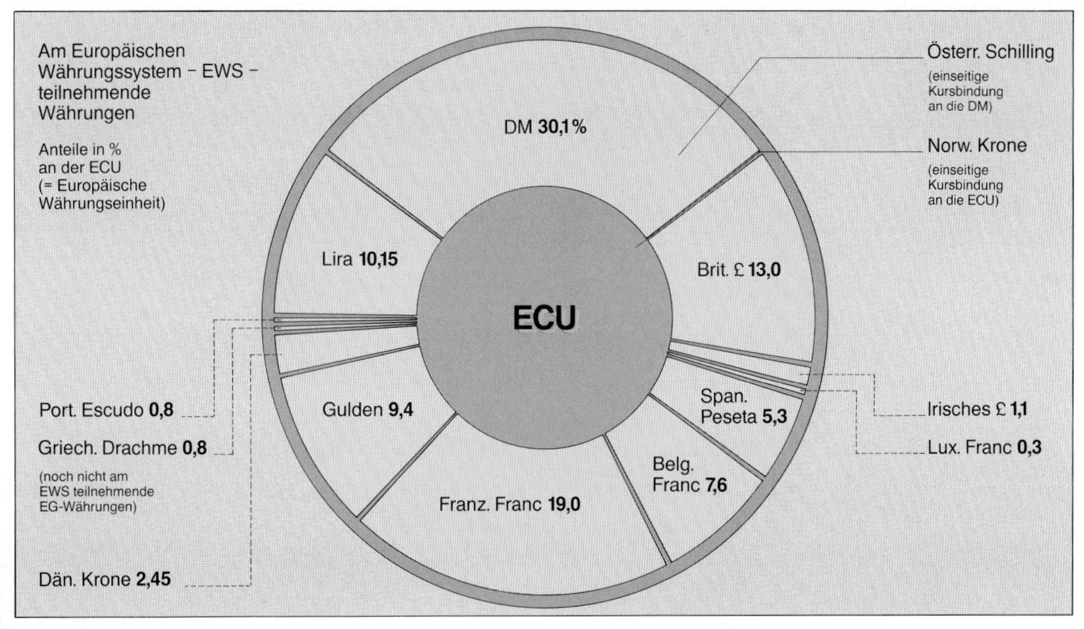

53.1 Der Europäische Währungsverbund

Der Europäische Wirtschaftsraum (EWR)

Bis zum Frühjahr 1991 bestanden in Europa drei internationale Wirtschaftsorganisationen: EG, EFTA und RGW.

Der Rat für gegenseitige Wirtschaftshilfe (RGW) war der Versuch der ehemaligen Sowjetunion, den marktwirtschaftlich organisierten Zusammenschlüssen der parlamentarischen Demokratien Europas eine Wirtschaftsorganisation der Volksdemokratien (sozialistische Staaten Europas, Mongolei, Vietnam, Kuba) entgegenzusetzen. 1991 löste sich der RGW auf.

Die 1960 begründete Europäische Freihandelsgemeinschaft (EFTA) wollte durch den Abbau der Zölle und sonstiger Handelshemmnisse den gegenseitigen Warenaustausch steigern. Zugleich strebten die Mitglieder (Finnland, Island, Norwegen, Österreich, Schweden, Schweiz) ein Gegengewicht zur EG an. Seitdem einige EFTA-Staaten und die mitteleuropäischen Reformstaaten Polen, Ungarn und CSFR in die EG drängen, sind zwischen EG und EFTA die Verhandlungen zur Schaffung eines Europäischen Wirtschaftsraumes (EWR) von 18 (mit Liechtenstein 19 Staaten) und 370 Mio Menschen intensiviert worden. Mit dem Zwischenschritt über den EWR soll die Verhandlungsdauer über den vollen Beitritt von EFTA-Staaten zur EG abgekürzt werden. Grundsätzlich werden im EWR die Gesetze der EG gelten müssen, wenn ein homogener Wirtschaftsraum entstehen soll und der EG-Binnenmarkt zum 1.1.1993 auf die EFTA-Staaten ausgedehnt werden soll.

Festung Europa?

Stimmen aus den USA, aber auch aus anderen Staaten, deuten unterschwellig mit dem Schlagwort von der „Festung Europa“ einen drohenden Handelskrieg der Europäer gegen den Rest der Welt an. Tatsache ist: Europa bildet derzeit den größten Exportmarkt der Vereinigten Staaten mit einem Anteil von einem Viertel des Gesamtexports der USA. Aus Japan stammt jeder zweite Chip, der in den europäischen Computern steckt ...

Ein Ärgernis bleiben die hohen Agrarsubventionen innerhalb der Gemeinschaft. Sie machen es Produzenten aus der Dritten Welt, die auf ihre Agrarexporte angewiesen sind, so gut wie unmöglich, auf den europäischen Markt zu kommen. Doch die Alternative wäre ein großes Bauernsterben in Europa. Im Fall der Dritten Welt ist der Vorwurf an Europa, eine Festung zu sein, nicht von der Hand zu weisen ...

Diese wirtschaftliche und politische Öffnung und parallel dazu das Zusammenwachsen der Zwölf, Dreizehn, Vierzehn ... zum Binnenmarkt werden jedoch einen Wirtschaftsraum herstellen, der weltweit Wachstumsimpulse aussenden wird ...

Ein Europa hinter Festungsmauern schafft das nie. Wer überleben und wachsen will, muß sich bewegen, muß flexibel bleiben und anpassungsfähig.

(Nach Volker Thomas, in: Wir in Europa, H. 12)

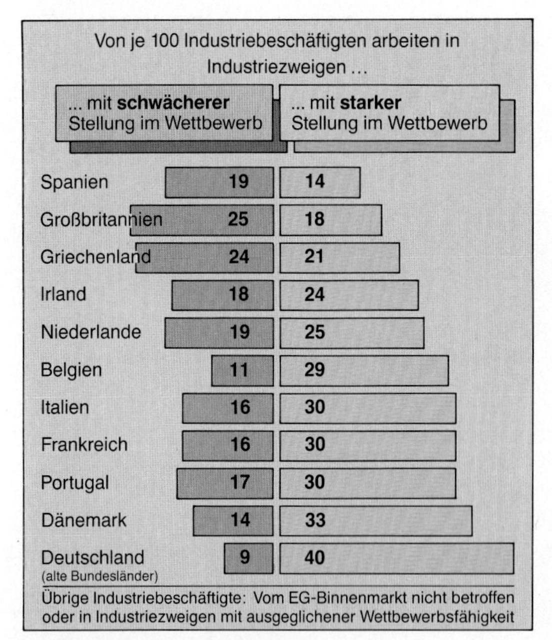

54.1 Gewappnet für den Binnenmarkt?

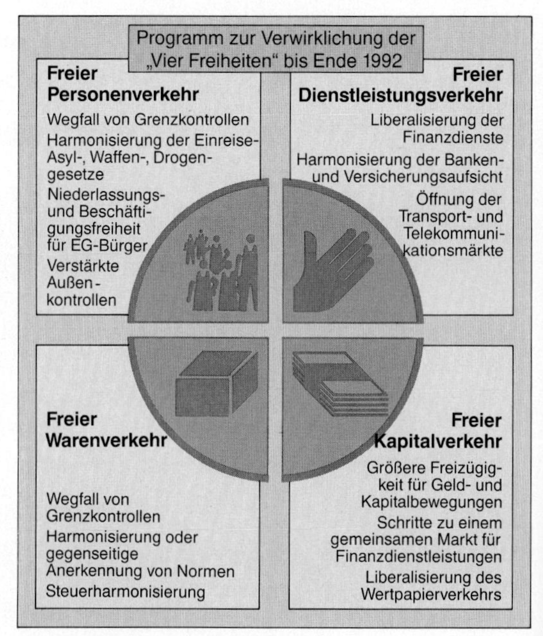

54.2 Die EG auf dem Weg zum Binnenmarkt

Binnenmarkt Europa

Zur Verwirklichung des Europäischen Binnenmarktes müssen materielle und technische Normen der Mitgliedstaaten angeglichen und Steuerschranken abgebaut werden. Die EG-Kommission spricht von den „Vier Freiheiten“: freier Personen-, Waren-, Dienstleistungs- und Kapitalverkehr.

Unter der Leitung des Italieners Paolo Cecchini berechnete eine Expertengruppe, welche Kosten das Fehlen des Europäischen Binnenmarktes verursacht. Als der „Cecchini-Bericht“ 1988 erschien, wurden Einsparungen von 340 Mrd DM bezweifelt. Inzwischen wird mit einem Betrag bis zu 300 Mrd DM gerechnet. Das wäre eine gigantische Konjunkturspritze für Europa. Allein die Möglichkeit neuer Marktperspektiven ab 1992 führte bereits zu mehr Arbeitsplätzen, vor allem im Dienstleistungssektor. Durch vermehrten Handel und Transport nach der Grenzöffnung kann es aber auch zu erhöhten Umweltschäden kommen.

Für die neuen Länder der Bundesrepublik Deutschland bringt der Binnenmarkt zusätzliche Belastungen. Deshalb sind Übergangsregelungen für zwei bis fünf Jahre vorgesehen: Ausnahmen der Lebensmittelgesetzgebung in der Nahrungsgüterindustrie, in der Pharmaindustrie, in der chemischen und kosmetischen Industrie sowie im Maschinenbau und in der Elektroindustrie. Erzeugnisse, die nicht den EG-Normen entsprechen, dürfen bis zur Umstellung der Produktion nur in den neuen Ländern vermarktet werden.

Europa als Wille und Vorstellung

Stellen wir uns einen Sommermorgen im Jahre 2010 vor. Die zweiundzwanzig Staats- und Regierungschefs der Europäischen Gemeinschaft kommen zu ihrem Gipfeltreffen in Stockholm zusammen. Der schwedische Ministerpräsident begrüßt als Neulinge in der Runde den polnischen, den ungarischen und den tschechoslowakischen Regierungschef; sie werden mit großem Applaus empfangen. Auf der Tagesordnung stehen der seit längerem diskutierte militärische Beistandspakt mit den Golfstaaten sowie die Gewährung des vierten „Tschechow-Programms“ von drei Milliarden ECU für die Republiken der Sowjetunion. Der schweizerische Präsident der Europäischen Zentralbank berichtet über die Einhaltung der Haushaltsdisziplin, und am Schluß wird über das Beitrittsgesuch Sloweniens und Kroatiens beraten. Eine Utopie? Gewiß, aber eines Tages könnte sie Wirklichkeit werden. ...Mit der politischen Union und der möglichst engen Verzahnung in der Wirtschafts- und Währungspolitik soll die Gemeinschaft, die bisher eine bessere Freihandelszone war, eine neue Gestalt annehmen. Und es ist kein Widerspruch, daß mit der angestrebten Vertiefung des Zusammenhalts, mit der gemeinsamen Außen- und Sicherheitspolitik wie auch mit dem Endziel der europäischen Einheitswährung die Zwölf sich für neue Mitglieder rüsten. Vorerst freilich bleibt das Europa der Jahrtausendwende noch in nebliger Ferne. (P. Hort in FAZ, 28.6.91)

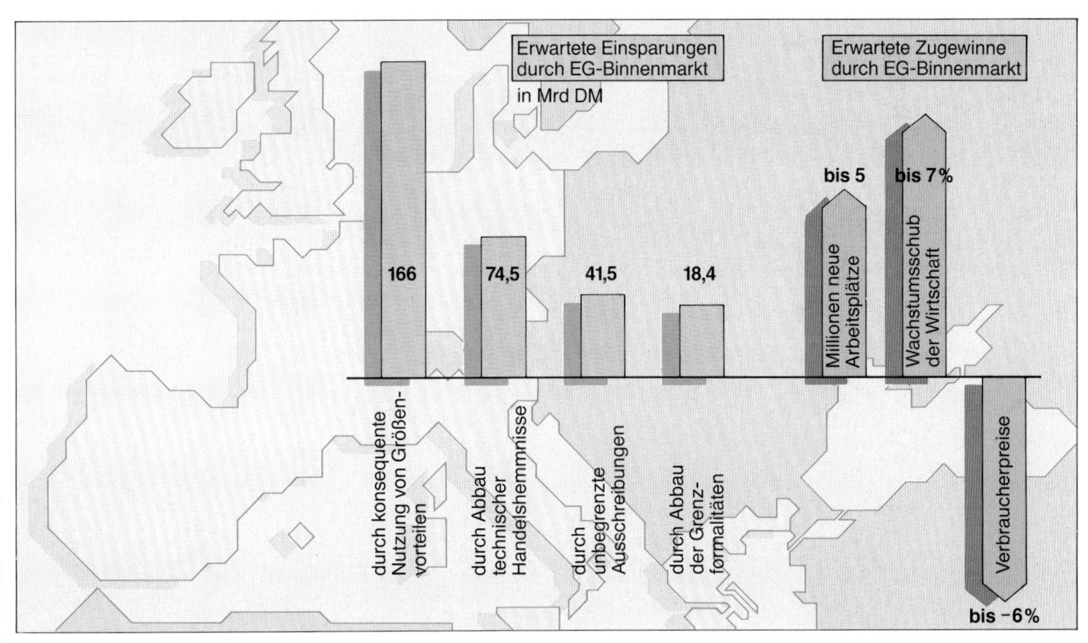

55.1 Cecchini-Bericht 1988

Arbeitsthemen

1. Erläutern Sie die Gliederung Deutschlands in natürliche Landschaften. Beachten Sie dabei den geologischen Bau und die erdgeschichtliche Entwicklung sowie die Oberflächengestaltung.
2. Verfolgen Sie Veränderungen der politisch-administrativen Einteilung Deutschlands zwischen 1919 und heute.
3. Untersuchen Sie Ziele und Maßnahmen der Agrarpolitik sowie Probleme der Landwirtschaft in Deutschland.
4. Prüfen Sie nach selbstgewählten Kriterien die Wirtschaftsordnung der sozialen Marktwirtschaft und der sozialistischen Planwirtschaft.
5. Vergleichen Sie Industrieräume in Deutschland hinsichtlich Standortbedingungen, Produktionsprofilen sowie Lebens- und Arbeitsbedingungen.
6. Untersuchen Sie Standortbedingungen und Industriestruktur in Ihrer Heimatregion.

Literatur

Zusammenfassende Darstellungen:

Eckart, K: DDR. Stuttgart 1981 (Klett)

Fuchs, G.: Die Bundesrepublik Deutschland. Stuttgart 1983 (Klett)

Schmitt, E.: Gohl, D. und Hagel, J.: Deutschland. Harms Handbuch der Geographie. München [26]1975 (List Schroedel)

Einzeldarstellungen:

Fricke, W. und Gaebe, W.: Struktur- und Entwicklungsprobleme des Rhein-Neckar-Raumes. In: Heidelberger Geographische Arbeiten 46, 1981, Seite 18 — 29. (Selbstverlag Geographisches Institut der Universität Heidelberg)

Möller, I.: Hamburg, Stuttgart 1985 (Klett)

Weitere Literatur ist innerhalb des Kurses zitiert.

Register

USA – GUS – Japan

Die Vereinigten Staaten von Amerika (USA)

Der Gran Canyon des Colorado

Ich stehe vor einem gewaltigen Erdriß und blicke über eine Brustmauer, hinter der die Felswände einige hundert Meter senkrecht abstürzen. Darunter ein schräger, steil abfallender Hang, dann wieder senkrechte Wände; hinab, immer wieder hinab in die unendliche Tiefe! Hier und da in dem ungeheuren Abgrund ist der braune, sich windende Colorado sichtbar, der Fluß, der die Riesenarbeit leistete, die Erdkruste fast 2000 m zu durchsägen.

Granitwände engen die Schlucht ein, bis steile Abhänge von Schotter sich zum Unteren Plateau verbreitern. Auf ihm bauen sich die Sandsteinwände auf, zahllose Schichten übereinander. Diese Schichten bestehen abwechselnd aus hartem Gestein, das als Fels stehenblieb und senkrechte Wände bildet, und aus weichem Gestein, das der Hitze, dem Frost, den Regengüssen weniger gut standhielt, abbröckelte und zerfiel, so daß das gegenüberliegende „Ufer" des Erdrisses bis zu 28 km weggerückt ist. Wenn man den ersten, gewaltigen Eindruck etwas verarbeitet hat, kann man die herrlichen Felswände näher betrachten. Da sind Pyramiden, Türme und Zinnen von unerhörter Großartigkeit. Aus der gegenüberliegenden Wand wächst ein auf mich zuwandernder Bergrücken heraus. Dieser Rücken löst sich in einzelne Plateaus, in Zinnen und Nadeln auf, die niedriger und schlanker werden, je näher sie dem Fluß kommen, und endlich in eine letzte Felsnase ausschwingen, um die sich der rasende, wirbelnde, sägende Colorado herumquetscht ...

(Augenreich, E. und R. Knirsch: Von Erdteil zu Erdteil. Amerika. Frankfurt/M. 1961, S. 30)

58.1 Der Gran Canyon

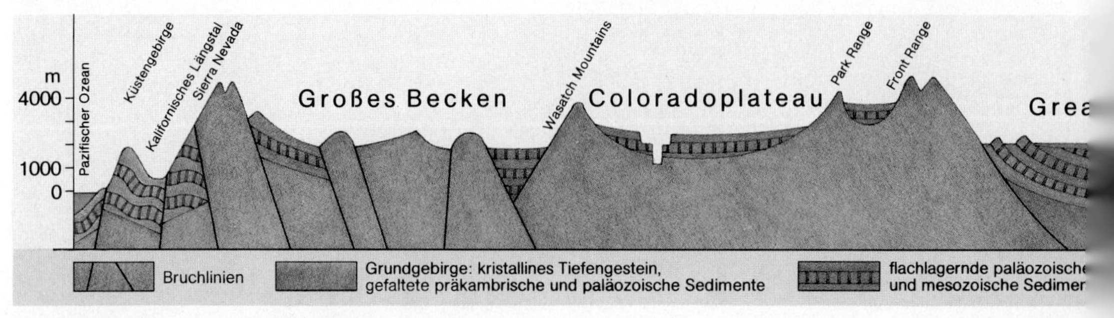

58.2 West-Ost-Profil durch die USA bei 35° N

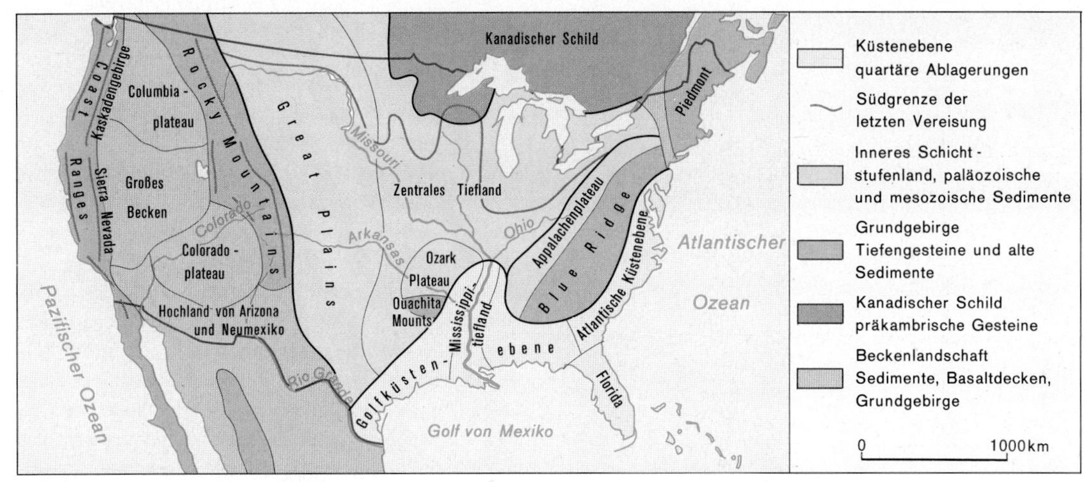

59.1 Geologischer Bauplan und Landschaften der USA

Der Naturraum

Oberflächengestalt und Geologie

Die Oberfläche der USA zeigt eine klare Großgliederung. Dem Hochgebirge im Westen steht im Osten der Mittelgebirgszug der Appalachen gegenüber. Zwischen beiden Gebirgslandschaften breitet sich die Innere Ebene aus. Sie geht im Norden in den Kanadischen Schild über und schließt nach Süden mit der Golfküstenebene ab.

Das Gebirgsland im Westen läßt drei parallele Gebirgszüge erkennen. Den Hauptstrang bilden die Rocky Mountains (Felsengebirge). Der Gebirgskörper ist ein junges Faltengebirge. In die Hebung wurde das in Schollen zerbrochene Grundgebirge einbezogen. So entstanden im zentralen Teil mehrere Becken und Hochflächen. An den Bruchspalten ist Magma aufgestiegen und baute Vulkane auf oder bildete Deckenergüsse wie das rund 200 000 km^2 große Columbiaplateau.

An den Ostfuß des Felsengebirges schließen sich in etwa 1600 m Höhe die Great Plains an, die zum Mississippitiefland bis auf 200 m Höhe fallen. Die flachlagernden Sedimentgesteine bilden ein Schichtstufenland. Im Norden hat die Eiszeit eine Moränenlandschaft aus Grund- und Endmoränen sowie ausgedehnten Sanderflächen hinterlassen. Andere eiszeitliche Bildungen sind die Großen Seen und Lößablagerungen. Der Mississippi hat im Unterlauf ein Aufschüttungsgebiet geschaffen. Sein Delta schiebt der Strom jährlich um rund 80 m in den Golf von Mexiko hinaus. Berüchtigt sind die Frühjahrshochwasser mit einem Anstieg bis zu 12 m.

Nach Osten steigt das Schichtstufenland wieder an. Im Appalachenplateau bilden Schichtgesteine ausgedehnte Tafelländer. Das lebhafte Relief im Zentrum der Appalachen ist auf gefaltetes Sedimentgestein zurückzuführen. Da es in einer 500 m hohen Stufe gegenüber dem Plateau abfällt, wird es Großes Appalachental genannt. Nach Osten schließen sich die eigentlichen Appalachen an. Die verhältnismäßig kurzen Flüsse, die von den Appalachen zum Atlantik fließen, überwinden eine Bruchstufe (Fallinie) zwischen der Piedmontfläche und der Küstenebene in Wasserfällen und Stromschnellen.

1. Vergleichen Sie Ausdehnung und Breitenlage der Inneren Ebene der USA mit Europa (Atlas).
2. Vergleichen Sie das Gebirgsland im W mit den Appalachen nach Höhe, Gliederung und Entstehung.

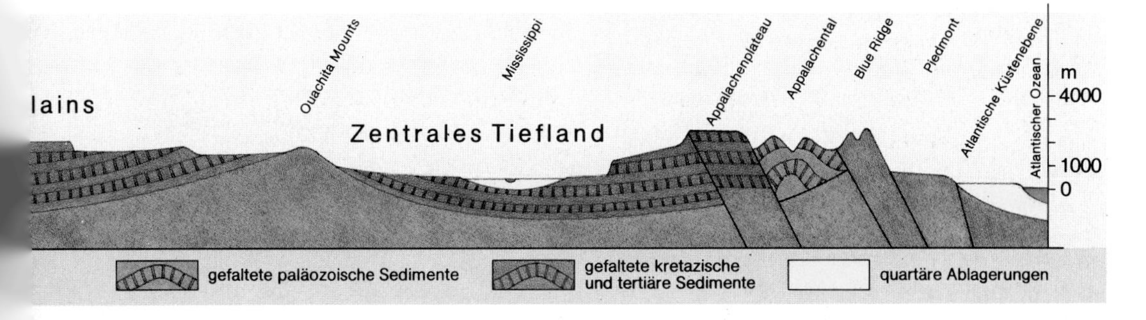

„Ein dumpfes Brausen unterbricht plötzlich die lastende Stille; eiskalt weht die Luft. Als wir den ersten freien Blick über das Flußtal bekommen, sehen wir eine hohe, gelblich graue Fahne über dem Berge flattern. Dahinter schiebt sich eine tiefdunkle Wand heran. Das pfeifende Heulen in der Höhe, gefolgt von einem brüllenden Krachen und Donnern, kommt näher ... Eine Riesenfaust stößt mich vor die Brust, wie aus einem Sandstrahlgebläse faucht uns waagerecht treibender Eisstaub in die Gesichter. Geblendet taumeln wir zurück und schlagen die Hände vor die schmerzenden, tränenden Augen. Nach einer kurzen Sturmpause folgt mit einem wahnsinnigen Aufheulen, einem Schmettern und Schlagen der nächste Stoß, der eigentliche Blizzard."
(Aus: Heye, A., Im letzten Westen. Zürich 1939)

Blizzards sind eisige Stürme, die mit großer Geschwindigkeit Eiskristalle und Schnee über die Steppen der Great Plains fegen. Oft können sich Tiere und Menschen nicht rechtzeitig in Sicherheit bringen.

Northers passieren als kalte Nordwinde mit Geschwindigkeiten von 50 bis 60 km/h das Zentrale Tiefland bis zur Golfküste. Selbst in den flachen Küstengewässern führen sie zu starker Abkühlung. Oft sind sie mit ergiebigen Niederschlägen verbunden. Der mit diesen kalten Winden oft einsetzende Eisregen (sleet) bewirkt Eisbruch an Baumbeständen und Telefonleitungen, legt den Verkehr lahm und vernichtet die Viehweiden.

Tornados sind außertropische Wirbelstürme. Sie bewegen sich im Zentralen Tiefland nordostwärts und sind von Wolkenbrüchen begleitet. Der Durchmesser der Zyklonen und die Länge der Zugbahnen sind verhältnismäßig klein. Allgemein wird ein Gebiet von nur 8 km^2 betroffen. Sie ziehen ihre Bahnen aber mit hoher Geschwindigkeit (370 bis 740 km/h) und bewirken durch den im windstillen „Auge" plötzlich einsetzenden Unterdruck Gebäudezerstörungen. Im Durchschnitt treten jährlich rund 150 Tornados auf, die zusammen etwa 500 Menschenleben fordern.

Hurrikans sind tropische Wirbelstürme, die entlang der atlantischen Küste bis Neufundland mit Windgeschwindigkeiten um 240 km/h brausen können. Die Golfküstenebene und Florida erreichen durchschnittlich 7 Hurrikans im Jahr. Die größten Schäden rufen die durch Regenfall ausgelösten Überschwemmungen und die Flutwellen an den Küsten hervor.

Im zeitigen Frühjahr ist in den nördlichen Gebieten der Great Plains der **Chinook,** ein warmer trockener Fallwind, der aus den Hochbecken über das Felsengebirge kommt, von Bedeutung. Er verursacht eine zeitige und rasche Schneeschmelze, so daß der Anbau in den Great Plains früh einsetzen kann.

Witterung und Klima

Die Oberflächengestalt, der Austausch der arktischen und tropischen Luftmassen sowie die Meeresströmungen bestimmen Witterung und Klima in den USA.

Das Gebirgsland im Westen blockiert bis in eine Höhe von 4000 m die außertropische Westwindzone des planetarischen Windsystems. Dadurch können die milden und feuchten Luftmassen aus dem Westen nicht so stark zur Geltung kommen wie in West- und Mitteleuropa. Deshalb hat ein großer Teil der USA ausgesprochenes Landklima. Insbesondere liegen die Great Plains im Regenschatten der Gebirgsbarriere. Hinsichtlich der Niederschlagsverteilung bildet der 100. Meridian westlicher Länge eine Grenze, die für die landwirtschaftliche Nutzung von Bedeutung ist. Den geringsten Niederschlag erhalten die hochgelegenen Becken zwischen den Gebirgszügen. An der Pazifikküste kommt die Westströmung ungehindert zur Wirkung. Hier entspricht das Klima in seinem Charakter dem Westseitenklima in West- und Südeuropa. Dagegen ähnelt das Klima der Atlantikküste demjenigen an der Ostseite von Asien.

In Nordamerika fehlen west-östlich verlaufende Gebirgsschranken wie in Europa die Alpen oder die Karpaten. Dadurch können im Winter bis in das Frühjahr hinein arktische Luftmassen aus den polaren Gebieten, insbesondere aus der Hudsonbai, dem „Eiskeller" Nordamerikas, in der Inneren Ebene als Blizzards und Northers weit nach Süden vorstoßen. Diese Kaltlufteinbrüche lassen die Großen Seen oft bis zu drei Monaten zufrieren, und sie können zu schweren Schäden in landwirtschaftlichen Kulturen führen.

Andererseits verursachen im Sommer häufig tropische Luftmassen aus dem Golf von Mexiko bis in den Norden der USA Hitzewellen. Die teilweise sehr enge Nachbarschaft arktischer und tropischer Luftmassen und die damit verbundenen großen Temperaturunterschiede sind der Grund für das Auftreten von Tornados.

Im Nordosten und Osten der USA wird das Klima durch den kalten Labradorstrom beeinflußt. Er wirkt stark abkühlend auf die Temperaturen in den Küstenstaaten und bedingt wolkenreiches Wetter und Nebel. So ist es z. B. in New York mit einem Januarmittel von −1,6 °C um fast 11 °C kälter als in dem auf gleicher Breite liegenden Neapel. Die Küstenwüste in Niederkalifornien ist dagegen extrem trocken, weil hier der kalte Kalifornienstrom zu einem Absinken der relativen Feuchte führt.

1. Vergleichen Sie die Anordnung der Klimate in Nordamerika mit der in Europa und Nordasien (Atlas).

2. „Die Oberflächengestalt, der Austausch zwischen arktischen und tropischen Luftmassen sowie die Meeresströmungen bestimmen das Klima der USA." Vergleichen Sie mit Europa.

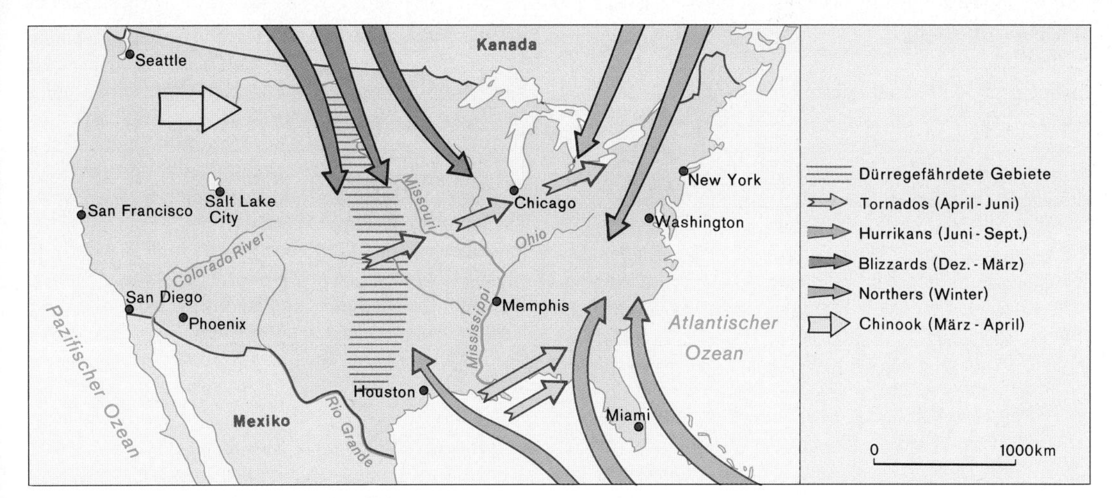

61.1 *Klimatische Ungunstfaktoren in den USA*

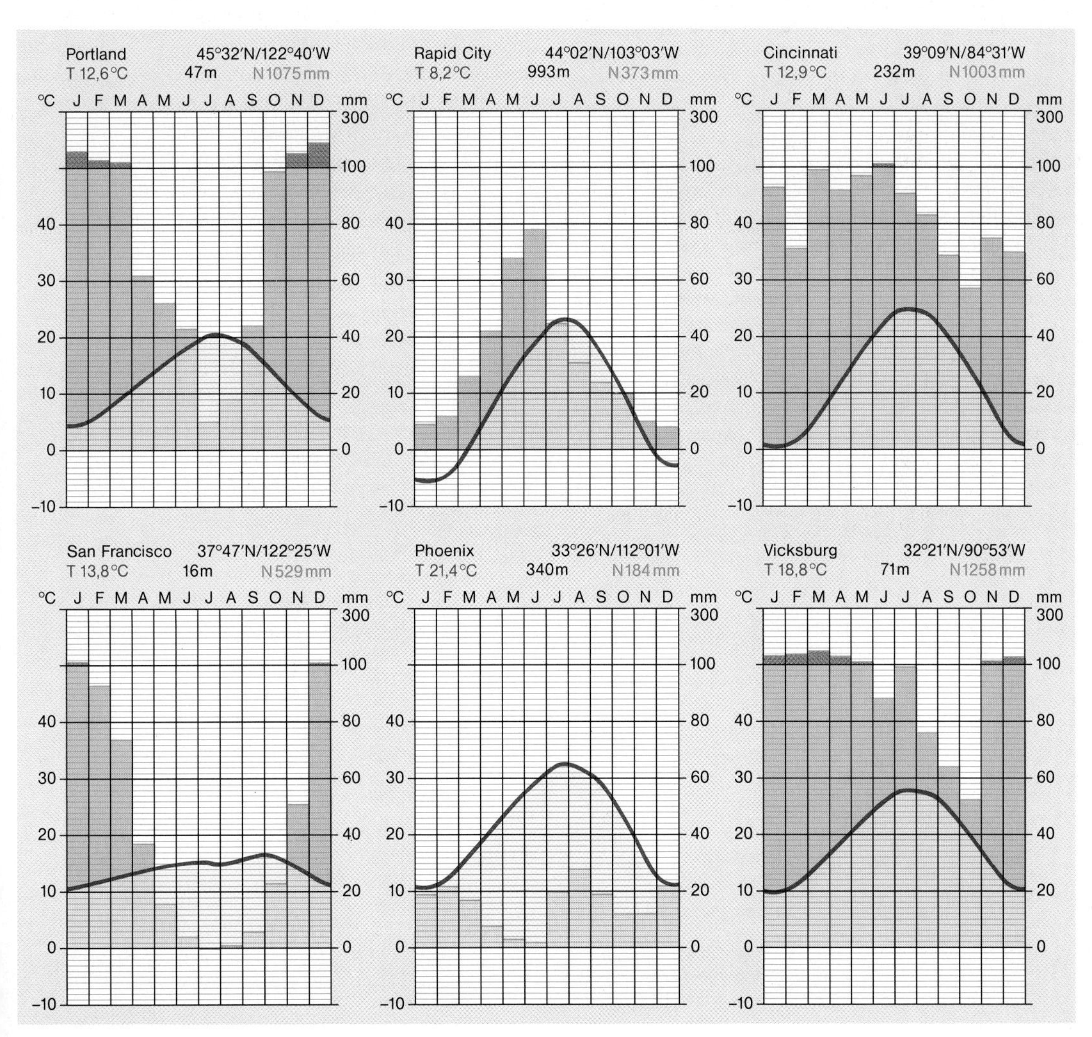

61.2 *Klimastationen in den USA*

Die Bevölkerung

Amerika ist eine bunt zusammengewürfelte Gesellschaft, obwohl sie lange Zeit als Schmelztiegel betrachtet wurde. Wie sonst könnte man eine plausible Erklärung für das Bestehen so starker regionaler Traditionen, individueller Unterschiede, ethnischer Gruppen, ja sogar der Dominanz bestimmter Familiennamen in einigen Teilen dieses Landes finden? In den Jahren zwischen 1820 und 1975 kam der größte Teil der Europäer, die in die Vereinigten Staaten von Amerika auswanderten, aus Deutschland (6,9 Mio). Danach folgten Italien (5,3 Mio), Großbritannien (4,8 Mio) und Irland (4,7 Mio). Die Deutschen ließen sich vorwiegend in 27, die Italiener in zehn und die Engländer in sieben der amerikanischen Bundesstaaten nieder, während die Mexikaner in Arizona, New Mexico und Texas, die Japaner in Hawaii, die Polen in Michigan und die Norweger in North Dakota siedelten.

Jeweils mehr als eine Million schwarze Amerikaner sind in Kalifornien, Michigan, New York, North Carolina, Ohio, Pennsylvania und Texas ansässig und jeweils fast eine Million in Alabama, Maryland, Mississippi, New Jersey, South Carolina und Virginia. Nach jahrhundertelanger Rassentrennung und nunmehr gesetzlicher Integration sind die Schwarzen darauf bedacht, ihre Einheit zu bewahren und sich die spezifisch schwarzen Traditionen zu erhalten. Ebenso eifrig achten die 11,1 Mio Amerikaner spanischer Sprache, die etwa 5,3 Prozent der Gesamtbevölkerung der Vereinigten Staaten ausmachen, auf den Fortbestand ihrer eigenen kulturellen Überlieferungen. Obwohl ihnen vieles gemeinsam ist, gibt es unter den hispanischen Amerikanern fünf verschiedene ethnische Gruppen, von denen jede ihr eigenes Kulturgut hat. Es sind dies die Amerikaner mexikanischer Herkunft, die Chicano (aus Mexiko stammende Amerikaner spanisch-indianischer Herkunft), die Kubaner, die Puertoricaner sowie die Amerikaner spanischer Abstammung. Von den 823000 Indianern leben heute etwa 64 Prozent in oder in der Nähe von bundeseigenen Reservaten. Die meisten von ihnen fristen ein kümmerliches Dasein mit Ackerbau, Viehzucht, Handwerk und Handarbeit. Einige sind erfolgreiche Rancher in Oklahoma; die meisten leben an der Schwelle der Armut. Indianer gibt es in 31 Staaten – von Maine bis Florida und von New York bis Kalifornien. Mit den Stämmen der Navajos, Pimas, Papagos, Hopis und Apachen hat Arizona den größten Indianeranteil (173400), der sich über eine Fläche von 23,5 Mio acres (9,4 Mio ha) in 17 Reservaten verteilt. An zweiter Stelle folgt Oklahoma. Insgesamt gibt es dort 81000 Indianer der Stämme der Cherokee, Creek, Choctaw, Chickasaw, Cheyenne und Arapaho.
(Nach R. C. Larson, 1980)

Die Iren – ein „Volk von Auswanderern"

Im 17. und 18. Jh. hatte eine starke Bevölkerungszunahme ohne gleichzeitige Verbesserung der Ernährungsgrundlage die Lebensbedingungen in Irland immer schwieriger gemacht. Dazu kam eine sehr starke Zersplitterung des Bodens in sehr kleine, kaum lebensfähige Pachtbetriebe. Im 18. und 19. Jh. stellten die fremden englischen Großgrundbesitzer ihre Wirtschaft auf Viehzucht um. Ackerland wurde zu Weideland, besonders in den fruchtbaren und marktgünstig gelegenen Teilen der Mitte und des Ostens. Die kleinen Pächter wurden in den feuchtkühlen, gebirgigen Westen, das „Armenhaus" Irlands, abgedrängt.
Eine immer stärker werdende Auswanderung war die Folge, zunächst nach England, später nach Übersee, vor allem in die USA. Mißernten und Hungersnöte durch eine weit um sich greifende Kartoffelkrankheit führten von 1845 bis 1847 zu einem Höhepunkt der Auswanderung. Zusammen mit der erhöhten Sterberate führte die Auswanderung zu einer rapiden Abnahme der Bevölkerung. In dieser Zeit sank die Bevölkerungszahl sehr schnell von 8 auf 4 Mio und in den nächsten 120 Jahren auf 2,8 Mio.

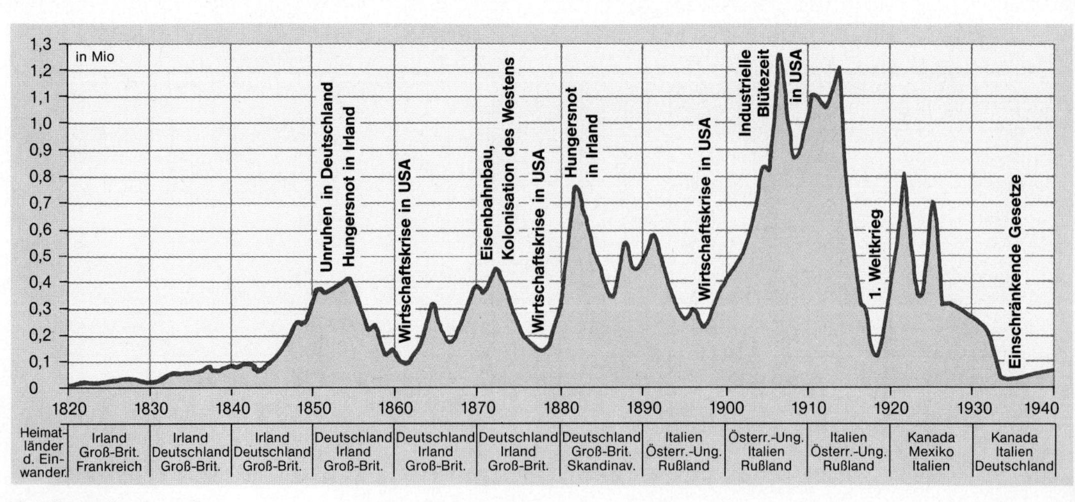

62.1 Einwanderungswellen

Als die Pilgerväter am 26. Dezember 1620 im heutigen Plymouth, Massachusetts, an Land gingen, brachten sie die Bibel und den strengreligiösen Verhaltenskodex der Puritaner mit. Für den Puritaner war die Menschheit von Natur aus sündhaft, und Gutes konnten sie nur durch harte Arbeit und nie erlahmende Selbstdisziplin tun. Nicht ordnungsgemäße Einhaltung des Sonntags, Gotteslästerung, Unzucht, Trunkenheit, Glücksspiele sowie das Mitwirken an Theateraufführungen waren strafbare Handlungen.

In völligem Gegensatz zu der puritanischen Ethik steht die Tradition des „rugged individualism", des unbedingten Individualismus, der aus dem „frontier experience" – der Erschließung des amerikanischen Westens – erwuchs. Die Diskrepanz zwischen ihrer biederen, puritanischen Vergangenheit und der harten und rauhen Lebensweise der Pioniere und Siedler des Westens ist bis auf den heutigen Tag im amerikanischen Verhalten zu erkennen. ...

... In der zweiten Hälfte des 18. Jahrhunderts wurde in der Begründung der nordamerikanischen Einzelstaaten und der Französischen Revolution Weltgeschichte gemacht, die sich jedoch nur im ersteren Fall (in dem sie lange unsichtbar blieb) bewähren und halten konnte: „In dieser Periode ist der gefährliche Optimismus ganz zum Durchbruch gekommen, der dies Jahrhundert unsterblich macht. Er liegt in der Vorstellung von Perfektibilität des Menschen, seiner Vervollkommnungsfähigkeit durch das, was man als Aufklärung bezeichnete" (Alfred Weber). Daß der Mensch seiner Artbestimmung nach die Fähigkeit besitzt, frei zu sein, sich zwischen Möglichkeiten frei zu entscheiden, wählen zu können, das ist zum ersten Male, und zum einzigen in der Menschheitsgeschichte, auf amerikanischem Boden zur Grundlage einer Staatsgründung gemacht worden. Auf ihr beruht der „Amerikanische Traum", die Utopie, ohne die Amerika lange, bis gestern noch, nicht leben zu können glaubte. Wenn auch die Beweggründe der Siedler oft sehr handgreiflich und nicht immer edel waren, so ist doch die Mehrzahl derjenigen, die das Alte freiwillig zugunsten eines ungezähmten, wilden Kontinents aufgaben, durch die verwirklichte Utopie angezogen worden, die man den Amerikanischen Traum, the American Dream, zu nennen pflegt.

Dieser Traum, der Magnet für die Besiedlung der leeren Räume, war auch das beherrschende geistige Strukturelement Amerikas. Daran änderten alle Wellen des Zivilisationspessimismus nichts, die die einheimischen Intellektuellen über die Gesellschaft, sie bis vor kurzem nur geringfügig benetzend, hinweggehen ließen. Aus dem Traum leitete sich der Optimismus, der Glaube an das Gelobte Land und die Selbstzufriedenheit, die der Zugehörigkeit zu ihm entspringt, als patriotische Pflicht ab. Auch Jefferson teilte diesen Ur-Enthusiasmus Amerikas: „Getrennt durch die Natur und ein weites Meer von der ausrottenden Verwüstung eines Viertels der Erde...im Besitz eines Gelobten Landes, mit genug Raum für die hundertste und tausendste Generation", sagte er bei seiner Antrittsrede als Präsident 1801, ist das einzige, was nötig ist, „um den Kreis unseres Glücks zu schließen", eine „weise und sparsame Regierung".

(Aus: Herbert von Borch: Amerika – Dekadenz und Größe. München, Zürich 1981)

1. Erläutern Sie die Einwanderungswellen in die USA

2. Kennzeichnen Sie den „American Dream". Belegen Sie an selbstgewählten Beispielen die Gültigkeit.

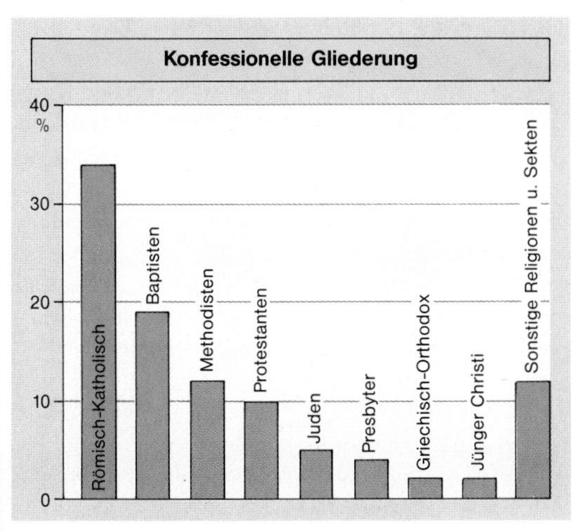

63.1 Konfessionelle Gliederung

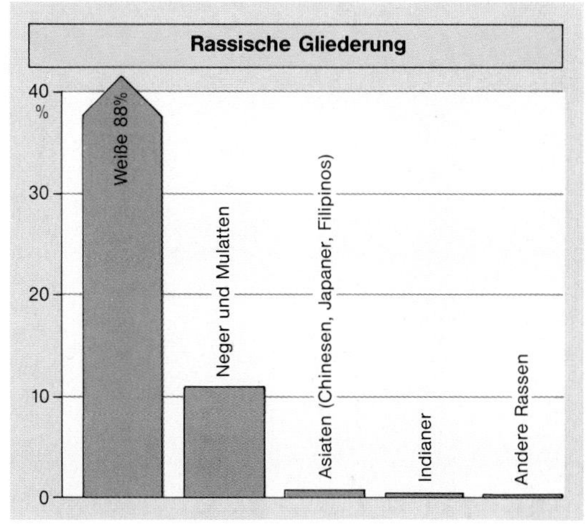

63.2 Rassenzugehörigkeit

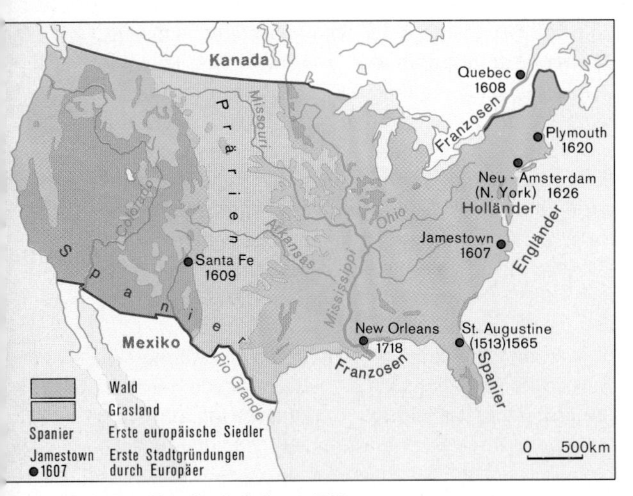

64.1 Naturlandschaft um 1700

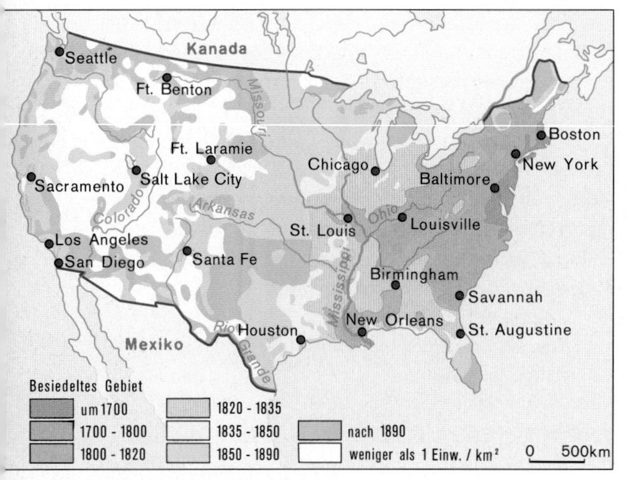

64.2 Wanderung nach Westen

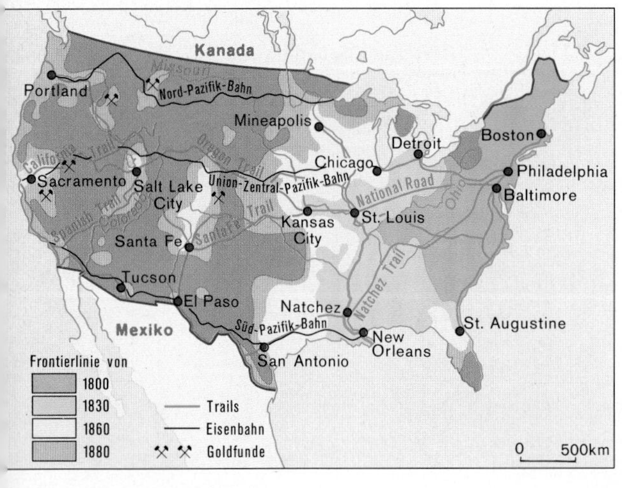

64.3 Frontier und Trails

Phasen der Besiedlung

„The plow will follow the axe". So lautete die Maxime der frühen europäischen Kolonisten, die in die Wälder vordrangen, sie rodeten und in Ackerflächen umwandelten. Für die Neuankömmlinge war das Leben unerträglich hart: Die erste englische Kolonie, Jamestown, Virginia, entstand 1607 an der Ostküste, nachdem spanische Forschungsreisende bereits 1565 in Florida die erste dauerhafte europäische Siedlung gegründet hatten.

Indianer griffen Jamestown an, das man darauf zu einem hölzernen Fort ausbaute. Wer von den Siedlern nicht jeden Tag Bäume schlug oder auf den Feldern arbeitete, wurde auf der anderen Flußseite dem Hunger überlassen. Die Pioniere lebten zunächst in rohgezimmerten Blockhäusern. Erst nach der Konsolidierung der Siedlung entstanden verbesserte Holzhäuser.

Neben dem Ackerbau auf einer primitiven Raubbaustufe spielte in frühkolonialer Zeit der von *Trappern* betriebene Pelztierhandel eine große Rolle. Um Waren aus England einkaufen zu können, wurde Holz in das holzarme Mutterland exportiert. Der zunehmende Schiffbau trug zusätzlich zur Waldverwüstung bei. Der Quäker *William Penn* erließ 1680 die kaum beachtete Verfügung, auf jeweils fünf acres (1 acre = 0,4 ha) Rodungsland 1 acre Wald zu erhalten. Die Grenze des Holzraubbaus schob sich dennoch über das Gebiet der Großen Seen und den Süden bis zum pazifischen Nordwesten vor.

Mitte des 18. Jh. war die Besiedlung der Atlantikküste abgeschlossen. Die Westwanderung wurde zunächst durch die Appalachen behindert, die die Planwagen-Trecks dann auf der *Wilderness Road* überwanden. Die **Pionierfront**, ein Grenzraum zwischen zwei Kulturen, in dem Indianer sich der Landnahme gewaltsam entgegenstellten, erreichte 1841 Oregon. Der Goldrausch in Kalifornien (1848) löste eine weitere Einwanderungswelle aus; 1890 erklärte die Zensusbehörde die **Frontier** als nicht mehr existent.

Für die Wanderungen in den mittleren und fernen Westen spielten der Oregon- und der Santa-Fé-**Trail** (Zugstraßen) eine wichtige Rolle. Es entstanden Forts zur Sicherung gegen die Indianer, aus denen später Städte hervorgingen. Eine noch schnellere Erschließung ermöglichte der transkontinentale Eisenbahnbau (Central Pacific-, North Pacific- und South Pacific Railway). Der Staat förderte durch Landschenkungen die privaten Eisenbahngesellschaften, die Siedlungen gründeten.

1. Die Erschließung ist eng mit dem Begriff „Frontier" verknüpft. Erläutern Sie den Zusammenhang.

2. Die staatsräumliche Entwicklung verlief in Phasen. Ordnen Sie diesen Phasen prägende Vorgänge und Prozesse im Vergleich mit Europa zu.

Kolonialzeit. Auf der Suche nach Edelmetallen gelangen *spanische* Eroberer nach Florida und von Mexiko nach Arizona. Die Indianer entziehen sich den Missionierungsversuchen. Von Norden her dringen *russische* Pelztierhändler bis nach Fort Ross vor, 100 km nördlich von San Francisco. *Französische* Pelzhändler und Kolonisten siedeln am St. Lorenz-Strom ab 1534 und an der Mississippimündung, an der sie New Orleans gründen. Der gesamte Tieflandraum zwischen den Appalachen und den Rocky Mountains wird französischer Besitz (Louisiana), muß aber 1763 nach dem Siebenjährigen Krieg an England abgetreten werden. Die *englischen* Kolonisationsversuche begannen bereits 1583 mit der Ernennung von Sir Walter Raleigh an der Ostküste. Die Kolonie Massachusetts (gegr. 1620) wird zum Kern der späteren 13 Neuenglandstaaten, aus Virginia (gegr. 1607) gehen die Südstaaten hervor. Die *holländischen* und *schwedischen* Niederlassungen werden schon im 17. Jh. dem britischen Kolonialraum zugeschlagen.

Pionierzeit. Mit der Unabhängigkeitserklärung 1776 lösen sich die Kolonien vom britischen Mutterland. Der Siedlerstrom nach Westen hat bereits eingesetzt: Den Jägern und Fallenstellern folgen die Pelzhändler; die Holzfällerfrontier wird vom Grenzraum der Viehzüchter (Rancher) und Farmer abgelöst. Bergleute und Goldsucher treiben die „mining frontier" voran, „squatter" lassen sich vorübergehend und ohne Erlaubnis nieder. Die Bewohner der isolierten Siedlungen an der Pionierfront leben häufig am Rande des Existenzminimums; sie sind oft mittellose Einwanderer, aber auch ehemalige Kolonisten, die an der Ostküste nicht Fuß fassen konnten. Von dem Sendungsbewußtsein überzeugt, die „Wilden" zu vertreiben und dem Land die Zivilisation zu bringen, stillen sie ihren Landhunger an der Naturlandschaft, die sie innerhalb eines Jahrhunderts rigoros in eine Wirtschaftslandschaft verwandeln. 1890, 60 Jahre nach den großen Einwanderungswellen aus Europa, findet die Pionierzeit ihr Ende.

Groß- und Weltmacht. Bis 1890 sind die USA, die heute 50 Bundesstaaten umfassen, nicht daran interessiert, neue Rohstoffquellen oder Absatzmärkte außerhalb des eigenen Landes zu erschließen, da das Raumpotential des Gesamtstaates genügend wirtschaftliche Möglichkeiten bietet. Im Spanisch-Amerikanischen Krieg 1898 muß Spanien die Philippinen, Puerto Rico und Guam abtreten. Die Hawaii-Inseln werden annektiert. Die USA steigen zur Großmacht auf, greifen in den Ersten Weltkrieg ein, aus dem sie unzerstört als Weltmacht hervorgehen. Nach dem Zweiten Weltkrieg und dem Niedergang der europäischen Großmächte übernehmen sie die politische, wirtschaftliche und militärische Führung in der westlichen Welt. Die Produktionsziffern in Landwirtschaft und Industrie erreicht kein anderes Land.

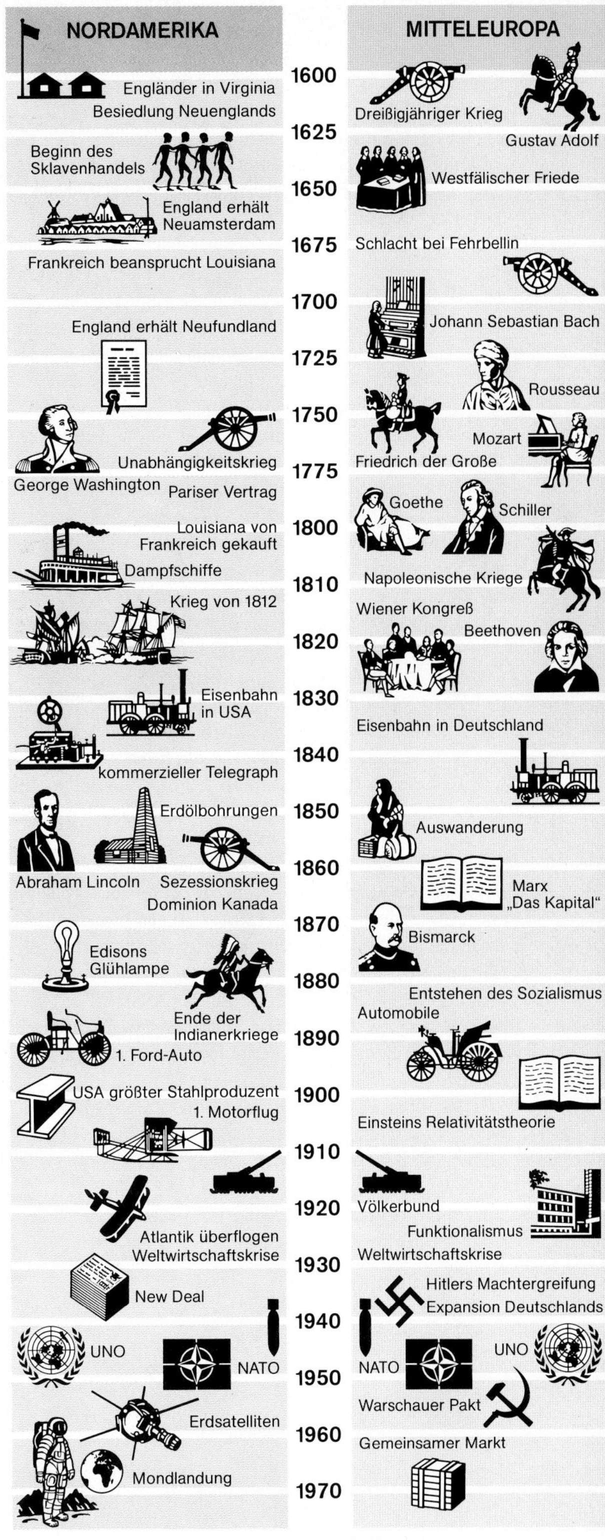

65.1 Entwicklungsphasen in den USA und in Europa

Das 19. Jh. brachte die radikale Umgestaltung Wisconsins von einer natürlichen Waldlandschaft zu einer Kulturlandschaft in drei Phasen. Im Zusammenhang mit dem Bleibergbau im SW begann um 1833 der Landverkauf. Die Landnahme erfolgte in Form des starren Township-Systems: Die Besitzblöcke gehen ohne Anpassung an natürliche Bedingungen über Berg und Tal, durch Sandfelder, Moorland, Wälder und Prärie.

Nach dem Bau des Eriekanals (1825) öffnete sich das Seengebiet. In das östliche Wisconsin kam ein Zuwandererstrom aus dem übervölkerten Osten. 1840–50 wurde Südwisconsin zum Agrarland. Hier siedelten u. a. auch Schweizer Auswanderer. 1848 wurde der Bundesstaat Wisconsin gegründet. Zwischen 1850–60 wuchsen die jungen Städte rapide (z. B. Milwaukee von 20 000 auf 46 000 E). Dieses Städtewachstum wurde durch die aufstrebende Landmaschinen- und Nahrungsmittelindustrie beschleunigt. Ein zentralörtliches System entwickelte sich.
Ehemaliges Waldland wurde in wenigen Jahren in eine Weizenkammer verwandelt. Die Mechanisierung bei guten Weizenpreisen half mit, die Weizenmonokultur in weiten Teilen Wisconsins zu verbreiten.

Die fortschreitende Besiedlung des nordamerikanischen Westens erschloß in den Prärien neue Kornkammern. In Wisconsin begannen die Farmer daher, den Anbau zu diversifizieren. Zwischen 1860 und 1870 wurden nun neben dem Weizen auch Hopfen, Tabak und Hafer angebaut, im Süden sogar die Schafzucht forciert. Aus den etwas später besiedelten waldreichen Gebieten Nordwisconsins wurden beträchtliche Flößholzmengen auf dem Mississippi abtransportiert.

Von Osten nach Westen fortschreitend vollzog sich in Wisconsin etwa ab 1880 ein tiefgreifender Kulturlandschaftswandel. Vorteilhafte Frachttarife, die Nähe großer Absatzmärkte und die für Futteranbau besonders geeignete naturräumliche Ausstattung ließen die Milchwirtschaft zur dominierenden Nutzung werden. Zu Beginn des 20. Jh. wurde Wisconsin zum intensiv genutzten „Dairyland" der USA.

Heute ist Wisconsin neben New York der bedeutendste Milcherzeugerstaat der USA und neben Minnesota der größte Buttererzeuger. Ein gutes Drittel der Milch aus Wisconsin wird zu Käse und Eis veredelt. Dies geht oft auf die Initiative von schweizerischen Einwanderern zurück.

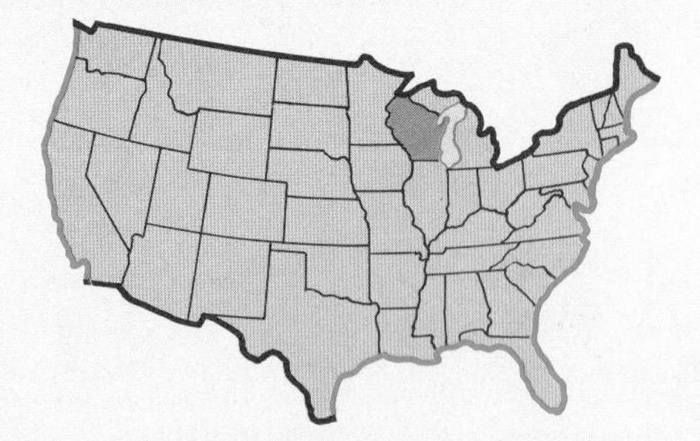

Die Raumerschließung

Von New York nach Washington oder Boston fliegend überblickt man das früh besiedelte Kulturland, das in seinen Dorfanlagen und Flurformen der mitteleuropäischen Landschaft mit ihrem bunten Wechsel von Feld, Wald und Wiese ähnelt. Aber jenseits der Appalachen und des Ohio beginnt das Schachbrettmuster, genau ausgerichtet von Norden nach Süden und von Osten nach Westen. Dieses Quadratmuster überzieht das Land bis an den Fuß der Rocky Mountains.

Die **land ordinance von 1785** schuf die Voraussetzung für eine geregelte Landvergabe und Kolonisation. Nach Annahme der Verfassung erfolgte 1796 eine Neufassung in Form eines Gesetzes (**land act**). Die Vermessung begann an einem bestimmten Punkt. Dort wurde die Nord-Süd-Richtung (Meridian) und rechtwinklig dazu eine von West nach Ost verlaufende Linie festgelegt. In diesem der Vermessung zugrundegelegten Koordinatensystem wurden dann Quadrate von sechs Meilen (eine amerikanische Meile mißt 1,609 km) systematisch ausgemessen.

Der **pre-emption act von 1841** regelte die Eigentumsrechte derjenigen Siedler, die Land vor der geordneten Vermessung und Landabgabe in Besitz genommen hatten. Solche Siedler bezeichnete man als *squatter*. Nach diesem Gesetz konnte jeder, der einen *claim* (einen Besitzanspruch) geltend machen konnte, gegen eine Bezahlung von 1,25 Dollar je acre bis zu 160 acres als Eigentum erwerben.

Der **homestead act von 1862** ermöglichte einem homesteader im allgemeinen, eine *quarter section* ohne Bezahlung zu erwerben. Eine Auflage verlangte, daß der Siedler mindestens fünf Jahre lang auf dem Land lebte und es unter Kultur nahm; eine andere Bedingung war die amerikanische Staatsbürgerschaft oder die erklärte Absicht, sie zu erwerben. Dieses Gesetz verfolgte das Ziel, Familien anzusiedeln und nicht Grundstücksspekulation zu betreiben. Farm und Familie wurden somit Grundlage der amerikanischen Kolonisation, die in wenigen Jahren den ganzen mittleren Westen erschloß.

Auch soziologisch wirkte sich diese Regelung in dem Sinn aus, daß keine ständische Gliederung der Gesellschaft entstehen konnte. Die Siedler wurden zu Amerikanern als eine Gemeinschaft von Farmern. Noch heute ist es der beste Adelsausweis für einen Präsidenten der Vereinigten Staaten, wenn er auf einer Farm groß geworden ist.

1. Begründen Sie Nachteile des township-Systems.
2. Erläutern Sie den Landschaftswandel Wisconsins.
3. Bewerten Sie die Praxis der Landvergabe unter dem Gesichtspunkt der naturräumlichen Bedingungen.

67.1 Agrarlandschaft in Nebraska

Auch in der Agrarlandschaft Nebraskas zeigt sich noch heute das quadratische Township-System („Schachbrettmuster"). Es endet am Gebirgsfuß der Rocky Mountains. Die typische Siedlungsform sind Einzelhöfe.

In den Besitzparzellen ist die Ackerflur streifenförmig genutzt. Die Richtung der Streifen verläuft parallel zu den Quadratseiten des übergeordneten Systems oder diagonal dazu. In der Färbung wird der Wechsel von Feldbestellung und Brache deutlich, wodurch ein Hinweis auf den Wassermangel in diesem Gebiet an der landwirtschaftlichen Trockengrenze gegeben ist. Um das Ernterisiko bei Weizen (hier Winterweizen) zu mindern, wird als Sommerfrucht auch Hirse (Sorghum) angebaut. Abweichend von der streng geometrischen Flureinteilung gibt es Flurstükke, die in ihrem Verlauf Höhenlinien nachzeichnen. Diese hangparallele Anordnung der Ackerflächen („contour ploughing") und die streifenförmige Fruchtbestellung („strip cropping"), wobei die Richtungen der Streifen benachbarter Areale wechseln, ist eine junge Erscheinung in der amerikanischen Agrarlandschaft. Sie ist eine Folge der verheerenden Bodenerosionsvorgänge in den 30er Jahren dieses Jahrhunderts und verfolgt den Zweck, Bodenerosion durch Wind und durch Wasser zu verhindern bzw. zu mindern.

Vom vorherrschenden Rechteckmuster heben sich zwei Kreisflächen (oben Mitte) deutlich ab. Diese Flächen werden durch rotierende Sprinkleranlagen bewässert.

67.2 Bildinterpretation

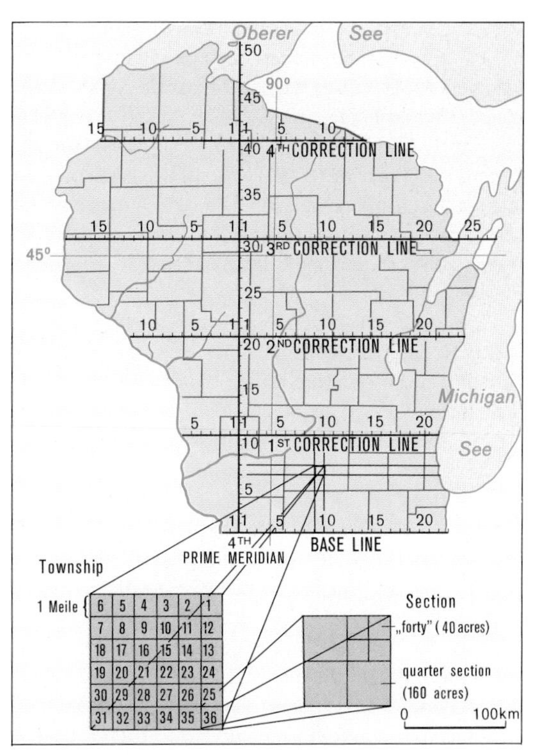

67.3 Das quadratische Landvermessungssystem

Landwirtschaft

Agriculture: America's biggest Industry

Leistungskraft der Landwirtschaft. Weniger als 2% der Bevölkerung produzieren heute genug für das Land und viele Menschen außerhalb. Um 1920 waren zur Versorgung der Nation noch 10% der Bevölkerung nötig.

Heute sind 24 Mio US-Amerikaner damit beschäftigt, landwirtschaftliche Produkte zu produzieren, zu verarbeiten, zu transportieren, zu vermarkten und landwirtschaftliche Betriebsmittel herzustellen. So ist jeder fünfte aller Arbeitsplätze mit der Landwirtschaft verbunden. Anders gesagt: Jeder Arbeitsplatz in der Landwirtschaft führt zu fünf weiteren Arbeitsplätzen außerhalb der Landwirtschaft. Der Agrarbereich erwirtschaftet etwa 20% des Bruttosozialproduktes.

Die **Leistungssteigerung** der Landwirtschaft ist enorm: Eine landwirtschaftliche Arbeitskraft versorgt insgesamt 78 Personen, 52 zu Hause und 26 im Ausland. 1960 wurden erst insgesamt 26 Personen pro Farmarbeiter versorgt. Die enorme Agrarproduktion macht die USA zu einem wichtigen Agrarexportland. Auf diesem Sektor konkurrieren die USA mit der EG und vielen Entwicklungsländern.

Heute gibt der US-Amerikaner durchschnittlich nur noch 16% seines verfügbaren Einkommens für Nahrungsmittel aus; vor 50 Jahren war es noch das Doppelte, während der Anteil für Getränke und Tabakwaren inzwischen 20–30% erreicht hat.

Zwang zur Flexibilität. Die ökonomischen Bedingungen und technischen Innovationen halten die amerikanische Landwirtschaft in einem ständigen Wandlungsprozeß. Viele Agrarentwicklungen wurden in den USA früher und z. T. auch radikaler vollzogen als etwa in Europa.

Die *durchschnittliche Betriebsgröße* liegt heute bei über 170 ha. Das Heimstättengesetz hatte 1862 eine Farmgröße von 65 ha vorgesehen. 1940 betrug die mittlere Betriebsgröße 70 ha und 1970 bereits etwa 160 ha. Diese starke *Bodenkonzentration* ist begleitet von einer zunehmenden Mobilität des Bodenbesitzes, d. h. das Grundeigentum wechselt sehr stark den Besitzer.

In der *Kapitalausstattung* und im *Technisierungsgrad* steht die amerikanische Landwirtschaft weit an der Weltspitze. Die Mechanisierung der landwirtschaftlichen Produktion begann schon im 19. Jh. Wichtige landtechnische Impulse, wie der Bau von Selbstbindern und später von Mähdreschern, kommen aus den USA. Die Verkehrserschließung, insbesondere durch den Eisenbahnbau, ermöglichte schon früh eine starke *Markt- und Absatzorientierung* der Farmbetriebe.

Der Weg zur Spitzenstellung in der Welt. Das heute gängige Bild von der amerikanischen Landwirtschaft wird hauptsächlich von den großen Agrargebieten der zentralen Ebenen zwischen Appalachen und Felsengebirge und den landwirtschaftlichen Intensivgebieten in Kalifornien bestimmt. Die agrarwirtschaftliche Erschließung dieser Räume hat die USA zu der landwirtschaftlichen Weltmacht werden lassen.

Die Umgestaltung des zentralen Staatsraumes von einer fast unberührten Naturlandschaft in eine intensiv genutzte Wirtschaftslandschaft, die riesige Überschüsse produziert, erfolgte in weniger als 100 Jahren.

Durch planmäßige Landvermessung und -verteilung schob sich die Besiedlungsgrenze im 19. Jh. schnell über den Kontinent nach Westen vor. Die Verkehrserschließung ermöglichte die Belieferung der wachsenden Märkte im Osten und förderte den Anbau von Ackerfrüchten in den weiten Ebenen des Mittleren Westens. Die guten Böden in den Plains verfügten nach dem Umbruch der natürlichen Vegetation über einen hohen Nährstoffvorrat, der sich günstig in hohe Ernten umsetzen ließ. Da Düngungsprobleme auf den jungen Ackerstandorten zunächst kaum eine Rolle spielten, konnte man unabhängig vom Angebot an natürlichem Dung große Flächen urbar machen. Bei der damals nur dünnen Besiedlung war es schon sehr früh rentabel, Maschinen einzusetzen und die landwirtschaftliche Arbeit zu mechanisieren.

Auf Grund der kontinentalen Raumgröße, der Vielfalt der Klimazonen und Naturräume und vor allem wegen der fehlenden agrargeschichtlichen Vergangenheit konnte sich bei der landwirtschaftlichen Raumerschließung in Nordamerika ein Landnutzungsmuster herausbilden, das optimal den naturräumlichen und ökonomischen Bedingungen zu entsprechen scheint.

Dennoch werden auf Grund der meist sehr intensiven und hochtechnisierten landwirtschaftlichen Produktionsweise insbesondere zwei Problembereiche erkennbar. Der hohe Technisierungs- und Industrialisierungsgrad von Erzeugung und Verarbeitung landwirtschaftlicher Produkte ließ den Energiebedarf stark ansteigen. Zugleich ließen sich auch die hohen Ertragssteigerungen nur durch überproportional hohen Energieeinsatz erzielen. Die intensive Landnutzung ist oft an die Grenzen der ökologischen Belastbarkeit des Naturpotentials herangekommen bzw. hat diese überschritten und durch Naturzerstörung selbst schwere Rückschläge hinnehmen müssen.

1. Erarbeiten Sie aus dem Material der Seite 69 Strukturmerkmale der US-Landwirtschaft.
2. Stellen Sie natürliche, wirtschaftliche und geschichtliche Gründe für die Leistungsfähigkeit der US-Landwirtschaft zusammen. Ziehen Sie Vergleiche zur EG.

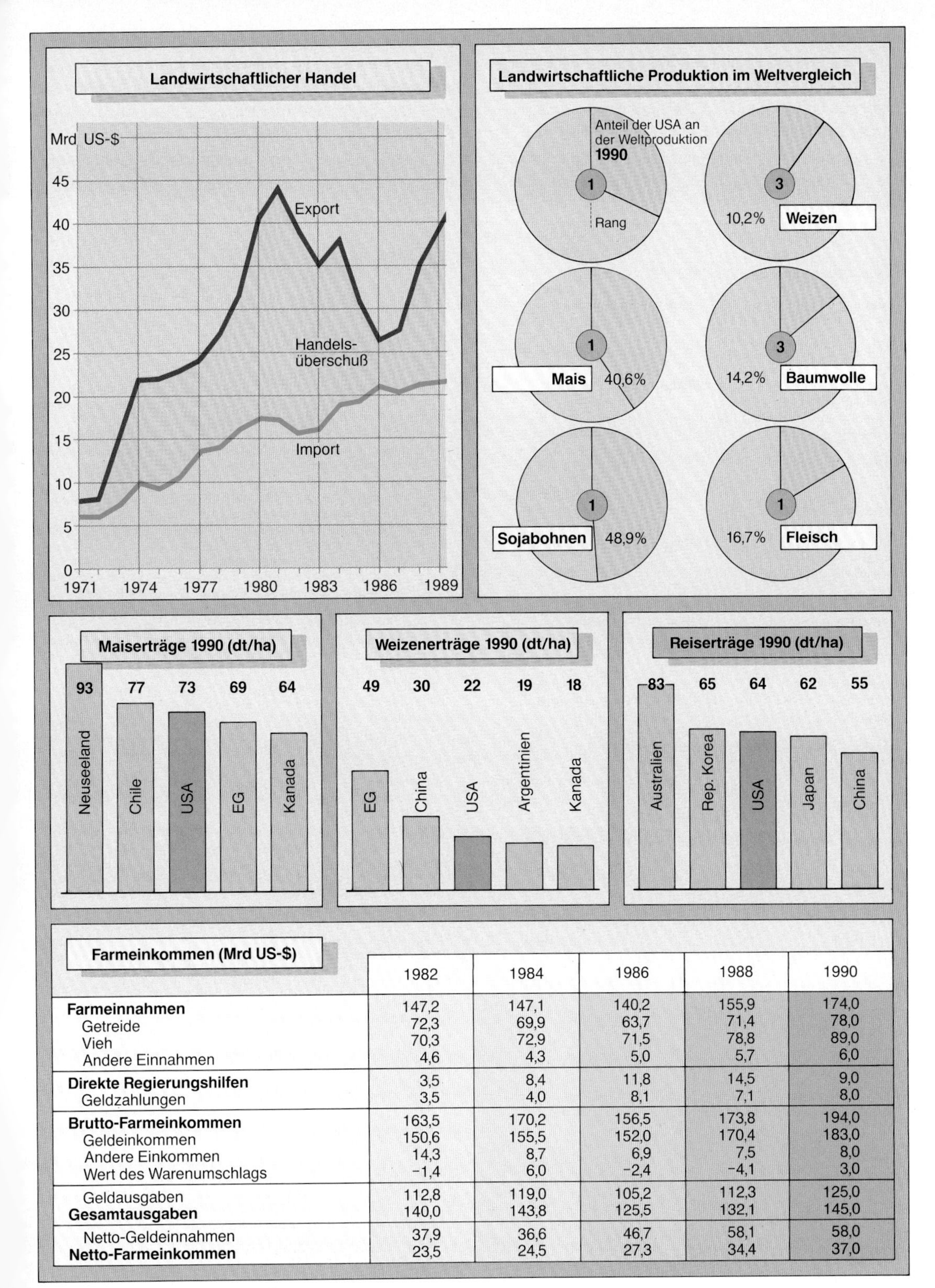

Farmeinkommen (Mrd US-$)	1982	1984	1986	1988	1990
Farmeinnahmen	147,2	147,1	140,2	155,9	174,0
Getreide	72,3	69,9	63,7	71,4	78,0
Vieh	70,3	72,9	71,5	78,8	89,0
Andere Einnahmen	4,6	4,3	5,0	5,7	6,0
Direkte Regierungshilfen	3,5	8,4	11,8	14,5	9,0
Geldzahlungen	3,5	4,0	8,1	7,1	8,0
Brutto-Farmeinkommen	163,5	170,2	156,5	173,8	194,0
Geldeinkommen	150,6	155,5	152,0	170,4	183,0
Andere Einkommen	14,3	8,7	6,9	7,5	8,0
Wert des Warenumschlags	−1,4	6,0	−2,4	−4,1	3,0
Geldausgaben	112,8	119,0	105,2	112,3	125,0
Gesamtausgaben	140,0	143,8	125,5	132,1	145,0
Netto-Geldeinnahmen	37,9	36,6	46,7	58,1	58,0
Netto-Farmeinkommen	23,5	24,5	27,3	34,4	37,0

69.1 Landwirtschaft in den USA

Dem System der **Agrarbelts**, das in den 20er Jahren entwickelt wurde, liegen statistische Untersuchungen der Farmbetriebe über die Anbaukombinationen in der Bodennutzung zugrunde. Jede Farm wurde ausschließlich der Produktkategorie zugeordnet, der sie mehr als 50% des Betriebseinkommens verdankte. So ergab sich eine klare räumliche Gliederung in Belts mit jeweils typischen Betriebsformen. Die vielfachen Änderungen in den Betriebsstrukturen, den Anbauzielen und den Anbaukombinationen sowie die Einführung neuer Früchte, wie z. B. der Sojabohne, haben es nötig gemacht, in der Gegenwart das Beltkonzept nicht mehr zu benutzen und es durch eine Gliederung in **agrarwirtschaftliche Regionen,** den Land Ressource Regions, zu ersetzen.

Region	Fläche (in km 2	vorwiegende Nutzung (farm type)	agrarwirtschaftliche Merkmale
humide östliche Staatshälfte (3,5 Mio km²)			
Florida (3) [1]	87 000	subtrop. Fruchtkulturen, Gemüsebau, Weidewirtsch.	Zitrusfrüchte, andere subtropische Kulturen und Wintergemüse, im S Zuckerrohr. Die Weidewirtschaft produziert Schlachtvieh, in Stadtnähe Milchwirtschaft.
atlantische u. Golfküstenebene (7)	199 900	Wald, Gemüsebau	Bei ausreichender Entwässerung Gemüse- u. Baumwollanbau sowie verbesserte Weiden. Lokal Zuckerrohr u. Reis.
südatlantisches u. Golfküstenhinterland (4)	648 000	Sonderkulturen, Wald, Viehhaltung	Baumwolle wichtig, obwohl Anbaufläche stark abgenommen. Anbau von Erdnuß und Tabak vor allem im NE. Verbesserte Weiden hatten stark zugenommen, reliefiertes Gelände aufgeforstet.
Mississipidelta (3)	118 100	Baumwolle, Futtergetreide	Bei ausreichender Entwässerung ertragreicher Anbau von Baumwolle, Sojabohne, Mais und Grünfutter. Reis und Zuckerrohr lokal verbreitet.
südwestl. Prärie (4)	163 900	Baumwolle, Grünfutter	Baumwolle, Hirse, andere Futtergetreide und Grünfutter. Im W Weidewirtschaft.
östl. u. zentr. Mittelgebirgsland (16)	612 500	gemischte Landwirtschaft, Wald	Überwiegend kleine gemischtwirtschaftliche Betriebe. Stellenweise größere Milchwirtschafts- und Schlachtvieh-Farmen. Mais, Kleinkörnerfrüchte und Grünfutter wichtigste Feldkulturen. Im Osten Tabakbau.
nördl. atlant. Hinterland (3)	114 200	Gemüse, Obst, Geflügel	Geflügelhaltung und Milchwirtschaft, daneben Obst- und Gemüsebau. Viele Farmen sind Nebenerwerbsbetriebe.
zentr. Tiefland (14)	735 300	Futtergetreide, Viehhaltung	Mais, Sojabohne, Hafer und andere Futtergetreide, daneben Grünfutter und Winterweizen. Futtergetreideproduktion Grundlage für Rinder- und Schweinemast.
untere Große Seen (7)	158 500	Obst, Gemüse Milchviehhaltung	Außerordentliche Vielfalt der Agrarproduktion. Milchwirtschaft in der Nachbarschaft der Großstädte. Gemüse, Mais, Winterweizen, Bohne, Zuckerrübe wichtigste Feldfrüchte. Obstbau entlang dem Ufer der Seen. Viele Farmen sind Nebenerwerbsbetriebe.
obere Große Seen (7)	267 300	Wald, Grünfutter	Grünfutter und etwas Futtergetreide, örtlich Kartoffelanbau.
Neuengland u. nördl. Appalachen (8)	418 500	Grünfutter, Wald	Grünfutteranbau Grundlage der Milchwirtschaft. Lokal Obst, Tabak, Kartoffel und Gemüse.
semiaride-aride westliche Staatshälfte (4,3 Mio km²)			
südwestl. Great Plains (3)	176 100	Weidewirtschaft, Baumwolle	Überwiegend Weidewirtschaft. In geringem Umfang Weizen und Hirse. Im SE Baumwolle-Bewässerungsanbau. Am Rio Grande Zitruskulturen u. Wintergemüsebau.
zentr. Great Plains (10)	569 500	Winterweizen, Weidewirtschaft	Weizenbau auf besseren Böden, Hirse in den trockeneren Arealen. Im SW Baumwolle mittels Brunnenbewässerung. Weniger gute Böden als Weiden genutzt.
nördl. Great Plains (6)	339 500	Sommerweizen	Sommerweizen im Regenfeldbau. Daneben andere Getreide, Flachs und Grünfutter. Stellenweise Anbau von Kartoffel, Zuckerrübe und Mais im Tal des Red River.
westl. Great Plains (13)	563 600	Weidewirtschaft, Bewässerungsbau	Überwiegend Weidewirtschaft. Stellenweise Weizenbau mittels Trockenfarmen. Bewässerungsbau entlang größeren Flüssen. Grünfutter und Futtergetreide wichtigste Feldfrüchte, daneben Kartoffel, Zuckerrübe und Gemüse.
Rocky Mountains (9)	613 300	Weidewirtschaft, Wald	Überwiegend Weidewirtschaft. In den Tälern Bewässerungsbau oder Trockenfarmen. Futtergetreide und Grünfutter wichtigste Feldfrüchte, daneben Bohne, Zuckerrübe und Erbse.
nördl. Intermontaner Bereich (8)	252 800	Weizen, Weidewirtschaft	Weizenanbau mittels Trockenfarmen, daneben Hafer und Erbse, Obst, vor allem Äpfel, im W. Kartoffel, Zuckerrübe, Bohne und Futterpflanzen im Bewässerungsbau am Snake River. Weidewirtschaft vor allem im Westen.
südl. Intermontaner Bereich (23)	1 412 100	Weidewirtschaft, Bewässerungsbau	Überwiegend extensiv genutztes Weideland, Bewässerungswirtschaft wo möglich. Im Bewässerungsbau Futterpflanzen, daneben Erbse, Bohne, Zuckerrübe, Baumwolle und Zitruskulturen im südwestlichen Arizona.
Pazifischer Nordwesten (8)	177 900	Wald, Grünfutter, Sonderkulturen	Milchwirtschaft in den feuchten Tälern, Getreidebau, Grünfuttergewinnung und Obstkulturen in den trockeneren Tälern.
Kalifornien (7)	171 200	subtrop. Fruchtkulturen, Gemüsebau, Sonderkulturen	Besondere Vielfalt der Agrarproduktion. Zitruskulturen, andere subtropische Früchte und Nüsse im Süden. Gemüse im Bewässerungsbau. Reis, Zuckerrübe, Baumwolle, Getreide und Grünfutter. Milchwirtschaft nahe den Großstädten, Schlachtviehhaltung.

[1] Zahl der Major Land Resource Areas.

70.1 Legende zu Abb. 71.2

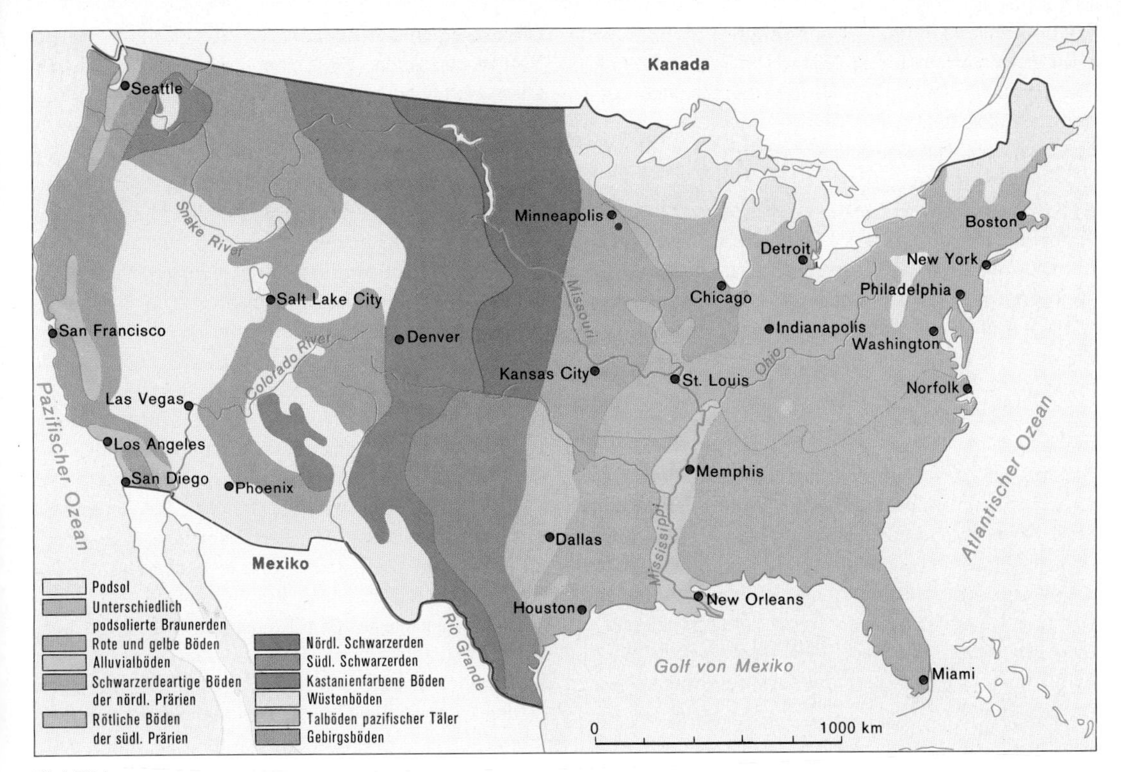

71.1 Böden

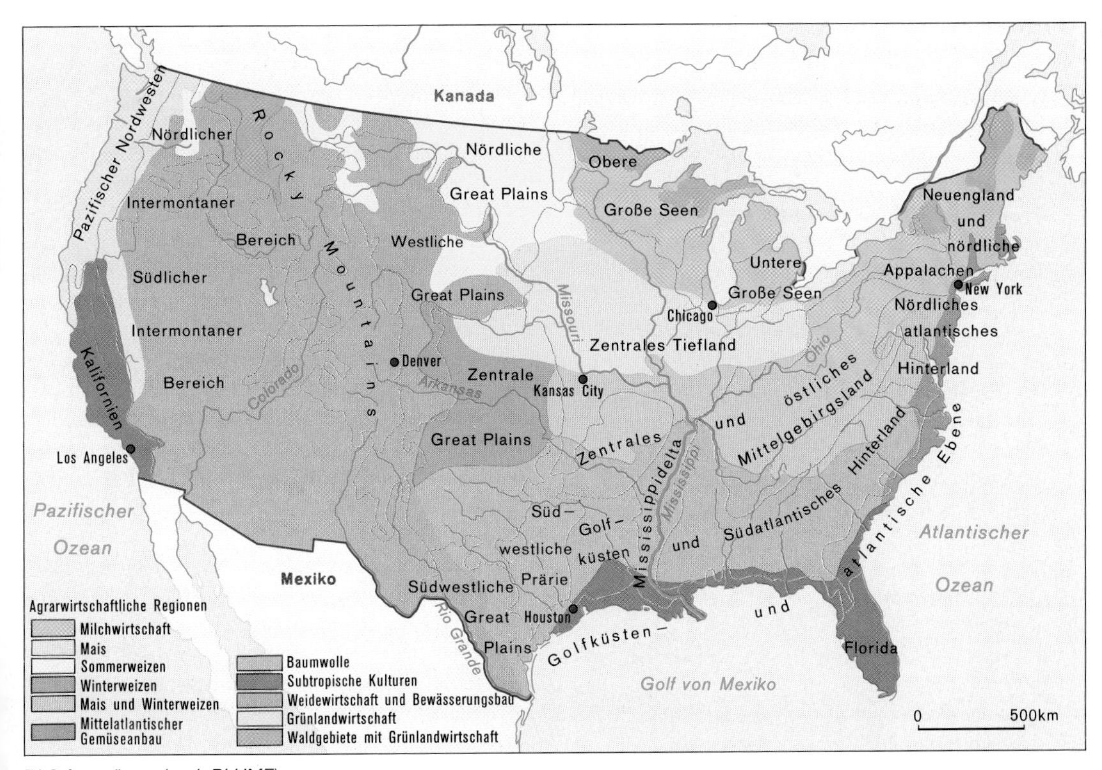

71.2 Agrarräume (nach BLUME)

Die betriebliche Situation der Farmen

„Hier in Amerika haben wir Freiheit: Freiheit zum Erfolg, Freiheit zum Mißerfolg. Profite sind die Belohnung für den, der Erfolg hat.“
(Werbung der Cargill-Getreidehandelsfirma)

Eine Studie stellte 1974 fest, daß weniger als 25% aller Farmer (damals etwa 600 000 Betriebe) 80% aller Marktprodukte erzeugen. Sie schlug vor, durch Abbau der Preisstützungen die „restlichen“ 75% der Betriebe zur wirtschaftlichen Aufgabe zu zwingen. Aber auch ohne Änderung der Agrarpolitik setzte sich der Konzentrationsprozeß ständig fort, allein 1978 gaben 40 000 Farmer ihren Betrieb auf.

Der amerikanische Farmer ist trotz mancherlei staatlicher Eingriffe dem marktwirtschaftlichen Wettbewerb ausgesetzt. Seine Position am Markt ist dabei sehr schwach. Den zahlreichen selbständigen, z. T. hoch verschuldeten Klein- und Mittelfarmern stehen große, marktbeherrschende Konzerne im Handel, in der Verarbeitung und in der Vermarktung gegenüber. Sie versuchen zunehmend, durch einen vertikalen Verbund auch die Produktion zu kontrollieren.

Gründe für die hohe Verschuldung der US-amerikanischen Farmer

1) Entwicklung der Terms of Trade für die Landwirtschaft, bezogen auf den Weizenpreis (Verhältnis von Weizenpreis zum allgemeinen Preisniveau):

1916–1920:	100
1932:	60 (Weltwirtschaftskrise)
1942–1952:	100 (Versorgungslücken in aller Welt)
nach 1952:	70
1973:	90 (sowjetische Weizenkäufe)
1977:	70
nach 1977:	unter 70, Tendenz sinkend

2) Die Kapitalausstattung eines Arbeitsplatzes in der Landwirtschaft liegt heute höher als in vielen Industriezweigen. Der Aufwand für Saatgut, Düngemittel, Pflanzen- und Tierschutz ist sehr stark gestiegen, weil die Mengen und die Preise kräftig stiegen.

3) Wegen zu geringer Gewinne muß der Kapitalbedarf weitgehend aus Krediten gedeckt werden, die von den Banken großzügig gewährt werden, solange der Wert des Bodens der Bank als Sicherheit genügt. Es gibt heute Farmer, die bis zu 60% ihres Betriebseinkommens für die Zinsen ihrer Kredite aufwenden müssen.

Die ökologische Situation

„Der Weizen wächst hier so hoch, man muß ihn mit dem Lasso einfangen.“ (Text einer Bildpostkarte aus Kansas, um 1900.)
„Die Erde ist eure Mutter“ – sagten die Indianer – „ihr habt sie umgebracht.“

Der Kostendruck und der Wettbewerb zwingen den Farmer, seine Arbeitsproduktivität ständig zu erhöhen, die Produktionsmethoden im wirtschaftlichen Sinne effizienter zu gestalten und die Flächenerträge sowie die Gesamtproduktion stetig zu steigern. Daraus ergibt sich die ständige Tendenz zur Betriebsvergrößerung und zur Monokultur. Die wissenschaftliche Agrarforschung hilft dem Farmer, die Rentabilität zu steigern und die Ergebnisse der Pflanzen- und Tierproduktion zu verbessern.

Bei dieser Form der Landwirtschaft, die wirtschaftliche Effizienz zum obersten Ziel erhebt, muß es zwingend zu Problemen der Ökologie und insbesondere der Bodenfruchtbarkeit kommen.

Die Beispiele aus dem Tennessee-Tal und dem Mittleren Westen sind besonders markant: Die Entwaldung hatte den Wasserhaushalt so verändert, daß Wassererosion in kurzer Zeit ein fruchtbares Mittelgebirgsland zerstören konnte. Die Prärieböden waren erst wenige Jahrzehnte kultiviert, als in einigen Trockenjahren riesige Ackerflächen durch Winderosion zur „Staubschüssel des Kontinents“ (dust bowl) wurden.

Durch regionale Notstandsprogramme und ein nationales Bodenschutzprogramm wurde – z. T. sehr erfolgreich – versucht, zerstörte Landschaften zu rekultivieren und durch gezielte Programme weitere Bodenzerstörungen einzudämmen bzw. zu verhindern. Entscheidend haben angepaßte Methoden der Bodenbearbeitung (Konturpflügen, Dry Farming, Windschutzstreifen) und des Ackerbaus (Streifenanbau, Brache, bessere Fruchtfolgen, Anbau ohne Pflügen (Direktsaat)) zur Bodenkonservierung beigetragen.

Aber die Gefahr der Bodenerosion ist keineswegs gebannt. Unter dem wirtschaftlichen Druck sind die Farmer nur begrenzt in der Lage, auf eine langfristige Bodenfruchtbarkeit zu achten und kostenträchtige Maßnahmen zur Bodenpflege durchzuführen. Die Tendenzen zur Flächenvergrößerung und zur Monokultur bringen neue Gefahren für den Boden.

Die ökologischen Probleme liegen heute aber vorwiegend auf anderen Gebieten. Durch die Hybridzüchtung und die Konzentration der Saatzucht in ganz wenigen Großunternehmen wird die Sortenvielfalt stark gemindert. Die Züchtung von Hochertragssorten (High Yielding Varieties) führt zu geringerer Resistenz der Kulturarten und erzwingt daher höheren Einsatz von chemischen Mitteln (Insektiziden und Pestiziden).

In der Tierproduktion ist es nicht anders. Auch hier ist eine Verarmung der Rassenvielfalt zu beobachten, die heute durch künstliche Besamung und Embryo-Implantation stark beschleunigt wird. Die Massentierhaltung bringt zusätzliche Probleme, weil der Einsatz von Hormonen und Antibiotika für den Konsumenten gesundheitsschädlich ist. Die ökologischen Möglichkeiten und Risiken der Molekularbiologie und Gentechnik sind noch nicht abzuschätzen.

Beispiele zur Strukturveränderung in der Gegenwart:

1) *Flächenintensivierung*: In den semiariden bis ariden Gebieten der westlichen Plains hat sich die Bewässerungswirtschaft stark ausgedehnt. Extensive Viehhaltung ist hier nicht mehr rentabel. Für Bewässerungswasser werden tiefliegende fossile Grundwasserspeicher angezapft.
2) *Industrielle Massentierhaltung*: Nach dreijähriger Weidehaltung durch die Rancher kommen die Rinder in feed lots (große Maststationen). Dort werden sie in 17 Monaten zur Schlachtreife gemästet. In den großen Offenställen unter freiem Himmel werden die Tiere maschinell mit hochwertigem Kraftfutter versorgt. Sieben Getreidekalorien werden hier in eine Fleischkalorie verwandelt. Der eingetrocknete Dung wird zu Blumenerde und Dünger vermarktet. Betreiber dieser Großmastbetriebe sind meist Kapitalgesellschaften.
3) *Vertragslandwirtschaft*: „Rent-a-Farmer“, mit diesem Slogan werben Kapitalgesellschaften um Geldeinlagen, mit denen sich jeder an der Vertragslandwirtschaft beteiligen kann. Hauptsächlich wird die Vertragslandwirtschaft aber von Großunternehmen der Nahrungsmittelindustrie betrieben. Der Kontraktfarmer verpflichtet sich zur Lieferung bestimmter Produktmengen und erhält dafür eine Preisgarantie, behält aber das Produktionsrisiko. Die Kontrakte schreiben nicht nur das Anbauprodukt vor, meist bestimmen sie auch über Art des Saatgutes, Düngung und Erntetermin. So arbeitet der Farmer auf seiner Farm als Angestellter des Unternehmens.

Agrarproduktion auf Vertragsbasis

51%	bei Frischgemüse
95%	bei verarbeitetem Gemüse
70%	bei Kartoffeln (zur Weiterverarbeitung)
85%	bei Zitrusfrüchten
100%	bei Zuckerrohr und Zuckerrüben
80%	des Saatgutes
98%	der Milch
40%	der Eier
97%	der Brathähnchen
54%	der Puten

4) *Wissenschaftliche Agrarrevolution*: Hybridzüchtungen bei Tieren und Pflanzen sowie künstliche Besamung haben in der jüngsten Vergangenheit zu enormen Produktions- und Leistungssteigerungen geführt, andererseits aber auch den dann notwendigen technischen und chemischen Input in der Landwirtschaft erheblich erhöht. Neuerdings gewinnen Molekularbiologie und Gentechnologie eine zunehmende Bedeutung in der Agrarforschung. Sie werden damit aber auch große Möglichkeiten eröffnen: Sollte es z. B. gelingen, Getreide genetisch so zu verändern, daß die Stickstoffversorgung selbständig von der Pflanze aus der Luft erfolgt, so würde das die Getreideproduktion und den Düngermarkt total verändern.

Agrarpolitik

Die Diskussion über die Kontrolle der US-Landwirtschaft entbrannte zuerst in den 60er Jahren, als nichtlandwirtschaftliche Großunternehmen die Hähnchenmast der farmeigenen Tierhaltung entzogen hatten. In der Legehennenhaltung und Rindermast kam es zu ähnlichen Entwicklungen. Unternehmen der Nahrungsmittelindustrie entwickeln vertikal vollintegrierte Nahrungsketten, für die der landwirtschaftliche Anbau nur den Ausgangsrohstoff bereitzustellen hat. Diese Kosten sind dann nur mit wenigen Prozent im Produkt-Endpreis enthalten. Seit einigen Jahren haben Großunternehmen der Erdöl-, Chemie- und Pharmabranche begonnen, viele kleine und mittlere Saatzuchtunternehmen aufzukaufen und jährlich viele Mio Dollar für die Agrarforschung zu investieren.

Die US-Landwirtschaft ist heute in der Lage, den Importbedarf wichtiger Einfuhrländer weitgehend zu dekken, große Versorgungslücken in der Dritten Welt zu schließen und so weltweit entscheidend zur Versorgungssicherheit bei Brot- und Futtergetreide beizutragen. Andererseits sind gerade die Getreidefarmer zum Absatz ihrer überschüsse auf den Weltmarkt angewiesen. Die amerikanische Agrarpolitik unterstützt massiv die Exportchancen durch direkte Subventionen und gesetzliche Maßnahmen. So wurde schon 1954 das Public Law 480, bekannt unter dem Namen Food for Peace, erlassen, in dessen Untertitel es hieß: „Ein Gesetz, um den Verbrauch amerikanischer Landwirtschaftsprodukte in anderen Ländern zu erhöhen, die Auslandsbeziehungen der USA zu verbessern und für andere Zwecke.“

1. Diskutieren Sie Probleme der US-Landwirtschaft aus der Sicht des Farmers, des Umweltschutzes, der Regierung, der Agrarforschung und des Verbrauchers.

2. Prüfen Sie, inwieweit sich Parallelen zur Landwirtschaft in der Bundesrepublik Deutschland bzw. in der EG ziehen lassen.

Industrie

Wirtschaftsmacht Nr. 1
In den USA wohnen etwa *6,5% der Weltbevölkerung* auf 6% der Landfläche der Erde. Der *Anteil am Welteinkommen* betrug um 1965 fast 40%, 1982 immer noch 25%. Seit 1944 ist der Dollar die internationale **Leitwährung**. Praktisch überall auf der Welt kann man mit dem Dollar zahlen.

Die USA waren bereits vor dem Zweiten Weltkrieg die mit Abstand *größte Wirtschaftsmacht der Erde*. Diese Position haben sie bis heute gehalten (BIP 1939: 655 Mrd Dollar; 1985: 3490 Mrd Dollar – zum Vergleich Japan: 175/1234 Mrd Dollar). Mit 106 Mio Menschen waren 1984 in den USA genauso viele Menschen beschäftigt wie in der gesamten EG.

Seit Jahrzehnten stehen die USA in der Produktion vieler Agrar- und Industrieprodukte an der Spitze. Da die USA etwa 30% der geförderten Weltrohstoffe verbrauchen, müssen sie trotz reicher eigener Bodenschätze riesige Mengen importieren. Der Abbau dieser Importrohstoffe erfolgt vornehmlich durch US-Unternehmen, die in vielen Ländern der Dritten Welt tätig sind. Ohne diesen Ressourcentransfer hätte der Wohlstand in den USA nicht seinen heutigen Stand erreicht.

Die *wirtschaftliche Entwicklung* der USA läßt sich am Wachstum des Bruttosozialproduktes verdeutlichen. Es stieg von 1870 bis 1970 um mehr als das Dreißigfache. Auf die Bevölkerungszahl bezogen bedeutet dies eine Steigerung um das Siebenfache.

Die *Industrialisierung der USA* setzte nach Beendigung des Bürgerkrieges 1865 ein. Sie vollzog sich auf privatwirtschaftlicher Grundlage. Konsum- und Produktionsgütererzeugung waren – wie schon zuvor in Europa – die aufeinanderfolgenden Stufen des industriellen Aufbaus. Im Rahmen einer **freien Marktwirtschaft** hat diese Industrie den weiten und aufnahmefähigen amerikanischen Binnenmarkt, später auch den Weltmarkt beliefert. Der Aufstieg wurde durch Kriege und Kriegsfolgen in Europa begünstigt.

Bei weitgehender Freiheit von traditionellen Bindungen vollzog sich der Industrialisierungsprozeß reibungsloser als in Europa. Eine Verelendung der Massen wie in Europa gab es nicht. Der Übergang zu maschineller Fertigung und die Expansionsperiode der Industrie fielen zeitlich zusammen mit der Erschließung weiterer Neulandgebiete. Ohne technische Hilfsmittel ließ sich diese Aufgabe nicht lösen. Im „Land der unbegrenzten Möglichkeiten“ sahen Millionen europäischer Einwanderer ihre Chance. Diese zumeist jüngeren Leute ordneten sich leicht in die neue Arbeitswelt ein und waren als Arbeitskräfte und Verbraucher willkommen. Der Reichtum des noch unerschlossenen Kontinents, dessen ursprüngliche Bevölkerung fast ausgerottet war, die Weite des durch keine Grenze zerschnittenen Raumes, aber auch Fortschrittsglaube, materieller Erwerbssinn und bahnbrechende Erfindungen gaben der Industrialisierung ihre Dynamik, verführten sie jedoch auch zu einer rücksichtslosen Nutzung der Natur.

Die zunehmende Bedeutung des militärisch-industriellen Komplexes. 1940 belief sich der Verteidigungshaushalt der USA auf 2,2 Mrd Dollar (5,1% des BSP; UdSSR: 10 bis 14%). Mit Kriegsende setzte eine Abrüstungsphase ein, die durch außenpolitische Ereignisse wie den Korea- Krieg, die Berlin-Blockade, die sowjetische Atombombe und den „Kalten Krieg“ ihr Ende fand.

Die zwischenzeitlich stark angestiegenen hohen Ausgaben für Sozialleistungen wurden seit 1980 aus innen- und außenpolitischen Gründen (Regierungswechsel, Invasion der UdSSR in Afghanistan) teilweise wieder gekürzt. Die US-Verteidigungsausgaben wuchsen überdurchschnittlich an. Heute sind nicht nur einzelne Betriebe, sondern ganze Industriezweige wie der Schiffbau fast vollständig von Rüstungsaufträgen abhängig. Das *Pentagon* ist der *größte Auftraggeber der USA*.

1. Welche Probleme sind mit der zunehmenden Bedeutung des militärisch-industriellen Komplexes verbunden?

T 74.1: Ausgewählte Indikatoren der Wirtschaftsentwicklung

	USA	BR Deutschland	Japan
BSP pro Kopf 1982 in Dollar	14090	11420	10100
Realer Zuwachs ∅ 1973–1982	1,5%	2,3%	3,3%
Marktanteil von Hochtechnologiegütern am OECD-Export 1983	25,3%	18,5%	14,6%
Einfuhr 1980	467	341	254
(in Mrd DM) 1983	688	390	322
je Einwohner in DM 1983	2939	6358	2705
Ausfuhr 1980	401	350	235
(in Mrd DM) 1983	511	432	374
je Einwohner in DM 1983	2184	7044	3142
Energieverbrauch/Kopf in kg Öleinheiten 1960	5863	2645	880
1981	7540	4342	3087

Multinationale Unternehmen (MU) sind marktstarke Unternehmen, die einen wesentlichen Teil ihres Umsatzes auf ausländischen Märkten erzielen. Dort unterhalten sie eigene Produktionsstätten. Die meisten und größten MU sind US-amerikanische Gesellschaften (Tabelle). MU sind bevorzugt in Branchen mit überdurchschnittlichen Wachstumschancen vertreten. Die Aufnahme der Produktion erfordert hier vielfach einen außerordentlich hohen Kapitaleinsatz. Erhebliche Aufwendungen für Forschung und Entwicklung gewährleisten eine hohe Innovationsrate. Bis 1973 durch stabile Wechselkurse begünstigt, kauften die US-amerikanischen MU zahllose ausländische Firmen.

Das Ziel eines befriedigenden und stetigen Umsatzwachstums bei angemessener Verzinsung des Kapitals läßt sich durch ein Auslandsengagement besser realisieren,
- wenn sich der Binnenmarkt bereits in der Sättigungsphase befindet, Auslandsmärkte dagegen in der Einführungs- oder Expansionsphase;
- wenn ein Unternehmen auf ausländischen Märkten Vorteile hat, weil das angebotene Produkt auf dem heimischen Markt bereits mit Erfolg verkauft wird;
- wenn durch die Vielzahl ausländischer Märkte die Konjunkturanfälligkeit gemindert wird.

Exporte werden durch *Auslandsproduktion* ersetzt,
- wenn Zölle, Transportkosten oder Unterschiede im Lohnniveau beträchtlich sind;
- wenn Entwicklungsländer eine Politik der Importsubstitution betreiben und ausländische Unternehmen verpflichten, Produktionsstätten im Land zu errichten;
- wenn durch Direktinvestitionen im Ausland Subventionen gewonnen, Steuervorteile erlangt oder Währungsrisiken vermieden werden;
- wenn technische Beratung und Kundendienst vor Ort Voraussetzungen für die Wettbewerbsfähigkeit sind.

Mit der **Theorie des „product cycle"** versucht der Wirtschaftswissenschaftler *R. Vernon* zu erklären, warum der dominierende Teil der MU aus US-Gesellschaften besteht:

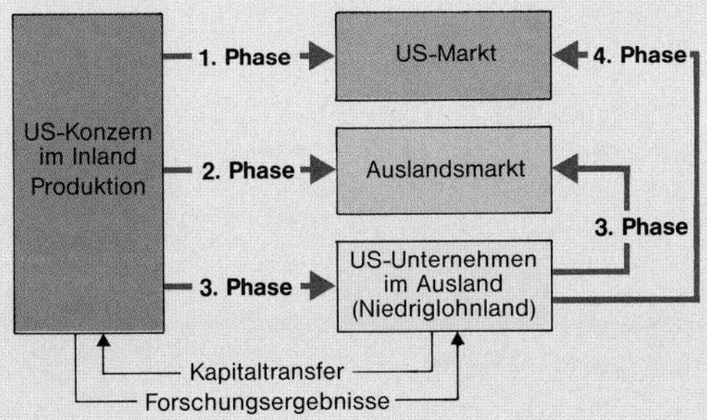

US-Konzern im Inland Produktion
1. Phase
US-Markt
4. Phase
2. Phase
Auslandsmarkt
3. Phase
3. Phase
US-Unternehmen im Ausland (Niedriglohnland)
Kapitaltransfer
Forschungsergebnisse

Die USA waren früher als andere Volkswirtschaften durch ein hohes Pro-Kopf-Einkommen und eine ausgeprägte relative Knappheit des Faktors Arbeit gekennzeichnet. Neue Produkte, die bei hohem Einkommen bevorzugt nachgefragt werden, und arbeitssparende Innovationen wurden daher meist zuerst von US-Unternehmen entwickelt und auf den Markt gebracht.

Zu einem Zeitpunkt, in dem der US-Markt für dieses Produkt schon die Reifephase erreicht hat, beginnen andere Industrieländer mit niedrigerem Pro-Kopf-Einkommen gerade, in die Produkt-Einführungsphase einzutreten. Der zeitliche Vorsprung der US-Unternehmen verschafft ihnen „superior knowledge", die sie zunächst nutzen, indem sie ihr Produkt in den noch wenig aufnahmefähigen Markt exportieren. Sobald auch hier die Expansionsphase beginnt, wird bei ausreichendem Absatzvolumen der Export durch die Auslandsproduktion abgelöst. Hat auch dieser Markt die Sättigungsgrenze erreicht, verstärkt sich der Preisdruck. Dies begründet die Notwendigkeit bzw. Möglichkeit, die Produktion verstärkt aus Hochlohnländern – wie den USA – auszulagern und deren Märkte durch Tochtergesellschaften des MU zu beliefern, die in Niedriglohnländern eröffnet werden.

2. Erläutern Sie die Theorie des „product cycle" am Beispiel der US-amerikanischen Autoindustrie.

T 75.1: Die umsatzstärksten Industriefirmen der Welt (1984)

	Firma	Branche	Land	Umsatz (Mrd DM)	Beschäftigte*
1	Exxon	Öl	USA	258,5	150 000
2	Royal Dutch/Shell	Öl	GB/NL	240,9	149 000
3	General Motors	Auto	USA	238,7	748 000
4	Mobil Oil	Öl	USA	159,5	179 000
5	Ford	Auto	USA	149,0	384 000
6	British Petroleum	Öl	GB	143,8	130 000
7	Texaco	Öl	USA	134,7	61 000
8	IBM	Computer	USA	130,7	382 000
9	Du Pont	Chemie	USA	102,2	159 000
10	AT & T	Elektronik/ Telefon	USA	94,4	365 000
11	General Electric	Elektro	USA	79,5	330 000
12	Standard Oil of Indiana	Öl	USA	76,7	55 000
13	Chevron	Öl	USA	76,3	39 000
14	Toyota Motor	Auto	Japan	70,7	65 000
15	Atlantic Richfield	Öl	USA	70,2	45 000
24	VEBA	Strom, Öl, Chemie	D	48,6	77 000
27	Siemens	Elektro	D	45,8	319 000
28	VW	Auto	D	45,7	238 000

*z. T. geschätzt

Der Manufacturing Belt

Der Manufacturing Belt im Nordosten der USA zwischen der Atlantikküste im Osten, den Großen Seen im Norden und St. Louis im Süden ist die *größte Industrielandschaft der Erde*. Er hat eine Ost-West-Ausdehnung von 1500 km und eine Nord-Süd-Ausdehnung von 600 km. Innerhalb des Gürtels lassen sich mehrere Industriekonzentrationen ausgliedern:

1. Der stark verstädterte Raum („Megalopolis") zwischen Boston und Washington (700 km). Auf diesen 2% der Fläche der USA leben etwa 20% der Bevölkerung. Kennzeichnend sind Veredelungsindustrien.
2. Der Großraum Pittsburgh in Pennsylvania. Kohle; Eisen- und Stahlindustrie.
3. Der Großraum Detroit. Autoindustrie.
4. Der Großraum Chicago. Stahlindustrie, Landmaschinen- und Nahrungsmittelindustrie.

Günstige natürliche Standortfaktoren – Eisenerze und Kohle – und der Besiedlungsgang waren entscheidende Voraussetzungen für die Industrieentwicklung. Reiche Bodenschätze und billige Energie bewirkten einen **Selbstverstärkungseffekt**: Die rasch aufstrebende rohstofforientierte Industrie lockte Einwanderer an, die Kaufkraft der wachsenden Bevölkerung nahm zu, Versorgungs- und andere tertiäre Einrichtungen folgten, Handel, Banken, Versicherungen blühten auf. Die „Agglomeration Manufacturing Belt" bot vielen Kostenvorteile. Massenproduktion wurde möglich. Bald konnten die Güter in alle Teile der USA transportiert werden. Den Firmen erschloß sich damit ein gewaltiger Binnenmarkt.

Die Stahlindustrie von Pittsburgh

Am 10. Juli 1985 erlosch das Feuer unter den Hochöfen des Stahlwerkes von Aliquippa am Ohio River. 1981 hatte das Werk noch 10000 Menschen beschäftigt. Es waren gutbezahlte Jobs, denn der Lohn eines Stahlarbeiters lag und liegt noch immer beträchtlich über dem Durchschnittslohn in der Industrie. Über 2,8 Mio Tonnen Rohstahl hatte man 1981 in Aliquippa produziert.

Aber dann legte man zwei Walzwerke und die Drahtzieherei still. Die Herstellung von nahtlosen Röhren wurde eingestellt, die Restproduktion in den Bundesstaat Ohio verlagert. 1985 waren noch 700 Menschen im verbliebenen Walzwerk tätig. In Aliquippa stehen seitdem viele Häuser und Läden zum Verkauf.

Niedergang

Der wirtschaftliche Niedergang im „Eisernen Herzen der USA" hat viele Gründe: So entfällt seit Jahren Pittsburghs natürlicher Produktionsvorteil – die Kohle und Erzlagerstätten „direkt vor der Haustür". Die Eisenerzlager sind erschöpft. Die Grundstoffindustrie verlagert sich seit längerer Zeit in Verbrauchszentren wie Chicago und Detroit. Vor allem die Energiepreissteigerung und die damit stark verteuerten Transporte führten zur Abwanderung der Stahlwerke in Richtung Autoindustrie oder zum Bau von kleineren, modernen Stahlwerken in den Südstaaten, „wo die Gewerkschaften keinen oder nur geringen Einfluß haben". Ferner führten Stahlimporte aus Europa und Entwicklungsländern bei abnehmendem Stahlbedarf u. a. dazu, daß der größte Stahlkonzern der Welt – US-Steel – sechs seiner sieben Betriebe in den Vereinigten Staaten schloß.

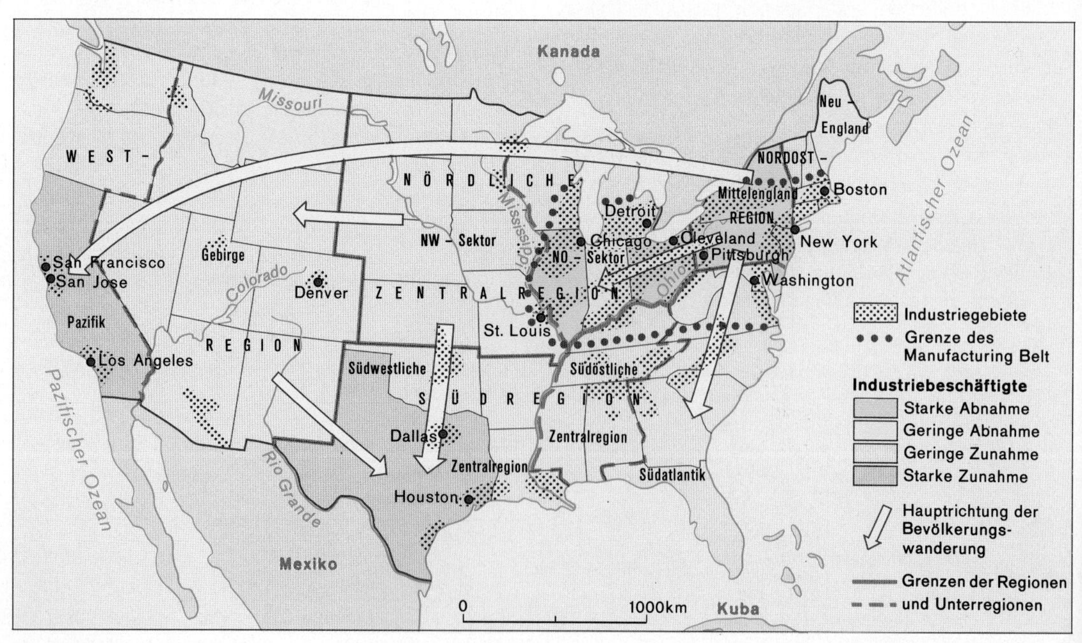

76.1 Wandel der Industriegebiete

Die Verhältnisse um Pittsburgh sind ein Spiegelbild der US-Stahlindustrie insgesamt. Das Zeitalter von Kohle und Stahl ist vorbei. Im besten Jahr (1973) erzeugte sie 140 Mio t Rohstahl, 1982 waren es nur 67 Mio.

Nicht die Standortprobleme, sondern die „unfairen Importe" sind die Hauptgründe für den Niedergang, meinen die Manager: Die 24 Mio Tonnen Importstahl (1983) stammten ausnahmslos aus „hochsubventionierten Werken aus aller Welt". Solange der Dollarkurs niedrig stand und die Importe entsprechend teuer waren, habe man es mit Gelassenheit registriert, daß europäische und asiatische Steuerzahler den Stahl künstlich verbilligten. Jetzt aber verlange man von der Regierung Einfuhrbegrenzungen über Zölle oder eine Quotenregelung.

Zukunft

In Pittsburgh erhielten die entlassenen Arbeiter zumeist eine für amerikanische Verhältnisse großzügig bemessene Übergangsbeihilfe. Dies zumindest konnte die Stahlarbeitergewerkschaft durchsetzen. Neue Jobs sind im – allerdings weit schlechter bezahlten – Dienstleistungsbereich entstanden. Das Pentagon hat einen 100 Mio-Dollar-Auftrag an die Universität vergeben mit dem Ziel, ein Software-Forschungszentrum für den Militärbereich aufzubauen. Hiervon verspricht man sich Impulse für die Ansiedlung von Zukunftsindustrien.

„Die Stahlwerke von einst werden durch Traumfabriken ersetzt, in denen Fernsehsendungen und Filme, Reklame, Image, Musik, Yoga, Lebensstil und Spiritualität vermarktet werden."

(Rau, J.: Neue Jobs wie vom Fließband. Die Zeit vom 29.6.84)

T 77.1: Entwicklung der Erwerbstätigkeit 1973–1983

	Dez. 1972–Dez. 1982		Dez. 1982–Dez. 1983	
	Zuwächse in Mio	jährliche Zuwachsrate in %	Zuwächse in Mio	jährliche Zuwachsrate in %
Zivile Erwerbstätige insg.[a]	15,5	1,7	4,0	4,0
– Landwirtschaft	– 0,2	–0,5	–0,1	–2,1
– Übrige Bereiche	15,7	1,8	4,1	4,2
Abhängig Beschäftigte[b] (außerhalb der Landwirtschaft)	13,6	1,7	3,0	3,4
– Verarb. Gewerbe	– 1,4	–0,7	1,1	5,9
– Bau und Bergbau	0,5	1,0	0,3	6,1
– Private Dienstleistungen	12,3	2,9	1,6	3,1
– Staatliche Dienstleistungen	2,2	1,5	0,0	0,2

[a] Haushaltserhebungen. – [b] Unternehmensdaten

Die Autoindustrie von Detroit

Mit Henry Ford und seinem berühmten Modell „T", das bis 1927 in 15 Mio Exemplaren gebaut wurde, begann der Aufstieg Detroits zur „Automobilhauptstadt der Welt". Im Umkreis von 100 km sind weitere Städte von der Autoindustrie geprägt. Damit handelt es sich um das am stärksten spezialisierte Industriegebiet der Welt. Die drei größten US-Autokonzerne General Motors, Ford und Chrysler haben neben den Produktionsstätten hier ihre Hauptverwaltungen. Ford setzte lange Zeit auf eine vertikale Integration und stellte fast alle Teile seiner Automobile in eigenen Unternehmen her. Eine Abhängigkeit von Zulieferfirmen war damit ausgeschlossen.

General Motors (GM) entstand aus dem Zusammenschluß mehrerer Autofirmen. Heute gehört GM zu den größten Industrieunternehmen der Welt. Neben dem Kraftfahrzeugbau produziert der Konzern inzwischen auch Baumaschinen, Haushaltsgeräte, Raumfahrt- und Militärgeräte. Er verfügt über Produktionsstätten in 18 Staaten der Erde.

Benzinverteuerung und eine gewandelte Einstellung zu den großen amerikanischen Wagen führten Detroit zeitweilig in eine Krise und offenbarten die Abhängigkeit der Region vom Autobau. Soziale Spannungen zwischen den weißen und farbigen Bevölkerungsgruppen brachen auf. Arbeitsplätze außerhalb der Automobilbranche zu schaffen, wurde zur vordringlichsten Aufgabe erklärt. 1985 hatten die Manager trotz Verkaufsrekorden von 11,1 Mio Pkw und 4,6 Mio Lkw die Absatzkrise von 1980–82 noch nicht vergessen, zumal auch der Marktanteil ausländischer Fabrikate von 14,5% (1978) auf 26,5% stieg.

Die amerikanischen Autokonzerne setzen nun auf eine Karte der Diversifizierung, um sich auf das 21. Jh. vorzubereiten. Dies geschieht einerseits durch Zusammenschluß mit Hightech- und Kommunikationsunternehmen und andererseits durch engere Kooperation mit anderen Herstellern über sogenannte Joint Ventures. So kaufte GM 1984 für 2,5 Mrd Dollar das texanische Software-Unternehmen EDS und 1985 für ca. 5 Mrd Dollar den Luft- und Raumfahrtkonzern Hughes Aircraft Corp. In Kalifornien betreibt GM mit dem japanischen Roboterhersteller Fanuc Ltd. ein Joint Venture.

(Süddeutsche Zeitung vom 18.10.85)

1. Erläutern Sie Agglomerationsvor- und -nachteile des Manufacturing Belt.
2. Benennen Sie Vor- und Nachteile monostrukturierter Wirtschaftsräume wie Detroit oder Pittsburgh.
3. Diskutieren Sie die These: Amerikas Wirtschaft wird immer „softer". Was anzufassen ist, hohen Energie- und Materialaufwand verursacht und die Umwelt belastet, kommt immer mehr aus Niedriglohnländern.

Silicon Valley in Kalifornien

Lage und Struktur. Es gibt keine Region in der westlichen Welt, deren wirtschaftliche Bedeutung in den letzten 40 Jahren so gewachsen ist wie die eines 900 km^2 großen Tales in Kalifornien. Seit über 15 Jahren haben die zur Mythenbildung sehr fähigen Medien der USA aus dieser Entwicklung den Mythos „Silicon Valley" gemacht. Delegationen aus der ganzen Welt reisen, auf der Suche nach dem Erfolgsrezept, hierher.

Das Valley (Tal) beginnt etwa 30 km südlich von San Francisco. San Jose bildet mit 670000 Einwohnern den südlichen Abschluß des Tales. In dem Gebiet, dessen Klima und Vegetation mediterranen Charakter haben, gab es 1985 etwa 3000 Elektronikfirmen mit 220000 Beschäftigten. Der Konzern „Lockheed", der neben Flugzeugen auch die ersten Interkontinentalraketen herstellte, ist seit 20 Jahren der größte Arbeitgeber.

Als hier 1950 die Industrialisierung begann, lebten die 291000 Menschen vorwiegend von der Landwirtschaft. 1983 zählte man 1350000 Einwohner.

Stanford-Industriepark. 1951 entstand auf dem Universitätsgelände der 270 ha große, heute weltbekannte Stanford-Industriepark. Sein Konzept: Die Universitätsinstitute stellen Elektronikfirmen neben der voll erschlossenen Industriefläche ihr Know-how und ihre Einrichtungen zur Verfügung. Die Hilfe reicht von der Datenbeschaffung über technisch-wissenschaftliche Beratung bis hin zu Marktanalyse und Finanzberatung. Die Wissenschaftler der Stanford-University teilen sich ihre Arbeitszeit zwischen Universitätsinstitut und Firma (die sie selbst gegründet haben oder an der sie beteiligt sind). Entscheidend ist die enge Verbindung von Wissenschaft und Industrie, die rasche Umsetzung der Erfindungen, der Kontakt zwischen Forscher, Techniker und Produktmanager. 1960 gab es hier 25 high-tech- Firmen, 1984 waren es 75 mit etwa 23000 Beschäftigten.

Produktion. Die Computer- und Chipproduktion ist zumeist extrem automatisiert. So bestehen neun Zehntel der Fabrikfläche einer 1984 eröffneten „Apple"-Produktionsstätte aus einem automatischen Einzelteillager. Die Teile kommen von 135 Zulieferbetrieben und werden von 180 Beschäftigten – zumeist Frauen – montiert. Alle 27 Sekunden verläßt ein Computer das Band. Der Lohnanteil an den Gesamtkosten der Produktion beträgt nur ca. ein Prozent.

Andere, weniger automatisierte Firmen haben Montage und Endkontrolle häufig in Niedriglohnländer verlegt: Die Chips können billig in andere Länder transportiert werden, die Bandarbeit ist anstrengend, verlangt nur gering qualifizierte, aber zuverlässige Kräfte.

Standortfaktoren. Während des Zweiten Weltkrieges wurde Kalifornien zu einer Schwerpunktregion für die Rüstungsindustrie. Die Flugzeug-, Panzer- und Schiffsproduktion stieg stark an. Gleichzeitig forcierte man die Rüstungsforschung. Neben der Flugrüstung konzentrierte man sich hier auf das Radar. Daher konnte 1947 die energie- und platzaufwendige Vakuumröhre durch den **Transistor** ersetzt werden. Das Militär war zunächst der Hauptabnehmer und ermöglichte so den Übergang zur Massenproduktion.

1956 verlegte der Luft- und Raumfahrtkonzern Lockheed seine Forschungsabteilung in den Industriepark der Stanford Universität, 1957 folgte die Raketenforschung. Der Bedarf an Elektrotechnik stieg stark an; die Raketeningenieure drängten auf Miniaturisierung der Hardwarekomponenten. Durch die sowjetischen Sputnik-Raketenerfolge geschockt, wurden enorme Forschungsgelder für die Raumfahrtprogramme bewilligt.

Seit 1959 stand der **integrierte Schaltkreis** *zur Verfügung, d. h. ein* **Chip**, der die Eigenschaften von mehreren Transistoren in sich vereinigt.

Der militärischen Nutzung folgte die universelle Ausbreitung der Mikroelektronik. 1967 kaufte das Pentagon noch 70% aller Chips, 1978 waren es nur noch 7%. Der Staat investiert jedoch weiterhin in zivile und militärische Forschung und bleibt somit der wichtigste Auftraggeber für qualitativ weiterführende Entwicklungen: Erhöhung der Speicherkapazität, vernetzte Software, neue Trägerstoffe und neue Formen der Übertragungsenergie (Licht) sind einige Projekte, an denen u. a. im Silicon Valley gearbeitet wird.

Im Silicon Valley liegt die private, auf dem naturwissenschaftlichen Sektor wohl bedeutendste Universität der USA: Die von dem kalifornischen Eisenbahnmillionär gestiftete und nach ihm benannte Stanford Universität. Ihre Professoren und Absolventen haben großen Anteil an dem Erfolg von Silicon Valley. Ihnen gelang die Miniaturisierung des Transistors zum integrierten Schaltkreis, zum Chip.

Viele bleiben nur wenige Jahre bei einer Firma und machen sich selbständig. Daher haben über 70% der Elektronikbetriebe weniger als 10 Mitarbeiter. Löhne und Arbeitszeiten werden frei ausgehandelt, Altersversorgung ist unbekannt. Die Mitarbeiter stehen unter einem sehr hohen Leistungsdruck: Wochenarbeitszeiten von 70 Stunden und mehr gibt es häufig.

„Die kleineren high-tech-Firmen, die eigentlich das Silicon Valley prägen, bieten maximal 14 Tage Jahresurlaub. Diese 14 Tage werden typischerweise nicht in einem Stück genommen, sondern in verlängerten Wochenenden. Die Leute arbeiten hier an Projekten, und das ist das einzige, was in ihrem Leben zählt." (Aussage eines Computerspezialisten)

So betrug das Durchschnittsalter des 100-Mann-Teams, das den „Macintosh"-Computer entwickelte, 28 Jahre. Sobald ein Projekt abgeschlossen und das neue Produkt auf dem Markt ist, wird das Team aufgelöst. Einige sind dann „burned out", ausgelaugt, andere finden wegen Überspezialisierung keine Anschlußbeschäftigung. Die Elektronikunternehmen haben jedoch keine Nachwuchssorgen: Ingenieure aus der ganzen westlichen Welt drängen sich um eine Beschäftigung.

Elektronikindustrie – saubere Industrie?
Saubere Produktionsanlagen ohne qualmende Schornsteine und giftige Abwässer – so stellte sich die Chip-Industrie lange Zeit dar.

Seit 1983 ist es amtlich bestätigt, daß durch zahlreiche undichte Tanks gefährliche, vermutlich krebserregende Chemikalien das Grundwasser von Silicon Valley bedrohen. Viele Brunnen mußten stillgelegt werden. Die Wirtschaftsplaner hatten sich bis dahin nicht mit den geologischen Verhältnissen des Tales beschäftigt. Besondere Vorschriften oder Kontrollen der Lagerung der Chemikalien gab es nicht.

Die vielen von den Landwirten benutzten Brunnen waren nie kartographisch erfaßt worden, jetzt waren die Flächen von Firmen überbaut. Diese ungefähr 7000 unbekannten, über den ganzen Santa-Clara-Bezirk verteilten Brunnen bilden Röhren, die die oberen mit den unteren Wasserschichten verbinden. Chemikalien können so leicht in das Grundwasser gelangen.
(Nach: W. Rügemer)

Zukunft. Luft- und Wasserverschmutzung, teures Bauland und hohe Mieten führen dazu, daß die Elektronikfirmen von Silicon Valley Zweigwerke in anderen Regionen der USA oder im Ausland errichten. Andere haben ihre Marktchancen überschätzt und meldeten Konkurs an.

Silicon bedeutet auf deutsch Silizium. Dieses Element bildet, in Quarz und Silikaten enthalten, den Hauptbestandteil der Erdkruste. Der mikroelektronische Grundbaustein, der Chip, hat als Trägermasse Siliziumkristall. 1985 wurde etwa ein Drittel aller weltweit produzierten Chips in Firmen hergestellt, die ihren Sitz im Silicon Valley haben. Integrationsdichte und Kapazität der Chips wachsen stetig. Etwa alle drei Jahre kam im letzten Jahrzehnt eine neue Speichergeneration auf den Markt. Dabei wurde die Kapazität jeweils auf das Vierfache gesteigert. Da der Preis je Baustein nur unwesentlich zunahm, sanken die Kosten für eine Speicherzelle, die ein Bit speichern kann, drastisch. Inzwischen finden die Mikroprozessoren – winzige, auf einem Chip integrierte Rechenwerke – in Meß- und Steuergeräten sowie Computern weltweite Verwendung.

79.2 Chip

1. Worin liegt der Erfolg der Betriebe des Silicon Valley begründet?
2. Erläutern Sie das Stanford-Industriepark-Konzept. Warum ist es nur begrenzt übertragbar?

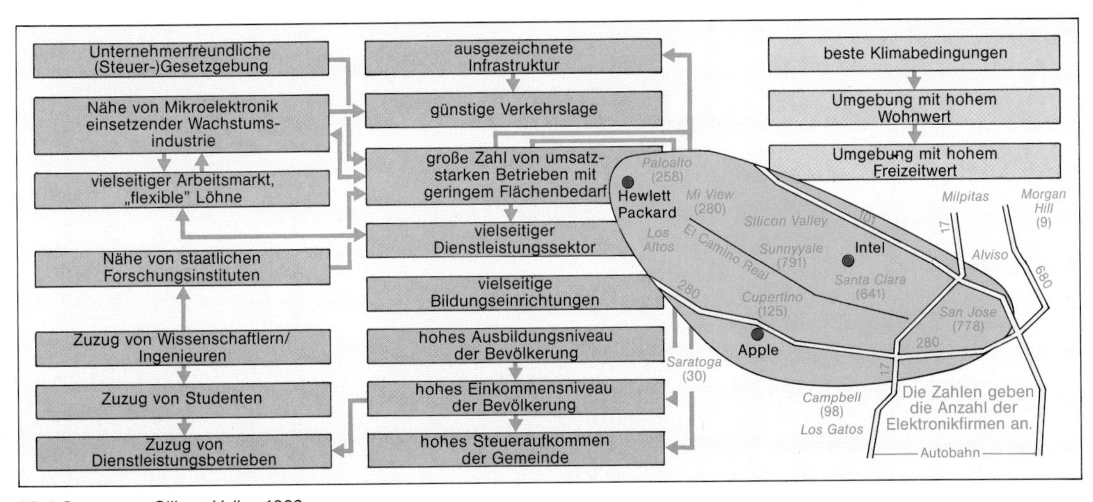

79.1 Gunstraum Silicon Valley 1982

T 80.1: USA – Strukturdaten im Vergleich

	USA	SU	D	J
Bruttosozialprodukt pro Kopf 1982 (in US-$)	14090	5500	11420	10100
Veränderung des BSP 1973–82/a	+2,5%	–	+2,3%	+4,3%
Veränderung des BSP pro Kopf 1973–82/a	+1,5%	–	+2,3%	+3,3%
Militärische Ausgaben 1981 (in % des BSP)	5,1%	10–14%	2,9%	0,9%
Anteil der Landwirtschaft am Bruttoinlandsprodukt (BIP)	3%	14%	2%	4%
Anteil der Industrie am BIP	33%	63%	46%	42%
Erwerbspersonen in der Landwirtschaft 1982	2%	14% (1980)	4%	12%
Erwerbspersonen in der Industrie	32%	45%	46%	39%
Energieverbrauch pro Einw. 1981 (in kg Öleinheiten)	7540	4736	4342	3087
Zahl/Bruttoleistung (in Gigawatt = 1 Mrd Watt) der Kernkraftwerke 1984	86/ 74,2	44/ 23,2	19/ 17,0	30/ 21,6
Ausfuhr 1983 (in Mio US-$)	200538	91336	169425	146676
Einfuhr 1983 (in Mio US-$)	269878	80410	152899	126395
Anteil am Welthandel 1983	17%	–	17,5%	15,9%
Größe des Binnenmarktes 1983 (in Mio E)	226	277	61	117
Aluminiumindustrie 1983 Gesamtproduktion (in 1000 t)	5126	2950	1166	1095
Rohstahl (in Mio t)	82,7	154,0	34,4	105,6
Kunststoffe (Plastik) 1983 (in Mio t)	12,4	4,3	7,0	6,5
Fernsehgeräte 1982 (in Mio)	9,9	8,3	4,2	12,8
Kfz-Prod. 1984 Pkw/Lkw (in 1000)	6742/ 2416	1324/ 874 (1981)	3878/ 283	7156/ 3966
Zahl der Neubauten 1983 Wohnungen (in 1000)	1716	–	340	1331
Steuerquote (Anteil der Steuern einschl. Sozialabgaben am BSP)	30%	–	40%	27%
Effektiv geleistete Arbeitszeit von Industriearbeitern 1983 in Std.	1860	–	1635	2061
Fehlzeiten pro Jahr (Krankheit etc.) in Std.	60	–	125	33
Durch Streik/Aussperrung verlorene Arbeitstage pro 1000 Arbeitnehmer und Jahr (Durchschnitt 1970–83)	440	–	42	105

1. Beschreiben Sie den Standortwandel US-amerikanischer Industriezweige. Nennen Sie Gründe dafür.

2. Vergleichen Sie die Stärke der US-amerikanischen Industrie nach selbstgewählten Kriterien.

3. Charakterisieren Sie die Marktstellung der USA bei Hochtechnologiegütern.

Standortverlagerungen

Most American industry is located in the eastern part of the country, but the West and South are now turning more and more from dependence on agriculture. And industries are spreading out, building modern factories far from the home plant, closer to natural resources, markets, and a supply of skilled labor. Many of these plants have garden-like surroundings and large parking areas for the workers' automobiles. Industries have been able to scatter their factories because power sources are now widely available, transportation facilities are plentiful, and rapid communication systems make it possible for main plants to keep constantly in touch with branch factories.

(Aus: This is America)

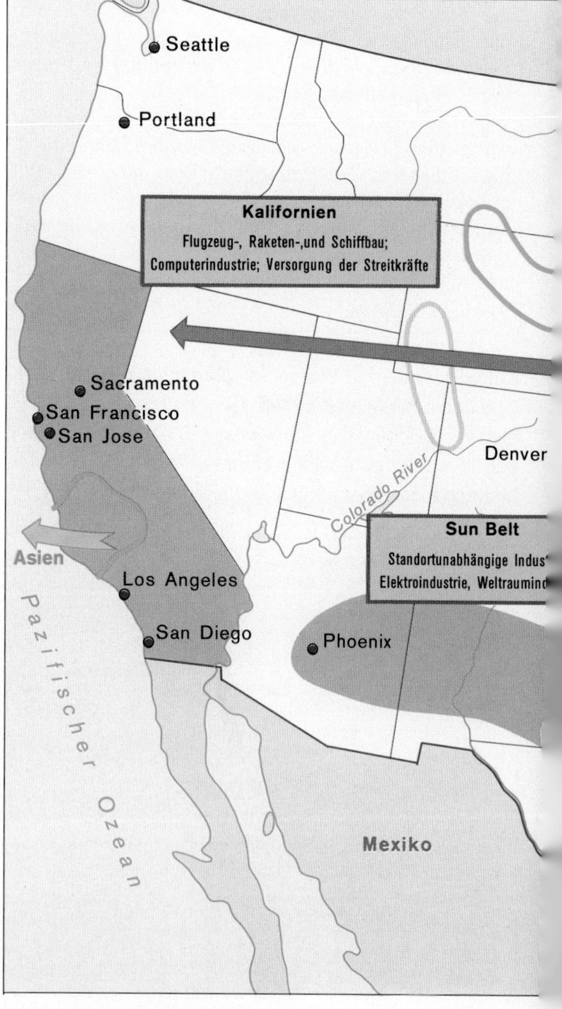

80.1 Standortverlagerungen

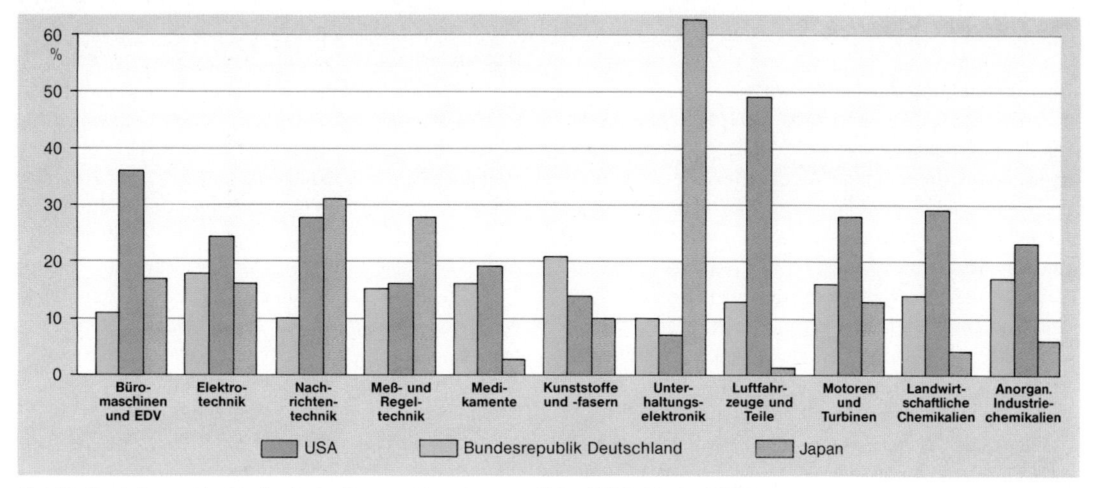

81.1 Marktanteile von Hochtechnologiegütern am Export ausgewählter OECD-Länder (1983)

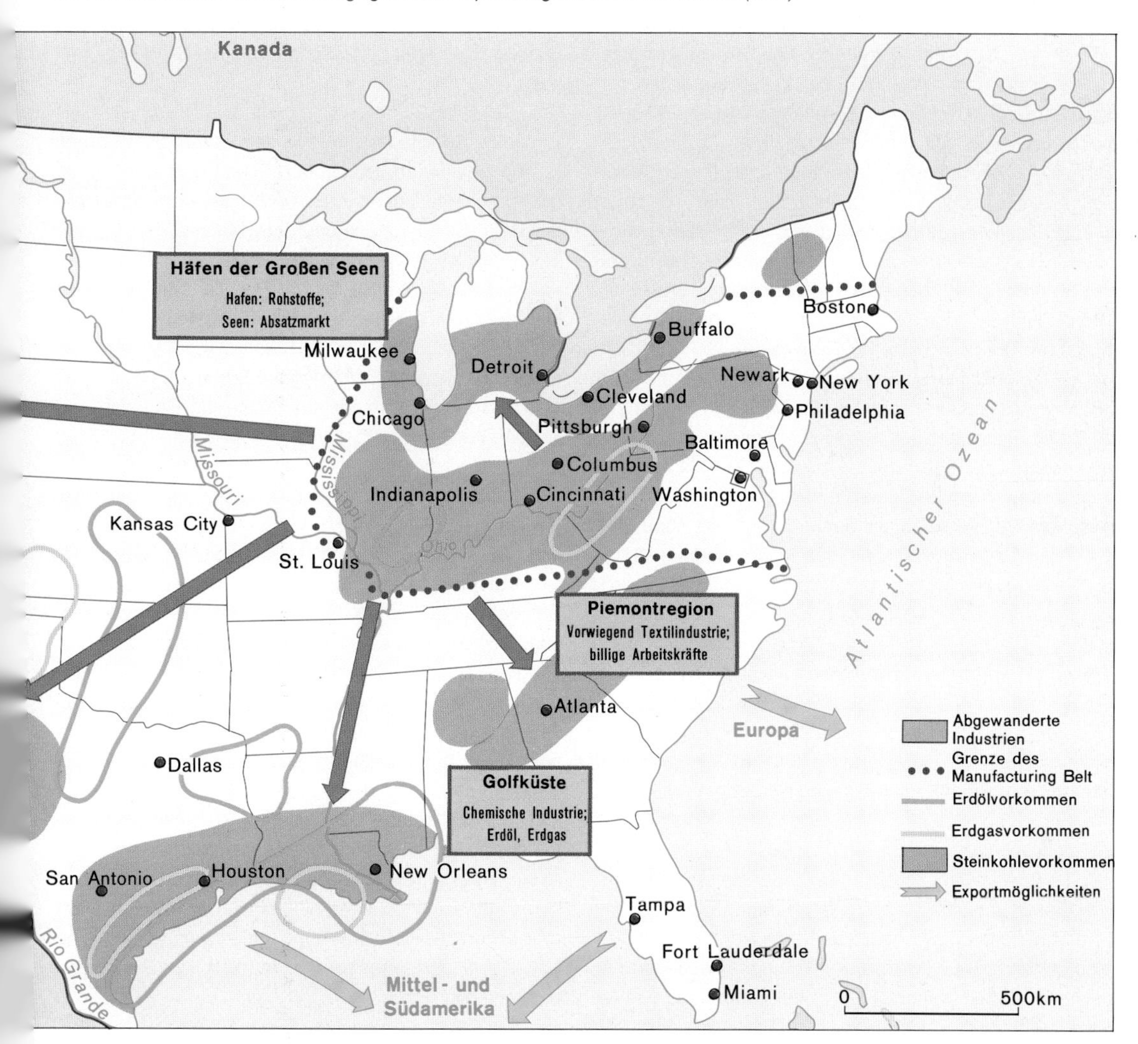

Die USA im Überblick

Die Erschließung des Großraumes

Christoph Columbus entdeckte 1492 die „Neue Welt“. Auf dem nordamerikanischen Kontinent, der durch den deutschen Kosmographen Waldseemüller in Anlehnung an den italienischen Kaufmann Amerigo Vespucci seinen Namen erhielt, lebten zu jener Zeit ca. 2 Mio Indianer und Eskimos. Die an der Aufteilung des Raumes beteiligten europäischen Kolonialmächte Frankreich, Spanien, Rußland und Großbritannien schieden aus diesem Machtkampf nacheinander aus. Mit der Unabhängigkeitserklärung 1776 und den nachfolgenden Einwanderungswellen wuchs ein Staat heran, der heute als Führungsmacht der westlichen Welt gilt. Der bei den Einwanderern lebendige Pioniergeist und der Wille, die Grenze zwischen erschlossenem Land und der Wildnis, die frontier, zu überwinden, prägen bis heute das Bild der Kulturlandschaft – und, im übertragenen Sinne, amerikanisches Selbstverständnis. Die räumliche Erschließung, die zur Verdrängung und weitgehenden Ausrottung der Indianer führte und 1890 mit der Erreichung des Pazifik abgeschlossen war, orientierte sich auch an den meridional verlaufenden Großlandschaften. Das koloniale Erbe zeigt sich im Siedlungs- und Agrarbild: in den 13 Neuenglandstaaten unregelmäßige Stadtgrundrisse und Ackerfluren, am Unterlauf des Mississippi französisch geprägte Reihensiedlungen mit Flußhufenfluren und spanische Einflüsse auf die Architektur im Südwesten. Der 1796 von der US-amerikanischen Bundesregierung erlassene *land act* führte die quadratische Landaufteilung in townships zu je 36 Quadratmeilen **vor** der Landnahme ein. Der *homestead act* (1862) erlaubte zunächst nur die Abgabe von mindestens neun Quadratmeilen Land im Stück. Die transkontinentalen Eisenbahnen, die zwischen 1862 und 1893 die Ost- und Westküste verbanden, lösten die Pioniertrails ab. Die mining frontier lockte Goldsucher und Bergleute weiter in den Westen.

Wirtschaftsräumliche Strukturen

Die USA sind, bei erheblichen sozialen Disparitäten, eine Überflußgesellschaft. Im Rohstoff- und Energieverbrauch, in der Produktion und im Konsum von Landwirtschafts- und Industriegütern liegen sie an der Weltspitze. Die jährlich hohe Überschüsse produzierende Landwirtschaft profitiert zum einen von den günstigen Klimafaktoren der überwiegend gemäßigten Zone, die den Maisanbau bis hin zur kanadischen Grenze ermöglichen, unterliegt aber auch Ungunstfaktoren wie Dürren und Kaltlufteinbrüchen sowie Hurrikans und Tornados. Insbesondere die Nord-Süd verlaufenden Rocky Mountains behindern pazifische Luftströmungen, erlauben dagegen einen schnellen meridionalen Luftmassenaustausch im Zentrum. Der 100. Längengrad unterteilt die USA in eine feuchte östliche Hälfte und einen trockenen Westteil.

Ein hoher Mechanisierungsgrad, eine weit fortgeschrittene Spezialisierung bei hoher Kapitalintensität führten, gekoppelt mit marktwirtschaftlichen Betriebssystemen, zu einem Produktivitätszuwachs, der zwar nicht überall die höchsten Flächenerträge der Welt erbringt, aber in der Summe das Industrieland USA zu einem *Exporteur landwirtschaftlicher Erzeugnisse* machte. Trotz staatlicher Restriktionsmaßnahmen konnte die Agrarproduktion innerhalb eines halben Jahrhunderts mehr als verdoppelt werden. Das traditionelle Belt-Konzept, d. h. die Einteilung der verschiedenen Naturräume in vorwiegend breitenparallele Landbauzonen, wurde durch die Verlagerung von Produktionsschwerpunkten nach Süden und Westen, durch neue Anbautechniken wie Bewässerung in Trockenräumen und durch den Strukturwandel bei den Besitzverhältnissen, wie z. B. Bildung von Kapitalgesellschaften in der Landwirtschaft, abgelöst.

Ergiebige Kohlelagerstätten in den Appalachen und die Eisenerzreviere an den Großen Seen bildeten im 19. Jh. die Voraussetzungen für die mächtigste Schwerindustrie der Welt. Der agrarisch geprägte Mittelwesten und der industriearme, strukturschwache Süden ergänzten die industrialisierte Nordostregion. Das Zentrum der Steinkohleproduktion ist, neben der Fettkohleförderung am Mississippi und geringeren Vorkommen im Westen, immer noch die Appalachenregion. Die Rocky Mountains sind reich an verschiedenen Erzen, die Golfküste, der Mittlere Westen, Kalifornien und Alaska liefern Erdöl und Erdgas. Bis auf Mangan, Chrom, Bauxit und Platin verfügen die USA über alle Bodenschätze, von denen einige jedoch wegen der hohen Ausbeutungsrate bereits erschöpft sind, andere unter die strategische Reserve fallen. Der traditionelle Industriegürtel des *Manufacturing Belt* besteht aus unterschiedlichen Regionen mit zahlreichen Bodenschätzen wie Kohle, Öl und Eisenerz. Ausreichende Wasserkräfte und günstige Transportwege trugen mit dazu bei, eine auf Eisen und Stahl basierende Grundindustrie zu schaffen, die weiterverarbeitende Industrie nach sich zog. Im Großstadtband der Großen Seen nimmt Detroit als Hauptverwaltungssitz der amerikanischen Automobilproduzenten eine herausragende Rolle ein. Das *industrial heartland* erwirtschaftet noch immer die Hälfte des US-amerikanischen Industrieeinkommens, leidet jedoch seit dem Rückgang der Stahlproduktion und der Schließung ganzer Werke unter einer hohen Arbeitslosenquote und starken Abwanderungen aus dem *rust bowl*.

Während noch bis zum Zweiten Weltkrieg der industrielle Nordosten in wirtschaftlicher, politischer und kultureller Hinsicht dominierte, gewann in der Folgezeit der *sun belt* südlich 37° n.Br. zunehmend an Bedeutung. Es sind insbesondere die Staatsinvestitionen in der Rüstungsindustrie und in der Raumfahrt, aber auch die privatwirtschaftlichen Investitionen der Großkonzerne in der Erdölexploration und in der Computerindustrie, die zu erheblichen Wanderungsgewinnen der Bevölkerung an der Golf- und Pazifikküste führten. Neue Standortbedingungen wie bei der Aluminiumindustrie und Dezentralisierung in der Stahlindustrie beschleunigten den Strukturwandel der amerikanischen Wirtschaft. Die abnehmende Attraktivität des Manufacturing Belt bewirkt eine Veränderung des Sozialgefüges.

Der Verstädterungsprozeß hat ganze Städtebänder erfaßt: Boston–Washington („Boswash"), Chicago – Pittsburgh („Chipitts"), San Francisco – San Diego („Sansan"). Bestimmende Merkmale sind die zentrifugalen Wanderungen der Besserverdienenden in die stadtrandnahen, weitflächigen Einzelhaussiedlungen, ein Anwachsen der gettoartigen Wohnbezirke der Farbigen und eine auf Dienstleistungen reduzierte Funktion der City.

Gegenwartsprobleme

Im Verbrauch an Rohstoffen und Energie liegen die USA an der Spitze aller Länder. Die konsumorientierte Güterproduktion macht die USA – statistisch gesehen - zum reichsten Land der Erde. Dennoch zeichnet sich bereits eine Verknappung der Ressourcen ab, die besonders auf dem Energiesektor spürbar ist. Die Erschließung neuer Ressourcen erfordert nicht nur hohen Kapitaleinsatz, sondern stößt auch an ökologische Grenzen. Noch wird der Rohstoffbedarf, der nicht im eigenen Land gedeckt werden kann, durch Importe ausgeglichen. Damit wächst zugleich die Auslandsabhängigkeit. Der Rückgang der Industrieproduktion insgesamt ist auf eine Sättigung des Binnenmarktes zurückzuführen und trifft besonders die Hersteller traditioneller Produkte. Dennoch bleiben die USA die führende Handelsmacht der Erde, allerdings auf Kosten einer enorm negativen Handelsbilanz. Die Handelsströme auf der neuen pazifischen Achse Kalifornien–Japan gewinnen zunehmend an Bedeutung. Die angebotsorientierte Wirtschaftspolitik hat aber auch den Wandel der USA zu einer Dienstleistungsgesellschaft verstärkt. Dieser *service society* ist es bislang jedoch nicht gelungen, das Arbeitslosenproblem wirksam zu bekämpfen und die sich aus den unterschiedlich hohen Familieneinkommen ergebenden sozialen Disparitäten in den Ballungsräumen abzubauen.

Die wirtschaftlichen Außenbeziehungen der USA, einem der *Hauptnahrungslieferanten der Welt* und *Exporteur von High-Tech-Produkten und Waffen*, werden durch politische und militärische Bündnisse und Abkommen ergänzt.

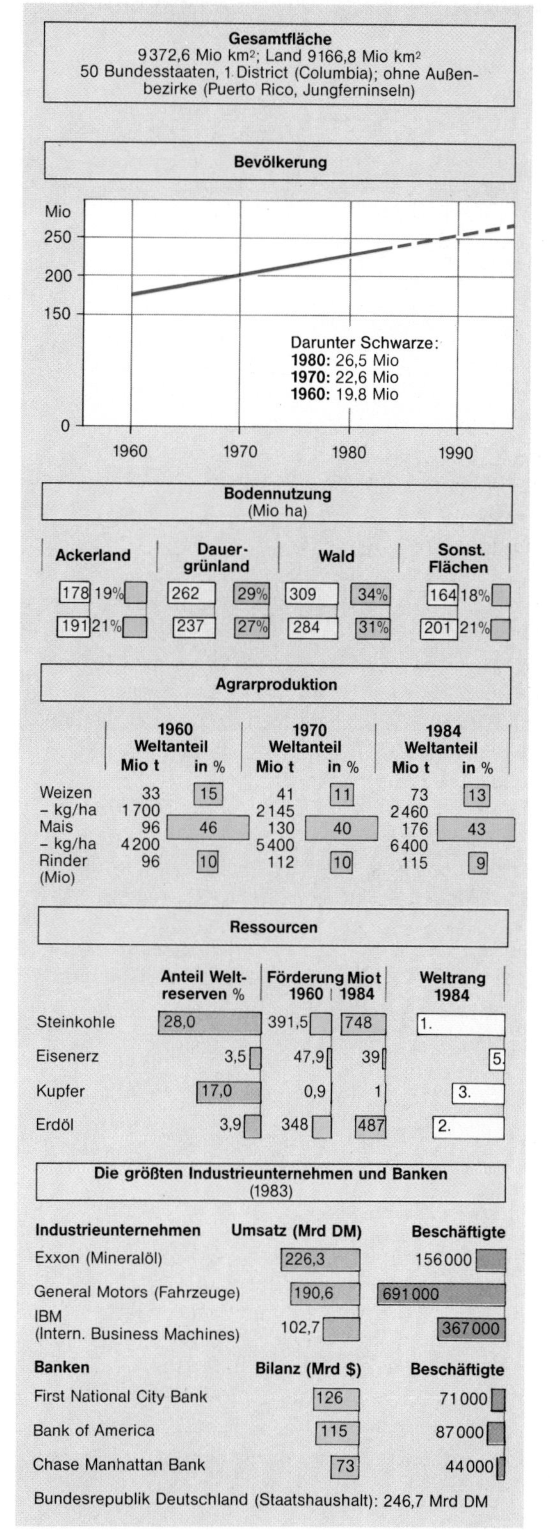

83.1 Die USA im Überblick

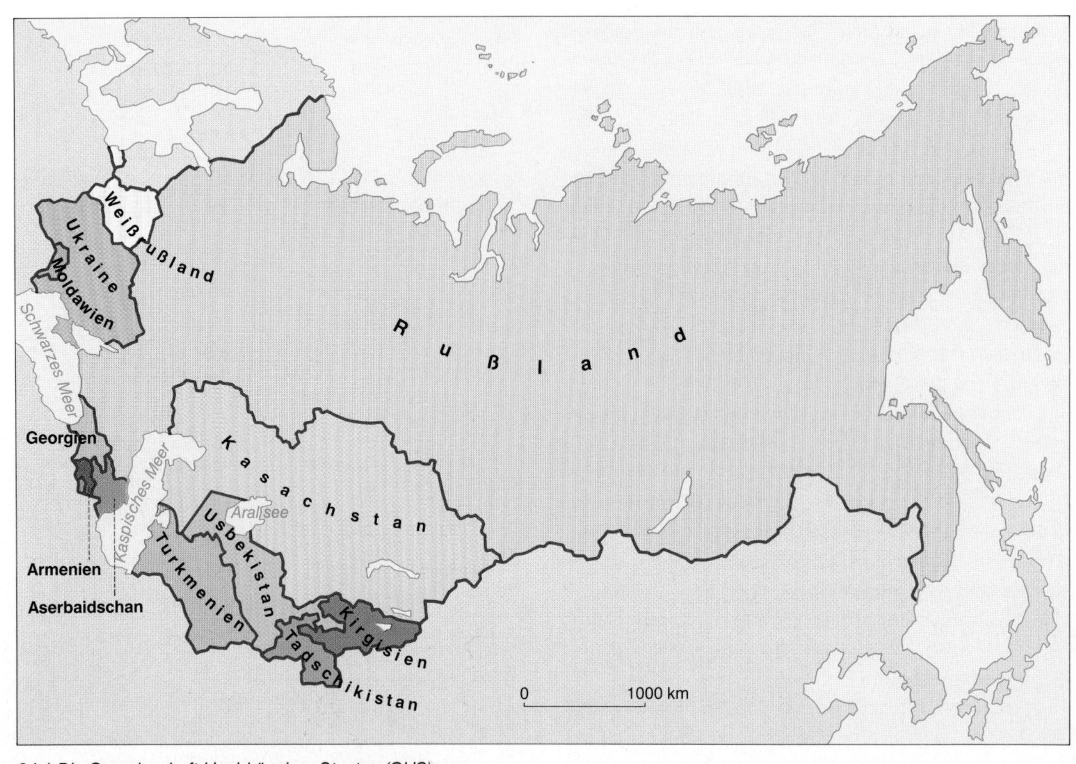

84.1 Die Gemeinschaft Unabhängiger Staaten (GUS)

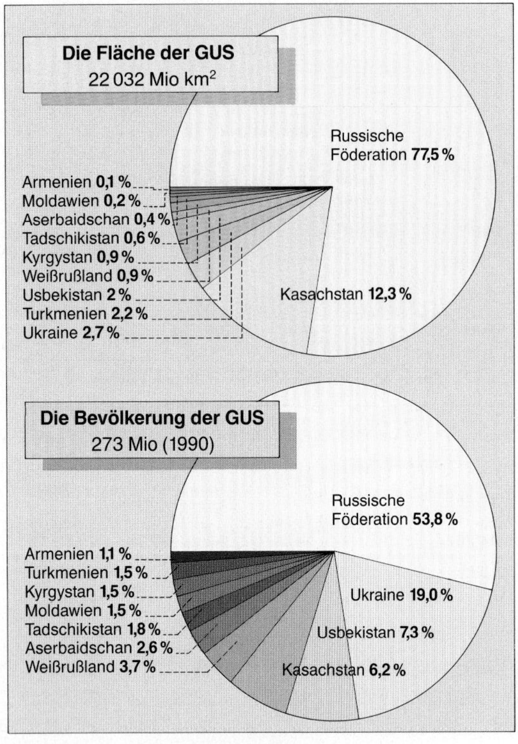

84.2 Fläche und Einwohnerzahl der GUS

T 84.1 Die Mitgliedsstaaten der GUS

Republik	Fläche (1000 km²)	Einwohner (Mio)
Armenien	30	3
Aserbaidschan	87	7
Kasachstan	2 717	17
Kyrgystan	199	4
Moldawien	34	4
Russische Föderation	17 075	147
Tadschikistan	143	5
Turkmenien	488	4
Usbekistan	447	20
Ukraine	604	52
Weißrußland	208	10
Ehemalige Unionsrepubliken der Sowjetunion, nicht in der GUS vertreten		
Estland	45	2
Lettland	65	3
Litauen	65	4
Georgien	70	5
Zum Vergleich: Deutschland	357	80

(Zahlenangaben für die GUS: Volkszählung 1989)

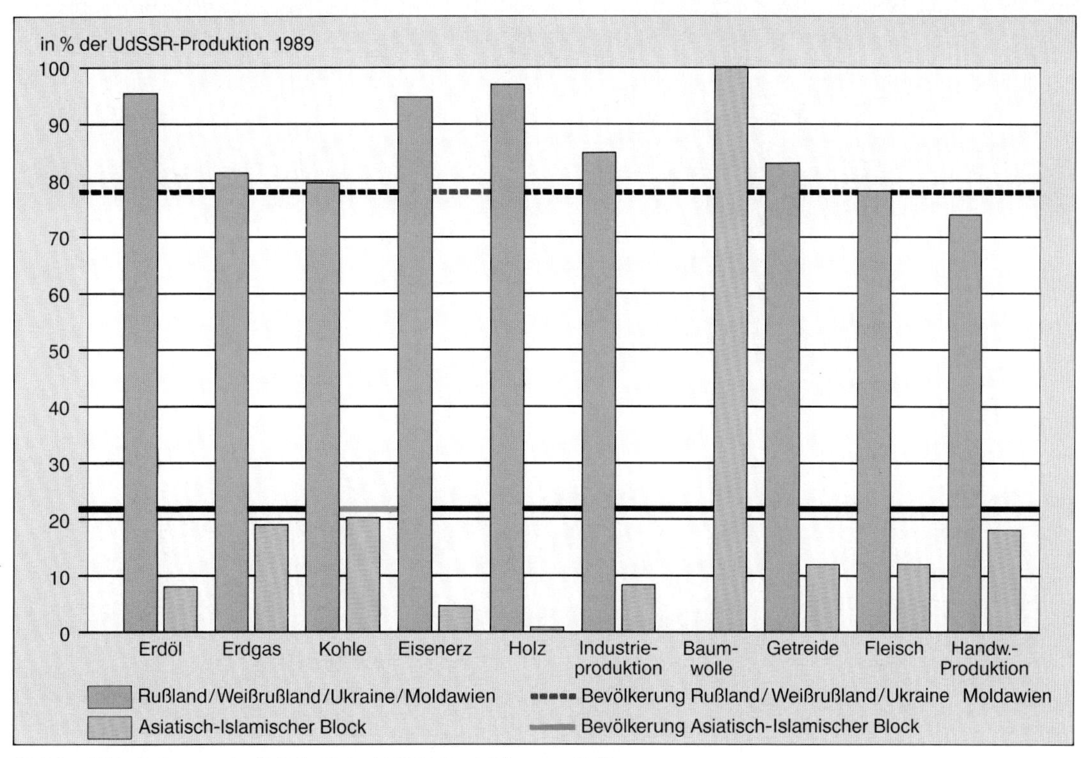

85.1 Der Wirtschaftsraum der GUS (in % der UdSSR-Produktion von 1989)

Der Raum der ehemaligen Sowjetunion

Die Gemeinschaft Unabhängiger Staaten

Am 21. Dezember 1991 wurde in Alma Ata die Gemeinschaft Unabhängiger Staaten gegründet. Mitglieder sind elf ehemalige Sowjetrepubliken der früheren UdSSR. Die Russische Föderation, die Ukraine, Weißrußland, Moldawien, Kasachstan, Kyrgystan, Aserbaidschan, Armenien, Turkmenien, Tadschikistan und Usbekistan besiegelten das Ende der UdSSR. Georgien war auf der Gründungsveranstaltung nur als Beobachter vertreten. Die baltischen Staaten Estland, Lettland und Litauen, deren Unabhängigkeit die ehemalige Sowjetunion im September 1991 anerkannt hatte, traten der GUS nicht bei.

Die Gründungsmitglieder der Gemeinschaft Unabhängiger Staaten erklärten, sich offen zu halten für weitere Mitglieder der früheren Sowjetunion. Die territoriale Integrität sowie die Unverletzlichkeit der bestehenden Grenzen wurden gegenseitig anerkannt. Besonders betont wurden die Herausbildung eines gemeinsamen Wirtschaftsraumes und die Erschließung europäischer und eurasischer Märkte. Da die GUS kein Staat ist, einigte man sich darauf, daß Rußland die internationalen Verpflichtungen der ehemaligen UdSSR übernimmt.

Der Raum der GUS unterscheidet sich hinsichtlich seiner Größe und Einwohnerzahl nur unwesentlich von der ehemaligen Sowjetunion. Die unabhängigen Staaten nehmen zusammen eine Fläche von 22 Mio km^2 ein, auf der über 270 Mio Menschen leben. Die GUS verfügt damit, wie die frühere Sowjetunion, über ein Sechstel der Landfläche der Erde.

In der neuen Gemeinschaft spielt die Russische Föderation auf Grund ihrer Fläche, des Bevölkerungspotentials und der Ressourcenausstattung eine entscheidende Rolle. Die Russische Föderation lehnt es jedoch ab, die früheren Sowjetrepubliken ökonomisch zu unterstützen. So bleibt die Frage, inwieweit die GUS überlebensfähig bleibt oder nur als „Liquidationskomitee“ die Trümmer der ehemaligen UdSSR verwaltet. Wie fest ist das Fundament der GUS? Die Zentrifugalkräfte nehmen deutlich zu, militärische Konflikte bedrohen den Zusammenhalt.

1. Welche Staaten gehören zur GUS, und welche Unterschiede bestehen zur ehemaligen Sowjetunion?
2. Die Russische Föderation spielt in der GUS eine entscheidende Rolle. Erläutern Sie die Aussage.

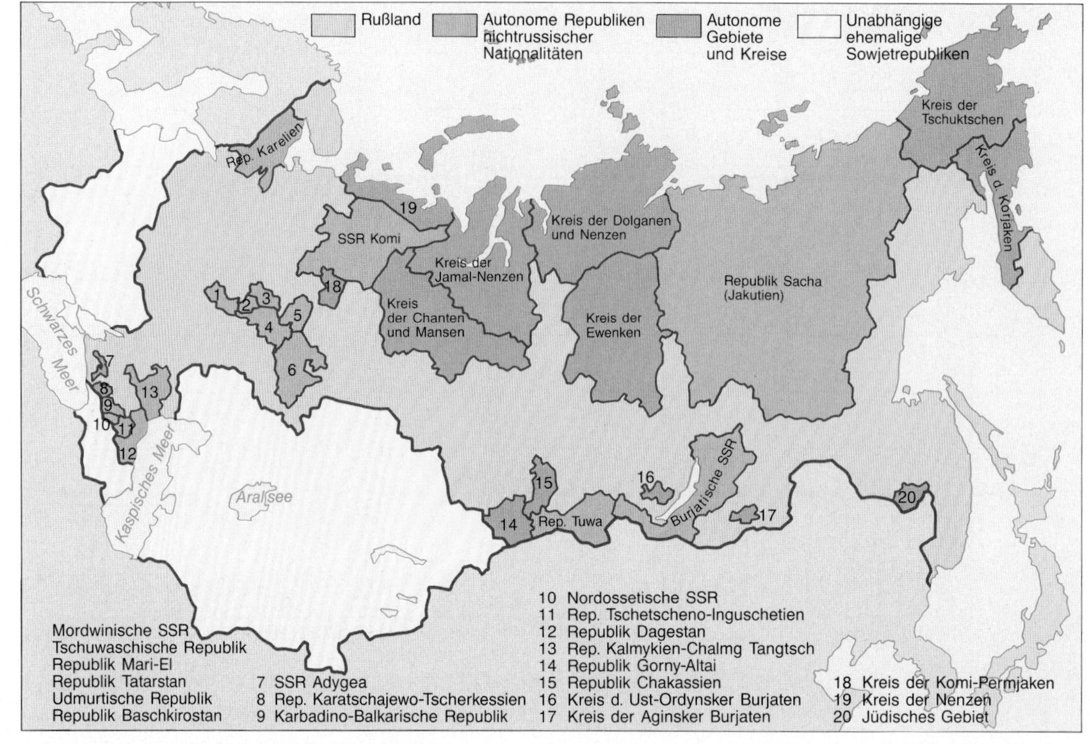

86.1 Die Russische Föderation und ihre Nationalitäten

T 86.1 Anteil der Völker in den Einzelstaaten der Gemeinschaft Unabhängiger Staaten

Russische Föderation: Russen 82%, Tataren 4%, Ukrainer 3%, Tschuwaschen 1%, Dagestaner 1%; Baschkiren 0,9%; insgesamt mehr als 100 nationale Minderheiten und Volksgruppen

Ukraine: Ukrainer 73%, Russen 22%, Weißrussen 1%, Juden 1%, Rumänen, Polen, Bulgaren

Weißrußland: Weißrussen 78%, Russen 13%, Polen 4%, Ukrainer 3%, Juden 1%

Armenien: Armenier 93%, Russen 2%, Kurden 2%; Aserbaidschaner geflüchtet

Aserbaidschan: Aserbaidschaner 83%, Russen 6%; Armenier geflüchtet

Turkmenien: Turkmenen 72%, Russen 10%, Usbeken 9%, Kasachen 3%, Ukrainer 1%

Usbekistan: Usbeken 71%, Russen 8%, Tadschiken 5%, Kasachen 4%

Tadschikistan: Tadschiken 62%, Usbeken 24%, Russen 8%, Tataren 1%, Kirgisen 1%, Ukrainer 1%

Kyrgystan: Kirgisen 52%, Russen 22%, Usbeken 13%, Ukrainer 3%, Deutsche 2%

Kasachstan: Kasachen 40%, Russen 38%, Deutsche 6%, Ukrainer 5%, Tataren 2%

Moldawien: Rumänen 64%, Ukrainer 14%, Russen 13%, Gagausen 4%, Bulgaren 2%

Ethnische Gliederung und Konflikte

Vielvölkerstaat gescheitert. In der früheren Sowjetunion lebten über 150 verschiedene Völker und Stämme, davon 93 Hauptnationalitäten. Die Verkehrssprache Russisch beherrschten 82% der Bevölkerung. Die UdSSR verstand sich als einheitlicher multinationaler Bundesstaat, in dem eine Verschmelzung der Völker und Rassen jedoch nur in geringem Umfang stattfand. Vor Gründung der GUS besaßen die Russen an der Gesamtbevölkerung der UdSSR einen Anteil von 51,4%.

Die Russische Föderation vor der Regionalisierung. Der multinationalen Republik droht der gleiche Zerfall wie der UdSSR. Zwei Entwicklungstendenzen zeichnen sich ab, zum einen die Absonderung einer Nationalität von der anderen auf dem gemeinsamen Territorium und die darauffolgende mögliche Trennung von der Russischen Föderation. Beispiele hierfür sind Tschetschenien, Tatarstan, Baschkirostan, Komi oder Karelien. Ein anderer Weg besteht in der Aufteilung von ethnisch bisher einheitlichen Regionen in Einzelregionen wie etwa die Uraler Republik, die Vereinigten Staaten Nordkaukasiens, die Jenissei-Republik oder die Fernöstliche Republik. Die Gefahr von Spannungen zwischen den einzelnen Regionen nimmt durch die Regionalisierung beträchtlich zu.

Der Konflikt um Nagorny Karabach

Der Standpunkt Armeniens

Nagorny Karabach ist ein historischer Teil Armeniens. Bis zum Beginn des 19. Jahrhunderts, als dieser Teil des Transkaukasus von Persien erobert wurde, existierten in Nagorny Karabach armenische Fürstentümer. Nach dem russisch-persischen Krieg von 1826 bis 1828 erhielten Armenier aus Westarmenien, das unter der Kontrolle der Türkei und Persiens geblieben war, die Möglichkeit, nach Ostarmenien und hier insbesondere Nagorny Karabach einzuwandern. 1923 entstand das Autonome Gebiet Nagorny Karabach.

Es gehörte zur Politik Stalins, ein Volk gegen das andere auszuspielen. Die Unterdrückung der armenischen Bevölkerung war der Grund für das Entstehen einer Bewegung für die Vereinigung mit Armenien. Aserbaidschan antwortete mit Aggressionen gegen Armenien. Teil dieser Aggression waren die Pogrome gegen Armenier in Sumgait und Baku, die Aussiedlung von Armeniern, die in Aserbaidschan lebten, sowie eine Wirtschaftsblockade Armeniens durch aserbaidschanische Behörden.

Der wahre Grund des Konfliktes war weder national noch religiös, sondern der Unwillen der früheren Führung der UdSSR und der kommunistischen Regierung Aserbaidschans, sich mit der demokratischen Umgestaltung Armeniens abzufinden.

Der Standpunkt Aserbaidschans

Das Gebiet Nagorny Karabach ist seit alters her ein Teil Aserbaidschans. Nach dem russisch-persischen Krieg wurden unter dem Vorwand, Rußland wolle seine „armenischen Glaubensbrüder“ unter seinen Schutz nehmen, ungefähr 50 000 Armenier aus Persien und 100 000 aus der Türkei umgesiedelt. Die aserbaidschanische Stammbevölkerung wurde vertrieben. Diese Politik wurde im 20. Jh. auch noch nach der Oktoberrevolution [1917] fortgesetzt. Ziel Moskaus war es, eine armenische Pufferzone im dortigen Turkgebiet zu schaffen. Das Zentrum hat die Aggression Armeniens nicht rechtzeitig unterbunden und nahm eine doppeldeutige Haltung ein, indem es den armenischen Kämpfern in Nagorny Karabach und an der armenisch-aserbaidschanischen Grenze freie Hand ließ. Gleichzeitig begann eine Vertreibung von in Armenien lebenden Aserbaidschanern, wodurch ein Flüchtlingsproblem entstand. Zu Beginn des Konfliks hatten auf armenischem Territorium mehr als 140 000 Aserbaidschaner gelebt.

Armenien muß von seinen Gebietsansprüchen zurücktreten. Die in Aserbaidschan, insbesondere die in Nagorny Karabach lebenden Armenier müssen sich vorbehaltlos der Verfassung Aserbaidschans unterordnen.

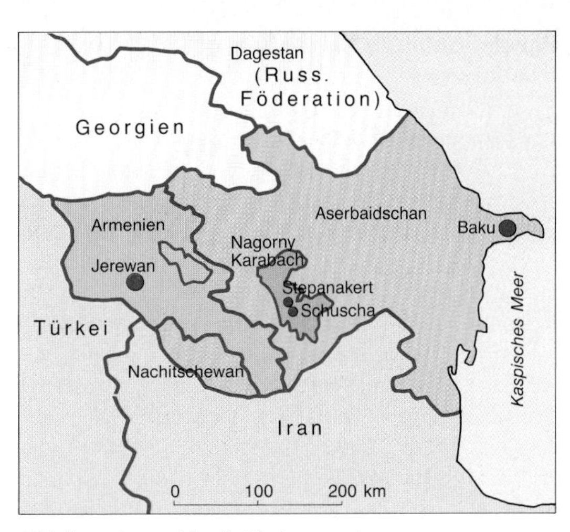

87.1 Armenien und Aserbaidschan

Nagorny Karabach (Berg-Karabach) umfaßt 4 400 km². 1988 lebten in dem Autonomen Gebiet im Südwesten Aserbaidschans rund 130 000 Armenier und 40 000 Aserbaidschaner. Im Februar 1988 stellte Nagorny Karabach an Armenien und Aserbaidschan den Antrag auf Vereinigung mit Armenien. Als Grund wurde die Diskriminierung der armenischen Bevölkerung durch aserbaidschanische Behörden angegeben. Armenien stimmte dem Antrag zu, Aserbaidschan lehnte ihn ab. Im Sommer 1988 erklärte Nagorny Karabach seinen Austritt aus Aserbaidschan. Die sowjetische Regierung verhängte über das Autonome Gebiet einen Ausnahmezustand.

In Nagorny Karabach gibt es aserbaidschanische Kampfformationen, die sowohl aus Einheimischen als auch aus Aserbaidschanern, die aus anderen Teilen der Republik dorthin gekommen sind, bestehen. Die armenischen Kampfeinheiten umfassen Einheimische und Kämpfer aus Armenien selbst. Bis in jüngste Zeit befanden sich in Nagorny Karabach auch Teile der sowjetischen Armee bzw. der Streitkräfte der GUS. Beide verfeindete Seiten werfen den Streitkräften der GUS vor, sich zugunsten des jeweiligen Gegners in den Konflikt eingemischt zu haben. Die armenische wie die aserbaidschanische Seite nutzten Armeeteile als Waffenlieferanten. Im März 1992 wurde die reguläre Armee der GUS aus der Konfliktzone abgezogen.

Bei den Vermittlungsversuchen zwischen Armenien und Aserbaidschan konzentrieren sich die Hoffnungen auf den Iran.

(Nach: Wostok 2/1992, gekürzt und verändert)

1. Nehmen Sie zu der Aussage Stellung „Nach dem Zerfall der UdSSR folgt der Zerfall Rußlands“.

2. Vergleichen Sie die Standpunkte von Armenien und Aserbaidschan. Wo sehen Sie Lösungsansätze?

Entstehung und Ausdehnung des Raumes

Das „Sammeln der russischen Erde"

Im Einzugsgebiet des oberen und mittleren Dnjepr schlossen sich im 9. Jh. slawische Volksstämme zum ersten Staatsgebilde zusammen, dem Kiewer *Rus*. Dem Ansturm der im 13. Jh. aus dem Osten einfallenden Mongolen und Tataren konnte das Rus mit seinen z. T. sich befehdenden Teilfürstentümern nicht standhalten.

Noch unter dem bis 1480 währenden *Tatarenjoch* entwickelte sich im Waldgebiet zwischen Wolga und Oka, das für den Einsatz von Reiterheeren nicht gut geeignet war, ein neues Machtzentrum. Moskau, die Hauptstadt eines kleinen Fürstentums, wurde Sitz des Großfürsten und des Oberhauptes der russischen Kirche. Durch geschicktes Anpassen an den Tatarenchan (Chan = Herrscher) gelang es den Großfürsten von Moskau, die übrigen Fürstentümer zu unterwerfen und in ihren Machtbereich einzubeziehen. Als letzte große Bastion fiel die Handelsstadt Nowgorod mit ihrem Hinterland von Karelien bis zum Ural an Moskau. Am Ende des 15. Jh. war damit der eigentliche Prozeß des „Sammelns der russischen Erde" abgeschlossen.

Gleichzeitig entwickelte sich unter ähnlichen Umständen des *Großfürstentum Litauen*. Auch Litauen verfolgte eine Politik des „Sammelns der russischen Erde", indem es seine Herrschaft bis an die Grenzen des Nowgoroder Landes ausdehnte. Von dem ehemaligen Kiewer Rus befand sich im 15. Jh. ungefähr die Hälfte unter litauischer Herrschaft.

Litauen wurde im 16. Jh. mit Polen vereinigt, gegen Ende des 18. Jh. erfolgte die Aufteilung dieses Reiches auf Rußland, Österreich und Preußen.

Auf *Moskauer Staatsgebiet* entstand das großrussische Volk, auf ehemals *polnisch-litauischem Gebiet* das weißrussische und das ukrainische Volk. Die weitere Ausdehnung erstreckte sich auf Gebiete, die weder zu dem untergegangenen *Kiewer Reich* gehört hatten noch russisch besiedelt waren. Mit der Eroberung der *Tatarenreiche Kasan und Astrachan* gelang Iwan IV. (dem Schrecklichen, 1533–1584) die Öffnung des Wolgaweges nach Süden. Die Ausdehnung nach Westen durch den Versuch, Livland zu erobern, schlug zunächst fehl. Auch die Küsten des Asowschen und des Schwarzen Meeres erreichten die Zaren erst im 18. Jh.

Mit dem Vorstoß über den Kaukasus zu Beginn des 19. Jh., der Angliederung Georgiens und der aserbaidshanischen Fürstentümer sowie Teilen des Irans und der Türkei, beherrschte Rußland sowohl das Schwarze als auch das Kaspische Meer und machte seinen Einfluß im Nahen Osten geltend.

Das Streben zum Meer

Der Versuch, sich bereits im 16. Jh. an der Ostsee festzusetzen, schlug fehl. An der Mündung der Dwina fand jedoch der englische Kapitän Chancellor auf der Suche nach der Nordostpassage einen Hafenstandort, das heutige Archangelsk. Im 17. Jh. stellte dieser Hafen am Weißen Meer die einzige russische Verbindung zum Weltmeer her.

Erst Peter I. (der Große, 1672–1725) konnte die kontinentale Abgeschlossenheit des Zarenreiches durchbrechen. In den versumpften Mündungsmarschen der Newa gründete er St. Petersburg, das heutige Leningrad, und erhob es 1713 zur neuen russischen Hauptstadt. „Das Fenster zum Westen" bot zugleich die Möglichkeit, einen in der Regel neun Monate eisfreien Hafen anzulegen. Mit dem Anschluß von Estland, Livland, Ingermanland und Karelien als Ergebnis des „Nordischen Krieges" gegen Schweden war Rußland 1721 zur Ostseemacht aufgestiegen. Durch die großen Erfolge im „Türkenkrieg" 1877/1878 schien Rußland dem Ziel, den Bosporus und die Dardanellen in seine Hand zu bekommen, nähergerückt zu sein. Bereits 1860 hatten russische Eroberer im Fernen Osten, auf vorher chinesischem Gebiet, Wladiwostok („Beherrsche den Osten") gegründet, den heute bedeutendsten pazifischen Handels- und Kriegshafen der Sowjetunion.

Veränderungen des Staatsraumes nach 1917

Als Ergebnis des Ersten Weltkrieges konnten sich Finnland, Estland, Lettland, Litauen, Polen, Weißruthenien, die Ukraine, Georgien, Armenien und Aserbaidshan selbständig machen.

Mit Hilfe der Roten Armee wurden einige der neuen Nationalstaaten, wie die Ukraine und die transkaukasischen Staaten, gewaltsam in Sowjetrepubliken umgewandelt und Ende 1922 mit den anderen Sowjetrepubliken zur *Union der Sozialistischen Sowjetrepubliken (UdSSR)* vereinigt. Mit dieser neuen Phase des „Sammelns der russischen Erde" nach dem Bürgerkrieg umfaßte die Sowjetunion bis auf die Westgebiete nahezu wieder die Ausdehnung des Zarenreiches.

Veränderungen seit Beginn des Zweiten Weltkrieges

Der Hitler-Stalin-Pakt von 1939 ermöglichte der Sowjetunion die Annexion Ostpolens, der baltischen Staaten Estland, Lettland und Litauen sowie von Teilen Finnlands. Am Ende des Zweiten Weltkrieges mußte Rumänien Bessarabien und die Nordbukowina abtreten. Die Nordhälfte Ostpreußens mit Königsberg (Deutsches Reich) und die Karpato-Ukraine (Tschechoslowakei) wurden annektiert, ebenso in Zentralasien der Kleinstaat Tannu-Tuwa und im Fernen Osten die Südhälfte Sachalins und die Kurilen (Japan).

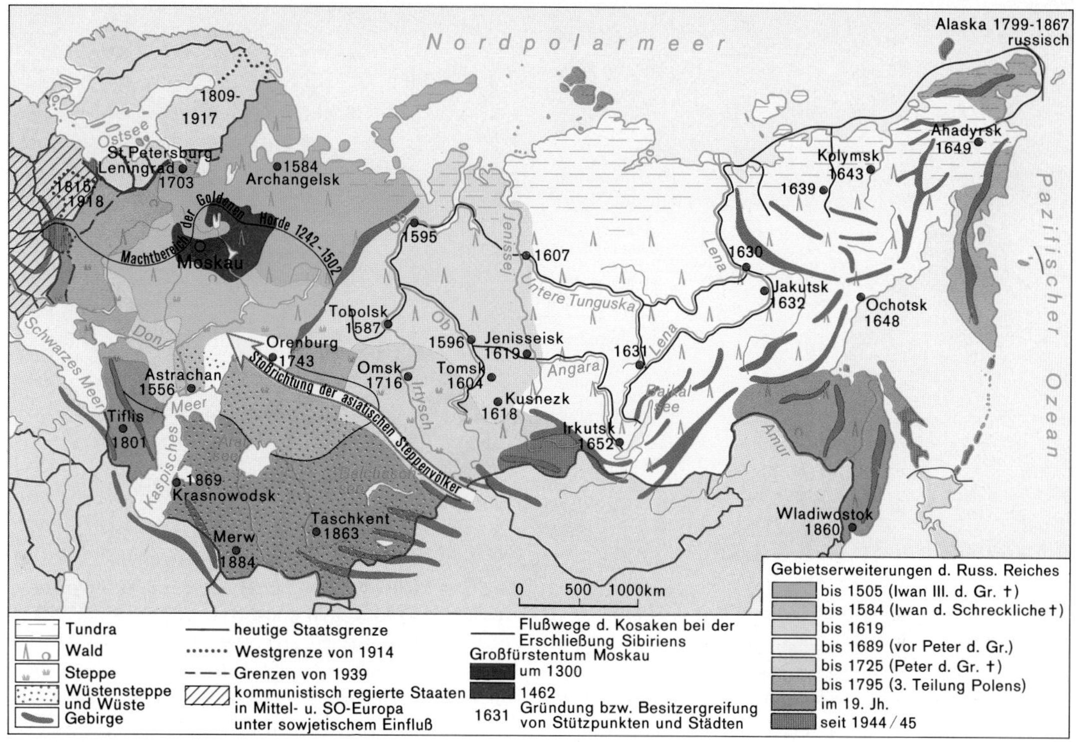

89.1 Erschließung und Eroberung

Eroberung eines Imperiums in Asien

Von Nowgrad war die Erkundung und Überquerung des Urals bis zum 11. Jh. erfolgt. Als die Tataren des Chanates „Sibir" die Moskauer Handelsbeziehungen östlich des Ural störten, erhielt die Kaufmannsfamilie Stroganow vom Zaren das Recht, das Westsibirische Tiefland auf eigene Faust zu befrieden und Städte anzulegen. Der für diese Aufgabe angeworbene Kosakenführer Jermak (Kosak = ursprünglich: freier Krieger) überschritt 1581 mit 450 Kosaken und 150 Stroganowschen Bauern den Ural. Am 25.10.1581 marschierte er in der Hauptstadt Isker, am Irtysch oberhalb der Einmündung des Flusses Tobol gelegen, ein. Eine Abordnung Jermaks mit Geschenken, darunter die begehrten Zobelfelle, bat den Zaren, das Land unter seine Herrschaft zu nehmen.

Die Jagd auf den Zobel wurde zur eigentlichen Triebfeder der Eroberung des dünnbesiedelten Sibirien. Die unterworfenen Stämme, in der Mehrzahl Jäger und Sammler, wurden nicht ausgerottet, sie mußten jedoch ihren Tribut in Zobelfellen entrichten, die rücksichtslos eingetrieben wurden. Als Verkehrswege dienten den Kosaken im Sommer und Winter die Flüsse, an deren Zusammenflüssen sie ihre periodischen Winterlager oder Holzbefestigungen anlegten. Die erste russische Siedlung Sibiriens, Obski Gorodok, entstand bereits 1585. 66 Jahre nach der ersten Uralüberquerung wurde Ochotsk am Pazifischen Ozean gegründet. Mitte des 17. Jh. beanspruchte der Zar den Gesamtraum Sibiriens bis zur pazifischen Küste.

Den Kosaken folgten die Kaufleute, später die Bauern und Handwerker. Verwaltung und Kirche schlossen sich an. Jakutsk entwickelte sich zu einem zentralen Umschlagplatz für Pelze, jedoch konnten die wenigen Bauernfamilien die Ernährung in dem Waldland zwischen der Angara und Jakutsk nicht sicherstellen. Die Getreidelieferungen aus dem europäischen Rußland benötigten drei Jahre. Selbst die Beringstraße, die der im Dienste des Zaren Peter I. stehende dänische Seemann Vitus Bering 1728 entdeckt hatte, verhinderte nicht die Expansion bis nach Nordamerika (seit 1785). Erst 1867 kauften die USA Alaska für 7,2 Mio $.

An der Südgrenze Sibiriens stießen die Kosaken dagegen auf Widerstand. Das bereits in Besitz genommene Amur-Gebiet wurde 1689 wieder an die Chinesen abgetreten, aber 1860 zurückerobert. Die Annexion Kasachstans erfolgte ab 1613 zunächst durch Kosakenstützpunkte. Russische und ukrainische Kolonisten folgten und verdrängten die nomadisierenden Kasachen aus den Steppengebieten. Mit der 1875 abgeschlossenen militärischen Eroberung der Trockengebiete Mittelasiens fielen auch die Stadtkulturen Taschkent, Samarkand und Buchara in den russischen Herrschaftsbereich.

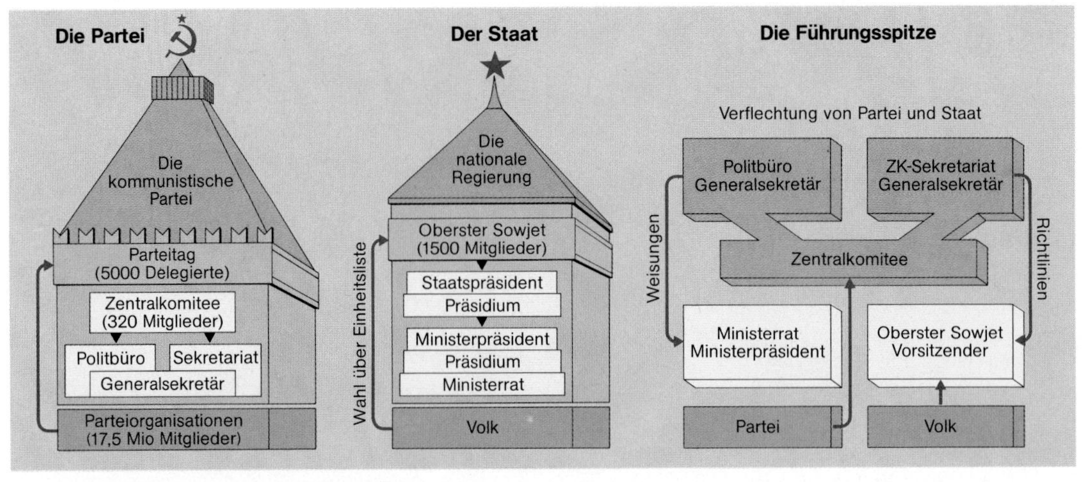

90.1 Die Staatsorgane der ehemaligen Sowjetunion

Vom sowjetischen Zentralstaat zur GUS

Kommunismus und Staat

Beim Übergang vom Kapitalismus zum Kommunismus ist die Unterdrückung noch notwendig. Es ist aber bereits eine Unterdrückung der Minderheit der Ausbeuter durch die Mehrheit der Ausgebeuteten. Ein besonderer Apparat, eine besondere Maschine zur Unterdrückung, „der Staat", ist noch notwendig, aber es ist dies bereits ein Übergangsstaat, kein Staat im eigentlichen Sinne des Wortes, denn die Niederhaltung der Minderheit der Ausbeuter durch die Mehrheit der Lohnsklaven von gestern ist eine verhältnismäßig so leichte, einfache und natürliche Sache, daß sie viel weniger Blut erfordern wird als die Unterdrückung von Aufständen der Sklaven, Leibeigenen und Lohnarbeiter, und der Menschheit viel billiger zu stehen kommen wird. Und der Kommunismus endlich schafft den Zustand, unter dem der Staat völlig unnötig sein wird, denn es ist niemand da, der niedergehalten werden muß, „niemand" im Sinne einer Klasse, im Sinne einer systematischen Bekämpfung eines bestimmten Teiles der Bevölkerung.

(W. I. Lenin, 1918)

Verflechtung von Partei und Staat

Die führende und lenkende Kraft der sowjetischen Gesellschaft, der Kern ihres politischen Systems, der staatlichen und gesellschaftlichen Organisationen ist die Kommunistische Partei der Sowjetunion. Die KPdSU ist für das Volk da und dient dem Volk. Ausgerüstet mit der marxistisch-leninistischen Lehre bestimmt die Kommunistische Partei die allgemeine Perspektive der Gesellschaft, die Linie der Innen- und Außenpolitik, leitet sie die große schöpferische Tätigkeit des Sowjetvolkes und verleiht seinem Kampf für den Sieg des Kommunismus planmäßigen, wissenschaftlichen Charakter.

(Artikel 6 der Verfassung der UdSSR von 1977)

Das Eigentum

Das Staatseigentum ist Gemeineigentum des gesamten Sowjetvolkes, die Hauptform des sozialistischen Eigentums. Im ausschließlichen Eigentum des Staates befinden sich der Boden, die Bodenschätze, die Gewässer und die Wälder. Dem Staat gehören die Hauptproduktionsmittel in Industrie, Bauwesen und Landwirtschaft, die Verkehrs- und Nachrichtenmittel sowie die Banken, das Vermögen der vom Staat eingerichteten Handels-, Kommunal- und anderen Betriebe ...

(Artikel 11 der Verfassung der UdSSR von 1977)

Die Kommunistische Partei der Sowjetunion

Das Sowjetland, geboren in der Großen Sozialistischen Oktoberrevolution, hat einen langen und ruhmreichen Weg zurückgelegt. Unter Führung der Kommunistischen Partei wurden welthistorische Siege errungen. Als konsequenter Vertreter der Interessen der Arbeiterklasse und aller Werktätigen, ausgerüstet mit der Lehre des Marxismus-Leninismus, dem reichen Erfahrungsschatz des revolutionären Kampfes und des sozialistischen Aufbaus, führt die KPdSU das Sowjetvolk sicher auf dem Kurs des kommunistischen Aufbaus und des Friedens. Der Sozialismus wurde in unserem Land zur Realität. Die Große Sozialistische Oktoberrevolution wurde zum Wendepunkt der Weltgeschichte, bestimmte die Hauptrichtungen und die Grundtendenzen der Entwicklung in der Welt. Sie leitete den unaufhaltsamen Prozeß der Ablösung des Kapitalismus durch eine neue, die kommunistische ökonomische Gesellschaftsformation ein. Kommunismus ist eine klassenlose Gesellschaftsordnung, in der die Produktionsmittel einheitliches Volkseigentum und sämtliche Mitglieder der Gesellschaft sozial völlig gleich sein werden und wo das große Prinzip herrschen wird: Jeder nach seinen Fähigkeiten, jedem nach seinen Bedürfnissen.

(Aus der Neufassung des Programms der KPdSU 1985)

Perestroika – Umgestaltung erforderlich

Es hat sich eine starre Form sozialistischer Produktionsverhältnisse herausgebildet. Im Verlauf von Jahrzehnten wurden in der Praxis der Wirtschaftsführung und der Verwaltung veraltete Methoden konserviert, einige effektive wirtschaftliche Formen dagegen ungerechtfertigt abgelehnt. Das sozialistische Eigentum wurde nicht selten von Ressortdenken und Lokalpatriotismus ausgehöhlt, es wurde scheinbar herrenlos, wurde kostenlos, es hatte keinen realen Besitzer. Eine falsche Einstellung gab es hinsichtlich des Kollektiveigentums, das als etwas Zweitrangiges und Perspektivloses hingestellt wurde. All dies hatte ernsthafte Folgen in der Agrar- und Sozialpolitik, es bewirkte ein Administrieren gegenüber den Kolchosen und führte zur Abschaffung der Handwerksgenossenschaften. Ernsthafte Deformierung häufte sich in der Planung. Die Autorität des Plans als Hauptinstrument der Wirtschaftspolitik wurde untergraben durch Unausgewogenheit, Instabilität und das Bemühen, alles und jedes bis hin zu Kleinigkeiten zu erfassen, sowie durch die Vielfalt der Entscheidungen auf Zweig- und Regionalebene, die am Plan vorbei und oftmals ohne Berücksichtigung der realen Möglichkeiten getroffen wurden. Seit Anfang der 70er Jahre wurden die meisten Planziffern nicht erfüllt. Die Wirtschaft war Neuerungen gegenüber wenig aufgeschlossen und schwerfällig. Die Qualität eines erheblichen Teils der Erzeugnisse entsprach nicht mehr modernen Ansprüchen. Unter Umgestaltung verstehen wir die entschlossene Überwindung stagnierender Prozesse ... Der Hauptgedanke unserer Strategie ist, die Errungenschaften der technisch-wissenschaftlichen Revolution mit der Planwirtschaft zu verbinden und das gesamte Potential des Sozialismus zu mobilisieren. Umgestaltung – das ist ... die Wiedereinführung und Entwicklung der leninschen Prinzipien des demokratischen Zentralismus bei der Leitung der Volkswirtschaft, der Verzicht auf Kommandieren und Administrieren, die Garantie des Übergangs aller Wirtschaftszweige zu den Prinzipien der vollständigen wirtschaftlichen Rechnungsführung.
(M. Gorbatschow, Generalsekretär der KPdSU, vor dem Zentralkomitee der KPdSU 1987)

Den Weg der Perestroika weitergehen

Das Stalinsche Sozialismus-Modell wird durch eine Gesellschaft freier Menschen abgelöst. Das politische System wandelt sich radikal, wirkliche Demokratie mit freien Wahlen, Mehrparteiensystem und Menschenrechten setzt sich durch. Abgebaut werden die Produktionsverhältnisse, die als Quelle für die Entfremdung vom Eigentum und den Ergebnissen ihrer Arbeit gedient haben, es werden Voraussetzungen für den unbehinderten Wettbewerb der sozialistischen Produzenten getroffen. Aber erst heute ... können wir die praktische Verwirklichung der Aufgabe, zum Markt überzugehen, in Angriff nehmen. Beim Übergang zum Markt kommt es darauf an, erstrangige Maßnahmen hervorzuheben. Nichts hindert uns daran, schon heute mit der Umwandlung staatlicher Betriebe in Aktiengesellschaften anzufangen, reale Freiheit für die Unternehmertätigkeit zu schaffen, kleinere Betriebe und Läden zu verpachten, den Wohnraum sowie Aktien und andere Wertpapiere und einen Teil der Produktionsmittel in den Bereich des Kaufs und Verkaufs einzubeziehen. Die Sanierung der sowjetischen Wirtschaft hängt in nicht unerheblichem Maße davon ab, wie ihre Einbeziehung in das System der internationalen Arbeitsteilung vor sich gehen wird. Wir werden sehr vieles tun müssen, um unsere Wirtschaft zu modernisieren, neue Technologien zu meistern, die Arbeitsproduktivität zu erhöhen und die Produktion konkurrenzfähiger Erzeugnisse zu sichern. (M. Gorbatschow: Politischer Rechenschaftsbericht des ZK der KPdSU an den 28. Parteitag 1990)

Das schnelle Ende der UdSSR

Präsident Gorbatschow unterzeichnet am 23.4.91 mit den Repräsentanten von Rußland, der Ukraine, Weißrußland, Kasachstan, Usbekistan, Kirgisien, Tadschikistan, Turkmenien und Aserbaidschan eine Erklärung über den Fortbestand der Sowjetunion. Nach Inkrafttreten des Unionsvertrages soll die UdSSR in „Union der Souveränen Sowjetrepubliken" umbenannt werden. Der Putschversuch vom 19.-21.8.1991 kann das Auseinanderfallen der Sowjetunion, den Übergang von der Zentralverwaltungs- zur Marktwirtschaft und den Niedergang der Kommunistischen Partei nicht aufhalten. Zehn Tage nach dem gescheiterten Putsch wird die KPdSU verboten. Im September 1991 erkennt die UdSSR die Unabhängigkeit der drei baltischen Staaten an. Am 8.12.1991 vereinbaren die Russische Föderation, Weißrußland und die Ukraine die „Gemeinschaft Unabhängiger Staaten". Die Gründung der GUS mit elf ehemaligen Sowjetrepubliken findet am 21.12.1991 in Alma Ata statt. Der Republikensowjet des Obersten Sowjet verkündet am 26.12.1991, daß die UdSSR aufgehört hat zu existieren.

1. Erläutern Sie, wie Partei und Staat in der ehemaligen Sowjetunion miteinander verknüpft waren.
2. Vergleichen Sie die Inhalte des Parteiprogramms und Gorbatschows Rechenschaftsbericht, und nehmen Sie eine kritische Bewertung vor.
3. Entwerfen Sie unter Berücksichtigung von Abb. 90.1 eine Grafik über den Stand von heute.

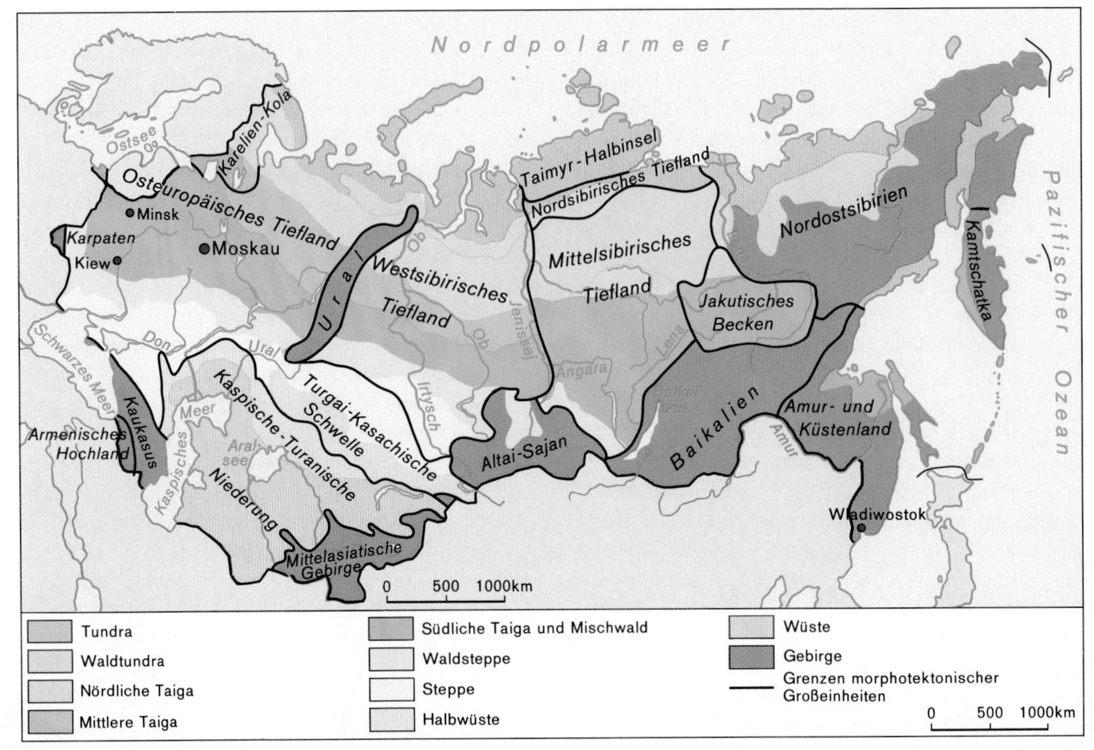

92.1 Naturräumliche Gliederung

Das Raumpotential

Der Faktor Raumgröße. Sankt Petersburg ist von Wladiwostok fast genauso weit entfernt (6550 km) wie vom Nordufer des Victoriasees in Afrika. Von der Grenze zu Ungarn bis zur Ostküste von Kamtschatka hat die Gemeinschaft Unabhängiger Staaten mit 7900 km ihre größte Ausdehnung. Die Nord-Süd-Erstreckung gleicht mit 5000 km der Entfernung vom Nordkap bis zur Mitte Ägyptens. Von der Gesamtfläche der GUS mit 22 Mio km² entfallen 25% auf den europäischen Teil und 75% auf den asiatischen. Allein die Russische Föderation ist fast doppelt so groß wie die USA und China zusammen. Die GUS, die wie die ehemalige Sowjetunion ein Sechstel der festen Erdoberfläche einnimmt, hat Anteil an 11 der 24 Zeitzonen der Erde. Von den 60 000 km Außengrenzen entfallen 43 000 km auf Meeres- und 17 000 km auf Festlandsgrenzen.

Osteurop. Tiefland: 4 Mio km²	Oberrheinisches Tiefland: 9000 km²
Westsib. Tiefland: 3 Mio km²	Bodensee: 538 km²
Kaspisches Meer: 371 400 km²	Zugspitze: 2962 m
Pik Kommunismus: 7495 m	Schwarzwald: 160 km
Ural: 2000 km (Nord-Süd)	Rhein: 1320 km
Lena: 4400 km	Elbe: 1165 km
Wolga: 3690 km	

Die Faktoren Klima und Vegetation. Raumgröße setzte man fälschlicherweise schon immer mit Reichtum an Ressourcen gleich, ohne zu berücksichtigen, daß Raumweite auch Belastung sein kann, zumal wenn zusätzlich klimatische Schranken den verfügbaren Raum weiter eingrenzen. So erschwert Dauerfrostboden auf 47% der Gesamtfläche der GUS die wirtschaftliche Tätigkeit. In Ostsibirien reduziert die Winterkälte des Kontinentalklimas – bis –70 °C – die Lebensdauer von Maschinen, Gebäuden und Verkehrseinrichtungen um zwei Drittel. Kälte und damit die Kürze der Vegetationsperiode prägen den Norden und den Osten, während der Süden unter Trockenheit leidet. Die eisigen Tundren und Sümpfe (3 Mio km²), die ariden Halbwüsten und Wüsten (3 Mio km²), die undurchdringlichen Wälder der nördlichen Taiga (4 Mio km²) und die unzugänglichen Hochgebirgsflächen (2,2 Mio km²) gelten als lebensfeindliche Räume. Die Vielfalt der Klima- und Vegetationszonen kann nicht darüber hinwegtäuschen, daß der Raum der GUS unter dem Aspekt der Nutzbarkeit erheblich an Dimension verliert.

1. Beschreiben Sie die naturräumliche Gliederung der GUS (Abb. 92.1, Atlas).
2. Untersuchen Sie den Klimafaktor in seiner Raumwirksamkeit (Abb. 92.1, 93.1 und 93.2).

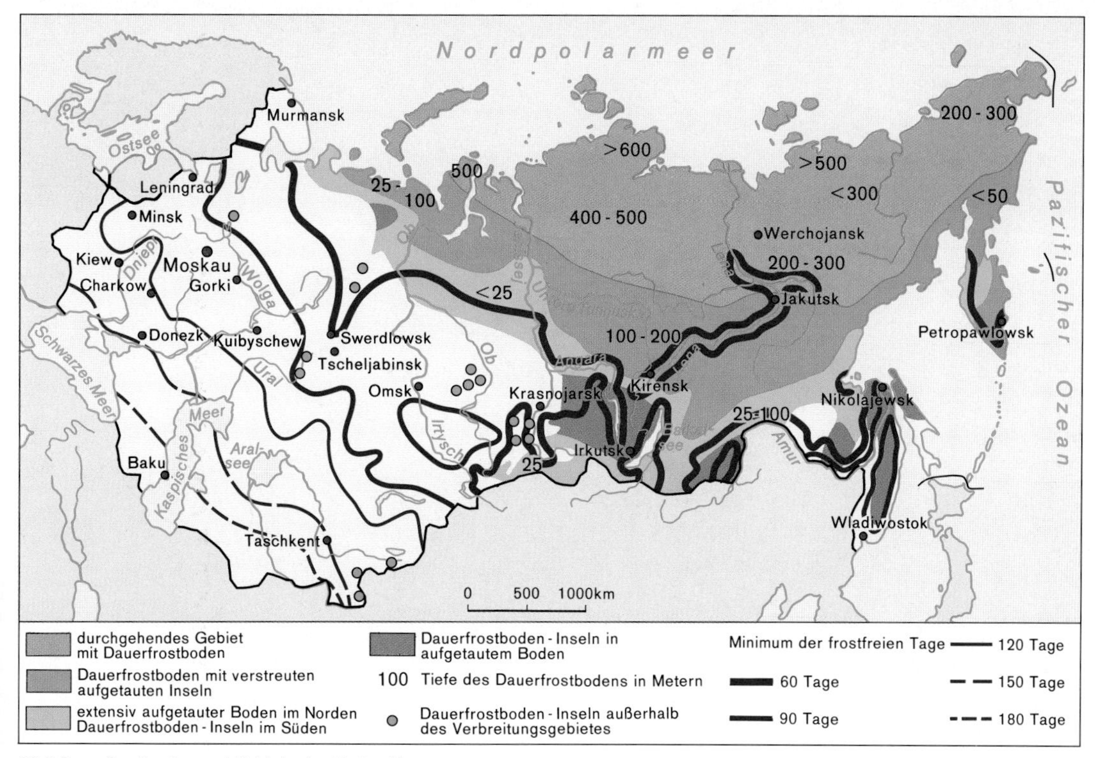

93.1 Dauerfrostboden und Zahl der frostfreien Tage

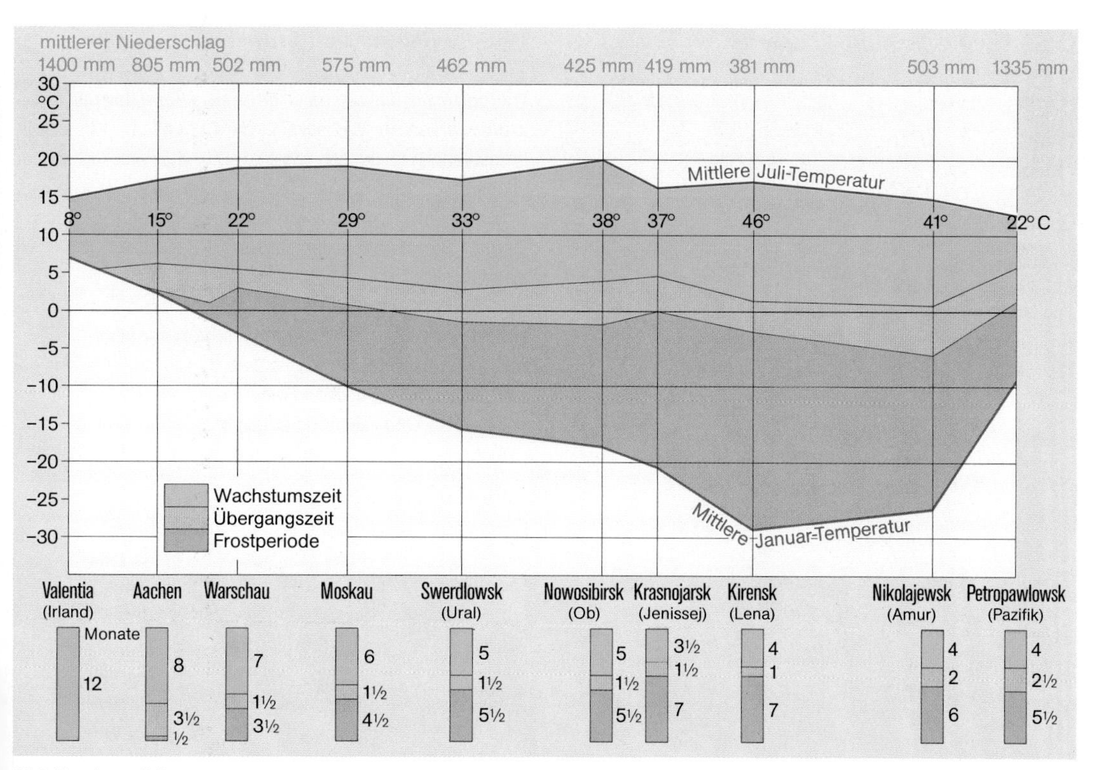

93.2 Kontinentalität

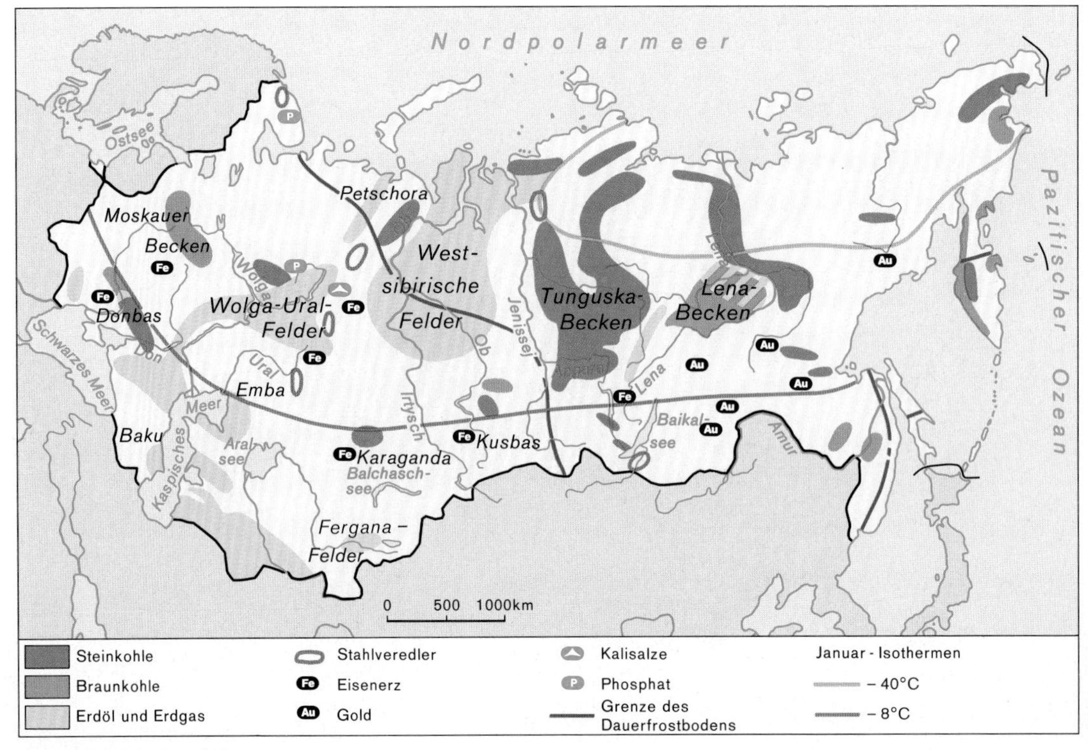

94.1 Wichtige Bodenschätze

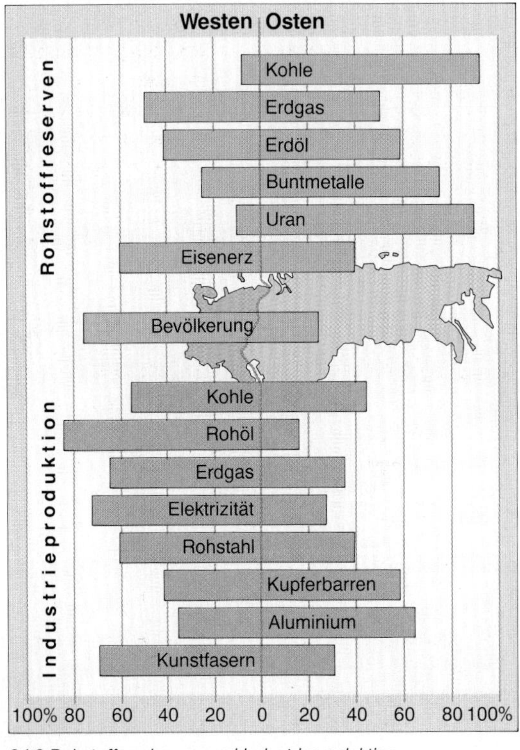

94.2 Rohstoffgewinnung und Industrieproduktion

Bodenschätze und Industrie

Ressourcen. Neben den größten Wald- und Wasserkraftreserven der Welt besitzt die GUS alle für eine Industrialisierung wichtigen Mineralien und Energierohstoffe. Hinsichtlich der erforschten Weltvorräte an Kohle und Erzen (Eisen, Kupfer, Mangan, Blei, Nickel, Zink) sowie Bauxit, Schwefel, Kalisalzen und Phosphaten steht sie an erster Stelle.

Die Lagerstättenverteilung ist sehr ungleich. 65% der mineralischen Vorkommen entfallen auf die Regionen West- und Ostsibirien sowie den Fernen Osten. Bei den Primärenergiereserven Kohle, Erdöl, Erdgas, Wasserkraft und Uran sind es sogar 87%.

Die wichtigsten Lagerstätten

Steinkohle:	(Ti = Tiefbau, Ta = Tagebau) Donbas (Ti), Kusbas (Ta+Ti), Karaganda (Ti), Ekibastus (Ti), Petschorabecken (Ti)
Braunkohle:	Moskauer und Kansk-Atschinsker Becken
Erdöl:	Baku, Nordkaukasien, Wolga-Ural-Gebiet, Tjumen, Ostsibirien, Sachalin
Eisenerz:	Kursker Magnetanomalie, Kriwoj Rog, Kola, Jekaterinburg, Rudnyj, Lissakowsk (nordwestliches Kasachstan), Bratsk

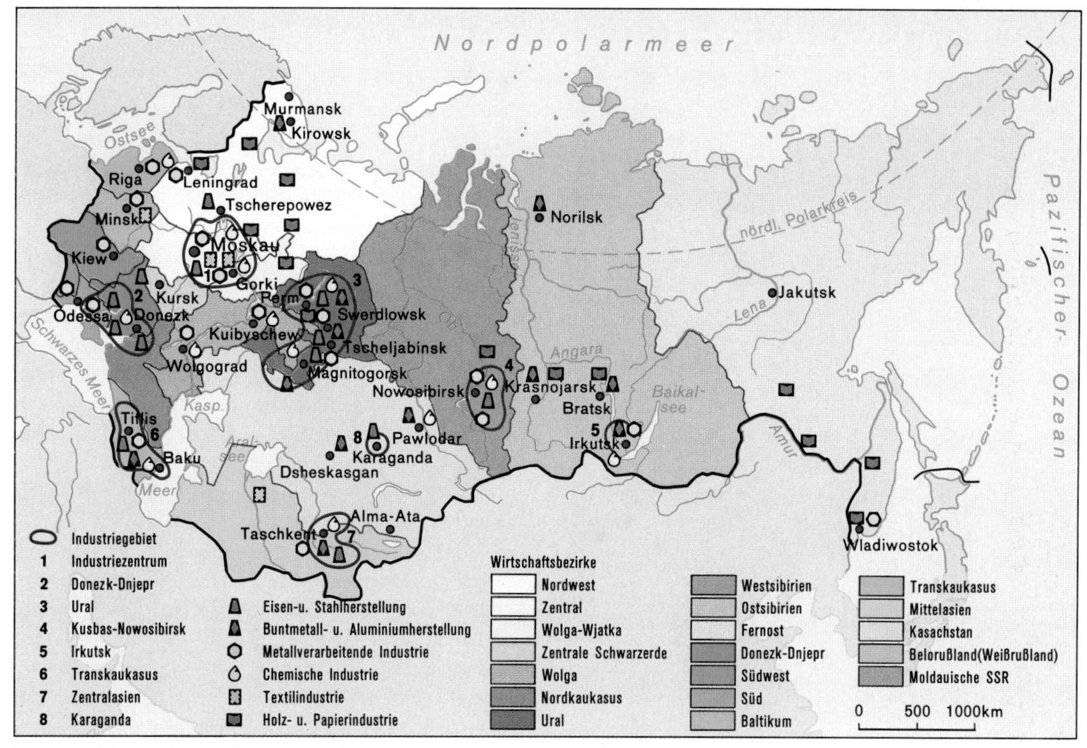

95.1 Industriegebiete und Wirtschaftsbezirke

Standorte der Industrie. Die Entwicklung der modernen Industrie setzte fast gleichzeitig in den alten Siedlungsräumen ein: in der Ukraine im Donezbecken (Kohle und Eisen), in Aserbaidschan bei Baku (Erdöl), in Rußland in St. Petersburg (Metallverarbeitung) und Moskau (Textilverarbeitung). Die stärkste Konzentration der verarbeitenden Industrie hat Moskau aufzuweisen. Der Großraum ist Standort für den Fahrzeug- und Flugzeugbau, Chemie, Elektrogeräte, Präzisionsinstrumente und die Textilindustrie. Eine ähnliche Bandbreite, wenngleich mit geringerem Produktionspotential, zeichnet St. Petersburg aus.

Die Umsiedlung von über 1300 kriegsbedrohten Fabriken zu Beginn des Zweiten Weltkrieges aus den traditionellen europäischen Industrieschwerpunkten in den Ural, nach Westsibirien, Kasachstan und Mittelasien wirkte als wichtiger Impuls bei der Industrialisierung der sowjetischen Ostgebiete. Trotz der neuen Städte in Sibirien und im Fernen Osten ergaben sich durch die jungen Industriestandorte erhebliche Probleme für die Sowjetunion. Die GUS hat hier ein schwieriges Erbe angetreten. Während die Grundstoffindustrie und die Energieerzeugung ihren Schwerpunkt immer mehr in die östlichen Räume verlagerte, bleiben die großen Verarbeitungs- und Verbraucherzentren weiter im europäischen Teil der Gemeinschaft Unabhängiger Staaten.

Als nachteilig stellt sich heute die starke Konzentration in der Grundstoff-, Investitions- und Konsumgüterindustrie heraus. Die vormalige Arbeitsteilung zwischen den Sowjetrepubliken führte dazu, daß ein Drittel aller Industriegüter nur an einem Ort hergestellt wurden. Abgesehen von Rußland und der Ukraine dominierten die Republiken bei folgenden Produkten:

Elektrischer Strom, Stahl: Kasachstan
Mineraldünger: Weißrußland, Usbekistan
Kunstfasern, Reifen, Papier: Weißrußland
Zement: Kasachstan
Elektromotoren: Weißrußland
Landwirtschaftsmaschinen: Kasachstan, Usbekistan
Bekleidung, Schuhe: Weißrußland, Kasachstan
Fernsehgeräte: Weißrußland, Litauen
Radios: Lettland
Kühlschränke: Weißrußland, Litauen, Moldawien
Möbel: Weißrußland, Kasachstan
Erdölausrüstungen: Aserbaidschan

1. Stellen Sie Zusammenhänge zwischen Naturraum, Verteilung der Ressourcen und der Lage der Industriereviere her.

2. Führen Sie die Probleme der GUS auf, die sich aus der Arbeitsteilung der ehemaligen Sowjetrepubliken ergeben.

„Es war schwer, diesen Roboter für die Fertigung zu bekommen! Aber dafür kommen wir jetzt viel besser klar mit den Antworten auf die Reklamationen.“

96.1 Karikatur

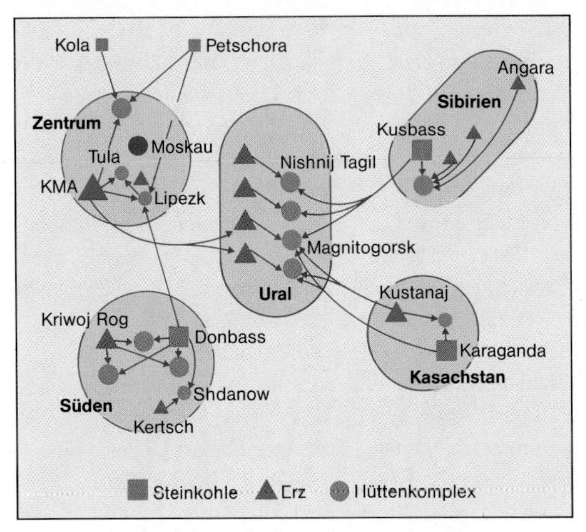

96.2 Verknüpfung in der eisenschaffenden Industrie

T 96.1 Produktion dauerhafter Konsumgüter

Erzeugnis	1985	1986	1987	1988	1989	1990
Fernseher (Mio)	9,4	9,4	9,0	9,6	9,9	10,5
Videogeräte (1000)	6,8	k.A.	k.A.	72,9	125	454
Rundfunkgeräte (Mio)	8,8	8,9	8,9	8,0	8,6	9,2
Kühlschränke (Mio)	5,9	5,9	6,0	6,2	6,5	6,5
Waschmaschinen (Mio)	5,1	5,4	5,8	6,1	6,7	7,9
Motorräder (Mio)	1,1	1,1	1,1	1,1	1,1	1,1
Pkw (Mio)	1,3	1,3	1,3	1,3	1,2	1,3

Die Industrie in der Planwirtschaft

Fünfjahrespläne

Die entscheidende Phase sowjetischer Wirtschaftspolitik begann 1928 mit der Einführung der Fünfjahrespläne und der Zwangskollektivierung der Landwirtschaft. Sie bildeten – neben der bereits vorausgegangenen Verstaatlichung der Großindustrie und der Banken, des Transportwesens und des Außenhandels – die Voraussetzungen für die schnelle Industrialisierung, insbesondere für den Aufbau der Schwerindustrie. Dieses sowjetische Entwicklungsmodell, das nach dem Zweiten Weltkrieg andere osteuropäische Länder zu übernehmen hatten und das von einigen Ländern der Dritten Welt kopiert wurde, kam zu Beginn der 60er Jahre zu einem gewissen Abschluß.

Aufbau der eisenschaffenden Industrie

Die Erschließung des Raumes vollzog sich in fünf Schwerpunkträumen und bildete die Grundlage für den Schwer- und Werkzeugmaschinenbau, die Fahrzeug- und Landmaschinenproduktion sowie für die Rüstungsindustrie. Bereits 1872 entstand im ukrainischen Donezgebiet ein Hüttenwerk, aus dem sich in sowjetischer Zeit die „erste Kohle-Eisen-Basis“ entwickelte. Im erzreichen, aber kohlenarmen Ural bildete sich zu Beginn der 30er Jahre durch ein Verbundsystem mit dem Kusnezkbekken die „zweite Kohle-Eisen-Basis“. Die Ausbeutung der Karaganda-Kohle führte zu einem neuen Rohstoffverbund mit dem Ural, dessen Erze inzwischen zur Neige gehen, während Kasachstan, das heute bereits Erze in den Ural liefert, weiter ausgebaut wird. Das schon 1783 entdeckte Eisenerzrevier der Kursker Magnetanomalie (KMA) liefert ebenfalls Erze in den Ural und produziert in einem 1978 gegründeten Elektrohüttenkombinat Stahl aus Eisenerzpellets. Der Hüttenkomplex von Tscherepowez, der Eisenerz von der Halbinsel Kola und Kohle aus dem Petschorarevier erhält, versorgt die Werkzeugmaschinenindustrie und den Schiffbau von St. Petersburg sowie das industrielle Zentrum um Moskau.

Nachgeordnete Konsumgüterindustrie

Anfang der 60er Jahre besaß die Sowjetunion eine ausgebaute Investitionsgüterindustrie. Damit waren die Voraussetzungen geschaffen, den Lebensstandard der Bevölkerung zu heben. Der über Jahrzehnte zurückgestaute Konsumverzicht sollte durch höhere Realeinkommen ausgeglichen werden. Der Plan scheiterte jedoch an den fehlenden Kapazitäten der Konsumgüterindustrie. Ebenso wenig sah sich die vernachlässigte Landwirtschaft, auf deren Kosten die Kapitalbildung für die Investitionen im Industriesektor erfolgt war, in der Lage, genügend hochwertige Nahrungsmittel zu liefern.

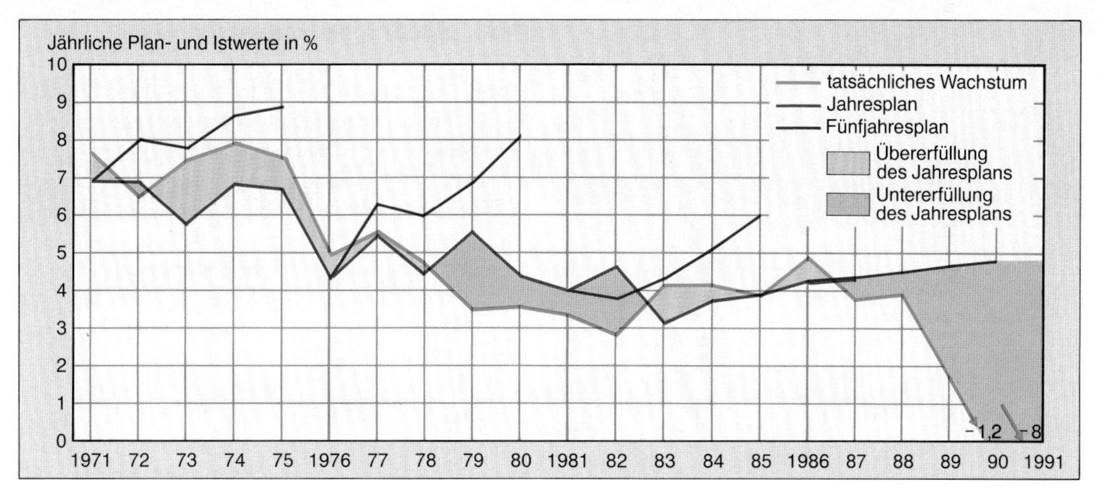

97.1 Wachstum der sowjetischen Industrie (Plan- und Istwerte in %)

Stärkung der Konsumgüterindustrie geplant

Ein Strukturwandel zeichnete sich mit dem Fünfjahresplan 1971-75 durch eine Verlagerung von der Investitionsgüter- auf die Konsumgüterindustrie ab, da die sowjetische Führung die Zusammenhänge zwischen Expansion des Konsums, politischer Stabilität und wirtschaftlicher Entwicklung erkannt hatte. Die ständigen Forderungen nach einer Stärkung des Konsumsektors wurden mit einer Betonung der Bedeutung der Schwerindustrie gekoppelt. In den frühen Industrialisierungsphasen konnte sich das Planungssystem auf wenige Wirtschaftsbereiche und -produkte wie Kohle, Stahl und Maschinen konzentrieren. Mit zunehmender Komplexität und Differenzierung der industriellen Produktion erwies sich die zentrale Planung als überfordert. Es fehlte z.B. die Flexibilität bei der Planung und Umsetzung neuer Produktionssortimente etwa der Kunststoffbranche, des auf bestimmte Bedürfnisse abgestimmten Maschinenbaus oder der Mikroelektronikindustrie. Der technologische Rückstand gegenüber dem Westen hatte nicht zuletzt ideologische Gründe. Noch 1954 galt die elektronische Datenverarbeitung als „bürgerliche Pseudowissenschaft".

Planerfüllung als oberstes Gebot

Die sowjetische Presse beklagte nicht nur die Produktion von am Bedarf vorbeigehenden Gütern, sondern auch Qualitätsmängel, insbesondere bei langlebigen Konsumgütern wie Kühlschränken oder Fernsehgeräten. Die Betriebe bevorzugten bei der Planerfüllung mehr die quantitativen Gesichtspunkte, um zusätzlich in den Genuß der jährlichen Prämien zu kommen.

Einer der Gründe für die Schwierigkeiten der sowjetischen Industrie bei der Erfüllung der Planziele wird in dem Bau von Großbetrieben gesehen. Diese Betriebe, in denen von der Schraube bis zum fertigen Produkt alles hergestellt wurde, verkörperten sowjetisches Gigantomanie-Denken. Großbetriebe bedeuteten jedoch, im Gegensatz zu vielen Kleinbetrieben, für die Industrieplaner eine erhebliche Erleichterung bei der Wirtschaftsplanung und den Planauflagen.

Branchen, die aus politischen Gründen eine besondere Förderung erfuhren, z.B. der Schwermaschinenbau, die Rüstung und die Raumfahrt, erreichten oder übertrafen westliche Produktionsziffern, ohne daß damit jedoch eine Aussage über das eingesetzte Kapital, die Arbeitskräfte, die Zahl der Betriebe oder die Qualität getroffen wurde. Das System der Zentralverwaltungswirtschaft verhalf der Sowjetunion, ein Fünftel der Weltindustrieproduktion zu erbringen und damit die zweite Position nach den USA einzunehmen. Die sowjetische Rüstungs- und Raumfahrtindustrie galt der in den USA als ebenbürtig.

Der Industriesektor erreichte allerdings nur 55% der US-amerikanischen Produktivität. Da die Arbeitsproduktivität hinter den Planansätzen zurückblieb, versuchten die Planer, die Produktionsengpässe durch höheren Kapital- und Arbeitskräfteeinsatz auszugleichen. Zu den Maßnahmen gehörten patriotische Appelle, materielle Anreize und die Verpflichtung der Arbeitssuchenden, nach der Ausbildung zunächst den zugewiesenen Arbeitsplatz anzunehmen.

1. Untersuchen Sie den Zusammenhang zwischen Wirtschaftssystem und wirtschaftlichen Leistungen in der ehemaligen Sowjetunion.

2. Das Wachstum der Industrieproduktion in der ehemaligen Sowjetunion zeigt markante Ausschläge. Nehmen Sie eine Auswertung der einzelnen Fünfjahrespläne vor.

98.1 *Erdöl und Erdgas in Westsibirien*

Erdöl und Erdgas in Westsibirien

Erdöl. Die großen Lagerstätten im Hauptfördergebiet Tjumen, aus dem nahezu zwei Drittel der Gesamtproduktion stammen, haben ihren Produktionshöhepunkt überschritten. Daher müssen verstärkt neue Felder zur Produktionsreife gebracht werden. Nur 15% der Anlagen in der Ölindustrie entsprechen westlichem Standard, rund 60% sind veraltet. Der Ersatzteilbedarf ist groß, weil auf Grund klimatischer und geologischer Schwierigkeiten die Ölfeldausrüstungen eine im internationalen Vergleich kurze Lebensdauer haben.

Erdgas. Zwei Drittel stammen aus den Feldern Westsibiriens, zumeist nördlich der erschlossenen Erdölvorkommen. Produktionszuwächse konzentrierten sich in den 80er Jahren vor allem auf die große Lagerstätte von Urengoi, die sich nun ihrem Produktionshöhepunkt nähert, sowie auf das 1986 in Betrieb genommene Erdgasfeld Jambug. Mit dem geplanten weiteren Gang nach Norden nehmen die geologischen und klimatischen Anforderungen an Arbeitskräfte und Technik ständig zu. Auf der Jamal-Halbinsel verzögert sich die Erschließung aufgrund des Widerstandes der Umweltschutzbewegung, die eine Begrenzung der Folgewirkungen fordert.

(DIW, Sowjetische Energiewirtschaft, 16/91)

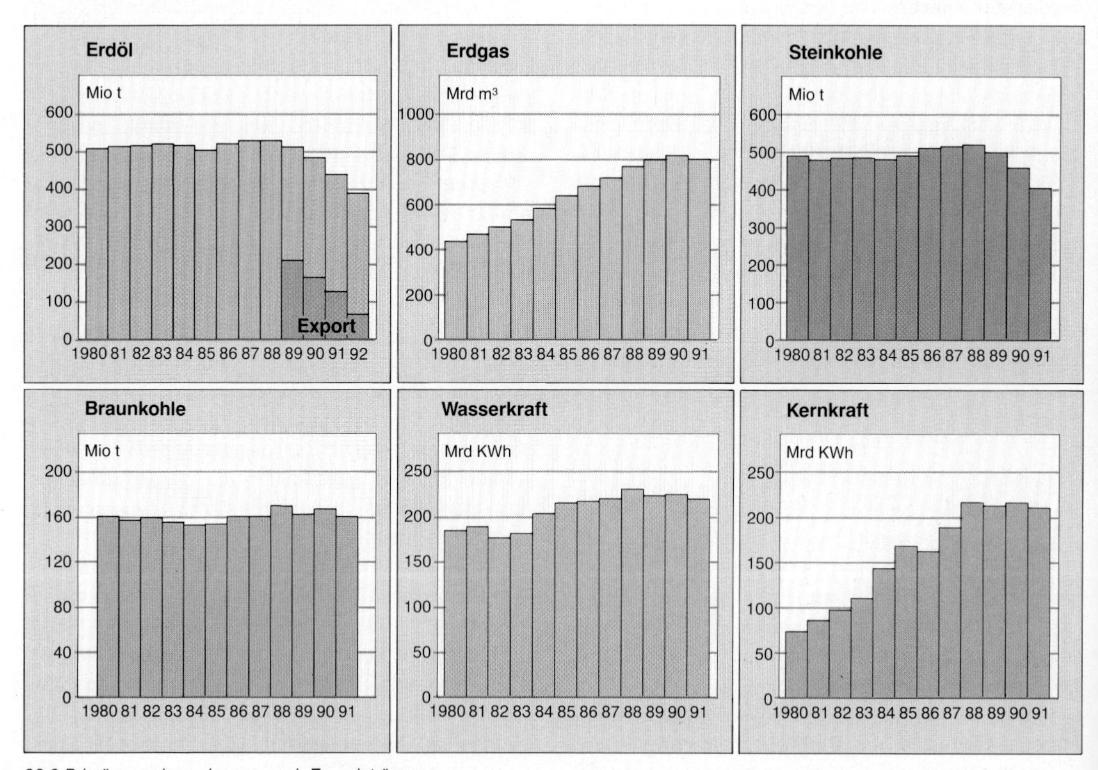

98.2 *Primärenergiegewinnung nach Energieträgern*

Text 1: Tjumens Erdöl und Erdgas

Das Gebiet Tjumen zieht sich vom Ural ostwärts bis zum Unterlauf des Jenissei hin. Seine nördliche Grenze bilden jenseits des Polarkreises die Küste des Nördlichen Eismeeres, im Süden grenzt das Gebiet an die Steppen Kasachstans. Die Stadt Tjumen, das ist lediglich das Tor zu den wichtigsten Erdöl- und Erdgasrevieren. Das wahre Tjumenien, das ist der Samotlorsee und die in seiner Nähe entstandene Stadt Nischnewartowsk.

Das Erdöl lagert unter dem See. Rings um den grauen Wasserspiegel verläuft der Ring einer Autobetonstraße, und auch mitten im Wasser ziehen sich gerade Linien von Straßendämmen hin. Sie verlaufen zu den künstlichen Seen, über die Bohrtürme emporragen. Von jeder solchen Insel aus ragen zwei Dutzend und mehr schräge Bohrsonden tief in das Erdinnere hinein.

Tjumenien ist eine bewundernswerte Region. Hier begegneten verschiedene Wirtschaftsformen und unterschiedliche Lebensweisen einander. Bohrtürme, die fieberhafte Atmosphäre der Sucharbeiten, wachsende Städte, EDV-Anlagen – und daneben das ausgeglichene Leben der Rentierzüchter, Jäger und Fischer, die Gespräche am Lagerfeuer, alte Bräuche und Legenden aus ferner Zeit. Inzwischen ist die Bevölkerung auf mehr als das Dreifache angewachsen. Das Erdöl hat Surgut wieder zu einer Stadt werden lassen. Hierher kam eine Eisenbahnstrecke aus Tjumen. Von hier aus verläuft ein Strang weiter nordwärts, zu den wichtigsten Erdgasvorkommen, und ein anderer bis nach Nischnewartowsk.

Die wichtigsten Erdölvorkommen liegen am mittleren Ob. Die Erdgasvorräte erstrecken sich aber bis in die nördlichen Randgebiete. Die Städte der Erdgasgewinner, Nadym und Nowy Urengoi, liegen fast am Polarkreis. In letzter Zeit hat der dritte Riese, das Erdgaslager von Jamburg, von sich reden gemacht.
(Nach: G. Kublitzki: Rußland. Moskau 1990)

Text 2: Die Folgen rücksichtsloser Ausbeutung

Das sibirische Ölwunder vollzog sich auf Kosten des Abbaus von 18 Großvorkommen wie Samotlor, Fjodorowskoje, Mamontowskoje und anderer. Nachdem Samotlor, die Perle in der Erdölkrone Westsibiriens, 1965 erschlossen worden war, erreichte die dortige Förderung nach zehn Jahren schon 80 Mio Tonnen pro Jahr. Auf das Jahr 1980 fällt das Maximum der Gewinnung – 155 Mio t, also fast 25% der Gesamtförderung der Union. Danach aber begann die Ziffer zu sinken. 1995 werden nur noch 36 Mio t gefördert werden können. Der Grund hierfür ist, daß der Boden Samotlors dem Druck nicht standhalten konnte: Durch die Erdölschichten hindurch brachen unterirdische Gewässer ein, und die Bohrlöcher verwässerten. Heute wird ein Wasser-Öl-Gemisch an die Oberfläche gepumpt, das vier- bis fünfmal mehr Wasser als Öl enthält. Ein ähnliches Los ereilte auch andere Erdölfelder Westsibiriens. Zur Zeit sind 75% der Bohrlöcher des Tjumener Gebietes verwässert, und bis 1995 wird der Anteil vermutlich 90% übersteigen.
(Nach: Sowjetunion Heute, Nr. 3/1991)

Text 3: Die Katastrophe in der Kälte

Inzwischen rächt sich die Selbstausbeutung auf furchtbare Weise. Die Öl-Adern, die rissig und rostig eine Spur der Verwüstung durch Sibirien ziehen mit toten Seen, sterbenden Ureinwohnern und ausgepumpten Schichtarbeitern, drohen zu platzen und zu versickern. Das ölreichste Land der Welt könnte in Kürze zum Importeur für das schwarze Gold werden. Die potentiell reiche russische Republik wäre dann vorerst aller Devisenquellen beraubt.

Wenn der Tjumen-Komplex zusammenbricht, dann muß das Land schon 1994 zwanzig Millionen Tonnen einführen. Doch nur, wenn mindestens 135 Mio t Öl pro Jahr exportiert werden können, ließe sich die Konsumgütervesorgung von 1990 halten.

Ein Drittel der 700 000 Arbeiter in der Ölindustrie muß bis heute in Baracken und Eisenbahncontainern wohnen. Alles versumpft: Die Lebensbedingungen sinken absolut, die Löhne relativ. Überall auf den Ölfeldern um den „Toten See“ (Samotlor) wird Gas abgefackelt. In Westsibirien verbrennen heute zwölf Milliarden Kubikmeter Begleitgas im Jahr und setzen Tausende Tonnen Schadstoffe frei.

Per Dekret will der russische Präsident, Boris Jelzin, die 486 westsibirischen Ölfelder, die an Umfang und Vorkommen Saudi-Arabiens Schätzen entsprechen, 65% der Gesamtölförderung einbringen und etwa 7,9 Mrd Tonnen Reserven aufweisen, für die russische Republik in Besitz nehmen. Das Gebiet von Tjumen wird zur Sonderzone. Die dortigen Öl- und Gasunternehmen sollen künftig 30% ihrer Förderung zum freien Verkauf im In- und Ausland einbehalten dürfen. Die restlichen 70% müssen weiter an den Staat abgeliefert werden. Die Republiken, die den neuen Unionsvertrag unterschrieben haben, müssen statt 60 Rubel pro Tonne jetzt gut 200 Rubel bezahlen. Die abtrünningen Republiken werden nur noch zum Weltmarktpreis (rund 130 Dollar je Tonne) beliefert.
(Nach: Die Zeit vom 23.9.91)

1. Erläutern Sie die Bedeutung der westsibirischen Öl- und Gasfelder für die UdSSR und für die GUS.
2. Vergleichen Sie die Texte, und stellen Sie den Wandel heraus.
3. Klimaschranken beeinträchtigen die Förderung. Belegen Sie die Aussage mit Hilfe von Karten.

100.1 Norilsk

Pionierstädte im Norden – Beispiel Norilsk

Der Geograph Michailow nennt die Stadt, die auf 69° N in der Bergtundra liegt und mit Murmansk zu den nördlichsten Großstädten der Welt zählt, „ein wahres Wunder". Die Architektur der Stadt mit ihren breiten Straßen und den fünf- bis sechsstöckigen Häusern erinnert an die Städte in Zentralrußland, nur mit dem Unterschied, daß die Gebäude auf Eisenbetonpfählen stehen, die nach Tiefbohrungen in den Dauerfrostboden eingelassen sind. Eine Luftschicht zwischen Erdboden und Fundament verhindert das Auftauen des Dauerfrostbodens und damit ein Absinken der Gebäude.

Norilsk, in dem 1938 eine Nickelschmelze die Produktion aufnahm, ist heute das Hauptzentrum der sowjetischen Nickelherstellung. Die Bergwerke fördern in den bis zu 1500 m tiefen Schächten außerdem Kupfer, Gold, Silber und Erze der Platingruppe. Die Transportkosten für die Versorgung der Stadt und den Abtransport der Metalle sind enorm. Der Flug nach Moskau dauert fünf Stunden, Diesel- und Atomeisbrecher müssen den 2500 km langen Seeweg zwischen Murmansk und dem 120 km von Norilsk entfernten Jenissej-Hafen Dudinka ganzjährig offenhalten. Die Entwicklung begann in den 30er Jahren, als für die Schiffahrt auf dem Jenissej und dem „Nördlichen Seeweg" die in der Norilsker Region anstehende Kohle benötigt wurde.

Ursprünglich stellte eine primitive Schmalspurbahn zu dem 13 km entfernten Handelsposten Walek die Verbindung zur Außenwelt her. Von Walek aus fuhren Boote während der kurzen Sommersaison auf der Pjassina in die Karasee. Ein leistungsfähigerer Anschluß wurde 1937 mit einer Schmalspurstrecke von Dudinka nach Norilsk geschaffen. Sie ist seit 1952 auf Breitspur umgestellt und inzwischen elektrifiziert.

Zu Beginn des Zweiten Weltkrieges hatte Stalin einen Teil der Nickelhütte von Montschegorsk auf der Halbinsel Kola nach Norilsk auslagern lassen. In Norillag, wie Norilsk damals hieß, lebten 1939 13886 „Einwohner", 1944 waren es bereits 30000. Da es wegen der verkehrsfernen Lage und des arktischen Klimas schwierig war, Arbeitskräfte anzuwerben, unterstand die Ausbeutung der Nickellager von Anfang an der Geheimpolizei, dem NKWD (1954 in KGB – sowjetischer Geheimdienst - umbenannt). Die Zwangsarbeiter in den Gefangenenlagern, „Regimegegner" und „Klassenfeinde", die von Schnellgerichten nach erpreßten Geständnissen abgeurteilt wurden, schürften mit Spitzhacke und Schaufel, vermauerten Ziegelsteine bei –40 °C mit Mörtel, der sofort gefror und erst im Frühjahr abband. Deutsche Kriegsgefangene, Verschleppte aus den eroberten Gebieten und sowjetische Soldaten, die in deutsche Kriegsgefangenschaft geraten waren, wurden nach dem Zweiten Weltkrieg eingesetzt.

Nach Stalins Tod 1953 fiel die Nickelproduktion abrupt ab, denn viele jetzt rehabilitierte Zwangsarbeiter verließen Norillag. Abkommandierte „freie" Arbeitskräfte ersetzten sie, im Jahr 1955 allein 26000. Der Übergang vom Gefangenenlager zur Stadt, für die seitdem das Ministerium für Nicht-Eisen-Metalle zuständig war, erfolgte 1953. Sechs Jahre später, also noch vor dem großangelegten Erzabbau der 60er Jahre, lebten bereits 108000 Personen in Norilsk.

Wenn sich bis heute die Einwohnerzahl verdoppelt hat, zeigt das die Auswirkungen „materieller Anreize" und der immer noch vorhandenen und von der Propaganda geschickt ausgenutzten Sibirienbegeisterung, die allerdings die Moskauer und St. Petersburger nicht teilten.

Obwohl die staatliche Planung weiterhin am Ausbau von Städten in peripheren Räumen festhielt, wurde auch in der Sowjetunion gefragt, ob es nicht sinnvoller sei, durch technische Verbesserungen, nur mit einem Minimum an Arbeitskräften, die Ressourcen zu erschließen. Zunehmend warnen auch Ökologen vor einer Umweltgefährdung, so durch Luftverschmutzung bei der Buntmetallverhüttung, durch überlastete Kläranlagen, die wegen der Kälte einen geringen Wirkungsgrad haben, und durch feste Abfälle, die im Dauerfrostboden nur mit hohen Kosten zu deponieren sind.

1. Ermitteln Sie mit Hilfe der Klimadaten Lebensbedingungen in der Norilsker Region.

2. Beurteilen Sie die Entwicklung von Norilsk unter räumlichen, wirtschaftlichen und politischen Gesichtspunkten.

3. Fertigen Sie eine Skizze von Städten in peripheren Räumen der GUS an, und begründen Sie den Standort.

„Was erblicken die Häftlinge am Endpunkt dieser Schmalspurbahn (1939)? Werden dort Gebäude stehen? Mitnichten. Erdlöcher gegraben sein? Jawohl. Bloß, daß sie schon besetzt, nicht für sie bestimmt sind. Also werden sie sogleich Unterstände in der Erde graben müssen? Mitnichten, denn wie sollte man graben, mitten im Polarwinter? Stattdessen werden sie im Bergwerk nach Metall graben. Und wo leben? – Was, leben? ... Ah, leben ... Leben werden sie in Zelten."
(Aus: A. Solschenizyn, Der Archipel Gulag, 1974)

„Wenn man gemütlich im Hotel hinter einer dreifachen Tür sitzt, kann man sich nur schwer vorstellen, daß draußen 50 Grad Kälte herrschen, daß der Schneesturm die Fußgänger zu Boden wirft, daß viele Wochen die Sonne überhaupt nicht aufgeht und daß die Schneeverwehungen in den neun Wintermonaten an manchen Stellen die Höhe zweigeschossiger Häuser erreichen. Noch schwerer läßt sich jedoch vorstellen, daß unter solch harten Bedingungen Erz gewonnen, Metall gegossen wird und daß Häuser gebaut werden.
Diese Stadt hat mich durch ihre klar gegliederten Häuserzeilen, durch ihre breiten Straßen und Plätze, durch Scharen farbenfroh gekleideter Menschen, durch lange Reihen von Schaufenstern, durch bunte Reklame und starken Autoverkehr beeindruckt. Ungewöhnlich war für mich nur, daß ich keine Bäume sah. So weit nördlich können aber keine wachsen.

Es gibt Städte, die man gerne wieder besuchen möchte. Norilsk ist für mich eine solche Stadt. Und der überzeugendste Beweis für die Liebe und Treue der Einwohner zu ihrer Stadt ist die Tatsache, daß 70% von ihnen seit mehr als 20 Jahren in Norilsk leben." (Aus: Sowjetunion heute, 1978, H. 1)

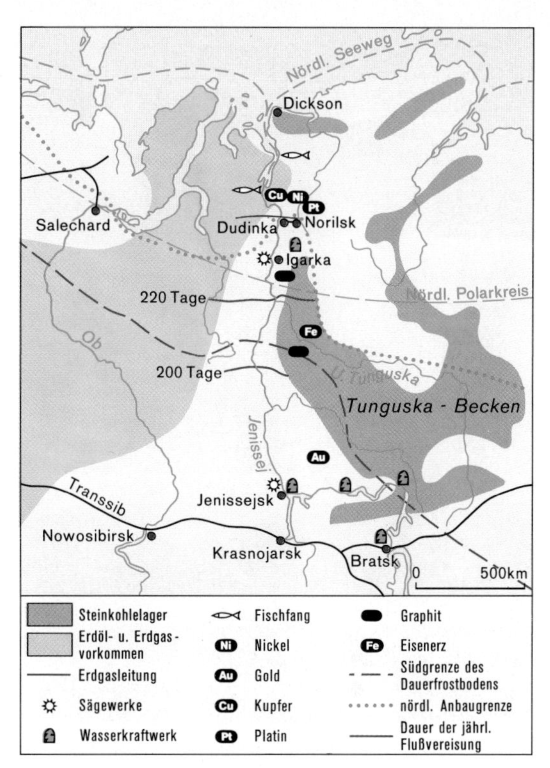

101.2 Raumausstattung Westsibiriens

Dudinka/UdSSR **Klimatyp: Köppen Dfc* Troll II,3****
Lage 69°24'N/86°10'O Höhe ü. NN 20 m

		J	F	M	A	M	J	J	A	S	O	N	D	Jahr
Mittlere Temperatur	(°C)	−29,5	−25,7	−22,5	−16,0	− 6,4	3,8	12,0	10,4	3,2	− 8,4	−21,8	−26,9	−10,7
Mittlere Max. d. Temperatur	(°C)	−30,6	−21,1	−22,8	−14,4	− 3,3	6,7	15,0	15,6	5,6	− 7,2	−22,8	−28,9	− 8,9
Mittlere Min. d. Temperatur	(°C)	−35,0	−25,6	−28,9	−23,3	−10,0	2,8	8,3	8,3	1,1	−11,7	−27,2	−33,3	−15,0
Absol. Max. d. Temperatur	(°C)	− 2	− 1	4	9	16	28	30	30	24	11	3	0	30
Absol. Min. d. Temperatur	(°C)	−57	−55	−52	−42	−36	−15	−1	−2	−20	−40	−48	−54	−57
Mittlere relative Feuchte	(%)	78	79	79	80	81	79	71	78	80	86	82	79	79
Mittlerer Niederschlag	(mm)	12	11	9	10	12	29	32	49	33	28	18	13	267
Maximaler Niederschlag	(mm)						86	129	120	114				
Minimaler Niederschlag	(mm)						6	1	10	22				
Tage mit Niederschlag	(>0,1 mm)	18	16	14	14	12	15	14	15	19	19	17	16	189
Sonnenscheindauer	h	0	35	131	204	238	243	320	219	85	38	5	0	1518
Potentielle Verdunstung	(mm)	0	0	0	0	0	58	112	99	40	0	0	0	309
Mittlere Windgeschwindigkeit	(m/sec.)	6,4	7,2	6,6	7,5	7,4	6,3	6,2	6,2	6,7	7,1	6,3	6,4	6,7
Vorherrschende Windrichtung		SO	SO	OSO	O	N	NO	NO	NO	NO	SO	SO	SO	

* Boreales Klima, immerfeucht, kühle Sommer

** Kontinentales Borealklima mit langen, sehr kalten und schneereichen Wintern, aber kurzen, relativ warmen Sommern und 100 bis 150 Tagen Vegetationsdauer. Kontinentale Nadelwälder.

101.1 Klima von Dudinka

102.1 Gnadenlose Umwelt

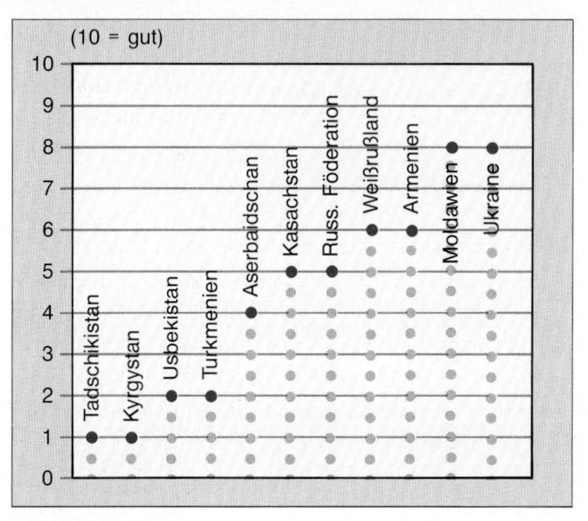

102.2 Infrastruktur

Verkehrsträger	1970	1975	1980	1985	1990
Eisenbahn	135	138	143	145	147
– elektrifiziert	34	39	44	48	54
Straßen	1364	1403	1022	972	966
– feste Decke	512	660	724	812	868
Binnenwasser-straßen	144	145	142	127	124
Pipelines (Erdöl)	37	57	70	81	86
Luftverkehr Inland	773	–	996	1115	1200

102.3 Streckenlängen in 1000 km

Transport und Verkehr

Eisenbahn mit Erschließungsfunktion

Ähnlich wie in Westeuropa setzte im 19. Jahrhundert der Eisenbahnbau ein. Die 655 km lange Strecke Moskau – St. Petersburg wurde 1851 eröffnet. Rußland besaß zu Beginn des Ersten Weltkrieges ein Streckennetz von 72 000 km und stand nach den USA weltweit an zweiter Stelle.

1916 wurde die 8000 km lange und aus strategischen Gründen gebaute Transsib fertig. Die Raumerschließung vor dem Zweiten Weltkrieg galt den Ostregionen, der Verknüpfung von Ural, Westsibirien und Kasachstan. Häufig folgte die Verkehrserschließung erst dem Ausbau von Rohstoffvorkommen und dem Aufbau von Industrieknoten. Das Erschließungsprojekt Baikal-Amur-Magistrale (BAM) bildete hier eine Ausnahme, sollte aber, wie andere Prestigeobjekte auch, von der Überlegenheit des Sozialismus überzeugen. Die gesamte Streckenlänge der Bahn beträgt rund 147 000 km. Dabei ist zu berücksichtigen, daß der Ausbau nur zu zwei Dritteln zweispurig erfolgte. Zwischen Eisenbahn und Binnenschiffahrt bestand keine Konkurrenz, da beide Systeme ein einheitliches Netz mit dem Hauptzentrum Moskau bildeten.

1989 hatte die Bahn in der ehemaligen UdSSR einen Anteil von 32% im Gütertransport. Auf den Straßenverkehr entfielen 51%, auf Pipelines 10%, auf die Binnenschiffahrt 5% und auf die Seeschiffahrt 2%.

Verkehrsnetz mit Problemen

Die für das Verkehrswesen zuständigen Minister der GUS-Mitglieder setzen sich dafür ein, das einheitliche Verkehrsnetz der ehemaligen Sowjetunion beizubehalten. Der grenzüberschreitende Transport zwischen den Einzelstaaten der GUS soll weder durch Zollstellen noch durch Schlagbäume behindert werden.

Nach wie vor reicht das Angebot der Verkehrsträger nicht aus. Nur ein Fünftel des Transportbedarfs kann gedeckt werden. Die GUS leidet darunter, daß bei der Eisenbahn nur die Magistralen ausgebaut wurden, und viele kleine Städte nicht an das Bahnnetz angeschlossen sind. Die mittlere Transportweite beträgt inzwischen 1000 km, zum Teil auch deshalb, weil viele Betriebe in den Fernen Osten verlegt wurden. Der desolate Zustand des Wagenparks und die Durchschnittsgeschwindigkeit von nur 10 km/h trugen mit dazu bei, daß bis zu einem Fünftel der Ernte auf den Feldern liegen blieb und rund 80 Mio t Kohle auf Halde geschüttet werden mußten. Die notwendigen Investitionen von mindestens 30 Mrd Rubel zur Verbessserung des Straßennetzes – als Voraussetzung für die Privatisierung des Straßentransportes – können aus staatlichen Mitteln nicht aufgebracht werden.

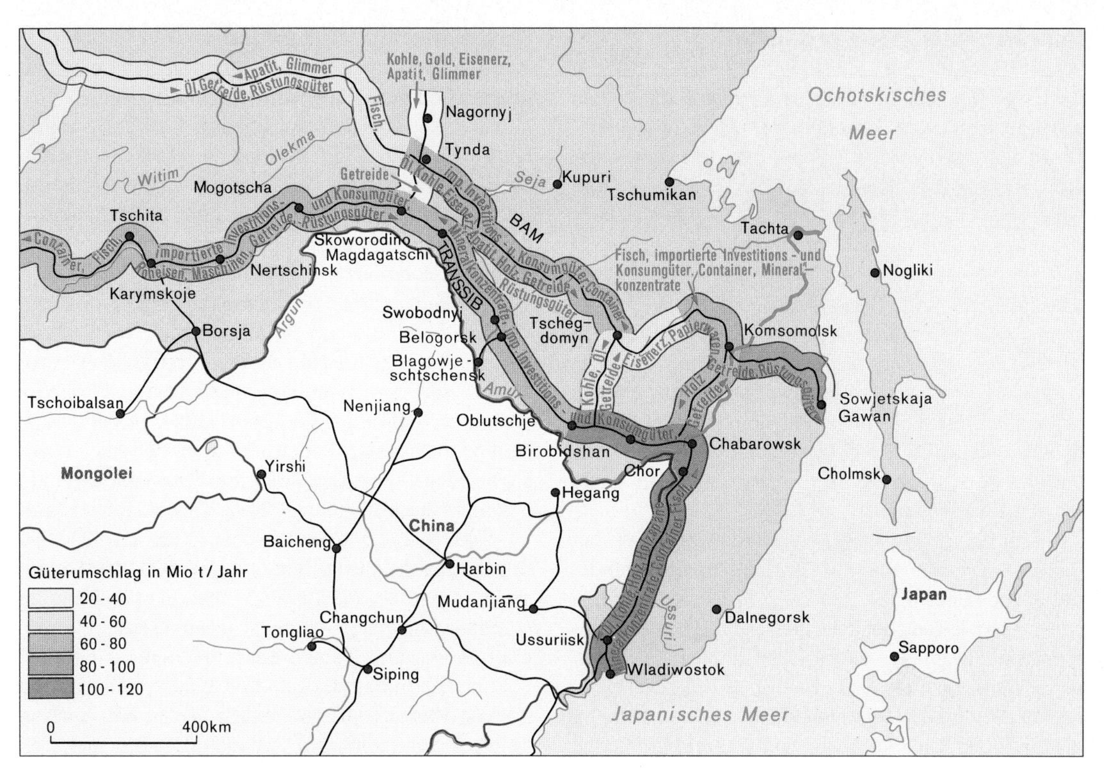

103.1 *Für 1990 geschätzter Umschlag auf Transsib und BAM*

Das „Jahrhundertbauwerk" BAM

Mit dem Bau der 3145 km langen Baikal-Amur-Magistrale wurde 1974 begonnen. Die Entfernung entspricht der halben Streckenlänge der überlasteten, bis zu 700 km weiter südlich verlaufenden Transsib. Zwei Drittel der Trasse führen über Dauerfrostboden, der mittlere Teil ist durch Erdbeben und Erdrutschungen gefährdet. Die mittlere Jahrestemperatur beträgt in den Südabschnitten –0,5 °C, im Gebirge bis –11 °C. Fröste von –50 °C sind keine Seltenheit. Insgesamt waren sieben hohe Bergrücken zu überwinden. 2000 Brücken wurden gebaut. Bis 1990 waren an reinen Baukosten 10,6 Mrd Rubel veranschlagt. Rechnet man die Kosten für Infrastruktur, Städtebau und die Löhne der bis 1990 erwarteten 500 000 Zuwanderer hinzu, erhöht sich die Summe auf rund 28 Mrd Rubel.

Mit der BAM verfolgte der Staat folgende Ziele:

- *Erschließung der Bodenschätze für den Eigenverbrauch.* Beiderseits eines 200 km breiten Streifens vermuten Geologen unter anderem 60 Mrd t Eisenerz, 88 Mio t Kohle, große Mengen von Kupfererz und Erdgas. Rund 20 Rohstoffe einschließlich Holz kommen für den Export in die Pazifik-Anlieger in Frage. Eine Stichbahn nach Norden bis Nerjungri mit seinen Kohlelagern ist bereits fertiggestellt, die Anbindung nach Jakutsk im Bau.
- *Errichtung von Territorialen Produktionskomplexen.* Südjakutien wurde als Territorialer Produktionskomplex ausgewiesen. TPK, als Planungsinstrument zur Industrialisierung entwickelt, mußten zwei von vier Merkmalen erfüllen: ausreichende Energiebasis, förderwürdige Bodenschätze oder Holzreserven, brauchbare agro-klimatische Voraussetzungen, Verkehrsanbindung. Weitere TPK entlang der BAM bzw. der Amur-Jakutsk-Magistrale (AJaM) waren geplant.
- *Einbindung in den Ost-West-Transithandel.* Die BAM verkürzt den Weg zwischen Westeuropa und Japan erheblich. Die Schiffspassage von Jokohama nach Rotterdam durch den Panama-Kanal beträgt 23 000 km, um das Kap der Guten Hoffnung in Afrika 27 000 km. Der Transitverkehr auf der BAM macht hingegen nur 13 500 km aus.
- *Strategische Absicherung.* Militärische Überlegungen gingen von der „chinesischen Bedrohung" und der Verwundbarkeit der z.T. dicht an der chinesischen Grenze verlaufenden Transsib aus.

1. Bewerten Sie die Verkehrsträger unter den Leitgedanken Transport und Erschließung.

2. Ordnen Sie die BAM in ein räumliches und wirtschaftspolitisches Gesamtkonzept ein. Begründen Sie den hohen Erschließungsaufwand.

Umweltbelastungen in der GUS

Rund vier Mio km² der GUS sind heute ökologisches Krisengebiet. Das entspricht einer elfmal so großen Fläche wie der Deutschlands. Jeder dritte Einwohner der GUS lebt in einer ökologisch kritischen Region. Als Katastrophenregionen sind zwei Gebiete besonders zu nennen: die Umgebung von Tschernobyl und das Gebiet rund um den Aralsee. In Tschernobyl kam es am 26.4.1986 zu einer Reaktorkatastrophe („GAU") mit schwerwiegenden Zerstörungen der Natur. Nur ein Teil der Bevölkerung wurde evakuiert. Die Menschen in den verseuchten Gebieten, so berichtet ein Korrespondent, hatten auch Jahre nach dem Reaktorunfall noch Angst. In dem Glauben, die Radioaktivität durch Abbrennen der Felder vertreiben zu können, setzten sie auch große Waldflächen in Brand.

Das Gebiet um den Aralsee wurde wegen falscher Bewässerungsmethoden zum ökologischen Notstandsgebiet und raubte 3 Mio Menschen die Existenzgrundlage. Eine Umsiedlung der Bewohner aus den beiden Katastrophengebieten in ökologisch saubere Regionen scheint nahezu aussichtslos. Denn in 18 weiteren Regionen der GUS werden die internationalen Grenzwerte für die Belastung von Luft, Boden und Wasser bereits weit überschritten.

Problemgebiete sind die Verdichtungsräume mit Industriezonen, Bergbaurevieren und Gebiete mit intensiver Landwirtschaft. Hierzu zählen die Industriezentren im Ural, im Kusbas, an der mittleren Wolga und in der Region Workuta. Der ungehemmte Einsatz von Pestiziden und Düngemitteln hat in vielen Landesteilen das Grund- und Trinkwasser vergiftet, so etwa im Nordkaukasus und in Moldawien. Zu den ökologischen Krisenregionen gehört auch der gesamte Uferbereich des Schwarzen Meeres. Abwässer aus Atomkraftwerken, Ölschlämme aus Raffinerien, von der Donau transportierte Schwermetalle und im Meer versenkter Atommüll lassen das Ökosystem zusammenbrechen.

Zwei Mio km² Boden gelten in ihrer Fruchtbarkeit als gefährdet. Die Bodenerosion im fortgeschrittenen Stadium erfaßt bereits die Fläche Deutschlands.

Alle Flüsse der GUS werden als stark bis sehr stark verschmutzt eingestuft. Der Ladoga-See bei St. Petersburg kann seine Funktion als Trinkwasserreservoir nicht mehr erfüllen. Auch der Baikalsee, der tiefste Binnensee der Welt mit einem Fünftel der Süßwasservorräte der Erde, wird durch die Abwässer des Flusses Selenga stark belastet.

In der GUS tickt eine Umweltbombe, so ein Berater des russischen Umweltministeriums. Wenn alles so weiterliefe wie bisher, wären es nur noch zwanzig Jahre bis zur endgültigen Katastrophe.

Ökologischer Notstand in Moskau

Auf den 1000 km² Moskaus befinden sich der Kreml mit seinen Regierungsgebäuden und Museen, Automobilwerke, das Bolschoi-Theater und der Gummibetrieb Kautschuk, der Zoo und der Moskauer Reifenbetrieb, Wohnhäuser und acht Kernreaktoren. Die ganze Fläche ist von zwei abgasintensiven Ringstraßen eingekreist. Knapp 9 Mio Stadteinwohner inhalieren jährlich über 1 Mio t Schadstoffe.

Im Stadtzentrum selbst existiert eine große Zahl von Industriebetrieben. So gibt es noch Textilbetriebe, die aus den meisten Stadtzentren in den Industriestaaten bereits im vorigen Jahrhundert ausgesiedelt worden sind. Darüberhinaus werden Autos, Uhren, Fernseher, Reifen, Kunststoffe etc. hergestellt. Nach ökologischen Datenerhebungen entfallen auf einen Stadtbewohner 120 kg Emissionen im Jahr.

Die größten Verschmutzer sind die 800 000 Kraftfahrzeuge, die im Jahr ungefähr 800 000 t Schadstoffe ausstoßen. 250 000 t Schadstoffemissionen stammen zusätzlich aus Fernheizwerken, Wärmekraftwerken und kleinen Kesselhäusern. Jedes Jahr häufen sich in der Stadt 6 Mio t Industrieabfälle und 2,5 Mio t feste Haushaltsabfälle an. Zu den größten Luftverschmutzern und Schadstoffquellen gehören die Moskauer petrochemischen Betriebe.

Ähnlich wie bei anderen Moskauer Werken ist eine etappenweise Verlegung der umweltschädlichen Produktion geplant. Die Moskauer Hauptstadtregion, die über 70 Städte und 100 Stadtsiedlungen mit insgesamt 25 Mio Einwohnern einschließt, ist von der Vorstadt nur durch eine kilometerbreite sogenannte Wald- und Parkzone mit einer Gesamtfläche von 172 000 ha getrennt. Allerdings sind davon tatsächlich 72 000 ha Parks und Wälder, von denen bislang 5000 ha in den vergangenen zwanzig Jahren durch die Stadtentwicklung vernichtet wurden.

Laut Experten entspricht die Trinkwasserqualität in Moskau den staatlichen Normen. Das Wasser fließt nach Moskau aus den 200 km entfernt liegenden Wasserentnahmestellen durch sechs Städte, 500 Siedlungen und etwa 250 Agrarobjekte. Die Städte leiten technische Abfälle ein, aus den Siedlungen und Agrarobjekten gelangen in die Leitung Dung und Düngemittel, die unmittelbar auf den Feldern gelagert und mitunter vom Regen abgespült werden. Die vor Jahrzehnten gebauten Kläranlagen sind hoffnungslos überaltert. Schwermetalloxyde passieren ungehindert die Filter der meisten Anlagen. Der Gehalt an chlorhaltigen Verbindungen übertrifft zum Teil die Empfehlungen der Weltgesundheitsorganisation. Ein effizientes Wassersystem würde 1 Mrd Rubel kosten. (Nach: Sowjetunion Heute 8/91)

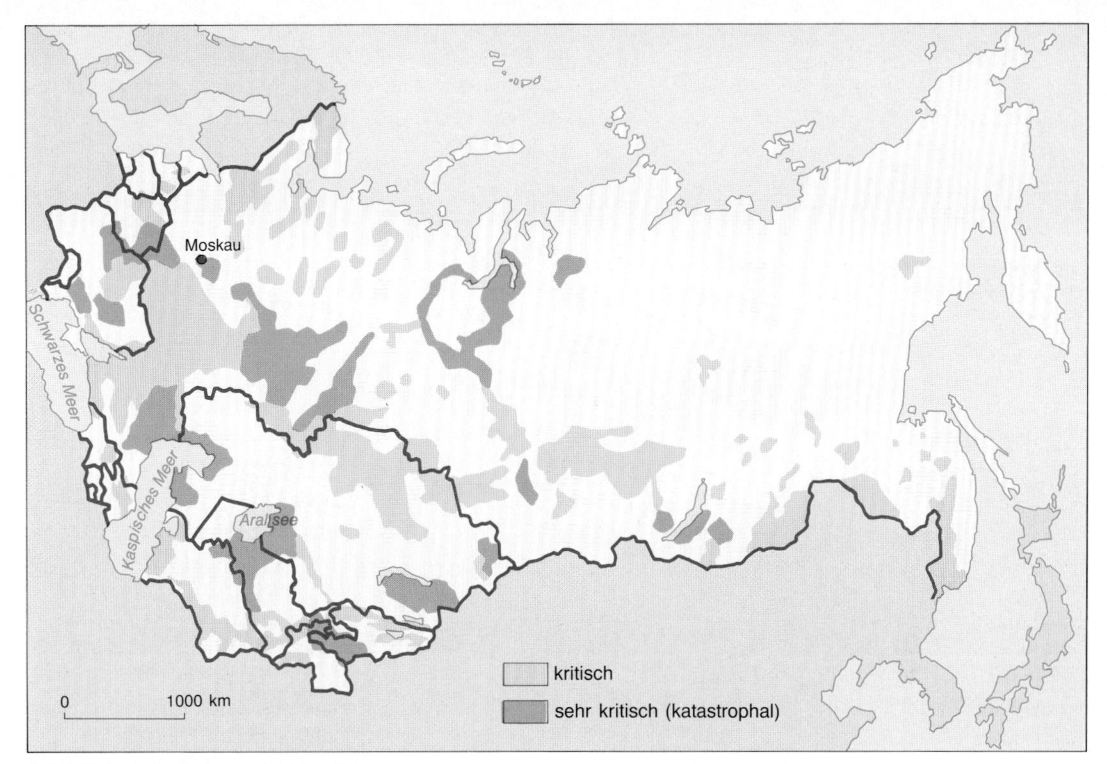

105.1 Ökologische Krisengebiete der GUS

Luftverschmutzung. 1989 wurden die Schadstoffemissionen mit 94 Mio t angegeben. Davon entfielen 58,5 Mio t auf die Industrie und 35,5 Mio auf den Straßenverkehr. Hinzu kamen 20 bis 30 Mio t, die durch Verkehr, Landwirtschaft, Armee, durch Hausbrand und Müllverbrennung verursacht wurden.

Gewässerverschmutzung. Das Abwasservolumen betrug 1989 153,4 Mrd m³, davon 110 Mrd m³ gering belastet. 10,3 Mrd m³ wurden überhaupt nicht gereinigt. Im Einzugsbereich des Kaspischen Meeres waren 12,1 Mrd m³ unzulässig belastet, von denen allein 10,8 Mrd m³ auf die Wolga und ihre Nebenflüsse entfielen. Ein Schwerpunkt ist Moskau mit über 5 Mrd m³ verschmutzter Abwässer. Die Stauseen der Wolga weisen hohe Konzentrationen an Schwermetallen, Erdölprodukten und Phenolen auf. In die Ostsee wurden 3,6 Mrd m³ belastete Abwässer eingeleitet. Maßgeblich tragen die kommunalen Abwässer von St. Petersburg, Tallinn, Riga und Klaipeda bei. Der wichtigste industrielle Einleiter ist die Zellulose- und Papierindustrie.

Abfallbeseitigung. In der Industrie fallen jährlich ca. 300 Mio t Abfälle mit toxischen Inhaltsstoffen an, von denen 250 Mio t deponiert und 40 Mio t verwertet oder unschädlich gemacht werden. Die festen Haushaltsabfälle belaufen sich auf ca. 60 Mio t. Gesicherte regionale Giftmülldeponien gibt es nicht.

T 105.1 Schadstoffemissionen in einzelnen Städten der ehemaligen Sowjetunion (1988)

Stadt	Schwebstoffe	SO_2	CO	NO_x	C_xH_x
Norilsk	33	2244	38	18	4
Kriwoj Rog	208	98	960	41	16
Moskau	30	71	662	140	186
Temirtau	261	117	515	35	7
Nowokusnezk	136	90	605	37	11
Magnitogorsk	170	84	567	36	10
Ekibastus	490	171	18	82	4
Baku	163	18	275	45	215
Omsk	104	184	161	44	111
St. Petersburg	46	74	332	68	77
(Deutschland alte Länder)	290	1000	8300	2700	2600

1. Stellen Sie die ökologisch sehr kritischen Gebiete fest (Abb. 105.1). Nehmen Sie die Abb. 95.1 und den Atlas zu Hilfe.
2. Werten Sie die Tabelle 105.1 aus. Ordnen Sie den Städten mit Hilfe einer Wirtschaftskarte im Atlas und Abb. 95.1 die schadstoffemittierenden Industrien zu.
3. Analysieren Sie den Text „Ökologischer Notstand in Moskau". Wo sollte Ihrer Meinung nach beim Umweltschutz angesetzt werden?

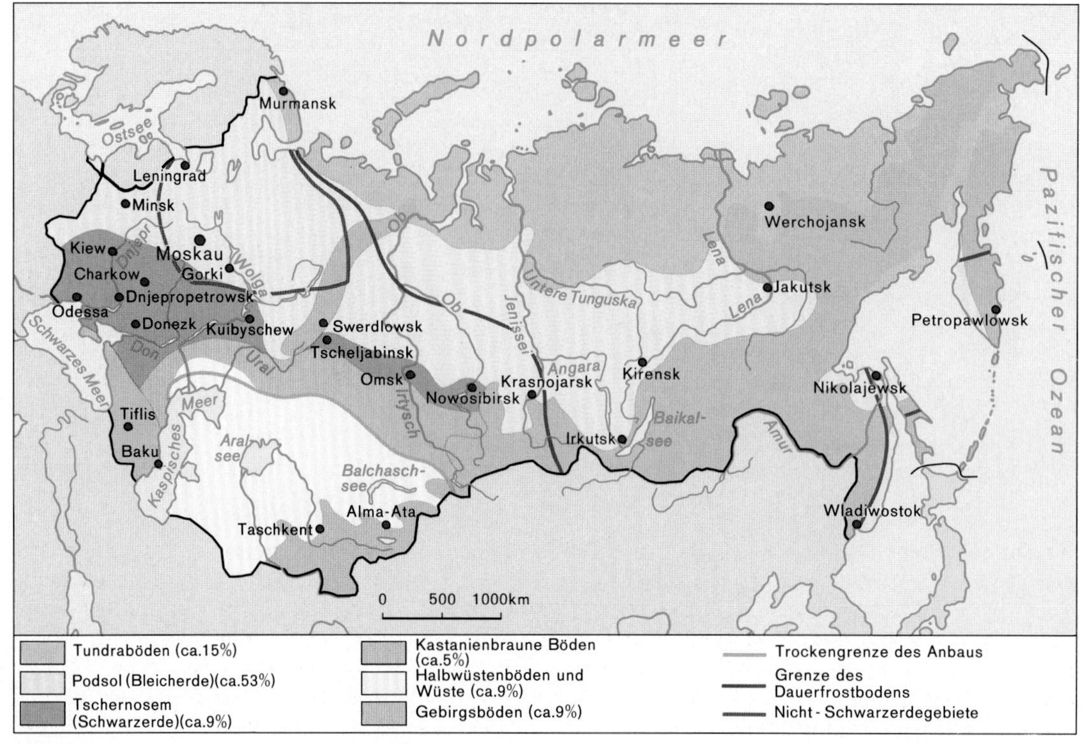

106.1 Böden

Die Landwirtschaft

Der Faktor Boden. Im zaristischen Rußland erkannten Bodenkundler in der Weite des Raumes die enge Abhängigkeit der Bodenbildung von Klima und Vegetation. Sie leiteten daraus die zonale Anordnung der Bodentypen ab. Aus der wissenschaftlichen Bodenkunde erwuchs die Einteilung Rußlands in die typischen west-östlich verlaufenden Landschaftsgürtel.

Die Böden der Tundra (finn. tunturi = flacher, waldloser Gipfel) gehören überwiegend zu den auf Dauerfrostboden vorkommenden anorganischen Naßböden mit geringer Mächtigkeit. Beim Wechsel von Auftauen und Gefrieren überwiegt die physikalische Verwitterung (hier: Frostverwitterung). Chemische Verwitterung tritt trotz der hohen Durchfeuchtung kaum auf.

Auf die waldlose Tundra folgt nach Süden eine breite humide Zone von sauren Podsol- (Bleicherde-) Böden, ähnlich unseren Heideböden. Diesen Böden, deren Ausgangsmaterial in Osteuropa und im nördlichen Teil der Westsibirischen Tiefebene die Moränen, Sande und Lehme der Inlandvereisung sind, fehlen Stickstoff, Phosphorsäure und Kali. Da das stärker ausgeprägte Relief östlich des Jenissej einen schnelleren Ablauf der Niederschläge ermöglicht, ist hier der Grad der Podsolierung geringer. Die nach Süden abnehmenden Niederschläge des Steppenklimas führten, vorwiegend auf Löß, zur Ausbildung von mächtigen Tschernosem- (Schwarzerde-)Böden mit hoher Fruchtbarkeit, die sich als „fette“ Schwarzerde bis nach Westsibirien ziehen. Bei größeren Reliefunterschieden spülen Frühjahrsschmelzwasser oder sommerliche Starkregenfälle Rinnen und Schluchten (russ.: Owragi) aus.

Die kastanienfarbenen Böden sind eine Folge zunehmender Trockenheit. Der Humusgehalt im A-Horizont (2–5%) ist geringer als bei der Schwarzerde (10–15%). Stellenweise scheiden sich an der Oberfläche bereits Salze ab. Trockenheit und Vegetationsarmut führen bei den Halbwüstenböden zu Humusmangel und zur Bildung von Salzkrusten.

Die Gebirgsböden in den Karpaten, im Kaukasus, im Altai- und Sajan-Gebirge sowie im Ostsibirischen Bergland stellen neben der zonalen Anordnung der übrigen Bodentypen Sonderformen dar.

1. Versuchen Sie, die wichtigsten Bodentypen der ehemaligen Sowjetunion in einer Profilskizze darzustellen, und vergleichen Sie die Bodentypen hinsichtlich ihrer natürlichen Fruchtbarkeit.
2. Fügen Sie die Geofaktoren Klima, Vegetation und Böden zu einem Gesamtbild der zonalen Gliederung zusammen (Abb. 106.1 und Atlas).

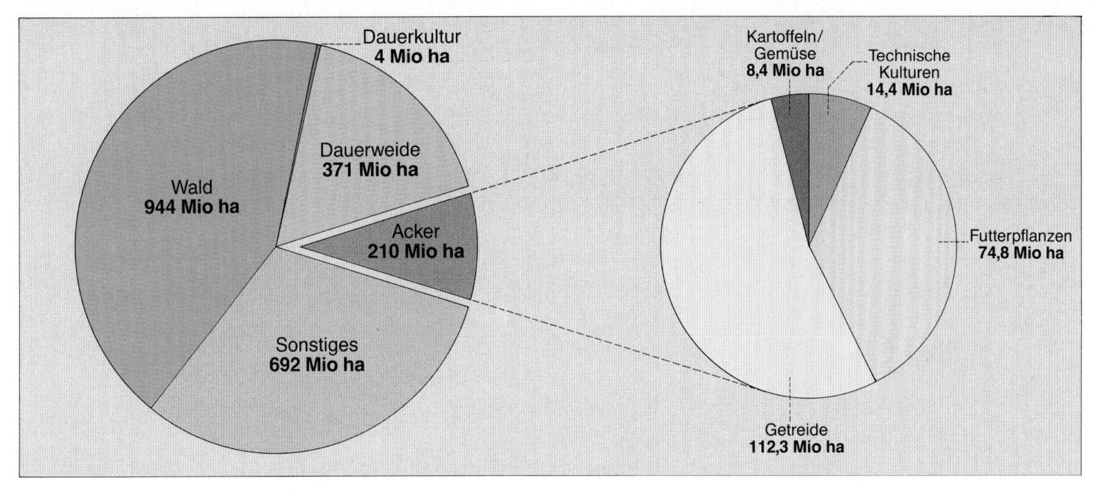

107.1 Bodennutzung und Anbaufläche

Probleme der Bodennutzung. Die als großes Agrardreieck definierte Hauptanbauzone beginnt im Westen zwischen Ostsee und Schwarzem Meer, stößt im Süden in die Trockengebiete der unteren Wolga und Kasachstans vor und verläuft im Norden entlang der Linie St. Petersburg-Perm-Omsk-Nowosibirsk. Jenseits des Jenissei bis zum Amur gibt es nur inselhaften Anbau in bevorzugten Beckenlandschaften. Das über vier Bodenzonen reichende Agrardreieck erfährt seine Schranken durch das Agroklima. Zwei Drittel der landwirtschaftlichen Nutzfläche liegen nördlich des 48. Breitengrades und unterliegen damit ungünstigen Klimabedingungen. Flächen mit einer für die Feldwirtschaft günstigen Niederschlagsmenge von 700 mm/a machen etwas mehr als 1% aus. Die wichtigsten Kornkammern sind die Ukraine, die Kubanniederung, das Wolgagebiet, Kasachstan sowie die Südregion Westsibiriens.

Die Gemeinschaft Unabhängiger Staaten verfügt über 224 Mio ha Ackerland, davon 190 Mio ha Schwarzerde. Etwa 65% des Ackerlandes liegen in Steppen- und Dürregebieten. 70% der Ackerfläche leiden unter Erosion. Von den Feldern werden jährlich 1,5 Mrd t Erde, 75 Mio t Humus, mehr als 30 Mio t Stickstoff, Phosphor und Kali abgetragen. Die Bodenfruchtbarkeit verringert sich dadurch um ein Prozent. Insgesamt gingen in den letzten 25 Jahren 22 Mio ha schon erschlossenen Ackerlandes verloren; 12 Mio ha wurden durch den Industrie- und Straßenbau beansprucht, mehr als 6 Mio ha werden nicht mehr bestellt und sind überwuchert. Stauseen überfluteten mehr als 10 Mio ha. Die Anbaufläche pro Kopf der Bevölkerung verringerte sich innerhalb von dreißig Jahren von 1,11 ha (1959) auf 0,70 ha (1989). Der Agrarsektor beschäftigte in der ehemaligen Sowjetunion 26 Mio Menschen (23% aller Erwerbstätigen).

T 107.2 Agrarproduktion (Anteile der Republiken in %; x = keine Zahlenangaben)

Produkt	RUS	UKR	WEI	EST	LET	LIT	MOL	GEO	ARM	ASE	KAS	TUR	USB	TAD	KIR
Getreide	53	24	6								12				
Kartoffeln	50	25		x	x										
Fleisch	50	22		x	x	x					8				
Gemüse	39	26					x		x				9		x
Zucker	32	53													
Flachs			27			x									
Milch			7	x	x	x									
Trauben							19	10	x	23		x	11		
Obst							11		x	x				x	x
Zitrusfrüchte								96						x	
Baumwolle										8		15	61	11	
Wolle											23	x			8
Insgesamt	50,3	17,9	5,1	0,7	1,3	2,0	1,9	2,1	0,7	2,3	6,4	1,3	5,5	1,3	1,3
Bevölkerung	51,2	18,1	3,5	0,7	1,0	1,4	1,4	1,7	1,0	2,5	6,0	1,4	7,0	1,7	1,4

Landwirtschaft im Wandel

Widersprüche

- Die Sowjetunion produzierte genügend Lebensmittel, um das Land ausreichend ernähren zu können. Die Pro-Kopf-Erzeugung von Getreide und Fleisch lag beispielsweise auf dem Niveau von Westeuropa.
- Die Sowjetunion stand vor großen Versorgungslücken. Der Internationale Weizenrat schätzte den Importbedarf auf 35 Mio t. Die Nahrungs- und Genußmitteleinfuhren machten vor dem Ende der UdSSR fast ein Viertel der Gesamtimporte aus und lagen an zweiter Stelle nach dem Maschinen- und Anlagenimport. Deutschland stellte 1990/91 Soforthilfe mit Nahrungsmitteln (und Medikamenten) von knapp 600 Mio DM zur Verfügung. Die Europäische Gemeinschaft beteiligte sich an der „Rußlandhilfe“ 1991 mit Nahrungs- und Arzneimitteln in Höhe von einer halben Milliarde DM sowie einer technischen Hilfe von einer Milliarde DM.

Gründe für die Versorgungslücken

- *Überhöhung der statistischen Angaben.* Sie gaben die Bruttoerzeugung an, ohne Abschläge für Feuchtigkeit und Verunreinigungen, die bis zu 15% ausmachten.
- *Engpässe bei der Ernte und beim Transport.* Die Getreideverluste waren doppelt so hoch, wie von den amtlichen Statistiken ausgewiesen. Die Mengenverluste zwischen Feld und Verbraucher betrugen bei Getreide 20 bis 30%, bei Gemüse mehr als 50%. Die jahrzehntelange Vernachlässigung der Landwirtschaft zugunsten der Schwerindustrie zeigte sich in einem im Verhältnis zu den USA unterentwickelten Grad der Mechanisierung. Die Auslastung der Maschinen war wegen mangelhafter Wartung und häufiger Ersatzteilmängel unbefriedigend.
- *Verluste bei der Verarbeitung und beim Vertrieb.* Jährlich wurden pro Kopf der Bevölkerung 69 kg Fleisch und Fleischwaren erzeugt sowie zusätzlich pro Kopf fünf kg importiert. Von den insgesamt 74 kg wurden jedoch nur 64 kg tatsächlich verbraucht. Der Rest verdarb oder ging verloren. Statistisch standen pro Kopf der Bevölkerung jährlich 412 kg Milch und Milchprodukte zur Verfügung. Tatsächlich verbraucht wurden jedoch nur 341 kg. Die höchsten Verluste entstanden bei Gemüse, Obst und Kartoffeln.
- *Schlechte Futtermittelverwertung.* Das zu geringe Angebot an hochwertigem Eiweißfutter bei der Milch- und Fleischproduktion mußte durch andere Futtermittel, also auch Getreide, ausgeglichen werden. Für ein kg Schweinefleisch benötigte man acht kg, für ein kg Rindfleisch zwölf kg Futtereinheiten, d.h. doppelt soviel wie in der Europäischen Gemeinschaft.
- *Geringe Arbeits- und Kapitalproduktivität.* Ein Sowchosarbeiter oder Kolchosniki ernährte 10 Personen, ein Farmer in den USA 60. Der Anteil der in der Landwirtschaft Beschäftigten betrug 23%, in den USA 3%.

Kolchosen und Sowchosen. Vor dem Zerfall der ehemaligen Sowjetunion gab es 27 000 Kolchosen (Kollektivwirtschaften) und 23 330 Sowchosen (staatliche Agrarbetriebe). Die jahresdurchschnittliche Zahl der Kolchosbauern betrug mehr als 11 Mio Personen. Allein der Leitungsapparat in den Kolchosen und Sowchosen zählte etwa 2,3 Mio Personen. Die Gesamtverschuldung der Kolchosen und Sowchosen belief sich auf über 50 Milliarden Rubel. Nun wird eine organische Verbindung aller Formen der Wirtschaftsführung angestrebt: der Bauernwirtschaften, die auf Familienarbeit beruhen, der Pächterwirtschaften und Genossenschaften, der Kolchosen und Sowchosen sowie auch größerer Agrokombinate und Agrofirmen.

Kollektiv- und Familienvertrag. In erster Zeit wurde vor allem auf den Kollektivvertrag gesetzt, bei dem die Beschäftigten ihre Arbeit im Rahmen eines Vertrages mit den jeweiligen Agrarbetrieb selbst organisieren. Im Landesmaßstab verfehlte der Kollektivvertrag jedoch seine Wirkung. Eine Variante ist der Familienvertrag, bei dem einzelne Bauernfamilien einen Vertrag mit einem Kolchos oder Sowchos schließen. Aber auch hier klappte es häufig nicht so richtig, und zwar wegen der Versuche, der Bauernfamilie vorzuschreiben, wie sie zu wirtschaften hatte.

Pacht. Die Bodenpacht und die Pachtbeziehungen, die seit den dreißiger Jahren als rechtswidrig galten, sind endlich offiziell anerkannt worden. Die Arbeitsproduktivität liegt bei den Pächtern 30% über dem Durchschnitt, der Aufwand ist geringer, die Qualität der Erzeugnisse besser. Die Pacht erlöst den Bauern von kleinlicher Bevormundung. Der Staat hat es nicht mehr nötig, die Bürde der Leitung des eigentlichen Produktionsprozesses in der Landwirtschaft und die Kosten für die Entlohnung des in dieser Situation überflüssigen Verwaltungsapparates zu tragen.

Persönliche Nebenwirtschaften (34 Mio). Auf sie entfielen 25% aller Agrarerzeugnisse. Sie stellten 27% des Aufkommens an Fleisch, Milch und Eiern, 55% an Kartoffeln und 28% der Gemüseproduktion. 1989 wurden alle Einschränkungen aufgehoben. Die örtlichen Sowjets, die Kolchose und die Sowchose, die über den Grund und Boden verfügen, erhielten das Recht, Landbewohnern Grundstücke von beliebiger Größe zu überlassen [vorher im Durchschnitt 0,25 ha]. Die einzige Vorbedingung ist die Möglichkeit ihrer wirksamen Nutzung. Aufgehoben wurden auch die Einschränkungen für die Vieh- bzw. Geflügelbestände in einer Nebenwirtschaft.

(Aus: UdSSR-Jahrbuch '91, Moskau 1991)

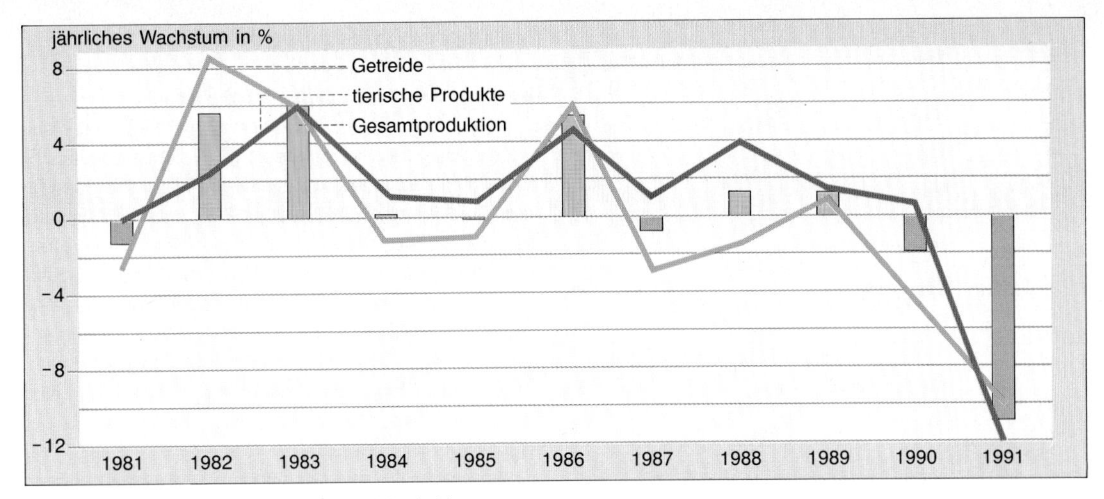

109.1 Jährliches Wachstum der Agrarproduktion in %

Landreform in Rußland

Mit der Machtergreifung der Bolschewiki 1917 geriet die Bauernschaft allmählich unter das Joch eines Kommando- und Gewaltsystems. Mit dem Ende der 20er Jahre begonnenen Prozeß der Kollektivierung wurde der Bauer dann dem Boden vollständig entfremdet. Ein Teil der leistungsfähigsten Bauernschaft wurde physisch vernichtet. Die in den Dörfern Verbliebenen mußten für eine miserable Entlohnung Zwangsarbeit unter einem strengen Regime leisten. Soziale Abhängigkeit und Gleichmacherei wurden zur Normalität in den Dörfern. Der Boden wurde dem Eigentümer entzogen und fiel in großem Maßstab dem Verderben anheim. Millionen Hektar Boden, darunter auch in Schwarzerderegionen, versumpften oder wurden zur Steppe. All das hatte zur Folge, daß die landwirtschaftlichen Erträge sanken. Wenn sie auf dem alten Stand gehalten wurden, so geschah dies mit einem großen, unverhältnismäßigen Aufwand. Während Rußland früher Lebensmittel exportiert hatte, mußten sie nun importiert werden. Dennoch entstand eine kritische Versorgungslage.

Der größte Teil der landwirtschaftlich bearbeiteten Fläche befand sich noch bis bis vor wenigen Monaten in den Händen von Sowchosen und Kolchosen, die gegen die Einführung eines Grundstückmarktes eintraten. Auf jede Weise wurde die Umverteilung des Bodens und die Übergabe an selbständige Bauern behindert. Oft wurden ihnen die schlechtesten Grundstücke angeboten, die weit von den Dörfern entfernt liegen und zu denen es keine guten Zufahrtswege gibt. Bisher mochten die meisten Landbewohner ein Stück Land nicht einmal geschenkt haben. Noch ist die Gewohnheit stark, nichts zu riskieren und für nichts persönlich verantwortlich zu sein.

Die russischen Agrargesetze sehen mittlerweile den freien Austritt eines Bauern aus einer Kolchose mit seinem Anteil an Boden und Besitz vor. Doch nach den Durchschnittswerten für die Abtrennung von Grundstücken sind dies manchmal nur drei bis vier Hektar. Eine ertragreiche Produktion ist auf solchen Landstücken, außer mit Treibhäusern oder Intensivkulturen, nur schwer zu erreichen. Oft ergibt sich in der Praxis die Situation, daß ein Bauer, der mit seinem Anteil eine Kolchose oder Sowchose verlassen hat, hauptsächlich für sich selbst produziert, weil er ein viel zu kleines Grundstück besitzt.

Durch Direktverträge zwischen Landbesitzern und Kolchosanteilseignern kann jetzt jeder sein Landstück in materielle Werte tauschen oder es zum festgesetzten oder freien Preis verkaufen. Land, das einer Person als private Nebenwirtschaft zugeteilt war, sowie Gärten und Gemüsebeete gingen in Privateigentum mit An- und Verkaufsrecht zu festen Preisen über. Dies gestattet es den Bauern endlich, die tatsächlichen Herren des Bodens zu werden.

Inzwischen haben mehr als 80% aller Kolchosen und Sowchosen auf Beschluß von Mitgliederversammlungen ihren früheren Status als „vergesellschaftete", „sowjetische" Wirtschaften aufgehoben. Sie haben sich als Aktiengesellschaften, als kleine freiwillige Kooperativen oder als Zusammenschlüsse von Bauernwirtschaften organisiert. Insgesamt gibt es mittlerweile mehr als 60 000 selbständige Bauern in Rußland. (Nach: Wostok 2/1992, gekürzt und verändert)

1. Ermitteln sie die verschiedenen Gründe für die Versorgungskrise.

2. Untersuchen Sie, welchen Ausweg Rußland zur Behebung der Agrarkrise eingeschlagen hat.

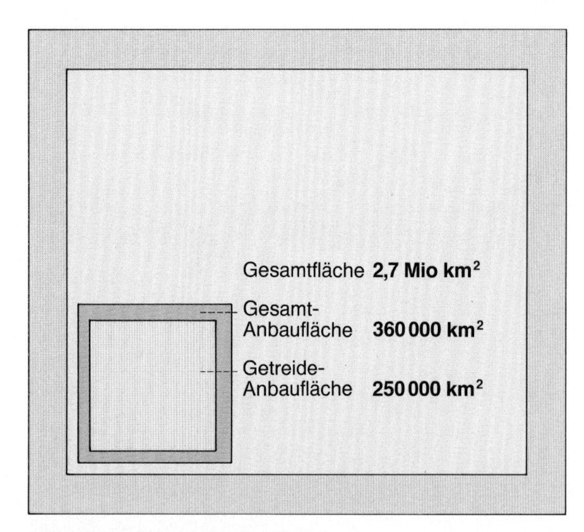

110.1 Anbaufläche in Kasachstan

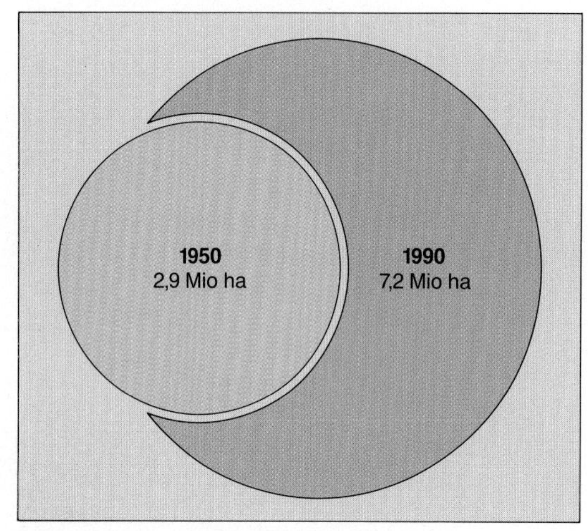

110.2 Bewässerte Fläche im Aral-Gebiet

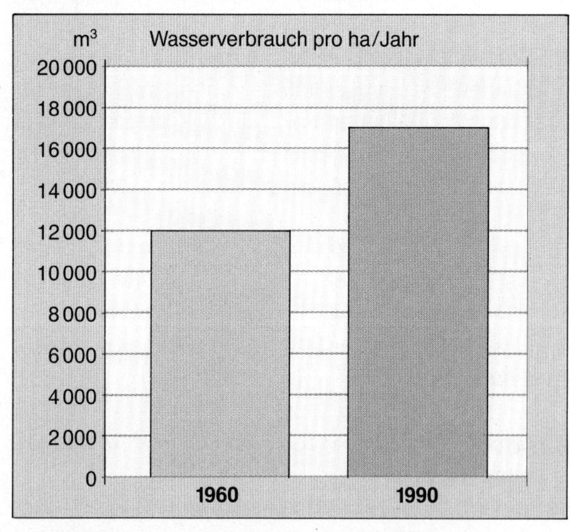

110.3 Wasserverbrauch im Bewässerungsfeldbau

Landwirtschaft und Umwelt

Kasachstan: Regenfeldbau an der Trockengrenze

Die 1954 begonnene „Neulandaktion" erfaßte die noch unerschlossenen Steppengebiete im Nordosten Kasachstans. Die Strategie der Erschließung bestand darin, in den Steppen genügend Getreide zu erzeugen und die traditionellen Weizenanbaugebiete im Westen, insbesondere in der Ukraine, auf Mais und Viehaltung umzustellen. Bis zum Ende der Aktion in den 60er Jahren, als eine weitere Erschließung aus Rentabilitätsgründen unterblieb, waren 25 Mio ha in Ackerland verwandelt worden. Durch regelmäßig wiederkehrende Dürren erhöhte sich die Ernteunsicherheit in den Steppengebieten, da der statistische Mittelwert für die Niederschlagsmengen oft unterschritten wurde. Die leichten und ungeschützten Böden waren einer zerstörerischen Winderosion preisgegeben. Neue Probleme entstanden durch Flugsand und Wanderdünen. Auch durch erhöhten Einsatz von Mineraldünger ließ sich die Degradierung nicht ausgleichen. Eine weitere Beeinträchtigung der Ertragsfähigkeit ergab sich aus der Versalzung der Böden, da die Verdunstung von Nord nach Süd zunimmt. 13% der kasachischen Steppenböden bestehen aus unkultivierbaren Salzböden (Solonez).

Usbekistan: Baumwollmonokultur durch Bewässerung

Zwei Drittel der Ackerfläche des Landes, rund 7 Mio ha, werden mit Baumwolle bestellt. Die Felder müssen während der Vegetationsperiode bis zu zehn Mal bewässert werden. 1 t Rohbaumwolle erfordert ca. 6000 m³ Wasser und bringt 400 kg Fasern sowie 100 kg Baumwollsamenöl. Die Umwandlung Usbekistans, das bereits während der Zarenzeit als „Baumwollblinddarm Rußlands" galt, erfolgte in sowjetischer Zeit durch den Bau von Stauseen und einem System von Bewässerungskanälen in einer Länge von 250 000 km.

Hauptwasserspender sind der Syr Darja und der Amu Darja. Bedingt durch den mangelhaften Bau und das teilweise Fehlen von Abdichtungen in den Bewässerungskanälen erreicht nicht einmal die Hälfte des Wassers die Felder. Düngemittel, Pestizide und Entlaubungsmittel verseuchen nicht nur die Felder, sondern gelangen ins Grundwasser und über die Dränage-Kanäle in die Flüsse, die damit als Trinkwasserreservoir ausfallen. Seit 1976 mündet der Syr Darja nicht mehr im Aral-See. Die Wasserspende des Amu Darja liegt zwischen 0 und 10 km³ im Jahr (gegenüber 61 km³ mittlerem Abfluß bis 1975). Staub- und Salzstürme zerstören Ernten und Anbaugebiete. Eine Begrenzung der Desertifikation ist nur in Sicht, wenn die Anbaufläche für Baumwolle um 60 bis 70 Prozent zurückgenommen wird.

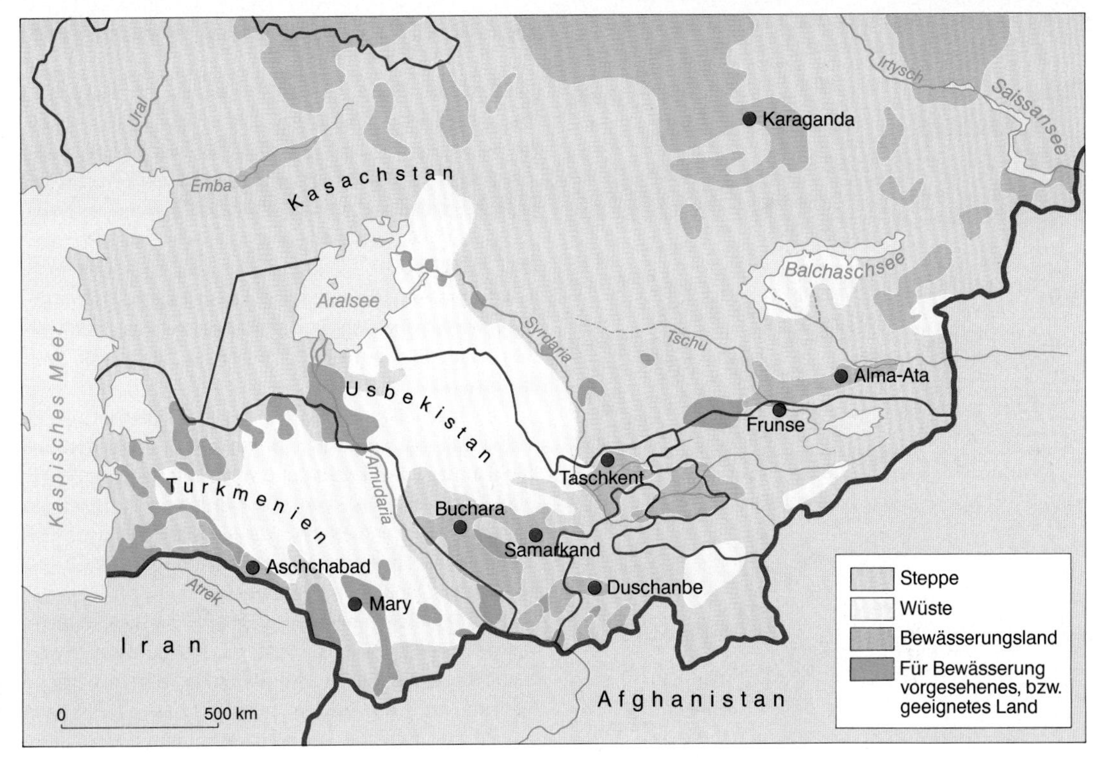

111.1 Kasachstan – Usbekistan

Aral-See vor dem Trockenfallen

In den weit verbreiteten Salzböden (Solontschak) liegen ausblasungsanfällige Salze an der Oberfläche. 0,5 m mariner Sedimente können bis zu 120 t/ha an Salzen enthalten. Die Sedimente des Seebodens bestehen überwiegend aus sandigen bis staubigen Bestandteilen. Heute lagert sich Salz vorwiegend auf den Bewässerungsflächen ab. Von mehreren 100 km² großen, vegetationsarmen Flächen werden Sande und Salzstaub in Schleppen bis 400 km Länge und 35 km Breite verbalsen. 65 Mio t Salz rieseln jährlich auf das Umland nieder. Im Ufer- und Deltabereich wehen Wanderdünen auf.

Alle Fischarten haben den über dem Meerwasser gelegenen Salzgehalt nicht überlebt. Die Städte Aralsk und Mujnak wurden als Fischerhäfen gegründet. Heute liegen Mujnak 15 km und Aralsk 80 km, umgeben von Wüsten, vom Ufer entfernt. In den ausgetrockneten Talauen des Amu Darja und des Syr Darja ging die Futterbasis für die Viehzucht verloren. Salze und eine wachsende Kontinentalität, die sich in kürzeren und heißeren Sommern sowie in längeren und kälteren Wintern widerspiegelt, gefährdet jetzt sogar die Baumwolle. Desertifikation und Salzberieselung bewirken eine steigende Erkrankung der ansässigen Bevölkerung. (Nach: Praxis Geographie 3/90)

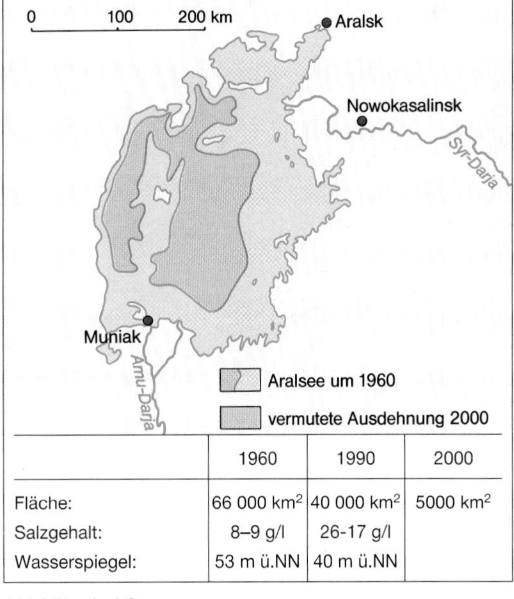

	1960	1990	2000
Fläche:	66 000 km²	40 000 km²	5000 km²
Salzgehalt:	8–9 g/l	26-17 g/l	
Wasserspiegel:	53 m ü.NN	40 m ü.NN	

111.2 Der Aral-See

1. Vergleichen Sie die Anbauregionen Kasachstans und Usbekistans.

2. Erläutern Sie die Umweltbedingungen und Folgen des Baumwollanbaus in Usbekistan.

112.1 „Zum Chef ..." (Situation Herbst 1991)

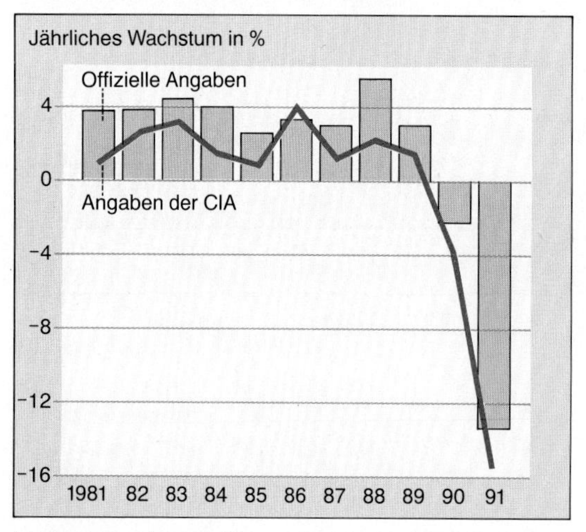

112.2 Bruttosozialprodukt

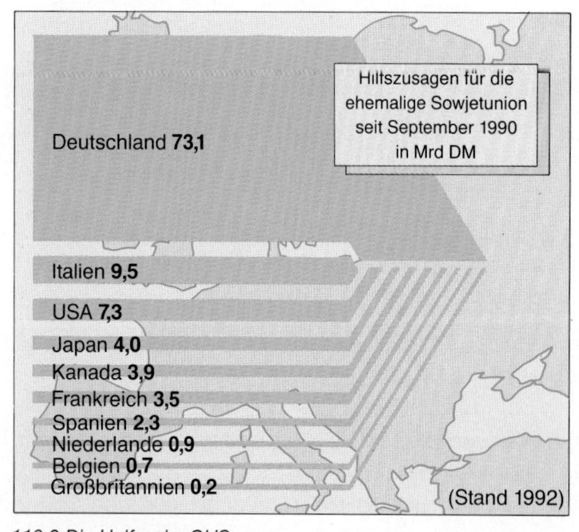

112.3 Die Helfer der GUS

UdSSR – GUS: Rückblick und Perspektiven

Anfang und Ende. Die UdSSR wurde am 30.12.1922 gegründet und umfaßte bis zu ihrem Zerfall 15 Republiken. Durch den Ausgang des Zweiten Weltkrieges erhielt die Sowjetunion einen großen Bedeutungszuwachs und stieg zur Weltmacht auf. Wichtigstes Potential waren die riesigen Vorkommen an mineralischen Rohstoffen, die die UdSSR autark machten. Die Lage im Gradnetz, die kontinentale Ausdehnung und die Gestalt des Staatsraumes warfen für den Transkontinentalstaat jedoch Erschließungsprobleme auf, die sich negativ auf die Wirtschaftskraft auswirkten.

Die am Marxismus-Leninismus orientierte Zentralverwaltungswirtschaft konnte bei der Erschließung Sibiriens und der Bewältigung von Großprojekten Erfolge aufweisen. Aber die Vergesellschaftung der Produktionsmittel, die Einbindung in das Kollektiv, geringer Leistungsanreiz und geringer Lebenstandard führten zu Uniformität im Denken und Verhalten.

In Teilbereichen hatte die UdSSR die USA überholt, auf dem Rüstungssektor bestand Ebenbürtigkeit. Allerdings belastete der Rüstungswettlauf die sowjetische Wirtschaft stärker wegen ihres hohen Kapitalbedarfs auch in der Industrie, der Landwirtschaft und im Transportwesen. Der hohe Anteil der in der Landwirtschaft Beschäftigten wies eher auf ein Entwicklungs- als auf ein Industrieland hin. Der Sowjetunion war es nicht gelungen, die Strukturschwächen in der Landwirtschaft zu beseitigen. Sie litt unter systemimmanenten Lasten, die bis in die Anfänge der Kollektivierung zurückreichten. Große Reibungsverluste stellten sich ebenfalls in der durch die sozialistische Planwirtschaft (Zentralverwaltungswirtschaft) gelenkten Industrieproduktion ein, in der immer noch der Primat der Investitionsgüterindustrie herrschte, während sich die US-amerikanische Industrie bereits durch die Elektronik in der „zweiten industriellen Revolution" befand.

1989 traten die Probleme, mit denen alle Staaten Osteuropas zu kämpfen hatten, immer deutlicher hervor. Der 1949 gegründete RGW wurde im Juni 1991 aufgelöst. Ein ineffektives Wirtschaftslenkungssystem, der Technologierückstand, eine unterentwickelte Infrastruktur, Nationalitätenkonflikte und das Streben einzelner Republiken zur Selbständigkeit und Loslösung von der UdSSR führten schließlich in die unabwendbare Krise. Der Zerfall war auch durch Importe von Gütern aus dem Westen, für deren Bezahlung die Devisen aufgebraucht und große Goldmengen verkauft wurden, nicht mehr zu meistern. Ende 1991 war der Lebensstandard auf das Niveau von 1946 gefallen. Am 26.12.91 bestätigte der Republikensowjet des Obersten Sowjet, daß die UdSSR nicht mehr existierte.

Rußland und die anderen Staaten der GUS: Ausblick

1. Neugliederung ohne Krieg und Konflikte. Das Ziel der Gemeinschaft kann nicht nur darin bestehen, das Erbe der Sowjetunion aufzuteilen und neue Währungen einzuführen. Vorrangig geht es auch nicht darum, ob die Machtstellung der Russischen Föderation gegenüber den anderen GUS-Staaten stärker eingeschränkt wird, sondern um die Frage, wie Krieg zwischen den unabhängigen Staaten und innerhalb der Einzelstaaten zu vermeiden ist. Dort, wo Grenzen in Frage gestellt werden, entstehen Konfliktzonen. Die Auseinandersetzungen zwischen ethnischen Gruppen führen zu Bevölkerungswanderungen, die, wie etwa bei den Rußlanddeutschen, eher Fluchtbewegungen gleichen. In Kaukasien, an der mittleren Wolga, aber auch in Tjumen verstärken sich die Selbständigkeitsbestrebungen. Ein neues Machtzentrum, zusammengesetzt aus den islamischen Staaten und gefördert von der Türkei, kristallisiert sich in Zentralasien heraus. Ob die GUS nur eine Zweckgemeinschaft auf Zeit darstellt oder sich sogar das Ende der Russischen Föderation abzeichnet, muß zu Beginn der 90er Jahre Spekulation bleiben.

2. Kampf um die Ressourcen. Der Russischen Föderation kommt in Zukunft auf Grund der Größe des Landes und des Ressourcenreichtums eine besondere Bedeutung bei der wirtschaftlichen Neuordnung der GUS zu. An vorderster Stelle stehen enorme und bereits erkundete Reserven an Erdöl und Erdgas, die für das größte GUS-Land durch den Export der Energierohstoffe den Weg zur Marktwirtschaft abkürzen können. Die rückständige Explorations- und Fördertechnik wird durch Joint-Ventures mit den USA, Japan, Frankreich und Deutschland verbessert. Disparitäten in der Verteilung der Ressourcen – Agrarrohstoffe im Osten, höherwertige Produkte im Westen – bieten Voraussetzungen für neue Wirtschaftsverflechtungen. Vorbedingung ist ein Weiterbestehen des Intra-GUS-Handels, jedoch ohne die überkommenen Befehlsstrukturen und ohne Ausrichtung auf das ehemalige Zentrum Moskau. Vor großen Umstellungsschwierigkeiten stehen die ehemals unionsgeleiteten Großkombinate sowie der militärischindustrielle Komplex, der auch den überwiegenden Teil der Konsumgüterproduktion kontrollierte.

3. Behebung der Umweltschäden. Die Einsicht in grenzübergreifende Umweltprobleme und globale Klimaveränderungen und damit in notwendigen Umweltschutz gewinnt erst langsam an Bedeutung. Jahrzehntelang stand die „Umwandlung der Natur“ im Vordergrund, ausgewiesen durch den Aufstau der Wolga, den Umbruch der Steppen, Entwässerung weiträumiger Sumpflandschaften (Melioration) und Bewässerung in Trockenräumen. Die Boden-, Luft- und Wasserverschmutzung zeigt gravierende Folgen. Die radioaktive Verseuchung von Tschernobyl, die Zerstörung des Aralsees oder die geborstenen Pipelines in den westsibirischen Erdölfeldern stehen exemplarisch für den in der Zentralverwaltungswirtschaft praktizierten Raubbau. Nur durch einen Strukturwandel der Wirtschaft läßt sich die ökologische Krise, von der besonders die Alt-Industrieregionen betroffen sind, beheben. Da die Reduzierung der Umweltbelastung auch in unserem Interesse liegt, müssen, wiederum mit westlicher Kapitalhilfe, geeignete Kooperationsmöglichkeiten geschaffen werden, so beispielsweise beim Bau von Entschwefelungsanlagen oder bei der Reaktorsicherheit. Eine weitere Forderung besteht darin, daß die GUS-Länder sparsamer als bisher mit der Energie umgehen. Am Ende der 80er Jahre hatte die Sowjetunion je produzierter Einheit noch doppelt soviel Energie verbraucht wie die OECD-Länder.

4. Wirtschaftspolitische Aufgaben. Der Wirtschaftsraum der ehemaligen Sowjetunion ist auseinandergebrochen. Ein Teil der Folgestaaten befindet sich auf dem Niveau von Entwicklungsländern, die stabilisierende Kraft der alten bürokratischen Planung nimmt weiter ab. Rußland und die anderen Staaten der GUS verzeichnen einen Rückgang des Bruttosozialprodukts und des Lebensstandards. Sie stehen vor der Aufgabe, die Geldentwertung zu stoppen und Kapital für zukünftige Investitionen bereit zu stellen. Vorrangig müssen die Stabilisierung der Produktion, die Transformation des Wirtschaftssystems hin zur Marktwirtschaft und die Sanierung der deformierten Wirtschaftsstruktur in Angriff genommen werden. Die außenwirtschaftlichen Beziehungen müssen neu geordnet werden, da die UdSSR und später die GUS sich aus dem internationalen Handel stark zurückgezogen hatten. Der Devisenbedarf der GUS, und hier besonders der Russischen Föderation, übersteigen bei weitem die Exporteinnahmen. Die GUS ist aus eigener Kraft nicht in der Lage, die von ihr zu 61% übernommenen Auslandsschulden der ehemaligen Sowjetunion zu bezahlen. Sie benötigt die Unterstützung des Westens in Form von Kapitalhilfe und von Transfer organisatorischen Wissens beim Übergang zur Marktwirtschaft.

1. Fassen Sie die Gründe für den Zerfall der Sowjetunion zusammen. Beschränken Sie sich bei der Analyse nicht nur auf die Raumelemente, sondern beziehen Sie historische und politische Gesichtspunkte ein.

2. Überprüfen Sie die unter 1 – 4 aufgestellten Thesen auf ihre Umsetzbarkeit. Belegen Sie an Beispielen den gegenwärtigen Stand.

Fritz Baade, der langjährige Leiter des Kieler Instituts für Weltwirtschaft, stellte bereits 1968 fest, daß Japan zu einer der größten Industriemächte der Welt geworden sei. Aber noch 1977 beklagte der japanische Ministerpräsident, daß Europa zu wenig von seinem Land weiß. Unser Japanbild leidet noch immer unter Klischees, die die Einsicht in den Raum und seine Geschichte, in Kultur und Wirtschaft verdecken. Für das Verstehen der raumprägenden Faktoren, der japanischen Mentalität, der Wirtschaftskraft und der politischen Bedeutung sind daher zusammenhängende Kenntnisse erforderlich.

Die Gesellschaft

Historische Wurzeln. Japans Insellage am äußersten Rand der Alten Welt bedeutet, daß es zwar auch den Einflüssen vom Kontinent her unterlag, wie etwa von China und Korea, aber ebenso die Möglichkeit der Abschließung wahrnahm. Die Isolationstendenzen über lange Zeitepochen sind noch heute in dem japanischen Schlagwort shimaguni konjo, d. h. Denken eines Insellandes, gebräuchlich.

Der amerikanische Commodore Perry erzwang 1853 mit seinem Kanonenboot die gewaltsame Öffnung des Landes, das sich über zwei Jahrhunderte allem Fremden verschlossen hatte. Nur den Holländern war auf einer künstlichen Insel vor Nagasaki eine Handelsniederlassung gewährt worden.

Durch die Aufnahme und Weiterentwicklung der chinesischen Wissenschaften wie Mathematik und Astronomie, im 16. und 17. Jh. auch der Agrarwissenschaften, und der Anwendung des aus holländischen Büchern gelernten Wissens wurden bereits in der Feudalzeit die Grundlagen für die zukünftige Wirtschaftsentwicklung gelegt. Vorrangig gehörten dazu die Militärtechnik, aber auch die Fähigkeit, Gießereien, Werften und Arsenale nach westlichem Vorbild zu bauen. Der Aufbau einer Textilindustrie seit 1885 löste einen Industrialisierungsschub aus, der sich durch staatliche Wirtschaftsförderung noch verstärkte. Mächtige Familienkonzerne entstanden.

Trotz der entscheidenden Eingriffe von außen, der Öffnung der Häfen 1853 und der Atombombenabwürfe von 1945, blieben die Grundtendenzen der Wirtschaft erhalten. Der Kaiser (Tenno) forderte schon 1866 die Japaner auf, Kenntnisse aus allen Teilen der Welt zu erwerben, um den eigenen Staat mächtig zu machen. Er symbolisiert bis heute Tradition und Kontinuität.

Geistesgeschichtliche Grundlagen. Raumwirksame Wertvorstellungen lassen sich an drei Strömungen feststellen. Im **Shintoismus,** einer aus der Verehrung von Naturgottheiten erwachsenen Religion, vereinigen sich Staatsverständnis und Volksgemeinschaft. Shinto bedeutet „Weg der Götter". Da Japan nach der Mythologie von der Sonnengöttin Amaterasu geschaffen wurde und der Kaiser in gerader Linie von ihr abstammt, gilt er als höchstes Oberhaupt aller japanischer Familien. Aus der Verbindung zwischen dem Volk und den Göttern leiten sich Nationalstolz und das Gefühl der Einzigartigkeit ab. In der über zweieinhalb Jahrtausende entwickelten Morallehre – 600 v.Chr. gilt als Datum der Reichsgründung – kristallisierten sich Wertbegriffe wie Anspruchslosigkeit, Ahnenverehrung und Treue heraus. Der im 6. Jh. n.Chr. von buddhistischen Mönchen über China und Korea nach Japan gebrachte **Konfuzianismus** verstärkte diese Ansprüche. Die Sittenlehre betont die Pflichten des Sohnes gegenüber dem Vater und die Pflege der Kulturwerte, sie fordert Ordnung und Harmonie im Verhalten der Menschen miteinander ebenso wie lebenslanges Lernen. Die „Tugenden" dienten in der Feudalzeit zur Rechtfertigung des Systems, haben aber auch in der heutigen demokratischen Ordnung ihre Bedeutung nicht verloren. Die japanischen Verhältnissen angepaßte Form des **Buddhismus**, der im 6. Jh. auf das Inselreich übertragen wurde, findet ihren Niederschlag weniger in der resignativen Meditation als vorrangig in der aktiven Form des Zen-Buddhismus, der zur Disziplin der geistigen und körperlichen Kräfte aufruft. Auch in Europa sind einige „dos" – Wege der Erleuchtung – bekannt: Ju-do, Weg des Ringens, Ken-do, Weg des Fechtens.

Gruppe und Individuum. Tradierte Wertvorstellungen, etwa des ehemaligen adligen Kriegerstandes der Samurai, wie Treue, Aufopferung und Langzeitplanung in der Gemeinschaft, entsprechen auch den Anforderungen einer modernen Industriegesellschaft. Gruppenbindung erwuchs bereits in frühgeschichtlicher Zeit in der Dorfgemeinschaft durch den Zwang, den Reisanbau gemeinsam durchzuführen und sich bei Naturkatastrophen zu unterstützen. In der Gegenwart fühlen Arbeitnehmer sich, durch lebenslange Bindung an „ihren" Betrieb, der Gruppe verpflichtet. Erziehung zur Konsensfähigkeit, Loyalität und Harmonie stehen im Mittelpunkt einer Erziehung, die bereits in der Familie nach konfuzianistischen Grundsätzen beginnt. Nicht das Individuum ist das Erziehungsziel, sondern das seine Pflichten und Gebote befolgende Gruppenmitglied, das wiederum der Kontrolle der Gruppe untersteht.

Jede Gruppe funktioniert nach ihren ureigenen Regeln. In der Studienzeit ist ein relativ ungebundenes Leben erlaubt. Während ihres Studiums, nach einem beispiellos schweren Aufnahmeexamen und vor ziemlich leichten Abschlußprüfungen, dürfen Japaner über die Stränge schlagen, zum letzten Mal in ihrem Leben, bevor Firmenalltag und Familienleben Zurückhaltung, Farblosigkeit und Anpassung gebieten. Studenten dürfen ausgefranste Jeans tragen, lokkere Reden führen und häufig demonstrieren. Als Firmenneulinge stellen sie sich anschließend über Nacht auf die konträren Regeln der Wirtschaft um, tragen dunkle Anzüge, verbeugen sich tief vor den diversen Chefs und widersprechen nie offen. Japaner sind nicht dazu erzogen, sich als Individuen auszuleben, sondern haben es gelernt, den Spielregeln der jeweiligen Gruppe zu folgen.

(Aus: G. Dambmann, 25mal Japan, München 1981)

Grunddaten von Japan (Nippon, Nihon)

Fläche: 377 815 km² – 4 Hauptinseln und mehr als 3900 kleinere Inseln (Weltrang 56)
Ackerland und Dauerkulturen: 488 106 km²
Bevölkerung: 99% Japaner, Rest: Koreaner, Chinesen)
1890: 40 Mio E, 1926: 60 Mio E,
1970: 104 Mio E, 1990: 124 Mio E (Weltrang 7)
Bevölkerungsdichte: 332 E/km²
Lebenserwartung bei Geburt: Frauen 81 J., Männer 75 J.
Einwohner je Arzt: 885 (1970), 614 (1988)
Erwerbstätige: 62 Mio (1990)
Primärer Sektor 8%, sekundärer Sektor 34%
Bruttosozialprodukt/Kopf: 23 800 US-$ (1989)
Militärausgaben: 0,9% des BSP
Wirtschaftswachstum: Durchschnitt 1985–1989: 4,5%
Außenhandel: Import: 235 Mrd $ (1990)
Export: 285 Mrd $ (1990)

Japan erlebte in der Moderne zwei große Zäsuren. Einmal die Restauration der Meji-Zeit (1868–1913) und zum zweiten die Niederlage durch den Zweiten Weltkrieg und die Folgezeit. Die Meji-Restauration war eine sehr interessante Epoche für Japan, weil es sich zum ersten Mal in seiner Geschichte massiv dem Ausland öffnete. Angesichts des Dranges der westlichen Großmächte in die benachbarten asiatischen Länder mußte Japan sich modernisieren, und man hörte damals das Schlagwort von der Bereicherung und Stärkung des Landes, um der Vormacht des Westens entgegenzutreten. Folglich wurden neue Technologien und Ergebnisse der Wissenschaft aus dem Westen eingeführt. Aber diese Modernisierung brachte keineswegs eine Revolution in der geistigen Welt mit sich: Die Seele bleibt japanisch.

Das geistige Fundament des Gemeinschaftsdenkens und der Familienhierarchie muß, gestützt auch auf den Shinto-Mythos, der die Kaiserherrschaft rechtfertigte, dem militärischen Nationalismus Japans einen günstigen Nährboden gegeben haben. Er führte das Land in den Zweiten Weltkrieg. Die Niederlage und Besetzung brachten den Zusammenbruch des Systems der Kaiserherrschaft und der damit zusammenhängenden Ordnung der alten Familienhierarchie. Der überlegene materielle Reichtum des Westens, vor allen Dingen Amerikas, wirkte bei den in der Nachkriegszeit hungernden Japanern als großer Anreiz. Streben nach materiellem Wohlstand fehlte zwar auch im Japan der Vergangenheit nicht ganz, aber es blieb gemäß der traditionellen Philosophie in gewissen Grenzen.

(Aus einer Rede des japanischen Botschafters in der Bundesrepublik Deutschland, Bunroku Yoshino, 1980 in Tübingen.)

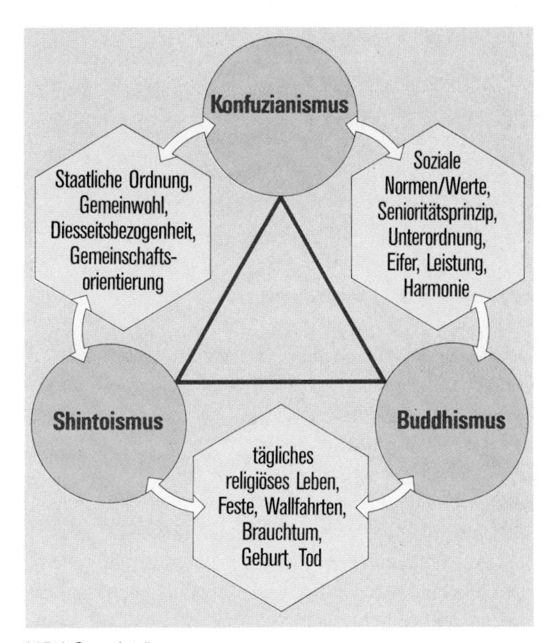

115.1 Grundströmungen

1. Werten Sie die Grunddaten aus. Vergleichen Sie die Angaben mit denen der Bundesrepublik Deutschland.
2. Tradierte Wertvorstellungen sind auch in der modernen Industriegesellschaft gültig. Belegen Sie dies mit Hilfe des Textes und der Quellenangaben.
3. Vertiefen Sie Ihre Kenntnisse über den Shintoismus, Buddhismus und Konfuzianismus durch weiteres Quellenstudium.
4. Japanische Sportarten werden auch bei uns betrieben. Welche Verhaltensmuster liegen ihnen zugrunde?

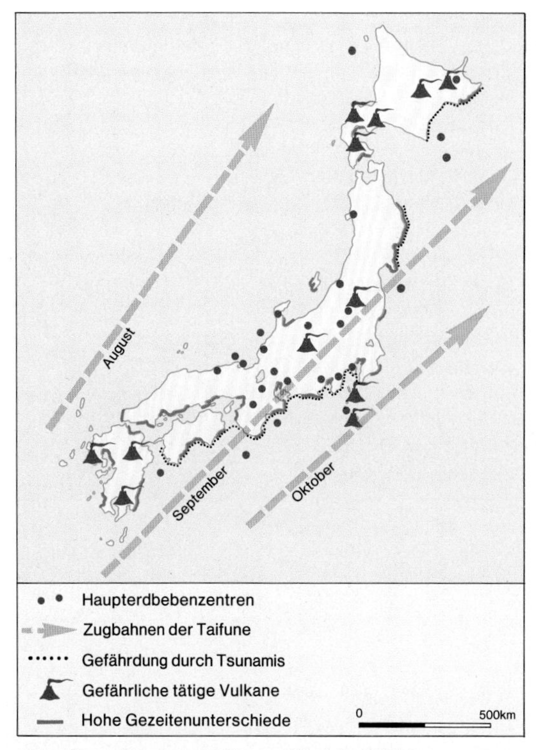

116.1 Durch Naturkatastrophen gefährdete Gebiete

Probleme des Naturraumes

Omote-Nihon – Ura-Nihon. Die Wasserscheide teilt das Land in zwei unterschiedliche Regionen: Die schmale „Vorderseite Japans" liegt an der klimatisch begünstigten Pazifikseite mit Schwemmebenen und buchtenreichen Küsten. In dieser von den Japanern als *Omote-Nihon* bezeichneten Region ballen sich Bevölkerung und Industrie. Die *Ura-Nihon* genannte „Rückseite", mit kalten und schneereichen Wintern ist wegen der kaum gegliederten Küste verkehrsfeindlich. Eine Ausnahme bildet die der Hauptinsel Honshu im SW vorgelagerte Insel Kyushu, deren Nord- und Westseite durch ihre Verkehrsgunst bereits in historischer Zeit die Verbindung zur Außenwelt herstellten. Die *Fossa Magna*, eine vulkanische Senkungszone auf der Hauptinsel Honshu, trennt die stärker kontinental bestimmte Nordostregion vom maritim beeinflußten Südwesten. Die enge Land-Meer-Verzahnung wird daran deutlich, daß kein Ort mehr als 120 km vom Meer entfernt liegt.

Als Teil des zirkumpazifischen Gebirgsbogens zwischen der 3000 m tiefen Japan-See und dem 10000 m tiefen Japangraben unterliegt der Inselbogen noch tektonischen Veränderungen: Während die Ostküste langsam aufsteigt, sinkt die Westküste ab. 74% der Gesamtfläche haben Gebirgscharakter mit über 15° Hangneigung.

Naturkatastrophen. Japan ist wie kaum ein anderes Industrieland davon betroffen. An erster Stelle der Bedrohung stehen **Taifune,** die aus dem Gebiet der Marianen und Palau-Inseln in Richtung Japan eindrehen und mit Windgeschwindigkeiten von z. T. über 300 km/h besonders im Spätsommer und Herbst auf die zentralen Küstenebenen treffen. Trotz langfristiger Vorhersagen – bis zu zehn Tagen – lassen sich Stärke und gefährdete Regionen noch nicht genau bestimmen. Zusammen mit schweren Regenfällen führen die Taifune immer wieder zu verheerenden **Überschwemmungen** und **Bergstürzen.**

Seismologen registrieren jährlich über 5000 **Erdbeben.** Die Westdrift der Pazifischen Platte, die im Bereich des Japangrabens unter die eurasisatische Kontinentalscholle taucht, führt zu Reibungen, deren Entladungen sich etwa dreimal im Monat wahrnehmen lassen. Mit schweren Zerstörungen muß im Durchschnitt alle acht Jahre gerechnet werden. Das bisher schwerste Erdbeben, das *Große Kanto-Beben* von 1923, trat in der Küstenebene von Tokyo und Yokohama auf. Der Tod von 100000 Menschen war im wesentlichen auf die Flächenbrände in den dichtbebauten Holzhausvierteln zurückzuführen, in denen zum Zeitpunkt des Bebens die Mittagsmahlzeiten auf offenem Feuer zubereitet wurden. Freie Plätze, die die vor dem Flammenmeer Flüchtenden hätten aufnehmen können, fehlten völlig.

Beim Wiederaufbau wurden die Straßen verbreitert, Steinhäuser und – nach dem Zweiten Weltkrieg – erdbebensichere Betonhochhäuser in Skelettbauweise errichtet. Da man nicht die Stärke eines möglichen zukünftigen Erdbebens kennt, läßt sich nicht vorhersagen, ob die Betonbauten, unterirdische Geschäftsstraßen und Verkehrsanlagen einem Beben ähnlich dem von 1923 standhalten.

Die ebenfalls durch die Schollenbewegungen ausgelösten **Seebeben,** die **Tsunami,** richten durch ihre hohen Flutwellen gewaltigen Schaden an. Obwohl Naturkatastrophen nicht zu verhindern sind, ist es durch Küstenschutz, Abflußregulierungen und Hangbefestigungen gelungen, die Verwüstungen zu begrenzen. Zu den Vorsorgemaßnahmen zählen auch die jährlichen Katastrophenschutzübungen der Bevölkerung.

In besonderem Maße prägt der **Vulkanismus** die Landschaft, ein Hinweis auf das geologisch relativ junge Alter der japanischen Inseln. Der Grabenbruch der Fossa Magna umfaßt die Zone der stärksten Vulkantätigkeit. Von den 160 Vulkanen, von denen in historischer Zeit 54 aktiv waren und es z. T. noch sind, ist der Kegelvulkan des Fujiyama (3776 m, letzter Ausbruch 1707, von Shinto-Anhängern als Aufenthaltsort der Gottheiten verehrt) der berühmteste. Gegenwärtig besondere Aktivität zeigen die Vulkane Usu (Hokkaido), Asama (Honshu), Asosan und Sakurajima (beide Kyushu).

117.1 Aufschüttungsflächen (Kobe Steel Ltd.)

Probleme der Raumenge

Ein geschlossenes Siedlungsband mit Millionenstädten zieht sich als **Tokaido-Megalopolis** an der Pazifikküste entlang bis an die Inlandsee. Der Zuzug aus ländlichen Gebieten führt aus Mangel an Flächen für Siedlungen, Industriebetriebe und Verkehrsanlagen zu den höchsten Bodenpreisen der Welt. Japans Städte haben die geringste Grünfläche pro Einwohner (zum Vergleich: Tokyo: 1,3 m², Berlin: 24,7 m²).

Da das Gebirge oft bis an die Küste reicht, müssen Verkehrslinien wie z. B. die Shinkansen-Schnellbahn auf weiten Strecken durch Tunnel geführt werden.

Durch Abtragung von Hügeln und Bergen in küstennahen Gebieten und Aufschüttung von Flächen im Meer sowie Trockenlegung und Auffüllung von Tälern und Senken gewann man bisher eine Neulandfläche von ca. 1556 km² (1/10 der Fläche von Schleswig-Holstein). Die größten Aufschüttungsflächen entstanden in den Buchten von Tokyo, Ise und Osaka und an den Küsten der Inlandsee, d. h. in Regionen größter Bevölkerungs- und Industriedichte.

1. Fertigen Sie einen Merkmalkatalog der räumlichen Unterschiede Japans an, und übertragen Sie Ihre Ergebnisse in eine Umrißskizze.
2. Leiten Sie die Folgen ab, die sich aus den räumlichen Unterschieden ergeben. Verwenden Sie dazu auch Spezialkarten im Atlas.

Phasen der Verstädterung

Bis Ende des 19. Jh.: Küste der Japan-See Hauptzone der historischen Stadtentwicklung

1868-1894:	*Tokyo Hauptstadt ab 1868, 1886 1 Mio E, Hafenentwicklung von Kobe und Yokohama*
1894-1923:	*Aufbau einer Schwerindustrie, Kriegshäfen, neue Impulse durch Eisenbahnbau*
ab 1923:	*Nach Kanto-Erdbeben Neubau der Stadtzentren von Tokyo und Yokohama, Ausdehnung des städtischen Küstenbandes am Pazifik*
1930-1940:	*Weitere Ballung, besonders Schwer- und Rüstungsindustrie, Großchemie*
1940-1945:	*Dezentralisierung kriegswichtiger Industrien um 1941, Flächenzerstörung von Großstädten und Industriezentren, Atombomben auf Hiroshima und Nagasaki 1945*
1945-1950:	*Wiederaufbau mit zentrifugaler Struktur*
1950-1964:	*Re-Zentralisation, zunehmende Binnenwanderung, Stadtverdichtung, Ausbildung großstädtischer Satellitensysteme, Vorsprung der Pazifikseite*
1964-1986:	*Verknüpfung des Städtebandes zur Megalopolis, Verdichtung in den Außengebieten der Stadtregionen, weitere Satellitensysteme*

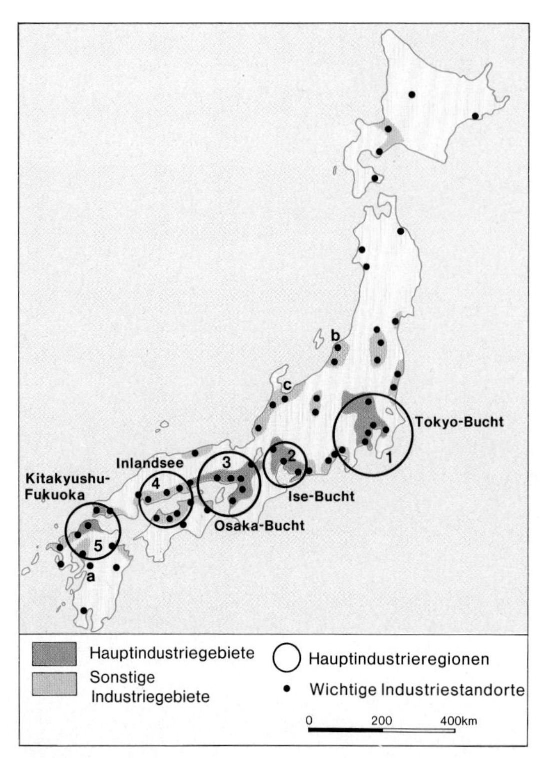

118.1 Industrieregionen

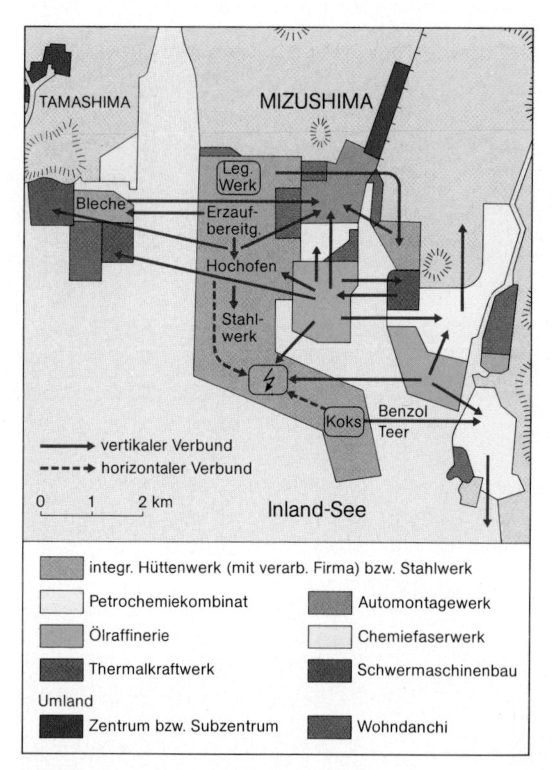

118.2 Horizontale und vertikale Verflechtung

Die Wirtschaftsräume

Die Standorte der modernen Industrie sind nicht an einheimische mineralische Bodenschätze oder Energieträger gebunden. Japan muß Rohstoffe importieren, 95% der Exporte sind Industriegüter. Im Gegensatz zur Industrie im stadtnahen Hinterland wählen Hütten- und Stahlwerke, Raffinerien, Kraftwerke und Chemiegroßbetriebe die Küstenzone. Der Transportkostenvorteil wird durch firmeneigene Seezufahrten, Verladeeinrichtungen und Schiffe konsequent ausgenutzt. Die küstenständigen Konzerne bedeuten ebenfalls für die nicht-seebezogenen großstadtnahen Großbetriebe einen erheblichen Standortvorteil, zumal die Ballung von Industrie und Bevölkerung an der Pazifikküste auch hinsichtlich der Arbeitskräfte einen Kostenvorteil schafft. Der Ausbau der küstenständigen Industrie setzt sich trotz Verschmutzung der Luft und der Küstengewässer weiter fort und wird durch die Produktion von Fertigwaren an der Binnenseite der großen Stadtregionen ergänzt.

Die Industrieproduktion konzentriert sich in vier Regionen. Im Raum *Tokyo-Yokohama* stehen die Wachstumszweige Fahrzeugbau, Elektro- und Präzisionsindustrie im Vordergrund. Die Region *Osaka-Kobe* nimmt eine führende Rolle in der eisenschaffenden Industrie ein, während das Industriegebiet um *Nagoya* im Fahrzeug- und Maschinenbau voransteht. *Kyushu,* in dessen Norden ursprünglich Eisen- und Stahlindustrie dominierte, wird bereits als Silicon-Insel bezeichnet (vgl. Silicon Valley/ Kalifornien, Ursprungsort der Mikrochip-Produktion).

An der Südküste Honshus hat sich die Agglomeration zu Industriebändern verdichtet, die den nordamerikanischen Manufacturing Belt noch übertreffen.

Japan ist nicht nur das höchstentwickelte Industrieland Asiens – seine Industriebetriebe beschäftigen 25% aller Erwerbstätigen (1981: 13,9 Mio) – und die zweitgrößte Industrienation der Welt, es kann sich auch, trotz der Begrenzung des landwirtschaftlichen Nutzraumes durch Gebirge und Stadtflächen, zu 80% mit Nahrungsmitteln selbst versorgen (bei Reis bereits Überproduktion). Trotz des hohen Selbstversorgungsgrades einer vorwiegend durch Nebenerwerbsbetriebe gekennzeichneten Landwirtschaft sind die negativen Folgen der Abwanderung aus den peripheren Räumen und Gebirgsregionen in die Städte unverkennbar. Gerade junge Arbeitskräfte aus dem ländlichen Raum werden durch die Attraktivität der Städte mit ihren Verdienstmöglichkeiten in der Industrie angelockt, die in einigen Branchen wie Stahl, Kraftfahrzeuge, Chemieerzeugnisse und Unterhaltungselektronik die vorderen Plätze unter den Industrienationen der Welt einnimmt.

Gründe für das Wirtschaftswachstum

Die Umwandlung von einer Agrar- zu einer Industriegesellschaft fand nach 1920 ihren Abschluß. In den 30er Jahren ahmten die großen Industriebetriebe auf der Suche nach neuen Produkten, industriellen Verfahren und Patenten westliche Vorbilder nach. Die starke Wirtschaftskontrolle durch den Staat im Zweiten Weltkrieg und die gleichzeitige Einführung moderner Fertigungsmethoden bildeten die Grundlagen für den Nachkriegsaufschwung. Die Zerstörungen erreichten nicht die Ausmaße wie in Deutschland. Der Verlust der Kolonien wurde durch das Wissenspotential der dort Beschäftigten ausgeglichen, die nun Führungspositionen in der Nachkriegsindustrie erhielten.

Dem Arbeitskräftemangel gegen Ende der 60er Jahre begegnete Japan nicht mit der Anwerbung ausländischer Arbeitskräfte, sondern mit zunehmender Automatisierung. Nur etwa 30% aller Arbeitskräfte arbeiten in Großbetrieben, die den Stammarbeitern durch lebenslange Anstellung und das Senioritätsprinzip bei der Beförderung sowie durch firmenspezifische Sozialleistungen eine Sonderstellung sichern. Diese äußert sich in der Identifikation der Arbeiter und Angestellten mit „ihrem Betrieb". Die Mittel- und Kleinbetriebe produzieren häufig Zulieferteile für die Großbetriebe, können aber nicht die gleichen Löhne und Sozialleistungen bieten, da sie von den diktierten Niedrigpreisen der Großbetriebe abhängig sind.

Technopolis. Mit Unterstützung des Ministeriums für Internationalen Handel und Industrie (MITI) sollen neue Forschungs- und Produktionsstätten mit höchster Zukunftstechnologie entstehen, um einer weiteren Zentralisierung in der Küstenzone zu begegnen. Die Produktionspalette wird vornehmlich Computer, Mikrochips, Roboter, Gentechnik und pharmazeutische Erzeugnisse umfassen, d. h. Produkte, für die auf dem Weltmarkt relativ wenig Konkurrenz besteht. Den Technopolis-Gründungen, in der Nachbarschaft von „Mutterstädten" mit etwa 200000 Einwohnern und Flughafen, werden Universitäten und privatwirtschaftliche Forschungsinstitute zugeordnet. Damit wird der vor zu Beginn der 70er Jahre von den großen Elektronikkonzernen eingeleitete Auslagerungsprozeß fortgeführt.

1. Erläutern Sie die Voraussetzungen für den Aufstieg Japans zur zweitgrößten Industrienation.
2. Untersuchen Sie die wirtschaftsräumliche Gliederung des Landes. Berücksichtigen Sie dabei die Ausstattung mit Rohstoffen (Atlas).
3. Bewerten Sie Ziel und Funktion der Technopolis-Gründungen.

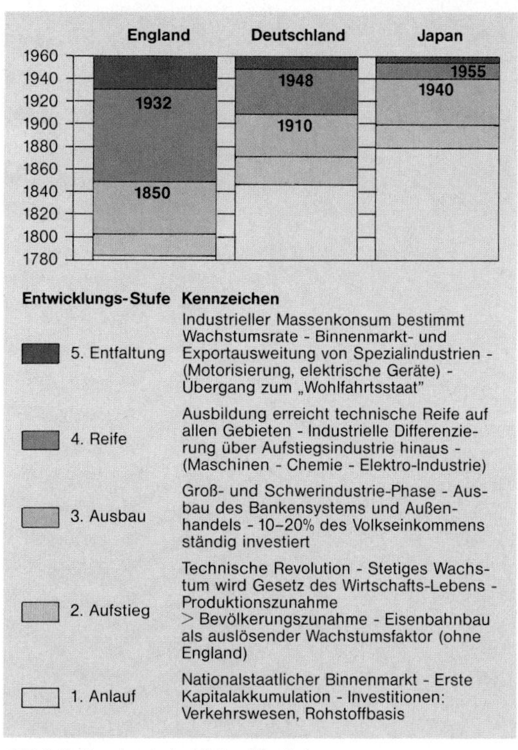

119.1 Stufen des industriellen Wachstums

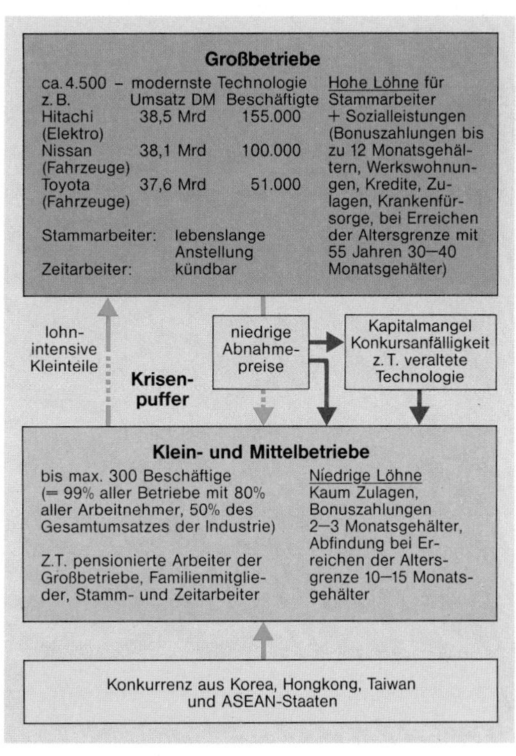

119.2 Groß- und Kleinbetriebe

120.1 Küste von Kawasaki

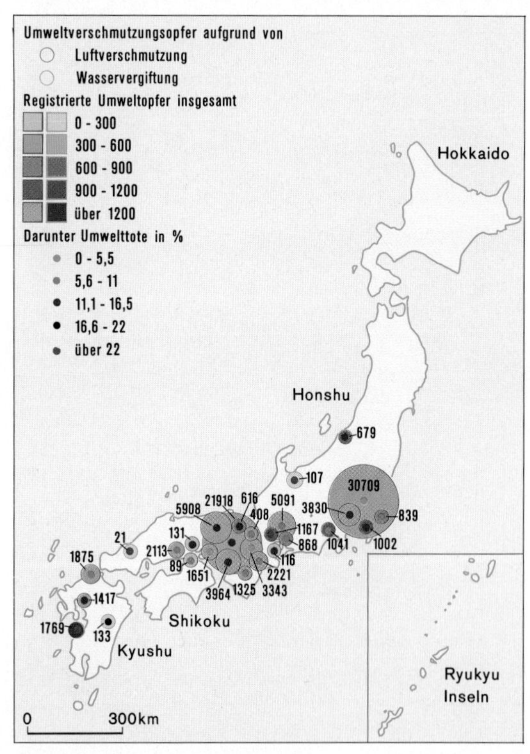

120.2 Amtlich registrierte Umweltopfer

Umweltbelastung

Die Überlagerung von Bevölkerungs- und Industriedichte – allein im Großraum Tokyo gibt es über 100000 Betriebe – führte durch Luft- und Wasserverschmutzung zu 100000 „Umweltverschmutzungsopfern".

Die Tokyo-Bucht glich lange einem Abwasserbecken. Schwere Vergiftungen, z. T. mit tödlichem Ausgang, durch Quecksilber (Minamata-Krankheit), Cadmium (Itai-Itai-Krankheit) und Arsen sowie der durch Schwefeldioxid ausgelöste photochemische Smog lösten mit Beginn der 70er Jahre ein Umdenken aus. Als Hauptursachen der Verschmutzung kristallisierten sich drei, in der Kombination sich verstärkende Faktoren heraus: räumliche Nähe der Küstenindustrien zu den Ballungsgebieten, Verflechtung von Wohngebieten mit Klein- und Mittelbetrieben sowie mangelnde Entsorgung der städtischen Verdichtungsräume. Es lassen sich drei Phasen der Umweltpolitik erkennen:

- Bis Mitte der 60er Jahre: keine Rücksichtnahme auf Mensch und Raum; d. h. die Industrie konnte ohne größere Einschränkungen Schadstoffe emittieren.
- Bis Ende der 60er Jahre: erste Ansätze zur Umweltentlastung, jedoch ohne durchgreifende Maßnahmen.
- Ab 1970: Beginn der aktiven Umweltpolitik, u. a. beschleunigt durch Gerichtsurteile für Umweltopfer.

Effektive Warnsysteme. In der Industriestadt Kawasaki (1,1 Mio E.) sind gegenwärtig 18 automatische Meßstationen zur Ermittlung der Luftqualität in Betrieb. Die Daten werden fortlaufend an das städtische Umweltbeobachtungszentrum übermittelt. Eine elektronische Schautafel vor dem Rathaus zeigt den Bewohnern die Ergebnisse an und warnt bei Gefahr hoher Luftbelastung. Außerdem werden, falls eine hohe Luftbelastung droht, die 27 Großbetriebe der Stadt, die für über 90% der Schwefeldioxid- und Stickoxidemissionen in Kawasaki verantwortlich sind, unverzüglich per Computersteuerung informiert und zu Gegenmaßnahmen aufgefordert. Ob sich die Betriebe an diese behördliche Aufforderung halten, ist für die Umweltbeamten jederzeit kontrollierbar, denn diese Großbetriebe sind an das städtische Emissionsmeßsystem angeschlossen. Weiterhin sind diese Emissionsdaten fortlaufend auf zwei speziellen elektronischen Schautafeln angezeigt, die für die Öffentlichkeit zugänglich im städtischen Umweltbeobachtungszentrum und in der Eingangshalle des Rathauses aufgestellt sind. Im Oktober 1984 wurde das System der Informationsoffenlegung für Umweltdaten dahingehend erweitert, daß jeder Bürger auf Anfrage von der Umweltbehörde Auskunft über den Schadstoffausstoß von Einzelbetrieben erhalten kann. Die Betriebsleitung kann Einwand erheben, um Betriebsgeheimnisse zu wahren.

(Nach: Weidner: Die Bedeutung der Umweltberichterstattung für die Umweltpolitik. Geogr. Rundschau 4/90)

Umweltschutz. In den letzten Jahren hat Japan intensiv an der Entwicklung von Umweltschutztechnologien gearbeitet. Japanische Fahrzeuge werden mit den weltweit effektivsten Abgasentgiftungsanlagen ausgestattet, die den Abgasen Schadstoffe wie Schwefel- und Distickstoff-Monoxid entziehen, bevor sie an die Luft abgegeben werden. Bereits im Jahr 1970 konnte Japan mit den striktesten Abgasentgiftungsbestimmungen aufwarten. Die Vereinigten Staaten entsprechen bisher noch nicht diesem Standard, der nach der Vereinigung der EG-Länder im Jahre 1992 auch in Europa zur Norm werden soll. Die beiden Ölkrisen [1973 und 1979] haben Japans Industrie außerdem zu weitgreifenden Maßnahmen für die Einsparung von Energie gezwungen. Der Energieverbrauch pro Produktionseinheit in der Stahlindustrie und in der Chemie ist in Japan bei weitem geringer als der anderer Länder. Gemessen an dem Energieverbrauch pro 1 US-$ des Bruttosozialproduktes verzeichnet Japan mit 9,7 Megajoule das kleinste Anteilverhältnis im Vergleich zu den USA (19,3), Großbritannien (17,2), der Bundesrepublik Deutschland (11,8) und der UdSSR (32,2).

Es ist nun an der Zeit, daß Japan sein erprobtes, energiesparendes Know-How in eine Welt exportiert, in der Umweltverschmutzung die Existenz aller bedroht. Das Gebiet, auf dem Japans Hilfe am meisten benötigt wird, ist die Zusammenarbeit und finanzielle Unterstützung von Entwicklungsländern. Im letzten Jahr [1990] leistete Japan mit ca. 15 Mrd DM den größten Beitrag zur weltweiten Entwicklungshilfe. Für dieses Jahr [1991] ist eine Summe von ca. 16,5 Mrd DM veranschlagt... Es ist daher an der Zeit, daß Japan den Entwicklungsländern seine helfende Hand auf eine Weise leiht, die den Bewohnern eine Instandsetzung ökologischer Schäden ermöglicht, wie beispielsweise Wiederbelebung der durch Abholzen verdorrten Landstriche und Aufbau eines selbständigen Land- und Forstwirtschaftswesens zur Erzeugung von Baumaterialien und Nahrungsmitteln. Dies ist die Aufgabe einer umweltbewußten Nation im Sinne des Weltfriedens.

(Nach: Takeshi: Umweltschutz. Japan illustriert 2/91)

Japan: Umweltschützer oder Umweltsünder? Japan taucht immer dann in den Medien auf, wenn es um Umweltprobleme geht. Umweltprobleme nicht innerhalb der eigenen Grenzen – dort zeigt sich Japan gern als „Musterländle" in Sachen Umweltschutz – nein, der Raubbau vollzieht sich in den Nachbarländern und in den Weltmeeren.

Traditionelle japanische Häuser sind Meisterwerke der Tischlerkunst. Früher wurden sie komplett aus besonders gepflegtem, astlosen einheimischen Kiefernholz konstruiert. In den neuen Häusern steckt dagegen ein großer Anteil Tropenholz: als Sperrholz, als Fensterrahmen oder zur Dekoration. Dreimal so häufig wie in der Bundesrepublik werden in Japan Häuser wieder abgerissen und das Bauholz auf den Müll geworfen. Die Alternative, das Wohnen in Beton, erspart jedoch keineswegs Holz. Um diesen zu gießen, verwendet die Bauindustrie Sperrholzformen. Für einen Quadratmeter Betonfußboden werden vier Quadratmeter Sperrholz benötigt. Die hölzerne Verschalung wird zwei- bis dreimal verwendet und dann weggeworfen.

Noch 1955 schlug Japan genug Holz in den eigenen Wäldern. Seitdem ist der Import ständig gestiegen und deckt heute zwei Drittel des Holzverbrauchs. 1987 importierte Japan 20,6 Mill. Kubikmeter und damit elfmal soviel wie die Bundesrepublik. Nahezu 50 Prozent aller Tropenholzexporte in Industriestaaten finden ihren Weg auf die japanischen Inseln. Zur Zeit arbeiten die Japaner rund um die Uhr in Malaysia und Papua Neuguinea. (nach Greenpeace, Hamburg 1990)

1. Beschreiben Sie die Folgen der Industrialisierung. Werten Sie dazu Atlaskarten zur Bevölkerungs- und Industrieverteilung aus.

2. Skizzieren Sie den Weg vom „Schadstoff-Supermarkt" (japanische Selbsteinschätzung) zum Umweltschutz.

Wirtschaftsweltmacht

Japan ist seit dem Ende des Zweiten Weltkriegs keine politische Großmacht mehr. Es hat einen Beistandspakt mit den USA geschlossen, verfügt aber selbst nicht über Atomwaffen. In seiner Abhängigkeit vom freien Welthandel zeigen sich für das rohstoffarme Land Parallelen zur Bundesrepublik Deutschland. Japan konnte in den vergangenen Jahren einen erheblichen Außenhandelsüberschuß erzielen. Die größten Überschüsse entstanden im Handel mit den USA und der Europäischen Gemeinschaft, Defizite beim Handel mit den Rohstoff- und Energieländern.

Die zunehmenden Handelsdefizite der wichtigsten Industrieländer führten zum Teil zu antijapanischen Kampagnen, besonders in den USA. Weltweit besteht die Befürchtung, daß Japan seine Wettbewerbsvorteile durch attraktive Preise weiter ausbaut. Daher unterliegen einige Erfolgsprodukte, z. B. aus der Unterhaltungselektronik und Autobranche, bereits nationalen Einfuhrbeschränkungen.

Während Japan fast alle Einfuhrbeschränkungen für Industrieprodukte abgeschafft hat, fordert beispielsweise die Autoindustrie in der Europäischen Gemeinschaft eine „Selbstbeschränkung" der japanischen Autoimporte auf 1,23 Millionen Fahrzeuge. Sie soll bis zum Ende des Jahres 1999 gelten. Japan hat inzwischen, vor dem Hintergrund des am 1.1. 93 wirksam werdenden Europäischen Binnenmarktes, begonnen, Montagewerke in Großbritannien zu errichten. Hier sind Hunderttausende Briten beschäftigt. Bis 1995 will Japan in Europa Produktionskapazitäten für eine Million Fahrzeuge errichten. Diese in Europa gefertigten Fahrzeuge werden nicht auf die Direktimporte aus Japan angerechnet.

Der Aufstieg zur Weltwirtschaftsmacht – bei gleichzeitigem Disengagement der US-Amerikaner in Asien – hat zu einem neuen Selbstwertgefühl geführt, auch unter dem Aspekt, daß nur Japan das Machtvakuum ausfüllen könne. Die USA sind nicht mehr das bewunderte Vorbild – trotz der Adaption westlicher, dies bedeutet in erster Linie US-amerikanischer Lebensformen.

Dennoch bildet sich in der Pazifikregion ein wirtschaftliches Kräftefeld heraus, das von drei Ländergruppen bestimmt wird: den Industrienationen Japan, Australien, Neuseeland, den USA und Kanada; der ASEAN-Gruppe (**A**ssociation of **S**outh-**E**ast **A**sian **N**ations) Indonesien, Malaysia, den Philippinen, Thailand, Singapur und Brunei sowie den ostasiatischen Schwellenländern Taiwan, Südkorea und Hongkong.

Japan und die USA sind in der Biotechnik und der Mikroelektronik führend. Bei den mikroelektronischen Bausteinen beherrschen sie zusammen neun Zehntel des Weltmarktes, so daß schon von einer Achse Japan-Kalifornien gesprochen wird. Das Wachstum des pazifischen Wirtschaftsblocks lag in den vergangenen zwanzig Jahren bereits doppelt so hoch wie der Weltdurchschnitt. Die Schwellenländer, die auf Grund niedriger Löhne, aber unter Einsatz moderner, zum Teil aus Japan gelieferter Technologie, auf den Weltmarkt drängen, stellen für Japan bereits eine ernstzunehmende Konkurrenz dar, so z. B. Südkorea.

Die ASEAN-Staaten stehen einem politischen und wirtschaftlichen Zusammenschluß unter Führung Japans noch ablehnend gegenüber, zumal das Konzept der „Großasiatischen Wohlstandssphäre" bereits als Vorwand für die Eroberung im Zweiten Weltkrieg diente. Gleichwohl investiert Japan den Hauptanteil seiner Entwicklungshilfe in den ASEAN-Staaten, wohl wissend, daß es sich nicht, wie die Mitgliedsländer der EG, auf eine Staatengemeinschaft zurückziehen kann und deshalb ein eigenes wirtschaftliches und politisches Umfeld aufbauen muß. Eine nicht unerhebliche Rolle spielt auch die Tatsache, daß ein großer Teil der Schiffstransporte durch die Meerengen zwischen dem Indischen und Pazifischen Ozean verläuft.

Japans Führungsrolle festigt sich weiter durch den Vorsitz in der Asiatischen Entwicklungsbank und durch seine Einflußnahme im Asian and Pacific Council, einer Organisation, die für kulturelle, politische und wirtschaftliche Zusammenarbeit eintritt.

Mit der Volksrepublik China bestehen enge Wirtschaftsbeziehungen, zum Teil noch aus einem Schuldkomplex wegen der Besetzung in den 30er und 40er Jahren herrührend. Jedoch erfüllten sich die hochgespannten Erwartungen, mit einem Wirtschaftsabkommen von über 100 Mrd US-$ Investitionsgüter zu liefern und sich an der Erschließung der Bodenschätze zu beteiligen, nur teilweise.

Bei allen internationalen Wirtschaftsbeziehungen und einer ausgefeilten Rohstoffdiplomatie bleibt das Ausland jedoch eine für Japan fremde Welt, auf die innerjapanische Wertmaßstäbe nicht angewandt werden können. So gesehen stehen die Fremden außerhalb der Gruppe, die vom gesamten japanischen Volk gebildet wird. Aber auch Ausländern bleibt die japanische Welt häufig verschlossen.

1. Erläutern Sie die Rolle Japans als Wirtschaftsweltmacht unter ökonomischen und politischen Gesichtspunkten.

2. Bewerten Sie die japanische Außenhandelsstruktur nach Regionen und Warengruppen.

Weltrang	1.	2.	3.	4.	5.
Kernenergieerzeugung	USA	F	SU	J	D
Energieverbrauch	USA	DDR	SU	J	D
Rohstahlerzeugung	SU	J	USA	VRC	D
Aluminiumerzeugung	USA	SU	CAN	D	J
Kunststofferzeugung	USA	D	J	SU	F
Schiffbau	J	KOR	D	I	YU
Pkw-Produktion	J	USA	D	F	SU
Fernsehgeräte	VRC	J	USA	KOR	SU
Industrieroboter	J	USA	D	SU	S
Ausgaben für Forschung und Entwicklung	USA	SU	J	D	F

123.1 Japans Industrie im Weltvergleich

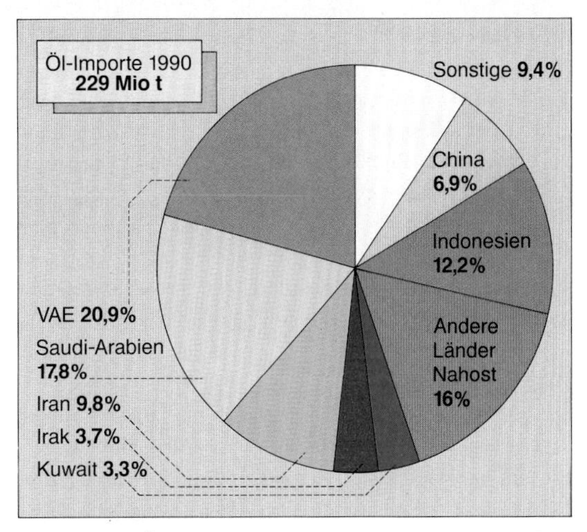

123.4 Japans Ölimporte

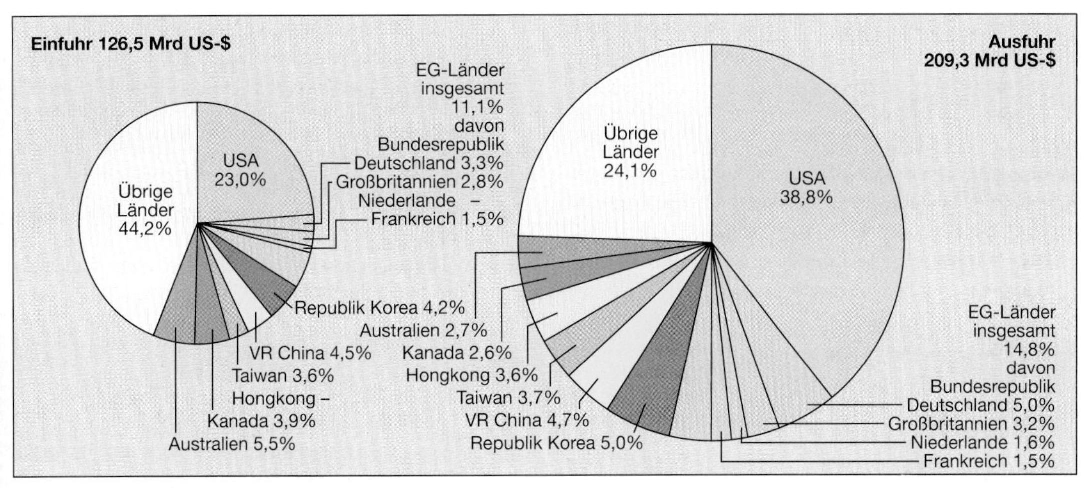

123.2 Japans Außenhandel nach Regionen

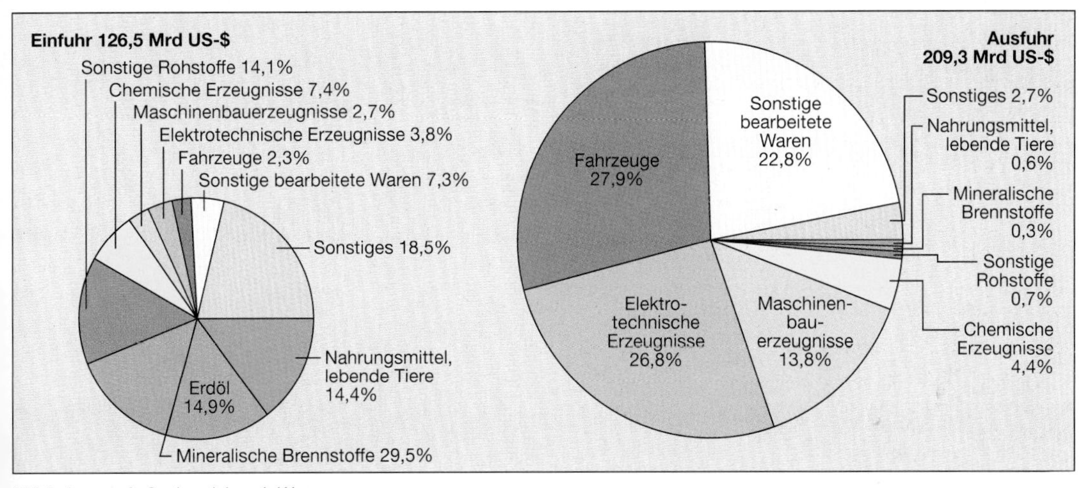

123.3 Japans Außenhandel nach Warengruppen

Arbeitsthemen

1. Bei einer Gliederung der Natur- und Wirtschaftsräume der USA und der GUS stellen Sie Unterschiede und Gemeinsamkeiten fest. Überprüfen Sie, inwieweit auch die Wirtschaftssysteme raumprägend wirken.
2. Die Phasen der Inbesitznahme und wirtschaftlichen Erschließung verliefen in den heutigen Staatsräumen der USA und der GUS unterschiedlich. Beurteilen Sie Motive und Auswirkungen der Erschließung in ihrer Raumwirksamkeit.
3. Offiziell verstehen sich die USA als „Schmelztiegel der Völker", die GUS als „Vielnationalitätenstaat". Beurteilen Sie beide Aussagen unter dem Gesichtspunkt der „Amerikanisierung" und „Russifizierung".
4. Japan wird unter naturräumlichen und wirtschaftsgeographischen Gesichtspunkten in zwei Landeshälften unterteilt. Vergleichen Sie beide Landesteile im Hinblick auf ihre Ausstattung und Bedeutung für Industrieansiedlungen.
5. Stellen Sie Indikatoren zusammen, die einen Vergleich USA–GUS–Japan ermöglichen.
6. Vergleichen Sie die industrieräumlichen Strukturen der USA, der GUS und Japans miteinander. Untersuchen Sie Standortfaktoren (einschließlich der historischen Entwicklung), und stellen Sie Gunst- und Ungunstfaktoren besonders heraus.

Literatur

Aktuelle IRO Landkarte: USA – Japan, die führenden Wirtschaftsmächte der Welt. München 1989.

Blume, H.: USA. Eine geographische Landeskunde. Bd. 1: Der Großraum im strukturellen Wandel. Darmstadt 1975. Bd. 2: Die Regionen der USA. Darmstadt 1979. USA, Geographische Rundschau 9/87. Braunschweig. Nordamerika, geographie heute H. 91/1991, Seelze.

Aktuelle IRO Landkarte: Vielvölkerstaat Sowjetunion. München 1989.

Presseabteilung der Botschaft der UDSSR (Hrsg.): Sowjetunion heute. Bonn, 12 Ausgaben jährlich. Sowjetunion (3), Praxis Geographie 3/90. Braunschweig.

Statistisches Bundesamt (Hrsg.): Länderbericht. Staaten Mittel- und Osteuropas. Stuttgart 1991.

Verlag Nowosti (Hrsg.): UDSSR Jahrbuch '91. Moskau 1991.

Japan, Geographische Rundschau 4/90. Braunschweig.

Niedersächsisches Landesverwaltungsamt/Landesmedienstelle (Hrsg.): Japan. Strukturen und Probleme des ostasiatischen Inselstaates. Hannover 1990.

Foreign Press Center (Hrsg.): Facts and Figures of Japan. Tokyo 1991.

Japan Graphic Inc. (Hrsg.): Japan illustriert. Tokyo, vierteljährlich.

Seel, W.: Das anstrengende Vorbild. Japan – vom Kindergarten bis zur Industrieforschung. Zürich 1983.

Register

Dritte Welt

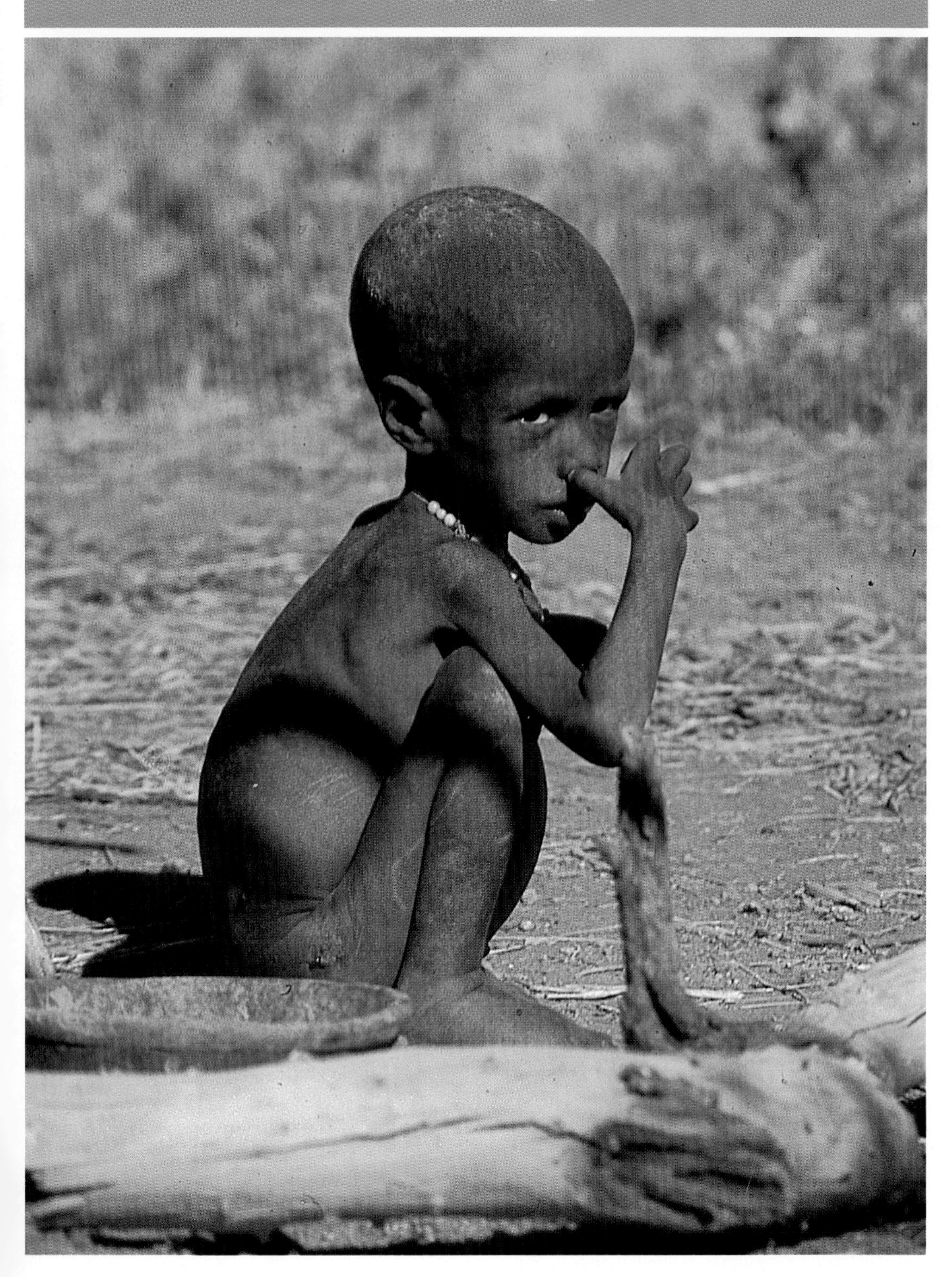

Entwicklungsländer

Was ist ein Entwicklungsland?

„Die Dritte Welt bilden strukturell heterogene Länder mit ungenügender Produktivkraftentfaltung, die sich zur Durchsetzung ihrer wirtschaftlichen und politischen Ziele gegenüber dem 'reichen Norden' und auf Grund gemeinsamer geschichtlicher Erfahrungen und Interessen politisch solidarisiert und in verschiedenen Aktionseinheiten lose organisiert haben."
(Nohlen/Nuscheler, 1982)

Die Begriffe **Dritte Welt, Entwicklungsländer und Nord-Süd-Konflikt** gehören heute zum allgemeinen Wortschatz. Sie bedürfen gleichwohl einer Klärung und einer möglichst genauen Definition.

Der Begriff Dritte Welt wurde seit 1949 üblich, zunächst als rein politischer Begriff. In den 50er Jahren verstand man unter *Dritter Welt* die Länder der **Blockfreien,** die sich unter der Führung von Tito (Jugoslawien), Nehru (Indien) und Nasser (Ägypten) zu einer losen Organisation zusammenschlossen. Kriterien der Zugehörigkeit bzw. der Aufnahme waren und sind eindeutig politischer Natur: Unabhängigkeit von den großen Machtblökken in Ost und West, kein Militärbündnis mit einer Großmacht, Widerstand gegen Imperialismus, Rassismus und jede Form fremder Herrschaft. Die Gruppe der Blockfreien ist heute auf über 100 Mitglieder angewachsen, hat ein ständiges Koordinationsbüro bei den UN in New York und hält regelmäßige Gipfelkonferenzen ab.

Erst als in den 60er Jahren die wirtschaftlichen Unterschiede und Gegensätze zwischen den Industrieländern und den nicht industrialisierten Ländern immer stärker und offenkundiger wurden, kamen Begriffe wie unterentwickelte Länder bzw. Entwicklungsländer in Gebrauch. Der politische Begriff Dritte Welt wurde mehr und mehr auf alle unterentwickelten Länder in Übersee angewandt und mit dem wirtschaftlichen Begriff Entwicklungsländer gleichgesetzt. Im deutschen Sprachgebrauch wurde der wirtschaftlich zutreffende Begriff vom unterentwickelten Land langsam durch den Begriff Entwicklungsland verdrängt. Im angelsächsischen Sprachgebrauch dagegen konnte durch die Bezeichnung 'developing country' ein inhaltlich besserer Begriff ohne diskriminierenden Beigeschmack gefunden werden.

International ist heute der durch wirtschaftliche Kriterien definierte Begriff der **Less Developed Countries (LDC)** gebräuchlich. Mit zunehmender wirtschaftlicher Entwicklung und Differenzierung in der Dritten Welt wurde es unumgänglich, innerhalb der Gruppe der Entwicklungsländer Untergruppen zu bilden. Die Kriterien der Unterteilung dienen gleichzeitig dazu, den Zugang zu internationalen Hilfsfonds sowie zu bi- und multilaterialer Entwicklungshilfe zu steuern und zu regulieren.

Untergruppen der LDC: **Least Developed Countries (LLDC),** Ländergruppe, die nach Beschluß der UN-Vollversammlung von 1971 die am wenigsten entwickelten Länder nach drei Kriterien umfaßt: unter 100 (heute 250) US-$ BIP pro Kopf, Industriequote unter 10% am BIP, Alphabetisierungsquote der über 15jährigen unter 20%. 1971 wurden durch die UN 25 Länder in diese Gruppe aufgenommen, die sich inzwischen auf 36 Mitglieder vergrößert hat.

MSAC: Most **S**eriously **A**ffected **C**ountries: Ländergruppe, die nach Festlegung durch die UN von der Krise der Weltwirtschaft nach der Energieverteuerung am meisten betroffen wurde, für die 1974 ein UN-Sonderprogramm beschlossen worden ist. Die Gruppe umfaßte zunächst 28 und ab 1976 insgesamt 45 Staaten (z. B. Ägypten, Äthiopien, Bangla Desh, Indien, Uganda).

Binnen- und Inselstaaten: Staaten, die auf Grund ihrer geographischen Lage besondere Probleme der Verkehrsinfrastruktur, des Handels und des Transportes zu bewältigen haben. Sie werden bei der Entwicklungshilfe wie LLDC behandelt und erhalten seit 1979 Zuwendungen aus einem UN-Sonderfonds.

OPEC-Staaten: Entwicklungsländer, die auf Grund der Erdölförderung über erhebliche finanzielle Mittel verfügen. Eigene Organisation seit 1961, politisch bedeutsam seit der Ölpreiskrise 1973 (13 Mitglieder).

Schwellenländer: Dieser Begriff hat noch keine klare Definition erfahren und wird synonym mit den Begriffen halbindustrialisierte Länder, Schwerpunktländer, Länder auf dem Weg zur Industrialisierung und im Englischen mit Newly Industrializing Countries benutzt (z. B. Hongkong, Taiwan, Brasilien, Mexiko, Portugal, Israel, Republik Südkorea).

Ende 1982 wurden offiziell 126 Staaten der Dritten Welt gezählt, die sich in der **Gruppe der 77** seit 1964 organisiert haben. Diese Gruppe (ursprünglich 77 Mitglieder) versucht, eine gemeinsame Politik der Entwicklungsländer gegenüber den Industrieländern zu formulieren und besonders vor Welthandelskonferenzen gemeinsame Grundpositionen abzustimmen.

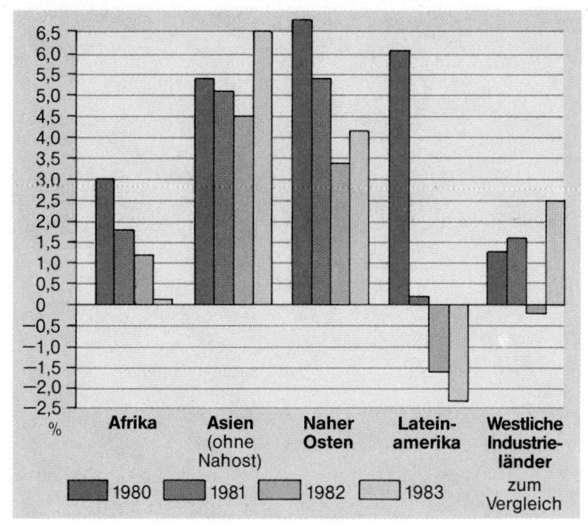

127.1 Wirtschaftswachstum

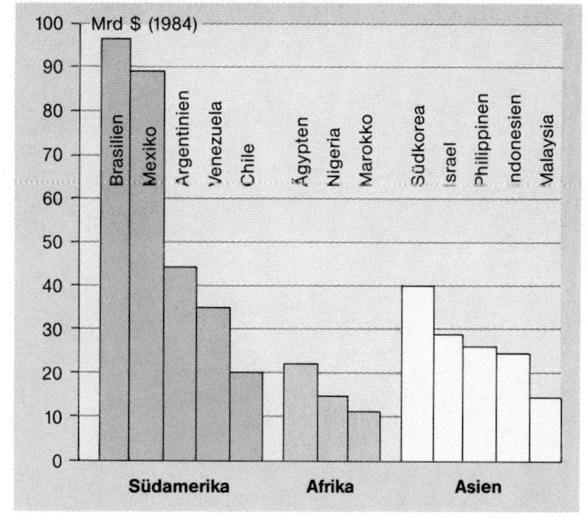

127.4 Verschuldung

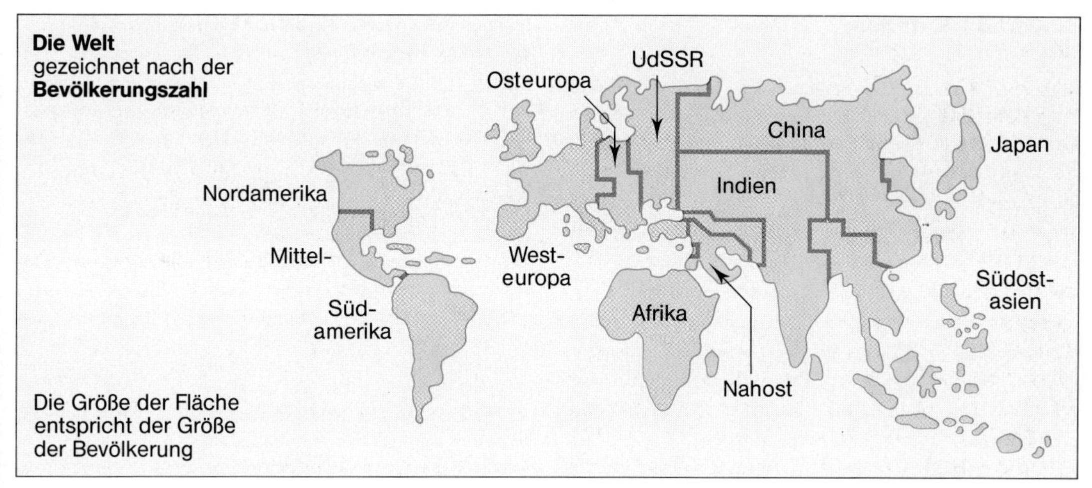

127.2 Die Welt nach Bevölkerungszahl

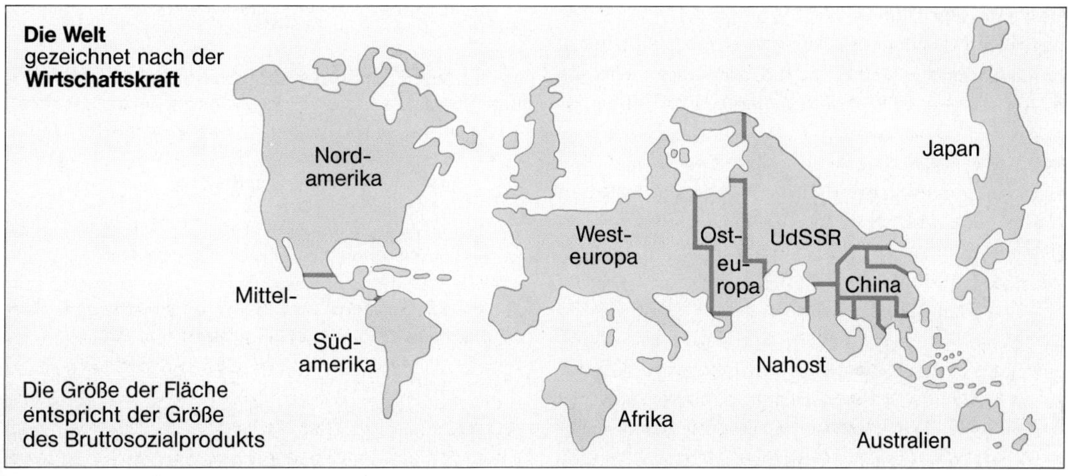

127.3 Die Welt nach Wirtschaftskraft

128.1 Fototourist

128.2 Fototourist

Einander verstehen

„Besuchen Sie das Pfahldorf Ganvié in Benin in Westafrika! In einer Piroge fahren Sie zwischen diesen seltsamen Behausungen umher, während Bewohner die Besucher freundschaftlich begrüßen." (Aus einem Reiseprospekt)

„Cadeau! Cadeau!" Je mehr sich die Boote dem Ort nähern, je lauter tönt es den Reisenden von den schwarzen Jungen entgegen. Aus den vorübergleitenden Booten mit wohlbeleibten Mamis und schlanken Männern erschallt kein Wort des Grußes, kein Winken wird erwidert. Kaum richtet sich die Kamera auf die Menschen, drehen sie sich um, bedecken den Kopf mit einem Tuch oder beginnen zu schimpfen.

Erst der Besitzer des Souvenirladens begrüßt die Besucher freundlich. Auf der Plattform vor der Hütte lassen sich einige Mädchen bereitwillig fotografieren, oben mit oder ohne, je nach Wunsch des Fotografen. Aber wehe, der Preis wird nicht bezahlt! Die Mädchen kennen ihren Wert auf Agfa Color, der einem Tagelohn für harte Arbeit auf dem Festland entspricht. Die Touristen bezahlen, warum sollten sie es nicht nehmen?

Während die Besucher sich mit Cola und Bier erfrischen, vertreibt der Besitzer die hartnäckigen Jungen von der Plattform. Darunter balgen sie sich im trüben Brackwasser um Geldstücke, die ihnen die Touristen zuwerfen.

Das Schauspiel ist entwürdigend – allerdings: für wen? Die Touristen kommen ahnungslos ins „Museum", um die bunten Bilder ihrer Prospekte endlich live zu erleben. Die Bewohner schlagen aus dem exotischen Reiz, den sie selbst nicht empfinden, ein wenig Kleingeld. Zahlende Besucher besichtigen lebende Ausstellungsstücke. (Nach: K. Sieber)

Identitätskrise: Gedanken eines Afrikaners aus einer ehemaligen französischen Kolonie

Ich habe mir Tatsachen eingeprägt, die mein Leben überhaupt nicht betrafen, die in keiner Weise meiner Situation entsprachen. Zu früh bin ich aus meiner Umwelt mit den mir vertrauten Tatsachen herausgenommen worden. Ich hatte zwei Leben. Ich lebte in zwei Welten: Welt der Kühe, Ziegen und Schafe, der Hütte und der dunklen Bananenhaine, des Regens und der Sonne – und dann: Die Welt des Schülers und des richtigen Benehmens, der Kugeln, der Meere und Ozeane, der großen Flüsse, der Abgründe, der Wasserfälle, des Zwei-und-Zwei.

Man nahm das so wichtig, daß ich mich schließlich davor fürchtete: Mississippi-Missouri, die Maas, die Marne, Grönland, der Schnee, die Tundren, der Strand, die Kioske, das Casino, der Afrika-Kurier und der Transsibirien-Expreß.

Außerordentlich! Das alles habe ich mir eingeprägt, weil ich überzeugt war, daß man das wissen muß, um zivilisiert zu sein. Dann kehrte ich in mein Dorf zurück. Ich schlief in unserer Hütte und teilte mit den Älteren, weniger Glücklichen, die Schlafmatte. Aber ich verachtete bereits die Haufen von nichtgezähltem Mais, die nicht in Reih und Glied gepflanzten Bananenwälder, die Köpfe der Nachbarn, in die die gute Wissenschaft noch nicht eingedrungen war.

Ich lernte nicht, um zu leben, sondern um auf mögliche Fragen antworten zu können, auf Fragen, die ein anderer stellte. Und weil ich zu einer versöhnlichen Haltung erzogen wurde, mußten sich meine Antworten nach den gestellten Fragen richten. So verlief mein Studium in einer ruhigen Atmosphäre.

Mein Geschichtsunterricht war tot, unbewegend, unverbindlich, unlebendig, ohne Vergleiche mit der Geschichte meines Landes, die man wie mit einem Tuch verdeckt hatte. Die fremden Persönlichkeiten riefen in mir „staunende Bewunderung" hervor, mehr nicht. Nichts lud zur Nachahmung ein, nichts regte uns an. Aber ich wußte Bescheid. Damals hatte ich ein gutes Gedächtnis.

Und dann hatte ich mein Diplom. Ich wurde als begabt für die Universität auserwählt. Ich wurde für fähig gehalten, in die Reihen der Intellektuellen der unterentwickelten Länder aufzurücken, dieser Männer, schlau wie Affen, die ohne zu seufzen zum Verfall ihrer Völker beitragen. Diese zivilisierten Männer, die sich schämen, in ihrem Dorf zu leben.

Das Schiff, ein norwegischer Frachter, hatte die Nacht über vor Conakry gelegen. Die Sonne ging auf und wir lagen noch immer vor Anker. Wann wir einfahren könnten, hatte ich den Kapitän gefragt, und er hatte geantwortet:
„Ist noch fraglich, ob wir überhaupt einfahren können. Sie wissen doch: Die Schwarzen haben in Conakry die Unabhängigkeit ausgerufen. Die französischen Lotsen haben gekündigt, sind abgereist. Aber vielleicht ist noch einer da."
In Dakar hatte uns ein netter Franzose in den Hafen gelotst. Die Manöver erschienen mir wenig schwierig. Ich fragte: „Kann man nicht auch ohne Lotsen an die Mole kommen?"
Der Kapitän grinste über die Landratte: „Hier nicht. Conakry ist einer der kompliziertesten Häfen der Küste. Der Fluß hat starke, unregelmäßige Strömung und bildet fortwährend andere Sandbänke. Vielleicht kommt doch noch ein Lotse."
Wir warteten noch eine Stunde, dann kam ein Motorboot auf das Schiff zu. „Ist also doch noch einer geblieben", meinte der Kapitän. „So'n Lotse verdient gut. Haben in Frankreich nicht für alle Verwendung."
Der Kapitän ging zum Fallreep, den Lotsen in Empfang zu nehmen. Wir beiden Passagiere beugten uns über die Reling. Der Lotse war schwarz. Der Lotse war nicht freundlich, sondern ernst, verschlossen, korrekt. Der Kapitän konnte kein Französisch. Das Englisch des Lotsen war schlecht. Der Kapitän führte den Lotsen an den beiden Passagieren vorbei zur Brücke empor. Wir sagten: „Bonjour Monsieur", der Lotse sagte im Vorbeigehen: „Bonjour, Messieurs". Kein Lächeln.
Wir kletterten aufs Dach der Kommandobrücke. Der Lotse stand auf der Steuerbordseite und gab in harter englischer Sprache kurze Kommandos. Er sah steif nach vorn, unbeweglich. Der Kapitän stand zwei Schritte hinter ihm, ebenso unbeweglich. Sie sprachen kein Wort miteinander, während das Schiff sich langsam in die breite Mündung des Flusses hineinschob. Eine Viertelstunde lang fuhren wir so mit eigener Kraft. Dann kam ein Schlepper angefahren, der Lotse pfiff Signale, und der Schlepper kurvte, Signale tutend, um unser Schiff herum. Als der Lotse auf die Backbordseite hinüberging, um den Schlepper im Auge zu haben, blieb der Kapitän stehen, wo er stand. Ich fragte ihn: „All right?" „Das Schiff ist gut versichert", war seine Antwort. Es war ein schönes, neues Schiff, 1957 gebaut, sechstausend Tonnen groß, voll beladen. Schiff und Ladung waren einige Millionen wert.
Wir fuhren genau auf zwei Baggerkähne zu, die mitten im Fluß auf einer Sandbank lagen. Die Strömung war stark. Kurz vor den Kähnen gab der Lotse ein paar Kommandos, das Schiff ruckte vor und zurück, begann sich auf der Stelle zu drehen und fuhr dann langsam links an den Kähnen vorbei. Rechts lag die Mole, mit Schiffen belegt; eine kleine Lücke dazwischen, kaum länger als unser Schiff.
Als wir die Kähne und die Sandbank passiert hatten, fuhr das Schiff langsamer, blieb schließlich auf der Stelle, Antrieb und Gegenströmung glichen sich aus. Der Schlepper kam von der Backbordseite, rechtwinklig, und schubste mit seiner von einem Autoreifen gepolsterten Nase das Schiff auf die Mole zu. Bald mußte der Schlepper vorn, bald hinten ansetzen; der Lotse, nun wieder an Steuerbord mit Blick auf die Mole, kommandierte durch Pfeifsignale den Schlepper herum. Schon waren die Wurfleinen für die Trossen an Land geschleudert worden, ein Arbeiter hatte die Schlinge der Trosse in seiner Hand, und der Lotse bezeichnete den Poller, um den der Gehilfe die Trosse schlingen sollte. Aber der Mann protestierte und deutete auf einen anderen Poller. Das Schiff trieb langsam die Mole entlang, rückwärts auf den Bug eines anderes Schiffes zu; der Lotse brüllte und deutete auf den Poller, der Mann protestierte und deutete wieder auf den anderen Poller.
Der Kapitän wurde weiß. Er hatte Angst um sein Schiff, und ich hatte Angst um den Lotsen. Zwischen dem Lotsen und seinem Gehilfen tobte ein Kampf. Offenbar waren beide bestrebt, ihre Sache richtig zu machen. Der Lotse hatte einen Poller bezeichnet, doch der Handlanger, selber den Befehl des Lotsen bedenkend, sagte ihm nein, das sei ein Irrtum, gestern und vorgestern habe er die Trosse an jenem anderen Poller befestigt, dort gehöre die Trosse hin.
Beide, der Lotse sowohl wie der Mann an der Trosse, stritten hier für die Ehre ihres soeben unabhängig gewordenen Staates. Von der Entscheidung hing es ab, ob man sagen würde: „Donnerwetter, das sind ganze Kerle", oder: „Da sieht man's wieder, sie können es nicht allein". Zuvor hatten sie nie selber die Verantwortung tragen dürfen, sie hatten auszuführen gehabt, was man ihnen befahl, waren Handlanger nur gewesen: „Yessar, ich tu', was du sagst, mag's gehn, wie es will."
Der Kapitän biß sich auf die Lippen, ich fürchtete, daß er eingreifen würde, und dann war das Unheil da, denn beide hätten die Trosse dann um den anderen Poller gelegt. In diesem Augenblick wurde dem Kapitän eine Entscheidung abverlangt: die Verantwortung dieser Menschen, gegen die er ein Mißtrauen hegte, anzuerkennen, zu respektieren oder eine Verantwortung an sich zu reißen, widerrechtlich, die weder das Schiff retten konnte noch seine Seemannsehre.
Der Lotse schrie, gestikulierte, erklärte, und der Mann legte schreckstarr in letzter Sekunde die Trosse um den vom Lotsen bezeichneten Pfeiler. Ein Rütteln ging durch das Schiff, die Trosse zog an, ein paar Kommandos noch, und das Schiff lag unversehrt an der Mole. Der Kapitän und der Lotse verließen die Brücke. Als der Lotse von Bord war, ging ich zum Kapitän. „Na, Käpten – zufrieden mit dem Lotsen?" „Er machte seine Sache gut. Die Manöver hier sind sehr kompliziert." „Und der Mann an der Trosse?" „Der erste schwarze Handlanger, der selber denkt. Aber die Verantwortung kann nur einer haben. Das werden die auch noch lernen." „Wußten Sie, welcher Poller der richtige war?" „Wie sollte ich? Das hängt von der Strömung ab, und die kann sich täglich ändern." „Sie wußten nicht, daß der Lotse recht hatte?" „Ich war nicht sicher. Der Mann auf dem Kai ist sicher viel länger Trossenleger als der Lotse Lotse. Solche Leute haben ihre Routine und ihre Erfahrung." „Und wenn Sie wieder einen schwarzen Lotsen bekommen?"
„Ein Lotse ist ein Lotse, ob weiß oder schwarz. Wenn diese Afrikaner erst mal auf eigenen Füßen stehen, dann können sie plötzlich auch laufen. Man muß sich daran gewöhnen."
Der Kapitän hatte die Prüfung, die ihm der Unabhängigkeitstag auferlegte, bestanden. Für die Afrikaner jedoch ist die rechte Entscheidung zu fällen weniger einfach. Auf allen Ebenen reißt die Debatte nicht ab, um welchen Poller die Trosse gelegt werden muß, und die Lotsen der neuen Staaten haben es schwer, den Handlangern, die plötzlich mitdenken, die Verantwortung mittragen wollen, ihre Entscheidungen klarzumachen. Sie haben es um so schwerer, als die Kapitäne von jenseits des Meeres die Eigenverantwortlichkeit dieser Lotsen oft nur unwillig respektieren und nicht mit angeblich gutgemeinten, aber eigennützigen, Ratschlägen sparen.
(Aus: Janheinz Jahn, Durch Afrikanische Türen, gekürzt)

130.1 Maske aus Westafrika

130.2 Felsenkirche von Lalibela (Äthiopien)

130.3 Moschee von Mopti (Mali)

Afrika

Geschichtsloser Kontinent?

Das mittelalterliche Mali-Reich war von Beginn an eine Negergründung. Sein bedeutendster Herrscher, Mansa Musa, stellte auf seiner Pilgerreise nach Mekka den Glanz und Reichtum seines Reiches zur Schau. Sein Pilgerweg führte ihn 1324 über Kairo, wo er durch prachtvolle Hofhaltung und reichliche Almosen den Goldpreis zum Verfall brachte, wie der ägyptische Beamte Al Omari noch um 1435 wußte und für die Nachwelt aufzeichnete.

Wirtschaftliche Grundlage der sudanesischen Reiche war der Handel mit Salz, Gold, Elfenbein, Sklaven und Gewürzen. Knotenpunkte der alten Handelsstraßen waren vor allem die Städte Timbuktu und Gao am Niger. Das Songhai-Reich erreichte im 16. Jh. die größte Blüte. „Es ist wunderbar zu sehen, welch ein Reichtum von Waren täglich dort hingebracht wird und wie kostbar und herrlich all diese Dinge sind", berichtet Leo Afrikanus in seinem 1563 erstmals veröffentlichten Werk.

Ein Expeditionsheer des Sultans von Marrakesch, das bereits über Feuerwaffen verfügte, überwältigte das große Songhaiheer und eroberte 1591 Timbuktu und Gao. Die Eroberer brachten allein 30 Kamelladungen Gold mit zurück, wie der englische Kaufmann Thomson bei der Ankunft einer Karawane beobachtete und am 4.7.1599 notierte. Der Sultan zog sich 1618 aus Songhai zurück, aber Handel und staatliche Organisation blieben zerstört. „Von dem Augenblick", so die Chronik des englischen Kaufmanns, „änderte sich alles. Gefahr trat an die Stelle der Sicherheit, Armut an Stelle von Reichtum. Auf Frieden folgten Notstand, Katastrophen und Gewalt."

Die Portugiesen stießen, als sie Ende des 15. Jh. in den Indischen Ozean vordrangen, auf reiche Handelsstädte an der ostafrikanischen Küste. Der Indische Ozean bildete mit Ostafrika, Arabien und Indien eine arabisch geprägte blühende Handelsregion.

Die Handelsstädte der Küste standen sicher in engem Kontakt mit den Reichen von Simbabwe und Mapungubwe, die im Binnenland die begehrten Metalle Eisen, Gold, Zinn und Kupfer förderten, schmolzen und bearbeiteten. Im Hinterland von Sofala findet man zahlreiche, z. T. eindrucksvolle Ruinen, Tausende von ausgebeuteten Minen und Schlackenfelder der Eisenverhüttung sowie Reste großer Terrassenkulturen und Bewässerungskanäle, alles Zeugen langer und vielfältiger Kulturepochen. Den Portugiesen wurde im 16. Jh. von einem mächtigen Bantu- Königreich berichtet, über das der Monomotapa, der Herr der Minen, herrschte.

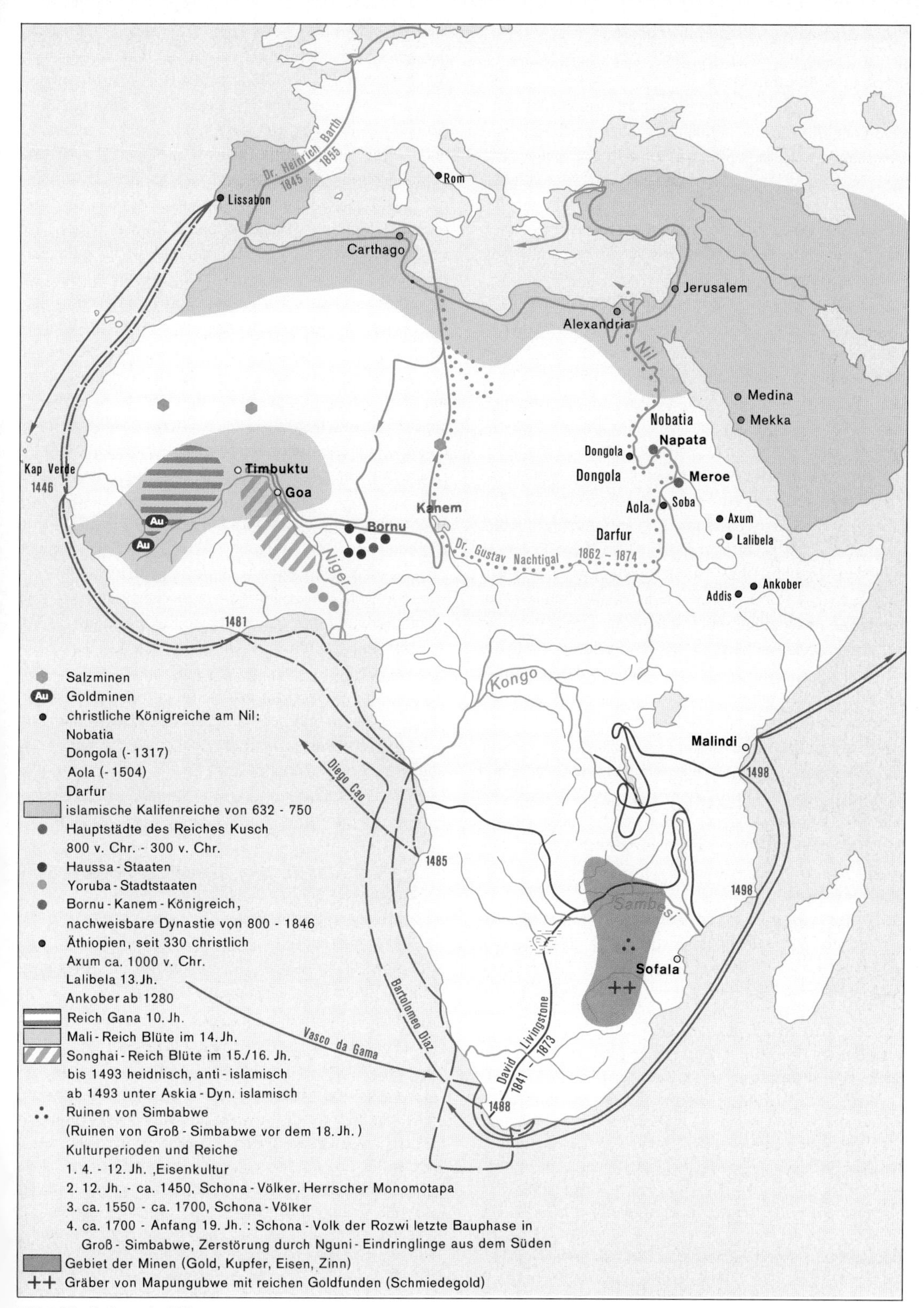

131.1 Alte Kulturen in Afrika

Ein Kolonialkontinent Europas

Europas Griff nach Afrika

In der Antike gehörte Nordafrika zum griechisch-römischen, in den ersten christlichen Jahrhunderten zum abendländischen Kulturkreis. Das übrige Afrika jenseits der Wüste Sahara lag weitgehend außerhalb des damaligen Weltbildes. Seit dem 8. Jh. verhinderte dann die Ausbreitung des Islam über Nordafrika bis nach Spanien für Jahrhunderte den Kontakt zwischen dem christlichen Europa und Afrika.

Die Portugiesen begannen dann seit 1419 die Westküste zu erkunden, erreichten aber erst gegen Ende des 15. Jh. den Indischen Ozean. Aber Afrika selbst blieb dennoch lange Zeit für Europa der unbekannte Kontinent. Erst die Entdeckungsreisen im 19. Jh. brachten Kunde vom Inneren Afrikas nach Europa, in dem die Berichte nicht selten auf ungläubiges Staunen stießen.

Im Zeitalter des Imperialismus wurde schließlich auch Afrika kolonialisiert, Frankreich eroberte seit 1834 Algerien, 1854 den Senegal. England besetzte 1882 Ägypten und betrieb erfolgreich eine Kap-Kairo-Politik, in den Burenkriegen (1899–1902) sogar gegen weiße Burenrepubliken. Portugal verteidigte seine afrikanischen Territorien in Angola und Mosambik. Das Deutsche Reich und Italien griffen ab 1884 nach den noch freien Küstengebieten. Auf der Berliner Afrikakonferenz (1884/85) einigten sich die Kolonialmächte auf Einflußsphären und legten Regeln für die Okkupation Afrikas fest.

Die Zeit der Kolonisierung war voller Kämpfe, weil die europäischen Mächte ihre Konflikte auch in Afrika austrugen und weil hartnäckiger Widerstand und zahlreiche Aufstände afrikanischer Völker durch Eroberungszüge, Straf- und Vernichtungsaktionen unterdrückt wurden.

Sklavenhandel

Sklavenhaltung und -handel waren in Afrika wie im antiken Griechenland nichts Ungewöhnliches. Die Sklavenmärkte von Kano und Mombasa z. B. versorgten über Jahrhunderte die islamisch-arabische Welt mit Haussklaven, Eunuchen und Sklavinnen. Die Kommerzialisierung des Sklavenhandels durch Europäer und später auch durch Araber für den Sklavenbedarf in den amerikanischen Kolonien brachte eine neue Dimension des Menschenhandels: Von 1450 bis 1870 wurden zwischen 10 und 30 Mio afrikanische Sklaven in die Neue Welt verschifft. Neunhundert Schiffsfrachten ab Liverpool im Zuge des Dreieckhandels brachten allein von 1783–1793 etwa 300 000 Sklaven nach Amerika. Es war billiger, auf dem Transport Verluste hinzunehmen als für gute Verpflegung zu sorgen. Noch um 1860 wurden an der ostafrikanischen Küste 50–70 000 Sklaven jährlich umgesetzt. Dieser Menschenhandel, in den afrikanische Küstenbewohner aktiv einbezogen wurden, führte nicht nur zu hohen Menschenverlusten, sondern durch die gewaltsame Beschaffung der Sklaven, durch Kriege und Sklavenjagden zu einer tiefgreifenden Zerstörung vieler afrikanischer Völker und Kulturen und zur Zerrüttung geordneter politischer und gesellschaftlicher Werte und Strukturen.

Koloniales Erbe – wirksam bis heute

Die koloniale Durchdringung Afrikas, in der sich Missionierung und kulturelle Überfremdung mit Handel und wirtschaftlicher Ausbeutung verbanden, hat bis heute nicht überwundene Folgen: Eigene Kulturformen wurden zerstört und diskriminiert. Die Eliten wurden durch Bildung europäisiert und der eigenen Tradition entfremdet. Europäische Sprachen und Wertvorstellungen drangen in alle Bereiche ein. Die Grenzen der Kolonialbereiche wurden in Unkenntnis und ohne Rücksicht auf sprachliche und ethnische Grenzen der Einheimischen gezogen. Die Wirtschaftsbeziehungen wurden auf Europa ausgerichtet, innerafrikanische Beziehungen verkümmerten.

1. Erklären Sie die späte Entdeckung und Eroberung Innerafrikas südlich der Sahara.
2. In welchen Naturlandschaften lagen die alten Reiche und Kulturzentren?
3. Verdeutlichen Sie an Staatsgrenzen und Verkehrsstrukturen das koloniale Erbe Afrikas.

„Ich war gestern im East End von London und besuchte eine Arbeitslosenversammlung. Und als ich nach den dort gehörten wilden Reden, die nur ein Schrei nach Brot waren, nach Hause ging, da war ich von der Wichtigkeit des Imperialismus mehr denn je überzeugt ... Meine große Idee ist die Lösung des sozialen Problems; das heißt, um die 40 Mio Einwohner des Vereinigten Königreiches vor einem mörderischen Bürgerkrieg zu schützen, müssen wir Kolonialpolitiker neue Ländereien erschließen, um den Überschuß an Bevölkerung aufzunehmen und neue Absatzgebiete schaffen für die Waren, die sie in ihren Fabriken und Minen erzeugen." (Cecil Rhodes, 1895)

Die moralische Verpflichtung gegenüber den unterworfenen Rassen schließen solche Dinge ein wie die Schulung der eingeborenen Herrscher, die Übertragung solcher Verantwortungen auf sie, die zu tragen sie befähigt sind, die Errichtung korruptionsfreier und allen zugänglicher Gerichtshöfe, die Einführung eines Bildungssystems, das dem Fortschritt helfen wird, ohne falsche Ideale zu erzeugen, die Einführung freier Arbeit und eines gerechten Steuersystems, Schutz der Bauernschaft vor Unterdrükkung und Bewahrung ihrer Rechte auf das Land ...
(Lord Lugard, zur Einführung der indirect rule um 1900 in Uganda und in Nord-Nigeria, 1922)

Zaire – ehemals Belgisch Kongo

Kolonialgeschichte

Die Portugiesen entdeckten auf ihrem Weg nach Indien entlang der afrikanischen Küste an der Kongomündung ein wohlorganisiertes Königreich. Der König Nzinga Nkuwu ließ sich 1491 taufen, und einer seiner Enkel wurde 1520 in Lissabon zum Bischof geweiht, für drei Jahrhunderte der einzige katholische Bischof schwarzer Hautfarbe. Die Gier nach Gold und Sklaven und die gewaltsame Eroberung Afrikas durch andere europäische Staaten machten diese frühe friedliche Begegnung zwischen Europa und Afrika zunichte.

Auf der Berliner Afrikakonferenz 1884/85 erkannten die Kolonialmächte den Etat Indépendant du Congo als Privatbesitz Leopold II. von Belgien an. Dieser überließ Verwaltung und Ausbeutung der Kolonie privaten Gesellschaften gegen Gewinnbeteiligung. Greuel im Privatstaat führten zu öffentlichen Protesten in Europa und zur Übernahme der Kolonie durch den belgischen Staat. Dieser leitete tiefgreifende Reformen ein, schuf eine sehr straffe Verwaltung und förderte den Aufbau von Landwirtschaft, Bergbau und Export. Die Gewinne trugen erheblich zum belgischen Staatsetat bei. Träger der Kolonialwirtschaft waren belgische Beamte sowie Bergwerks- und Plantagengesellschaften. Afrikaner waren von sozialem Aufstieg und wirtschaftlicher Verantwortung ausgeschlossen.

Der Weg zur Unabhängigkeit

Anfang der 50er Jahre entstand die erste politische Bewegung unter Schwarzafrikanern, 1958 kam es zu ersten Unruhen, die sich 1959 ausweiteten. Daraufhin beschloß die belgische Regierung, der Kolonie bereits zum 30. Juni 1960 die Unabhängigkeit zu gewähren.

Sezessionsversuche der Kupferprovinz Katanga (Shaba) und innenpolitische Wirren führten zum Bürgerkrieg. Dieser weitete sich zu einem internationalen Krisenherd aus, weil einerseits belgische Truppen direkt eingriffen und andererseits die sozialistisch orientierte Regierung Hilfe von der UdSSR erhielt. Erst durch den Einsatz einer UN-Truppe konnte die Kongokrise einigermaßen unter Kontrolle gebracht werden.

Unter Mobutu, der 1965 durch einen Putsch an die Macht kam, wurden die östlichen Berater ausgewiesen und ein prowestlicher Kurs eingeschlagen, der Zaire die Unterstützung westlicher Mächte sicherte. Zaire ist heute eine präsidiale Republik mit einem Einkammerparlament. Mobutu ist Staatspräsident, Vorsitzender des Ministerrates, Oberbefehlshaber und Vorsitzender der einzigen Partei (Mouvement Populaire de la Révolution). Jede Opposition im Land wurde und wird unterbunden und ausgeschaltet.

Auf dem Weg zum afrikanischen Nationalstaat

Ohne ausreichende politische Vorbereitung, ohne eine genügende Zahl von ausgebildeten und qualifizierten Verwaltungsbeamten und Politikern, ohne eigene, genügend ausgebildete Fachkräfte im Wirtschafts-, Gesundheits- und Bildungswesen hat Belgisch Kongo fast über Nacht die politische Selbständigkeit erhalten. Ein Binnenraum von 2 345 400 km² mit nur 38 km Küste und damals nur etwa 14 Mio Einwohnern, die sich in fünf ethnische Hauptgruppen mit 400 Dialekten gliederten, sollte ein demokratisch regierter Nationalstaat werden.

In den politischen Wirren der ersten Jahre litten besonders Wirtschaft und Infrastruktur. Die meisten Europäer verließen das Land, viele überstürzt. Die Produktion der agrarischen und bergbaulichen Großbetriebe ging stark zurück, da europäische Fach- und Führungskräfte nicht kurzfristig und gleichwertig ersetzt werden konnten. Gut organisierte Produktionssysteme verfielen zunächst, als die einheimischen Bauern endlich vom Druck der Kolonialverwaltung und deren Anbau- und Abgabenzwang befreit waren.

Die Sezessionsbestrebungen der Bergbauprovinz Shaba hielten weiter an. Die Politiker Shabas wollten den Reichtum der Heimat nicht mit dem Gesamtstaat teilen und die Macht nicht dem fernen Kinshasa überlassen.

Clandenken und Machtsicherung

Die belgische Kolonialelite ist heute durch eine zairische Elite ersetzt, deren etwa 200 Großfamilien sich den Reichtum des Landes aneignen. Mobutu und einer seiner engsten Verwandten gehören vermutlich zu den 20 reichsten Männern der Welt. Nach westlichen Zeitungsberichten hat Mobutu etwa 4 Mrd US-Dollar auf anonymen Schweizer Privatkonten angehäuft, was etwa der zairischen Staatsverschuldung entsprechen soll.

In der afrikanischen Gesellschaft spielt die Bindung an die eigene Familie, an den eigenen Clan noch eine sehr wichtige Rolle. Die Großfamilie ist noch sehr stark der Bezugspunkt im sozialen Verhalten des Einzelnen. Die politischen Führer, die neuen Eliten des Staates, sind daher oft stärker ihrer Familie und der eigenen ethnischen Gruppe verpflichtet als dem Staat.

Die Armee hat hauptsächlich die Aufgabe der Machtsicherung und -erhaltung der jetzigen politischen Führung. Als Gegenleistung erhält insbesondere das Offizierskorps große Privilegien in Form von bevorzugter Versorgung mit Konsum- und Luxusgütern und ständiger Erneuerung der Ausrüstung.

1. Versuchen Sie, Entwicklungsbedingungen für Zaire auf Grund der Geschichte, der weltpolitischen Lage sowie der inneren Gesellschafts- und Machtstrukturen zu bestimmen.

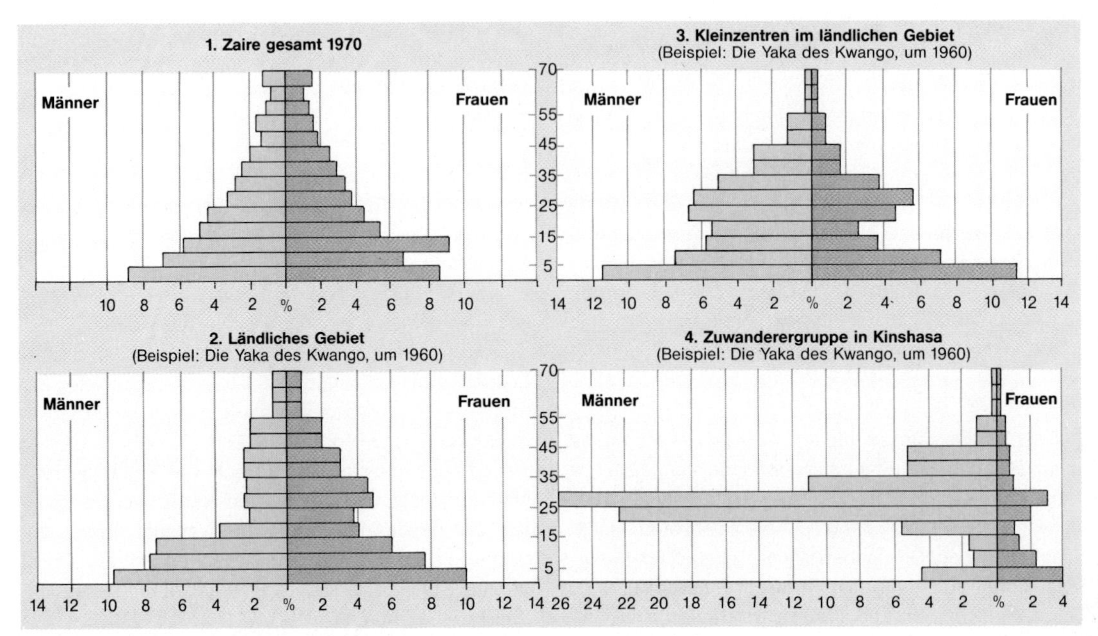

134.1 *Alterspyramiden der zairischen Bevölkerung*

2. Beschreiben Sie anhand der Abb. 135.1 und 2 die naturräumliche Ausstattung von Zaire. Setzen Sie Ihre Ergebnisse mit Abb. 134.2 in Beziehung.

3. Erklären Sie die unterschiedlichen Alterspyramiden der zairischen Bevölkerung anhand Ihrer Ergebnisse aus Aufgabe 2.

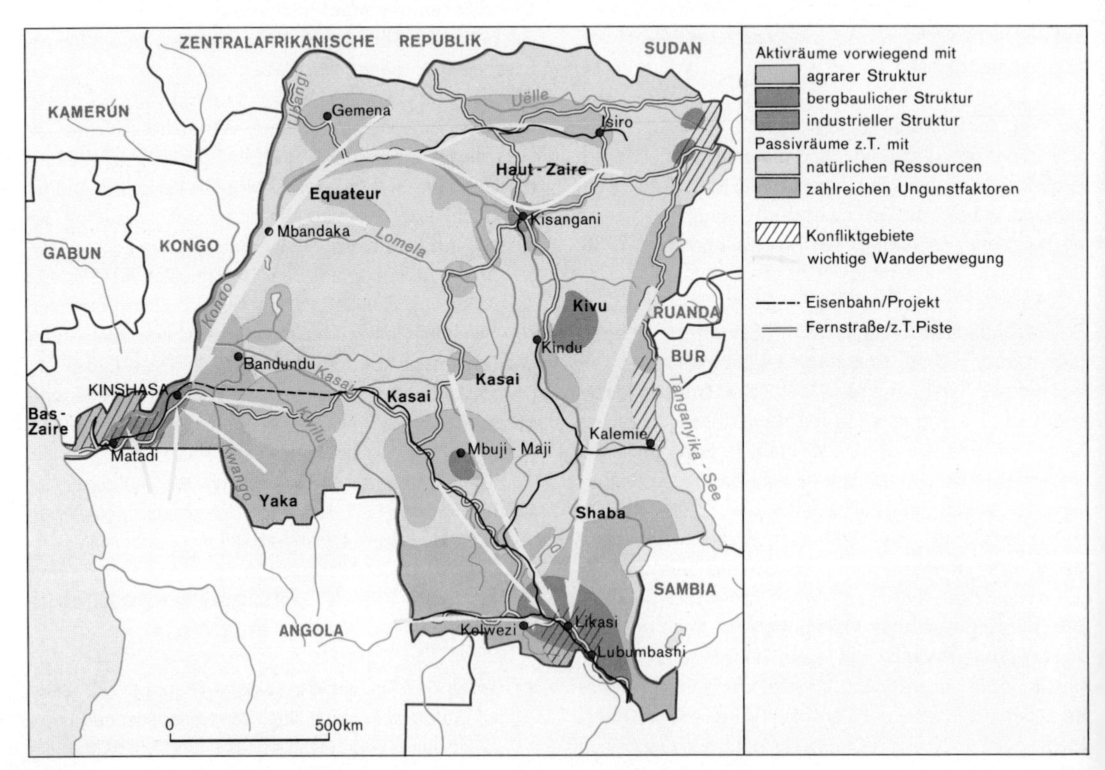

134.2 *Aktiv- und Passivräume*

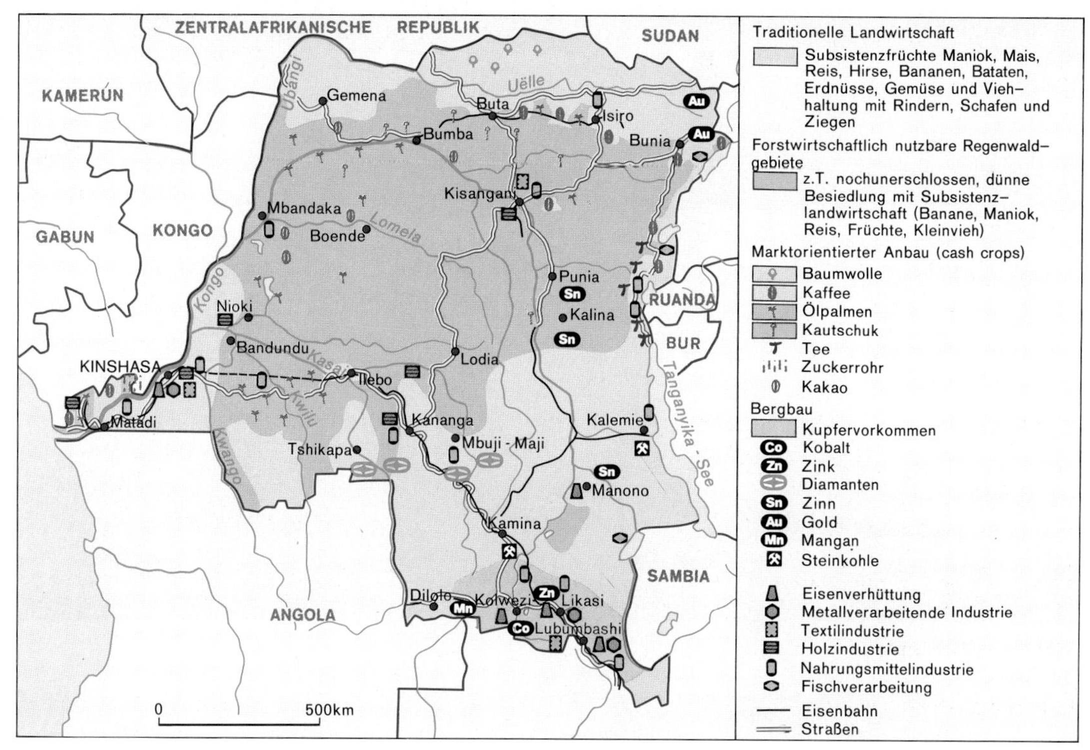

135.1 Wirtschaft

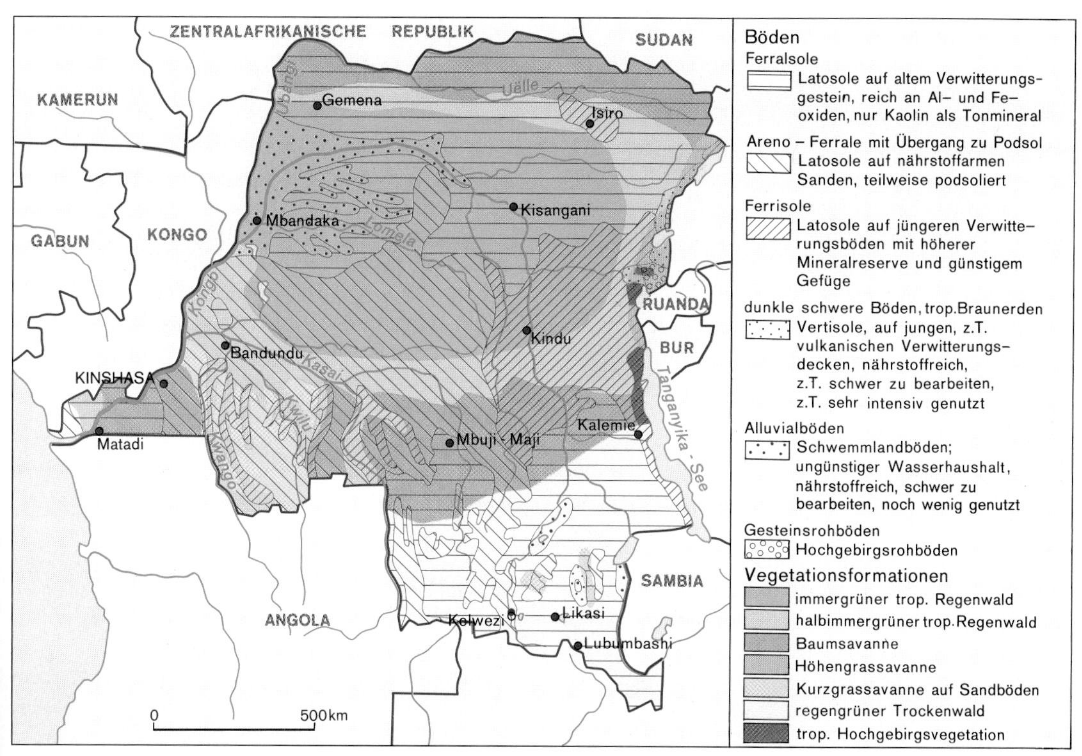

135.2 Vegetation und Böden

136.1 Plaza de las Tres Culturas

Mexiko

Die Mexikanische Nation

Die Mexikanische Nation und Kultur haben zwei Quellen, die noch immer nicht zu einer stabilen Synthese verschmolzen sind. Die Mexikanische Nation ist bisher noch eine geteilte Gemeinschaft geblieben, in der verschiedene Kulturen gleichzeitig und nebeneinander bestehen, die oft nur wenig Berührungspunkte oder Verständnis für einander haben. Noch ist die schmerzvolle Geburt der Nation der Mexikaner nicht abgeschlossen.

"Der Mexikaner will weder Indio noch Spanier sein, ebensowenig will er von ihnen abstammen. Er verleugnet sie, und er behauptet weniger, ein Mestize zu sein als dessen Abstraktion: ein Mensch. Er möchte von niemandem abstammen, seinen Ursprung bei sich selber nehmen.

Der Charakter des Mexikaners ist eine Frucht der in seinem Lande herrschenden sozialen Verhältnisse. Die Lage des Volkes während der Kolonialzeit ist die wahre Wurzel unserer verschlossenen und unsteten Art. Unsere Geschichte seit der Unabhängigkeit trug viel zur Fortsetzung und klaren Hervorhebung unserer Sklavenmoral bei, zumal es uns nicht gelungen ist, das Elend des Volkes – die aufreizenden sozialen Unterschiede – zu beseitigen."
(Aus: Octavio Paz, Das Labyrinth der Einsamkeit)

Das indianische Erbe. Das vorkolumbianische Mittelamerika war weder ein sprachlich und ethnisch noch ein kulturell und politisch einheitlicher Raum. Die Mexiko-Azteken hatten zwar im südlichen Hochland das größte vorspanische Reich gegründet, sich viele Völker und Stadtstaaten unterworfen und tributpflichtig gemacht, aber noch keinen einheitlichen Staats- und Kulturraum geschaffen. Die Azteken waren als Nomaden aus dem Norden eingewandert und hatten die hohe Kultur der Tolteken assimiliert. Sie hatten die Verehrung des gefiederten Schlangengottes Quetzalcoatl übernommen und einen Kult entwickelt, der zur Aufrechterhaltung der kosmischen Ordnung Menschenopfer verlangte. Nach der Überlieferung hatte Quetzalcoatl um 100 n.Chr. in einem toltekischen Führer seine irdische Inkarnation erfahren und bei seiner gewaltsamen Vertreibung seine Rückkehr für das Jahr Ce Acatl (ein Rohr des aztekischen Kalenders) prophezeit, dem Jahr der spanischen Landung. Als die Spanier 1519 das Festland betraten und Veracruz gründeten, befand sich das Aztekenreich unter Moctezuma II. auf dem Höhepunkt seiner Macht, aber im Gegensatz zu vielen unterworfenen indianischen Völkern.

Das spanische Erbe. Nach der Zerstörung des Aztekenreiches, die den Spaniern mit Hilfe der zahlreichen indianischen Verbündeten, überlegener Waffen und der rituellen Lähmung der Aztekenherrscher schnell gelang,

137.1 Kirchliches Kolonialbarock

137.2 Marienprozession

bauten sie auf den Trümmern der Azteken-Hauptstadt Tenochtitlan eine neue Metropole, die zum Verwaltungs- und Kulturzentrum des spanischen Kolonialreiches in ganz Mittel- und Nordamerika wurde. Das spanische Vizekönigreich schuf in diesem Raum eine Ordnung, die mit einer einheitlichen Sprache und einer zentralen Verwaltung in der spanisch-katholischen Religiosität begründet war. Die Indios nahmen den katholischen Glauben wesentlich von der rituellen Seite auf und vermischten ihn mit Kultformen indianischer Religiosität.

Zwar kamen die Spanier als Conquistadoren auf der Suche nach Reichtum und Macht, aber sie brachten auch mit der katholischen Kirche eine universale Ordnungs- und Kulturmacht ins Land, die es auch den Indios ermöglichte, über die Taufe einen Platz in der Gesellschaft zu finden, wenn auch nur auf der untersten Stufe der Rangordnung. Hierin liegt ein wesentlicher Unterschied zum Schicksal der Eingeborenen in vielen anderen Kolonialgebieten europäischer Eroberer. Allerdings hat die katholische Ordnung nicht verhindern können, daß auch im spanischen Vizekönigreich die Indios ihr Land verloren und auf den Gütern der Conquistadoren ausgebeutet wurden. Selbst die neuen Indianergesetze von 1542, auf Betreiben der Kirche von der spanischen Krone zum Schutz der Indios erlassen, konnten daran nur wenig ändern. Immerhin wurde es möglich, daß Nachfahren von Cuanthemoc spanische Vizekönige wurden und daß es unter den späteren mexikanischen Präsidenten reinrassige Indianer gab.

Inschrift auf einer Tafel

Am 13. August 1521 wurde Tlatelolco – nach heldenhafter Verteidigung durch Cuanthemoc – von Cortez eingenommen. Weder Triumph noch Niederlage, sondern die schmerzvolle Geburt des Volkes der Mestizen, der Mexikaner, von heute.

Kultur- und Geschichtsepochen

Maya-Kulturen auf Yucatán	
320– 900 n.Chr.	Altes Reich
900–1546 n.Chr.	Neues Reich
Südliches Hochland von Mexiko	
1200– 300 v.Chr.	Olmeken-Kultur
100– 900 n.Chr.	Teotihuacan-Hochkultur
900–1300	Reich der Tolteken
1325–1521	Reich der Azteken
Zwischen Yucatán und Texas bis Kalifornien	
1521–1821	Spanisches Vizekönigreich
1810–1821	Unabhängigkeitskrieg
1821–1881	Republik oder Monarchie, Bürgerkrieg
1846–1947	Verlust von mehr als der Hälfte des Territoriums im Norden an die USA
1857	Liberale Verfassung und Reformgesetze, Trennung von Staat und Kirche
1876–1911	Diktatur von Porfirio Díaz
1910–1929	Mexikanische Revolution
1917	Neue republikanische Verfassung, präsidiale Demokratie
1929	Gründung der Pártido Revolucionario Institucional (PRI) als politische Sammlungspartei, die seither alle Präsidenten stellte.

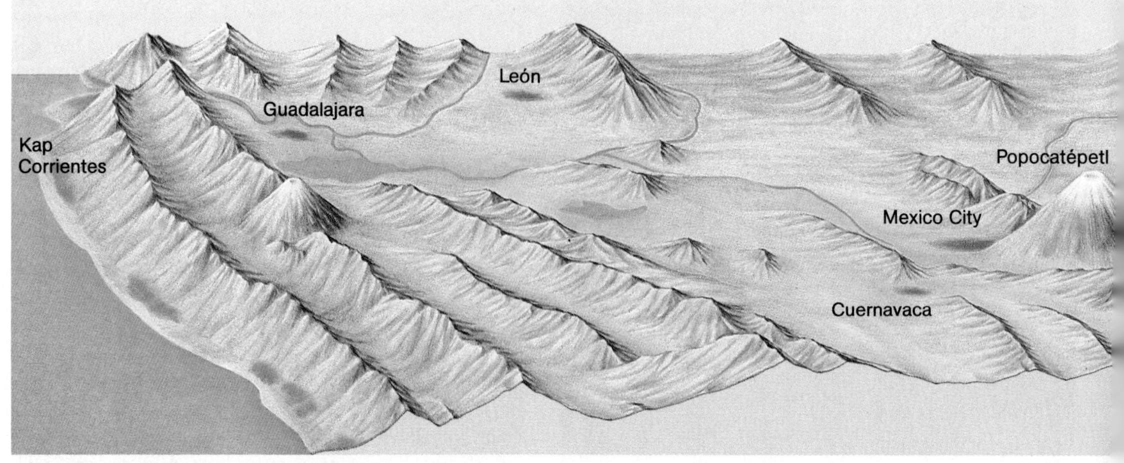

138.1 Profil Cap Corrientes – Golf von Mexiko

Der Naturraum

Orographisch-klimatische Gliederung

Die meridionale Erstreckung zwischen 15 und 32 Grad Nord, das Relief und die Höhenlage zwischen Meeresspiegel und Höhen von über 5000 m machen den Naturraum Mexikos zu einem Raum stärkster Gegensätze. Der Hauptteil Mexikos, nämlich der Norden bis zur Landenge von Tehuantepec, gehört orographisch und geologisch zu Nordamerika, setzen sich doch die großen westlichen Gebirgsketten in der Östlichen und Westlichen Sierra Madre ebenso fort wie die kalifornische Küstenkette in der Sierra der niederkalifornischen Halbinsel und der Südlichen Sierra Madre. Das zwischen den Gebirgsketten liegende Hochland besteht im Norden aus intramontanen, teilweise abflußlosen Becken (Becken von Torre-

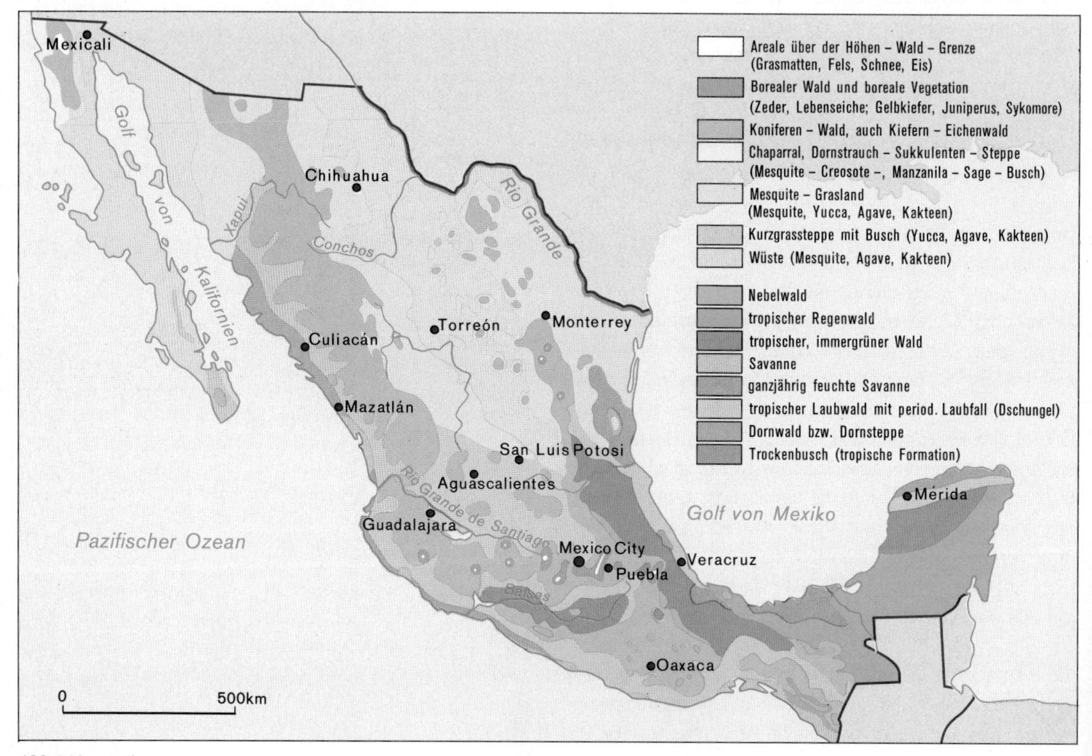

138.2 Vegetation

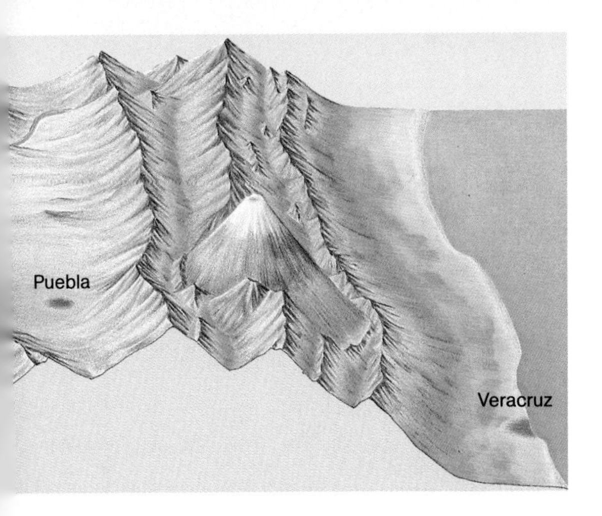

ón). Der südliche Teil des Hochlandes hat stärkeren Gebirgscharakter und ist durch großartige Vulkanformen und aktiven Vulkanismus geprägt. Die gebirgsbildende Phase war in diesem Raum im mittleren Tertiär abgeschlossen. Der südliche Teil Mexikos mit dem Gebirgsland von Chiapas und dem Tiefland von Yucatán gehört zu Mittelamerika, dessen Gebirgsbildung erst im jüngeren Tertiär begann. Die Gebirgszüge verlaufen meridional, sind stark gegliedert, mit Vulkanen durchsetzt und teilweise von vulkanischen Decken überzogen.

Der Nordwesten ist am trockensten, weil die subtropische, pazifische Hochdruckzelle mit absteigender Luftbewegung und starker Einstrahlung klimabestimmend ist. Häufig gehen plötzliche Starkregen nieder und füllen periodisch die Flußläufe. Nur im äußersten NW treten geringe Winterregen auf (kalifornisches Mittelmeerklima). Der Nordosten, obgleich unter dem Einfluß der subtropischen, atlantischen Hochdruckzelle, ist niederschlagsbegünstigter, weil die winterlichen Nortes feuchte, kühle Luftmassen heranführen. Im Norden regnet es hauptsächlich im Sommer. Der größte Teil Mexikos hat ein hygrisches Jahreszeitenklima. An der Südwestabdachung der westlichen Sierra Madre sowie auf der Halbinsel Yucatán liegen die regenreichsten Gebiete. Die sommerliche Nordverlagerung der ITC sowie örtliche Steigungsregen sorgen für sehr hohe Niederschlagswerte und vollhumides Klima. Die Niederschlagsverteilung wechselt im südlichen Mexiko räumlich sehr stark, weil das Relief mit Luv- und Leelage sowie große Höhenunterschiede für stark wechselnde Bedingungen sorgen.

1. Erklären Sie den nicht-zonalen Verlauf der Vegetationsgebiete.
2. Interpretieren Sie die Bevölkerungsverteilung auf dem Hintergrund des Naturraumes.

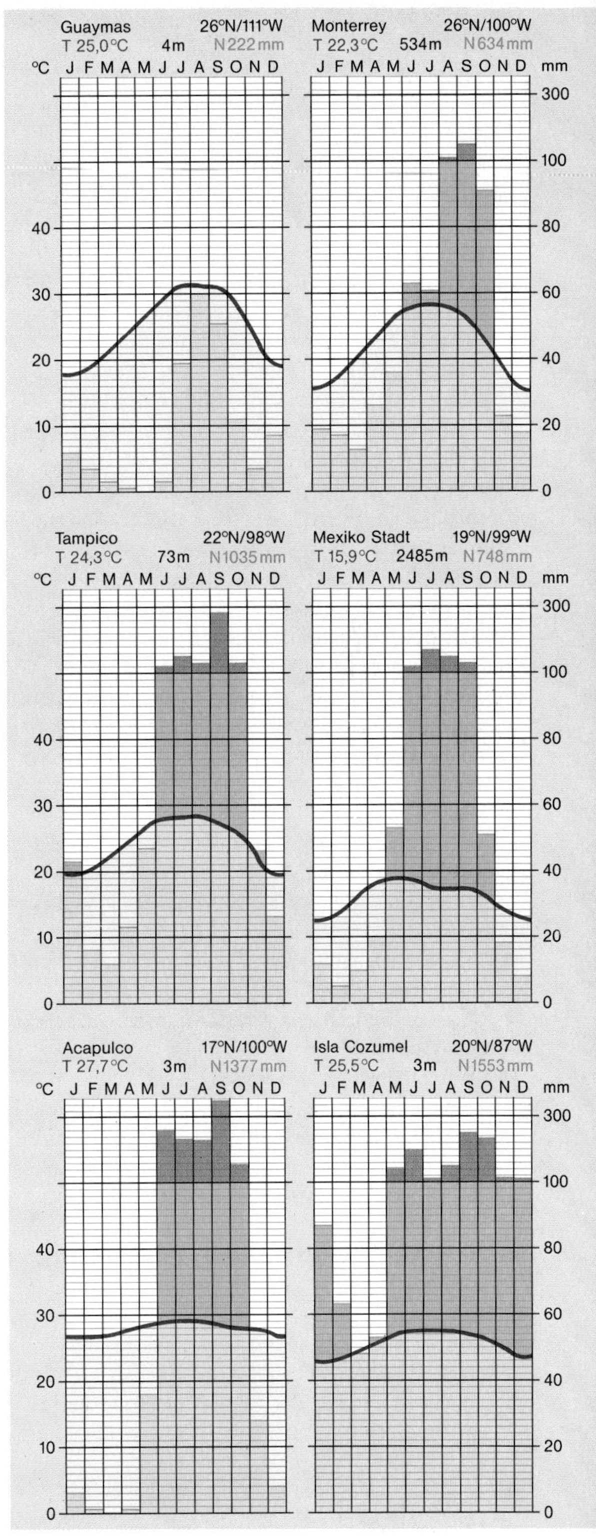

139.1 Klimadiagramme

Die Wirtschaft

Ein Überblick

Mexiko liegt der Einwohnerzahl nach unter den Staaten der Erde mit über 70 Mio Einwohnern an 11. Stelle. Im Welthandel nimmt es nur Rang 17 ein. Es hat aber bei der Weltrohstoffversorgung eine hervorragende Stellung: Erdöl (4. Platz), Erdgas (7.), Silber (3.), Antimon (5.), Blei (6.), Zink und Quecksilber (7.), Mangan (8.), Kupfer (11.) und Eisenerz (14.) sind wichtige Bergbauprodukte, die in den Lagerstätten des mexikanischen Hochlandes und der Golfküste gewonnen werden.

Der Bergbau hat eine sehr alte Tradition, denn schon bald nach der spanischen Eroberung begann mit Hilfe billiger indianischer Zwangsarbeiter die Ausbeutung der Silberminen und die Verschiffung des Silbers nach Spanien. Der erste Silberboom machte Zacatecas zur zweitgrößten Stadt in Neuspanien. Im zweiten Silberboom im 18. Jh. lieferte Mexiko zwei Drittel der Weltsilberproduktion. In dieser Epoche wurde Mexiko mit seinen Palästen und Kirchen zum Zentrum des spanischen Barock. Der größte Teil des Reichtums floß jedoch aus Mexiko ab. Nach 1850 setzte – jetzt mit Kapital aus England und den USA – ein dritter Silberboom ein. Auch weitere bergbauliche Rohstoffe wurden exploriert und zunehmend durch ausländische Gesellschaften ausgebeutet. Diese *extraktive Wirtschaftsform,* die Rohstofflager ausbeutet und die Rohstoffe vorwiegend ausländischen Wirtschaften zur Verfügung stellt, setzt sich im großen Ölboom seit den 70er Jahren fort und hat Mexiko neben Großbritannien und Norwegen zu einem wichtigen Ölland außerhalb der OPEC gemacht. Trotz reicher Rohstoffvorkommen und ihrer Ausbeutung bleiben große Teile der Bevölkerung arm.

Die Landwirtschaft hat neben der grundlegenden Aufgabe der inländischen Versorgung auch eine große Bedeutung für die Außenwirtschaft. Etwa 20% des Warenexportes bestehen aus Agrarprodukten. Die Hauptbedeutung der Landwirtschaft wird aber im Beschäftigungsgrad deutlich: etwa die Hälfte der Bevölkerung ist direkt oder indirekt von der Landwirtschaft abhängig.

1. Beurteilen Sie Mexikos Ausstattung mit Rohstoffen, und vergleichen Sie mit anderen Entwicklungsländern.

2. Nennen Sie Gründe für die extraktive Wirtschaftsform im mineralischen Rohstoffsektor.

3. Entwickeln Sie aus der Tabelle Aussagen zum Entwicklungsstand, und belegen Sie die Einordnung als Schwellenland.

4. Erläutern Sie die Auffassung lateinamerikanischer Wirtschaftswissenschaftler, die auch bei Mexiko von einer „abhängigen Entwicklung" sprechen (s. S. 168).

	Mexiko	Brasilien	Zaire	Indonesien	USA
Bevölkerung in Mio 1982	73,1	126,8	30,7	152,6	231,5
Bevölkerungswachstum (70-82) in %/Jahr	3,0	2,4	3,0	2,3	1,0
Fläche in Mio km²	1,97	8,51	2,35	1,92	9,36
BSP/Kopf 1982 Dollar	2270	2240	190	580	13160
Analphabetenrate in %	17	24	45	38	1,0
Lebenserwartung bei der Geburt 1982	65	64	50	53	75
Energieverbrauch/Kopf in 1000 kg Öleinheiten 1981	1340	740	76	191	7540
Energieeinfuhr in % der Wareneinfuhr 1981	2	52	-	8	36
Index der Nahrungsmittelproduktion 1982 1969–71 ≙ 100	104	133	87	117	119
Düngemittelverbrauch in 1000 g Pflanzennährstoffe je ha Anbaufläche 1981	666	375	12	744	1024
Verteilung des BIP in % 1982 Landwirtschaft	7	13	32	26	3
Industrie	38	34	24	39	33
Dienstleistungen	55	53	44	35	64
Erwerbspersonen 1980 in % Landwirtschaft	36	30	75	58	2
Industrie	26	24	13	12	32
Dienstleistung	38	46	12	30	66
Verarbeitendes Gewerbe Anteil in % der Produktionswerte Nahrungsmittel	19	15	-	28	11
Textil, Bekleidung	8	10	-	8	6
Maschinenbau, Elektrotechnik, Fahrzeuge	20	24	-	7	33
Chemische Erzeugnisse	12	13	-	12	12
Warenhandel in Mrd $ 1982 Ausfuhr	21	18,6	0,56	22	212,3
Einfuhr	15	19,9	0,48	17	254,9
Terms of Trade 1982 1980 ≙ 100	106	84	81	108	107
Struktur des Außenhandels Anteil an Warenausfuhr in % 1981 Brennstoffe, Minerale, Metalle	39	11	42	76	9
Maschinenbau, Elektrotechn., Fahrzeuge	19	17	0	⟨1	40
Importe in Prozentanteilen der Warenausfuhr Brennstoffe	3	53	3	8	38
Nahrungsmittel	8	10	21	13	8
Maschinenbau, Elektrotechn., Fahrzeuge	50	19	68	34	25
Bestimmungsländer der Warenausfuhr in % der Gesamtausfuhr 1982 Industrieländer	91	60	92	75	54
Staatshandelsländer	–	6	–	–	2
Entwicklungsländer	9	33	8	25	39
Quote der Bevölkerung im arbeitsfähigen Alter (15–64 Jahre) 1982 in %	52	55	52	57	66

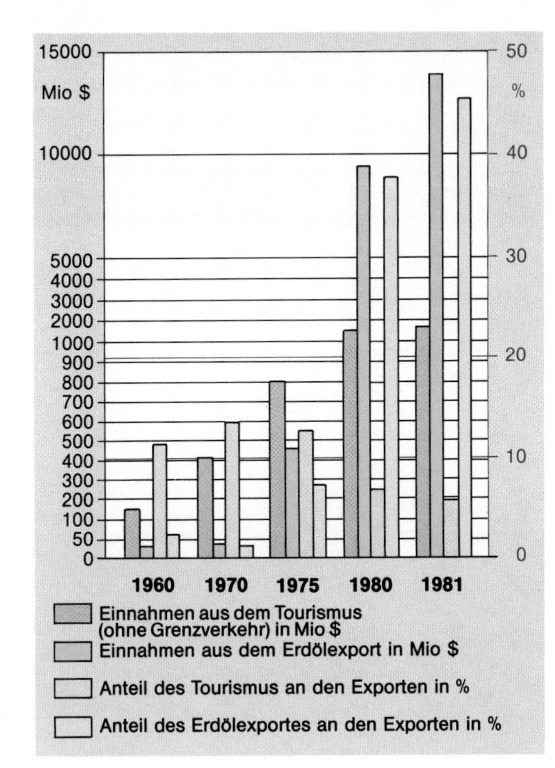

141.1 Tourismus

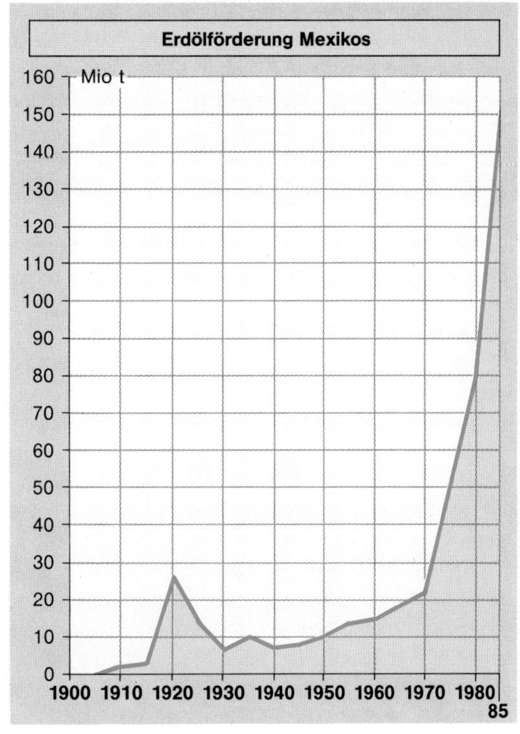

141.3 Ölförderung

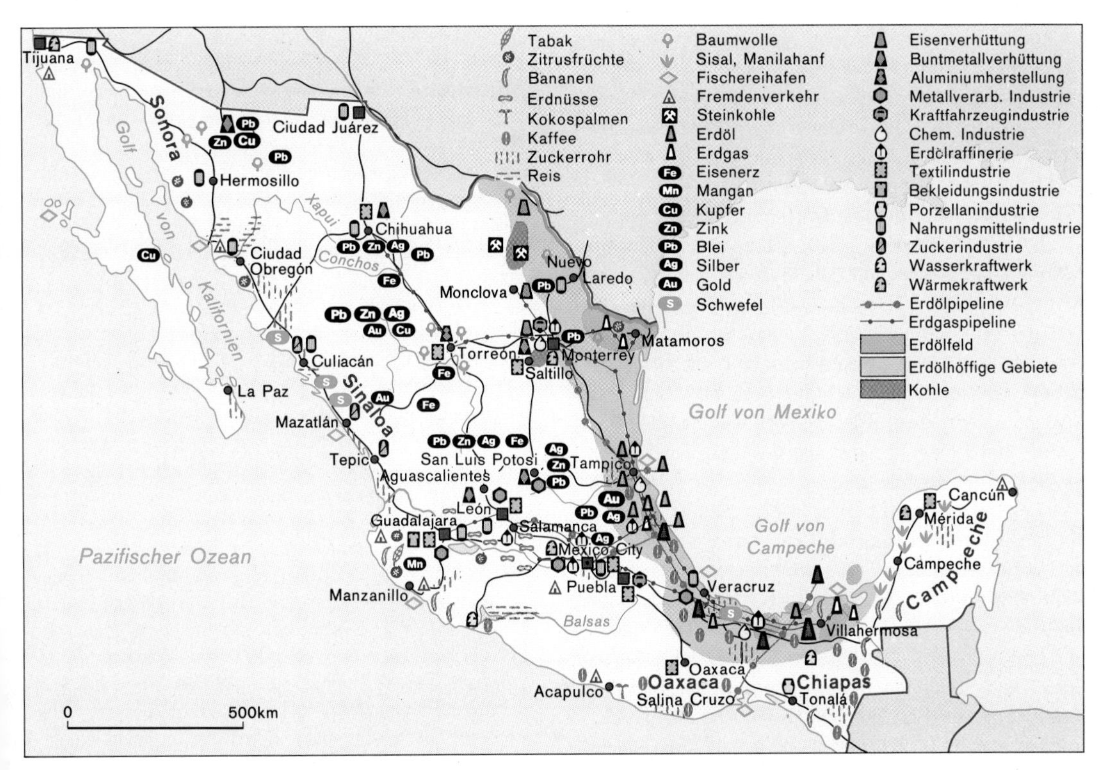

141.2 Wirtschaft

Bauern, Wanderarbeiter und Agrobusiness

Bis Mitte der 60er Jahre konnte sich Mexiko selbst ernähren. Die bäuerliche Landwirtschaft mit Regenfeldbau in den wechselfeuchten Klimagebieten lieferte die Grundnahrungsmittel Mais und Bohnen. Aus den Bewässerungsregionen im ariden N und NW kamen dazu Weizen für den Export und Baumwolle. Ab 1965 verschlechterte sich die Versorgungslage immer mehr, spitzte sich Anfang der 70er Jahre krisenhaft zu und führte zur gegenwärtigen Versorgungskrise (seit 1980). Die Einfuhr von 10 Mio t Getreide und Bohnen verschlang 1980 2,5 Mrd Dollar, mehr als ein Fünftel der Erdöldevisen.

Der mexikanische Nahrungsmittelmarkt ist zweigeteilt: Im staatlich kontrollierten **Grundnahrungsbereich** mit Mais für Tortillas, schwarzen Bohnen, Weißbrot und Brötchen herrscht mexikanisches Kapital vor. In den übrigen Zweigen der Nahrungsmittelindustrie, besonders bei Veredelungsprodukten und Genußwaren, arbeitet überwiegend ausländisches Kapital.

Die Preise für Grundnahrungsmittel haben unmittelbaren Einfluß auf die soziale Lage der Arbeiter und die unterbeschäftigten Massen. Deshalb führte der Staat schon in den 40er Jahren feste Maispreise ein, die als garantierte Erzeugerpreise praktisch das Einkommen der Kleinbauern regulierten. Ab 1963 wurde zusätzlich der Mais direkt subventioniert, um einen Höchstpreis für die Tortillas festsetzen zu können. Die Maissubvention stieg ständig. Schließlich subventionierte der Staat jede Tonne Mais mit dem Achtfachen des Mühlenaufkaufpreises. Eine Maiseigenversorgung wurde dennoch nicht erreicht, weil der Garantiepreis die Kleinproduzenten nicht zur Mehrproduktion reizte und die Großlandwirtschaft Gewinnbringenderes anbaute.

Die **Bewässerungslandwirtschaft** wurde mit staatlichen Investitionen seit 1940 durch große Wassererschließungsprojekte erheblich erweitert. Im Bewässerungsbereich dominiert heute wieder der Großgrundbesitz, der eine marktorientierte, chemotechnische Großlandwirtschaft betreibt. Nach einem Weizenboom infolge der Grünen Revolution und hoher Preise läßt sich heute eine stete Verdrängung der Grundnahrungsmittel durch Futtermittel (Hirse und Soja) und Gemüse, überwiegend für den Export, nachweisen.

Die **Viehwirtschaft,** dritter mexikanischer Landwirtschaftssektor, überwiegend traditionell flächenextensiv in Großbetrieben organisiert, nimmt einen immer breiteren Raum ein und verdrängt zunehmend im tropischen Tiefland und in den Regenfeldbaugebieten die bäuerliche Landwirtschaft. Der Fleischbedarf in den USA und auch die veränderten Eßgewohnheiten der mexikanischen Mittel- und Oberschicht haben eine Fleischnachfrage erzeugt, die den Futtermittelanbau und die Fleischproduktion besonders anregen.

Die Genossenschaftsbauern von Chiapas

Rio Grande, ein Dorf in den nordöstlichen Bergen von Chiapas, an der guatemaltekischen Grenze, ist noch sehr traditionell geprägt.

In den Ort führt nur ein unbefestigter Weg, die nächste Teerstraße ist 150 km entfernt. Elektrizitätsversorgung gibt es noch nicht, aber seit 1964 eine Schule und seit 1973 eine Wasserleitung.

Bevölkerung: Nachfahren der Mayas; die jungen Leute sprechen heute auch Spanisch; viele ältere, besonders Frauen, nur Chol, die Indianersprache; 1976: 396 Einwohner, 55% Analphabeten

Durchschnittsalter: etwa 22 Jahre.

83 Haushalte bewirtschaften 180 ha Nutzland bei Betriebsgrößen zwischen 0,5 und 7 ha.

Betrieb einer Durchschnittsfamilie

Marktanbau	Subsistenzanbau: 1,25 ha			Weitere
(Warenproduktion)		Ertrag/a	Bedarf/a	Nutzung
Verkaufsfrucht Kaffee als Dauerkultur	Mais Bohnen 0,625 ha	825 kg 70 kg	700 kg 70 kg	Ödland Busch
	Brache 0,625 ha			Holznutzung

Der Landbesitz hat seit 1934 eine genossenschaftliche Rechtsform, die die dorfgemeinschaftlichen Strukturen weitgehend unangetastet ließ. So besteht die soziale Verpflichtung weiter, Land zu verleihen, um einer ärmeren Familie den Anbau zur Eigenversorgung zu ermöglichen. Gegenseitige Hilfe erstreckt sich aber nur auf den Subsistenzsektor, in der Kaffeepflanzung gibt es nur Lohnarbeit.

Der Anbau einer Verkaufsfrucht ist seit etwa 50 Jahren üblich. Mit der Einführung des Kaffees ging eine Reduzierung und Verarmung der Subsistenzproduktion einher, die früher auch vielfältiger war und mehr Fruchtwechsel zuließ.

Der Gelderlös aus der Verkaufsfrucht wird für Produkte verwendet, die nicht oder nicht mehr selbst hergestellt werden können, hauptsächlich für Kleidung, Petroleum, Radiogerät und Medizin. Eine Bereicherung der einseitigen Ernährung durch Zukauf erfolgt kaum, da das Geld dafür nicht reicht und der Markt nur wenige Dauerwaren, aber keine frischen Nahrungsmittel anbietet.

Ein Agrarförderungsprogramm stellt dem Dorf neuerdings einen Traktor sowie verbessertes Saatgut und Düngemittel zur Verfügung. Mit diesem Demonstrationseffekt soll erreicht werden, daß die Bauern zur Anwendung neuerer Agrartechniken übergehen. Dies wird allerdings nicht ohne Kredite möglich sein, die wiederum nur an genossenschaftlich organisierte Produzenten vergeben werden. So wird eine stärkere Einbindung in die Marktproduktion und in die Geldwirtschaft erreicht, bei allerdings abnehmender Sicherheit der unmittelbaren Eigenversorgung und Veränderung der überkommenen Dorfgemeinschaft.

Die Landarbeiter von Sinaloa

Im nördlichen Bundesstaat Sinaloa herrscht der mit moderner Agrartechnik wirtschaftende Großgrundbesitz vor, besonders auf den Bewässerungsflächen der Täler.

Obwohl Grundbesitz über 100 ha verboten ist, sind in den Bundesstaaten Sonora und Sinaloa mindestens 800 000 ha Nutzland auf 114 Familiengruppen konzentriert. Das Latifundium Tamayo z. B. umfaßt 1952 ha, die auf 31 Familienmitglieder mit Anteilen zwischen 20 und 100 ha besitzrechtlich eingetragen sind. Die Bauern aus der Sierra, dem Gebirge, arbeiten überwiegend als Tagelöhner, nicht wenige kommen auch als Saison- und Wanderarbeiter aus weit entfernten Regionen.

Im Vordergrund des Anbaus stehen Gartenbauprodukte, vor allem Tomaten. Über 40% der landwirtschaftlichen Produktion Sinaloas werden in die USA exportiert, nur 11% werden im Bundesstaat selbst verkauft.

Trotz schlechter Arbeitsmöglichkeiten verzeichnet Sinaloa eine starke Zuwanderung, besonders von Männern, aus ganz Mexiko. Die Arbeitslosigkeit ist hier inzwischen höher als im nationalen Durchschnitt, weil Wanderarbeiter nach ihrer Saisonbeschäftigung dableiben, weil die Landwirtschaft zunehmend technisiert wird und weil arbeitsintensive durch leichter mechanisierbare Ackerkulturen ersetzt werden.

Die Lohnarbeiter haben für sich und ihre Familien keinerlei wirtschaftliche oder soziale Sicherheit. Es gibt keine Arbeitslosen-, Kranken- oder Altersversicherung. Wanderarbeiter leben auch weitgehend ohne soziale Absicherung durch die Familie. Die Hälfte der Erwerbstätigen ist in der Landwirtschaft tätig, davon allein 70% als Tagelöhner. Die Bezahlung liegt oft unter dem gesetzlichen Mindestlohn, weil es genug Arbeitssuchende gibt, die jede Arbeit annehmen müssen.

Laut Gesetz hat jeder Mexikaner, der eine Familie zu versorgen hat, Anrecht auf ein Stück Land. Danach hätten allein in Sinaloa mindestens 35 000 Bauern ein legales Anrecht auf Landzuteilung. Dazu müßten mindestens 15% der bewässerbaren Fläche verteilt werden, wenn jeder Bauer nur 2,5 ha Bewässerungsland erhielte, von dem er per Gesetz 10 ha beanspruchen könnte.

Landbesetzungen sind daher in Sinaloa an der Tagesordnung. Dabei handelt es sich meist nicht um spontane Aktionen, sondern um Landbesetzungen als Höhepunkt eines langen, mühseligen und vergeblichen Kampfes einer Gruppe von Bauern um Zugang zu eigenem Land, das ihnen gesetzlich verbrieft ist. Die Landarbeiter wollen das besetzte Land nicht vorwiegend zum Anbau von Subsistenzfrüchten nutzen, weil das ihre Lage kaum verbessern könnte. Sie versuchen vielmehr, die hier üblichen Verkaufsfrüchte für den Markt zu produzieren. Dazu brauchen sie aber Produktionsmittel, die wiederum nicht ohne Kredite zu beschaffen sind, was letztlich zu einer Abhängigkeit vom Geldgeber, meist einer Bank, führt. Immerhin könnten mit dem gesicherten Zugang zu Nutzland die ständige Unterbeschäftigung und die häufige Lohnarbeitslosigkeit bekämpft werden.

Die Situation der Bauern. In ganz Mexiko gehört die Hälfte der landwirtschaftlichen Erwerbsbevölkerung zu den landlosen Landarbeitern mit chronischer Unterbeschäftigung und mindestens saisonaler Arbeitslosigkeit. Von der anderen Hälfte können 80% kein hinreichendes Auskommen aus ihrem eigenen Landbesitz erarbeiten. Viele Bauern sehen daher die Abwanderung in die Großstädte als einzige Alternative.

Die noch weit verbreitete Subsistenzwirtschaft wird oft als überholte und veraltete Wirtschaftsform angesehen, die langsam durch marktorientierte Agrarwirtschaft abgelöst wird. Ebenso wird das Streben der Landarbeiter nach eigenem Besitz an Nutzland als rückständiges Verhalten interpretiert.

Untersuchungen in Mexiko zeigen aber, daß es beim Ringen um Verfügung über Nutzland nicht um Landbesitz als Privatbesitz, nicht um die Wiederherstellung einer bäuerlichen Idylle, nicht um einen irrationalen Traum der Bauern geht, sondern ganz bewußt um die Erringung eines sicheren Lebensunterhaltes. Der Kampf um das eigene Land ist der ständige Kampf um einen sicheren Subsistenzarbeitsplatz bzw. Lohnarbeitsplatz.

Das Nebeneinander von landwirtschaftlichem Anbau für die Eigenversorgung (Subsistenzanbau) und die Produktion für den Markt (Warenproduktion, cash crop-Produktion) wird häufig als wirtschaftlicher Dualismus angesehen, der, wie in Mexiko, in vielen Ländern der Dritten Welt anzutreffen ist.

Dieser Dualismus zeigt sich betriebsintern wie in Rio Grande, aber auch gesamtwirtschaftlich im Anbau von heimischen Grundnahrungsmitteln für den eigenen Verbrauch und von Exportfrüchten für den Weltmarkt zur Erlangung von Devisen.

Bei zunehmender Warenproduktion für den Markt oder verstärkter Lohnarbeit wird der Subsistenzsektor nicht überflüssig, aber er wandelt sich sehr stark: Die Subsistenzproduktion wird zunehmend auf die schlechteren Standorte abgedrängt und auch mehr und mehr nur von den Frauen, in unbezahlter Arbeit, betrieben. Die Männerarbeit konzentriert sich auf die Warenproduktion und die Lohnarbeit. Die Subsistenzwirtschaft bleibt aber eine notwendige Bedingung zur Sicherung der bäuerlichen Existenz und damit auch eine Voraussetzung für die Markt- und Arbeitsbedingungen, denen die Bauern unterworfen sind.

1. Erklären Sie den Zusammenhang von Subsistenzwirtschaft und Marktproduktion als scheinbaren Dualismus.

2. Vergleichen Sie die Verhältnisse von Chiapas mit denen in Sinaloa aus der Sicht der Gesamtsituation, des Einzelnen, der Familie und der örtlichen Gemeinschaft.

braceros – Erntehelfer

Der illegale Wanderarbeiter ist meist im Alter zwischen 18 und 25, meistens männlich, nicht verheiratet. 80% stammen aus den besonders strukturschwachen Regionen Mexikos, gehen überwiegend nach Kalifornien und Texas, 95% halten sich nur vorübergehend in den USA auf. Jährlich werden bis zu 1 Mio von der US Border Patrol abgeschoben. Die mexikanischen Arbeiter hatten den Vorzug, keine echte Immigrantengruppe zu sein und besonders für die saisonale Plantagenarbeit eine stets verfügbare Reserve an Arbeitskraft darzustellen. Die unkontrollierte Wanderarbeit wurde seit 1942 durch zwischenstaatliche Verträge geregelt. Im Rahmen des bracero-Programms kamen zwischen 1942 und 1950 über die Hauptanwerbezentren Mermosillo, Chihuahua und Monterrey mehr als 430 000 mexikanische Arbeiter, von 1950 bis 1960 sogar etwa 3 Mio, um hauptsächlich vom Agrobusiness je nach Saison beschäftigt oder entlassen zu werden. Auf Druck der amerikanischen Öffentlichkeit wegen der Ausbeutung der Wanderarbeiter und der Gewerkschaften wegen der Konkurrenz um Arbeit wurde 1964 das bracero-Programm plötzlich gestoppt. Dies führte die mexikanische Grenzregion in eine tiefe Krise, weil der Zustrom an Arbeitssuchenden aus dem Landesinneren nicht aufhörte und sich an der Grenze zu den USA Arbeitslosigkeit und Elend stauten.

maquiladoras – Auslagerungsindustrien

Um die wirtschafts- und sozialpolitische Lage zu entschärfen, machte die mexikanische Regierung den US-Unternehmen ein Angebot, in einer 20 km tiefen Grenzzone zoll- und steuerfrei zu produzieren und die billigen und unorganisierten mexikanischen Arbeitskräfte zu nutzen. So wurden bereits bis 1974 etwa 80 000 neue Arbeitsplätze in arbeitsintensiven Produktionsbereichen geschaffen, während kapitalintensive und hochqualifizierte Produktionsschritte sowie Management – und Gewinne – in den USA blieben. Dennoch wuchs die Arbeitslosigkeit im Grenzbereich weiter an, weil die Zuwanderung durch die Aussicht auf Arbeit nur noch stärker stimuliert wurde. In den sieben größten Grenzstädten beschäftigten die maquiladoras 1981 mehr als 130 000 Menschen, 1982 sollten 13 000 neue Jobs hinzukommen. Die Auslagerungsindustrie wuchs von 1978 bis 1982 um fast 30%! Das nationale Problem der Arbeitslosigkeit wurde aber durch die Grenzindustrien nur wenig gemildert, weil hauptsächlich Frauen im Alter von 17 bis 24 Jahren beschäftigt werden, die gesellschaftlich nicht die am schwersten von Arbeitslosigkeit betroffene Gruppe darstellen.

Coatzacoalcos – Ölstadt am Golf von Campeche

Die Flüge nach Coatzacoalcos-Minatitlan sind immer ausgebucht. Festangestellte Arbeiter von PEMEX, Ingenieure, Angestellte und Manager der privaten Firmen, staatliche Funktionäre und ausländische Geschäftsleute, alle ziehen es vor, so wenig Zeit wie möglich in Coatzacoalcos zu verbringen. Wenn sie es sich leisten können, fliehen sie vor der Hitze, den Insekten und dem Gestank in andere Regionen, reduzieren ihre Arbeitszeit vor Ort auf drei bis vier Tage in der Woche.

Grundnahrungsmittel und Mieten sind hier doppelt so teuer wie in der Hauptstadt. Viele Produkte kommen vom Großmarkt in Mexiko City. Das Öl hat die lokale Landwirtschaft und die Fischerei verdrängt. Die Leute, die täglich die Flugzeuge füllen, sind es, die die Preise hier zahlen können und die für das örtliche Preisniveau gesorgt haben. Ein Gewirr von Glas, Beton, Stahl, Stein und Holz füllt das Schachbrettmuster der City aus: Hotelhochhäuser und Holzhütten, Supermärkte für die Elite, Gewerkschaftsläden für die Privilegierten der Erdölarbeiterschaft, Casino Petrolero nur für Festangestellte von PEMEX (Petroleos Mexicana). Die Stadt wuchs in wenigen Jahren von knapp 100 000 auf 1 Mio Einwohner, ohne daß sich der kommunale Haushalt nennenswert erhöht hätte.

Vor der inzwischen viel zu kleinen Hafenanlage warten Tanker auf Ladung aus den Lagertanks, die mit dem Öl aus den Feldern von Tabasco gefüllt werden. Ein Teil des Öls wird schon an Ort und Stelle verarbeitet. PEMEX und andere Staatsunternehmen sowie ausländische Firmen betreiben Raffinerien, Produktionsstätten für Ammoniak und Düngemittel und Kunststoffabriken. Coatzacoalcos ist eine Industriestadt mit buntem Himmel geworden: schwarzer Rauch aus den verbrannten Ölrückständen, gelber aus der Schwefelverarbeitung und gelbbrauner aus der Petrochemie.

Die Arbeiterschaft im Erdölsektor ist streng gegliedert. Die festangestellten Arbeiter von PEMEX bilden eine Elite. Sie erhalten die höchsten Löhne des Landes und für Mexiko ungewöhnliche Sozialleistungen wie Altersversicherung, kostenlosen Gesundheitsdienst, Schulen für die Kinder, mietfreie Häuser, günstige Preise in gewerkschaftseigenen Läden und bezahlten Urlaub. Die Mehrheit der Beschäftigten bei PEMEX hat aber nur einen Arbeitsvertrag von 28 Tagen, über dessen Abschluß und Verlängerung die Gewerkschaft entscheidet. Diese Arbeiter verdienen auch noch überdurchschnittlich und erhalten einen Teil der oben genannten Sozialleistungen. PEMEX vergibt viele Arbeiten an private Firmen, insbesondere im Bausektor. Diese Firmen bezahlen meist nur den ortsüblichen Minimallohn und gewähren keine Sozialleistungen. Aber der Minimallohn eines Bauarbeiters in Coatzacoalcos liegt immer noch weit über dem Durchschnittseinkommen eines Campesino in den angrenzenden Bundesstaaten Oaxaca und Chiapas.

(Nach: I. Buche u. a., Mexiko, die versteinerte Revolution, Lamuv Verlag, Bornheim, 1985, S. 175 ff.)

Ölboom und Schuldenkrise

Nach dem ersten Ölboom um 1920 verloren die internationalen Ölgesellschaften ihr Interesse an den mexikanischen Feldern, weil die Revolution alle Bodenschätze zu nationalem Eigentum erklärt hatte und weil die Felder in Venezuela und Nahost billigeres Öl lieferten. Mit der tatsächlichen Verstaatlichung 1938 schied Mexiko aus dem internationalen Ölmarkt aus. Die Wirtschaftspolitik war darauf gerichtet, Erdöl nicht mehr zu exportieren, sondern nur die eigene, im Aufbau begriffene Industrie zu beliefern.

Aber Mexikos Industrie ist seit ihrem Entstehen in den 40er Jahren durch folgenschwere Strukturschwächen gekennzeichnet. Die Industrie benötigte Technologie und Kapitalgüter in erheblichem Umfang, war aber selbst noch nicht in der Lage, die dafür notwendigen Devisen zu erwirtschaften, weil die junge Industrie noch nicht konkurrenzfähig war und die mexikanischen Produkte keinen genügenden Zugang zu internationalen Märkten erringen konnten.

Die zur Industrialisierung notwendigen Devisen sollten durch die Wirtschaftssektoren Landwirtschaft, Bergbau und Tourismus erwirtschaftet werden, die aber wegen zu geringen Wachstums bzw. stagnierender Märkte dem Importbedarf der Industrie nicht entsprechen konnten. Das daraus resultierende Defizit in der Leistungsbilanz konnte vorübergehend durch den Zufluß von ausländischem Kapital behoben werden, wurde dann aber mittelfristig durch Kapitalabfluß für Gewinne, Zinsen und Tilgung nur um so größer.

Die zyklisch wiederkehrenden außenwirtschaftlichen Schwierigkeiten, insbesondere in der Leistungsbilanz, mußten regelmäßig durch Abwertung des Peso zur Importverteuerung bekämpft werden.

Eine Drosselung der Importe bedeutete aber immer auch ein vermindertes Wirtschaftswachstum, und so erhielten die wirtschaftlichen Wachstumszyklen regelmäßig eine hochpolitische Dimension. In einem Land mit starken sozialen Gegensätzen und hoher Arbeitslosigkeit muß wirtschaftliche Stagnation oder gar Rezession die sozialen und politischen Konflikte zuspitzen. Nur bei starkem Wirtschaftswachstum kann die Regierung hoffen, daß die steigenden Volkseinkommen auch zu einem gewissen Sickereffekt führen und damit auch sozial wirksam werden. Die durch defizitäre Leistungsbilanz ausgelösten Wachstumskrisen, zuletzt 1970/71 und 1976/77, wurden vom Staat auch als Bedrohung der politischen Stabilität empfunden.

Der Ölpreisschock von 1973/74 schien nun für Mexiko die Rettung zu bringen: Deviseneinnahmen aus dem Erdölexport sollten die Zahlungsprobleme lösen und den Schlüssel für dauerhaftes wirtschaftliches Wachstum liefern. Petrolos Mexicanos – *PEMEX* – wurde zum Inbegriff wirtschaftlicher Entwicklung, zum Symbol des big push, der Mexiko zum Industriestaat machen sollte.

Aber auch dieser Boom war fremdfinanziert, denn zum Heben des Ölschatzes, dessen Verkauf dann Wachstum und Wohlstand bringen sollte, brauchte man zunächst Kapital, das ausländische Banken reichlich im Blick auf Mexikos Ölreserven und steigende Ölpreise zur Verfügung stellten. Die mexikanische Regierung nahm im Boom bewußt Inflation und außenwirtschaftliches Ungleichgewicht in Kauf, um im Vertrauen auf kommende Öleinnahmen das hohe Wirtschaftswachstum (1978–1981 über 8% jährlich) nicht zu stören.

Als 1981 die Ölpreise zu fallen begannen und Mexiko Absatzschwierigkeiten bekam, brach auch dieser Boom ab: Der Staat versuchte, der drohenden Währungskrise durch neue Kredite zu begegnen, was aber nicht gelang, weil ein ungeheurer Kapitalabfluß vom Peso in den Dollar einsetzte, weil die internationalen Kreditzinsen Höchstwerte erreichten und weil beim Öl und anderen Exportprodukten der Preisverfall anhielt. Die Verschuldung des Staates stieg immer schneller auf etwa 80 Mrd Dollar, die Inflation des Peso und die Kapitalflucht in den Dollar nahmen immer mehr zu.

Die Regierung griff zu Notmaßnahmen wie dem Einfrieren ausländischer Guthaben und der Verstaatlichung der Banken und ließ den Peso radikal abwerten. Dennoch konnte die totale Zahlungsunfähigkeit Mexikos 1982 nur durch eine gemeinsame Bankaktion unter dem Druck des Internationalen Weltwährungsfonds (IWF) mühsam verhindert werden. Danach war die Regierung gezwungen, mit einem großen Sparprogramm, d. h. mit dem weitgehenden Einfrieren der Löhne und einer starken Preiserhöhung bei Grundnahrungsmitteln, die internationale Kreditwürdigkeit Mexikos zurückzugewinnen. Ohne neue Kredite und ein großes Umschuldungsprogramm kann Mexiko seine Auslandsschulden, die inzwischen auf über 90 Mrd Dollar (1985) angewachsen sind, nicht abtragen. **La crisis** ist seit 1982 zum geflügelten Wort in Mexiko geworden.

1. Vergleichen Sie den Ölboom und die Schuldenkrise in Ablauf und Ursachen mit den vorherigen Wachstumsphasen und -krisen.

2. Erörtern Sie Folgen, die sich aus der Technisierung und der Kommerzialisierung in der Landwirtschaft und aus der allgemeinen Krise für die Landbevölkerung ergeben.

3. Belegen Sie an Beispielen, daß die wirtschaftliche Entwicklung zu einer Verstärkung, ja Polarisierung der sozialen Gegensätze geführt hat.

4. Interpretieren Sie Mexikos Entwicklung aus der Sicht der Modernisierungs- und Dependenztheorie (vgl. S. 168).

146.1 Reisterrassen auf Bali

Indonesien

Indonesien liegt zu beiden Seiten des Äquators zwischen 6° N und 11° S. Bei einer West-Ost-Ausdehnung von 5100 km und einer Nord-Süd-Spanne von 1850 km hat das Areal mit rund 6 Mio km² einschließlich Meeresflächen fast Erdteilgröße. Auf Europa übertragen erstreckt es sich vom Nordkap bis Neapel und von Irland bis zum Ural. Auf diesen Raum verteilen sich 13600 Inseln, von denen 6000 als bewohnt gelten. Ihre Größe reicht von der Frankreichs bis hin zum kleinsten Atoll. Insgesamt hat Indonesien, der am stärksten zersplitterte Staat der Erde, eine Landfläche von 1,9 Mio km².

Der Indo-Malayische Archipel:
- die Großen Sundainseln mit Kalimantan (Borneo), Sumatra, Sulawesi (Celebes), Java und Madura,
- die Kleinen Sunda-Inseln von Bali bis Timor,
- die Molukken, zwischen Neuguinea und Sulawesi,
- Irian Jaya, der indonesische Teil Neuguineas.

Das Naturpotential

Die starke Zerstückelung in einzelne Inseln ist eine Folge gegenläufiger Bewegungen von Kontinentalplatten, denn der Bogen der Sundainseln markiert die Nahtstelle zwischen der Eurasischen und der Indo-Australischen Platte. Die längste Vulkanreihe der Erde mit über 300 Vulkanen, davon 76 tätigen, verläuft über diese Schwächezone der Erdkruste. Zudem verknoten sich in Indonesien die jungtertiären Faltengebirge Eurasiens mit dem zirkumpazifischen Gebirgssystem. Sie bergen z. T. bedeutende Erzvorkommen.

An die Gebirgsketten lagern sich randlich Sedimentgesteine an, Sandsteine, Kalke, Mergel und Tone, auf denen sich Böden von unterschiedlicher Fruchtbarkeit entwickelten. Auf den Sundainseln bauen sie Vorgebirgszonen und Hügelländer auf. In ihnen finden sich, wie auch im Küstenbereich, ergiebige Erdölvorräte.

Vulkane können Böden von höchster Fruchtbarkeit schaffen. Dazu zählen die mineral- und humusreichen Andosole, die aus Feinaschen hervorgegangen sind und ein A-C-Profil haben. Von vergleichbarer Qualität sind die alluvialen Schwemmlandböden in den Tälern, Senken und Küstenebenen. Andosole wie Alluvialböden haben die Entwicklung von Hochkulturen begünstigt. Ungünstige Voraussetzungen für den Ackerbau bieten die Latosole. Sie entwickeln sich in der Vorgebirgszone.

Das Klima des innertropischen Inselstaates ist nicht überall vollhumid; die Niederschläge sind regional unterschiedlich. So tritt von Mitteljava an ostwärts eine zunehmende Trockenzeit im Südwinter (Mai–September) auf, die auf Timor 6–8 Monate dauert. Außerdem rufen Luv- und Leelagen regionale Unterschiede in der Niederschlagsverteilung hervor.

Die heute noch geringe Erschließung weiter Teile Indonesiens zeigt sich in dem hohen Waldanteil von 63% an der Gesamtfläche. Darunter sind tropische Regenwälder mit einem Anteil von 66%, Sekundärwälder mit 16%, Küsten- bzw. Mangrovenwälder mit 15%. Auffällig ist der mit 18% hohe Anteil des Alang-Alang-Grases an der Landfläche, einer harten, landwirtschaftlich nicht nutzbaren Grasart. Sie breitet sich vor allem auf den Böden aus, die infolge einer ökologisch unausgewogenen Nutzung, z. B. Intensivkulturen, degradiert sind.

Historische Bevölkerungsstrukturen

Die Brückenlage Indonesiens zwischen Asien und Australien, Indischem und Pazifischem Ozean hat die Bevölkerungsentwicklung stark beeinflußt. In zahlreichen Wanderungsbewegungen kamen Inder, Araber, Europäer und Chinesen ins Land, vermischten sich mit den 360 bodenständigen Völkern oder blieben Minderheiten. In Indonesien gibt es, durch die Fülle der Inseln und Rückzugsgebiete begünstigt, 250 Regionalsprachen mit mehreren hundert Dialekten. Amtssprache ist Bahasa Indonesia, die Sprache der Javaner. Die Einwanderer brachten ihre Religionen mit. Ursprünglich war der Hinduismus am weitesten verbreitet. Er hat sich vor allem auf Bali erhalten. Großartige Tempelanlagen und religiöse Traditionen zeugen von dieser frühen Hochkultur. Heute aber bekennen sich 85% der Einwohner zum Islam. Außerdem gibt es buddhistische und christliche Gruppen ebenso wie Anhänger von Naturreligionen.

Die koloniale Phase

350 Jahre war Indonesien eine niederländische Kolonie. Die „Vereinigte Ostindische Companie“ zwang die Bauern, Muskatnüsse, Gewürznelken und Pfeffer, bald auch Indigo, Zuckerrohr und Kaffee anzubauen. 30–50% des Ackerlandes standen unter Zwangsbewirtschaftung. Diese niederländisch kontrollierten Plantagen zerstörten die traditionelle Subsistenzwirtschaft der Kleinbauern. Hungersnöte und Armut waren die Folgen.

1860 beseitigte die Niederlande den Zwangsanbau zugunsten von Lohnarbeit in fremden Betrieben. Billige einheimische Arbeitskräfte, später auch Chinesen, sowie europäisches Kapitel schufen die Voraussetzungen für den Aufbau einer weltmarktorientierten Plantagenwirtschaft. Die Niederländer bauten Java zum Zentrum ihrer Kolonie aus und legten eine auf die Erfordernisse der Kolonialwirtschaft ausgerichtete Infrastruktur an. Die anderen Inseln wurden nur randlich erschlossen. Die Tendenz zum wirtschaftlichen Dualismus verstärkte sich: kapitalintensive, weltmarktorientierte Großbetriebe und die traditionell kleinbäuerliche und kleingewerbliche Wirtschaft bestanden nebeneinander.

1945 endete nach einer kurzen Besetzung durch die Japaner die 350jährige Fremdherrschaft. Indonesien erklärte seine Unabhängigkeit, ohne darauf vorbereitet worden zu sein. Vielschichtige Probleme, historische wie geographische, belasten heute den Staat Indonesien.

1. Setzen Sie die naturräumliche Ausstattung in Beziehung zur Bevölkerungsverteilung.

2. Indonesien kennzeichnet seine Situation mit „Einheit in Vielfalt“, der Geograph spricht von „Regionalen Disparitäten“! Nehmen Sie dazu Stellung.

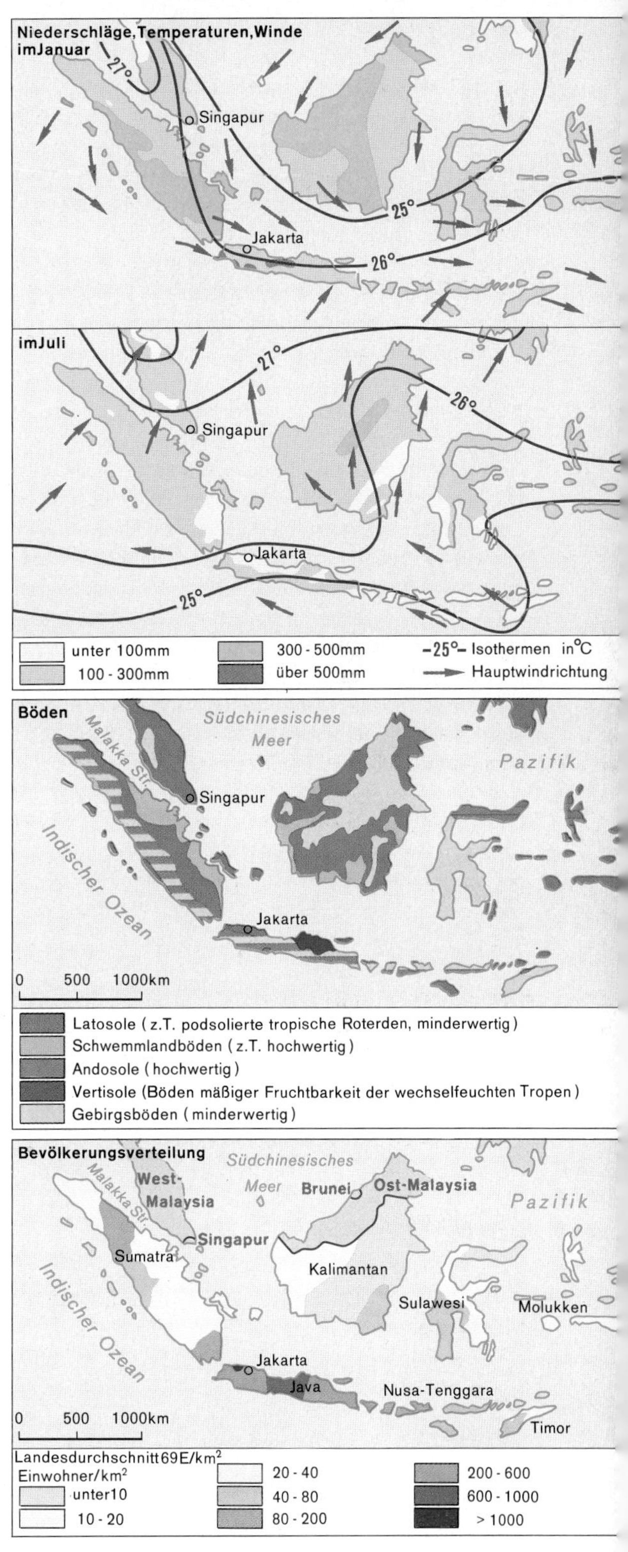

147.1 Niederschläge, Böden, Bevölkerung

Java

Auf 132 000 km² Fläche leben auf Java über 90 Mio Einwohner. Die Bevölkerungsdichte ist damit dreimal so hoch wie in der Bundesrepublik Deutschland: das bedeutet 660 m² landwirtschaftliche Nutzfläche pro Kopf der Bevölkerung (Bundesrepublik Deutschland 5000 m²). Die heutige Bevölkerungsverteilung in Indonesien und die dominierende Stellung Javas sind eine Folge der Naturgunst und ein Erbe der Kolonialzeit. Auf der Zentralinsel des Archipels richteten die Niederländer bereits sehr früh ein Gesundheitswesen nach europäischem Muster ein. Es gelang ihnen, Seuchen und Tropenkrankheiten einzudämmen und die hygienischen Verhältnisse zu verbessern. Dadurch sank die Sterberate, während die Geburtenrate gleichblieb. Zugleich übte die Insel Java mit ihrer wirtschaftlichen Vorzugsstellung einen starken Sog auf die peripheren Räume aus. Aus einem Bündel von pull- und push-Faktoren zog sie erhebliche Wanderungsgewinne. Heute leben 64% der 160 Mio Indonesier auf 7,2% der Fläche: auf den „zentralen" Inseln Java, Madura und Bali. Die durchschnittliche Bevölkerungsdichte Indonesiens beträgt 78 E/km², die auf Java 700 E/km². In den Reisbaulandschaften Mitteljavas steigt sie stellenweise auf über 2000 E/km². Diesen Wert erreichen in Europa nur Agglomerationsräume.

Intensive Landwirtschaft

60% aller bäuerlichen Betriebe und 39% des gesamten indonesischen Kulturlandes liegen auf Java. Reisanbau bestimmt das Landschaftsbild der Insel. Auf jeder verfügbaren Parzelle wird der arbeits- und ertragsintensive Naßreis in Monokultur angebaut.

Die hohe Bevölkerungszahl und das kräftige Relief haben die Javaner schon früh veranlaßt, Hänge für den Reisanbau zu terrassieren. Diese Entwicklung hält bis heute an. Lag im Jahre 1900 die Obergrenze des Reisanbaus noch bei 1000 m Höhe, so hat sie heute 1500 m erreicht. Die Anlage neuer Terrassenfelder und der große Brennholzbedarf führen vielfach zu schwerwiegenden Eingriffen in die Naturlandschaft. Die Vernichtung des Waldes leistet der Erosion durch Wasser Vorschub, die besonders an den steileren Hängen irreparable Schäden hervorgerufen hat.

In Regionen, die nicht bewässert werden können, werden neben dem weniger ertragreichen Bergreis u. a. Maniok, Bataten und Sojabohnen angebaut. In Körben tragen die Bauern häufig den fruchtbaren Boden heran. Die Erträge reichen aber kaum zur Subsistenz aus. Auf den wasserreichen und fruchtbaren vulkanischen Böden der Tiefebenen hingegen sind bis zu vier Ernten im Jahr möglich, und außerdem ist die Feldarbeit dort wesentlich leichter.

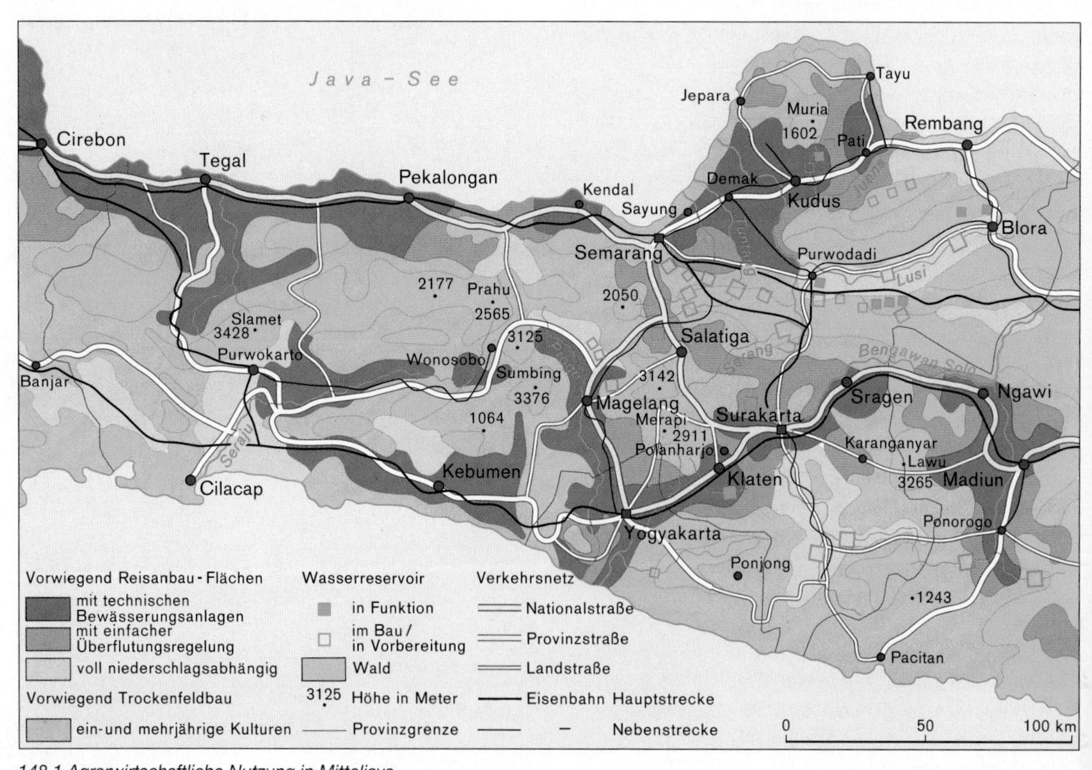

148.1 Agrarwirtschaftliche Nutzung in Mitteljava

Besitzstrukturen auf Java

An eine bedarfsdeckende Landwirtschaft ist nicht zu denken. Erbteilung verkleinert die Anbauflächen. Fast die Hälfte aller auf dem Lande lebenden Menschen besitzt keinen Boden. Nur mühsam können sie als Lohn- und Gelegenheitsarbeiter ihren Lebensunterhalt verdienen.

Für die landlose oder landarme bäuerliche Bevölkerung bietet der Abschluß von Teilpachtverträgen eine Möglichkeit, das Existenzminimum zu sichern. Wie im islamischen Kulturkreis üblich, sind dabei Ernteabgabequoten von 50% bis 75% nach dem System des Rentenkapitalismus zu entrichten. Durch Geldforderungen der Grundbesitzer vor Bewirtschaftungsbeginn geraten viele der kleinen Pächter in Schulden. Bei monatlichen Zinssätzen von bis zu 30%, die die Geldverleiher fordern, müssen sie einen weiteren Teil der Ernte abtreten. Ein 1960 beschlossenes Agrarreformgesetz hat bis jetzt die rentenkapitalistischen Praktiken kaum beeinträchtigen können.

Die Grüne Revolution

Im Jahre 1977 war Indonesien mit 2,6 Mio t der größte Reisimporteur der Welt. Da eine Produktionssteigerung in der Landwirtschaft durch Ausdehnung der Anbauflächen nicht mehr möglich war, ja sogar Kulturland verloren ging, setzte Indonesien seine Hoffnung auf die biologisch verbesserte *Internationale Reissorte 8 (IR 8)*. Stimmt man Düngung und Wasserzufuhr auf diesen „Wunderreis“ ab, schützt man ihn gegen Insekten und Pilzbefall durch chemische Mittel, kann er ein Vielfaches der bis dahin üblichen Erträge liefern. Indonesien förderte die Grüne Revolution durch staatliche Programme. Trotz beachtlicher Fortschritte ist aber bis heute die Selbstversorgung mit Reis nicht erreicht.

Inzwischen ist auch die anfängliche Euphorie verflogen, denn es zeigten sich gravierende Nachteile:
- Die staatliche Förderung beschränkte sich auf die landwirtschaftlichen Gunsträume Javas.
- An der Masse der landlosen Bauern ging die Grüne Revolution vorbei, während die kapitalstarken Landbesitzer davon profitierten.
- Viele Landbesitzer bewirtschaften ihr Land jetzt unter Einsatz moderner Maschinen selbst.
- Eine Bodenbesitzreform fand nicht statt.
- Reismonokultur verdrängte z. T. andere Feldfrüchte.

1. Werten Sie die Agrarstatistiken vor dem Hintergrund der Bevölkerungsentwicklung aus.

2. Analysieren Sie die landwirtschaftlichen Nutzungssysteme in Mitteljava (Abb. 148.1).

3. Erläutern Sie die Auswirkungen der Grünen Revolution für Indonesien.

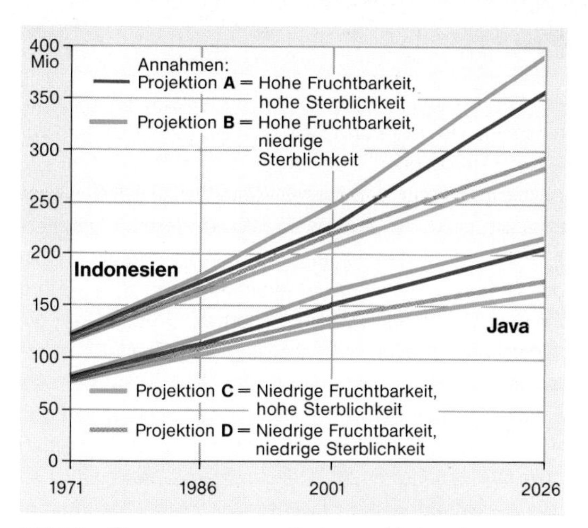

149.1 Bevölkerungsprognosen für Java und Indonesien

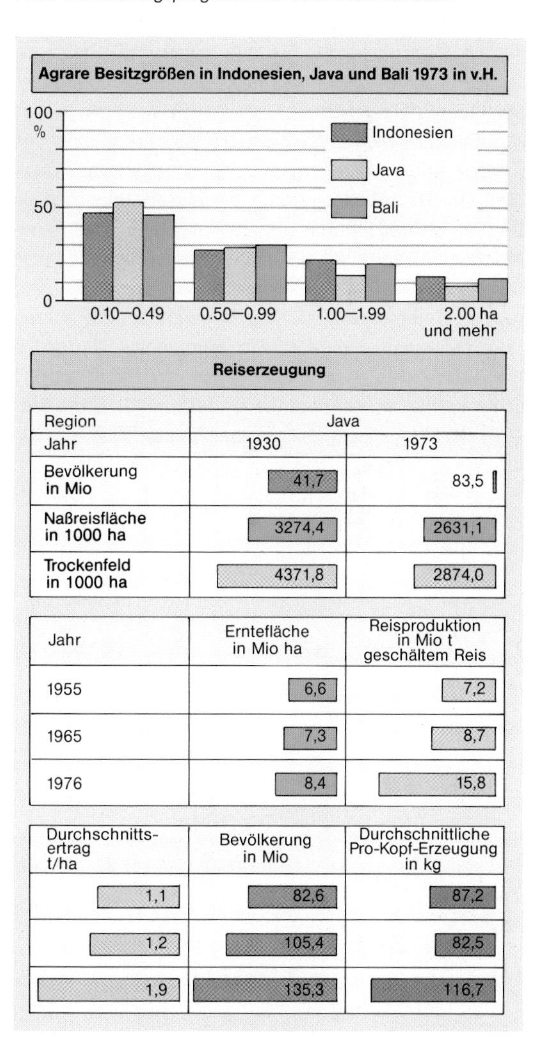

Region	Java	
Jahr	1930	1973
Bevölkerung in Mio	41,7	83,5
Naßreisfläche in 1000 ha	3274,4	2631,1
Trockenfeld in 1000 ha	4371,8	2874,0

Jahr	Erntefläche in Mio ha	Reisproduktion in Mio t geschältem Reis
1955	6,6	7,2
1965	7,3	8,7
1976	8,4	15,8

Durchschnittsertrag t/ha	Bevölkerung in Mio	Durchschnittliche Pro-Kopf-Erzeugung in kg
1,1	82,6	87,2
1,2	105,4	82,5
1,9	135,3	116,7

149.2 Agrarstatistik

Migrationen

Als Folge des schnellen Bevölkerungswachstums, der einseitigen Bevölkerungsballung und der Strukturschwächen im ländlichen Bereich ist auf Java die Zahl der Arbeitslosen und Unterbeschäftigten hoch. 1980 wurde ihre Anzahl auf mindestens 45 Mio beziffert. Ein ununterbrochener Strom meist junger Menschen ergießt sich in der Hoffnung auf einen Arbeitsplatz in die Städte. Ihre Einwohnerzahlen stiegen in 50 Jahren um das Drei- bis Siebenfache. Bevorzugtes Ziel ist die Hauptstadt Jakarta, eine moderne Metropole mit 6,5 Mio Einwohnern. Als Folge der unkontrollierten Zuwanderungen entstehen dort Slums, in denen die meisten der 200 000 Migranten pro Jahr unterkommen. Die sozialen, wirtschaftlichen und infrastrukturellen Schwierigkeiten der Hauptstadt vergrößern sich ständig.

Jakarta als Metropole und Java als Zentralinsel stehen im Mittelpunkt der Wanderungsströme. Staatliche Maßnahmen zur Eindämmung des Zustroms haben bisher kaum Erfolg gehabt.

Die Behörden versuchen, die Hauptprobleme des Landes – die Bevölkerungsexplosion und die Übervölkerung der Hauptinsel – durch gezielte Maßnahmen zu bekämpfen. 1961 wurde ein nationales Institut für Familienplanung gegründet, den staatlichen Bediensteten die Beihilfe ab dem dritten Kind gestrichen, überall im Land wurden Beratungsstellen für Familienplanung errichtet. Doch tief verwurzelte Denk- und Handlungsweisen sowie die Lebensumstände machen die Aufklärungsarbeit schwer. Noch immer hebt die Kinderzahl das Sozialprestige der Eltern, noch immer sind Kinder nötig, um die soziale Sicherheit in der Familie zu garantieren, noch immer sind viele Hände für die Beschaffung des Familieneinkommens unverzichtbar.

Transmigrasi

Bereits im Jahre 1905 begann die niederländische Kolonialverwaltung, die ungleiche Bevölkerungsverteilung zwischen Java und den anderen großen Inseln durch Umsiedlungsmaßnahmen auszugleichen. Bis 1941 verließen so etwa 240 000 Javaner ihre Heimat.

Seit 1950 wird diese Form der Agrarkolonisation unter der Bezeichnung *Transmigrasi* fortgeführt. Bedeutung erhielt das Programm jedoch erst, als die Regierung in ihrem dritten Fünfjahresplan (1979–1984) die Umsiedlung von 500 000 Familien zu einem ihrer wichtigsten Ziele erklärte. Nach offiziellen Angaben wurde diese Richtzahl um 35 000 Familien überschritten. Im laufenden Fünfjahresplan wurde deshalb die Richtzahl um weitere 50% erhöht.

Neben der Entlastung Javas hat die Transmigration das Ziel, die landwirtschaftlichen und industriellen Ressourcen der Außeninseln zu erschließen und zu einem Abbau der landesweiten Disparitäten beizutragen.

Bei der *Allgemeinen Transmigration* werden den Auswanderungswilligen auf der Zielinsel staatliche Hilfen zuteil:

- zwei bis vier Hektar gerodetes Naßreisland;
- ein einfaches Holzhaus;
- Versorgung mit Grundnahrungsmitteln bis zur ersten Ernte sowie mit Artikeln des täglichen Bedarfs;
- einfache Werkzeuge zur Bodenbearbeitung;
- Saatgut für die erste Aussaat sowie Düngemittel;
- Kleidung;
- medizinische Versorgung.

70% der Aussiedler besaßen vorher kein Land und waren als Gelegenheitsarbeiter tätig; 80% hatten ein Familieneinkommen von unter 25 DM pro Woche, die Familien hatten im Durchschnitt drei Kinder.

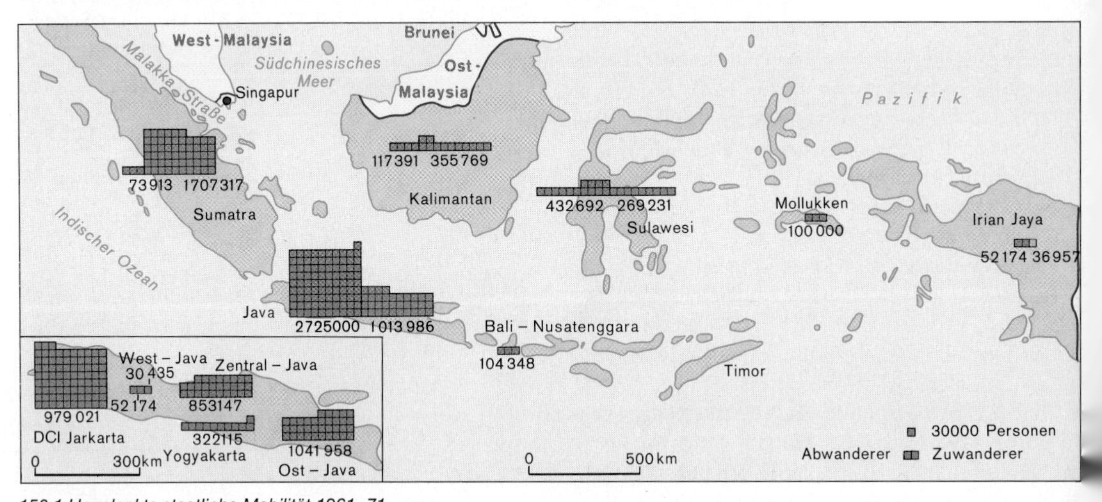

150.1 Ungelenkte staatliche Mobilität 1961–71

Zielinsel von fast zwei Dritteln der Transmigranten war bis 1984 Sumatra. Neuerdings wurden auf Kalimantan zahlreiche neue Siedlungsgebiete festgelegt. Hier wird bald die Hälfte der Siedler eine neue Heimat finden. Von großer Bedeutung für die Zukunft sind nach vorläufigen Untersuchungen Gebiete in Irian Jaya.

Die Neusiedler erhofften sich eine gesicherte Ernährung ihrer Familie, Kleidung und eine gute Schulausbildung für ihre Kinder. Diese Erwartungen wurden aber in den meisten Fällen enttäuscht. Dafür waren sowohl Mängel in der Administration als auch Fehler in der Vorbereitung und Durchführung der Aktionen ausschlaggebend. Inzwischen wurden die einzelnen Maßnahmen verbessert. Es hat sich gezeigt, daß von der Feststellung eines geeigneten Raumpotentials – Klima, Bodenqualität, Wasserhaushalt – bis zur Konzeption eines regionalen Entwicklungsplanes mit Festlegung des landwirtschaftlichen Nutzungsmusters ein Zeitraum von sieben Jahren anzusetzen ist.

Die Geschichte von Transmigrasi ist von einer Reihe von Fehlschlägen gekennzeichnet:
- Zwischen Neusiedlern und Alteingesessenen kommt es zu ethnischen und sozialen Spannungen.
- Eine Ausweitung der Siedlungsflächen ist in vielen Fällen nicht möglich.
- In einer Reihe von Siedlungen sind die Parzellen durch Erbteilung bereits wieder stark zersplittert.
- Die Hilfe der FAO dauert nur drei Jahre.
- Auf zwei Transmigranten, die Java verlassen, kommen drei Zuwanderer, darunter viele illegale Rückkehrer.

1. Vergleichen Sie die natürlichen Voraussetzungen Javas für Landwirtschaft mit denen der Zielgebiete.
2. Bewerten Sie das Transmigrasi-Projekt.

T 151.1: Siedlungsgebiete und Zahl der Umsiedler zwischen 1905 und 1973

Siedlungsgebiete (Provinzen)	1905–41 (Personen)	1950–73 (Personen)	Gesamt (Personen)
Aceh		695	695
Nord-Sumatra	11426	10582	22008
West-Sumatra	1945	13150	15095
Riau		1814	1814
Jambi		9771	9771
Bengkulu	7443	7270	14713
Süd-Sumatra	25153	146858	172011
Lampung	173959	284569	458528
West-Java		5032	5032
West-Kalimantan		13824	13824
Zentral-Kalimantan		9825	9825
Ost-Kalimantan	164	21160	21324
Süd-Kalimantan	3950	15546	19496
Nord-Sulawesi		6322	6322
Zentral-Sulawesi	146	17144	17290
Südost-Sulawesi	984	7291	8275
Süd-Sulawesi	13464	13283	26747
Maluku		1863	1863
West-Nusatenggara		654	654
Irian Jaya		1132	1132
Gesamt	238634	587785	826419

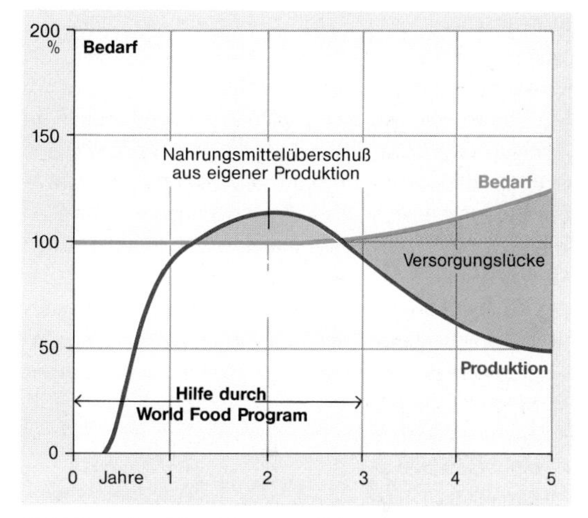

151.2 Bedarf und Produktion von Nahrungsmitteln

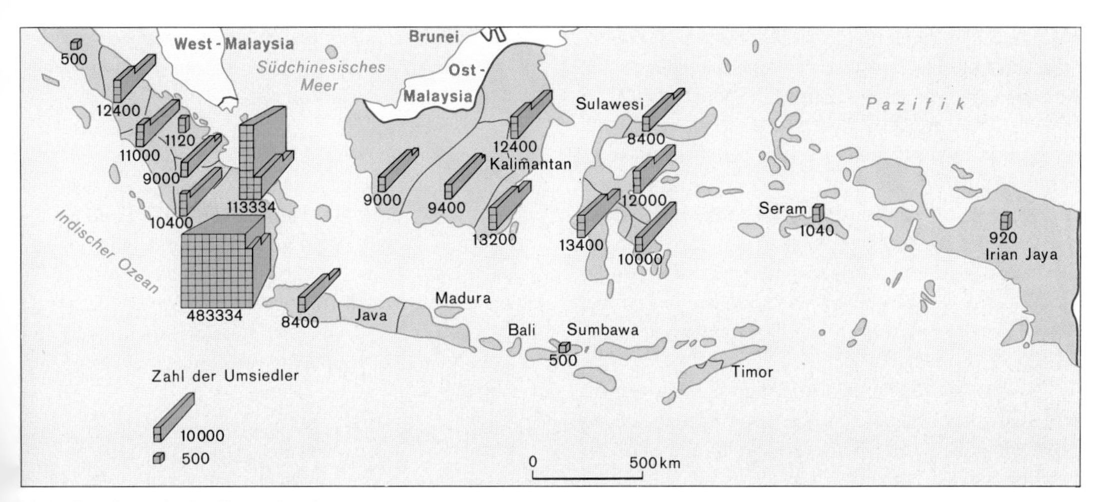

151.1 Staatlich gelenkte Transmigration

152.1 Staatswappen

Wirtschaft

Panca Sila – die Staatsphilosophie

Alle Staatsbediensteten müssen seit einigen Jahren einen Kurs in Panca Sila besuchen; vor Studienbeginn nehmen Studenten an einem hundertstündigen Panca-Sila-Kurs teil; etwa sechs Millionen Menschen aus allen Schichten der Gesellschaft haben bisher einen solchen Kurs besucht. Wer gegen Panca Sila ist, gilt als Feind der staatlichen Ordnung. Panca Sila, in wörtlicher Übersetzung „Fünf Prinzipien", ist die Staatsphilosophie Indonesiens, wie sie in der Präambel der Verfassung verankert ist. Die fünf Prinzipien sind:

- Glaube an Gott,
- Nationale Einheit,
- Humanität,
- Demokratie,
- Soziale Gerechtigkeit.

Auf dem Staatswappen symbolisieren Stern, Büffelkopf, Kette, Banyan-Baum sowie Reis und Baumwolle die fünf Prinzipien. Darunter steht: „Einheit in Vielfalt".

Sie schien zunächst eine ideale Formel zu sein, die Einheit und Freiheit der Bürger zu garantieren. Schon mehrfach aber war sie in der Geschichte der Republik Indonesien durch radikale politische und religiöse Gruppen stark gefährdet. Immer wieder ging die Regierung mit Gewalt gegen separatistische und oppositionelle Bestrebungen in verschiedenen Landesteilen vor, um ihre Idee von einem zentralistischen Staat landesweit zu verwirklichen.

Im Jahre 1978 richtete Ministerpräsident Suharto ein Institut ein, dessen Aufgabe es ist, die Staatsphilosophie Panca Sila zu konkretisieren und daraus eine Rahmenordnung für Staat und Wirtschaft abzuleiten. Die nationale Entwicklungsstrategie Indonesiens, so der Präsident anläßlich seiner Rede zum 39. Unabhängigkeitstag am 17.8.1984, ist die „Anwendung der Panca Sila" auf dem Wege zum Panca-Sila-Staat.

Indonesien ist eine präsidiale Republik. Der Staatspräsident wird alle fünf Jahre von der nur zu diesem Zweck zusammentretenden Beratenden Volksversammlung gewählt. Er bestimmt die Richtlinien der Politik.

Alle vier Jahre wählt das Volk das Parlament, in dem nur von der Regierung zugelassene Parteien vertreten sind. Die Regierung hat verfassungsgemäß das Recht, 100 Parlamentarier zu berufen. Mit 75 Berufungen bilden zur Zeit führende Militärs die größte Gruppe.

Strukturen

Indonesien verfügt über reiche Vorkommen von Buntmetallen, Stahlveredlern, Eisenerzen, Kohle, Erdöl und Erdgas, Bauxit u. a., die erst teilweise und meist unter Einsatz ausländischer Mittel erschlossen worden sind. Gegenwärtig trägt der Bergbau 25% zum BSP bei. Da erst ein Viertel des Landes geologisch erkundet ist, sind noch weitere bedeutende Lagerstättenfunde zu erwarten. Der Industrialisierungsgrad ist noch gering, zudem liegen 80% der Betriebe auf Java. Meist werden unverarbeitete oder aufbereitete Rohstoffe exportiert.

Wichtigstes Bergbauprodukt ist das Erdöl. Indonesien liegt an 7. Stelle unter den Förderländern der Erde und ist Mitglied der OPEC. Durch die Ausweitung der offshore-Wirtschaftszone auf 200 Meilen erwartet man einen Anstieg der Fördermenge. Neue Großraffinerien decken seit 1985 den Eigenbedarf an Erdöldestillaten.

Die Erlöse aus den Rohstoffexporten – wichtigster Handelspartner ist Japan, gefolgt von Singapur und den USA – dienen u. a. zur Finanzierung von staatlichen Entwicklungsprojekten und von Importgütern. Bei allem Reichtum an Erdöl ist Indonesien im Ausland verschuldet (1984: 28 Mrd $). Die Schuldendienste machen bereits über 20% der Exporterlöse aus.

Trotz des Anwachsens der Bergbauproduktion spielt die Landwirtschaft noch immer eine dominierende Rolle bei der Versorgung der Bevölkerung. 55% der Erwerbstätigen sind in ihr tätig und erwirtschafteten 1985 26% des BSP. Nicht eingerechnet sind die Bevölkerungsteile, die Subsistenzwirtschaft betreiben und deshalb statistisch nicht erfaßbar sind. Ihr Versorgungssystem macht sie aber von binnen- und außenwirtschaftlichen Krisen fast unabhängig.

Wie fast alle Staaten der Dritten Welt besitzt auch Indonesien eine dualistische Landwirtschaftsstruktur. So bestehen neben den Millionen kleinbäuerlichen Betrieben etwa 1000 Plantagen und Pflanzungen, die auf 2,2 Mio ha Fläche vornehmlich Kautschuk, Kaffee und Tee für den Export produzieren.

Bei der Industrialisierung haben drei Bereiche besondere Bedeutung: die Aufbereitung von Plantagenerzeugnissen und mineralischen Rohstoffen, die Herstellung und Weiterverarbeitung von Nahrungs- und Genußmitteln sowie die Textilindustrie, die allerdings auf dem Import von Rohstoffen und Garnen basiert. Von den Industriebetrieben haben 8000 mehr als 20 Angestellte; Kleingewerbe und Handwerk gewinnen zunehmend an Bedeutung, z. T. auch für den Export.

Entwicklungsperspektiven

„Steinzeit, Feudalismus und Mystizismus stehen unvermittelt neben dem technischen Zeitalter, und Gemeinschaftsdenken vermischt sich mit dem Rationalismus und Individualismus des 20. Jahrhunderts." So kennzeichnet ein einheimischer Autor die Situation seines Landes.

Indonesiens Bedeutung bei der Belieferung des Weltmarktes mit wichtigen Rohstoffen steigt ständig an. So hat der Staat auf Dauer weit günstigere Chancen auf eine bessere Zukunft als die meisten anderen Staaten der Dritten Welt. Indonesien gilt als Schwellenland.

Voraussetzung für eine bessere Zukunft ist die Bewältigung der demographischen, sozialen, wirtschaftlichen und infrastrukturellen Probleme. Noch sind die Gegensätze innerhalb der Gesellschaft und das Entwicklungsgefälle zwischen Zentrum und Peripherie kraß. Die Entwicklungsstrategie der Regierung hat zum Ziel, über Rohstoffexporte genügend Devisen zu erhalten, um die notwendigen Investitionen im Innern vornehmen zu können. Dieser Weg ist allerdings mit erheblichen Risiken verbunden: die Rolle Indonesiens als Rohstofflieferant könnte sich verstärken. Dadurch würden die angestrebte Industrialisierung gebremst und die regionalen Disparitäten verfestigt.

1. Bestimmen Sie die Bedeutung von mineralischen Lagerstätten für die Erschließung des Staatsraumes.
2. Charakterisieren Sie die Außenhandelsstrukturen, und erläutern Sie die Funktion des Exports innerhalb des Wirtschaftssystems.
3. „Indonesien ist eines der potentiell reichsten und zugleich ärmsten Länder der Erde". Nehmen Sie dazu Stellung.
4. Inwiefern stellt das Staatswappen Indonesiens symbolhaft Probleme des Landes, aber auch ein Programm zu ihrer Überwindung dar?

T 153.1: Entwicklungsetat Indonesiens

Aufgabenbereich darunter:	Mio US-$ 1978	Veränderungen in % (1978 = 100) 1979	 1981	 1983
Gesundheitswesen	113	111	277	454
Bildungswesen	335	119	273	617
Arbeit und Umsiedlung	97	156	490	993
Landwirtsch. u. Bewässerung	603	118	194	330
Düngemittelhilfen	58	259	666	
Industrie, Bergbau, Energie	574	132	308	394
Wohnungen, Wasserversorgung	142	62	157	312
Verkehr und Tourismus	563	116	199	309
Öffentl. Dienstleistungen	195	182	492	708
Regionale Entwicklungen	398	110	175	
Ausgaben insgesamt	3420	118	274	341

T 153.2: Wichtige Einfuhrwaren bzw. -warengruppen (Mio US-$)

Einfuhrware bzw.-warengruppe	1977	1979	1981
Reis	678,0	596,3	206,4
Rüben- u. Rohrzucker	98,9	127,6	577,7
Baumwolle	101,0	130,0	182,9
Erdöl, roh und getoppt*	353,9	443,4	671,0
Erdöldestillationserzeugnisse	378,1	349,9	1049,3
Organisch-chemische Erzeugnisse	131,5	278,6	397,6
Chemische Düngemittel	26,6	56,0	263,1
Kunststoffe, Kunstharze usw.	138,6	236,4	392,0
Papier und Pappe	100,2	109,9	164,1
Garne, Gewebe, Textilwaren usw.	196,7	216,6	250,0
Breitflachstahl und Bleche	180,3	299,8	469,2
Rohre, Rohrformstücke usw.	74,6	101,6	318,9
NE-Metalle	99,6	145,2	257,1
Konstruktionen und Teile aus Eisen	119,3	48,2	232,2
Nichtelektrische Maschinen	956,0	1172,8	2264,1
Elektr. Maschinen, Apparate, Geräte	765,3	550,7	874,5
Kraftfahrzeuge	465,4	477,0	1101,5
Feinm., optische Erzeugnisse und Uhren	64,7	113,4	182,8
Gesamt	6230,6	7202,3	13272,1

* toppen = Benzin von Rohöl abtrennen

T 153.3: Wichtige Ausfuhrwaren bzw. -warengruppen (Mio US-$)

Ausfuhrware bzw. -warengruppe	1977	1979	1981
Fisch, frisch	152,5	220,4	199,2
Kaffee	599,3	614,5	347,8
Tee	118,5	83,4	100,8
Naturkautschuk, roh	589,5	940,3	835,4
Rohholz, grob zugerichtet	901,0	1551,3	662,4
Holz, einfach bearbeitet	50,3	245,4	216,8
Kupfererze und Konzentrate	75,8	74,5	
Nickelerze, Konzentrate usw.	35,3	86,7	150,8
Erdöl und Schieferöl, roh	6826,5	8124,2	13182,0
Schweröle zum Heizen	18,4	726,7	1207,4
Erdgas und andere gasförmige Kohlenwasserstoffe	80,3	1292,9	3366,3
Palmöl	183,6	204,4	106,9
Furnierte Holz- und Sperrholzplatten	2,4	31,7	161,7
Zinn	206,4	382,0	441,6
Bekleidung	4,8	66,1	95,3
Gesamt	10852,6	15590,1	25164,5

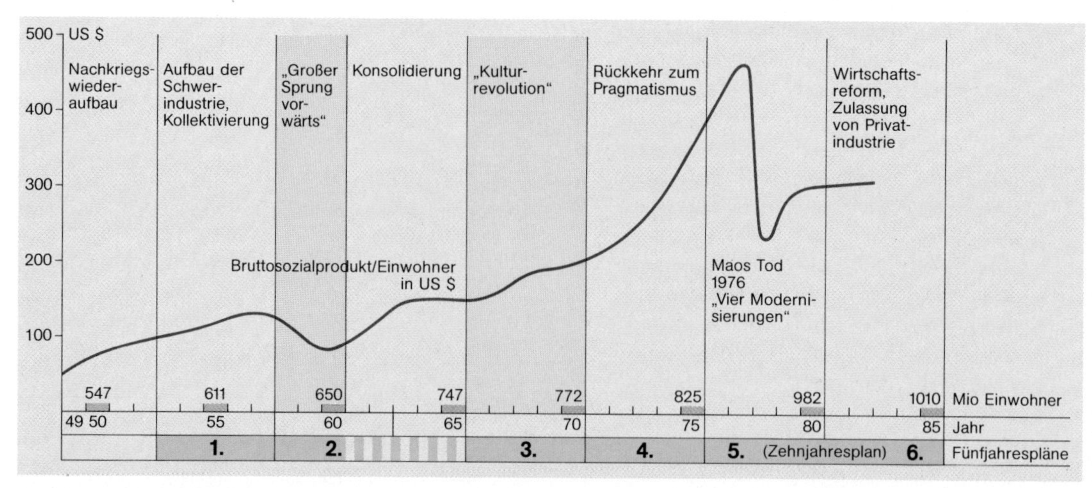

154.1 *Entwicklungsphasen*

Die Volksrepublik China

Entwicklungsphasen der Gegenwart

Mit dem Sieg der Kommunisten unter ihrem Führer Mao Tsetung und dem Ausrufen der Volksrepublik am Ende des Bürgerkrieges begann 1949 die neuzeitliche Entwicklung Chinas. Die Beseitigung der Kriegsschäden und der vorrangige Wiederaufbau der Industriezentren in der Mandschurei und an den Küsten nahm vier Jahre in Anspruch. Parallel liefen *Bodenreformbewegung* (Umverteilung des Grundbesitzes) und die *Überführung privater Wirtschaftsunternehmen in Staatseigentum.* Im 1. Fünfjahresplan (1953–57) erfolgte die vollständige Kollektivierung bis zur Bildung Landwirtschaftlicher Produktionsgenossenschaften. Der Ausbau kapitalintensiver Schwerindustrie – nach sowjetischem Vorbild – in den alten Küstenstandorten und neuen Zentren im Binnenland genoß Priorität, scheiterte aber an den unterschiedlichen Ausgangsbedingungen, wie z. B. unzureichender Nahrungsmittelproduktion und Infrastruktur. Chinas „eigener Weg“ wird durch den **Großen Sprung** (1958/59) beleuchtet: Von der Partei mobilisierte Massen bauen Bewässerungssysteme und schmelzen Eisen in Kleinhochöfen, Dörfer schließen sich zu Volkskommunen zusammen, in den Städten entstehen aus Stadtvierteln gesellschaftliche Grundeinheiten, Mao proklamiert die Politik des **Gehens auf zwei Beinen** (die gleichzeitige Entwicklung von Landwirtschaft und Industrie). Das ideologische Zerwürfnis mit der Sowjetunion führt 1960 zum Abzug aller sowjetischen Fachleute. Dem durch Mangel an allen Gütern bedingten Rückschlag folgt mit dem 2. Fünfjahresplan eine Phase der Konsolidierung. Die Landwirtschaft erhält mehr Mittel.

Der 3. Fünfjahresplan (1966–70) ist durch die **Kulturrevolution** bestimmt: Schulen und Forschungsinstitute bleiben weitgehend geschlossen. Revolutionsausschüsse leiten die Betriebe, Parteikader werden ausgewechselt und „auf das Land“ geschickt. Arbeitsintensive Technologien sollen das fehlende Kapital ersetzen, Klein- und Mittelbetriebe in den Provinzen werden nach dem Prinzip der regionalen Autarkie bevorzugt.

Im 4. Fünfjahresplan (1971–75) erhält die Landwirtschaft weiter den Vorrang, aber auch Infrastruktur, Petrochemie sowie Eisen- und Stahlindustrie, besonders in den alten Standorten, werden ausgebaut.

Der 5. Fünfjahresplan (1976–80) steht unter dem Schlagwort der **Vier Modernisierungen** (Landwirtschaft, Industrie, Militär, Technologie/Wissenschaft). Nach Maos Tod 1976 setzt wieder verstärkt der **Kampf der zwei Linien** ein, der zugunsten der Pragmatiker ausgeht. Die Landwirtschaft behält ihre führende Rolle, soll aber mehr Konsum- und Exportgüter produzieren. Die Anhebung der staatlichen Ankaufspreise und die Zulassung von freien Märkten lassen in wenigen Jahren die Produktion schnell ansteigen. Ausländische Technologie kommt beim Erzabbau, der Kohle- und Erdölförderung, in der Energieerzeugung und bei der Großchemie zum Tragen. Der Nationale Volkskongreß faßt den 6. Fünfjahresplan mit der revidierten Form des 5. Wirtschaftsplanes zum Zehnjahresplan zusammen. Ein Schwerpunkt liegt auf der vernachlässigten Schwerindustrie, die Betriebe sollen mehr Entscheidungsbefugnisse erhalten. Ziel bleibt es, plan- und marktwirtschaftliche Elemente miteinander zu verbinden. Grundlegende Wirtschaftsreformen setzen 1979 mit der Öffnung von **Son-**

derwirtschaftszonen im Grenzgebiet von Hongkong und Macau, später auch in Xiamen, ein. Dort produzieren ausländische Firmen mit chinesischen Partnern und Arbeitskräften für den Weltmarkt. China verspricht sich von diesen „Fenstern zur Welt" Zugang zu Kapital und Technologie mit westlichem Management. Die wirtschaftspolitischen Neuorientierungen sollen bei der Umstrukturierung der Wirtschaft helfen und für mehr und bessere Produkte auf dem einheimischen Markt sorgen. Der Erfolg in den Wirtschaftszonen, äußerlich an den Industriegebieten und Satellitenstädten ablesbar, führt zu der eigentlichen Öffnung: 1984 werden 14 Hafenstädte und die Insel Hainan zu „offenen Städten" erklärt – mit Vorzugsbedingungen für ausländisches Kapital. Die chinesische Regierung genehmigt Ansiedlungsanträge ausländischer Investoren nur, wenn sie eine „fortgeschrittene Technologie" verwenden, ihr Unternehmen effizient arbeitet und auf dem Markt konkurrenzfähig ist. In China nicht lieferbare Rohstoffe dürfen von den Firmen oder chinesischen Außenhandelsgesellschaften importiert werden. Die *Bank of China* konvertiert für im Inland erzielte Gewinne die chinesische Währung in Devisen.

Eine inländische Wirtschaftszone entsteht in der Großstadt Chongqing, ohne jedoch den gleichen Status wie die Sonderzonen zu erhalten. 1985 werden der gesamte Küstengürtel geöffnet und die drei in das Landesinnere ragenden *wirtschaftlichen Dreiecke* um Schanghai, Kanton und Xiamen, gegenüber der Insel Taiwan, ausgewiesen. Über diese „Türen" soll das chinesische Hinterland erreicht und die Disparität zwischen **Küste und Hinterland** beseitigt werden. Die Flüsse bilden dabei die Haupterschließungslinien.

Wirtschaftsdreieck	Fläche (km^2)	Rahmenbedingungen
Jangste-Delta	50000	Traditionelles Industriegebiet und Handelszentrum, landwirtschaftliche Intensivregion
Zhuhai	11000	Nachbarschaft der Drehscheibe Hongkong, schließt die Sonderzonen Shenzhen und Zhuhai ein
Fujian	k. A.	schließt Sonderzone Xiamen mit ein, traditionelles Herkunftsgebiet der „Überseechinesen"

1. Beschreiben Sie die Phasen der Wirtschaftsentwicklung. Analysieren Sie dazu Abb. 154.1.

2. Stellen Sie für die 14 Küstenstädte die räumlichen, infrastrukturellen und wirtschaftlichen Voraussetzungen fest (Atlas).

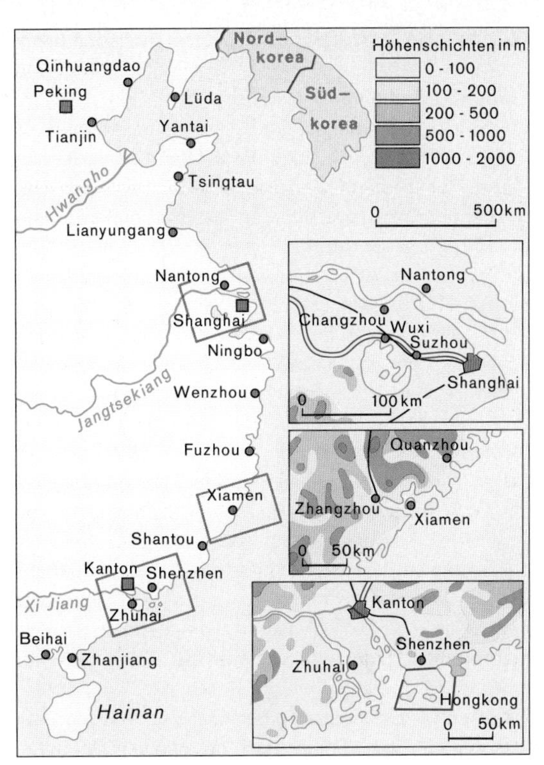

155.1 Sonderwirtschaftszonen

Die China Metallurgical Import and Export Corporation (CMIEC), ein staatliches Unternehmen, wurde im Januar 1980 gegründet. Es vereinigt sowohl Industrie und Handel als auch Technologie und Marketing unter einem Dach. Die Haupttätigkeit der CMIEC besteht im

A. Export von Produkten der Hüttenindustrie, wie z. B. Metallerzen, Eisen und Stahl, Eisenlegierungen, edlen Erdmetallen, metallurgischen Kokereierzeugnissen, feuerfesten Materialien sowie Graphit-Elektroden,
B. Import von Eisenerz, Manganerz, Chromerz, Roheisen, Schrott, Eisenbarren, Stahl/Walzblöcken und Metallplatten,
C. Durchführen von Kompensationsgeschäften (Gegengeschäften) und/oder Joint Ventures mit Unternehmen der Hüttenindustrie,
D. Import von Ausrüstungen, Ersatzteilen, Instrumenten und Meßgeräten für Hüttenwerke (einschl. Metall- und Nichtmetallminen, Eisenwerken),
E. Technologietransfer, Lizenzen und Know-How sowohl im Import- wie im Exportbereich,
F. gemeinsamen Bau von Ausrüstungen für die metallverarbeitende und die Bergbau-Industrie mit ausländischen Partnern, fabrikmäßige Herstellung von Werkzeugen, mechanischen Teilen, Komponenten sowie Eisen- und Stahl-Gußteilen nach vom Kunden überlassenen Produkten und/oder Mustern,
G. Lohnveredelungen und die Herstellung von Hüttenprodukten gemäß dem uns vom Kunden zur Verfügung gestellten Material.

Wir laden alle unsere Geschäftsfreunde herzlich dazu ein, mit uns zusammenzuarbeiten.

155.2 Anzeige aus: Die Welt vom 7.6.1985

Räumliche und geschichtliche Entwicklung

Staatsräumliche Veränderungen

Von den Bauernkulturen im Lößbergland erfolgte vor 3000 Jahren die Besiedlung der Großen Ebene. Bereits 300 v. Chr. bestand ein kaiserlicher Zentralstaat, das *Reich der Mitte (chung kuo),* um das sich Außenstaaten gruppierten. Unter der Han-Dynastie (202 v.Chr. bis 220 n.Chr.) reichte das Imperium von Nordkorea und Vietnam bis zum Tarimbecken, vom Quellgebiet des Amu-Darja bis zum Oberlauf des Indus. Handelskontakte bestanden sogar mit dem Römischen Reich. Verfall des chinesischen Reiches, Reichsteilungen und -einigungen lösten sich über Jahrhunderte ab. Von 1280 bis 1368 n.Chr. errichteten die Mongolen in China eine Militärdiktatur. Die nomadischen Eroberer wandelten riesige Ackerflächen in Weideland um. Ihr Machtbereich umfaßte damals über 25 Mio km^2. In der Ming-Zeit, nach der Vertreibung der Mongolen, schloß sich China von der Außenwelt ab. Die 1644 aus dem Nordosten eindringenden Mandschu begründeten die Qing-Dynastie (1644–1912). In der Zeit ihrer größten Machtentfaltung war das Reich 18,5 Mio km^2 groß. Um den Kernraum, Korea, die Mandschurei und die Innere Mongolei lag der Gürtel der *Inneren Protektorate* mit Tibet, Sinkiang und der Äußeren Mongolei. In einem Vasallenverhältnis standen die *Äußeren Protektorate* Laos, Siam, Burma, Nepal sowie die Chanate der Kirgisen und Kasachen östlich des Aralsees.

Der Niedergang des Reiches begann sich im 19. Jh. abzuzeichnen. Zwar besaßen die Portugiesen schon seit 1557 den Handelsstützpunkt Macau, aber erst der *Opiumkrieg* (1840–42) führte dazu, daß China unter fremden Einfluß geriet. Der Opiumimport der in London ansässigen Ostindischen Kompanie hatte zu starkem Abfluß des Silbergeldes, Korruption und Opiumsucht geführt, so daß der chinesische kaiserliche Kommissar die Vorräte der Engländer in Kanton vernichten ließ. Die englische Flotte eroberte daraufhin Küstenstützpunkte bis Shanghai. China mußte fünf seiner Häfen dem britischen Handel öffnen und Hongkong abtreten.

Auch in der Folgezeit war die schwache Zentralgewalt kriegerischen Auseinandersetzungen nicht gewachsen. Frankreich annektierte Indochina, Großbritannien Burma, das Russische Reich Teile von Turkestan. Selbst das Deutsche Reich beteiligte sich 1898 mit der Besetzung von Tsingtau an der Aufteilung Chinas. Japan sicherte sich Korea und Taiwan. Der nördliche Teil Chinas geriet unter russischen, der mittlere unter britischen und der südliche unter französischen Einfluß. 1912 dankte der Mandschu-Kaiser ab, China wurde Republik. Nach jahrzehntelangem Bürgerkrieg und japanischer Teilbesetzung (1931–45) wurde 1949 die *Volksrepublik China* gegründet.

Kulturell-technische Leistungen

Die Moral- und Sittenlehre des chinesischen Philosophen Konfuzius (551–479 v.Chr.) stabilisierte über zwei Jahrtausende den kaiserlichen Staat. Nach dem moralischen Prinzip der Nächstenliebe sollten Familie und Gesellschaft regiert werden. Jeder einzelne sollte entsprechend seiner sozialen Stellung handeln und Älteren und sozial Höherstehenden Achtung und Liebe erweisen. Die konfuzianistische Auffassung zementierte jedoch die Vorrechte der Oberschicht, aus der die Staatsbeamten nach Studium und Ablegen zahlreicher Staatsprüfungen hervorgingen. Die Beamten, die alle Bereiche der Zivilisation prägten, stehen stellvertretend für die chinesische Kultur. Sie ist jünger als die untergegangenen Hochkulturen im Zweistromland und am Indus, aber die älteste der noch existierenden.

Die **Meteorologie** legte den Grundstein für die Entwicklung der Naturwissenschaften. Man kannte um 100 n.Chr. den Wasserkreislauf und die Bedeutung der Gebirge beim Entstehen von Niederschlägen. Die örtlichen Behörden meldeten Niederschlagsmessungen (Regen in Bronzeröhren, Schnee in Bambuskörben) in die Hauptstadt, die Maßnahmen gegen Hochwasser treffen konnte. Mit Hilfe von Vogelfedern oder Holzkohle wurde die relative Luftfeuchtigkeit ermittelt. Der Bau von **Bewässerungsanlagen** spielte eine besondere Rolle. Noch heute ist im Roten Becken ein 250 v.Chr. geschaffenes System in Betrieb, bei dem der Minfluß über 520 sich weiter verzweigende Kanäle speist. Von den Kanälen ist der 1700 km lange Große (Kaiser-)Kanal der bekannteste. Er wurde im 7. Jh. n.Chr. durch Erweiterung von Anlagen aus dem 4. Jh. gebaut und verbindet Yangzhou am Jangstekiang mit Peking. Die **Porzellan**herstellung, der älteste Industriezweig Chinas, war seit dem 9. Jh. n.Chr. bekannt. Kostbare Porzellangefäße und die gewebten **Seiden**bilder, die echten Gemälden glichen, wurden im Handel mit dem Orient und Europa zu wichtigen Handelsartikeln. Die wohl wichtigste Erfindung war die des **Papiers,** das für Schreibmaterial und Regenschirme, Fächer und Fensterscheiben Verwendung fand. Auf waffentechnischem Gebiet steht die in der Han-Zeit entdeckte Mischung aus Schwefel, Salpeter und Holzkohle an erster Stelle. Das **Schießpulver,** ursprünglich nur für Feuerwerke verwendet, erhielt bald auch militärische Bedeutung. Das chinesische Heer verfügte bereits 1161 über „Raketeneinheiten“.

Seidengewinnung, Papier- und Porzellanherstellung gehörten zu den Staatsgeheimnissen. Erst während der Kreuzzüge lernten die Europäer von den Arabern die Kunst der chinesischen Papiererzeugung. Die Porzellanherstellung wurde in Europa erst im 18. Jh. in Meißen erfunden.

157.1 Straßenszene aus der Ssung-Zeit (1000 n.Chr.), Kopie aus der Ming-Zeit (1368), Malerei auf Seide (1644)

Der Niedergang des Alten China

Die traditionelle chinesische Gesellschaft bestand aus Beamten, Bauern, Handwerkern und Kaufleuten. Im 19. Jh. setzte ein Verfall der konfuzianistischen Staatsauffassung ein: Kaiserliche Beamte, die die Pachtablieferungen an die Grundbesitzer gewährleisteten, häuften durch Korruption und Unterschlagung von für den Staat gedachten Einkünften Vermögen an und investierten in Grundbesitz (Rentenkapitalismus). Um Geld für den Kampf gegen die Kolonialmächte und Rebellen aufzutreiben – der Taiping-Bauernaufstand von 1850 bis 1864 kostete 25 Mio Menschen das Leben – verkaufte die Regierung Ämter und höhlte damit das Staatsbeamtentum aus. Durch Erbteilung und bis zu 50% hohe Pachtzinsen verschlechterte sich die Lage der Bauern zusehends. Die Landwirtschaft konnte die vom 17. Jh. bis zur Mitte des 19. Jh. um das Doppelte auf 300 Mio angewachsene Bevölkerung nicht mehr ernähren. Als der Zentralregierung die Kontrolle weiter entglitt, übernahmen lokale Beamte, Grundbesitzer und regionale Militärbefehlshaber die Macht. Auch nach dem Untergang des alten Kaiserstaates 1911 setzte sich die Regionalisierung weiter fort. Die zaghafte Industrialisierung – zu Beginn des 20. Jh. waren erst 0,9% der Erwerbstätigen Industriearbeiter – schloß Frauen- und Kinderarbeit zu unmenschlichen Bedingungen ein.

Aus dem Jahr 132 n.Chr. ist die Konstruktion eines Instruments zur Aufzeichnung von Erdbeben überliefert. Es bestand aus einem Kupferkessel, an dem außen acht Drachen, in regelmäßigem Abstand und auf leichten Sprungfedern gelagert, angebracht waren. Jeder Drache hielt eine Kupferkugel im Maul. Bei einem Erdbeben ließ der Drache, in dessen Richtung sich das Beben ereignete, die Kugel in das Maul einer unter ihm sitzenden Kröte fallen. Dieses System konnte zwar weder die Entfernung bestimmen noch die Stärke angeben, arbeitete aber selbst über große Entfernungen sehr richtungsgenau.

157.2 Seismoskop

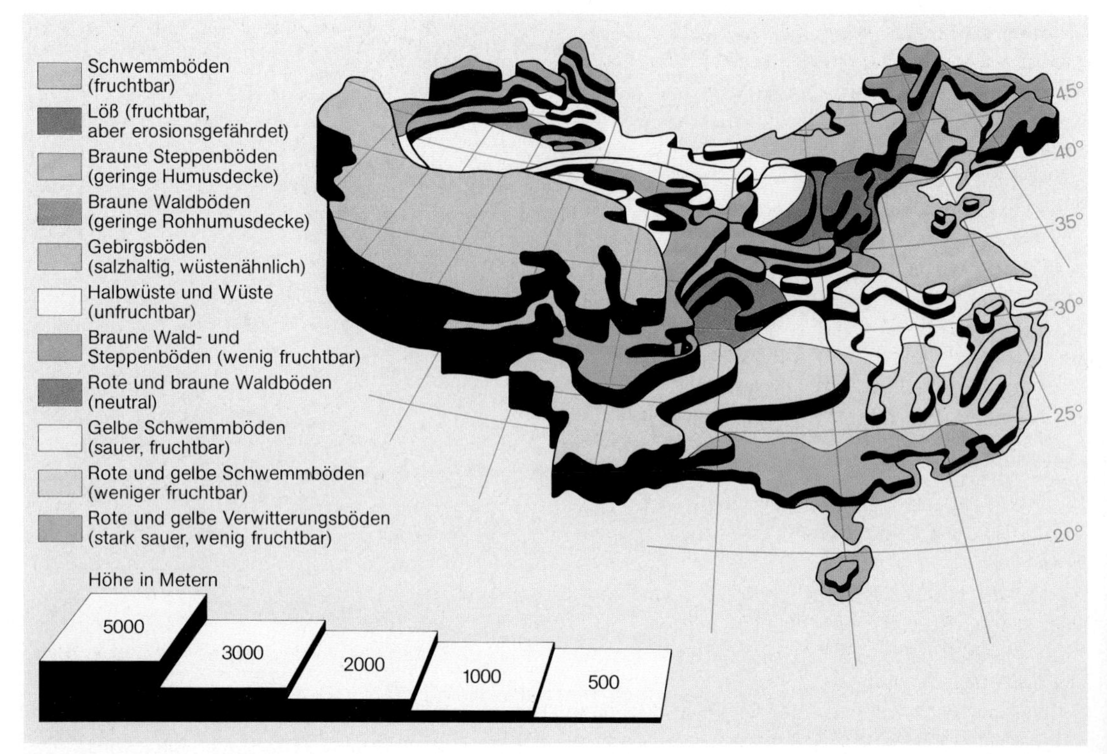

158.1 Böden und Landstufenbau

Das Naturraumpotential

Großräumliche Gliederung

Tiefebenen (10% der Gesamtfläche von 9,6 Mio km^2), Berg- und Hügelländer (9%), Beckenlandschaften (15%), Hochflächen (30%) und Hochgebirge (36%) markieren eine Gitterstruktur von naturräumlichen Einheiten, die in Landstaffeln zum Pazifik hin abfallen. Vom Großen Chingan im Norden über die Stadt Lanzhou bis zum östlichen Ausläufer des Hochlandes von Tibet verläuft die Trennungslinie zwischen den östlichen Kernlandschaften und den zentralasiatischen Randlandschaften. Ostchina nimmt die Hälfte der Gesamtfläche ein, 95% der Bevölkerung leben hier. Das Qin-Ling-Gebirge, der „Große Teiler", wirkt als Klimagrenze zwischen Nord- und Südchina. Im Sommer behindert es die feuchtwarme südöstliche Monsunströmung aus dem Pazifik, im Winter die trockenkalten Luftmassen aus Sibirien. Das nahezu waldfreie **Nordchina,** zu 65% von Ebenen bedeckt, ist die Zone des großflächigen, dürre- und staubsturmgefährdeten Trockenfeldbaus mit Weizen, Hirse und Mais. Die Farbe des Lößberglandes führte zu der Bezeichnung *Gelbes China.*„ Der Dammfluß Hwangho (Gelber Fluß), der in zweieinhalb Jahrtausenden 26mal seinen Lauf verlegte, schüttete mit seinen Schwemmlößablagerungen die 325 000 km^2 einnehmende Große Ebene auf.

Südchina liegt im Schutz hoher Gebirge. Es umfaßt die dicht besiedelten Schwemmlandebenen des Jangtsekiang, der noch in historischer Zeit Flächen bis zu 100 000 km^2 überschwemmte, den fruchtbaren Agrarraum des Roten Beckens von Sichuan, das von vier Bergrücken durchzogene Südostchinesische Bergland und das mit seinen engen Tälern und Wannen nur schwach besiedelte Südwestchinesische Hochland. Das subtropische, humide Klima mit Niederschlägen über 2000 mm/a erlaubt im *Grünen China* den intensiven Anbau von Naßreis und Tee mit zwei bis drei Ernten im Jahr.

Das **zentralasiatische China** wird durch Hochgebirge und Hochebenen sowie abflußlose Becken gekennzeichnet. Die ausgedehnteste Hochebene der Welt ist mit 2,2 Mio km^2 das siedlungsleere Qinghai-Tibet-Plateau, das „Dach der Welt". Die nach Indien und Ostchina fließenden Ströme haben hier ihre Quellgebiete. Das Becken von Sinkiang gliedert sich in drei Teillandschaften: das abflußlose und von weiten Sandwüsten bedeckte ostturkestanische Tarimbecken, die durch das Tian-Shan-Gebirge abgeteilte Steppenlandschaft der Dsungarei und der der Inneren Mongolei zuzurechnende Anteil der Wüste Gobi. Diese Randlandschaften nehmen ebenfalls rd. 50% der Gesamtfläche ein, werden aber von nur 5% der Bevölkerung bewohnt.

Lößbergland. Eine Fläche von der Größe der Bundesrepublik Deutschland ist von Löß bedeckt. Nordwestliche Winde tragen seit Jahrtausenden den Flugstaub aus den Trockenräumen des Ordos und der Gobi heran, der in den Provinzen Gansu und Shaanxi bis zu 400 m Mächtigkeit erreicht. Das Lößhochland, ursprünglich Wald- und Weidegebiet, bot auf Grund der Fruchtbarkeit und leichten Bearbeitbarkeit gute Voraussetzungen für die Entwicklung der früheren chinesischen Agrarkultur. Als Folge der Umwandlung in Ackerland kam es zu schweren Erosionsschäden und Staubstürmen. Niederschlagswasser transportiert den sedimentierten Löß weiter; auf Grund der Standfestigkeit des Löß entstehen tiefe Rinnen und Schluchten. Jährlich werden ca. 1 Mrd t Löß in den Unterlauf des Gelben Flusses gespült. Durch Aufforstung und ein verändertes Nutzungskonzept, das ein Verbot weiterer Landerschließung bei über 23° Hangneigung, Aussaat von Weidegräsern, die Anlage von Streifenfeldern in Kombination mit Waldzonen und Sicherung der Hänge umfaßt, sollen die Erosionsschäden (u. a. Verkleinerung der Plateaus) eingegrenzt werden.

159.1 Stark erodiertes Lößplateau, Provinz Gansu

Das Bodenschatzpotential

Die zahlreichen Vorkommen von Bodenschätzen sind erst unzureichend erforscht. Gesicherte Kenntnisse über den Anteil an den Weltreserven gibt es für Wolfram (53%), Antimon (50%), Zinn (24%), Steinkohle (21%), Quecksilber (12%), Eisenerz (5%) und Erdöl (3%). Der Reichtum an Rohstoffen und Energievorräten bildet somit eine tragbare Grundlage für die Industrialisierung des Landes. Während Eisenerz und Bauxit sowie die fossilen Energiestoffe wie Kohle, Erdöl und Erdgas in ausreichenden Mengen zur Verfügung stehen, besteht bei Kupfer, Chrom und Nickel ein Mangel. Rohstoffexporte sind auf den derzeit noch geringen Pro-Kopf-Verbrauch zurückzuführen. Bei Zugrundelegen des Verbrauchs westlicher Länder wäre bereits ein Import nötig.

Die größten **Kohlereviere** liegen in der Mandschurei, in Nord- und Südchina. Die Förderung erfolgt in 550 Bergwerken, von denen das Steinkohlebergwerk Pingshuo in der Provinz Shanxi mit 15 Mio t Jahresförderung das größte der Welt ist. 20000 über das Land verteilte kleine Gruben besitzen nur lokale Bedeutung. Als nachteilig erweist sich die Entfernung der Lagerstätten im Norden und Nordwesten von den Industriezentren im Osten und der damit verbundene Bedarf an Transportkapazitäten der Bahn.

Bei der **Erdölprospektion,** die auch den Küstenschelf und das Gelbe Meer einbezieht, sind große Erfolge erzielt worden. Westliche Fachleute schätzen die Reserven auf 3,8 Mrd t. Die Hauptfördergebiete liegen in der Mandschurei, Nordchina, der Dsungarei, dem Tarimbekken, Ordos sowie im Sichuan-Becken.

T 159.1: Förderung von Bodenschätzen in der VR China (1983)

Produkt	Förderung (in 1000 t)	Weltrang	Weltproduktion (in 1000 t)
Antimon	12,5	3.	48,4
Bauxit	1900	10.	78700
Blei	160	7.	3500
Eisen (50% Fe)	113000	2.	675000
Erdgas	20,8 Mrd m³	11.	1569 Mrd m³
Erdöl	110000	6.	2817000
Kupfer	175	14.	8200
Mangan (1982)	1600	4.	22500
Molybdän (1982)	2	6.	109
Nickel	12	10.	655
Quecksilber	0,850	4.	5,7
Steinkohle*	688000	1.	2842000
Uran** (1982)	1	k.A.	44***
Vanadium (1982)	4,6	4.	37,8
Wolfram (1982)	12,5	1.	44,8
Zink	160	12.	6500

*einschließlich Braunkohle; **Schätzung; ***Westliche Welt
(Nach: Fischer Weltalmanach 1986)

1. Arbeiten Sie die Merkmale der großräumigen Gliederung heraus (Atlas, Skizze). Ziehen Sie Rückschlüsse über das Nutzungspotential des Raumes hinsichtlich Klima, Landwirtschafts- und Besiedlungsflächen.

2. Stellen Sie mit Hilfe des Atlas die räumliche Verteilung der Bodenschätze fest. Erörtern Sie die These, daß ein westlichen Ländern entsprechender Pro-Kopf-Verbrauch zu Rohstoffimporten führen müßte.

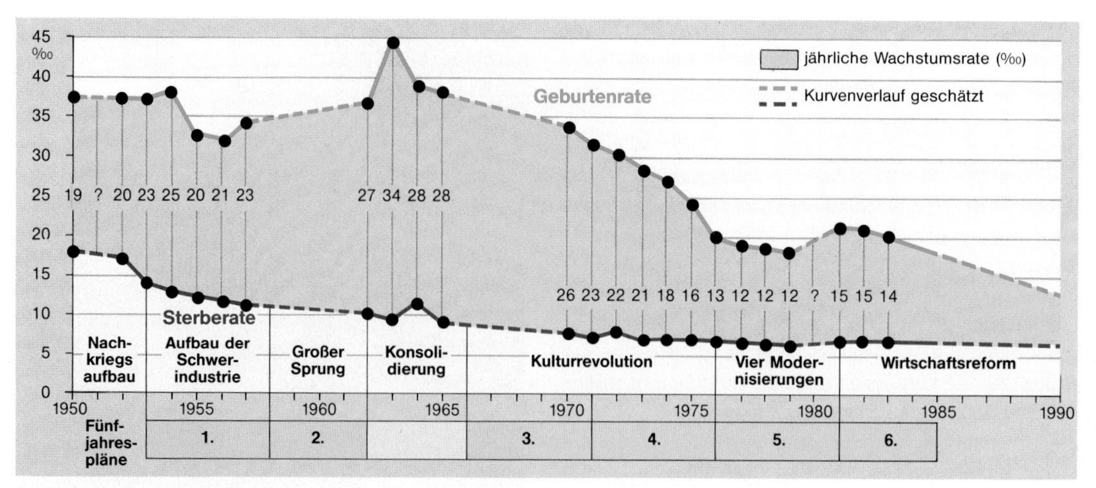

160.1 Demographischer Wandel

Maßnahmen gegen Überbevölkerung

1986 hat in China eine neue Geburtenwelle eingesetzt. Mehr als 300 Mio. Menschen, die in den ersten Jahren der 60er und 70er Jahre geboren wurden, traten in ein heirats- und gebärfähiges Alter ein. Der neue Geburtenboom wird bis Mitte der 90er Jahre andauern. Jedes Jahr nimmt die Bevölkerung netto um mehr als 15 Millionen zu. Dies ist für China, ein Entwicklungsland, das auf einer schwachen wirtschaftlichen Basis steht und nur geringe Ressourcen hat, ein schwerwiegendes Problem. Darüber hinaus kommt die Familienplanung in China äußerst ungleichmäßig voran. Die Durchführung der Familienplanung wird als eine grundlegende Staatspolitik unseres Landes lange Zeit in Anspruch nehmen.
(nach: Beijing Runschau vom 8. Mai 1990)

Daten zur Einwohnerentwicklung

13. Jh.:	100 Mio	(vorwiegend im Süden ansässig)
1730:	140 Mio	
1830:	400 Mio	(1. Überbevölkerung, ohne industrielle Revolution wie in Europa)
1850:	430 Mio	(Stagnation, z. T. Rückgang)
1912:	400 Mio	(Ende der Kaiserzeit)
1960:	650 Mio	(„große Bevölkerung = gute Sache“)
1982:	1 008 Mio	(Proklamation der Ein-Kind-Familie)

Demographische Kennziffern im Vergleich

	Einwohner (Mill.)		Durchschnittl. jährl. Bevölkerungswachstum in %	
Land	1990	2025	1965-80	1989-2000
VR China	1 200	1 600	2,2	1,4
Indonesion	179	280	2,4	1,6
Mexiko	90	150	3,1	1,8
Zaire	35	86	2,8	3,0
Deutschland	79	75	0,3	−0,1

Bevölkerungsprobleme

Im alten China war die Bevölkerungszahl ein Maßstab für die Weisheit des Herrschers. Selbst noch in den 60er Jahren unseres Jahrhunderts hielt es Mao Tsetung für „eine gute Sache, viele Menschen zu haben“. Das aus einer großen Kinderzahl und höherer Lebenserwartung resultierende exponentielle Bevölkerungswachstum schwächte sich erst mit Beginn der 70er Jahre ab und erreicht mittlerweile die Werte von Industriestaaten. Auch in China setzt sich die Auffassung durch, daß ungehemmtes Bevölkerungswachstum und Erhöhung des Lebensstandards unvereinbar sind.

Auf 6,4% der Erdoberfläche lebt ein Viertel der Menschheit. Über 800 Mio Chinesen sind in Ostchina, auf 15% der Gesamtfläche des Landes, angesiedelt. Der Verstädterungsprozeß hat, im Unterschied zu anderen Entwicklungsländern, noch nicht zu einem unkontrollierten Wachstum der Metropolen geführt: Nach der Volkszählung von 1982 lebten erst 20,5% in Städten und 79,5% auf dem Land. Die erste große Wanderungsbewegung dieses Jahrhunderts hatte nach der Republikgründung 1912 in die Mandschurei geführt, die bis zum Ende der Mandschu-Dynastie Han-Chinesen verschlossen war. In einer zweiten Welle flüchteten die Chinesen vor den eindringenden Japanern in die Provinz Sichuan. Ziel der heutigen Bevölkerungspolitik ist es, neben der Propagierung der Ein-Kind-Familie – um die Gesamteinwohnerzahl bei 1,2 Mrd zu stabilisieren – die Zuwanderung von Han-Chinesen in die dünnbesiedelten zentralasiatischen Räume zu verstärken.

1. Entwicklung, Dichte und Verteilung der Bevölkerung ziehen Konsequenzen in der Raumentwicklung nach sich. Begründen Sie.

Ideologie und Wirtschaftssystem

Ideologische Grundpositionen. Nach der kommunistischen Machtergreifung setzte 1949 eine neue gesellschafts- und wirtschaftspolitische Entwicklung ein. Der „chinesische Entwicklungsweg" wurde dabei unter Mao Tsetung durch folgende Merkmale gekennzeichnet:

- Integration überlieferter Kulturelemente (zentralistischer Einheitsstaat, jahrtausendealte Hochkultur, Erhaltung der Bewässerungssysteme),
- Kollektivierung des Grundbesitzes und der übrigen Produktionsmittel,
- Durchsetzung der Vormacht der KP China in allen Wirtschafts- und Lebensbereichen,
- Ideologisierung der gesamten Bevölkerung und Mobilisierung des Aufbauwillens,
- Abschließung von westlichen und östlichen Industriestaaten („Vertrauen auf die eigene Kraft"),
- Propagierung einer Doppelstrategie: Landwirtschaftliche Grundlage, Industrie als führender Faktor,
- Aufbau einer starken Landesverteidigung.

Kampf der zwei Linien. In den Auseinandersetzungen über den richtigen Weg standen sich zwei Fraktionen gegenüber: die Gruppe der „Linken", d. h. Maoisten, Theoretiker und „Rote", und die „Rechten" mit den Technokraten, Ökonomen und Pragmatikern. Die Polarisierung führte zu erheblichen wirtschaftspolitischen Pendelschlägen.

„Widersprüche"

– *in der Wirtschaft:* Die linke (radikale) Position vertritt eine gleichmäßige Entwicklung des Landes, in der arbeitsintensive Landwirtschaft und Leichtindustrie unter Berücksichtigung der traditionellen Gegebenheiten gefördert werden. Das Binnenland ist verstärkt zu entwickeln, die Betriebsgrößenstruktur soll sich auf Klein- und Mittelbetriebe beschränken. Dem steht die Konzeption von einer kapitalintensiven, den historisch geprägten Küstenraum bevorzugenden Schwerindustrie gegenüber. Die Großindustrie sei, bei langfristiger Planung, besser in der Lage, die Probleme des Landes zu lösen.

– *in der Gesellschaft:* Die Volksmassen und ihre politischen Führer (Kader) bilden eine Einheit, das Kollektiv garantiert den Zusammenhalt, indem es soziale Funktionen mit übernimmt. Immaterielle Anreize und die kommunistische Ideologie haben höheren Motivationswert als materielle Interessen. Die gemäßigte Gruppe setzt auf Technokraten und Spezialisten und befürwortet die an der persönlichen Leistung orientierte individuelle Entlohnung. Dieser seit 1979 eingeschlagene pragmatische Weg sieht die Öffnung des Landes und die teilweise Einführung marktwirtschaftlicher Elemente vor.

Während der ganzen Übergangsperiode bestehen Klassenwidersprüche, der Klassenkampf zwischen dem Proletariat und der Bourgeoisie, der Kampf zwischen dem Weg des Sozialismus und dem Weg des Kapitalismus. Wenn wir diese grundlegende Theorie vergessen, werden wir vom richtigen Weg abgehen. Die große proletarische Kulturrevolution bildet eine neue Stufe im Kampf zwischen den beiden Klassen und zwischen den beiden Wegen. Sie hat eine sehr ausgedehnte Reichweite. Wir wollen alle finsteren Mächte hinwegfegen, auf dem Gebiet der Ideologie die Vier Alten (alte Ideen, alte Kultur, alte Sitten und Gebräuche) und die Vier Neuen (neue Ideen, neue Kultur und neue Sitten und Gebräuche) des Proletariats einführen. Es ist unvermeidlich, daß dabei das politische und wirtschaftliche Leben der Gesellschaft berührt wird. Diese große Kulturrevolution hat den Zweck, eine Handvoll bürgerlicher Rechtselemente niederzuschlagen, die Machtpositionen innehaben und den kapitalistischen Weg einschlagen.

(Mao Tsetung, Vorsitzender des ZK der KP China in „Rote Fahne", Nr. 13, 1966)

In der Vergangenheit haben wir die sozialistische Umwandlung des privaten Besitzes an den Produktionsmitteln in sozialistisches Volkseigentum bewerkstelligt und auf diese Weise unserer Wirtschaft zum Wachstum verholfen. Allerdings gibt es eine Reihe von Mängeln in unserem System der Wirtschaftsführung, die auf mangelnder Erfahrung beruhen. Sie zeigen sich vor allem in einer zu straff gelenkten Wirtschaftsführung, in zu strikten Kontrollen und in einem gleichmacherischen Versorgungssystem. Ohne von der Planwirtschaft abzurücken, haben wir den örtlichen Verwaltungen und Unternehmen größere Entscheidungsbefugnisse und mehr Handlungsspielraum für die Wirtschaftssteuerung durch den Markt eingeräumt. Was die Besitzverhältnisse an Produktionsmitteln angeht, so bleibt der staatliche und kollektive Sektor der grundlegende in der Wirtschaft Chinas. Die Individualwirtschaft der werktätigen Bevölkerung in Stadt und Land, die in bestimmten Grenzen und unter staatlicher Aufsicht existiert, stellt eine notwendige Ergänzung zum öffentlichen Sektor der Wirtschaft dar. Die Erfahrung hat gelehrt, daß wir auf diese Weise die Unzulänglichkeiten der Staats- und Kollektivbetriebe ausgleichen, mehr Arbeitsplätze schaffen und das gesellschaftlich-wirtschaftliche Leben ankurbeln können.

(Deng Xiaoping, Vorsitzender der zentralen Beratungskommission der KPCh, 1982)

1. Stellen Sie die ideologischen Grundpositionen in Gegensatzpaaren zusammen, und erläutern Sie die Auswirkungen auf die Wirtschaftsentwicklung.

Merkmale für China als Entwicklungsland:
- Pro-Kopf-Einkommen unter 300 $. 70 Mio Bauern mit 110 $/ Jahr.
- Hoher Anteil des primären Sektors: 69% der Beschäftigten erwirtschaften 30% des Bruttoinlandproduktes
- Bevölkerungsexplosion: 550 Mio (1950), 1 Mrd (1984)
- Hohe Analphabetenrate: 66%
- Versteckte Arbeitslosigkeit, besonders in Millionenstädten
- Geringe Produktivität, bedingt durch Kapitalmangel und den Stand der Technik
- Durch die OECD 1979 Aufnahme in die Liste der Entwicklungsländer

Merkmale für China als Großmacht:
- Ressourcen: in ausreichenden Mengen vorhanden.
- Hohes Bevölkerungs-Arbeitskraftpotential
- Mehrtausendjährige Tradition, Kulturbewußtsein und staatliche Organisation
- Hohe Fähigkeit zur Adaption und Entwicklung von Technologie
- Wirtschaftskraft: entspricht der Großbritanniens
- Militär: Atombombe (1964), seit 1967 Wasserstoffbombe. Mittelstrecken- und Interkontinentalraketen. „Straf-" und „Befriedungsaktionen" gegen UdSSR, Indien, Vietnam.
- Territorialansprüche: gegenüber Hongkong (Großbritannien), Taiwan, Ussuri-Region (UdSSR).

Grunddaten der
VR China (Zhonghua Renmin Gongheguo)

Fläche:	9 560 980 km²
Bodennutzung:	Acker 10,4%, Wiesen und Weiden 22,9%, Wald 12,1%, Ödland 54%
Bevölkerung:	1,2 Mrd Ew. (107 E./km²; am mittleren Jangtsekiang 2 000 E./km²); jährlicher Zuwachs: 1950–1955: 1,87%, 1960–1965: 2,07%, 1970–1975: 2,20%, 1980–1985: 1,23%, 1985–1990: 1,39%
Hauptstadt:	Peking (10 Mio E.)
Einwohner je Arzt:	1965: 1 600; 1984: 1 010
Lebenserwartung bei Geburt:	70 Jahre (1989)
Erwerbstätige:	Landwirtschaft 60%, Industrie 22%
BSP:	1982: 290 $/E., 1989: 350 $/E.
Außenhandel:	Export (1988): 47,5 Mrd. $; davon in die EG: 4,7 Mrd. $; Import 6 (1988): 55,3 Mrd $; davon aus der EG: 8,2 Mrd. $
Einnahmen aus öff. Entwicklungshilfe:	2 US $ pro Kopf (1989)
Auslandsschulden:	37 Mrd $ (1989)

T 162.1: Produktion ausgewählter Güter pro Kopf (1989 in Mio t)

	VR China	Indien	Deutschland	USA
Weizen	91	54	11	55
Reis	183	106	–	7
Rohstahl	61	14	41	90
Zement	210	45	28	785
Steinkohle	1 020*	200	71	785*
Erdöl	138		3,7	383

* einschließlich Braunkohle

Entwicklungsland oder Großmacht?

Chinas Verhältnis zu den Supermächten

1956 hatte die UdSSR die Lieferung von 300 industriellen Großanlagen zugesagt. Beim Abbruch der Beziehungen 1960, nach der Weigerung der UdSSR, China bei der militärischen Eroberung von Taiwan zu unterstützen und der Parteinahme im indisch-chinesischen Grenzkrieg zugunsten Indiens, waren 50% der Zusagen erfüllt. Die UdSSR weigerte sich zudem, in Verhandlungen über die in den „Ungleichen Verträgen" an der Nordgrenze abgetretenen Gebiete zu treten. Als China 1964 Atommacht wurde, war der Bruch perfekt. Seit der Breshnew-Doktrin von der begrenzten Souveränität sozialistischer Länder – unter Führung der UdSSR – gilt diese als Hegemonialmacht mit Weltherrschaftsanspruch. Die Furcht vor Einkreisung durch die UdSSR und die USA änderte sich, als die USA ihre Präsenz in Asien abbauten. Bei dem Besuch des amerikanischen Präsidenten Nixon 1972 kamen beide Mächte überein, ihre Interessen im asiatischen Raum aufeinander abzustimmen und keine Vorherrschaft einer dritten Macht zu akzeptieren. Die Hinwendung zum Westen, auch zum ehemaligen Feind Japan, leitete eine intensive Phase der Wirtschaftsbeziehungen ein. Die USA gewähren China, das sie als legitimen Vertreter des chinesischen Volkes (statt Taiwan) anerkennen, die Meistbegünstigungsklausel im Warenverkehr, lockerten das Verbot von Waffenlieferungen und erklärten sich zu militärstrategischen Konsultationen bereit. Vor dem Hintergrund ihrer wirtschaftlichen und militärischen Stärkung sieht sich die Volksrepublik China in der Lage, anderen Ländern der Dritten Welt Entwicklungshilfe zu leisten. Nach der chinesischen „Drei-Welten-Theorie" gibt es die Supermächte mit Vorherrschaftsanspruch, die hochentwickelten Staaten, die zwar nicht alle „natürliche Verbündete" seien, und die Entwicklungsländer.

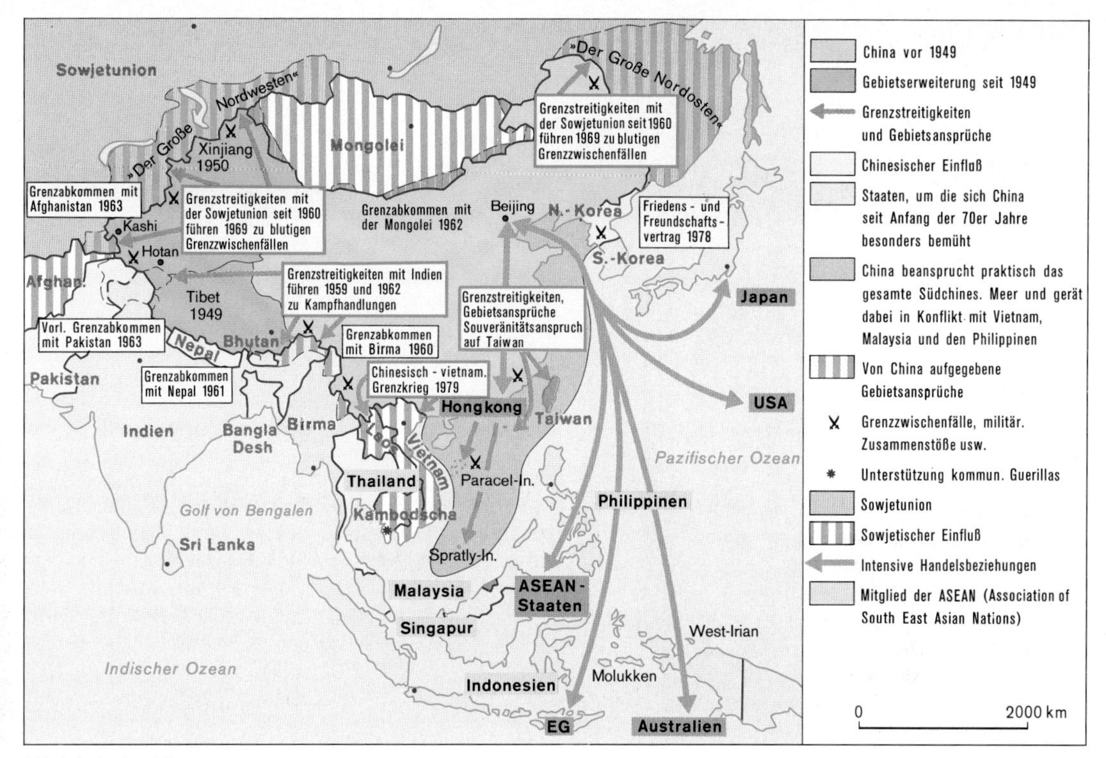

163.1 Außenbeziehungen

Das Verhältnis zu den Nachbarn

Die Volksrepublik China versteht sich als sozialistischer Nationalstaat, für den die „Wiedervereinigung" mit dem souveränen *Taiwan* (Republik China, 18 Mio Chinesen) über eine Eingliederung als „Sonderwirtschaftszone" erfolgen könnte. Die britische Kronkolonie *Hongkong* (5,8 Mio E) fällt 1997 an China zurück, das 1984 in Verhandlungen mit der britischen Regierung den Status quo der Kolonie für weitere 50 Jahre zusichert. Die Insel Hongkong befindet sich seit den „Ungleichen Verträgen von Nanking" 1842 auf „ewig" in britischem Besitz, das auf dem Festland liegende Kowloon wurde 1860 erworben, die New Territories auf 99 Jahre gepachtet.

Mit Japan schloß China 1978, 47 Jahre nach der Invasion in die Mandschurei, einen Friedens- und Freundschaftsvertrag mit einer „Anti-Hegemonie-Klausel" ab. Als Nord-Vietnam mit der Eroberung von Süd-Vietnam und Kambodscha als neue, moskauorientierte Regionalmacht auftrat und die Gefahr einer indochinesischen Konföderation unter Führung der UdSSR bestand, führte China 1979 und 1984 „militärische Strafaktionen" gegen Vietnam durch. Gleichzeitig unterstützt es Regionalisierungsbestrebungen der ASEAN-Staaten und tritt ihnen gegenüber als Garant ihrer Unabhängigkeit auf. Durch den Anspruch auf das ölhöffige Südchinesische Meer zeichnen sich jedoch potentielle Konflikte ab.

Modell für die Dritte Welt?

Die von Mao Tsetung angeführte Bauernrevolution gilt in einigen Entwicklungsländern als Vorbild für die eigene Machtübernahme. Die Erfolge auf landwirtschaftlichem Gebiet (Abschaffung des Grundbesitzes und der Pachtzinsen, Nahrung für alle), der Aufbau einer Industrie ohne fremde Hilfe und die vorzeigbaren Ergebnisse der Kulturpolitik scheinen leichter realisierbar zu sein als die schwer zu beherrschenden marktwirtschaftlichen Mechanismen des Westens. Zu den Vorzügen des zentral regierten Staates zählen die Kontrolle aller Lebens- und Wirtschaftsbereiche, das langfristig stetige Wirtschaftswachstum und die Eindämmung der Bevölkerungsexplosion. Dabei wird außer acht gelassen, daß die Orientierung an der Gruppe, an Leitfiguren und -thesen und die durch Naturgewalten bedingte Zusammenarbeit, aber auch der Führungsanspruch in Asien bereits in vorkommunistischer Zeit vorhanden waren. Unberücksichtigt bleiben ferner die Veränderungen der sozialistischen administrativen Planwirtschaft in Richtung auf ein Wirtschaftssystem mit stärkerer Selbstverantwortung.

1. Diskutieren Sie, ob die VR China als Entwicklungsland einzustufen ist.
2. Überprüfen Sie die Übertragbarkeit des chinesischen Modells auf Länder der Dritten Welt.

164.1 *„Ist dir klar, daß ich dich in der Hand habe?"*

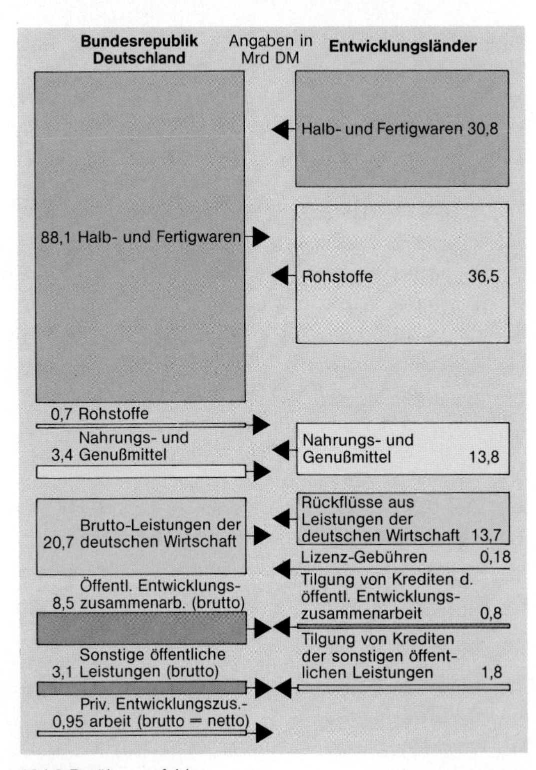

164.2 *Berührungsfelder*

Frau Müller kauft ein Hemd aus Sri Lanka. Das sichert ihrem Mann die Arbeit. Arbeitet Herr Müller in Asien? Acht von zehn Hemden, die bei uns als Importware verkauft werden, kommen aus einem Land der Dritten Welt. Wenn Frau Müller ein Hemd aus Colombo kauft, sichert sie den Arbeitsplatz ihres Mannes. Denn mit dem Geld für die Hemden kann die Fabrik in Colombo Textilmaschinen bezahlen, die Herr Müller in Krefeld zusammenbaut. Frau Müller bezahlt zwar in Mark und Pfennig, eigentlich aber mit Herrn Müllers Arbeitszeit, in Geld bemessen. Herr Müller muß heute für ein Hemd aus Colombo nur noch knapp drei Stunden arbeiten, früher kostete ein deutsches Hemd fast doppelt soviel Arbeitszeit. An seinem Hemd aus Colombo hat Herr Müller aus Krefeld mitgewirkt. Mit Müllers Maschine schneidert der Singhalese Hemden schneller als früher. Und er macht es billiger als sein deutscher Kollege es könnte oder möchte. Das Colombo-Krefeld-Hemd, das wir hier kennenlernen, hat einen roten Faden. Er zieht sich durch die ganze Weltwirtschaft und hat auch einen Namen: man nennt ihn „Internationale Arbeitsteilung". Teilung heißt: man kann nicht alles haben. Unseren Landsleuten in der Textilindustrie können diese Hemden aus der Dritten Welt Arbeitsplätze wegnehmen. Das ist die eine Seite. Aber an der einfachen Logik, daß andere Länder unsere Maschinen nur bezahlen können, wenn wir ihre Hemden kaufen, führt kein Weg vorbei. Für einen freien Welthandel müßte bei uns eigentlich jeder eintreten, der bis vier zählen kann: jede vierte Mark nämlich wird bei uns im Export verdient.

(Nach einer Zeitungsanzeige der Bundesregierung, 1975)

Die Rezession der Jahre 1980 bis 1982 hatte die Entwicklungsländer besonders schwer getroffen. Die schon stärker in die arbeitsteilige Weltwirtschaft integrierten Schwellenländer litten vor allem unter den schlechten Absatzchancen ihrer Fertigwaren und den hohen Zinsen. Die weniger entwickelten Staaten, die stark von Rohstoffexporten abhängig sind, hatten die schwerwiegenden Folgen zurückgehender Rohstoffpreise und -mengen zu tragen. In der Dritten Welt als Ganzes sank das Pro-Kopf-Einkommen. Zentrale Probleme sind der Hunger in vielen Staaten Afrikas und die Verschuldung vor allem in Lateinamerika. Weltwirtschaftliche Rezession, Verschuldungskrise und Hungersnot legten Schwachstellen und Fehler in der Wirtschafts-, Finanz- und Entwicklungspolitik von Entwicklungs- wie Industrieländern offen. Beide Seiten lebten – wenn auch auf unterschiedlichem Niveau – über ihre Verhältnisse. Von den Entwicklungsländern wurden – häufig unter Mithilfe westlicher Banken und Entwicklungshilfeinstitutionen – zu ehrgeizige oder zu wenig rentable Investitionen durchgeführt. Die Krise in Afrika südlich der Sahara machte schwerwiegende Versäumnisse in der ländlichen Entwicklung und in der Agrarpolitik deutlich.

(Nach: Entwicklungspolitik, Jahresbericht 1984, Bonn 1985)

Was ist Entwicklung?

Es ist eine Wirtschaft mit einfachen Produktionstechniken in kleinen Betriebsstätten. Kleine Kaufleute und Wucherer werden ebenso gehaßt, wie sie notwendig sind. Der Fortschritt in der Landwirtschaft wird durch eine veraltete Agrarverfassung ernstlich behindert. Die chronische Unterbeschäftigung der Arbeitskräfte ist eines der Hauptprobleme, und trotz moralischer Einwirkung wird in den Massen kaum gespart. Die Wirtschaft hängt in erheblichem Umfang vom Ausland ab, von wo bessere gewerbliche und landwirtschaftliche Techniken und auch etwas Kapital eingeführt werden. Ausländischen Arbeitskräften und Unternehmern wird aber mit Feindschaft begegnet. Ehrgeizige junge Männer ziehen oft Karrieren in den freien Intelligenzberufen und in der Verwaltung der privaten Wirtschaft vor, und einmal erworbenes Vermögen wird gern in Landbesitz angelegt. Die monetäre Stabilität ist periodisch bedroht, und manchmal ist die Währung schon durch törichte Regierungsmaßnahmen gänzlich ruiniert worden. Fortschrittliche Menschen setzen ihre Hoffnung zunehmend auf die Industrialisierung und Maßnahmen wirtschaftlichen Nationalismus', um die Probleme der wachsenden Bevölkerung aufzufangen. Aber die Industrialisierung geht zu langsam voran, und die Segnungen des wirtschaftlichen Nationalismus (der Abschließung vom Weltmarkt und der Wirtschaftslenkung) erweisen sich als umstritten.

(England im 17.Jh. In: Für Sie gelesen, Bonn 1967)

Was unter Entwicklung zu verstehen ist, macht einen guten Teil der Entwicklungsproblematik selbst aus. Der Begriff ist weder vorgegeben noch allgemeingültig definierbar noch wertneutral, sondern abhängig von Raum und Zeit sowie insbesondere von individuellen und kollektiven Wertvorstellungen. Entwicklung ist folglich ein normativer Begriff, in den Vorstellungen über die gewünschte Richtung gesellschaftlicher Veränderungen, Theorien über die Ursachen von Unterentwicklung, Aussagen über die sozialen Trägergruppen und Ablaufmuster sozioökonomischer Transformationen, Entscheidungen über das Instrumentarium ihrer Ingangsetzung und Aufrechterhaltung usw. einfließen.

(Nohlen, in: Lexikon Dritte Welt, 1984)

Das Leitbild für Entwicklung ist häufig die moderne westliche Gesellschaft mit einem ökonomischen und politischen Konkurrenzsystem, häufig mit einem unverkennbar amerikanischen Gesicht. Alles, was von der so verstandenen Modernität abweicht, wird als Entwicklungsdefizit oder gar als Fehlentwicklung ausgemacht. Modernisierung wird vielfach mit Westernisierung gleichgesetzt. Die Logik dieser Entwicklung läuft auf das Paradoxon hinaus, daß Entwicklungsgesellschaften erst modern werden müßten, bevor sie sich entwickeln können.

(Nach: Nohlen, Handbuch der Dritten Welt, 1974, Bd. 1, S. 19)

Jede Entwicklung hat ein Ziel, und der Begriff birgt in sich die Vorstellung des Natürlichen, Organischen, Notwendigen, Vernünftigen, des Fortschritts und der Entfaltung aus eigener Kraft. Wenn Entwicklung das Ziel hat, daß sich auch die Entwicklungsländer auf die Industriegesellschaft zubewegen, so erscheint das nur natürlich, notwendig und auch vernünftig. Daß diese ideologische Prämisse fragwürdig sein könnte, beginnt uns erst langsam zu dämmern: Nach westlichem Standard müßte es in Indien um das Jahr 2000 für 1 Mrd Menschen 250 Mio Personenautos geben. Natürlich wird Indien sich industrialisieren, aber kann eine Industriegesellschaft nach nordamerikanischem Modell Entwicklungsziel sein?

(Nach: Eppler, Wenig Zeit für die 3. Welt)

Glückliche Armut – unglückliche Konsumwelt

Für viele Menschen der Dritten Welt, etwa in den Slums oder Hungergebieten, ist jeder Tag ein Kampf um das nackte Überleben, der oft mit schicksalergebener Apathie oder fremdenfeindlicher Aggression geführt wird. In anderen Teilen der Welt, insbesondere in internationalen Gremien, entbrennt derweil ein Streit um den Begriff Entwicklung, um die richtige Entwicklungstheorie und -strategie.

Die Kritik an industriell- und konsumorientierter Entwicklung kann dazu führen, Entwicklungsbemühungen unter westlichen Wertvorstellungen überhaupt abzulehnen. Andere Entwicklungsmodelle werden dann leicht als echte Alternative gesehen, ohne daß man genau bemerkt, wie auch diese mit Fehlern und inneren Widersprüchen behaftet sind.

Gesellschafts- und Kulturkritik kann auch dazu führen, alte, vorindustrielle Lebensformen bei uns und sog. primitive Kulturen in der Dritten Welt verklärt und idealisiert zu sehen. Wir genießen zwar unseren hohen Lebensstandard, verachten auch fremde und nicht konsumorientierte Kulturen, projizieren aber unsere Wünsche auf vermeintlich naturverbundene Lebensformen: Der edle Wilde lebt frei, in paradiesischer Gleichheit und im Einklang mit der Natur. So konnten die Untersuchungen von 1920 der Amerikanerin M. Mead an Südseeinsulanern und die Rede des Indianerhäuptlings Seattle von 1855 berühmte Beispiele für freie, unverdorbene und natürliche Lebensformen beschreiben. Aber inzwischen wurden diese Quellen als unzuverlässig, ja falsch bzw. gefälscht erkannt.

(Aus einem entwicklungspolitischen Symposium, 1984)

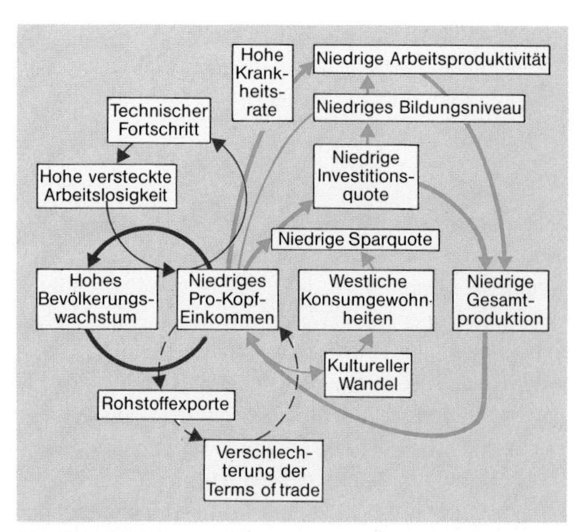

166.1 Teufelskreise

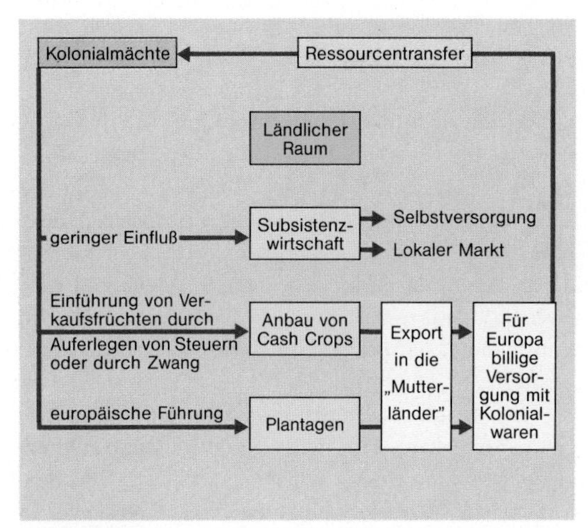

166.2 Kolonialzeit

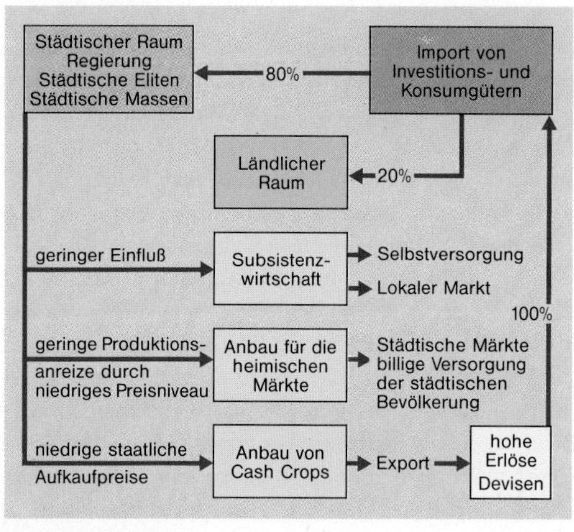

166.3 Nachkolonialzeit

Was ist Unterentwicklung?

„Die Armut kommt von der großen Povertät"
(Fritz Reuter zur Situation im ländlichen Mecklenburg im 19. Jahrhundert)

„Als unterentwickelt bezeichnen wir geographische Gebiete und Völker, deren vorherrschende technische, wirtschaftliche und gesellschaftliche Lebensformen entwicklungsmäßig zurückgeblieben sind hinter denjenigen, die grundsätzlich zu einem gegebenen Zeitpunkt möglich sind und die sich zur gleichen Zeit in anderen Gegenden der Erde als möglich erwiesen haben. Es besteht also in diesen Ländern eine erhebliche Kluft zwischen dem – auf Grund des heute in der Welt verfügbaren Wissens – möglichen und tatsächlich verwirklichten Niveau technischer, wirtschaftlicher und gesellschaftlicher Leistungen."
(R. Behrendt, Soziale Strategie für Entwicklungsländer, Frankfurt, 1965, S. 55)

Im Zuge der Entfaltung industrieller Produktion kam es in Verbindung mit dem Kolonialismus zu einer ungleichen Weltarbeitsteilung, zu einer ungleichen Spezialisierung.

In den kapitalistischen Industrieländern, den wirtschaftlichen Zentren, stieg die Produktivität im gewerblichen Sektor enorm an, und durch Entstehen von Massenkaufkraft konnte auch die Produktion stark ausgeweitet werden.

Die Gebiete außerhalb der Zentren, die Peripherie also, war darauf angewiesen, Güter zur Steigerung der eigenen Arbeitsproduktivität und zur Befriedigung des gehobenen Konsums zu importieren. Die Peripherie spezialisierte sich auf Produkte, deren Wert am Weltmarkt relativ sank, und mußte wegen fehlender Massenkaufkraft die moderne Entwicklung auf den Exportsektor beschränken.

In den Zentren entwickelten sich auf Grund der Geldeinkommen die Märkte für Fertigwaren, und die Industrieländer konnten durch Ausbau der Infrastruktur und des Bildungswesens in der Produktion industrieller Produkte große Konkurrenzvorteile erwerben.

In der Peripherie gerieten die traditionellen, handwerklichen und gewerblichen, vorindustriellen Sektoren durch billige Importe und westliche Konsummuster in unüberwindliche Schwierigkeiten. In Zusammenhang mit Ernährungsschwierigkeiten einer wachsenden Bevölkerung wurden große Teile wirtschaftlich und gesellschaftlich an den Rand gedrängt, also marginalisiert (span. margen = der Rand).

Unterentwicklung ist nicht identisch mit Nichtentwicklung, sondern das Ergebnis der Entfaltung der kapitalistischen Produktionsweise.
(Nach: H. Elsenhans, Zur Genese von Unterentwicklung. In: Handbuch der Dritten Welt, Bd. 1, Hamburg 1974, S. 162)

T 167.1: Strukturdaten ausgewählter Staaten (zusammengestellt aus Weltentwicklungsbericht 1985)

	Äthiopien	Bangla Desh	Brasilien	Indonesien	Kenia	Nigeria	Portugal	Saudi-Arabien	Indien	Türkei	Zaire	USA	D
Bevölkerung in Mio, 1983	41	96	130	156	19	94	10	10	733	47	30	235	61
Fläche in Mio km²	1,22	0,14	8,5	1,9	0,58	0,92	0,09	2,1	3,3	0,78	2,34	9,36	0,25
BSP/Kopf in $, 1983	120	130	1880	560	340	770	2230	12230	260	1240	170	14110	11430
durchschnittl. jährl. wirtsch. Wachstumsraten in %, BSP 1965–1983	0,5	0,5	5,0	5,0	2,3	3,2	3,7	6,7	1,5	3,0	−1,3	1,7	2,8
Verteilung des BIP in %, 1982													
Landwirtschaft	48	47	12	26	33	26	8	2	36	19	36	2	2
Industrie	16	13	35	39	20	34	40	66	26	33	20	32	46
(verarbeitendes Gewerbe)	11	7	26	13	12	5	35	6	15	24	3	21	36
Dienstleistungssektor	36	40	53	35	47	40	52	32	38	48	44	66	52
Anteil der Erwerbspersonen in %, 1981 Landwirtschaft	80	74	30	58	78	54	28	61	78	54	75	2	4
Industrie	7	11	24	12	10	19	35	14	10	13	13	32	46
Dienstleistungssektor	13	15	46	30	12	27	37	25	12	33	12	66	50
Anteil am Export in % Rohstoffe aller Art, 1982	99	38	61	96	86	97	25	99	40	57	92	30	13
Anteil an Wareneinfuhr in % Nahrungsmittel, 1982	10	26	8	7	8	21	14	13	9	3	–	8	13
Stadtbevölkerung in % der Gesamtbevölkerung, 1983	15	17	71	24	17	22	30	71	24	45	38	74	86
Einwohner je Arzt, 1980	58000	11000	2000	11500	7900	12500	540	1700	8900	1600	14800	520	450
Lebenserwartung bei der Geburt, 1983	43	50	64	54	57	49	71	56	55	63	51	75	75
Säuglingssterblichkeitsziffer (Alter unter 1 Jahr), 1983	122	132	70	101	81	113	25	101	93	82	106	11	11
Anzahl der Besucher weiterführender Schulen in % der Altersgruppe, 1981	12	15	32	30	19	16	56	30	18	42	23	97	94
Terms of Trade 1983, 1980 ≙ 100	86	102	92	102	89	94	–	115	96	90	92	112	98

Erklärungsversuche für Unterentwicklung

Die Erklärungsversuche für Unterentwicklung sind sehr vielfältig, lassen sich aber auf grundsätzliche Gegensatzpaare zurückführen: Ist Unterentwicklung die Folge von Zurückbleiben bzw. noch nicht erfolgter Entwicklung, oder ist es ein herbeigeführter Zustand der Armut und Verelendung?

Ist Unterentwicklung die Folge *endogener* oder *exogener Faktoren,* ist also **selbstverschuldet** bzw. schicksalhaft, oder von außen bewirkt und **fremdbestimmt?**

Nicht selten werden in der Argumentation über Unterentwicklung Ursachen und Folgen verwechselt oder vertauscht: Wie ist z. B. das Bevölkerungswachstum einzuschätzen? Ist hohes Bevölkerungswachstum die Ursache oder die Folge von Unterentwicklung? Wächst die Bevölkerung schneller als die Nahrungsmittelproduktion oder das Angebot an Arbeitsplätzen, so muß dies zu einer Verarmung beitragen. Erzwingt aber nicht gerade das Leben in Armut große Familien und zahlreiche Kinder, um trotz hoher Sterblichkeit Hilfskräfte bei der Arbeit und Hilfe bei Krankheit und Alter zu haben? Ist Unter- oder Mangelernährung nur Folge oder auch Ursache von Unterentwicklung? Armut verhindert die Bildung von Kaufkraft, von der Produktionsanreize für die Erzeuger von Nahrungsmitteln ausgehen. Unter- und Mangelernährung mindern aber auch die Leistungskraft oder führen gar im frühen Kindesalter zu bleibenden Gehirnschäden und verbauen damit mögliche Entfaltungen und Initiativen.

Sind traditionelle Agrartechniken die Ursache von landwirtschaftlicher Unterentwicklung? Häufig haben sich jedoch traditionelle Methoden als ökologisch sehr sinnvoll erwiesen. Moderne, technisierte Bodennutzungssysteme dagegen haben nicht selten zur Übernutzung und zu schweren ökologischen Schäden geführt. Die Technisierung der Landwirtschaft hat die Arbeitsproduktivität erhöht, aber auch Landarbeiter verdrängt und verelenden lassen.

Erklärungsversuche für Unterentwicklung sind abhängig vom ideologischen Standpunkt des Betrachters. Unterschiedliche Erklärungsansätze führen zu unterschiedlichen Entwicklungsstrategien.

1. Versuchen Sie, den Prozeß der Marginalisierung in einem Schaubild darzustellen.
2. Vergleichen Sie die beiden Aussagen über Unterentwicklung. Welcher Begriff von Entwicklung liegt der jeweiligen Argumentation zugrunde? Benutzen Sie hier auch das Material der vorigen Seiten.
3. Kennzeichnen Sie die Indikatoren der Unterentwicklung.
4. Ordnen Sie die Beispielländer nach selbstgewählten Kriterien. Orientieren Sie sich dabei an der Fünf-Welten-Theorie (s.a. S. 126 f.).

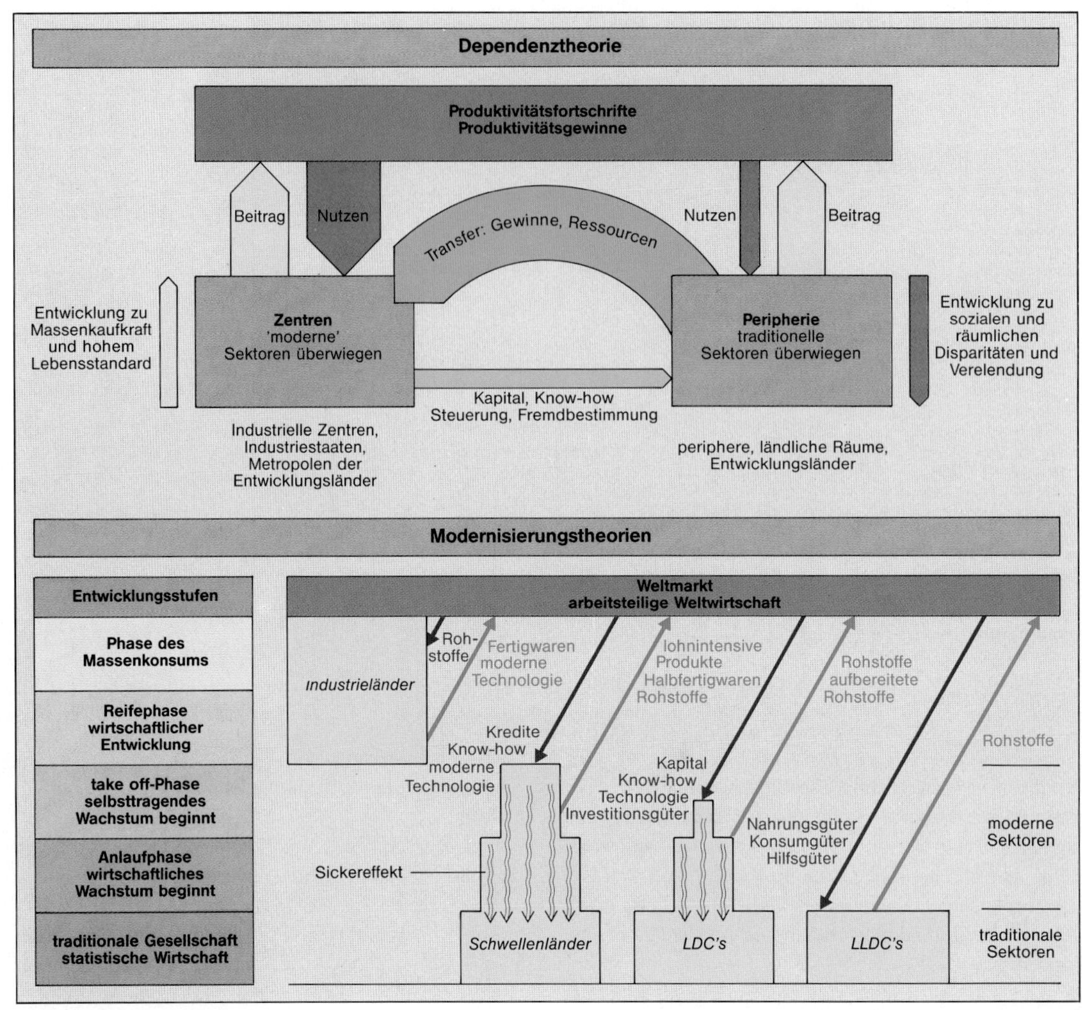

168.1 Entwicklungstheorien

Entwicklungstheorien

Alle Entwicklungstheorien sind nur zu verstehen auf dem Hintergrund der jeweiligen ideologischen und normativen Grundpositionen.

Am deutlichsten ist dies bei den **marxistischen Theorien,** die Unterentwicklung als grundsätzliche Folge des Imperialismus sehen, früher des Kolonialismus, heute als Wirtschaftsimperialismus des Kapitalismus.

Die **Dependenztheorie** wurde aus der wirtschaftlichen Situation lateinamerikanischer Staaten entwickelt, die seit 150 Jahren politisch selbständig sind, deren Wirtschaften aber von ausländischem Kapital und transnationalen Unternehmen kontrolliert werden und mehr auf Ressourcentransfer als auf innere Entwicklung ausgerichtet sind. **Exogene Gründe** für die Unterentwicklung stehen also im Vordergrund.

Die **Modernisierungstheorien** setzen wie selbstverständlich einen technisch-industriellen Entwicklungsmaßstab und werten Unterentwicklung als **endogen** verursachten, aber prinzipiell behebbaren Mangel. Den ideologischen Hintergrund liefern liberale Wirtschaftstheorien, insbesondere die klassische Außenhandelstheorie, die vom Gesetz der komparativen Kostenvorteile ausgeht. Danach sollten die Entwicklungsländer ihre Kostenvorteile in der Rohstoffproduktion und die Industrieländer in der Fertiggüterproduktion nutzen. Die dadurch überall erzielten Produktivitätsfortschritte sollten dann alle Teilnehmer des freien Welthandels gleichermaßen genießen.

1. Ordnen Sie verschiedene Entwicklungsstrategien der jeweiligen Theorie zu, und zeigen Sie, daß Strategien auch theorieabhängig sind.

Strategie und Ziele

Die Entwicklungspolitik favorisierte zunächst wie selbstverständlich Entwicklungsstrategien, die auf Industrialisierung, Technik und Großprojekte setzten. Die Integration in die Weltwirtschaft und der Außenhandel (**Aid by Trade**) sollten entscheidende Entwicklungsimpulse setzen. Im Sinne der wachstumsorientierten Modernisierungstheorien sollten in den unterentwickelten Wirtschaften Wachstumspole von außen in Gang gesetzt werden. Dieser Entwicklungsschub (big push) sollte zu **selbsttragendem Wachstum** führen und soviel Ausstrahlung entwickeln, daß nach und nach die gesamte Wirtschaft mobilisiert und alle Bereiche erfaßt werden sollten (Sickereffekt). Der weitgehende Mißerfolg dieser Strategie erzwang die Diskussion neuer Entwicklungsansätze. Zwei Grundkonzepte begannen die Diskussion zu beherrschen, die in den Slogans *small is beautiful* und *angepaßte Technologie* deutlich werden. Das Problem der angepaßten Technologie wird immer wieder diskutiert, weil angepaßt nicht einfach primitiv heißen kann, weil Angepaßtheit meist von außen für die Betroffenen definiert wird und weil angepaßte Technologie das Mißtrauen weckt, die Entwicklungsländer sollten auf einem niedrigen technischen Niveau gehalten werden.

Die Beobachtung, daß bei hohem Wirtschaftswachstum die wirtschaftlichen Disparitäten zunehmen und große Teile der Bevölkerung von der Entwicklung ausgeschlossen bleiben, hat zur **Grundbedürfnisstrategie** geführt. Danach sollte Entwicklung so angelegt sein, daß der Grundbedarf an Nahrung, Kleidung und Behausung für alle wenigstens auf menschenwürdigem Niveau gedeckt sein sollte. In weitgehend technokratisch und funktional geplanten Entwicklungsprojekten erwiesen sich die Betroffenen oft als schwerstes Entwicklungshemmnis - jedenfalls aus der Sicht der Experten und der von außen gesetzten Projektziele. Deshalb wurde die *Implementierung eines Projektes* in die sozio-kulturelle Situation ein eigenes Entwicklungs-und Projektziel.

Das Scheitern vieler Einzelprojekte führte zum Konzept der **integrierten Entwicklung.** Für eine Region wurde ein Gesamtprogramm entwickelt, in dem alle Bereiche der Wirtschaft, Gesellschaft und Kultur gleichrangig erfaßt werden sollten. Aber auch in integrierten Entwicklungsprojekten ist es entscheidend, ob die Betroffenen zur aktiven Mitarbeit gewonnen werden können. Aus der Einsicht, daß nur die Betroffenen sich selbst entwickeln können, ist die Notwendigkeit der Entwicklungsarbeit von unten, die **Graswurzel-Strategie,** erwachsen. Sie verlangt Engagement, Geduld und den Verzicht auf schnelle und spektakuläre Erfolge, aber auch den Verzicht auf viele große Geschäfte, die wirtschaftlich für die Industrieländer interessant wären.

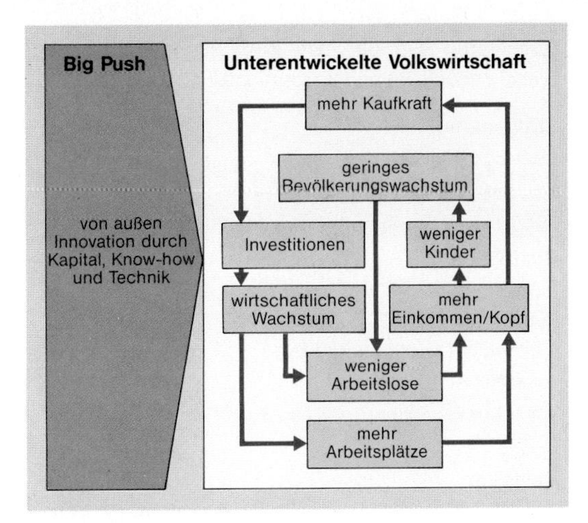

169.1 Big Push

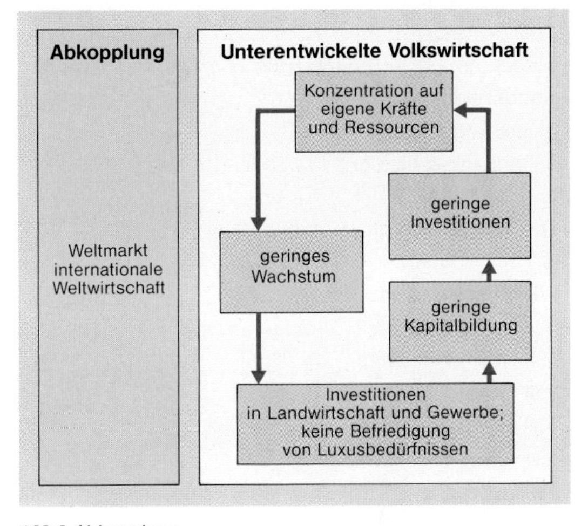

169.2 Abkopplung

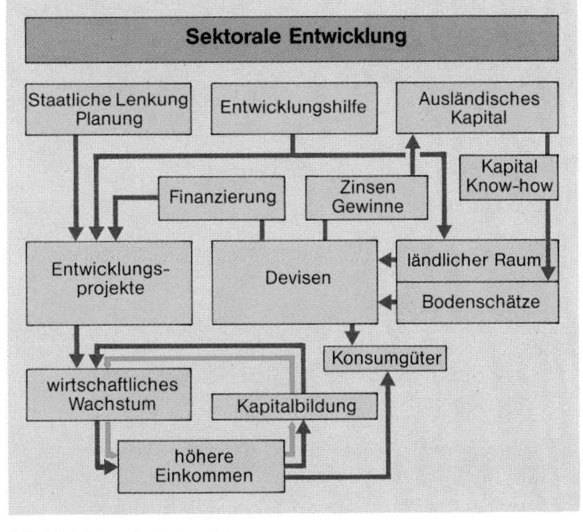

169.3 Sektorale Entwicklung

Basisdaten Ruanda (zusammengestellt aus Fischer Weltalmanach ’86 und Weltentwicklungsbericht 1985)

Staatsname:
Republik Ruanda

Fläche:
26 338 km², davon 56% landwirtschaftlich genutzt

Bevölkerung:
Einwohner: 5,7 Mio
Einwohnerdichte: 216 E/km²
städtische Bevölkerung: 5%
Analphabeten: 50%
jährliches Bevölkerungswachstum:
3,4%

Religion:
über 40% röm. Katholiken, 7% Protestanten, 1% Muslime, Naturreligionen

Erwerbspersonen:
51% der Gesamtbevölkerung; davon 91% in der Landwirtschaft, 2% in der Industrie und 7% im Dienstleistungssektor

Wirtschaft:
Außenhandel: Einfuhr 279 Mio $
Ausfuhr 79 Mio $
Wichtige Ausfuhrgüter: Kaffee (über 70%), Tee, Zinn, Wolfram, Baumwolle, Ölfrüchte, Tabak

Wichtige Handelspartner:
Belgien und übrige EG-Länder, Kenia, Tansania, Japan, USA, Iran, Zaire

BSP/Kopf:
270 $

Energieverbrauch/Kopf:
35 Öleinheiten

Gesundheitskennzahlen:
Einwohner je Arzt: 31 340
Einwohner je Krankenhausbett: 510
Lebenserwartung: 46 Jahre
Geburtenziffer: 5,4%
Sterbeziffer : 2,0%
Säuglingssterblichkeit: 12,6%
Tägliches Kalorienangebot/Kopf: 9218 kJ (≙ 95% des Bedarfs)

Klima:
Tropisch – sommerhumides Feuchtklima mit 7 bis 9 ½ humiden Monaten.

Station: Rubona Colline 2° 29’S/29° 46’0, 1705 m

J	F	M	A	M	J	J	A	S	O	N	D	Jahr
19,5	19,2	19,3	19,3	18,7	18,5	18,8	19,7	20	19,7	19,2	19,0	19,2 °C
106	114	140	179	63	25	8	24	61	112	111	84	1027 mm

Ein Entwicklungsprojekt in Ruanda

Entlang der Schulwege nach Nyabisindu werden Avocado- Bäume gepflanzt. Der deutsche Projektleiter hofft, daß die Schulkinder mit den fett- und mineralhaltigen Früchten ihre sonst einseitige Ernährung verbessern und die Kerne in Sammelstellen gegen einen geringen Betrag für die weitere Pflanzenzucht wieder abliefern.

Das Projekt Agro-Pastoral

Das Projekt begann mit der Wiederinbetriebnahme einer alten Molkerei aus der Zeit des inzwischen gestürzten Königs der Tutsi. Nach Anlaufen der Produktion ergab sich bald die Notwendigkeit, die Milchzulieferung zu erhöhen, ein weit schwierigeres Unterfangen als die Reparatur der Molkerei. Die Watussi-Rinder sind zwar das Ergebnis einer langen Haustierzucht, aber die Züchtungsziele waren nicht auf Fleisch- und Milchleistung ausgelegt. Das starke Bevölkerungswachstum bedingt einen großen Landmangel und die Verdrängung der Weiden auf die schlechtesten Standorte. Aber auch die ethnischen Gegensätze zwischen den Hutu-Bauern und den Tutsi-Viehhaltern ließen Schwierigkeiten bei der Verbesserung der Rinderhaltung erwarten. Das Folgeprojekt setzte also an verschiedenen Stellen an: Veterinärdienst sollte die lokale Rasse der Watussi-Rinder verbessern, durch Impfungen das Ostküstenfieber eindämmen und Zeckenbefall bekämpfen sowie durch zentrale Bullenstationen die Zucht verbessern. Um aber die bekannten Folgen einer schnellen und unkontrollierten Vermehrung der Viehbestände zu vermeiden, war eine Projektstufe erforderlich, die sich den Anbau von Futterpflanzen und die Stallhaltung zum Ziel setzte. Die Stallhaltung ermöglichte zwei weitere wünschenswerte Projektziele: Schonung bzw. Regeneration der oft mageren, natürlichen Weiden und die Ausnutzung des Düngers zur Energiegewinnung. Die Demonstrationsställe wurden als einfache Kuhunterstände aus Stangenholz mit einem Blätterdach ausschließlich mit lokalem Material hergestellt. Nägel und Wellblech hätten eingeführt werden müssen und sind für den einheimischen Bauern ohnehin unerschwinglich.

Auch die Biogasanlagen werden mit minimalem technischen Aufwand erstellt: Der Mist verrottet in einem einfachen, sickerdichten Betontrog, über den ein Behälter als Gasglocke gestülpt wird. Ein günstiger Nebeneffekt der Biogasgewinnung ist die Umwandlung der tierischen Exkremente in hochwertigen Naturdünger.

Der Futterpflanzenanbau wurde mit der Kultur von Nahrungs- und Erosionsschutzpflanzen verbunden. Zu diesem ökologischen Gesamtkonzept gehören auch umfangreiche Baumpflanzungen, um Beschattung, Erosionsschutz, Humusbildung und Holzzuwachs zu fördern.

Das umfangreiche Aufforstungsprogramm geht von mehreren kleinen Baumschulen aus, die dem Bauern gegen Arbeit Jungpflanzen für Frucht- und Holzbäume zur Verfügung stellen.

Die Projektleitung hatte zu Beginn noch kein vollständiges und fertiges Konzept, sondern experimentierte in Zusammenarbeit mit den einheimischen Bauern und Viehzüchtern. Bei allen Maßnahmen war allerdings zu berücksichtigen: die afrikanischen Böden sind meist sehr alt, lange genutzt, stark ausgelaugt und äußerst erosionsgefährdet. Die Betroffenen sollen ständig einbezogen und beteiligt werden. Die empfindlichen Ökosysteme dürfen durch Nutzung nicht zerstört, sondern müssen stabilisiert werden.

Daher knüpfte der Anbau bewußt an einheimische Traditionen des Mischanbaus und der Unkrauttoleranz an, um ein möglichst stabiles Ökosystem mit hoher natürlicher Fruchtbarkeit und geringer Schädlingsbekämpfung auf den Nutzflächen zu schaffen bzw. zu erhalten.

Die Einbeziehung der Bevölkerung

Ruanda ist das Land der Tausend Hügel, in dem sich aus vorkolonialer Zeit in Resten ein Gesellschaftssystem der Hügelgemeinschaften erhalten hat. Die Bauern siedeln in Einzelgehöften um einen zentralen Hügel, auf dem sich die Gruppe dieses Hügelgebietes regelmäßig zur Beratung trifft. Diese alte Tradition lebt heute wieder auf, weil sie von christlichen Basisgemeinden in die Gemeindearbeit integriert wird (40% der Bevölkerung sind christlich), weil diese Nachbarschaften auch offiziell anerkannt und gefördert werden und weil die landwirtschaftliche und medizinische Basisberatung hier eine günstige Ansatzstelle entdeckt hat. Auch traditionelle Formen der Gemeinschaftsarbeit konnten wiederbelebt werden, die lange Zeit durch Fronarbeit für König und Kolonialverwaltung diskreditiert waren. Einmal wöchentlich wird für die eigene Hügelgemeinschaft unentgeltlich gearbeitet, etwa bei der Rekultivierung verödeter Talsenken oder bei der Aufforstung erosionsgeschädigter Hänge.

Der Nachahmungseffekt ist bereits an vielen Stellen zu beobachten. Bauern haben den Futterpflanzenanbau übernommen, sich kleine Baumschulen angelegt und für die Anpflanzung und Hege von Obst- und Holzbäumen gesorgt. Andere Landesregionen zeigen Interesse an der Übernahme des Projektes von Nyabisindu.

(Nach: Entwicklung und Zusammenarbeit, 4/78 und Fernsehbericht)

1. Besprechen Sie dieses Projekt auf dem Hintergrund der Entwicklungstheorien und -strategien sowie der deutschen Grundsätze zur Entwicklungspolitik.

2. Überprüfen Sie die Umsetzung der Prinzipien einer standortgerechten Landwirtschaft.

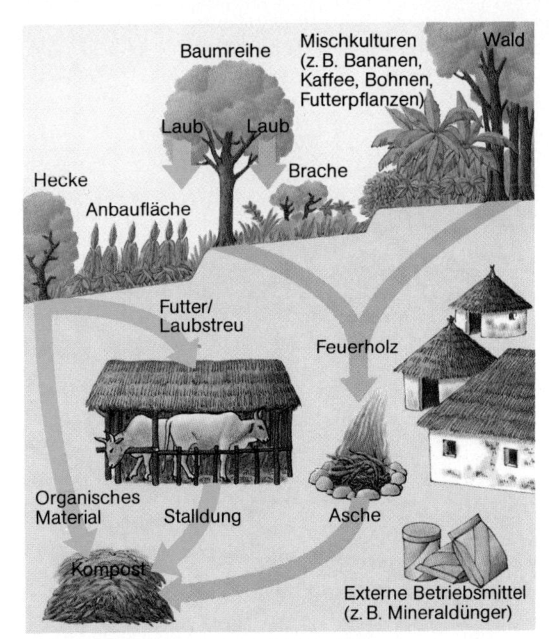

171.1 Integrierte standortgerechte Landnutzung

Standortgerechte Landwirtschaft in kleinbäuerlichen Betrieben in den Tropen:

„Standortgerechte Landwirtschaft hat zum Ziel, unter „low-external-input"-Bedingungen eine hohe und nachhaltige Produktivität am betreffenden Standort zu erreichen und dabei gleichzeitig ein ausgewogenes Ökosystem zu erhalten oder wiederherzustellen:
Flächenproduktivität muß hoch angesetzt werden, da Land in der Regel knapp ist. **Arbeitsproduktivität** kann niedrig angesetzt werden, denn Arbeitskraft ist infolge starken Bevölkerungswachstums im Überfluß vorhanden. **Produktivität von Kapital** ist mittel bis sehr hoch anzusetzen. Wirtschaftseigene Betriebsmittel (z. B. Stallmist oder Nährstoffe im Boden) sind vielleicht kostbar und knapp, aber im Betrieb vorhanden und müssen mit mittlerer bis hoher Produktivität eingesetzt werden. Externe Betriebsmittel dagegen (z. B. Mineraldünger, Maschinen) können sehr teuer sein, daß sie nur bei höchster Produktivität rentabel sind (bei weiterer Verteuerung scheiden sie dann aus der Produktion aus). Daraus resultieren kapitalextensive Produktionsweisen mit niedrigen Fremdkosten (low-external-input).
Die Forderung nach **Stabilität und Nachhaltigkeit** erwächst aus der Verpflichtung der jeweils lebenden Generation, den zukünftigen Generationen eine Umwelt zu übergeben, die auch ihnen eine Lebensgrundlage bietet. Wie alle produktiven, stabilen Ökosysteme müssen auch landwirtschaftliche Betriebe und Regionen ein gewisses Maß an Geschlossenheit aufweisen und innerhalb dieser Einheitlichkeit vielfältig organisiert sein."

(J. Kotschi, R. Andelheim, Standortgerechte Landwirtschaft, Eschborn 1984, S. 17 ff.)

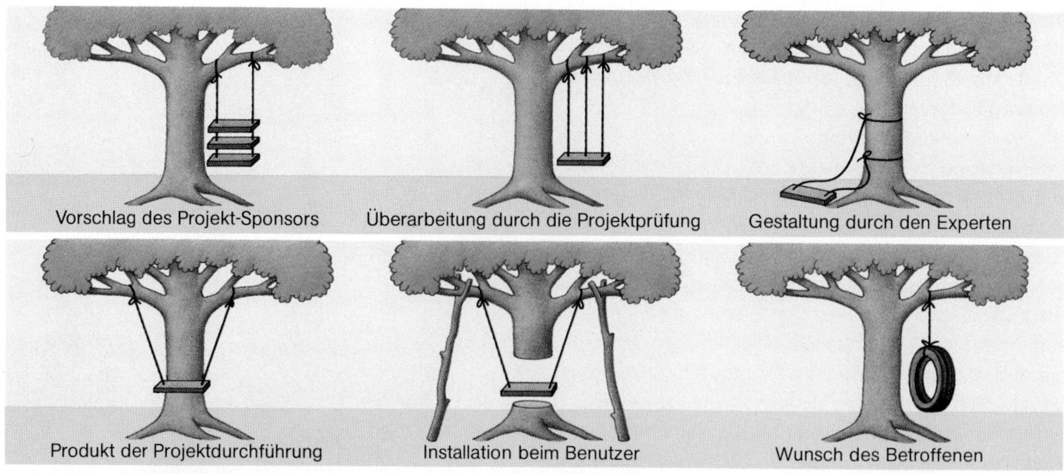

172.1 Kann Entwicklungshilfe erfolgreich sein? (Nach: E+Z 1, 1974, verändert)

Entwicklungspolitik der Bundesrepublik Deutschland

Für ihre Entwicklungspolitik setzte die Bundesregierung klare inhaltliche Schwerpunkte:

- Insbesondere in Afrika erhielt die Förderung der Ernährungssicherung aus eigener Kraft eine überragende Bedeutung. Gegenüber den afrikanischen Ländern südlich der Sahara wurde der Anteil der Zusagen für entsprechende Vorhaben im Zeitraum 1982 bis 1985 von 26,5% auf 34,1% erhöht. Auch die im Jahr 1984 aufgelegten Sofortprogramme zur Bekämpfung der aktuellen Hungersnot mit einem Gesamtvolumen von 140 Mio DM wurden bereits mit Maßnahmen zur Sicherung der Ernährung aus eigener Kraft verknüpft.
- Die Bundesregierung überprüft jetzt alle laufenden Projekte hinsichtlich ihrer Auswirkungen auf die Umwelt. Sie leitete die erforderlichen Schritte zur Kontrolle bzw. Beseitigung der aufgetretenen Umweltprobleme ein. Für neue Projekte ist die Prüfung der Umweltverträglichkeit selbstverständlich. Die Erhaltung und der Schutz der natürlichen Lebensgrundlagen erlangt auch für die Entwicklungspolitik eine immer größere Bedeutung. Umweltveränderungen – wie die Ausbreitung der Wüsten oder das rapide Zurückdrängen der tropischen Regenwälder – sind für die Entwicklungsländer eine schwere Bedrohung und eine Gefahr für das Weltklima.
- Die personelle Zusammenarbeit sowie die Aus- und Fortbildung von Fach- und Führungskräften sind jetzt ein Schwerpunkt der deutschen Entwicklungspolitik.
- Die Bundesregierung entkrampfte auch in der Entwicklungspolitik das Verhältnis zwischen Staat und Wirtschaft. Die Regierung ergriff Maßnahmen, um die Dynamik des privaten Sektors – insbesondere in der mittelständischen Wirtschaft und im Handwerk – verstärkt für die Entwicklungszusammenarbeit zu mobilisieren. Hierzu baute sie neben der Einrichtung des Senior-Experten-Dienstes den Beratungsdienst für die Wirtschaft aus und stellte für die Handwerksförderung in Entwicklungsländern Haushaltsmittel bereit. Sie bekennt sich zum Prinzip der Beschäftigungswirksamkeit der deutschen Entwicklungshilfe.
- Die Bundesregierung steigerte den Etat des BMZ. Sie plant dies auch für die kommenden Jahre. Wichtiger als die Steigerung der Mittel ist jedoch die Anhebung der Wirksamkeit der Hilfe. Um das zu erreichen, bedarf es der Sicherstellung von Rahmenbedingungen, die die Entfaltung der schöpferischen Kräfte des einzelnen ermöglichen und nicht durch staatliche Gängelei ersticken. Die Bundesregierung unterstützt deshalb auch verstärkt Ansätze zur Förderung von Organisationen und Initiativen der Selbsthilfe. Instrumente zur Verwirklichung dieser Ziele sind der politische Dialog mit den Partnerländern über Fragen ihrer Wirtschafts- und Entwicklungspolitik sowie eine verbesserte Abstimmung zwischen den Gebern.

(Aus: BMZ Entwicklungspolitik. Jahresbericht 1984)

172.1: Öffentliche Entwicklungszusammenarbeit der OECD-Länder (1984)

Land	% des BSP	Auszahlungen in Mrd US-$
Niederlande	1,02	1,27
Norwegen	0,99	0,53
Dänemark	0,85	0,45
Schweden	0,80	0,74
Frankreich	0,77	3,79
Belgien	0,56	0,43
Kanada	0,50	1,62
Bundesrepublik Deutschland	0,45	2,78
Australien	0,45	0,77
Finnland	0,36	0,18
Japan	0,35	4,32
Großbritannien	0,33	1,43
Italien	0,32	1,10
Schweiz	0,30	0,29
Österreich	0,28	0,18
Neuseeland	0,27	0,06
USA	0,24	8,70

Entwicklungspolitik auf dem Prüfstand

Die 1. Entwicklungsdekade der UN hatte auf rasche Entwicklung durch Industrialisierung und Integration in die Weltwirtschaft gesetzt. Aber die Schere zwischen reichen und armen Ländern öffnete sich weiter. Die Ergebnisse der 1. Dekade und die Notwendigkeit der Besinnung auf eine basic needs-Strategie machte die Hoffnung auf rasche Entwicklung zunichte.

Die 2. Entwicklungsdekade war beherrscht von den Forderungen der Dritten Welt nach einer neuen Weltwirtschaftsordnung: nach besseren und sicheren Rohstoffpreisen, nach besseren Terms of Trade, nach günstigeren Krediten. Die Ölpreisschocks von 1973/74 und 1979/1980 sowie die weltweite Rezession ab 1980 zerstörten auch manche bescheidenen Ansätze und die Hoffnung der 2. Entwicklungsdekade in den 70er Jahren.

So begann die 3. Entwicklungsdekade mit der hohen Erblast von 900 Mrd US-Dollar Verschuldung der Entwicklungsländer, die bei stagnierender oder gar rückläufiger Wirtschaftskraft abgetragen werden muß. Langsam setzt sich die Erkenntnis durch, daß Kapital für Entwicklung nicht ausreicht, daß Entwicklung ein komplexer und vieldimensionaler Prozeß ist und daß alle eindimensional angelegten Hilfen negative Folgen zeitigen.

Langsam reift die Einsicht, daß globale Theorien und Strategien immer scheitern müssen, daß Entwicklung vielmehr sehr speziell in die ökologischen Möglichkeiten eines bestimmten Lebensraumes und die sozialen und kulturellen Strukturen der Bevölkerung eingepaßt werden muß. Langsam greift auch die Erkenntnis um sich, daß viele traditionelle Lebensformen nicht primitiv sind, sondern auf Grund einer langen Entwicklung hochkomplexe und sinnvolle Systeme sind, die heute durch Bevölkerungswachstum und neue Wertvorstellungen aus der Balance gebracht werden.

Schließlich zeigt sich aber auch, daß Entwicklungshilfe ein wichtiges Geschäft, ein bedeutender Wirtschaftsfaktor geworden ist, an dem sehr viele Interessen bei Gebern, Empfängern, Organisationen, Experten und Helfern hängen, wobei die Interessen an der Entwicklungshilfe nicht immer mit den notwendigen Zielen der Entwicklung und der Hilfe konform gehen.

1. Überprüfen Sie, inwieweit die heutige Diskussion über Entwicklungspolitik in Zielsetzungen der Bundesregierung erkennbar ist.

2. Vergleichen Sie die folgenden Texte hinsichtlich ihrer Grundtendenz und der Einzelaussagen sowie in Bezug auf Entwicklungstheorie und -strategie.

3. Zeigen Sie an Materialien dieses Kurses Zusammenhänge zwischen der Politik in Industrieländern und Entwicklungen in der Dritten Welt auf.

Fischer bleib bei deinen Netzen

Überall in Bangla Desh sah ich zahllose Fischteiche. Viele davon gehören der Regierung. Wir hatten uns nun ausgedacht, daß die regierungseigenen Teiche eine hervorragende Einkommensquelle für Gruppen von Landlosen werden könnten.

Unglücklicherweise meldete gleich beim ersten Teich, mit dem wir das Programm beginnen wollten, einer der Reichen der Umgebung Besitzansprüche an. Bis zur gerichtlichen Klärung dieses Falles können wir also nichts machen. Bei den Möglichkeiten, die bekanntermaßen die Reichen vor Gericht haben, kann man davon ausgehen, daß der erste große Erfolg dieses Projektteils der Übergang sämtlicher regierungseigener Teiche in den Besitz von Reichen ist. Nachdem die Regierungsteiche für unsere Aktivitäten also nicht mehr, jedenfalls vorläufig, zur Verfügung standen, suchten wir uns den Teich einer Oberschule aus. Die Schüler sollten von uns praktische Fischzucht lernen, und der Ertrag aus dem Teich sollte in der aus Schülern und Lehrern gebildeten Gruppe, die den Teich bewirtschaftete, aufgeteilt werden. Als wir den Teich besichtigten, war dieses Programm gerade erst angelaufen. Als Experten hatten wir einen Soziologen angeheuert, der ihnen Fischzucht beibrachte. Inzwischen ist er als Experte für Familienplanung in unserem Familienplanungsprojekt tätig.

Nach seiner Meinung hatten die Bangladeschis keine Ahnung von Fischzucht. Ihr Ertrag sei gleich Null, da in den Teichen jeweils Raubfische alle anderen Fische fressen würden. Das kam mir zwar seltsam vor, da ich in vielen Teichen Fischer zum Teil in großer Zahl mit ihren Korbnetzen hatte stehen sehen. Die standen da so für nichts und wieder nichts? Aber der Experte mußte es ja wissen. Nun sollte nach modernsten Methoden Fischzucht betrieben werden. Erstens wird Fischfutter gekauft und in den Teich gestreut. Zweitens wird Düngemittel gekauft und in den Teich gestreut, damit die Algen, die als Fischnahrung dienen, schneller wachsen. Drittens wird Gift gekauft, und nach jeder Fischsaison, also etwa alle vier Monate, der gesamte Teich vergiftet, damit vorhandene Raubfische eingehen, bevor die neuen Fische eingesetzt werden. In Bangla Desh sah ich überall Kinder im Wasser spielen. Es ist eines ihrer Lebenselemente.

Bei einem Abendessen in einem der feinen Restaurants in Dhaka erfuhr ich später vom Leiter des BADO (Bangladesh Agricultural Development Organisation), daß es eine hochkomplizierte Fischzucht in Bangla Desh gibt. Das Problem der Raubfische wird ganz einfach dadurch umgangen, daß man nur Sorten einsetzt, die sich nicht gegenseitig fressen. Gegen ihr ungewolltes Eindringen bei Überschwemmungen werden die Erdwälle um die Teiche herum entsprechend hoch aufgeworfen. Und falls auch das mal nicht genützt hat, pumpt man die Teiche leer, und alle restlichen Fische fangen sich im Sieb der Pumpe. Es gibt besonders wertvolle Fischsorten, deren Laich an bestimmten Plätzen von Fachleuten gesammelt wird. Er sagte ganz begeistert: „They are real experts!" Unter ständigem Rütteln wird der Laich in Wasserbehältern zum Teil über weite Strecken, auch mit der Bahn, transportiert und auf den Märkten verkauft. Der Käufer bringt ihn unter weiterem Schütteln in kleine Vorzuchtteiche und setzt dann erst die kleinen Fische in die richtigen Teiche ein.

Nach dieser Lektion in bangladeschischer Fischzucht mit ihrer jahrhundertealten Tradition blieb mir nur ein Schluß. Der einzige Lerneffekt unseres Landlosen-Fischzuchtprojekts ist: Die Kinder müssen lernen, daß Wasser auch vergiftet sein kann. Hoffentlich merken sie es nicht zu spät.

(Aus: B. Erler: Tödliche Hilfe, Freiburg, 1985, gekürzt)

Arbeit an den Graswurzeln

Vor mehr als zehn Jahren, als die erste furchtbare Hungersnot über die Sahelländer hereinbrach, machten sich zwei Priester und eine Ordensfrau aus Nigers Hauptstadt Niamey ins Stammesgebiet der Bororo-Nomaden auf, dorthin, wo Fremde sich sonst nie verirren. Die drei weißen Kirchenleute wollten den Bororo, deren Leben von der Dürre bedroht war, beistehen. Mehrere Jahre unternahmen sie nichts, außer die Sprache der Nomaden zu lernen. Sie hörten den Männern zu, wenn sie im Winter mit ihren Herden von den Weidegründen aus Nigeria und dem Senegal heimkehrten, und sie schwatzten mit den Frauen, die ihnen Hirse aus der kargen Ernte verkauften. Irgendwann, davon waren die drei Fremden überzeugt, würden die Männer von selber kommen und um Rat fragen. Die Geduld der Priester, die wahrscheinlich bis an ihr Lebensende in ihrer Missionsstation bleiben werden, hat sich gelohnt: Heute, nach zehn Jahren, werden sie in der Gemeinschaft anerkannt. Während die Ratschläge und Eilmaßnahmen vieler weißer Experten, die jetzt aus aller Welt in die Sahelzone eingeflogen werden, nur allzuoft am Mißtrauen und Widerstand der Bauern scheitern, hegen die Schützlinge der Priester keine Ressentiments: Sie pflanzen mit eigenen Mitteln – und einer kleinen Unterstützung des deutschen katholischen Hilfswerks Misereor – junge Bäume, graben Brunnen und legen neue Felder an. Nicht zufällig hat die Regierung in Niamey katholische Patres gebeten, auch den Tuareg-Nomaden mit einem Agrarprojekt zu helfen. Viele von ihnen leben in Flüchtlingslagern und betteln in den Städten. Zu den Priestern, deren Ruf die Runde gemacht hat, haben sie Vertrauen.

Die Zusammenarbeit mit privaten Gruppen – sei es in Großstadtslums oder in Dörfern – hat viele Vorteile:

- Die Gruppen planen, anders als die meisten Beamten in den Regierungsbüros, ihre Projekte gemeinsam mit den Armen, abgestimmt auf ihre lokalen Bedürfnisse und Möglichkeiten. Die Vorhaben werden deshalb – wie in Niger – von der Bevölkerung akzeptiert; das ist die wichtigste Voraussetzung für wirksame Hilfe.
- Sie unterstützen, oft gegen Regierungsinteressen, Eigeninitiativen der Armen, sie stärken ihr Selbstbewußtsein und ihre gesellschaftliche Macht – eine Hauptbedingung dafür, daß die Entwicklung nicht mit Projektende zum Stillstand kommt.
- Ihre Vorhaben sind meist klein, überschaubar und effizient: 100 000 Mark und weniger im Jahr sind der übliche Zuschuß für das Gros ihrer Projekte; eine staatliche Maßnahme verschlingt durchschnittlich eine Million Mark.
- Sie sind unbürokratisch. Misereor oder das evangelische Hilfswerk Brot für die Welt zum Beispiel entscheiden über jeden Projektantrag schon nach wenigen Monaten, wenn nicht noch schneller. Bonn hingegen kann nichts ohne Regierungsverhandlungen und reichlich diplomatische Korrespondenz auf den Weg bringen; das dauert im Normalfall mindestens drei Jahre.

„Menschen können nicht entwickelt werden, sie können sich nur selbst entwickeln", sagte einmal der frühere tansanische Staatspräsident Julius Nyerere. Er formulierte damit das Prinzip der Selbsthilfegruppen: Sie sind die Favoriten der deutschen Hilfswerke, um die sie inzwischen manch Bonner Entwicklungsbeamte beneidet.

(I. Meyer-List in DIE ZEIT, Nr. 1, 27.12.85)

Viel Geduld für viele kleine Schritte

Als ich vor vier Jahren zum erstenmal Entwicklungsprojekte planen und durchführen sollte, war ich noch nie in einem Entwicklungsland gewesen und hatte von der Problematik der Entwicklungspolitik keine genaueren Vorstellungen als jeder andere interessierte Staatsbürger. Den Sudan, mit dem Niedersachsen eine Partnerschaft begründen wollte, kannte ich schon gar nicht und ahnte daher auch nicht, welche Art Hilfe dort gebraucht würde. Ich wußte nur, was Niedersachsen bieten konnte: viel Fachwissen auf allen Gebieten – und nur geringe Haushaltsmittel. Die Finanzierung von Großprojekten kam so nicht in Betracht; statt Kapital würde in erster Linie Knowhow zu exportieren sein.

So ging ich notgedrungen als Lernender in den Sudan. Ich versuchte mit möglichst vielen Menschen – offiziellen Vertretern der Regierung und lokalen Würdenträgern, Menschen auf der Straße und in der Wüste – ins Gespräch zu kommen und dabei das Land zu bereisen, das zu den ärmsten der Erde zählt und eine der höchsten Pro-Kopf-Verschuldungen der Welt hat. Land und Leute schlugen mich in ihren Bann: Ich begegnete einer alten Kultur, von der im sudanesischen Niltal 3000 Jahre alte Pyramiden zeugen; im ganzen Land äußert sich diese Tradition in menschlichen Umgangsformen, die ein eurozentrisches Gefühl zivilisatorischer Überlegenheit schnell auf das rechte Maß relativieren.

Natürlich sah ich die mangelhaften hygienischen Verhältnisse, die einseitige Ernährung und die absolute Armut, die immer herrscht, selbst wenn es geregnet hat. Aber statt die Menschen über ihr Elend jammern zu hören, traf ich auf Heiterkeit und Lebensmut, begegnete ich Menschen, die selbst in existenzbedrohender Not ihre Würde wahrten, die einander in Großfamilie und Dorfgemeinschaft halfen – Menschen voller Gottvertrauen. Erst später merkte ich, daß mein Mangel an Erfahrung ein großer Vorteil war: Ich war gezwungen zu fragen und zuzuhören, mich umzusehen, was klappte und was nicht, und so die eigenen Ressourcen des Landes und den dringendsten Bedarf seiner Bevölkerung ausfindig zu machen. Da Niedersachsen am Anfang seiner entwicklungspolitischen Arbeit im Sudan stand, also keine früheren Hilfszusagen zu erfüllen und keine laufenden Vorhaben abzuwickeln hatte, konnten alle neue Erkenntnisse von vornherein in die Gestaltung der Projekte einfließen. Inzwischen hat das Land dort etwa hundert kleine Vorhaben durchgeführt, begonnen oder geplant.

Ein weiterer glücklicher Umstand für die junge Zusammenarbeit war, daß sie in einer Phase sich wandelnden entwicklungspolitischen Denkens in der westlichen Welt aufgenommen wurde. Anders als in den sechziger und auch noch in den siebziger Jahren glaubte kaum jemand mehr, daß die ärmsten Länder dieser Erde durch Industrialisierung und zügige Integration in die Weltwirtschaft zu einem Wachstumsprozeß geführt werden könnten. „Technologietransfer", so weiß man heute, wird nur wirksam mit Hilfe der Menschen in den Entwicklungsländern.

Wenn man sie motivieren will, damit sie neue Methoden übernehmen, rührt das oft an überkommene Werte und damit an die kulturelle Identität. Anstatt das Schwergewicht auf die industrielle Produktion zu legen, für deren Aufnahme die Devisen fehlen, sollten die Anstrengungen deshalb auf die Befriedigung von Grundbedürfnissen der absolut Armen (sauberes Trinkwasser, Nahrung, Gesundheit, Kleidung, Wohnung, Bildung) verlagert werden. Nicht nur die ökonomischen, sondern auch die ökologischen Auswirkungen von Projekten (etwa des mechanisierten Ackerbaus in dem anfälligen Ökosystem der Sahelzone) sollten bedacht, der Entwicklung der ländlichen Räume, in denen immer noch bis zu 85 Prozent der afrikanischen Bevölkerung leben, endlich stärkere Beachtung geschenkt und so der bedrohlich fortschreitenden Urbanisierung entgegengewirkt werden. Das ist leichter gedacht als getan. Die Förderung der ländlichen Räume läßt sich nicht durch Entwicklungsprojekte allein durchsetzen, wenn die Regierungen der Empfängerstaaten sich diese Priorität nicht selbst zu eigen machen. Es genügt ja nicht, daß afrikanische Regierungen es dulden, wenn europäische Berater ihre Kleinbauern über die hygienischen Vorteile sauberen Trinkwassers aus Flachbrunnen mit Handpumpen belehren und sie über ökonomische und ökologische Vorteile von Fruchtfolge, Agroforst und Mischkulturen (die übrigens alter afrikanischer Tradition entsprechen) aufklären. Die Regierungen selbst dürfen dann auch keine Politik betreiben, die auf das genaue Gegenteil gerichtet ist, nämlich darauf, die landwirtschaftlichen Erzeugerpreise im Interesse der städtischen Verbraucher niedrig zu halten, womit den Kleinbauern der Anreiz zu einer Produktion über den eigenen Bedarf hinaus genommen wird. Außerdem gibt es Umstände, die es in der entwicklungspolitischen Praxis erschweren, Konsequenzen aus der Einsicht zu ziehen, daß in den Entwicklungsländern – anders als in Industrienationen – das Kapital teuer und die Arbeit vergleichsweise billig ist. Erst nach Jahren wurde mir klar, daß zum Beispiel die Lehrpläne der Schulen aus der Kolonialzeit hauptsächlich auf spätere Schreibtischtätigkeit – früher in der Kolonialverwaltung – vorbereiten und damit die körperliche Arbeit herabsetzen.

Wer Entwicklungsprojekte macht, muß demnach mit den Regierungen der Entwicklungsländer auch eine Diskussion über die Rahmenbedingungen führen. Ein solcher „Politikdialog" sollte sicherlich nicht mit den schulischen Lehrplänen, aber doch mit den staatlich festgesetzten Getreidepreisen beginnen. Er sollte zum Beispiel auch, bevor aus Geldern der Entwicklungshilfe eine Straße gebaut wird, die zulässige Achslast für Lastwagen klären. Denn über die afrikanischen Straßen fahren Schwerlastwagen, die wegen ihres Gewichts auf deutschen Autobahnen verboten sind und selbst neue Verkehrswege binnen kurzem ruinieren. Und schließlich dürften auch die weltwirtschaftlichen Rahmenbedingungen (Rohstoffpreise, Protektionismus und Agrarpolitik der EG) nicht ausgeklammert bleiben. Die Regierungen der Industrieländer sind zu solchem Dialog freilich nur legitimiert, soweit sie sich ihren neuen Einsichten entsprechend verhalten: Sie dürfen also den ärmsten Ländern nicht ein digitales Telephonsystem anbieten, wenn die Empfänger solche gigantomanischen Projektvorschläge in Wirklichkeit ablehnen. Sie dürfen die Politik niedriger Lebensmittelpreise nicht unterstützen, indem sie permanent kostenlose Nahrungsmittel liefern und damit die Preise auf den afrikanischen Märkten automatisch unter die heimischen Produktions- und Vermarktungskosten drücken.

Erforderlich war und ist auch eine Verständigung der verschiedenen Geber untereinander, um den in der Theorie als richtig erkannten Wandel entwicklungspolitischer Prioritäten in die Praxis umzusetzen. Denn natürlich fällt es einer Regierung schwer, die Lieferung der eigenen Digitaltechnik nicht zu finanzieren, wenn der Konkurrent im europäischen Nachbarland der Unterstützung seiner Regierung sicher sein kann. Eine arbeitsintensive Feldbestellung in Mischkulturen, die das eine „Geber"land in einem Tropendorf fördert, wird unglaubwürdig, wenn ein anderer „Geber" im Nachbardorf die Wälder roden und die neu gewonnenen Flächen mit Traktoren beackern läßt – was den Landwirten die Illusion vermittelt, moderne Technik und importierte Fremdenergie könnten nicht nur zu einem leichteren Leben, sondern auch auf Dauer zu höheren Erträgen führen.

Ein Umdenken in Nord und Süd ist also nötig. Es verlangt von beiden Seiten, die eigenen vordergründigen Interessen hintanzustellen: Die Industrieländer müssen ihr Interesse am Export moderner Technologie zur Sicherung von Arbeitsplätzen zurücknehmen; die Entwicklungsländer müssen von ihrer einseitigen Bevorzugung der städtischen Bevölkerung abkommen, von deren Wohlwollen die Stabilität der Zentralregierung nach wie vor in erster Linie abhängt. Solche Abkehr von einer verengten Sicht wird für den Süden durch die Erkenntnis erleichtert, daß ihn die bisherige Vernachlässigung der ländlichen Räume in eine immer stärkere Abhängigkeit vom Ausland gebracht hat. Sie führte zu Überschuldung und massiven Nahrungsmittelimporten in Länder, die sich früher selbst ernähren konnten. Die Regierungen der Industrieländer aber haben zu ihrer Warnung inzwischen genügend abschreckende Beispiele industrieller Investitionsruinen vor Augen – Sinnbilder verlorenen außenpolitischen Vertrauens. Wer den Politikdialog zwischen Nord und Süd wirklich will, darf nicht davor zurückschrecken, sich bei Unvereinbarkeit der entwicklungspolitischen Prioritäten der Partner auch aus Projekten zurückzuziehen, die unter den gegebenen Umständen zum Scheitern verurteilt sind.

(K.O. Nass in DIE ZEIT Nr. 3, 10.01.86)

Begriffswissen

Angepaßte Technologie
Anwendung von Verfahren und Verwendung von Produkten, die auf die besonderen Bedürfnisse und Bedingungen des Entwicklungslandes (EL) zugeschnitten sind. Beispiel: Anwendung situationskonformer Bauweisen und Baustoffe.

Arbeitsintensive Produktion
Sie erfordert möglichst wenig Maschinen, aber eine große Zahl – ungelernter – Arbeitskräfte. Sie kann die Arbeitslosigkeit in den EL mildern und erspart Ausgaben für den Maschinenimport.

Bilateriale-/Multilaterale Zusammenarbeit
(bilateral, lat. = zweiseitig)
Entwicklungsleistungen, die ein Staat einem anderen direkt bzw. über eine internationale Organisation, an der viele Länder (= multilaterial) beteiligt sind, gewährt. Die Vertragspartner werden hierbei als Geber- und Empfängerland bezeichnet.

Dualismus
Gespaltene Wirtschafts- und Sozialstruktur in EL. Man unterscheidet
a) wirtschaftlichen D.: Markt- und Subsistenzwirtschaft existieren nebeneinander.
b) technologischen D.: Es herrschen arbeitsintensive Technik und Produktion im traditionellen Wirtschaftsbereich und kapitalintensive Technik im modernen Bereich.
c) sozialen D.: Es gibt verschiedene, nebeneinander her lebende Gruppen (ethnisch, religiös, sprachlich, arm/reich) in einem Staat, wobei es keine Durchlässigkeit zwischen den Gruppen gibt.
d) regionalen D.: Es existiert eine exportorientierte, „moderne“ (Küsten-) Region und ein unterentwickeltes, „ruckstandiges“ Hinterland (Zentrum-Peripherie).

Entwicklungsländer („Dritte Welt“)
Länder, die im Vergleich zu den Industrieländern weniger weit entwickelt sind. Es gibt keine international verbindliche Liste von EL; als gemeinsame Merkmale werden häufig genannt: Hohes Bevölkerungswachstum, niedriges Pro-Kopf-Einkommen (BIP/BSP), unzureichende Nahrungsmittelversorgung, niedriger Alphabetisierungsgrad, Gegensatz von traditionellen und modernen (Wirtschafts-) Strukturen (→ *Dualismus*). Die am wenigsten entwickelten EL wurden 1971 von den Vereinten Nationen (UN) als **LLDC** (least developed countries; das Doppel - L steht für die Steigerung von „less“) bezeichnet. Die **MSAC** (most seriously affected countries) stellen die Gruppe von EL dar, die von den Folgewirkungen der Ölkrise von 1973 besonders stark betroffen waren.
Zur **Gruppe der 77** zählten ursprünglich 77, inzwischen über 125 EL, die sich 1964 anläßlich der Welthandelskonferenz UNCTAD I zusammenschlossen, um ihre Forderungen gegenüber den Industrieländern besser durchsetzen zu können.

Entwicklungstheorien
Sie bieten Erklärungsansätze für Ursachen (und Fortbestehen) von Unterentwicklung. Aus ihnen werden Entwicklungsstrategien oder -konzepte zur Überwindung der Unterentwicklung abgeleitet.
In der entwicklungstheoretischen Diskussion sind zwei – ideologisch weitgehend gegensätzliche – Richtungen zu unterscheiden:
1. Modernisierungs- und Wachstumstheorien
2. Dependenztheorien

Zu 1.
Allen Modernisierungstheorien ist gemeinsam, daß sie *interne* Faktoren als entscheidende Ursachen für den Entwicklungsrückstand der EL verantwortlich machen, d. h. die Ursache für die Misere der EL liegt bei den Entwicklungsländern selbst.
Modernisierungstheoretiker gehen davon aus, daß die EL den Rückstand gegenüber den heutigen Industrieländern (IL) aufholen können, wenn **interne (endogene)** Entwicklungshemmnisse wie Bildungsdefizite, unzureichende Infrastruktur, religiöse Schranken etc. beseitigt werden. Innerhalb der Modernisierungs-Theorien versuchen die **Polarisationstheorien** räumliche Ungleichgewichte damit zu erklären, daß wirtschaftliches Wachstum sektoral (branchenmäßig) und räumlich ungleichmäßig erfolgte: Daher bildeten sich bestimmte Wachstumsräume (*Zentren*) und Entleerungsgebiete (*Peripherien*) heraus. Die zunehmende räumliche Polarisierung beschränkt sich dabei nicht auf einzelne Regionen, sondern findet auch auf internationaler Ebene statt. Nach G.Myrdal hat bei einem „freien Spiel der Kräfte“ der Zentrum-Peripherie-Gegensatz stets zunehmende Tendenz – die Disparitäten verschärfen sich.
Die **Außenhandelstheorien** erklären den Entwicklungsabstand der 3. Welt als Rückstand, der vor allem auf der unzureichenden Einbeziehung in die internationale Arbeitsteilung und den Welthandel beruht. Diese geringe Integration hat vornehmlich endogene Ursachen wie Innovationsfeindlichkeit oder traditionelle Wirtschafts- und Sozialstrukturen.

Zu 2.
Allen dependenztheoretischen Ansätzen ist gemeinsam, daß sie **externe** Faktoren als entscheidende Ursachen

für den Entwicklungsrückstand der EL verantwortlich machen, d. h. die Ursache für die Misere der EL liegt vor allem bei den – kapitalistischen – Industrieländern. Dependenztheoretische Ansätze werden seit 1960 in Lateinamerika entwickelt (dependencia, span. = Abhängigkeit). Sie greifen dabei Elemente verschiedener marxistischer entwicklungstheoretischer Ansätze auf, deren Hauptaussage lautet: Unterentwicklung hat **externe** (*oder exogene, von außen kommende*) Ursachen. Unterentwicklung wird nicht – wie bei den Modernisierungs-Theoretikern – als Vorläufer einer kapitalistisch-industriellen Entwicklung betrachtet, sondern als deren Folge: Die Eigenständigkeit der Peripherie-Länder wurde durch die – zwangsweise – Eingliederung in die Weltwirtschaft unterbrochen, ihre traditionellen Strukturen ge- oder zerstört, eine „strukturelle" Abhängigkeit von den kapitalistischen Industrieländern (Zentren) eingeleitet.

Ernährungprobleme
Von **Mangelernährung** spricht man, wenn die Ernährung zwar kalorienmäßig ausreicht, jedoch zu einseitig ist. Bei der **Unterernährung** reicht das Nahrungsangebot kalorienmäßig nicht aus.

Grüne Revolution
Sie hat die Steigerung der landwirtschaftlichen Produktion durch Züchtung und Verwendung von Hochertragssorten („Wunderweizen", Hybridzüchtungen) zur Folge.

Grundbedürfniskonzept
Es spielt als Strategie zur Bekämpfung der absoluten Armut eine entscheidende Rolle. Zu den „Basic Needs" gehören der Mindestbedarf an Ernährung, Unterkunft, Kleidung sowie an lebenswichtigen öffentlichen Dienstleistungen wie insbesondere Trinkwasser, aber auch Verkehrsmittel, Gesundheits- und Bildungseinrichtungen. Die Mobilisierung der Selbsthilfefähigkeit der armen Bevölkerung wird angestrebt. Die grundbedürfnisorientierten Maßnahmen sollen den in Armut lebenden Menschen unmittelbar zugute kommen. Sie sollen an der Vorbereitung und Durchführung der Hilfsprojekte beteiligt sein.

Humanitäre Hilfe
Ihr Ziel ist die schnelle Beseitigung oder Linderung einer akuten Notlage, die von dem betroffenen Land nicht allein gemeistert werden kann. Der durch Naturereignisse oder Kriege (Flüchtlingsproblem) in Not geratenen Bevölkerung soll unmittelbar geholfen werden.

Importsubstitution
Importierte Waren sollen durch selbst erzeugte Produkte ersetzt werden. Durch diese Strategie sollen Devisen eingespart und neue Arbeitsplätze geschaffen werden.

Marginalität (*margen, span. = Rand*)
Wirtschaftliche, soziale und politische Benachteiligung von Bevölkerungsgruppen.

Monostruktur
Man spricht von Monostruktur, wenn die Wirtschaft eines Landes nur auf ein Produkt oder einen Wirtschaftszweig ausgerichtet ist. Dadurch besteht eine starke Abhängigkeit vom Weltmarkt. Mißernten und Preisstürze können die gesamte Volkswirtschaft gefährden. Risikominderung durch Diversifikation bildet eine Lösungsstrategie.

Nahrungsmittelhilfe
Kostenlose Lieferung von in Industrieländern erzeugten Nahrungsmitteln an EL. Sie soll z. B. im Krisenfall Hungersnöte bekämpfen (mögliche Nebeneffekte: Die Nahrungsmittelhilfe beeinträchtigt die Landwirtschaft des betreffenden EL durch Preisverfall für einheimische Produkte). Sie sollte kein Ventil für die landwirtschaftlichen Überproduktionsprobleme der IL sein.

Neue Weltwirtschaftsordnung
Aus dem Verhalten der OPEC-Staaten im Herbst 1973 („Ölschock") zogen die EL die Konsequenz, ihre Position in der Weltwirtschaft durch solidarisches Auftreten gegenüber den IL zu verbessern. Sie fordern seitdem eine neue Weltwirtschaftsordnung; Hauptakzente sind hierbei volle Souveränität über ihre nationalen Wirtschaften, einschließlich Enteignung und Entschädigung nach nationalem Recht; Koppelung der Preise für Exporterlöse der EL an ihre Einfuhrpreise; Rohstoffabkommen zur Stabilisierung der Märkte und Preise; stärkere Öffnung der Märkte der IL für Halb- und Fertigwaren aus EL.

Teufelskreise der Armut
Erklärungsversuch für die Unterentwicklung der EL. Ein Negativfaktor verursacht andere Negativfaktoren und wird von diesen selbst wieder negativ beeinflußt („Hunger ist die Ursache des Hungers"). Gegen diese Art der Erklärung der Unterentwicklung gibt es gewichtige Einwände: Teufelskreise beschreiben Zusammenhänge oder Verkettungen von Faktoren, jedoch keine Ursachen. Es werden Durchschnittsgrößen (z. B. das BSP) miteinander verkettet. Die Armut der EL wird dabei fälschlich als historischer Ausgangspunkt angesehen.

Als **Rentenkapitalismus** bezeichnet man ein System sozialer und wirtschaftlicher Beziehungen, in welchem städtische Kapitalbesitzer die Arbeitskraft von Handwerkern und Bauern durch die Gestellung von Produktionsmitteln wie Werkzeug, Saatgut, Vieh, aber auch Wasser oder Boden dazu ausnutzen, einen Wertüberschuß für sich ohne eigene Arbeit zu erzielen.

Arbeitsthemen

1. Erläutern Sie, welche Probleme sich aus dem typischen Altersaufbau der Bevölkerung in Ländern der dritten Welt in den nächsten 10 bzw. 30 – 50 Jahren ergeben. Berücksichtigen Sie dabei die Bereiche Ernährung, Bildung, Wohnen, Arbeiten, Kranken- und Altersversorgung sowie Bevölkerungswachstum und Familienplanung.
2. Erarbeiten Sie aus Atlanten, Statistiken und Länderberichten die Struktur des Außenhandels eines oder mehrerer Entwicklungsländer und vergleichen Sie mit den Beispielen in diesem Buch.
3. Erarbeiten Sie die koloniale Vergangenheit des afrikanischen Kontinents und zeigen Sie auf, wie die Vergangenheit noch heute in den Bereichen Bildung, Gesellschaft, Sprache, Politik und Wirtschaft nachzuweisen ist.
4. Sammeln Sie Berichte über konkrete Entwicklungshilfen und Entwicklungsprojekte. Ziehen Sie Vergleiche hinsichtlich der Entwicklungsbedingungen, der Entwicklungsstrategie, der Ziele und der Durchführung.
5. Arbeitsteiliges Projekt: Zusammenstellung einer Dokumentation über ein Entwicklungsland in den Bereichen Landeskunde/naturgeographische Ausstattung, Kultur/Gesellschaft, Politik/Staat und Wirtschaft.
6. Zeigen Sie an verschiedenen Produkten bzw. Produktgruppen des landwirtschaftlichen und nichtlandwirtschaftlichen Bereichs die wirtschaftlichen Beziehungen bzw. Abhängigkeiten zwischen Entwicklungs- und Industrieländern auf.
7. Informieren Sie sich über den Dritte-Welt-Handel. Diskutieren Sie diesen Weg der Entwicklunghilfe.

Literatur

Bundeszentrale für politische Bildung (Hrsg): Informationen zur politischen Bildung 198. Die Volksrepublik China. Bonn 1983

Dürr, H.: Volksrepublik China. In: Asien 2. Harms Handbuch der Geographie. München 1982 (List Schroedel)

Jahn, J.: Durch Afrikanische Türen. Fischer Bücherei Nr. 821. Frankfurt 1967 (Fischer)

Nohlen/Nuscheler: Handbuch der Dritten Welt. Hamburg [2] 1982 (Hoffmann u. Campe)

Röll, W.: Indonesien. Stuttgart 1979 (Klett)

Statistisches Bundesamt (Hrsg.): Länderbericht China. Mainz 1985 (Kohlhammer)

Weltbank (Hrsg.): Weltentwicklungsbericht 1986. Washington D.C., USA 1986 und frühere Berichte.

Wiese, B.: Zaire. Wissenschaftliche Länderkunde Band 15. Darmstadt 1980 (Wiss. Buchgesellschaft)

Register

Landschaftsökologie

Ökosystem Mittelgebirge

Der Harz

Vor der Teilung Deutschlands suchten jährlich Hunderttausende zu Fuß oder mit der Brockenbahn von Schierke aus den höchsten Berg des Harzes, den Brocken, auf. Heute ist er für Wanderer aus Ost und West unerreichbar, da er auf DDR-Seite im Sperrgebiet der innerdeutschen Grenze liegt. In beiden Teilen wird die Landschaft des Harzes weiterhin vielfältig als Urlaubs- und Naherholungsgebiet sowie als Wirtschaftsraum genutzt. Von herausragender Bedeutung ist dabei immer noch der Wald. Er hat dem Gebirge, das wie ein hoher Block aus seiner Umgebung herausragt, den Namen gegeben: im Mittelhochdeutschen bedeutet „hart“ soviel wie Wald.

Bis in die Gegenwart blieb der Harz trotz seiner frühen Erschließung durch den Bergbau als ein Waldgebirge erhalten. Fichtenwälder, von Mooren unterbrochen, wachsen im Oberharz. In den tieferen Lagen, vor allem auf der Südseite und im Unterharz, treten Misch- und Laubwälder an ihre Stelle. „Der Wald ist die Zierde des Harzes, Schutz des Bodens, Born des Trinkwassers, Reiniger der Luft, Biotop für Tiere, Erholungsraum für die Bevölkerung und Rohstoffquelle der Wirtschaft“.

180.1 Okertal im Harz

Die ökologische Bedeutung des Waldes

Vor dem Eingriff des Menschen bestimmten Laubmischwälder (Buche, Esche, Linde, Ahorn) und in höheren Lagen Mischwälder (Fichte, Buche) die Landschaft des **Mittelgebirges.** Heute hat der Wald immer noch eine überragende Bedeutung für die Landschaft und damit für den Menschen. Die Wirkungen des Waldes stehen zueinander in enger, teilweise untrennbarer Beziehung. So wird das Erholungserlebnis im Wald entscheidend beeinflußt durch das günstige Wald-Innenklima (**Bestandsklima**). Die Wirkung des Waldes auf den **Wasserhaushalt** ist untrennbar verbunden mit dessen Beeinflussung des Bodens.

Das Bestandsklima wirkt auf den Luftkörper im Wald und bis etwa 200 m Höhe. Im Wald wird der Wind abgebremst. Dadurch erhöhen sich Taubildung und Schneeablagerung sowie geringfügig der Niederschlag, während die Verdunstung sinkt. Somit ist die relative Luftfeuchtigkeit im Bestandsklima höher als außerhalb des Waldes. Außerdem ist im Wald der tägliche und jahreszeitliche Temperaturgang ausgeglichener.

Der Wasserhaushalt einer Landschaft wird vom Laub- und Mischwald hervorragend geregelt. Dies gilt insbesondere für die Mittelgebirge, wo trotz erhöhter Reliefenergie die Fließgeschwindigkeit des Wassers an den Hängen nicht zunimmt. Zuerst bremsen die Baumkronen den Regen ab und lassen das Wasser langsam bis zur Kraut- und Bodenschicht abtropfen. Der Waldboden enthält durch abgestorbene Wurzeln, Pflanzenreste und Tiergänge ein großes Porenvolumen. Er kann daher das Wasser ständig aufsaugen und es gleichmäßig dem Grundwasser zuführen. Ein rasches Abfließen unterbleibt deshalb auch an steileren Berghängen. Durch Quellen und in Bächen gibt der Waldboden das Wasser ebenso gleichmäßig und klar wieder ab. Wald- und Gebirgsbäche führen daher auch nach längerer Trockenheit noch Wasser. Das Waldgebirge hat damit als Wasserspeicher eine außerordentliche Bedeutung im Wasserhaushalt.

1. Erläutern Sie den Wasserhaushalt am Beispiel des Oberharzes (Abb. 181.1).

T 180.1 Forstwirtschaft in Deutschland

	BR Deutschland	DDR
Waldfläche (1000ha)	7328	2963
Anteil an der Wirtschaftsfläche (%)	29,3	27,8
Beschäftigte	101400	47065
Nutzholzeinschlag (1000 m³)	26063	9490
Waldbrände (Zahl)	1244	1385
Brandfläche (ha)	751	2338

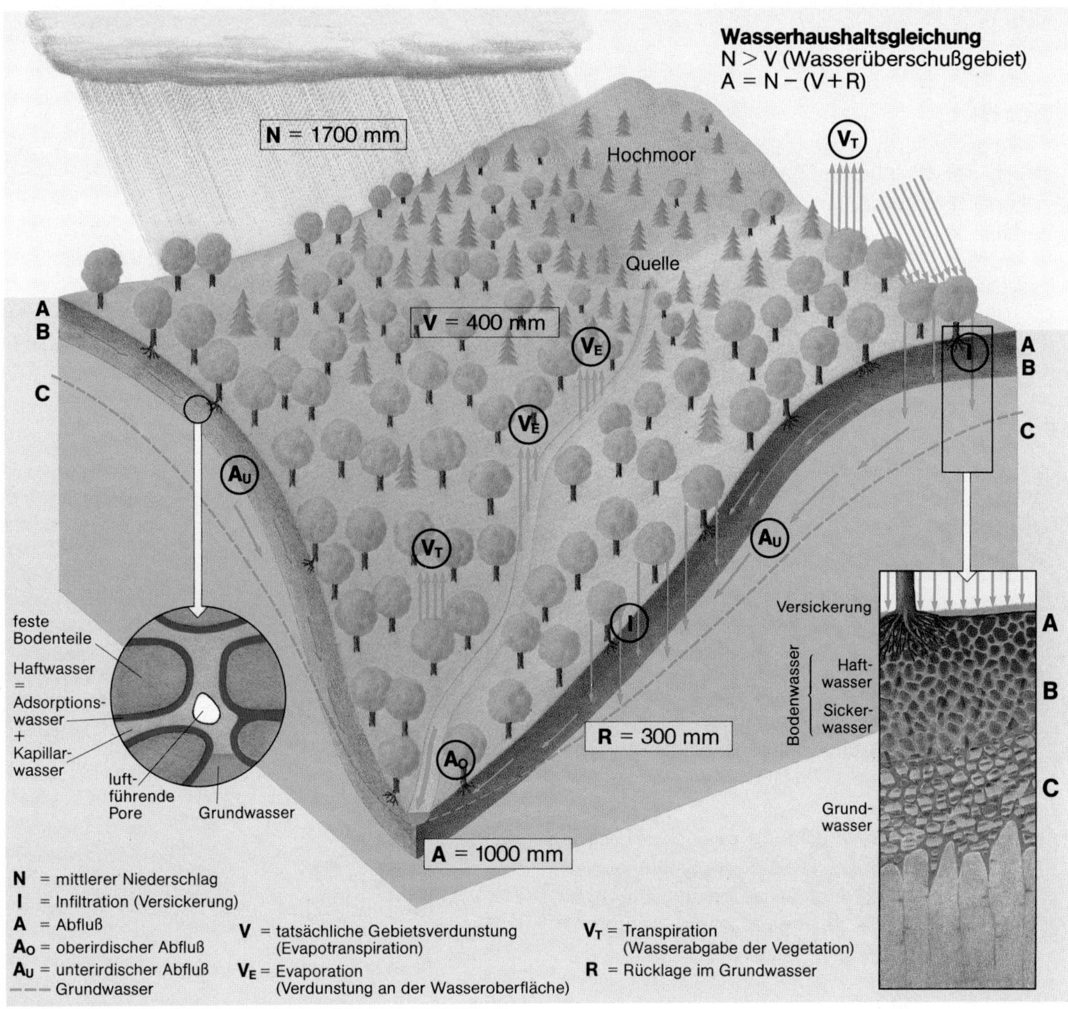

181.1 *Der Wasserhaushalt im Mittelgebirge*

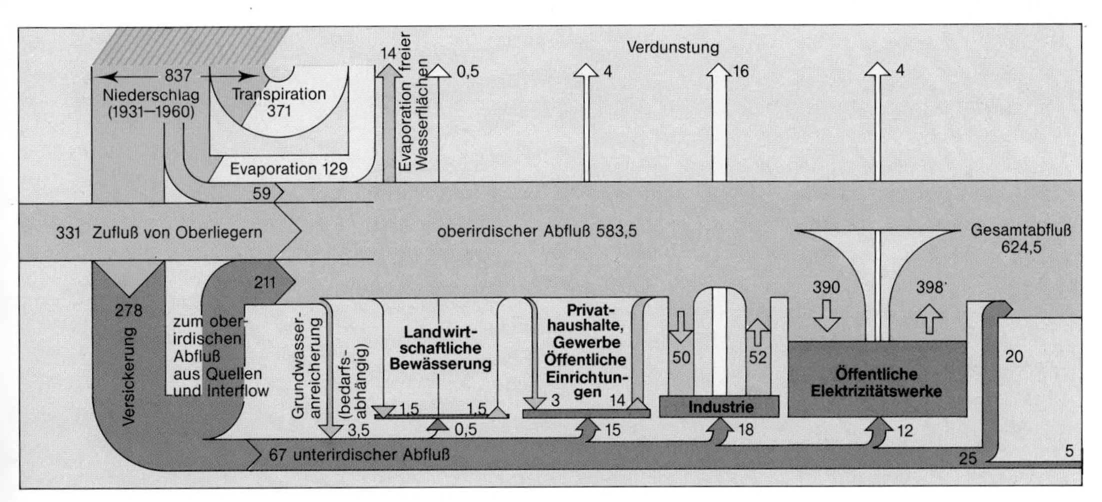

181.2 *Wasserhaushalt in der Bundesrepublik Deutschland (Angaben in mm)*

vor Chr. Geb.

Oberlauf
Kerbsohlental im kristallinen Gestein des Grundgebirges vom Menschen kaum beeinflußt, ungestörter Wasserhaushalt, geringer Oberflächenabfluß, kaum Bodenerosion.

Unterlauf
Muldental mit Kies- und Sandrücken im eiszeitlich gestalteten Tiefland, vom Menschen kaum beeinflußt, Erosion und Ablagerung in der Talaue wechseln mit Hoch- und Niedrigwasser.

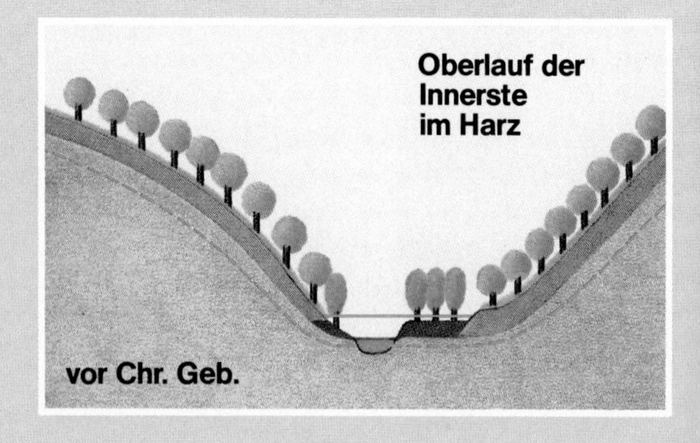

um 1200

Oberlauf
Mittelalterliche Landnahme in den Flußeinzugsgebieten, Ackerbauern siedeln auf dem Gleithang, Rodung und Terrassierung des Hanges, Holzbedarf im Bergbau, Störung des Wasserhaushalts, verstärkter Oberflächenabfluß, Bodenerosion, Grundwasserspiegel sinkt.

Unterlauf
Beginnende Auelehmbildung, extensive Nutzung der Talaue durch Weide, Rodung, Siedlung und Ackerbau auf den hochwasserfreien Flächen, mittleres Hochwasser beginnt zu steigen und mittleres Grundwasser zu fallen.

Seit 1900

Oberlauf
Ende der stärksten Waldverwüstung und Bodenerosion, Aufforstung mit Fichtenmonokulturen, teilweise Versiegelung der Landschaft, mittleres Hochwasser steigt, Grundwasser fällt, Tiefenerosion, weiterhin Störung des Wasserhaushalts.

Unterlauf
Fortschreitende Auelehmbildung bis zur Eindeichung des Flusses, Flußregulierung ermöglicht Weidehaltung und Ackerbau, verstärkte Tiefenerosion, weiteres Absinken des Grundwassers insbesondere in den überbauten Gebieten.

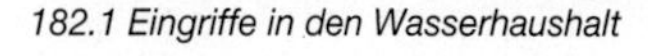

182.1 Eingriffe in den Wasserhaushalt

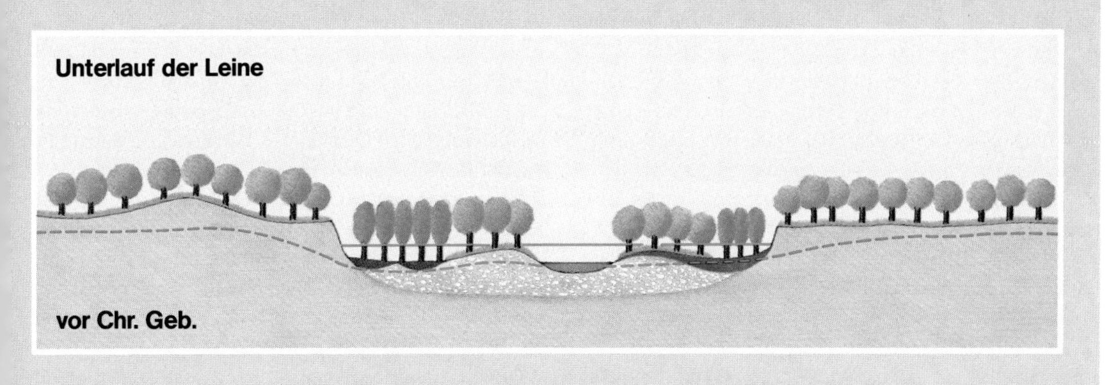
Unterlauf der Leine
vor Chr. Geb.

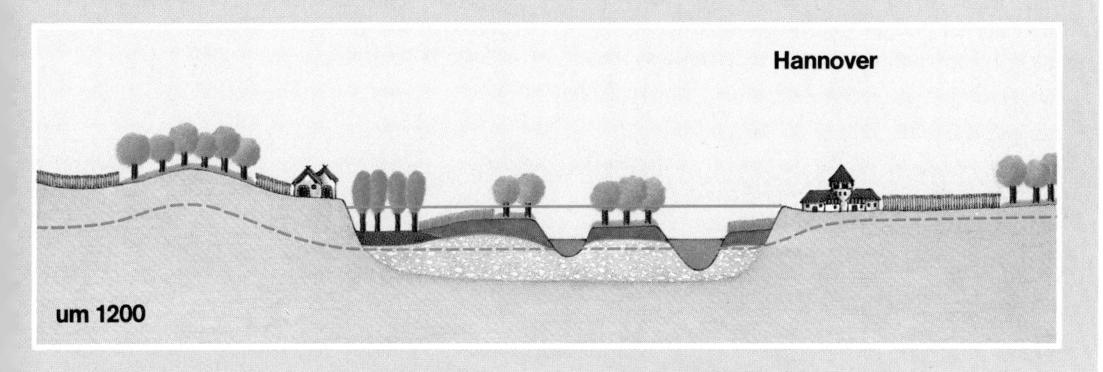
Hannover
um 1200

Hannover
seit 1900

kristallines Gestein
Lehmboden
Ablagerungen der Eiszeit (Lehm- und Sandboden)
Flußschotter (Kies, Sand)
Bruchwaldtorf
Auelehm
mittlerer Grundwasserstand
mittlere Hochwasserhöhe
Laubmischwald (mit Kraut- und Bodenschicht)
Erlenbruch
Nadelholzforst
sterbender Wald
Wiese
Ackerbau
Asphaltierte, gemauerte und bebaute Flächen

Talsperren regulieren den Wasserhaushalt

Seit der Gründung der Harzwasserwerke (1928) werden im Westharz Talsperren gebaut. Im Ostharz wurde 1952 mit dem Bau der Rappbodetalsperre begonnen. Dadurch sollen in den Ländern Niedersachsen und Bremen und in den Bezirken Magdeburg, Halle und Leipzig drei wasserwirtschaftliche Aufgaben gelöst werden.

Hochwasserschutz: Die Hochwasserbedrohung der Talauen im Harzvorland hat ihre Ursache in dem zehn- bis vierzehnfach höheren Abfluß im Harz gegenüber dem Vorland. Durch Wasserrückhaltebecken können die bei Starkregen oder Schneeschmelze plötzlich auftretenden Spitzenabflüsse wirkungsvoll gemildert werden.

Niedrigwasseraufhöhung: Vorwiegend durch Eingriffe des Menschen, aber auch wegen seiner Oberflächengestalt hat der Harz nur geringe Speicherfähigkeit für Regen- und Schmelzwasser. In den niederschlagsarmen Abschnitten geht die Wasserführung der Harzflüsse stark zurück. Am Harzrand steht Kalkgestein an. Hier versickert das Wasser während der Trockenzeiten zum erheblichen Teil. Dann steigt der Verschmutzungsgrad des Restwassers stark an. Durch Wasserzugabe aus den Talsperren können Qualität des Wassers und Schiffbarkeit der Binnenwasserstraßen verbessert werden.

Trinkwasserbereitstellung: Das nördliche Harzvorland ist bis zum Mittellandkanal auf Grund der geologischen Verhältnisse ein Wassermangelgebiet. Das östliche Harzvorland liegt im Regenschatten des Harzes. Andererseits sind der Wasserbedarf und die Wasserverschmutzung in den Verdichtungsräumen Hannover – Braunschweig, Magdeburg und Halle – Leipzig seit der Industrialisierung ständig angestiegen. Deshalb mußte die Wasserversorgung von beiden deutschen Staaten auf den Wasserüberschuß des Harzes zurückgreifen.

T 184.1: Talsperren im Harz

	Bestehende Talsperren								Geplante Talsperren		
	Westharz						Ostharz		Westharz		
	Söse	Oder	Ecker	Oker	Innerste	Grane	Rappbode	Wendefurth	Obere Sieber	Untere Sieber	Lutter
Stauraum (Mio m³)	25,5	30,0	13,3	47,4	20,0	46,4	109,1	8,5	47,2	66,6	33,9
Fläche (km²)	1,2	1,4	0,7	2,3	1,5	2,2	3,9	0,8	2,4	0,8	1,8
Stauhöhe (m)	50	53	57	67	35	61	87	28	88	46	72
Fertigstellung	1931	1934	1942	1956	1966	1969	1959	1967	–	–	–
Hauptnutzung	T,H,E	H,N,E	T,H,E	H,N,E	H,N	T	T,H,E	H,N,E	H,N,T,E		

T = Trinkwasserversorgung H = Hochwasserschutz N = Niedrigwasseraufhöhung E = Elektroenergieerzeugung

Die Siebertalsperre

Standpunkt der Wasserwirtschaft

„Wenn die noch fehlenden Talsperren im Südwestharz errichtet sind, dürfte alle Hochwassergefahr aus dem Westharz gebannt sein, soweit dies wirtschaftlich vertretbar ist. Ohne Schäden für die Unterlieger dürfte damit ein bedeutendes Trinkwasserreservoir erschlossen werden können." (M. Schmidt, Direktor der Harzwasserwerke)

- Die Abflußverhältnisse im Südharz sind noch nicht zufriedenstellend gelöst. Die Hochwasser von Sieber und Lutter treffen ungebremst auf die Rhume mit Auswirkungen bis zur Leine und Überschwemmungen bei Northeim.
- Die Wasserversickerung im Karstgebiet am Südharzrand ist so stark, daß in Trockenzeiten die Sieber bei Herzberg trockenfällt. So treten zum Beispiel Probleme bei der Abwasserbeseitigung der holzverarbeitenden Industrie in Herzberg auf.
- Bei steigendem Wasserverbrauch kann die Wasserversorgung des Göttinger Raumes aus eigenen Wasserwerken nicht gesichert werden.

Standpunkt des Natur- und Landschaftsschutzes

15 000 Bürger, vorwiegend aus dem Harz, haben sich 1985 in einer Unterschriftenaktion von Naturschutzverbänden gegen den Bau weiterer Talsperren ausgesprochen:

- Der Wasserverbrauch wird sinken, da in Niedersachsen die Einwohnerzahlen rückläufig sind.
- Statt die Fernwasserversorgung mit hohen Kosten auszubauen, sollten vorrangig örtliche Wasserquellen geschützt und nicht weiter verschmutzt werden.
- Das Vorhaben dient nur der Monopolisierung der Wasserwirtschaft in Niederschsen. Der Wasserverbrauch soll verringert werden.
- Hochwasserschutz kann man besser im Flachland betreiben.
- Das Siebertal muß als letztes unverbautes Bachtal im Westharz unbedingt erhalten bleiben.
- Im Niedersächsischen Naturschutzgesetz ist verankert, daß die verbliebenen naturnahen Räume nicht verändert werden dürfen, solange sie nicht „ausgleichbar und ersetzbar" sind.

Die kleine Lösung

Die Kleine Lösung vermeidet die Umsiedlung des Ortes Sieber (rund 260 Häuser und 900 Einwohner, dazu Feriengäste). Der erste Schritt wäre die Errichtung der Oberen Siebertalsperre, Verlegung der L 521 in einer Länge von 8,4 km, Anlage von rund 30 km Forstweg. Zur Vermeidung eines Baustellenverkehrs durch den Ort Sieber müßte eine westliche Umgehung von St. Andreasberg ausgebaut werden. Zwei im Staubecken liegende Häuser und eine kleine Wasserkraftanlage müßten umgesiedelt werden. Der zweite Schritt (in etwa 10 Jahren Abstand) wäre der Bau der Unteren Siebertalsperre, Verlegung der L 521 auf 5,3 km sowie Anlage von 6,3 km Forststraße. Notwendig wäre die Umsiedlung von vier Häusern und des Hotels „Zum Paradies" sowie die Ablösung von drei kleinen Wasserkraftwerken. Die Kläranlage Sieber müßte aufgegeben und die Abwässer über eine im Stausee verlegte Abwasserleitung nach Herzberg transportiert werden.

(Aus: M. Schmidt: Das Sieberwasser-Problem – Notwendigkeit und Möglichkeiten seiner Lösung. In: Neues Archiv für Niedersachsen 28, 1979, H. 3, S. 329)

185.1 Baumaßnahmen im Siebertal: Kleine Lösung

Einrichtungen im Naturpark Nordeifel (Auswahl)
200 Parkplätze mit 7000 Stellplätzen, 50 Wanderwegetafeln; 2000 km Wanderwege; 15 Trimmwege; 5 Waldlehrpfade; 40 Rastplätze mit Sport- und Spieleinrichtungen; 80 Schutzhütten, 3000 Ruhebänke mit Papierkörben.

Klimawerte

Ort	Höhe m	J T °C	J N mm	Tage mit N ⟩0,1 mm
Botrange (Hohes Venn)	694	5,7	1510	213
Aachen	202	9,7	805	199
Bad Ems/Koblenz	77	9,6	697	173

Definitionen

Naturschutzgebiete dienen der Erhaltung gefährdeter bzw. gegen Eingriffe besonders empfindlicher Landschaftsräume oder -teile. Ihr Schutz erfolgt in erster Linie aus wissenschaftlichen und landschaftsökologischen Gründen. In ihnen sind sämtliche Nutzungen und Eingriffe einschließlich Tourismus und allgemeines Betreten verboten. Erlaubt sind nur erforderliche und behördlich genehmigte Pflegemaßnahmen.

Nationalparke sind verhältnismäßig große Gebiete, in denen ein oder mehrere Ökosysteme nicht wesentlich durch menschliche Nutzung verändert worden sind; für die die oberste zuständige Behörde des Staates Maßnahmen getroffen hat, die eine Nutzung des gesamten Gebietes verhindern oder möglichst bald beseitigen sollen; das von Besuchern unter besonderen Bedingungen zu ihrer Erbauung, sowie aus erzieherischen und kulturellen Gründen und zu Erholungs- und Freizeitzwecken betreten werden kann.

Landschaftsschutzgebiete sind Landschaftsräume, die zur Sicherung ihres Erholungswertes, ihrer landschaftlichen Eigenart und biologisch-ökologischen Vielfalt geschützt sind. In Landschaftsschutzgebieten ist die bestehende wirtschaftliche Nutzung, insbesondere die land- und forstwirtschaftliche Nutzung erlaubt, jedoch sind Eingriffe, die das natürliche Wirkungsgefüge der Landschaft beeinträchtigen, ausgeschlossen. Landschaftsschutzgebieten muß Bedeutung beigemessen werden, weil in ihnen die Sicherung naturnaher Kulturlandschaften gewährleistet werden kann, ohne daß die Land- und Forstwirtschaft beeinträchtigt werden.

Naturparke sind großräumige, durch ihre natürliche Eigenart, ihre Schönheit und ihren Erholungswert hervorragende Landschaften. Sie genießen Rechtsschutz, werden nach den Grundsätzen der Landschaftspflege behandelt und mit Einrichtungen für den Erholungsverkehr und dessen Ordnung versehen.

Waldgebirge sind Erholungslandschaften

Der Naturpark Nordeifel

Die Nordeifel ist eine naturnahe Mittelgebirgslandschaft. Sie stellt insgesamt eine wellige Hochfläche dar, über die das Hohe Venn und die Höhenzüge des Kemeters und Zitterwaldes hinausragen. Die tief und steil eingeschnittenen Täler der Kall, Olef, Rur und Urft gliedern das Gebirge. Während die Talhänge und die Höhenzüge größtenteils Wald tragen, sind die Hochflächen im Lee des Hohen Venn altes Kulturland mit Siedlungen, Acker- und vor allem Weideflächen. Nur in den klimatisch begünstigten Talorten entwickelten sich unter Ausnutzung der Wasserkraft Gewerbe und Handel, die Höhenorte blieben Bauerndörfer. Das Monschauer Land erhält seine Eigenart durch einreihige Rotbuchenhecken, die als Windschutz und Begrenzung der Weiden die Landschaft kreuz und quer durchziehen. In der Kalkeifel wird die Landschaft offener, da hier der Untergrund aus wasserdurchlässigen Kalk- und Dolomitgesteinen des Devon aufgebaut ist. Magergräser, Wacholder und Kiefern treten an die Stelle des Laubmischwaldes.

In der Nordeifel baute der Talsperrenverband Eifel-Rur bisher acht Talsperren mit insgesamt über 400 Mio m^3 Stauraum. Dadurch war es möglich, den Wasserabfluß der Rur und ihrer Nebenflüsse auszugleichen, die Hochwassergefahr in der Jülicher Börde zu bannen und den Aachener Raum mit Trinkwasser zu versorgen. Im übrigen sind die Eifeltalsperren Ziele des Fremdenverkehrs und der Naherholung. Die Urfttalsperre kann jedoch wegen ihrer Lage im Truppenübungsplatz Vogelsang nur an Wochenenden besucht werden. Fahrgastschiffe befahren die Urft- und die Rurtalsperre Schwammenauel, die mit über 1000 Liegeplätzen für Segelboote und regelmäßigen Regatten auch ein beliebtes Segelrevier ist.

Der Naturpark Nordeifel wurde 1960 durch eine Landschaftsschutzverordnung des Regierungspräsidenten in Aachen rechtlich gesichert. Er besteht etwa zur Hälfte aus Wald. Sein Einzugsbereich umfaßt die Ballungsgebiete an Rhein und Ruhr, den Raum Aachen sowie große Teile Belgiens und der Niederlande, in denen rund 12 Mio Menschen leben. Jährlich kommen etwa 2 Mio Erholungssuchende in den Naturpark.

In der Bundesrepublik Deutschland bestehen 64 Naturparke und die Nationalparke Bayerischer Wald, Berchtesgaden und Wattenmeer. Natur- und Nationalparke umfassen über ein Fünftel des Bundesgebietes.

1. Erläutern Sie die Lage der Naturparke in der Bundesrepublik Deutschland (Atlas).
2. Beurteilen Sie das Naturparkkonzept am Beispiel des Naturparks Nordeifel.

187.1 Rurtalsperre Schwammenauel (Ausschnitt aus der TK 50, Blatt L 5304 Zülpich)

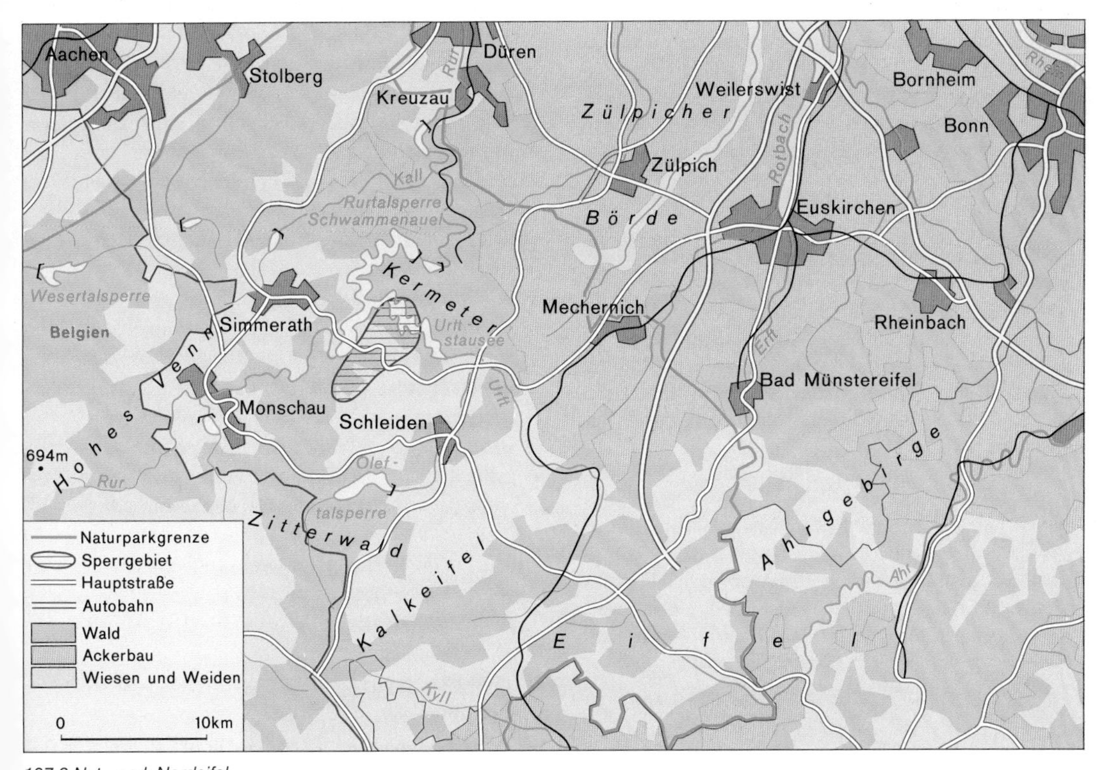

187.2 Naturpark Nordeifel

Im Jahr 2000 kein Wald mehr in Deutschland?
Einer Studie zufolge wird in Deutschland im Jahr 2000 praktisch kein Wald mehr existieren. Dieses Ergebnis einer Untersuchung von Landschaftsökologen der Universität München basiert auf Daten in einem Testgebiet am Jenner bei Berchtesgaden. In ihre Computer gaben die Wissenschaftler Werte über Luftschadstoffe, Bodenerosion, Auswaschungszeiten, Dichte des Waldes und Schadholzernte ein. Schon in zehn Jahren soll fast die Hälfte der Jennerhänge schwer geschädigt sein, wenn das Baumsterben in seiner bisherigen Form weiter geht.
(Hannoversche Allgemeine Zeitung vom 4.7.1984)

Waldschäden – Gefährdung des Lebensraums
ohne Wald – Bodenerosion und Hochwässer
ohne Wald – kein sauberes Trinkwasser
ohne Wald – keine gereinigte Luft
ohne Wald – kein Rohstoff Holz
ohne Wald – Verlust zahlreicher Arbeitsplätze
ohne Wald – Aussterben vieler Tier- und Pflanzenarten
ohne Wald – zerstörte Erholungsräume

Zusammenarbeit mit der DDR auf dem Gebiet der Luftreinhaltung
Nach heutigem Erkenntnisstand könnte die DDR ihre Emissionen nur begrenzen, wenn sie auf die Priorität des industriellen Wachstums verzichtet und die ihr Ende der 70er Jahre aufgezwungene Energiepolitik wieder revidiert. Beides wird sie in den 80er Jahren nicht tun wollen oder können. Angesichts ihrer anhaltend angespannten Rohstoffsituation und der kurzfristig realisierbaren bescheidenen Möglichkeiten fehlt der DDR allein die Kraft, an der Umweltsituation grundlegend etwas zu ändern. ...
Der Westen zahlt und trägt das Risiko? Die Vorteile hat nur die DDR? Wohl kaum. Optimiert wird bei uns. Kosten für den Umweltschutz in Berlin oder an der Grenze zwischen der DDR und Niedersachsen, Hessen oder Bayern lassen sich nur minimieren, wenn man den Nachbarn mit einbezieht. Ohne beiderseitiges Entgegenkommen und Nachdenken riskieren beide Seiten den Wald und wohl auch die Gesundheit der Bevölkerung.

Umweltschutz, ein innerdeutsches Geschäft mit verteiltem Gewinn. Auch die anderen westlichen und östlichen Staaten Europas werden eines Tages gezwungen sein, Umwelttechnik einzukaufen. Verbunden mit gemeinsamem Know-how und mit Anlagen, die man vorzeigen kann, winken in Zukunft Umsätze in Milliardenhöhe. Doch nicht nur um diese sollte es gehen. Mensch und Natur, internationales Ansehen und Vertrauen in die Wachstumskraft aus Erfindergeist würden beiden deutschen Staaten nützen.
(Aus: C. Schwartau: Die Entwicklung der Umwelt in der DDR. In: Redaktion Deutschland Archiv (Hrsg.): Umweltprobleme und Umweltbewußtsein in der DDR, Köln 1985)

Waldsterben in Deutschland

Waldschäden durch Luftverunreinigung
Waldschäden sind seit dem Mittelalter bekannt. Auf Grund der niedrigen Schornsteine und des geringen Schadstoffausstoßes blieben sie jedoch auf den Nahbereich der Verschmutzungsquellen beschränkt. Neu ist das großflächige Waldsterben seit Mitte der 70er Jahre. Mit der Errichtung leistungsfähiger Großfeuerungsanlagen, der Abführung der Abgase durch 200 bis 300 m hohe Schornsteine, der Entstaubung der Abgase und der Zunahme des Kraftfahrzeugverkehrs verteilen sich die gasförmigen und festen Schadstoffe auf größere Gebiete, vor allem in höhere Lagen der Mittelgebirge.

Abwehrmaßnahmen
Eine rasche Verringerung der Schadstoffgehalte in der Luft ist notwendig, um die sich anbahnende Umweltkatastrophe zu verhindern. Den rechtlichen Rahmen dazu geben u. a. Gesetze wie die Großfeuerungsanlagenverordnung und die Technische Anleitung zur Reinhaltung der Luft. In ihnen müßten Grenzwerte so festgelegt werden, daß sie unter dem gegenwärtig angenommenen Wert schädigend wirkender Mengen liegen.

In der DDR wurde im Fünfjahrplan 1971–1975 erstmals ein Umweltschutzprogramm, das auch Maßnahmen zur Verringerung der Luftverschmutzung enthielt, verabschiedet. Demgegenüber enthalten die Fünfjahrpläne 1976–1985 keine geschlossenen Umweltprogramme. Wahrscheinlich wurden wegen der Preissteigerungen für Rohstoffe auf dem Weltmarkt die Investitionen in den Umweltschutz gekürzt. Inzwischen sind in der Bundesrepublik Deutschland technische Möglichkeiten zur Luftreinhaltung entwickelt worden. Sie müssen weiterentwickelt und im vollen Umfang eingesetzt werden.

Was kann der Einzelne tun?
- *Energie sparen,*
- *vorrangig Kraftfahrzeuge mit Katalysator benutzen,*
- *Kraftfahrzeuge mit geringem Benzinverbrauch bevorzugen, das Fahrzeug regelmäßig warten,*
- *Richtgeschwindigkeit halten, mäßig beschleunigen,*
- *keine Kurzstrecken fahren, zu Fuß gehen, Fahrrad fahren, öffentliche Verkehrsmittel benutzen,*
- *die Hausheizung regelmäßig warten,*
- *schwefelarme Brennstoffe verwenden,*
- *auf Kamin- und Kohleofenheizung verzichten,*
- *keine Abfälle verbrennen.*

1. Waldschäden – Gefährdung unseres Lebensraumes. Entwerfen Sie ein Schaubild.
2. Umweltschutz fängt bei jedem von uns an. Beobachten Sie Ihr Verhalten und das Ihrer Mitmenschen.

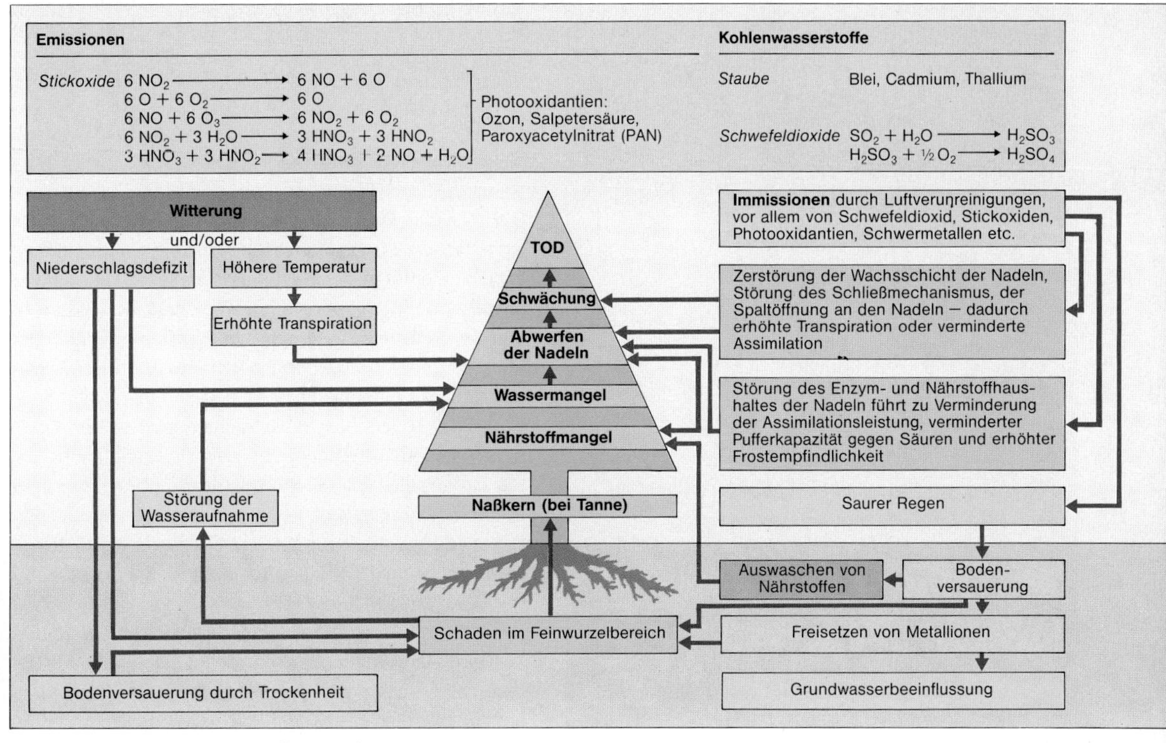

189.1 Mögliche Kausalketten des Baumsterbens

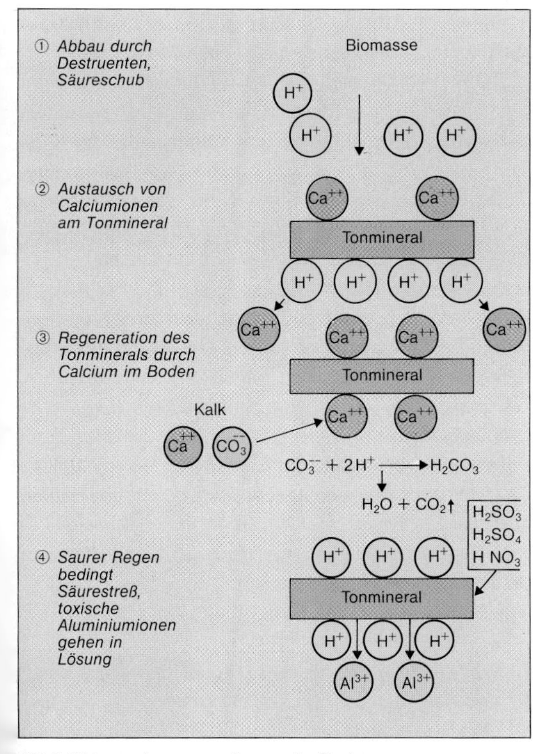

189.2 Wirkung des sauren Regens im Boden

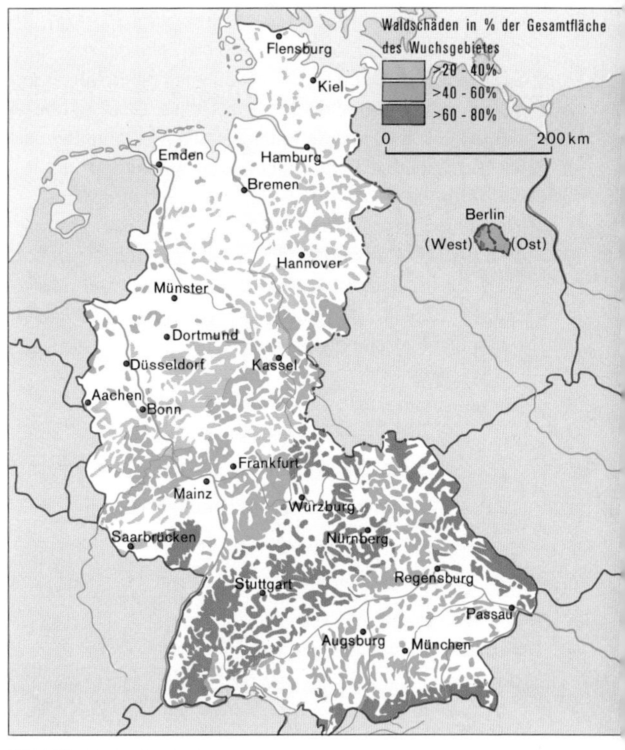

189.3 Waldschadenskarte

190.1 Staubbach-Wasserfall (Stich von 1780)

Die **Gesamtbevölkerung** des Alpenraumes betrug um 1900 etwa 9 Mio Menschen, deren Zahl bis um 1950 etwa gleich geblieben ist. Ab 1955 stieg die Bevölkerung rasch an, auf 12,3 Mio 1971 und 17 Mio 1982, zu denen heute jährlich 60 Mio Kurz- und Wochenendurlauber und 40 Mio längerbleibende Urlauber hinzukommen.

Aber die heutige Besiedlung und wirtschaftliche Erschließung geschieht nicht flächenhaft. Sie konzentriert sich punkt- und bandförmig in Tal- und Hochlagen und führt dort zu städtischen Agglomerationen, während sich andere Gebiete, die früher bergbäuerlich erschlossen waren, fast vollständig entleeren.

Wohnbevölkerung in Bad Hofgastein

Jahr	1869	1880	1890	1900	1910	1923	1934	1951	1961	1971	1981
Einw.	2061	2064	2208	2065	2350	2433	3201	4000	4700	5525	5960

Wohnbevölkerung in Valle Grana

Jahr	1871	1881	1901	1911	1921	1931	1951	1961	1971
Einw.	13705	13613	13372	12253	11209	9273	7539	6419	5375

Bevölkerungsabnahme in Prozent und absoluten Zahlen

Gemeinde	1861/1971		1951/1971	
	%	abs.	%	abs.
Valle Grana	57,59	7299	28,70	2164
Valle Maira	58,25	16105	29,87	4916

Ökosystem Hochgebirge – Die Alpen

Bild und Wirklichkeit

Die bildliche Darstellung der Alpen folgt meist einem einheitlichen kompositorischen Prinzip: Im Vordergrund schöne Elemente der Kulturlandschaft, im Hintergrund abweisende Berg- und Schneeregionen. Das Bild lebt von dem Kontrast zwischen einer Region, in der sich der Mensch geborgen und behaglich fühlt, und der als bedrohlich und gefährlich empfundenen reinen Naturlandschaft. Diese ästhetische Betrachtungsweise der Alpen bzw. der Natur überhaupt hat ihren Ursprung im 18. Jh. Bis dahin galten die Berge als **montes horribiles** und übten auf Fremde keinerlei Anziehungskraft aus. Der Ruf Rousseaus „Zurück zur Natur" begeisterte die Gebildeten Europas im 18. Jh. und regte damit die Entdeckung der Natur außerhalb der Parks an.

Mit dem Beginn des Industriellen Zeitalters konnte sich eine Naturbetrachtung entwickeln, die Natur aus der Distanz und aus dem Bewußtsein der existentiellen Unabhängigkeit erlebte. Es ist kein Zufall, daß gerade die Engländer einen hohen Anteil an der ästhetischen und vor allem bergsteigerischen Entdeckung der Alpen hatten. Auch die künstlerische, sportliche und touristische Erschließung erfolgte im wesentlichen von außen.

Das bergbäuerlich geprägte Naturbild konnte nicht künstlerisch ausgerichtet sein. An erster Stelle stand hier immer der Gebrauchswert der Landschaft, der man durch harte Arbeit sein tägliches Brot abringen mußte. Diese Betrachtungsweise der Natur, die ästhetische Aspekte nur punktuell in Verbindung mit konkretem Wert verband, zeigt sich am deutlichsten an Ortsnamen mit dem Stamm „schön". Darunter verstanden Bergbauern stets Orte, die besonders fruchtbar, ertragreich und gut zu bearbeiten waren. Gebiete mit guten Nutzungsmöglichkeiten werden also auch ästhetisch positiv bewertet.

Diese vom Gebrauchswert her bestimmte Naturbetrachtung kann die Natur nie insgesamt als ästhetisch empfinden, weil gerade die Bergwelt eines Hochgebirges weit über den unmittelbar menschlich bewohnten Ausschnitt hinausreicht und sich mit ihren lebensfeindlichen Regionen offenbar nie ganz dem menschlichen Gebrauchswert unterordnen läßt.
(Vgl. Bätzing, Die Alpen, S. 101 ff.)

1. Werten Sie „Alpenbilder" in Prospekten, Bildbänden und Kalendern im Hinblick auf kompositorische Gestaltung, emotionale Aussage und Darstellung von Kultur- und Naturlandschaft aus.

Nutzungswandel

Jahrhundertelang stand die landwirtschaftliche Nutzung des Gebirges im Mittelpunkt des Lebens und Wirtschaftens der einheimischen Bevölkerung, die ihr oft kärgliches Auskommen mancherorts durch Rohstoffgewinnung, etwas Gewerbe und Dienstleistungen im transalpinen Verkehr zu verbessern suchte.

Heute ist der **Tourismus** die dominierende Nutzungs- und Wirtschaftsform in den Alpen geworden, allerdings erst seit der Zeit des Massentourismus, der sich etwa ab 1955 als Sommer- und dann besonders als Wintertourismus ab 1965 entwickelte.

Der Fremdenverkehr begann bereits im 18. Jh., betraf aber lange Zeit nur wenige Orte an Alpenseen, an Thermalquellen und in sehr reizvollen Bergsteigergebieten. Urlaub als Sommerfrische wurde weitgehend in die bergbäuerliche Lebens- und Siedlungsstruktur integriert. Dies war möglich, weil die Zahl der Urlauber insgesamt niedrig blieb und weil manche Familie über Jahre hinweg regelmäßig ihre Sommerfrische besuchte und sich persönliche Beziehungen zwischen den Gästen und den Einheimischen entwickeln konnten.

Erst der **Massentourismus** und der **Zweitwohnungsbau** führten zu einer tiefgreifenden Umgestaltung der bergbäuerlichen Kultur und der Bergbauerndörfer. Während der Sommertourismus die klimatisch und verkehrsmäßig günstig gelegenen Orte im Tal veränderte, führte der Wintertourismus zu Siedlungserweiterungen und sogar neuen Siedlungen im Bereich der Almen in Höhenlagen um 2000 m. Im Zuge dieser Umgestaltung durch den Tourismus entstanden auch in den Alpen Siedlungen, die nach Einwohnerdichte, Verkehrsaufkommen, Luftbelastung, Ortsbild und Architektur außeralpinen städtischen Siedlungen gleichen.

In der Gegenwart haben die Alpen eine zunehmende wasser- und energiewirtschaftliche Bedeutung erlangt. Hohe Niederschläge am Alpenrand und große Gletschermassen bieten ein Süßwasserreservoir, das in zunehmendem Maße auch für den Bedarf außerhalb der Alpen genutzt wird. Die Nutzung der Wasserkraft diente bis ins 20. Jh. vor allem der Selbstversorgung und dem energieständigen Gewerbe. Großkraftwerke der Neuzeit sichern über Verbundnetze vorwiegend die Versorgung außeralpiner Räume.

1. Stellen Sie in einer Übersicht Veränderungen zusammen, die sich durch Tourismus, Energiegewinnung und Verkehrsbauten in der Landschaft, im Siedlungsbild und in der Architektur ergeben haben.

2. Erläutern Sie, daß sich die Alpen zu einem Ergänzungsraum außeralpiner Räume entwickelt haben. Nennen Sie die notwendigen Voraussetzungen.

191.1 Alpenlandschaft im Reiseprospekt

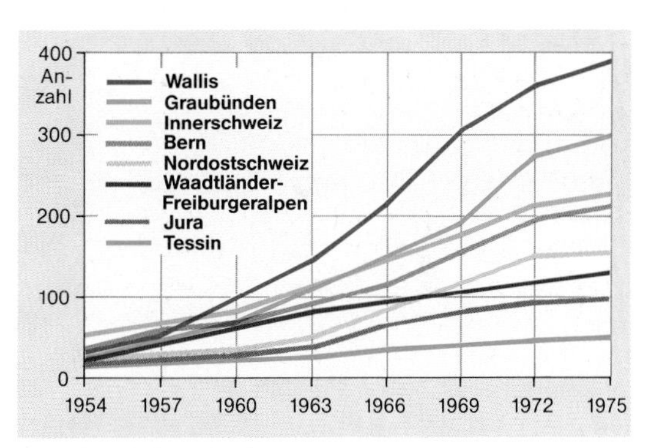

191.2 Entwicklung der Seilbahnen in der Schweiz

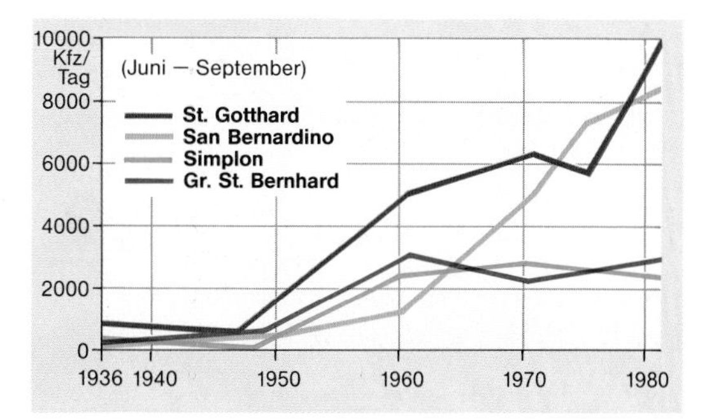

191.3 Entwicklung des Paßverkehrs

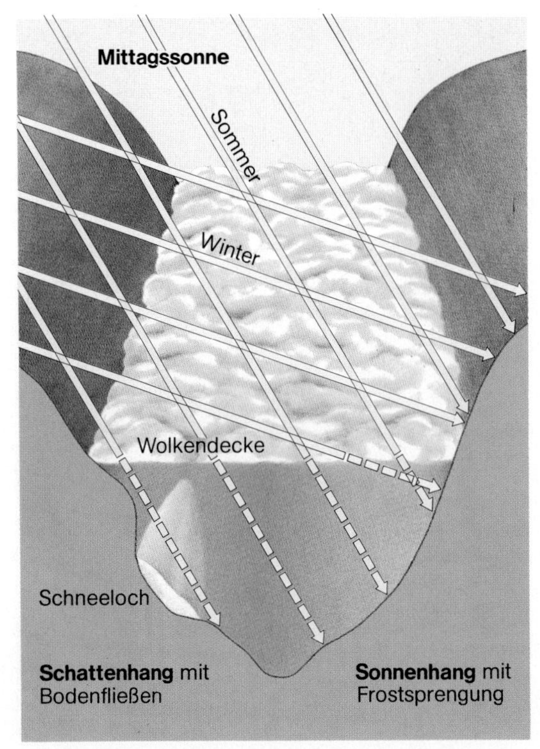

192.1 Standort und Relief

Die ökologische Differenzierung

Klimaregionen

Obgleich die Alpen nur einer Hauptklimaregion angehören, ist der gesamte Gebirgsraum klimatisch in sich doch sehr stark differenziert.

Auf Grund der zyklonalen Niederschläge in der Westwindzone erhalten der Nord- und besonders der Westrand Stauregen. Die inneralpinen Täler sind häufig regenarm. Dadurch ergeben sich trockenwarme, kontinentale Bedingungen, weil Sonnenscheindauer und Einstrahlung deutlich erhöht sind (Wallis und Tessin).

Die Alpentäler sind durch Inversionswetterlagen oft negativ beeinflußt: gegenüber höher gelegenen Sonnenhängen kann die Vegetationszeit erheblich verkürzt sein. Daher sind nicht die Talsohlen, sondern die südexponierten Hänge in den Inneralpen und die flacheren Hänge der alpinen Matten und der oberen Waldzone klimatisch bevorzugt. Da die Alpen im südlichen Bereich der Kühlgemäßigten Zone liegen und die Gebirgsketten einen meridionalen Luftmassenaustausch behindern, ergeben sich deutliche klimatische Unterschiede zwischen dem Nord- und Südrand. Die nach Süden geöffneten Täler und von Bergen umgebenen Alpenrandseen auf der Alpensüdseite zeichnen sich somit durch ein sehr mildes Klima aus.

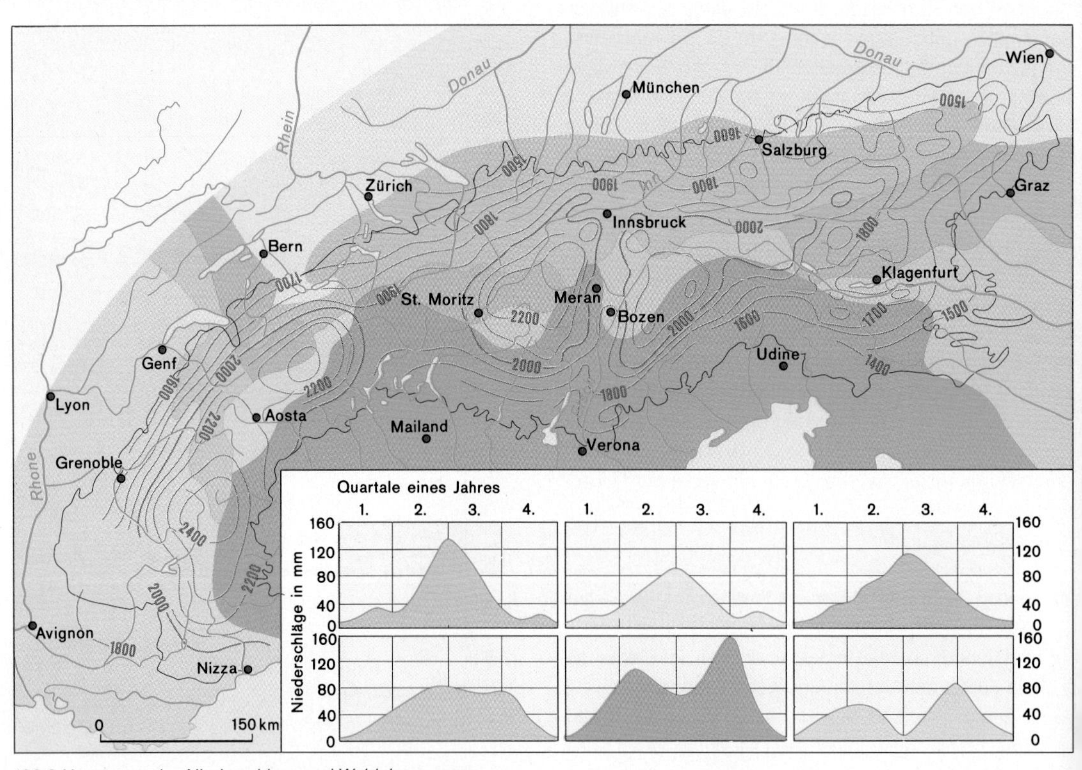

192.2 Hauptypen des Niederschlags und Waldobergrenzen

Reliefbildung

Der heutige Zustand der Alpen hinsichtlich der Reliefgestaltung und der Vegetationsentwicklung darf nicht statisch und nicht zusammenhanglos gesehen werden.

Mit Beginn der Heraushebung des Gebirges vor ca. 30 Mio Jahren setzte die Gestaltung des Reliefs durch exogene Kräfte ein. Eine besonders starke Reliefbildung erfolgte in den Eiszeiten.

Schnee- und Tundrenklima wirkten stark reliefbildend, weil Gesteinsaufbereitung durch physikalische Verwitterung zusammenfiel mit periodisch wechselnder Erosions- und Transportleistung von Eis und Wasser. Aber auch in den Warmzeiten kam die Reliefgestaltung trotz schützender Vegetationsdecke nie ganz zur Ruhe. Oberhalb der Vegetationsgrenze in der Frostschuttzone können Frostsprengung und Bodenfließen sogar immer ungehindert wirken.

Auf Grund der Schwerkraft transportieren Steinschlag, Lawinen und Muren (Schlamm- und Schuttlawinen) das gelockerte und durch Verwitterung zerkleinerte Material zu Tal, wo es weiter aufbereitet und abtransportiert wird. Unter Vegetationsschutz findet vorwiegend linienhafte Erosion durch fließendes Wasser statt. Aber auch unter Bewuchs kommen flächenhaft Verwitterung und Materialtransport vor, der sich meist fast unmerklich vollzieht und nur gelegentlich größere Ausmaße annimmt (z. B. Bergstürze).

Für die Dynamik der Oberflächengestaltung im Hochgebirge sind **Frostsprengung** und **Bodenfließen** von besonderer Bedeutung:
Bei der *Frostsprengung* wird das Gestein physikalisch zerkleinert. Das Wasser in den Spalten und Rissen des Gesteins dehnt sich beim Gefrieren aus. Bei diesem Vorgang wird das Gestein gesprengt und in kleinere Gesteinsteilchen zerlegt.

Bodenfließen setzt ein, wenn der lockere Verwitterungsboden stark mit Wasser durchtränkt ist, sich am Tage stark erwärmt und in der Nacht wieder gefriert. Durch das Auftauen und Gefrieren kommt es zu kleinen, kaum wahrnehmbaren Fließbewegungen, die außerdem zur Sortierung des durch Frostsprengung zerkleinerten Materials führen.

1. Mit dem Bergwald sterben die Täler. Erläutern Sie diesen Titel der DAV-Studie.
2. Erklären Sie die Wiederbelebung reliefgestaltender Prozesse bei Vegetationszerstörung.
3. Versuchen Sie, diese Prozesse und Abhängigkeiten in einem Schema darzustellen.

Mit dem Bergwald sterben die Täler

Wenn der Waldverlust in den nächsten 10 Jahren wie bisher fortschreitet, sind die Hälfte aller Ortschaften des bayerischen Alpenraumes und etwa 370 km des Straßennetzes unmittelbar durch Steinschlag, Lawinen und Überschwemmungen bedroht.
In Kürze werden die gelichteten Wälder ihre Schutzfunktion nicht mehr in dem erforderlichen Umfang ausüben können, um Schäden von Siedlungen, technischer Infrastruktur und landwirtschaftlichen Nutzflächen abzuwenden.
Der waldlose Gebirgsboden kann die Niederschläge nicht mehr speichern und langsam abgeben. Der fehlende Waldschatten kann die Schneeschmelze nicht mehr verzögern. Fehlende Bäume und ihre Wurzeln können Boden und Schnee nicht mehr vor dem Abrutschen bewahren.
Ein technischer Ersatz für die sterbenden Schutzwälder in den Alpen würde nach den Berechnungen des DAV allein in Deutschland eine zweistellige Milliardensumme kosten.
(Aus einer Studie des Deutschen Alpenvereins (DAV), dpa-Meldung, April 1985)

193.1 Zeitungsartikel

193.2 Lawinenbahn

Geländeklima und Pflanzenstandort

Die generelle Höhenstufung der Vegetation und damit auch der Lebensräume für die Tiere ist eine Folge der Temperaturabnahme mit der Höhe. Im jeweiligen Geländeklima eines Standortes wirken aber mehrere Faktoren zusammen: So entscheiden Hangneigung über den Einstrahlungswinkel und Hangrichtung (Exposition) über die Besonnung und damit über die Erwärmung des Gesteins und der unteren Luftschichten. Zudem verfügt das Gestein je nach Mineralzusammensetzung über eine unterschiedliche Wärmeleitfähigkeit bzw. -speicherfähigkeit. Auch Schneehöhe und Schneedauer sind von großer Bedeutung, weil der Schnee gegen Kälte und Austrocknung schützt, Licht durchläßt, Gasaustausch zuläßt und somit immergrüne Pflanzengesellschaften ermöglicht. In großer Höhe verringern kalte Sommernächte die Umwandlung von Assimilationszucker in Stärke. Der hohe Zuckergehalt erhöht die Kälteresistenz und fördert die Bildung blauer, roter und violetter Farbstoffe (z. B. bei der Alpenrose und beim Enzian).

Auch Höhenstufen sind je nach Lage, Exposition, Gesteinsuntergrund und Wasserhaushalt in sich stark differenziert. So ist etwa die subalpine Waldstufe klimatisch gegliedert in das Zirbenklima der Inneralpen und das Buchenklima der feuchten Randbereiche. Die Lärchen-Zirbenwälder bilden wiederum verschiedene Typen aus, je nach saurem oder kalkhaltigem Gestein bzw. nach trockenen oder nassen Wuchsbedingungen.

Nordhänge mit geringer Besonnung und hoher Feuchtigkeit sind Standorte für dichte und von Natur aus auch artenreiche Waldgesellschaften. Auf den sonnigen und oft auch trockenen Südhängen haben sich artenreiche, aber baumlose Pflanzengesellschaften entwickelt, die als Trockenrasen bezeichnet werden.

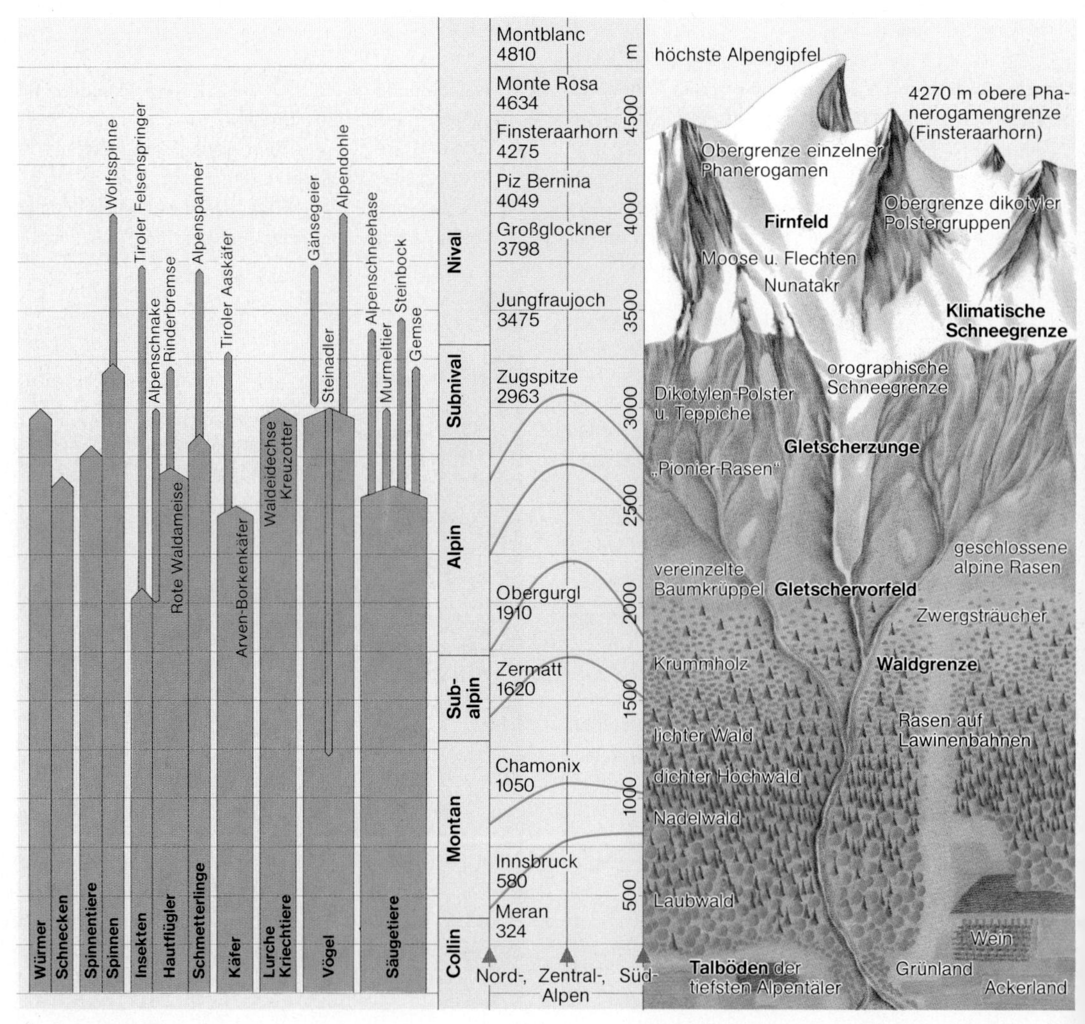

194.1 Höhenstufen

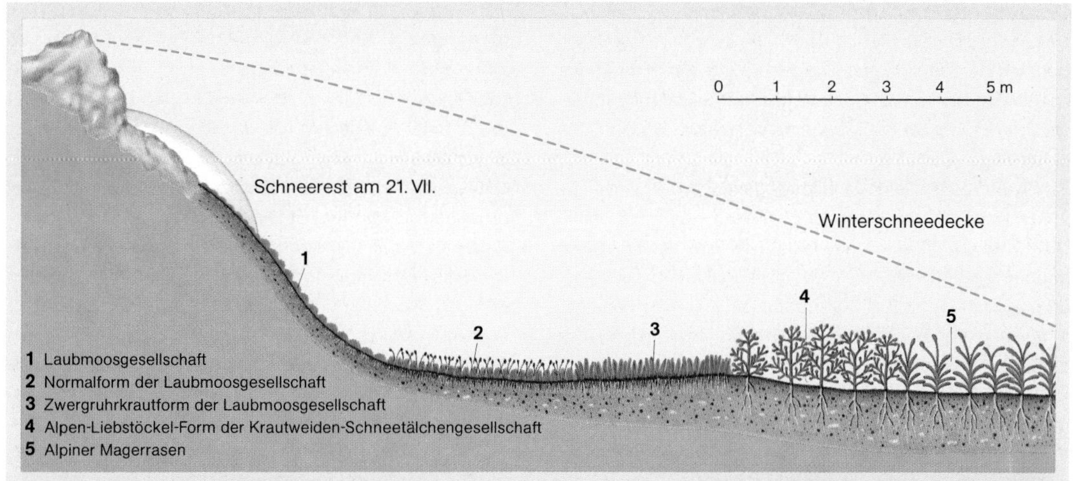

Das Schneetälchen in 2500 m Höhe

Als **Blaugrashalde** bezeichnet man eine hochalpine Pflanzengesellschaft, die auf Carbonatgestein und dort an steilen Südhängen auf sehr flachgründigen Rendzinen weit verbreitet ist, wenn ein winterlicher Schneeschutz mit nicht zu langer Schneebedeckung gegeben ist. Die Blaugrashalde ist sehr reich an Pflanzenarten, darunter sehr seltene. Sie wird auch von licht- und wärmeliebenden Tierarten bevorzugt.

Das Blaugras ist sehr trockenheitsliebend. Die zu festen Bündeln zusammengepreßten Triebe bilden wasserspeichernde Horste. Außerdem bleiben die halbverwitterten alten Blattscheiden am Halmgrund lange erhalten und bilden ein dichtes Paket übereinanderliegender Häutchen, in deren kapillaren Zwischenräumen sich Wasser fängt und hält.

An sehr steilen, felsigen Standorten ist das Blaugras auch mit der stachelspitzigen Segge vergesellschaftet, die als Felsspaltenpflanze in Bewegung geratenen Boden und Humus befestigt: Die Segge wächst sehr dichtrasig, und die unteren Teile der vorjährigen Triebe bleiben als kleine, etwa 2 cm lange Zäpfchen stehen, die dann als Rechen bzw. als lebende Lawinenverbauung wirken.

Die Bodenoberfläche unter den Blaugrashalden ist oft getreppt. Die Treppung an den steilen Südhängen entsteht durch das Zusammenwirken von Durchfeuchtung während der Schneeschmelze, Bodenfließen und erosionsmindernder Wirkung horstartig wachsender Pflanzen.

Im Schweizer Reservat Aletschwald, das um 1860 eisfrei wurde, konnte man in 1800–2000 m Höhe die Entwicklung einer **Waldgesellschaft** beobachten: Nach 30 Jahren hatte sich ein Zwergweidenstadium gebildet, in dem die Holzgewächse erst 20% des Bodens bedeckten. Nach 70 Jahren hatten sich die Heidekrautgewächse Alpenrose und Moorbeere zu dichten Beständen entwickelt, Lärchen und Birken mit 4–6 m Baumhöhe waren schon kräftig vertreten, ebenso die Zirbe, allerdings nur mit Baumhöhen von wenigen Dezimetern. Nach etwa 100 Jahren hatte sich ein junger Wald aus Lärche, Weißbirke und heranwachsenden Zirben (Arven) mit kräftigem Unterwuchs gebildet. Der **Lärchen-Zirbenwald** entwickelt sich aus diesem Jugendstadium mit vorherrschender Lärche zu einem Reifestadium, in dem die Lärche durch Überalterung und Konkurrenz immer mehr ausfällt und die Zirbe vom Nebenbestand zum Hauptbestand durchwächst. Überalterte Zirbenbestände schließlich neigen durch Schneebruch und Windwurf zum flächenhaften Zusammenbruch. In dem so gelichteten Kronendach kann die Lärche wieder kräftig aufkommen. So mündet die Altersphase einer Pflanzengesellschaft wieder in ein neues Jugendstadium ein.

Die typischen Lärchen-Zirbenwälder sind durch umfangreiche Rodung seit der Bronzezeit und großflächigen Holzeinschlag seit dem frühen Mittelalter stark dezimiert. Viele typische Zirbenwaldgebiete sind in Almen umgewandelt worden, weil das inneralpine Zirbenklima sehr gute Hochgebirgsweiden ermöglicht. Der Almweidebetrieb hat die Vegetationszusammensetzung tiefgreifend verändert, die sich als ehemaliger Unterwuchs bei Baumfreiheit flächenhaft ausbreiten und nun als Weideunkraut bekämpft werden.

195.1 Alpine Ökotope

Umgestaltung durch Bergbauern

Bei der bergbäuerlichen Umgestaltung der Naturlandschaft der Alpen muß man drei Kulturstufen unterscheiden, deren Erschließung auch zeitlich stark differiert:
1. Kulturstufe der Almen,
2. Kulturstufe der talnahen Rodungsflächen,
3. Kulturstufe der großen Talböden.
Die dritte Stufe wurde seit dem Mittelalter in Angriff genommen und erst im 20. Jh. abgeschlossen. Die Flußregulierung der großen Gebirgsflüsse und die Entsumpfung der unteren Talbereiche konnten technisch erst in der Neuzeit durchgeführt werden.

Zu Beginn der menschlichen Nutzung des Alpenraumes, die bis ins Paläolithikum zurückreicht und im Neolithikum mit der Fernweidewirtschaft und der Kupfergewinnung einen ersten Höhepunkt erreichte, boten die alpinen Matten sehr günstige natürliche Nutzungsmöglichkeiten für die sommerliche Weidewirtschaft. Als Grundlage der Dauersiedlung mußte die Viehhaltung wenigstens durch etwas Ackerbau ergänzt werden. Die klimatische Obergrenze des Getreidebaus liegt heute bei 1100 m im Randbereich und bei 2200 m in den Zentralalpen; um 2000 v.Chr. lag sie etwa 300 m höher.

Die günstigsten Siedlungsplätze zur Nutzung der alpinen Matten und zur Anlage kleiner Äcker boten zunächst die Talschlüsse der vielen Seiten- und Nebentäler. Hier war der glaziale Talboden noch in voller Breite erhalten, noch nicht durch rückschreitende Erosion zerschnitten, und oftmals hatte ein verlandeter See für zusätzliche Verebnung gesorgt. Die Hänge bedeckte ein nur lichter Wald, in den die Lawinen breite Bahnen gezogen hatten und auf denen besonders gute Futterpflanzen wuchsen, weil der Lawinenschlamm für ständige Düngung gesorgt hatte.

Die alpinen Matten erwiesen sich als Quelle sehr hochwertigen Viehfutters, wobei die Qualität mit der Höhe zunimmt. Auf Grund der Höhenlage und der inneralpinen Klimagunst haben die kleinen Pflanzen einen sehr hohen Energieumsatz, so daß der Protein- und Fettgehalt mit der Höhe ansteigt. Milch- und Fleischleistung gehen quantitativ mit der Höhe zurück, Krankheitsresistenz der Tiere und Fettgehalt der Milch nehmen zu.

Die Alpen sind also aus ökologischen Gründen von oben besiedelt worden, sie wurden nicht von den großen Talzügen aus erschlossen, wo heute die Siedlungszentren liegen.

Das Ökosystem der Almregion

Viehverbiß und intensive Holznutzung für Almwirtschaft und Gewerbe drückten die Waldgrenze um etwa 300 m herab und schufen so im Bereich der natürlichen Matten und der oberen Waldregion die Almregion der Alpen.

Das System mit den unteren Kuhalmen, den mittleren Jungviehalmen und den rauhen Hochalmen für Schafe wurde bis ins Mittelalter ausgebaut und im 17./18. Jh. in Statuten gefaßt. Diese regelten Auf- und Abtrieb sowie die Zahl der Weidetiere, die ökologisch tragbar waren. So vermied man Überweidung durch zuviel Vieh und Ausbreitung von Weideunkräutern durch negative Selektion bei zuwenig Vieh. Ständige Pflegemaßnahmen verbesserten die Almen: Mähen zur Verdichtung der Pflanzendecke, Beseitigen des Baumwuchses, Aufschichten der losen Steine zu Wällen, Einsäen und Ausbessern mit Grassoden bei schütterer Vegetation, Drainieren nasser Stellen, Anlegen von Bewässerungssystemen an trockenen Hängen. Die Pflanzendecke wurde so hinsichtlich Geschlossenheit, Artenvielfalt und Futterwert erheblich verbessert, Erosion und Bodenfließen gingen stark zurück.

Die bergbäuerliche Almwirtschaft war den Naturbedingungen angepaßt und führte zu einer neuen ökologischen Qualität und großer Stabilität.

Das Ökosystem der talnahen Kulturflächen

Mit zunehmender Besiedlung, die vorwiegend auf südexponierten Hängen, Hangterrassen und Schwemmkegeln erfolgte, nahm die Rodungstätigkeit stark zu. Nur die hochwassergefährdeten Talböden und die Nordhänge blieben weitgehend unberührt.

Die Rodung von unten und von oben hätte den Wald schließlich verdrängt, aber die Bergbauern erkannten früh seine Schutzfunktion. Der Bannwald gegen Lawinen, Muren und allgemein gegen Bodenerosion wurde schon in mittelalterlichen Dokumenten mit ausdrücklichem Verweis auf seine ökologische Bedeutung als unentbehrlich beschrieben.

Das ehemalige Waldland wurde durch die Rodung ökologisch labiler. Dieser neuen Labilität des Kulturlandes begegneten die Bauern durch stetige und intensive Pflege: durch Anlage von Terrassen, Verbauung der Wildbäche und Verzicht auf Rodung an zu steilen Hängen. Diese vorbeugenden Maßnahmen wurden ergänzt durch eine ständige intensive Bodenpflege zur Erhaltung einer dichten und geschlossenen Vegetationsdecke, um so der Bodenerosion möglichst keine Angriffsmöglichkeiten zu geben. *Durch diesen ständigen Arbeitseinsatz behielt das talnahe Kulturland eine der natürlichen Waldvegetation ähnliche ökologische Stabilität.*

Neuzeitliche Veränderungen

Als sich in der europäischen Landwirtschaft langsam eine stärkere regionale Arbeitsteilung durchsetzte, erlangten einige Alpenregionen einen Standortvorteil in der Viehwirtschaft, den sie – unter Aufgabe des bisherigen ergänzenden Ackerbaus – durch Spezialisierung auf Viehzucht und Hartkäserei nutzten. Vom Reichtum, den

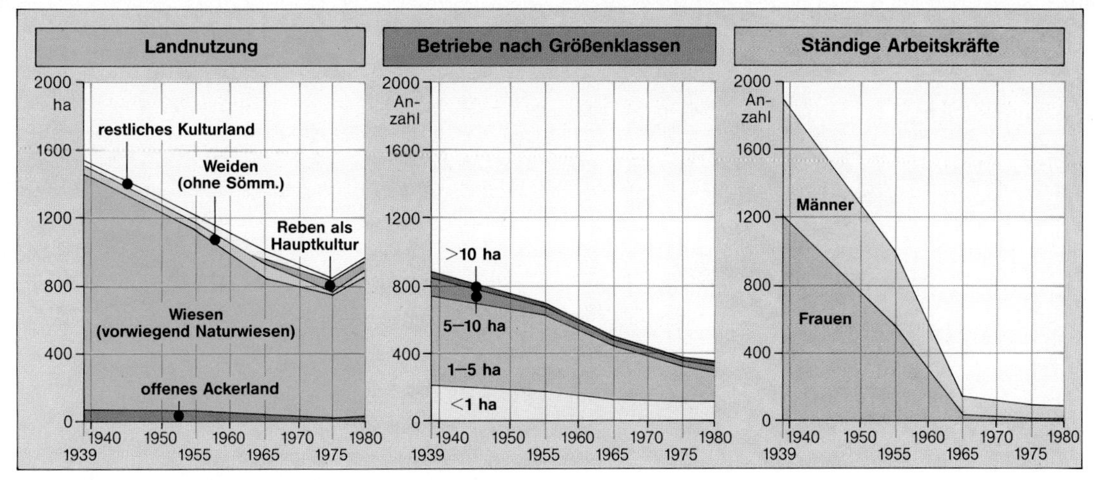

197.1 Entwicklung der Bergbauernwirtschaft im Maggiatal

die Viehwirtschaft zwischen 1600 und 1850 brachte, zeugt z. B. noch das Berner Oberländer Haus.

Die Erhaltung der Almen wurde weiterhin sichergestellt durch schriftliche Arbeitsverträge zwischen den Bauern und den Sennern. Deren Arbeiten und Pflegemaßnahmen waren genau geregelt.

Da zur marktorientierten Hartkäseherstellung größere Milchmengen erforderlich sind, erfolgte eine Umstellung von Schaf und Ziege auf das Rind. Dies führte zu einer Übernutzung der tiefer gelegenen Almen und zu einer Unternutzung der rauhen Hochalmen. Das Rind vergrößert auch die Erosionsgefahr an den Hängen, da es stets hangparallel grast und dabei Viehgangeln in den Hang tritt. Außerdem sammeln sich die Rinder zum Melken und Übernachten regelmäßig bei den Almhütten, wo es zur Überdüngung und damit zur Bildung von Lägerfluren kommt, einer artenarmen, sehr lockeren Krautvegetation, die das Vieh meidet. Auch auf sehr stark beweideten Flächen werden wertvolle Futterpflanzen zurückgedrängt. Borstgras z. B. kann sich gut ausbreiten, weil es vom Vieh ungern gefressen wird und gegen Weidetritt unempfindlich ist. So können reichhaltige Rasengesellschaften zu minderwertigen Borstgrasrasen werden.

Die industrielle Entwicklung in Europa im 19. Jh. zerstörte auch in den Alpen das Nebengewerbe im Flachsanbau, in der Spinnerei und Weberei. Die rohstoff- und energiegebundenen gewerblichen Standorte verloren mehr und mehr an Bedeutung. Ihr ursprünglicher Standortvorteil wandelte sich im Industriezeitalter zum verkehrsbedingten Nachteil. Die politische Entwicklung in Europa führte dazu, daß die alpinen Talschaften und Bergbauerngemeinschaften weitgehend ihre Selbständigkeit verloren. Die staatliche Entwicklung ließ die Alpenregionen zu Randgebieten in großen außeralpinen Flächen- und Zentralstaaten werden. Mit Ausnahme der Schweiz nahmen Eigenständigkeit ab und Fremdeinflüsse ständig zu. Die moderne Verkehrserschließung trug schließlich wesentlich zur wirtschaftlichen und kulturellen Durchdringung der Alpen von außen bei.

Ökologische Veränderungen durch Aufgeben der Bergbauernwirtschaft

Der Nutzungswandel im Almbereich hat zwangsläufig ökologische Folgen: Auf nicht mehr gemähten Hängen wird das Gras länger und ergibt plattgedrückt ideale Rutschbahnen für den Schnee. Langes Gras friert im Schnee ein und wird flächenhaft bei Schneeabbrüchen ausgerissen. So nehmen Erosion und Bodenfließen stark zu. Das trockene, lange Gras des Vorjahres behindert im Frühjahr den Jungwuchs und verkürzt die Vegetationszeit um wichtige zwei bis drei Wochen. In der natürlichen Waldstufe dringen wieder Holzgewächse in die Almen vor. Ihr Wasserbedarf und ihr Schattenwurf machen die Pflanzendecke lückenhaft und damit erosionsgefährdet. Fehlende bergbäuerliche Pflegemaßnahmen wirken insgesamt erosionsfördernd, da die Pflanzendecke nicht mehr gepflegt wird, Bäche nicht mehr in den Quellgebieten verbaut werden, Terrassen- und Bewässerungsanlagen verfallen: Wertvolle artenreiche Pflanzengesellschaften guter Almen entwickeln sich zurück zu artenärmeren und auch schütteren natürlichen Rasengesellschaften. Wildbäche bedrohen durch Überschwemmungen und Überschotterungen die Tallagen.

Ohne Nutzung würde sich, nach vorübergehender ökologischer Destabilisierung, ein Teil des Alpenraumes wieder bewalden und langfristig die natürliche ökologische Stabilität zurückgewinnen. Andere Teile würden sich aber von nutzungsbedingter Stabilität zu natürlicher ökologischer Labilität mit starker Erosions-, Bergrutsch- und Lawinengefahr entwickeln.

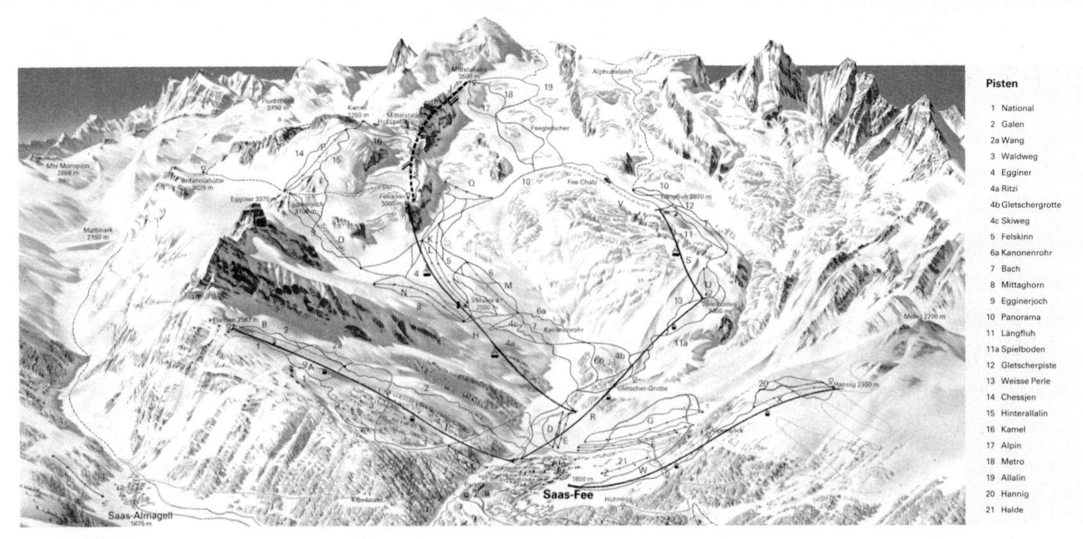

198.1 Panoramakarte von Saas-Fee

Im Dezember 1984 nahm in den Walliser Alpen die höchste U-Bahn der Welt ihren Betrieb auf. Vom Felskinn in 3000 m Höhe führt die unterirdische Standseilbahn in ein rund 500 m höher gelegenes Gletschergebiet, ein ganzjährig geöffnetes Skiparadies mit 20 km Pisten. Die Bahn hat eine Kapazität von 1500 Personen pro Stunde.

Inzell: 700 m, an der Deutschen Alpenstraße im südlichen Chiemgau gelegen, 3700 Einwohner, 4000 Gästebetten in Hotels, Pensionen, Ferienhäusern und -apartments, sechs Schlepplifte nahe dem Zentrum (Parkplätze, Linienbus), Kabinenseilbahn am nahen Rauschberg, fünf Langlaufloipen mit 38 km maschinengepflegter Spur, Badezentrum mit Hallenbad, Heißwassersprudelbecken, Freibecken und Sauna.

Tignes: 2100 m, am Vanoisemassiv in den franz. Westalpen, 980 Einwohner, 25000 Gästebetten. Bergbahnen und Skilifte erschließen die Hänge und Gletscher der zahlreichen Gipfel bis in Höhen um 3600 m. Loipen umrunden den Stausee du Chevril, in dessen Wasser das alte Dorf Tignes in den 60er Jahren verschwand.

Parahotellerie

Der Trend zur Zweitwohnung löste in vielen Alpengemeinden einen ungeheuren Bauboom aus. Immer neue Siedlungsflächen wurden für Apartmenthäuser, Ferienhäuser oder Chalets ausgewiesen, um die Nachfrage von Menschen aus den städtischen Ballungsräumen zu befriedigen. Im Durchschnitt stehen diese Häuser aber 47 von 52 Wochen im Jahr leer. Diese Form der Parahotellerie gleicht dann unbewohnten Geistersiedlungen.

Tourismus als ökologische Belastung

Die Alpengemeinden sahen sich gezwungen, die für den Massentourismus erforderliche Infrastruktur zu schaffen, auch wenn den hohen Kosten nicht immer ausreichende Steuereinnahmen gegenüberstanden. Der harte Konkurrenzkampf zwischen den Fremdenverkehrsorten erzwang den Bau von Bergbahnen, Hallenbädern und Kuranlagen, obwohl viele dieser Einrichtungen ständig hoch subventioniert werden müssen.

Die Bergbauernwirtschaft konnte sich nur noch in abgelegenen, touristisch noch unerschlossenen Tälern halten. In der Regel aber wurde die Bergbauernwirtschaft oft zum Fremdkörper in städtischen Fremdenverkehrsorten. Bergbäuerliches Kulturgut verfiel zur heimatkundlichen Fremdenunterhaltung.

Das Bergbauernleben war ursprünglich ein harter, mühseliger Broterwerb, zu dem es als Alternative nur die Auswanderung gab. Gegenüber modernen Erwartungen an den Lebensstandard war diese Wirtschaftsweise nicht mehr konkurrenzfähig. So bedeutete die Umstellung auf den Tourismus für viele Alpenbewohner unzweifelhaft die einzige Möglichkeit, im Alpenraum Anschluß an die außeralpine industrielle Wohlstandsgesellschaft zu erlangen. Der Massentourismus allerdings ist als Sommer- und besonders als Wintertourismus auf die Nutzung waldfreier und ökologisch stabiler Flächen angewiesen. Insofern ist der Tourismus Nutznießer der bergbäuerlich gestalteten und stabilisierten Kulturlandschaft.

In der Schweiz verhindern 3000 km² Wald den Niedergang von Lawinen auf Verkehrswege und Siedlungen. Sollten dafür künstliche Lawinenverbauungen nötig werden, müßte die Schweiz dafür ein ganzes Bruttosozialprodukt aufbringen, etwa 350 Mrd DM. Aber das hydrologische Gleichgewicht wäre auch damit nicht zu retten.

199.1 Zerstörung der Vegetation auf Skipisten

Die Schneeschmelze würde ohne Wald sehr schnell vor sich gehen und im Unterland zu riesigen Überschwemmungen führen.

Der Wald ist immer noch der billigste Lawinenschutz und auch der schönste. Aber der Wald und seine Schutzfunktion sind mehrfach bedroht: Skipisten ziehen gefährliche Schneisen in den Wald, der wie überall auch unter der Versauerung von Atmosphäre und Boden leidet. Darüber hinaus verhindert in vielen Revieren ein zu starker Wildbesatz, insbesondere von Rothirschen, die Verjüngung des Waldes und das Heranwachsen eines artenreichen, naturnahen Berglaubwaldes.

1. Zeigen Sie an Beispielen auf, daß der Verfall bergbäuerlicher Kulturlandschaft auch den Tourismus negativ beeinflußt bzw. gefährdet.
2. Belegen Sie an Beispielen, wie der Tourismus Lebensweise und Lebensraum in den Alpen umgestaltet hat.
3. Zeigen Sie auf, wie touristische Einrichtungen und touristische Aktivitäten ökologisch wirken.
4. Versuchen Sie, in einem Schaubild darzustellen, wie bergbäuerliche und touristische Nutzung zusammenhängen bzw. ökologisch gleich- oder gegenläufige Tendenzen oder Wirkungen hervorbringen.
5. Zeigen Sie am Bergwald auf, wie die einzelnen Faktoren seiner Bedrohung wirken, wie sie sich gegenseitig beeinflussen (positiv oder negativ) und welche kurz- und langfristigen Folgen sich aus seiner Zerstörung ergeben.
6. Zeigen Sie an verschiedenen Nutzungsformen auf, daß die Alpen heute vorwiegend als Ergänzungs- und Verbindungsraum für außeralpine Ballungsräume genutzt werden.

Ist alternativer Tourismus möglich? –
Sind Alternativen zum Tourismus möglich?

Die Auswüchse einer totalen Orientierung auf den Fremdenverkehr und inzwischen eingetretene Schäden sowie erkennbare Gefahren haben zu ersten Ansätzen einer Neuorientierung und des Umdenkens geführt. Daraus wurde die Idee des **sanften Tourismus** entwickelt, der versuchen will, Erholungs- und Freizeitansprüche mit ökologischen Erfordernissen unter Pflege des heimischen Brauchtums in Einklang zu bringen, so daß er nicht länger selbstgefährdend oder gar selbstzerstörerisch wirkt. So hat sich z. B. das Virgental in Osttirol dem Konzept des sanften Tourismus verschrieben. Dort wird bewußt auf sonst übliche und für notwendig gehaltene touristische Einrichtungen verzichtet.

Bei dem Plan, sanften Tourismus zu entwickeln, tritt eine Fülle von Problemen auf:
Lassen sich mit dieser Form des Fremdenverkehrsangebotes genügend Gäste gewinnen oder werden nur wenige, ökologisch Engagierte angesprochen?
Welche touristischen Einrichtungen sind mit den Prinzipien eines sanften Tourismus vereinbar, welche nicht?
Auf welche Formen des Tourismus/Massentourismus muß beim sanften Tourismus verzichtet werden?
Lassen sich damit genügend Arbeitsplätze und vor allem ausreichende Einkommen schaffen, um für die Einheimischen annehmbare Wirtschafts- und Lebensbedingungen zu ermöglichen?
Lassen sich bergbäuerliche Wirtschaftsformen so organisieren, daß sie heutigen Arbeitsbedingungen entsprechen und trotzdem ökologisch positive Wirkungen erzielt werden?

7. Diskutieren Sie diese und andere Fragen.

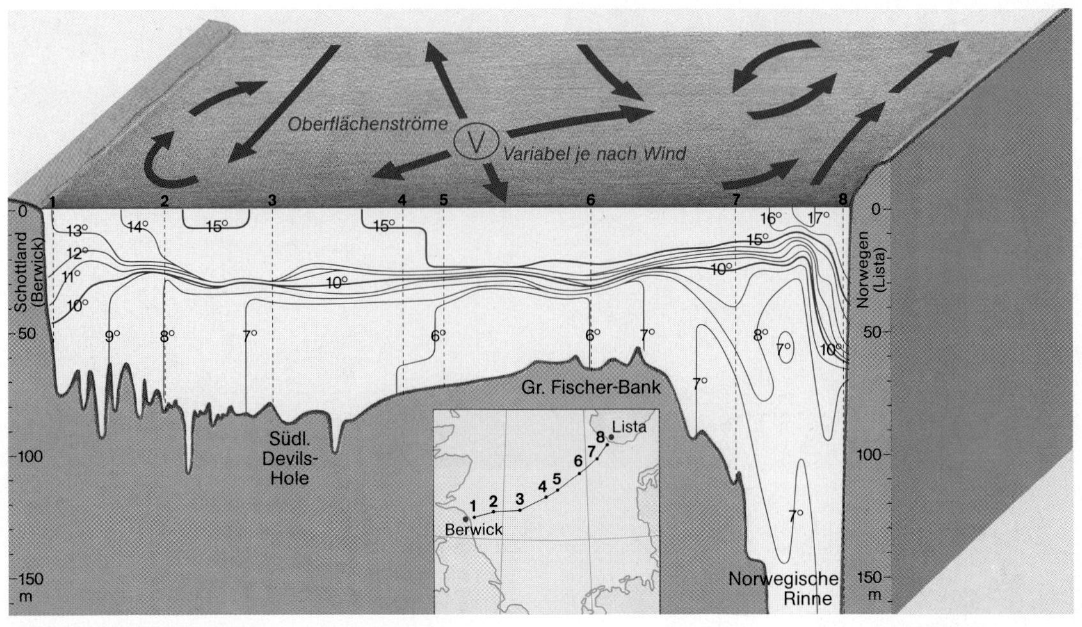

200.1 Profil durch die Nordsee

❶ Küstenseeschwalbe
❷ Garnele
❸ Scholle
❹ Miesmuscheln
❺ Seepocken
❻ Strandschnecken
❼ Bäumchen- oder Röhrenwurm
❽ Schlickkrebs
❾ Herzmuschel
❿ Wattringelwurm
⓫ Sandpier
⓬ Sandklaffmuschel
⓭ Pfeffermuschel
⓮ Eikapsel des Nagelrochen
⓯ Wellhornschnecke
⓰ Strandkrabbe
⓱ Queller

200.2 Wattwürfel

Ökosystem Meer – Die Nordsee

Teilsysteme und Kreisläufe

Das Watt ist das im periodischen Gezeitenrhythmus der Nordsee überflutete und trockenfallende Areal zwischen Land und Meer. Die Wattflächen erreichen in der Nordsee eine mittlere Breite von 7–10 km und nehmen insgesamt 8000 km^2 ein. Der Sedimentboden des Watts unterliegt ständiger Umlagerung durch den Seegang. Er besteht aus Sand, Schluff, Ton, Kalk und organischer Substanz. Schluff und Tone, aber auch die aus Plankton bestehenden organischen Schwebstoffe benötigen zum Absetzen Wasserruhe. Der Planktonreichtum des Wattenmeeres ist auf die Zufuhr von Nährstoffen aus der offenen Nordsee und aus den Flüssen zurückzuführen. Nach Schätzungen ist der durch die Gezeiten bewirkte Eintrag doppelt so hoch wie die Primärproduktion im Watt, die die Grundlage für die tierische Biomasse bildet: im Sand- und Schlickwatt bis zu 300 g/m^2, auf Muschelbänken mehrere Kilogramm. Von den Würmern, Muscheln und Krebsen ernähren sich Millionen von Seevögeln und rd. 100 Fischarten, von denen z. B. Hering und Scholle, das Watt als „Kinderstube“ benutzen. Überschüssige Nährstoffe gelangen nach der Remineralisierung in gelöster Form durch die Gezeiten in das Ökosystem zurück und verstärken die Primärproduktion.

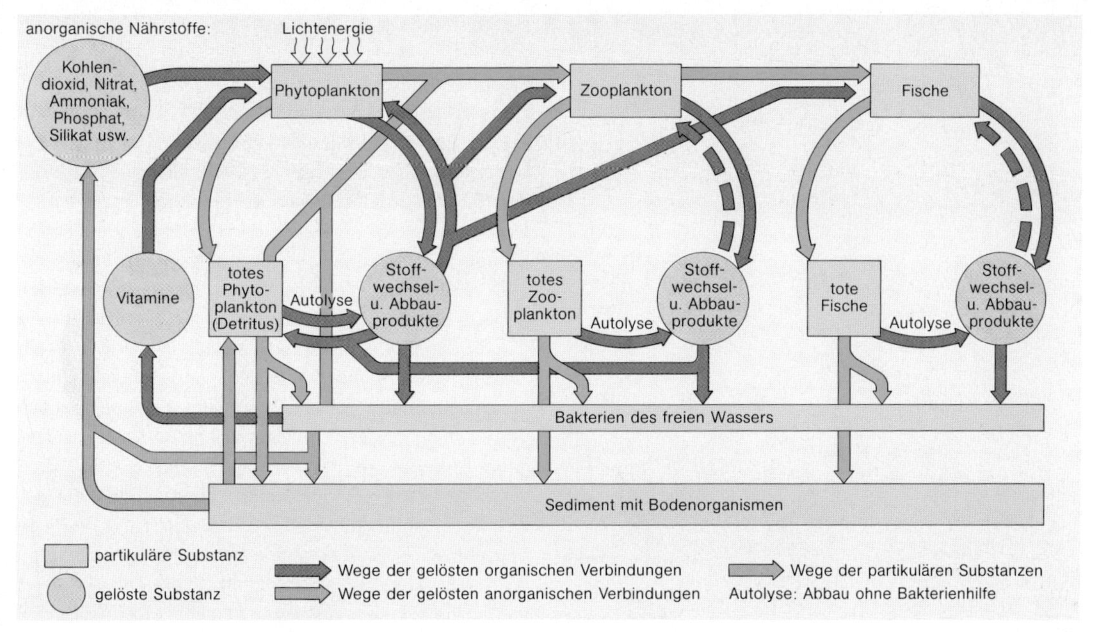

201.1 Kreislauf organischer Stoffe im Meer

Lebensbedingungen in der Nordsee

Salzgehalt: Er beträgt in der nördlichen Nordsee 35‰, in der Deutschen Bucht 32‰ und verringert sich an Flußmündungen auf schwach salzige Brackwasserqualität.

Gezeiten: Der Tidenhub (Wilhelmshaven 3,6 m, Esbjerg 1,5 m) führt im Küstenbereich zu Wasserdurchmischung und in Verbindung mit küstenparalleler Strömung zum Verdriften von Nährsalzen und Organismen.

Temperaturen: In der Deutschen Bucht betragen sie an der Oberfläche im Sommer 17 °C, im Winter 2 °C, in 40 m Tiefe schwanken sie zwischen 13 °C und 5 °C.

Wasserschichtung: Thermische und durch Salzgehalt bestimmte Schichtung unterbindet den vertikalen Wasseraustausch zwischen Oberfläche und Boden. In der südlichen Nordsee treffen nicht, wie in der Deutschen Bucht, Süß- und Salzwasser zusammen.

Licht: Die Eindringtiefe geht besonders in den getrübten Küstenbereichen nicht über 10 m hinaus.

Pflanzennährstoffe: Phosphor (als Phosphat), Stickstoff (als Ammoniak und Nitrat) und Silizium (für den Schalenaufbau der Kieselalgen). Steigerung des jährlichen Phosphateintrags in der südlichen Nordsee von 1950 bis heute von 9,3 µg/l auf 15 µg/l; im Watt auf 43 µg/l.

Stickstoffeintrag: Ammonium und Nitrat für die gesamte Nordsee je 4 µg/l jährlich, für das Watt 200 µg/l bzw. 135 µg/l. ([1] 1 µg = 1 Millionstel g)

Sauerstoff: Das Sättigungsgleichgewicht liegt mit 7,5 bis 12 mg/l Sauerstoff niedriger als bei Süßwasser. Mangel tritt bei Schichtung in Bodennähe auf, wenn Abbauprozesse einsetzen (Deutsche Bucht, Fjorde, Watt).

Untergrund: Felsen nur bei Helgoland, Großbritannien, Norwegen, sonst Sedimentböden.

1. Begründen Sie, daß die Nordsee als Ökosystem betrachtet werden muß.

2. Beschreiben Sie auch das Wattenmeer als Ökosystem, und ordnen Sie es in das größere System ein.

Die Nordsee, ein Randmeer des Atlantischen Ozeans zwischen 51° und 61° N sowie 4° W und 9° O, steht im Norden zwischen Norwegen und Schottland und im Südwesten über die Straße von Dover mit dem Atlantik in Verbindung. Im Skagerrak erfolgt der Zufluß von Ostseewasser. Die Fläche beträgt 525 000 km², das Wasservolumen 43 000 km³. Während der letzten Vereisung lag der Meeresspiegel 100 m tiefer als heute, südlich der Linie Aberdeen-Skagen bestand eine feste Landverbindung zwischen dem Festland und Großbritannien. Im Postglazial setzte vor ca. 8000 Jahren die Überflutung der südlichen Nordsee ein. Nach dem Ansteigen des Meeresspiegels auf 40 m unter dem heutigen Niveau, wurde die Schwelle Texel-York durchbrochen. An die heutige flache südliche Nordsee mit Tiefen zwischen 30 und 40 m und der Doggerbank schließen sich die mittlere und nördliche Nordsee mit bis zu 200 m absinkenden Wassertiefen an. Die Norwegische Rinne wird ebenfalls zur Nordsee gerechnet. Das Überflutungsbecken der Nordsee ist Teil des Kontinentalschelfs, dessen 200 m-Tiefenlinie bei 11° W und 62° N verläuft. Bei der Aufteilung des Festlandsockels in Anrechtsareale für den Meeresbergbau erhielten die Bundesrepublik Deutschland 26 666 km², Großbritannien 461 153 km², Norwegen 125 521 km², Dänemark 60 476 km² und Belgien 3054 km². Das 12 Seemeilen breite Küstenmeer untersteht der Hoheit des angrenzenden Staates.

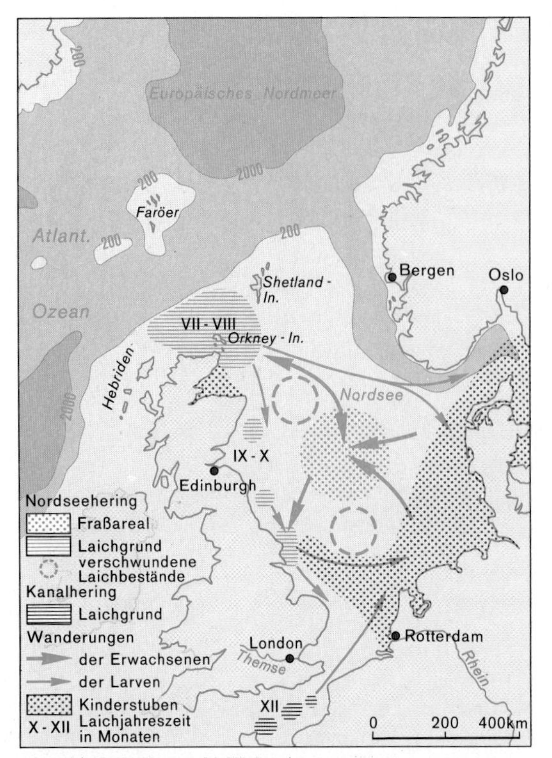

202.1 Laichplätze und Wanderungen (um 1950)

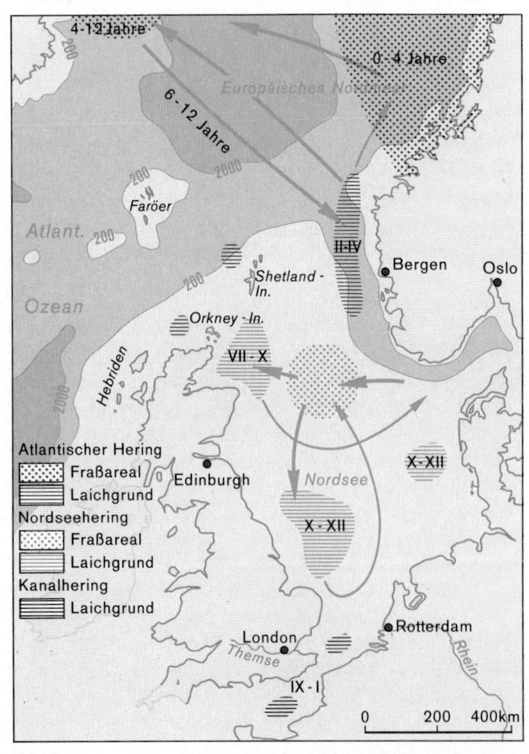

202.2 Laichplätze und Wanderungen (um 1975)

Eingriffe in das Ökosystem

Fischfang in der Nordsee

Heringsfischerei ist seit dem 8. Jh. urkundlich belegt. Zur Hansezeit gehörten Heringe zu den wichtigsten Exportgütern. Chroniken berichten, daß allein die Holländer um 1620 mit 3000 Kuttern und Treibnetzen auf Heringsfang gingen. 1877 setzten die Engländer den ersten Dampftrawler ein (trawl = Grundschleppnetz).

1960 betrug die Anlandung von Nordseeheringen 800 000 t/a. Sie stieg in fünf Jahren auf 1,2 Mio t an und ging in den Folgejahren stark zurück. Die Überfischung wurde mitverursacht durch den Fang von noch nicht geschlechtsreifen Jungheringen, die als Industriefisch Verwendung fanden. Zunächst zeichnete sich ein Rückgang im Kanal und in der südlichen Nordsee ab. 1965 verschwand die „Doggerbanklaichpopulation“, die sowohl im Laichgebiet als auch in der nördlichen Nordsee befischt wurde. Ebenso erging es den Heringsbeständen an der Ostküste von Schottland. Der Heringsbestand von rd. 2,5 Mio t war auf ein Zehntel abgesunken. Die EG verfügte bereits 1971 Schonmaßnahmen, führte 1974 Fangquoten ein und erließ 1977 ein totales Heringsfangverbot. Seit Beginn der 80er Jahre zeichnet sich eine leichte Erholung der Heringsbestände ab. Daraufhin wurden bestimmte Fangmengen wieder freigegeben.

Für die Zeit vor der Jahrhundertwende liegen keine genauen Daten über Fangmengen vor. Von 1900 bis zum Zweiten Weltkrieg lagen die jährlichen Erträge zwischen 1,0 und 1,5 Mio t/a, bis 1961 steigerten sie sich auf 2 Mio t und stiegen in den Folgejahren auf über 3 Mio t an. Der Rückgang einzelner Bestände durch Überfischung führte dazu, daß die Fischer ihre Fanggebiete in die mittlere und nördliche Nordsee verlegen mußten.

Die mengenmäßige Ertragssteigerung kam durch die Hinzurechnung von Industriefischen zustande. Hierbei handelt es sich, im Gegensatz zu Konsumfischen, die als Frisch- und Frostfisch bzw. als Fischkonserven auf den Markt kommen, um Rohware, bei der Größe und Art ohne Bedeutung sind. Industriefisch wird zu Fischöl für die Margarineherstellung und zu Fischmehl als Futtermittel verarbeitet. Noch bis 1950 beschränkten sich die Fänge auf Speisefische, Mitte der 70er Jahre war der Anteil der Industriefische bereits auf 62% der Gesamtfangmengen gestiegen. Maßgeblichen Anteil daran hatten die moderne Fangtechnik und die Leistungsfähigkeit der Schiffe. Für die Bundesrepublik Deutschland bedeutete die Schaffung von Fischereizonen Mitte der 70er Jahre und die Fangquotenregelung einen Rückgang der Hochseeflotte von 71 Schiffen mit 120 000 BRT auf 25 Einheiten (54 000 BRT). Die Anlandungen gingen zwischen 1960 und 1984 von 250 000 auf 100 000 t zurück.

T 203.1: Fischfänge der EG-Länder in der Nordsee (ohne Skagerrak und Kattegat), 1973/1982 (in 1000 t)

	Belgien		Dänemark		Frankreich		BR Deutschland		Niederlande		Großbritannien		Total (inkl.Nicht-EG)	
Hering	2,2	1,0	174,2	72,1	22,2	15,6	10,6	0,3	34,0	11,9	18,2	1,7	484,0	116,5
Sandaal	–		273	506,9	–		–		–		4,2	52,2	296,9	610,9
Sprotten	0,2	–	140,9	72,2	–		11,0	1,5	–		77,9	15,1	262,3	113,3
Kabeljau	11,7	6,6	57,9	64,0	13,2	8,9	21,4	19,0	25,8	36,2	96,2	109,2	224,5	251,4
Schellfisch	2,4	0,9	13,1	32,1	4,7	16,0	4,6	4,8	3,2	1,1	137,7	122,0	190,9	181,0
Weißfisch	3,9	2,3	74,0	31,1	20,4	24,3	0,4	0,2	8,8	11,2	25,2	33,4	139,7	102,6
Scholle	6,1	6,7	23,3	29,4	1,4	0,6	5,7	3,4	57,9	50,0	35,1	20,5	130,4	105,3
Makrele	0,08	0,1	7,5	2,0	0,6	2,4	0,5	0,07	2,3	0,4	2,9	0,04	326,5	33,8

Bestandsveränderungen. Der Hering setzt seine Eier außerhalb des Wattenmeeres im offenen Wasser ab. Die Larven, die eine sechsmonatige Entwicklungszeit durchmachen, werden durch die Meeresströmung an die östliche Küste verdriftet. Der schnell wachsende Hering verläßt nach einigen Monaten die Küstenzone und hat dann ca. 10 cm Länge erreicht. Eine Überfischung führt zunächst zu einer erhöhten Sterberate und damit zu einer geringeren Fortpflanzungsrate. Da der Hering jedoch Kabeljau- und Schellfischlarven sowie die Brut von Sandaalen und Sprotten frißt, bestehen für diese Arten bessere Überlebensmöglichkeiten. Der verminderte Feinddruck führt zu stärkeren Nachwuchsjahrgängen. Fischereibiologen nehmen an, daß bei hohen Herings- und Makrelenbeständen ca. 50% der Fischbrut anderer Arten durch Fraß vernichtet wurden. Der nachlassende Nahrungsdruck erhöhte auch das Futterangebot für die Jungtiere der Bodenfische wie Kabeljau, Köhler, Schellfisch oder Wittling. Sobald die Jahrgangsstärken der Bodenfische wieder ansteigen, kann eine Befischung dieser Arten ohne Gefahr für die Nachwuchsproduktion erfolgen. Damit steigt wiederum die Überlebensrate jüngerer Fische, die sonst von älteren Artgenossen gefressen würden. Durch die Festlegung der Maschenweiten der Netze läßt sich eine Überfischung verhindern. Allein durch Fischereiregulierung für *jede einzelne Art* läßt sich wegen der Wechselbeziehungen zwischen den Arten ein höchstmöglicher Ertrag nicht erzielen. Im Vergleich zum Fischfang hat der Schadstoffeintrag noch nicht wesentlich zu Bestandsveränderungen geführt, obwohl bereits viele Fischkrankheiten nachgewiesen wurden. Gefährlich sind insbesondere jene Schadstoffe, die sich in Sedimenten und Organismen anreichern.

1. Nennen Sie die Auswirkungen der Fischerei auf die Fischbestände der Nordsee.
2. Erläutern Sie die Verflechtung von ökonomischen und ökologischen Faktoren am Beispiel des Heringsfangs.
3. Unterbreiten Sie Vorschläge, die ökologischen und ökonomischen Interessen genügen.

T 203.2: Konsum- und Industriefischerei der Nordseeanlieger

Land	Jahr	Fangmenge (1000 t)	Anteil der Nordsee 1000 t	%	Anteil am Gesamtfang Konsumfisch (%)	Industriefisch (%)
B	1970	46,2	29,1	63	100,0	0
	1981	49,0	34,8	71	94,1	5,9
DK	1970	1210,7	956,5	79	20,8	79,2
	1981	1793,7	k.A.		25,5	74,5
D	1970	591,4	147,9	25	96,9	3,1
	1981	276,5	82,9	30	94,7	5,3
NL	1970	243,7	229,0	94	100,0	0
	1981	399,1	259,4	65	98,6	1,4
N	1970	2695,6	620,0	23	24,2	75,8
	1981	2680,3	348,4	13	33,0	67,0
GB	1970	975,0	390,0	40	94,1	5,9
	1981	743,4	394,0	53	86,0	14,0

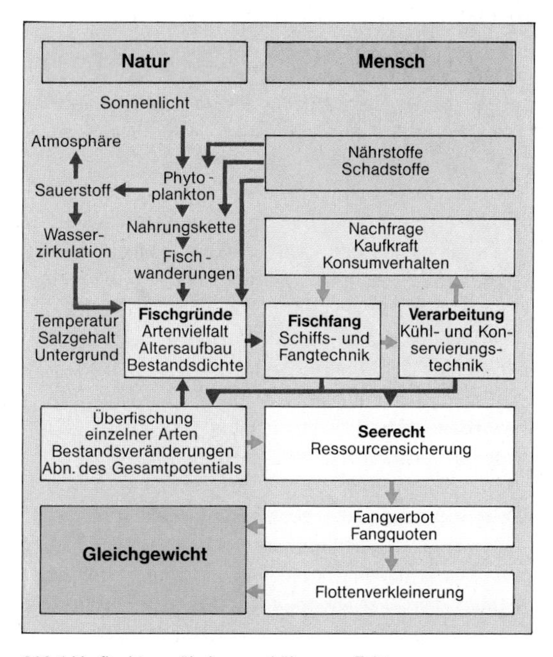

203.1 Verflechtung ökolog. und ökonom. Faktoren

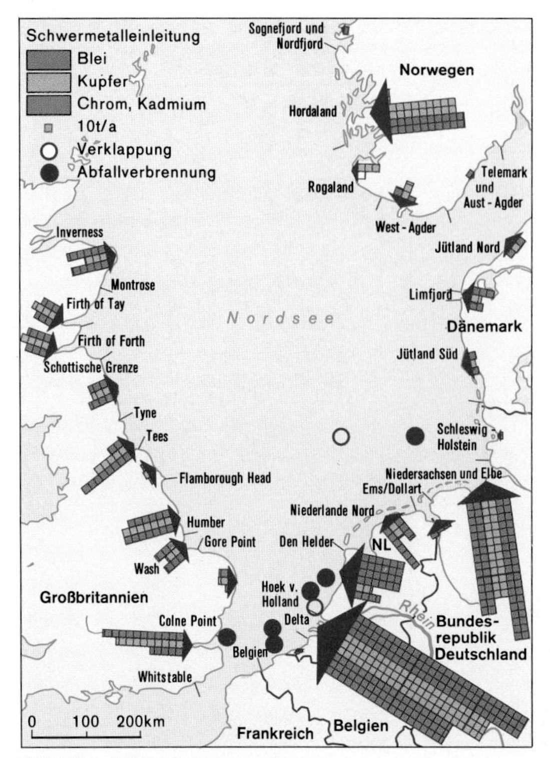

204.1 Geschätzter Schwermetalleintrag

Abfalleinbringung mit Schiffen (Dumping)

Mio t/a	D	NL	B	GB	gesamt
Industrieabfälle	1,7	0,1	0,5	2,4	4,7
Klärschlämme	0,2	–	–	5,4	5,7
Baggergut	0,7	39,7	43,4	12,5	96,7

Dumping von Metallen und organischen Schadstoffen

t/a	Hg	Cd	Pb	Zn	Cu	Org. Hal.*
Industrieabfälle	0,5	0,4	250	500	190	5
Klärschlämme	2,5	6,5	130	500	160	1
Baggergut	35,0	85,0	3400	14200	1600	30
gesamt	38,0	91,9	3800	15200	1950	36

* Organohalogene (Verbrennung auf See)

t/a	Eintrag durch			gesamt
	Flüsse*	Dumping	Atmosphäre	
Phosphat (P)	100000	5000	10000	115000
Stickstoff (N)	750000	10000	350000	1110000
Quecksilber (Hg)	45	3	7	55
Cadmium (Cd)	135	7	390	532
Blei (Pb)	3620	380	5800	9800
Chlorkohlenwasserstoffe	1800	6	1800	3606

*einschließlich Direkteinleitungen und Baggergut

204.2 Eintrag von ausgewählten Stoffen

Müllkippe und Ressource

Die Anlieger benutzen die Nordsee in großem Umfang zur Ablagerung von Abfallstoffen, die über die Luft eingebracht, in das Wasser eingeleitet oder auf dem Meeresboden versenkt werden.

- Über der Wasseroberfläche verbrennen Spezialschiffe flüssige Abfälle aus der chemischen Industrie, vorwiegend chlorierte Kohlenwasserstoffe.
- An der Wasseroberfläche leiten Schiffe trotz internationaler Abkommen und Verbote Ölrückstände und Abwässer in das am stärksten befahrene Meer der Welt.
- In das Wasser transportieren Flüsse ihre mit giftigen Schwermetallen angereicherten Schmutzfrachten aus Haushalten und Industrie. Die bei der Titandioxidproduktion anfallende Dünnsäure (bis zu 23%ige Schwefelsäure) wird im Meer „verklappt".
- Auf dem Meeresboden sind feste Abfallstoffe wie Baggergut und Klärschlamm deponiert.

Weitere Nutzungsansprüche an die Ressource:

- Schiffe und Industriewerke entnehmen Brauchwasser.
- Im Meeresboden werden Kies und Sand abgebaut.
- Unter dem Meeresboden findet die Exploration und Förderung von Erdgas und Erdöl statt. Pipelines und Kabel werden auf dem Meeresboden verlegt.

Leicht abbaubare Stoffe. Über die Flüsse und über Rohrleitungen von der Küste sowie durch Verklappen von Klärschlamm gelangen Stoffe in die Nordsee, deren Abbau durch mikrobielle Prozesse vor sich geht. Bei dem Vorgang entstehen weitere Stickstoffverbindungen und Phosphate, die das Wachstum des Phytoplanktons fördern. Eine übermäßige Eutrophierung führt zu einem totalen Sauerstoffverbrauch. Auch bei einer ausgeprägten Wasserschichtung wie in den norwegischen Fjorden oder in der Deutschen Bucht kommt es zu Sauerstoffmangel. Dann bildet sich am Boden eine sauerstofffreie, schwefelwasserstoffhaltige Sedimentschicht. Im Verklappungsgebiet für Hamburger Klärschlamm zeigen sich Bestandsveränderungen an der Pfeffermuschel, eines wichtigen Nährtieres für Schollen.

Das Wattenmeer kann auf Grund seiner hohen biologischen Aktivität mehr organische Abfallstoffe abbauen als die Hohe See. Eine unbeschränkte Belastbarkeit ist hier dennoch nicht vorhanden, wie Schäden durch Abwasserbelastung im niederländischen Wattenmeer zeigen: Im Auslauf einer Pipeline, die Rückstände aus der Strohpappen- und Zuckerrübenproduktion einleitete, starb jeweils im Herbst die Bodenfauna wegen Sauerstoffarmut ab. Um weitere negative Auswirkungen zu vermeiden, müssen Direkteinleitungen unterbunden und Flüsse durch den Bau von Kläranlagen saniert werden.

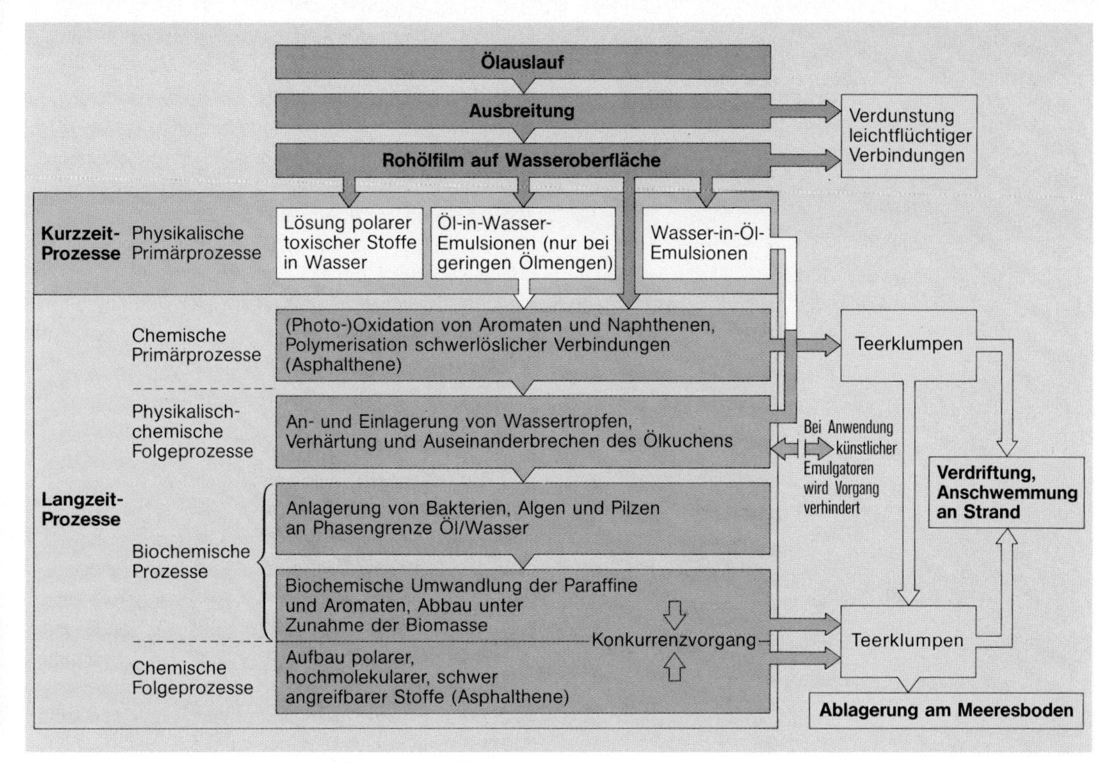

205.1 Kurz- und Langzeitprozesse des Ölabbaus und Ölumbaus im Meer

Austretendes Erdöl bei Tankerunfällen oder der Förderung aus der Nordsee würde für das Wattenmeer katastrophale Folgen nach sich ziehen: Bei einer weitflächigen Verölung und einem Eindringen in die Wattsedimente wäre die Zufuhr von Luftsauerstoff und damit der biologische Abbau unterbunden. Im Bereich der Verschmutzung wäre für etwa fünf Jahre Leben unmöglich.

Metalle – Chlorierte Kohlenwasserstoffe – Mineralöl. Die Nordsee wird jährlich mit rund 330 000 t Eisen, 45 000 t Kupfer, 25 000 t Mangan, 14 000 t Blei, 6000 t Chrom, 4000 t Nickel, 1100 t Cadmium und 1000 t Quecksilber, vorwiegend aus Klärschlämmen und industriellen Abfallprodukten, belastet. Schwermetalle kommen in allen Gewässern in natürlicher Form vor. In geringer Konzentration sind sie lebensnotwendige Spurenelemente, in hoher Konzentration führen sie zum Tod von Lebewesen. Während der äußere Bereich der Deutschen Bucht (Hohe See) weniger belastet ist, zeigen die Küstengewässer besonders in den Flußmündungszonen hohe Schadstoffkonzentrationen. Insbesondere bei den in den Küstengewässern und im Wattenmeer lebenden Muscheln und Garnelen wurde eine starke Anreicherung von Quecksilber, Zink, Kupfer sowie Blei und Cadmium festgestellt. Chlorierte Kohlenwasserstoffe wie PCB (Verwendung für Transformatoren, Farben und Kunststoff), DDT und Lindan (Pestizide) sind nahezu ausschließlich synthetische Erzeugnisse. Sie sind giftig, haben eine geringe Wasserlöslichkeit und lagern sich am Plankton an oder werden von Schwebeteilchen absorbiert, die auf dem Meeresboden sedimentieren. Chlorierte Kohlenwasserstoffe werden nicht natürlich abgebaut, sondern vom Fettgewebe der Organismen aufgenommen. Sie werden damit in der Nahrungskette angereichert.

Ökologische Folgen der Schadstoffbelastung. Eine großräumige Schädigung der Nordsee war bis Anfang der 80er Jahre nicht nachweisbar („Sondergutachten" 1980). Dennoch sind die Belastungen der Küstenregion einschließlich des Watts und die Auswirkungen auf das gesamte Ökosystem schon erkennbar. Die Fischkrankheiten wie z. B. Skelettdeformationen, Flossenfäule und Tumore liefern warnende Beispiele, daß Meeresräume mit nicht abbaubaren Schadstoffen nicht beliebig belastbar sind. Diese Schädigungen des Gesamtökosystems könnten irreversibel sein.

1. Erklären Sie die Vorgänge und Auswirkungen einer Ölverschmutzung.
2. Beschreiben Sie die Nutzungsansprüche an die Nordsee, und beurteilen Sie jeweils deren Auswirkungen auf das Ökosystem Nordsee.

206.1 Das Meeresheilklima von Wyk auf Föhr

Belastung durch Fremdenverkehr

In 41 deutschen Nordseebädern verbringen jährlich über eine Million Erholungssuchende ihren Urlaub beim Baden, am Strand oder unterziehen sich Meerwasserkuren. Damit ist die Nordseeküste eines der beliebtesten deutschen Feriengebiete. Auf den Inseln, im Watt und an der Küste wird der Fremdenverkehr jedoch durch die Flächenansprüche von Siedlungen, Industrie- und Verkehrsanlagen sowie deren Immissionen beeinträchtigt. Urlaubsgäste wiederum gefährden durch ihre verschiedenen Freizeitaktivitäten die naturnahe Landschaft des Küstenraumes mit seiner einzigartigen Pflanzen- und Tierwelt. Sportbootfahrer und Windsurfer befahren nicht nur Priele, sondern auch das flache Wattenmeer. Die Sport- und Tourenfischerei, Wattwandern und Wattreiten gehören ebenfalls zu den Störfaktoren. Beim verbotenen Wandern oder Campen in den Dünen, auf den Salzwiesen oder den Außensanden werden häufig Gelege von Bodenbrütern zertreten. Lärm hält die Altvögel von ihren Nestern fern, so daß die Gelege abkühlen. Urlauber stören die Tiere auf ihren Rastplätzen, bei der Nahrungsaufnahme und der Brutpflege, z. T. über weite Entfernungen. So liegt die Fluchtdistanz von Ringelgänsen bei 500 m. Der in den vergangenen Jahrzehnten sprunghaft gestiegene Badetourismus führte auch zu einem Anwachsen der Mülldeponien, die bei den Inseln in der Regel auf der Wattseite liegen. Sie bieten Möwen und Ratten reichhaltig Nahrung, so daß sie sich explosionsartig vermehren und andere Arten verdrängen.

Der „Rat von Sachverständigen für Umweltfragen“ sieht im Küstenraum bereits die Grenzen der Belastbarkeit erreicht. Er lehnt eine Entzerrung der Besucherzahlen und eine bessere Auslastung des Bettenangebotes in der Vor- und Nachsaison, wie sie das Fremdenverkehrsgewerbe vorschlägt, ab. Eine Ausweitung auf die Herbst-, Winter- und Frühjahrsmonate wäre ein weiterer Störfaktor für überwinternde und durchziehende Vogelarten. Die weitere Zunahme der Feriengäste wie auch der Tages- und Wochenendurlauber übersteige die Kapazitätsgrenzen der Dünen und Salzwiesen, der Strände und des Watts. Der Rat empfiehlt, da Erholung in naturnahen Räumen Natur- und Landschaftsschutz bedingt, für die Teilräume des Watten-Insel-Raumes ein abgestuftes Nutzungskonzept.

1. Erläutern Sie am Beispiel Wyk auf Föhr die heilklimatischen Bedingungen des Nordseeraumes.

2. Erläutern Sie die Entwicklung einiger Nordseebäder anhand selbsterstellter Säulendiagramme.

3. Der Rat von Sachverständigen und das Fremdenverkehrsgewerbe vertreten unterschiedliche Standpunkte. Nehmen Sie Stellung zu den Argumenten.

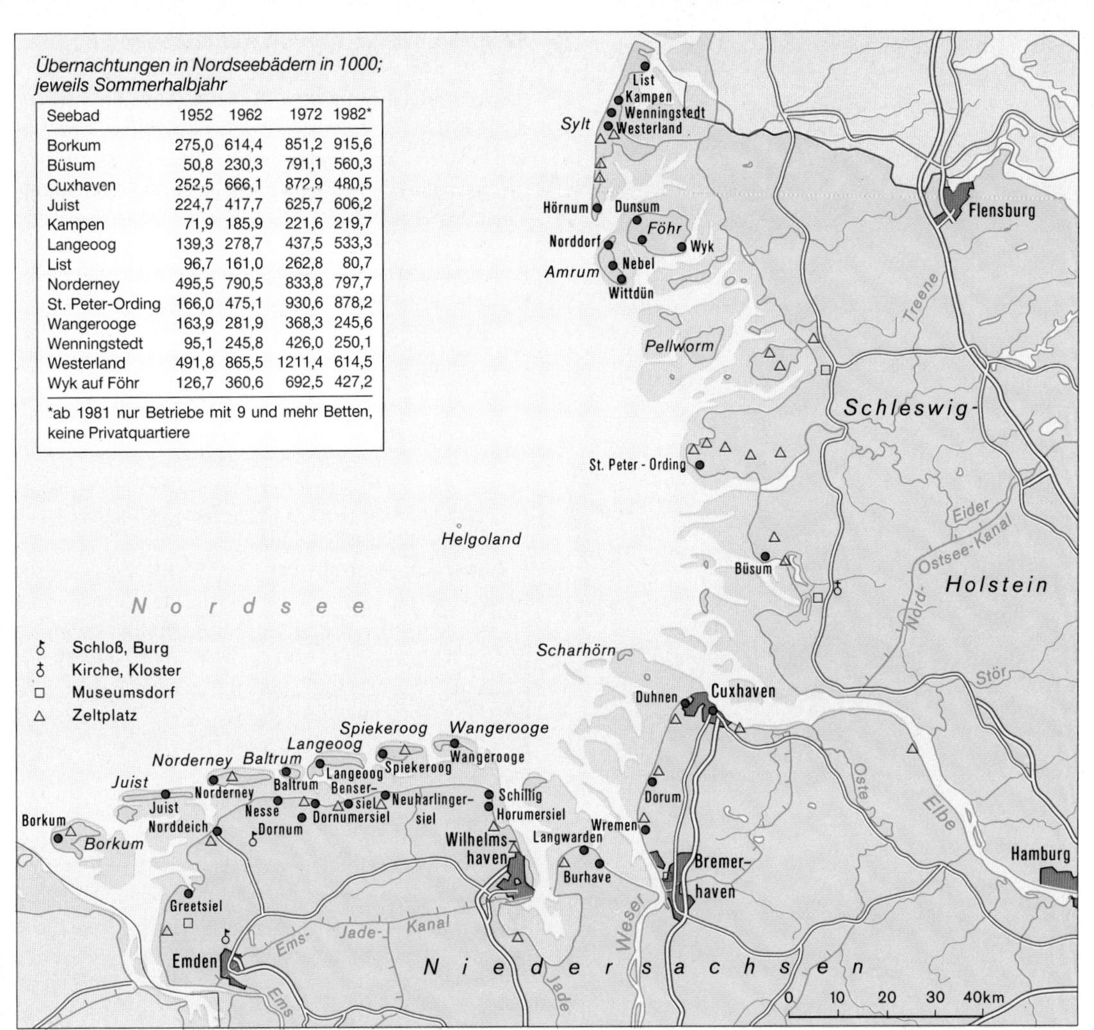

Übernachtungen in Nordseebädern in 1000; jeweils Sommerhalbjahr

Seebad	1952	1962	1972	1982*
Borkum	275,0	614,4	851,2	915,6
Büsum	50,8	230,3	791,1	560,3
Cuxhaven	252,5	666,1	872,9	480,5
Juist	224,7	417,7	625,7	606,2
Kampen	71,9	185,9	221,6	219,7
Langeoog	139,3	278,7	437,5	533,3
List	96,7	161,0	262,8	80,7
Norderney	495,5	790,5	833,8	797,7
St. Peter-Ording	166,0	475,1	930,6	878,2
Wangerooge	163,9	281,9	368,3	245,6
Wenningstedt	95,1	245,8	426,0	250,1
Westerland	491,8	865,5	1211,4	614,5
Wyk auf Föhr	126,7	360,6	692,5	427,2

*ab 1981 nur Betriebe mit 9 und mehr Betten, keine Privatquartiere

207.1 Fremdenverkehrsgebiete an der deutschen Nordseeküste

Die Entwicklung der deutschen Nordseebäder
Die Gründung der ersten deutschen Nordseebäder fällt in die Phase eines neuen Bewußtseins für die Bedeutung von Natur und Landschaft für Mensch und Gesellschaft, aber auch für die heilenden und abhärtenden Wirkungen von Seeklima und Meerwasser. Schon um 1700 erkennt der englische Arzt R. Russel (1687- 1759) in Brighton die heilende Wirkung von Seewasserbädern bei Tuberkulose und chronischem Husten. In Margate an der Themsemündung entsteht das erste Seehospiz für Tbc-kranke Arbeiterkinder. 1797 wird auf Norderney das erste deutsche Nordseebad eröffnet. Ein Jahr später besuchen 50 Gäste das damals 500 Einwohner zählende Seebad. Die Gründungsjahre der anderen ostfriesischen Inselbäder sind für Wangerooge 1804, Langeoog 1830, Juist 1840, Borkum 1850. Auf den nordfriesischen Inseln erfolgen Gründungen von Seebädern in Wyk auf Föhr 1819, in Kampen auf Sylt 1856. Cuxhaven eröffnet 1816 auf dem Festland das erste Badehaus.
Die meisten Seebadgründungen finden zwischen 1875 und 1914 statt. Um 1900 und in den ersten Jahrzehnten dieses Jahrhunderts entdecken Maler wie Max Liebermann und Emil Nolde, Schriftsteller wie Theodor Storm und Wilhelm Raabe die Nordseeinseln als Erlebnisraum, Ferienort oder dauernden Wohnsitz. Von 1885 bis 1905 steigt die Besucherzahl in sämtlichen deutschen Nordseebädern von 22000 auf 135000. Zwischen den beiden Weltkriegen erhöht sich die Gästezahl weiter, z. T. auch infolge staatlicher Förderung und Urlaubsorganisationen. Trotzdem bleiben die Besucherzahlen in erträglichen Grenzen. Nach dem Zweiten Weltkrieg folgt in den 50er Jahren, bedingt durch zunehmende Motorisierung und Straßenbau der Umschwung: Die Erscheinungsformen des neuzeitlichen Massentourismus, dichte Bebauung und Bettenburgen, gehen auch an der Nordseeküste nicht spurlos vorüber. Zusätzlich belasten Campingplätze an der Küste und auf der Insel die Aufnahmefähigkeit der Seebäder.

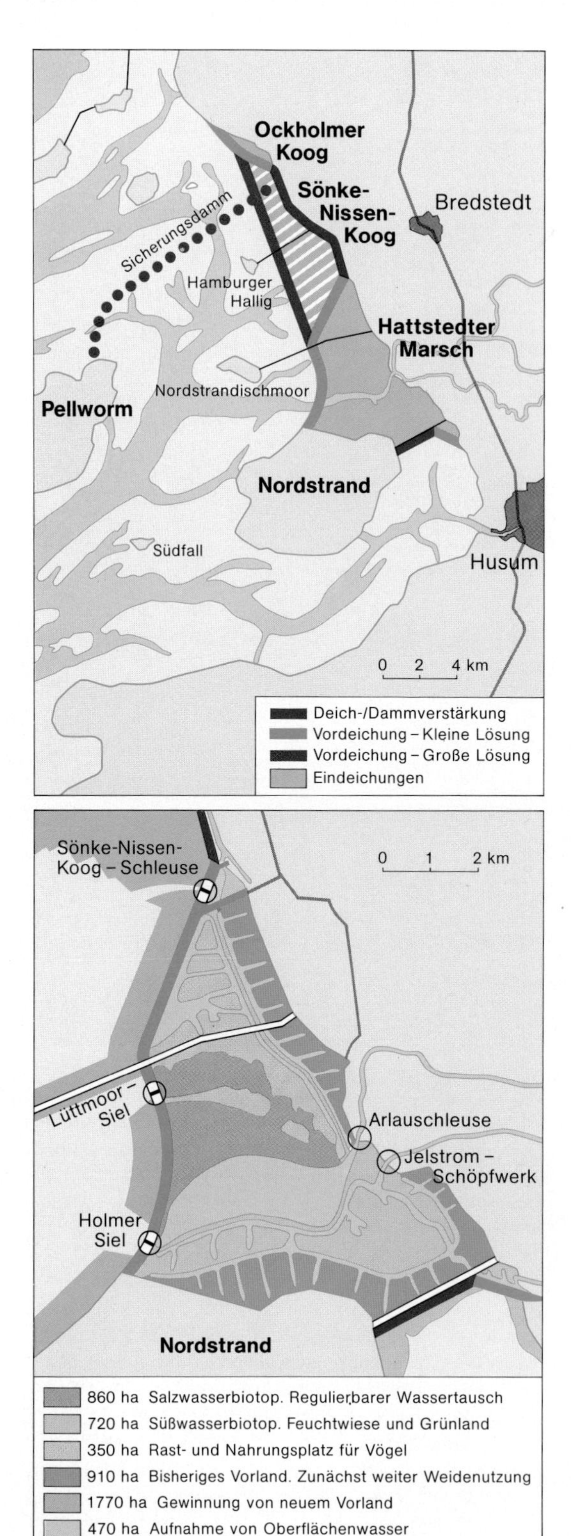

208.1 Vordeichung in der Nordstrander Bucht

Schutzmaßnahmen im Küstenbereich

Sturmfluten haben die Küstenlinie immer wieder verändert. Seit der 2. „Mandränke" 1634 bestehen Nordstrand und Pellworm als getrennte Inseln, 1962, 1976 und 1981 traten an den Deichen schwere Schäden auf. Von Sturmfluten bedroht sind 8000 Menschen auf 36000 ha.

Argumente für eine Vordeichung der Nordstrander Bucht (Schleswig-Holsteinische Landesregierung)
- Verringerung des Flutraumes der Wattströme (Norderhever, Holmer Fähre) sowie der Strömungsgeschwindigkeit und damit der Watterosion;
- Beseitigung des Wasserstaus am Nordstrander Damm;
- Schaffung einer 2. Deichlinie, damit Schutz der Hattstedter Marsch und des Ockholmer Kooges;
- Verkürzung der Deichlinie um 40% (Risikoverminderung);
- Hochwasserentlastung im Einzugsbereich von Arlau, Jelstrom und Sönke-Nissen-Koog;
- Ausgleichsmaßnahmen für Salzwasserbiotop

	insgesamt	durch Vord. erfaßt			
		Gr.Lösung		Kl.Lösung	
	ha	ha	%	ha	%
Vorland- und Halligflächen (ohne Hooge)	6500	1630	25	760	12
Watt zw. MThw u. NN –2 m	101300	3820	4	2410	2
Wasserfläche unter NN –2 m	49500	150	–	140	–
Zusammen	157300	5600	4	3310	2

Argumente gegen eine Vordeichung (Naturschützer, Ornithologen, Fischer, Bewohner von Nordstrand)
- Verstärkung der alten Deichlinie mit neuem Profil reicht aus, Austausch des Untergrundes möglich, damit wird 2. Deichlinie überflüssig;
- weiträumige Veränderung der Wasserstände und Strömungsverhältnisse im Wattenmeer noch nicht absehbar;
- Schlüsselrolle im internationalen Verbundsystem von Brutraum, Nahrungs-, Rast- und Mausergebieten für einheimische Vögel und Nahrungsgäste;
- Verlust von 6% des ökologisch wichtigen Schlickwatts und damit der Nahrungsgrundlage für wirbellose Tiere;
- Dauer der Gewinnung von neuem Vorland: 30-100 Jahre;
- Längere Anfahrtswege und höhere Transportkosten für Husumer Fischer, Beeinträchtigung der wirtschaftlichen Situation;
- Rückgang des Fischfangs (Garnelen, Speisefische) und der Muschelkulturen durch Verlust von Flachwasserzonen, veränderte Strömungsverhältnisse und verstärkte Sedimentation;
- Aufhebung des Inselcharakters von Nordstrand, damit möglicher Rückgang des Fremdenverkehrs;
- Gefährdung von Nordstrand und der Hallig Nordstrandischmoor durch Wasserstau bei Sturmflut, da Warften auf der Hallig niedriger als der neue Deich.

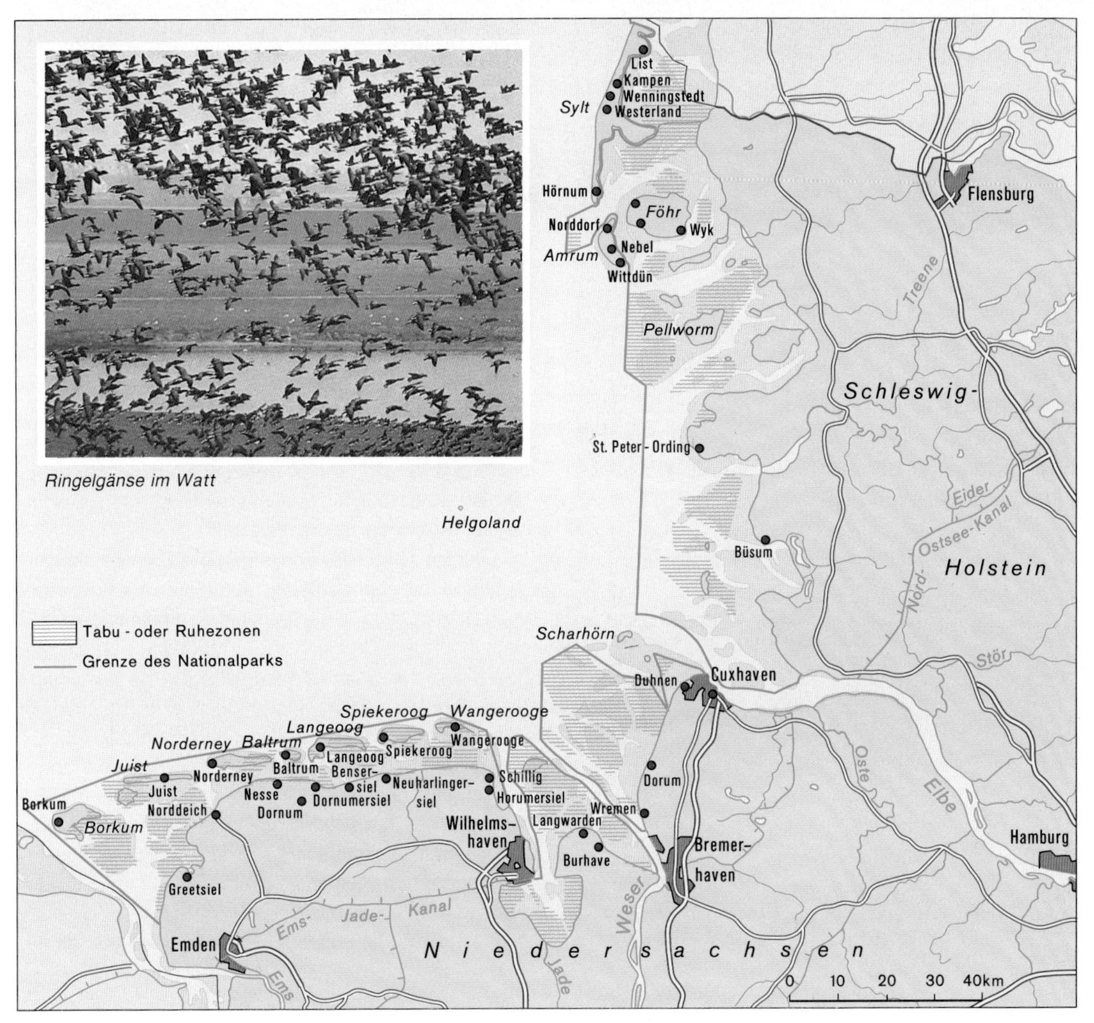

209.1 Landschaftsschutz

Schutzzonen im Wattenmeer. Große Teile der Nord- und Ostfriesischen Inseln stehen bereits unter Naturschutz. Die Schutzwürdigkeit betrifft die Pflanzen- und Tiergesellschaften im Ökosystem der Wattflächen und -ströme mit den Halligen, Salzwiesen, Dünen, Geestkernen von Inseln sowie der See- und Flußmarschen. Viele Schutzgebiete sind jedoch durch überlagernde Nutzungen wie Schadstoffeintrag oder Fremdenverkehr gefährdet. Die so entstehenden Nutzungskonflikte machen Kompromisse notwendig.

Den neugeschaffenen **Nationalpark Wattenmeer,** der die bestehenden Naturschutzgebiete mit einbezieht, lehnen die Bewohner der betroffenen Gebiete und die politischen Parteien z. T. ab, obwohl Küstenschutz, traditionelle Nutzung durch die Fischerei und Schafgräsung im bisherigen Rahmen weiterhin erhalten bleiben. Die Verantwortung für das Watt müsse den Menschen übertragen werden, die hinter den Deichen leben und die Gesetze der Natur kennen würden. Die größten Bedenken stammen vom Fremdenverkehrsverband, der sich gegen absolute Betretungsverbote ausspricht, andererseits aber auch die Notwendigkeit einer Begrenzung der Besucherzahlen erkennt. Ein verbessertes Naturschutzgesetz würde ausreichen, zumal ein Widerspruch zum § 14 des Bundesnaturschutzgesetzes besteht, das einen Nationalpark als Gebiet beschreibt, das sich in einem von Menschen nicht oder wenig beeinflußten Zustand befinden muß. Das träfe für das Wattenmeer nicht zu.

1. Tragen Sie in ein Schaubild die Belastungen auf das Ökosystem Nordsee ein, und fassen Sie schriftlich zusammen.
2. Diskutieren Sie, inwieweit verschiedene Nutzungsformen ökologisch verträglich sind.

210.1 Dunstglocke über Stuttgart

Struktur und Belastung

Stadtklima

In der Stadt sind drei Viertel des Bodens mit Gebäuden, Straßen und Parkplätzen überbaut und versiegelt. Die Konzentration der Menschen beträgt 2000 bis 3000 und in Einzelfällen mehr als 10000 Personen je km². Keine Kulturlandschaft ist so stark vom Menschen gestaltet worden wie die Stadt. Seine Tätigkeit verursacht vielfältige Emissionen, der Energiehaushalt der Stadtlandschaft, der Wasserhaushalt und die Bodenstruktur werden tiefgreifend verändert, und es entsteht ein dauerhaft hoher Lärmpegel. Der Mensch hat mit der Stadt ein hochkomplexes Ökosystem geschaffen.

Verschiedene Abwandlungen des Energiehaushalts in den bodennahen Luftschichten führen zur Herausbildung eines Stadtklimas. Dessen besondere Merkmale gegenüber dem Großklima der Umgebung sind die größere Wärme (städtische Wärmeinsel), eine gesteigerte Niederschlags- und Gewittertätigkeit, eine Zunahme der Schwületage pro Jahr und die höhere Smoghäufigkeit.

Zu den typischen Wettererscheinungen über Stadtlandschaften gehören bei Windstille oder leichtem Wind Dunstglocken, die sich bei mäßigem oder starkem Wind zu Dunstfahnen deformieren. Eine wichtige Voraussetzung ist der hohe Gehalt an gasförmigen Verunreinigungen und Kondensationskernen (z. B. Staub).

Die durch die Luftverschmutzung bewirkte Minderung der UV-Strahlung führt im menschlichen Körper zu einer verminderten Vitamin D-Bildung, was vor allem das Rachitis-Risiko bei Säuglingen erhöht. Außerdem werden weniger Bakterien abgetötet, worauf der geringere Schutz vor Infektionskrankheiten zurückgeführt wird. Der höhere Rotanteil des Sonnenlichts soll den Städter erregbarer und reizbarer werden lassen. Schwüle belastet besonders den Kreislauf, verursacht Schlafstörungen und setzt die Leistungsfähigkeit herab.

Die dichte Bebauung ist der wichtigste temperaturerhöhende Faktor, denn Beton und Steine haben eine höhere Wärmekapazität als Boden oder gar die Vegetationsdecke der freien Landschaft. Die Bebauung bietet eine größere absorbierende Oberfläche, die durch Reflektionsmöglichkeiten in Straßenschluchten noch verstärkt wird.

T 210.1: Klimawerte in Städten im Vergleich zum Freiland

Strahlung:	Globalstrahlung	15–20% weniger
	UV-Strahlung (Winter)	30% weniger
	UV-Strahlung (Sommer)	5% weniger
	Sonnenscheindauer	5–15% weniger
Temperatur:	Jahresmittel	0,5–1,5 °C höher
	an Strahlungstagen	2–6 °C höher
	Minima im Winter	1–2 °C höher
Relative Luftfeuchtigkeit:	Winter:	2% weniger
	Sommer:	8–10% weniger
Nebel:	Winter:	100% mehr
	Sommer:	30% mehr
Wolken:	Bedeckung	5–10% mehr
Niederschlag:	Jahresmittel	5–10% mehr
	Schneefall	5% weniger
Wind:	mittlere Windgeschwindigkeit	20–30% weniger
	Windstille	5–20% mehr
Luftverschmutzung:	gasförmige Verunreinigung	5–25mal mehr
	Kondensationskerne	10mal mehr

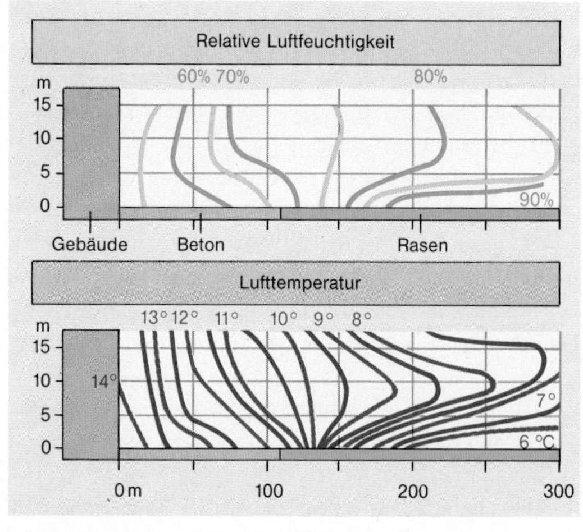

210.2 Temperatur- und Luftfeuchtigkeitsprofil

1. Erklären Sie anhand des Strahlungs- und Wärmehaushalts, warum sich eine Wärmeinsel bildet.
2. Welchen Einfluß haben Ruß- und Staubteilchen bei Schneelagen auf den Wärmehaushalt der Stadt?

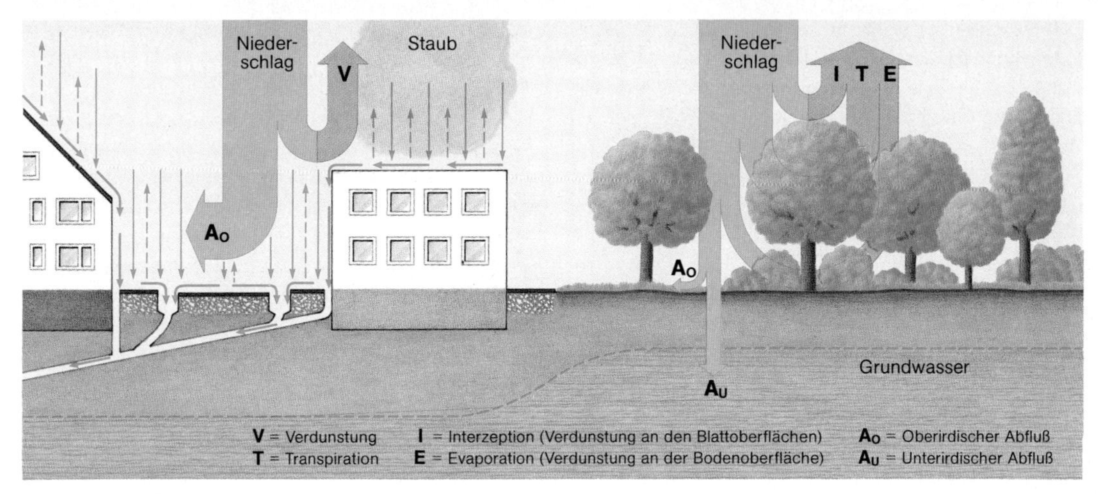

211.1 Wasserkreislauf

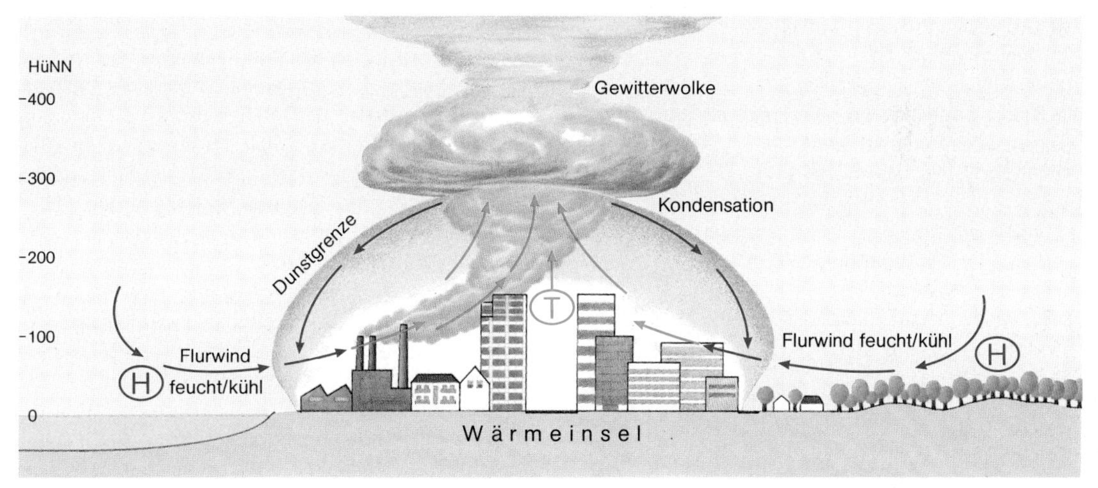

211.2 Luftzirkulation

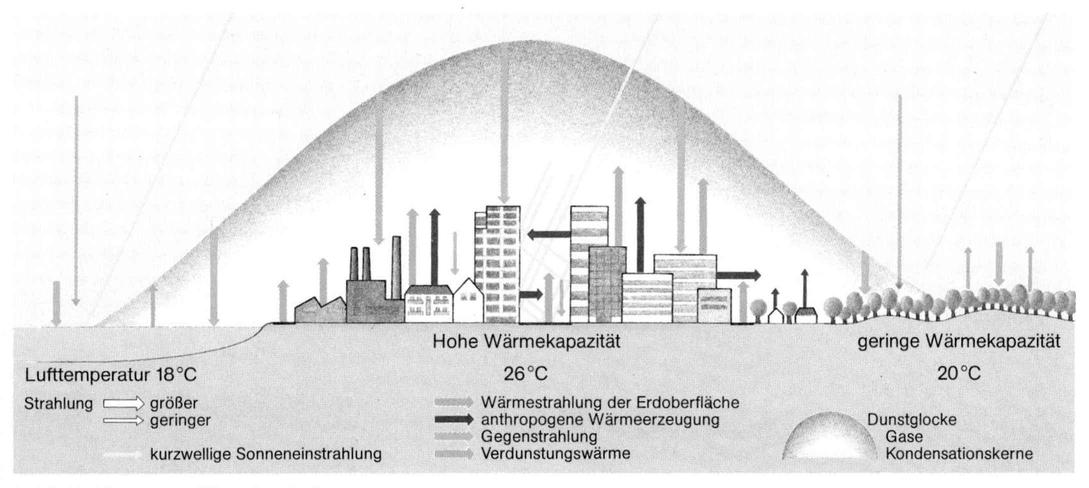

211.3 Strahlungs- und Wärmehaushalt

Luftverschmutzung und Smog

Luftverunreinigende Stoffe treten in der Atmosphäre als Gase und Aerosole auf. Aerosole sind sowohl feste wie flüssige Schwebstoffe. Sie haben infolge ihres geringen Durchmessers eine relativ große Oberfläche, an der chemische Reaktionen auch unter Einwirkung des Sonnenlichts begünstigt werden. Diese Prozesse können zum **Smog** führen. Smog ist ein englisches Kunstwort aus *smoke* und *fog*.

Unter bestimmten meteorologischen Bedingungen oder Geländeverhältnissen kann sich Smog bilden. So kommt es bei längerem Hochdruckwetter in den Mittelbreiten im Sommer wie im Winter zur Ausbildung einer **Inversion** (Temperaturumkehr). Von einer bestimmten Höhe an ist die Temperatur dann höher. Es entsteht eine Sperrschicht, unter der sich Gase und Aerosole anreichern. Inversionen können sich in Tälern oder Meeresbuchten auch dann bilden, wenn sich bei Hochdruckwetterlagen kalte und feuchte Luft ansammelt.

Smog-Luft kann die Gesundheit gefährden. Besonders betroffen sind Kinder sowie Herz- und Kreislaufkranke. Bronchialasthma wird auch ungünstig beeinflußt. Es kann zu Atembeschwerden, Übelkeit, Verdauungsstörungen und Schwindel kommen.

T 212.1: Schadstoffanteile nach Verbrauchergruppen in der Bundesrepublik Deutschland 1984 in %

	SO_2	NO_2	CO	Staub	org. Verb.
Kraftwerke, Fernheizwerke	62,1	27,7	0,4	21,7	0,6
Industrie	25,2	14,0	13,6	59,7	28,0
Haushalte	9,3	3,7	21,0	9,2	32,4
Kleinverbraucher, Verkehr	3,4	54,6	65,0	9,4	39,0

Smog-Verordnungen in der Bundesrepublik Deutschland

Fast alle Bundesländer haben zum Winter 1985/86 schärfere Smog-Verordnungen erlassen. In 42 Städten bestehen Sperrbezirke, in denen es bei Smog-Alarm zu Fahrverboten kommen kann. Die Verordnungen sehen Alarmpläne in drei Stufen vor. Dem eigentlichen Alarm ist eine Warnstufe vorgeschaltet, bei der die Landesregierungen über Rundfunk, Fernsehen und Presse darum bitten, alles zu unterlassen, was zur Luftverunreinigung beitragen kann. Verschlechtert sich die Luft trotzdem, so folgen mit den Alarmstufen 1 und 2 behördlich verordnete Fahrverbote für Pkw und Lkw. Ärzte, Krankentransportwagen, Unfallhilfswagen, Bestattungsfahrzeuge, Taxen, Mitarbeiter der Strom- und Wasserversorgung, Wagen der Müllabfuhr- und der Abwasserbeseitigung, Lebensmittellieferanten, Heizungsmonteure sowie Linien-, Schul- und Behindertenbusse sind von dem Fahrverbot in die Sperrgebiete ausgenommen. Das gilt auch für Fahrzeuge mit Elektromotoren.

Allerdings regeln die Smog-Verordnungen der Länder die Fahrverbote noch nicht einheitlich. Während Nordrhein-Westfalen und Niedersachsen bei Alarmstufe 1 das Fahrverbot auf die Zeit des Berufsverkehrs beschränken, haben Berlin (West), Rheinland-Pfalz und das Saarland ganztägige Sperren. Während es in Nordrhein-Westfalen und im Saarland keine Ausnahmen gibt, sind in Berlin (West) sogar „bedingt schadstoffarme" Autos zugelassen. Die übrigen Bundesländer gestatten „schadstoffarmen" Autos das Befahren der Sperrgebiete.

1. Erläutern Sie die Bildung von Smog anhand der Abb. 212.1 und 212.2.

2. Was können Sie als umweltbewußter Autofahrer tun, um bereits während der Warnstufe die Luft weniger zu belasten?

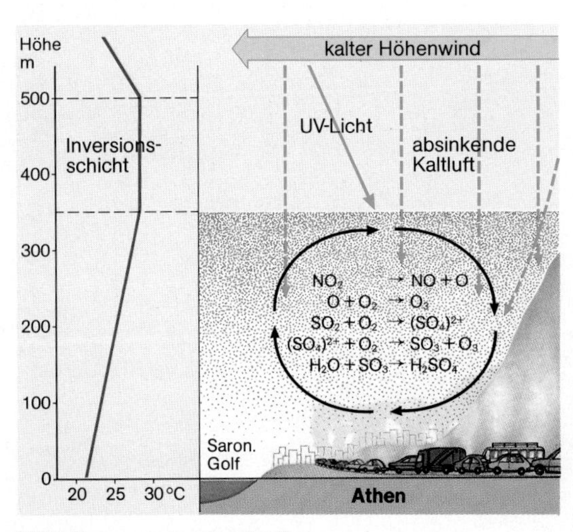

212.1 Smog vom Los Angeles-Typ

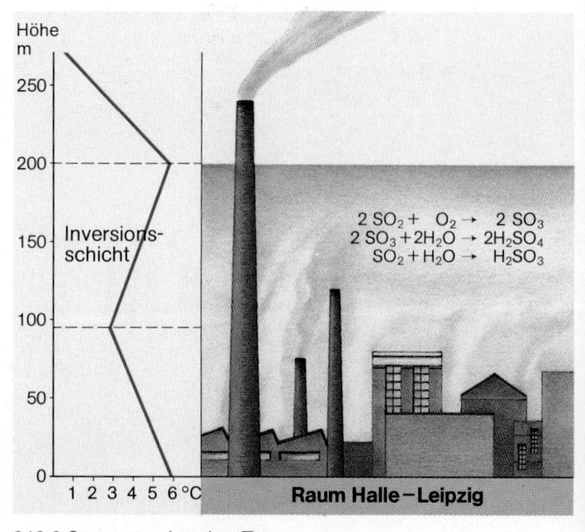

212.2 Smog vom London-Typ

Lärm als Umweltfaktor

Der Umweltfaktor Lärm unterscheidet sich von vielen anderen negativen Umweltfaktoren dadurch, daß – wenn man von gewissen Beeinflussungen des Schlafverhaltens absieht – auf jeden Fall die bewußte Wahrnehmung eine entscheidende Rolle spielt. Wahrnehmung bedeutet noch keineswegs Belästigung. Bei vielen schädlichen Luftverunreinigungen hingegen entfällt entweder die sinnliche Wahrnehmung (Beispiel CO), oder sie tritt erst dann ein, wenn eine Gefährdung anzunehmen ist (Beispiel SO_2, NO_2). Diese unterschiedlichen Verhältnisse haben zur Folge, daß das Phänomen „erhebliche Belästigung" bei vielen Luftschadstoffen überhaupt nicht ins Gewicht kommt, während beim Lärm die Kette Wahrnehmung, Belästigung, erhebliche Belästigung, eventuell Gefährdung, besteht. Dies hat weiterhin zur Folge, daß die Überschreitung von Richtwerten bei Lärm von den Betroffenen konkret erfahren wird, während die Überschreitung von Immissionswerten für Luftschadstoffe für den Betroffenen erst durch die Mitteilung von Meßdaten bewußt gemacht wird ... Ebenso laute und noch lautere Schallreize können bei anderer Bewertung als angenehm, lustvoll und positiv empfunden werden, was dann nichts mehr mit dem Begriff Lärm zu tun hat. Die Geräusche der Meeresbrandung von 60 bis 70 und mehr dB (A) dürften kaum je als Lärm empfunden werden.

(Aus: W. Klosterkötter, Lärm. In: Buchwaldt, Engelhardt, Hrsg. Handbuch für Planung, Gestaltung und Schutz der Umwelt)

3. Erläutern Sie mögliche Lärmschutzmaßnahmen für Lingen.

4. Vergleichen Sie die Umweltfaktoren Luftverschmutzung und Lärm in ihrer Reichweite und Einwirkung.

Lärmschutzmaßnahmen

1. Technische Maßnahmen

1.1 An der Quelle: technische Veränderungen an Pkw und Lkw, geeignete Straßenbeläge, lärmarme Maschinen und Geräte gesetzlich festlegen.

1.2 Umgebung der Lärmquelle: Schallausbreitung dämpfen.

1.3 Am Ort der Lärmeinwirkung: Schalldämmung anbringen und -ausbreitung in Gebäuden vermindern.

2. Planungsmaßnahmen

2.1 Den Verkehr in Wohngebieten und Innenstadtbereichen beruhigen.

2.2 Wohngebiete von Hauptverkehrsstraßen trennen.

2.3 Wohngebiete durch Schleifen, Stichstraßen, tiefliegende Zufahrtsstraßen erschließen.

2.4 Begrünte Schutzwälle und -wände vorsehen.

2.5 Straßenschluchten vermeiden.

2.6 Einbau von Schallschutzfenstern bezuschussen.

2.7 Ruhenden Verkehr in Tiefgaragen verlegen.

2.8 Verkehr durch Einbindung des öffentlichen Nahverkehrs beruhigen, örtliche und zeitliche Verkehrsbeschränkungen erlassen.

2.9 Fahrerlaubnis nur für Kfz mit geräuscharmen Motoren.

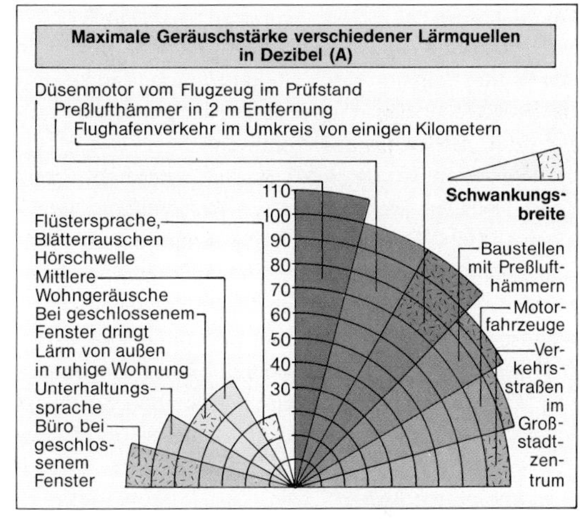

213.2 Lärmquellen

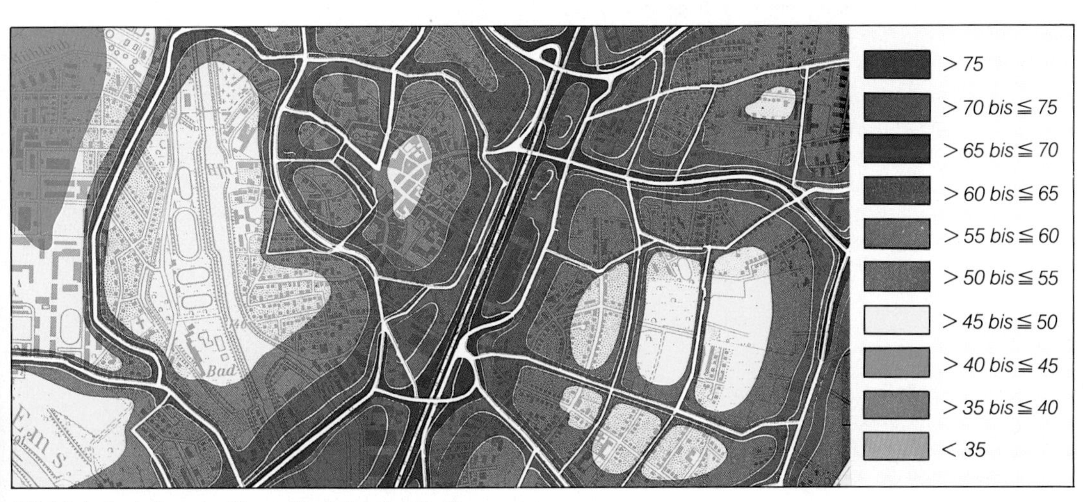

213.1 Schallemissionsplan Lingen (Ems), Angaben in dB

Systemelement Relief

Das Relief bestimmt zunächst die Lageverhältnisse und physiognomischen Merkmale des Lebensraumes Stadt. Sodann steuert und regelt es den Haushalt der Geofaktoren Geländeklima, Boden und Wasser. Die Lage der Städte im Flachland, an der Küste, auf Flußterrassen an einem Strom, in einem kuppigen Relief, in einem Gebirgstal oder in einer Beckenlandschaft hat entscheidenden Einfluß auf die Stadtgestalt und das Ökosystem Stadt.

Deshalb ergeben sich z. B. für Dresden gegenüber Leipzig deutlich Vorzüge. Dresden erstreckt sich im Elbtal beiderseits des Stromes in einer Talweitung. Im Süden bilden die Höhen des Erzgebirges und im Norden die Hochfläche der Oberlausitz markante Hänge. So bieten insbesondere die bis zu 100 m über das Elbtal ansteigenden Höhen in Dresden-Loschwitz, dem „Balkon Dresdens", hervorragende Wohnlagen in Südexposition. Im 19. Jh. ließ der sächsische Hof hier drei Schlösser errichten. Solche Lagequalitäten kann Leipzig, das in der Ebene der Leipziger Tieflandsbucht liegt, nicht aufweisen. In der Region Frankfurt am Main hat sich der Taunussüdhang mit Wohnlagen in Wiesbaden, Königstein und Kronberg zum „Balkon Europas" entwickelt.

Das Relief wurde in der Stadt Frankfurt aber auch durch vielfältige Maßnahmen, wie Planierungen, Auffüllung von Hohlformen, Bau von Eisenbahn- und Straßendämmen, Kanalbauten, Auftragen von Schutt- und Müllbergen, verändert. Schließlich bildet der Gebäudebestand in seinen unterschiedlichen und oftmals wechselnden Geschoßhöhen von der niedrigen Einzelhausbebauung am Stadtrand bis zur Hochhausbebauung in der Innenstadt ein vom Menschen geschaffenes Relief.

Systemelement Boden

Weniger deutlich als die Veränderungen des Klimas und des Wasserhaushalts treten die des Bodens zutage. Durch die ständige Belastung sinkt dessen Wasserspeichervermögen, weil die Poren zwischen den Bodenteilen zusammengepreßt werden. Damit gehen auch der Sauerstoffgehalt und die Luftaustauschgeschwindigkeit zurück, was sich auf das Pflanzenwachstum ungünstig auswirkt. Schäden an Gasleitungen, bei denen Methan in den Boden gelangt, verursachen eine weitere Abnahme des Sauerstoffgehalts. Die Humusbildung unterbleibt weitgehend, weil organische Abfälle entfernt werden. Eine spezifische Belastung offener Böden an Straßen und Gehwegen bilden Auftausalze wie Natriumchlorid.

1. Erläutern Sie die Bedeutung des Geofaktors Relief für Ihnen bekannte Städte.

2. Stellen Sie anhand der Abb. 214.1 einige Systemzusammenhänge im städtischen Ökosystem modellhaft dar.

In der Bundesrepublik Deutschland lebt über die Hälfte der Bevölkerung in großen Städten, davon allein etwa ein Zwölftel in den drei Millionenstädten. In diesen Stadtlandschaften finden die Städter ein großes Arbeitsplatzangebot, ein vielfältiges und z. T. qualitativ höheres Angebot an Waren und Dienstleistungen sowie abwechslungsreiche Möglichkeiten der Freizeitgestaltung. Die räumliche Konzentration von Wohnbebauung, Industriestandorten und Bürogebäuden sowie Verkehrsflächen läßt jedoch die Belastungen für das städtische Ökosystem immer stärker anwachsen. Gegenüber den ländlichen Räumen ballen sich in den städtischen Verdichtungsräumen nahezu alle Umweltprobleme wie Luftverunreinigung, Veränderung des Geländeklimas, Störung des Wasserhaushalts und Gefährdung der Wasserversorgung, zunehmende Lasten der Abwasser- und Abfallbeseitigung, fehlende Grünflächen sowie wachsender Verbrauch und die Schädigung von naturnahen Kulturlandschaften. An die städtischen Räume stellen verschiedene Gruppen sehr unterschiedliche und oftmals miteinander nicht zu vereinbarende Nutzungsansprüche. So kommt es hier in steigendem Maße zu Konflikten in der Raumkonkurrenz.
Städtische Ökosysteme sind wie alle landschaftlichen Ökosyteme keine selbständigen, in sich geschlossenen Systeme, sondern eng mit ihrer ländlichen Umgebung verbunden. Die Vernetzung umfaßt nicht nur die Geofaktoren Relief, Wasserhaushalt, Klima, Vegetation und Boden, sondern auch die jeweiligen ökonomischen, sozialen und politischen Gegebenheiten. Städtische Ökosysteme sind in besonderer Weise vom Menschen geprägt, der vielfältig, auch steuernd und planend in die komplexen Fließgleichgewichte eingreift.

Umweltbelastung städtischer Ökosysteme

Belastungsklassen	Stadt	Land	Verursacher
Gas/Schadstoffe			
SO_2 (µg/m³)	188	16,8	Industrie, Haushalt
NO_2 (µg/m³)	52	7	Verkehr, Chem. Industrie
3,4 Benzpyren (µg/100 m³)	6,8	0,25	Industrie, Verkehr
Staub:			
Gesamt (mg/m² d)	524	78	Verkehr, Industrie
Schwermetalle:			
Pb (µg/m³)	1 220	86	Verkehr
Müll:			
Haushalte (t/a je E)	0,32	0,15	Haushalt, Industrie
Abwasser:			
Gewässergüte	3	2	Industrie, Haushalt
Tierwelt:			
Hunde (Zahl/km²)	60–200	60	Mensch
Mensch: Sozialer Streß	groß	gering	Mensch
Bodenveränderung	häufig	selten	Mensch
Trittbelastung	groß	gering	
Lärm:			
Dauerschallpegel dB(A)	50–80	50	Verkehr

(Nach: Odzuck, W., Umweltbelastungen. Stuttgart 1982)

214.1 Städtisches Ökosystem

ärmbelastung

1 Straßen- und Schienenverkehrslärm
2 Industrie- und Gewerbelärm
3 Fluglärm
4 Freizeitlärm

uftverunreinigung

5 Luftvorbelastung aufgrund weit entfernter Schadstoffquellen
6 Luftbelastung durch Hausbrand, Industrie und Gewerbe, Kraftwerke, Müllverbrennungsanlagen u. a.
7 Luftbelastung durch Abgase des motor. Straßenverkehrs
8 Überwärmung der Luft durch Kraftwerke, Industriebetriebe, Hausfeuerungen u. a.
9 Behinderung des Luftaustausches durch Verbau von „Frischluftschneisen"
0 Smog-Bildung bei Inversions-Wetterlagen

chädigung von Natur u. Landschaft

1 Vernichtung ökologisch empfindl. Standorte
2 Freiflächen durch Zersiedlung
3 Landschaftsschäden durch Gesteinsabbau
4 Aufschüttung von Materialhalden (Schadstoffeinsickerungen u. a.)
5 Landschaftszerstörung durch großflächige Verkehrsbauten, Überlandleitungen u. a.
6 Massiver Einsatz von Pflanzenschutzmitteln i. d. Landwirtschaft

Gefährdung der Wasserversorgung

17 Grundwasserabsenkungen, mangelnde Infiltration infolge Überbauung und Flächenversiegelung
18 Grundwasserabsenkungen durch Flußbegradigung
19 Schadstoffeinsickerung in das Grundwasser
20 Schadstoffbelastetes Uferfiltrat
21 Grund- und Oberflächengewässer-Verunreinigung durch Ölunfälle u. a.

Abwasserbeseitigung

22 Verschmutzung der Gewässer durch unzureichende Reinigung der kommun. Abwässer
23 Einleitung umweltgefährdender Stoffe durch Gewerbe und Industrie in kommunale Kanalisation und Kläranlage
24 Verunreinigung der Oberflächengewässer durch direkte Abwassereinleitungen aus Industriebetrieben

Abfallbeseitigung

25 Wachsende Abfallmengen: Energieverbrauch und Emissionen durch aufwendige Sammlung und Transport
26 Beanspruchung und Belastung von Flächen für die Ablagerung von Abfällen
27 Boden- und Grundwassergefährdung durch Emissionen von Altablagerungen
28 Wachsende Umweltbelastung durch neue Stoffgemische in Produktion und Konsum (u. a. Chemisierung des Haushalts)

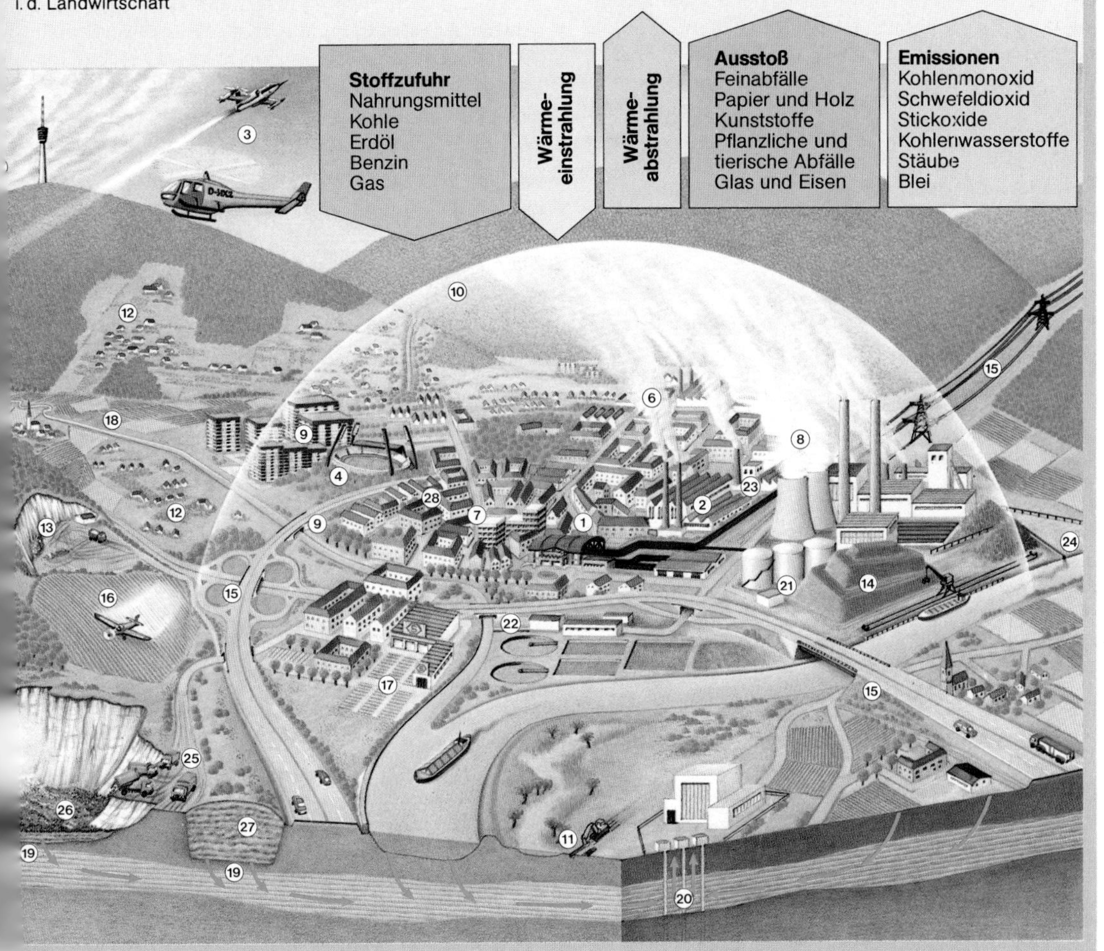

Stadtökologie

„Befragt über sein Verhältnis zur Natur sagte Herr K.: 'Ich würde gern mitunter aus dem Haus tretend ein paar Bäume sehen. Besonders da sie durch ihr der Tages- und Jahreszeit entsprechendes Andersaussehen einen so besonderen Grad von Realität erreichen. Auch verwirrt es uns in den Städten mit der Zeit, immer nur Gebrauchsgegenstände zu sehen, Häuser und Bahnen, die unbewohnt leer, unbenutzt sinnlos wären. Unsere eigentümliche Gesellschaftsordnung läßt uns ja auch die Menschen zu solchen Gebrauchsgegenständen zählen, und da haben Bäume, wenigstens für mich, der ich kein Schreiner bin, etwas beruhigend Selbständiges, von mir Absehendes, und ich hoffe, sie haben selbst für Schreiner einiges an sich, was nicht verwertet werden kann.'
'Warum fahren Sie, wenn Sie Bäume sehen wollen, nicht einfach mal ins Freie?', fragte man ihn.
'Ich habe gesagt, ich möchte sie sehen aus dem Hause tretend.'"

(Bertolt Brecht, Geschichten, Berlin und Weimar, [3]1981.)

„Allen, denen die Städte am Herzen liegen, ist der Kraftwagenverkehr ein Dorn im Auge. Schnellstraßen, Parkplätze, Tankstellen und Autokinos sind wirkungsvolle und zuverlässige Instrumente zur Zerstörung der Städte. Um sie unterzubringen, werden die Straßenräume in ein unübersichtliches Durcheinander aufgelöst, sie werden für den Fußgänger weitläufig und zusammenhanglos. Innenstädte und andere Nachbarschaften, die Wunder an Mannigfaltigkeit auf engem Raum waren, werden ohne Sinn und Verstand ausgeweitet. Bauliche Akzente fallen der Spitzhacke zum Opfer oder werden aus dem Zusammenhang mit dem Stadtgewebe gerissen und zu Belanglosigkeiten abgewertet. Der Charakter der Stadt wird verwischt, und zum Schluß gleicht ein Ort dem anderen. Niemandsland."

(Jane Jacobs: Tod und Leben großer amerikanischer Städte. Berlin 1963, S. 180.)

Wohnen in einer vernetzten Welt

„Nun zunächst zur Situation hier. Die Entwicklung der eigenen Individualität, die ja von der Spezialisierung im Berufsleben und von dem Wettbewerb um Lebensqualität gefordert wird, verlangt offensichtlich eine eher anonyme Beziehung zu Nachbarn, eine Distanz zum sozialen Umfeld.

Die familiäre und nachbarliche Vertrautheit, die auch immer Beobachtung und Reglementierung bedeutet, wird zunehmend dadurch ersetzt, daß soziale Aufgaben delegiert werden. Für alle außergewöhnlichen Lebensumstände gibt es institutionalisierte Regelungen: die Kinderkrippe, das Altersheim, das Wohngeld, das Tierheim, den Spielplatz, die Spielhalle, die Telefonfürsorge, die Verbraucherberatung, den Briefkasten, den Sexshop, das Krankenhaus, den Urlaub; Freundschaften funktionieren bald nur noch wie Sonderangebote im Supermarkt.

Natürlich nicht zu vergessen das Fernsehen, mit sich allein zu Hause wäre sonst zu langweilig. Vor dem Fernsehzeitalter ging man auch in der Stadt regelmäßig in die Kneipe, man sprach miteinander. Diese Individualisierungstendenzen heute haben eine enorme Auswirkung auf die Ausgestaltung der Wohnung. Nimmt das Single-Dasein als Lebensform an Bedeutung zu, so gewinnt das Innere der Wohnung an Priorität. Ausstatter, Möbelmärkte und Heimwerker sind aus dem Warenangebot unserer Konsumgesellschaft nicht mehr wegzudenken. Dagegen ist das Wohnumfeld einer Vereinheitlichungstendenz ausgesetzt.

Zeitgenössische Kulturphilosophen sprechen sogar von Tendenzen einer Neutralisierung des Raumes. Sie meinen, daß durch Kommunikationstechniken, Umweltbelastungen, Transportmöglichkeiten, Kriegsgefahr (die umfassende atomare vor allem), durch Vereinheitlichung der Alltagsvorgänge in gebauten Räumen sowie die Internationalisierung des Bauens sich der gelebte Raum in Mitteleuropa immer weniger differenziert präsentiert. Man geht sogar so weit zu behaupten, daß Mitteleuropa eine einzige Stadt ist, mit Vororten, Parks, ausgebautem Verkehrsnetz, Mülldeponien, weitverzweigter Kanalisation, verkabelt. Die Eßkultur vereinheitlicht sich, und Mann/Frau ist immer in Bewegung.

Oder mit wem, worüber und wo spricht man z. B. im Verlauf eines Tages: der Tankstellenwart, der Pförtner, die Bibliothekarin, der Arbeitskollege, die Türkin im Bäckerladen, am Telefon der Beamte, im Drehkran irgendwer, der Strafzettel, der Einkaufbon, das Flugticket, die Pizzeria, der Mülleimer, im Fahrstuhl, im Transit, überhaupt in Bewegung ...

Auf diesem Hintergrund bekommt vielleicht das Phänomen des Geschwindigkeitsrausches bzw. der Widerwille gegen die Geschwindigkeitsbeschränkung eine andere Bedeutung: Die Geschwindigkeit als Möglichkeit, Einzelheiten lustvoll zusammenzuziehen und sie dabei zu vergessen ...

Da scheint die Wohnung doch erheblich sicherer zu sein bzw. sie bietet andere Gestaltungsmöglichkeiten als nur die Geschwindigkeit ...

Jedoch die Sicherheit durch Rückzug ist trügerisch. In den Wohnungen spielen sich Dramen ganz anderer Art ab. Ein paar Schlagzeilen belegen dies: 'Junge Frau in ihrer Wohnung überfallen und vergewaltigt'; 'Rentner lag wochenlang tot in seiner Wohnung'; 'Schüler sprang aus dem Fenster'; 'Mädchen im Keller mißhandelt'; 'Waffenlager in einer Wohnung entdeckt'. Sehr menschlich ist hier wohl nicht gewohnt worden. Sicher kein Maßstab, aber doch wohl genauso wie der Verkehrsunfall akzeptierte Konsequenz unserer individualisierten Wohnform."

(R. W. Ernst, in: Lutz Franke, Hrsg. Menschlich wohnen. Frankfurt a.M. 1985, S. 150 f).

Grünplanung in der Stadt

Bäume in der Stadt gefallen, verschönern, haben eine positive psychologische Wirkung auf den Menschen. Bäume und Grünflächen leisten einen erheblichen Beitrag zur Umweltgüte. Jeder große Baum entzieht der Stadtluft jährlich 2,5 x 10^7 kJ durch Verdunstung. Aber nicht jede Anpflanzung kann unter stadtklimatischen Gesichtspunkten als „Mehrzweckgrün" angesehen werden. Stadt- und Lärmschutzpflanzungen können nicht gleichzeitig die Aufgabe von innerstädtischen Erholungsflächen erfüllen.

Oftmals sind die Grünflächen unserer Städte Ergebnisse des Zufalls. Wären die meteorologischen und orographischen Gegebenheiten berücksichtigt worden, so könnte das Stadtklima durchaus verträglicher für die Städter ausfallen. Stattdessen wird die ökologische Ausgleichswirkung der Grünflächen durch eine fehlerhafte Anlage der Bebauung mehr oder weniger stark beeinträchtigt. Einstmals herrschaftliche Parks oder öffentliche Grünanlagen liegen als Ergebnisse des Zufalls so, daß ihre Wirkung verpufft. Selten waren Planer am Werk, die die „grünen Lungen" dorthin setzten, wo sie nach meteorologischen und orographischen Gesichtspunkten ökologisch wirksam werden konnten.

Für die Entstehung eines thermisch bedingten Flurwindes genügt eine Temperaturdifferenz von 5 °C und eine Druckdifferenz von 0,07 hPa. Diese Werte können bei windstillen Wetterlagen immer gegeben sein. Höhenunterschiede in der Stadtlandschaft würden den Flurwind und damit die Zufuhr kühlerer und feuchterer Luft verstärken. Eine entscheidende Voraussetzung zur besseren Durchlüftung der Kernstädte sind aber auch Schneisen in der Bebauung.

Außerdem ist zu berücksichtigen, daß viele Bäume in der Stadt ihre biologisch-ökologische Funktion nicht erfüllen können, weil sie durch Umwelteinflüsse (Luft-, Boden-, Wasserhaushalt) geschädigt sind.

T 217.1: Daten einer 100jährigen frei stehenden Buche

Höhe des Baumes	25 m
Kronen-Durchmesser	15 m
Kronen-Volumen	2700 m³
Standfläche	160 m²
Äußere Blattoberfläche	1600 m²
festgelegter Kohlenstoff	6000 kg
Kohlendioxid-Aufnahme	2352 g/h
Wasser-Aufnahme	960 g/h
Sauerstoff-Freisetzung	1712 g/h

1. „Man macht die Autos für zu vieles verantwortlich." (Jane Jacobs). Nehmen Sie dazu Stellung.
2. Welche Wirkung erhofft sich Herr K. nach Bertolt Brecht von den Bäumen in der Stadt?

217.1 Ökologisches Wohnen

217.2 Fußgängerzone

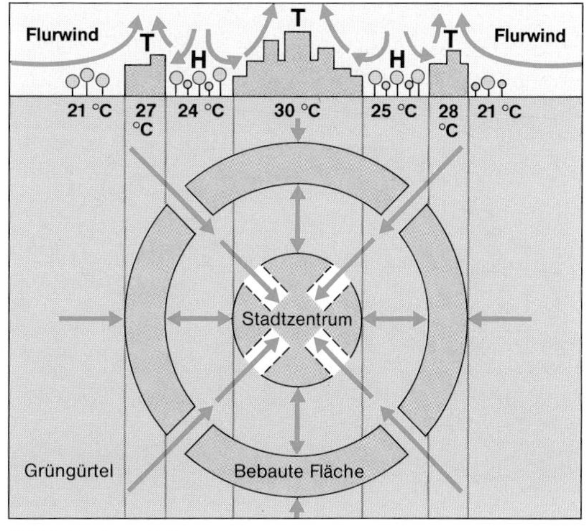

217.3 Stadtmodell

Fließgleichgewicht und Regelkreis

In der Natur unterliegen viele Prozesse dem Prinzip des **Fließgleichgewichts.** Zwischen den unbelebten und belebten Bausteinen der Umwelt wirken zwei gegenläufige Mechanismen zusammen. So kommt es zu einem dynamischen Gleichgewichtszustand, bei dem ein Überschuß an Stoff und Energie durch Wegnahme des Überschusses ausgeglichen wird (*negative Rückkopplung*). Dagegen führt die *positive Rückkopplung* um so mehr Stoff oder Energie zu, je mehr davon bereits vorhanden ist, bis das Wirkungsgefüge (System) zusammenbricht. Ein sich selbst regelndes System von Systemelementen, die untereinander negativ rückgekoppelt sind, ist ein **Regelkreis.** Das **landschaftliche Ökosystem** stellt ebenfalls ein Fließgleichgewicht dar. Es ist durch eine Vielzahl untereinander vernetzter Regelkreise bestimmt. Systemelemente der Regelkreise sind die *Geofaktoren* Gestein, Relief, Klima, Wasser, Boden, Pflanzendecke und Tierwelt. Der Energiehaushalt von natürlichen Ökosystemen, **Naturlandschaften,** wird überwiegend von der Sonne und durch geothermische Energie gespeist.

Jede Landschaft entwickelt sich mit der Zeit bei gleichbleibenden Systembedingungen zu einem Endzustand, dem **Klimax.** Mit diesem Klimaxsystem ist der Sollwert des Fließgleichgewichts vorgegeben. Das war unter den in Mitteleuropa seit der Jungsteinzeit herrschenden Klimabedingungen in den unteren und mittleren Höhenlagen der Mittelgebirge ein sommergrüner Laubmischwald über Braunerde. Der Istwert des Fließgleichgewichts ergibt sich jeweils aus den tatsächlichen Systembedingungen eines Raumes. Zu Beginn der Jungsteinzeit waren das flachgründige Gesteinsböden mit einer schütteren Vegetation von Erstbesiedlerpflanzen. Noch waren der Oberflächenabfluß und die Verlagerung von Boden- und Gesteinsmaterial hoch. Im Verlauf von Jahrhunderten wurde die Pflanzendecke dichter. Gleichzeitig war die Feldspatverwitterung im Granitgestein soweit vorangeschritten, daß eine für die Bodenbildung ausreichend mächtige Lehmdecke vorhanden war. Aus dem Ausgangsgestein bildeten sich der humose Oberboden und der verbraunte Unterboden. Man nimmt an, daß sich etwa gegen Ende der Jungsteinzeit das Klimaxsystem der Naturlandschaft eingestellt hatte. Der Zustand dieses Fließgleichgewichts konnte so lange erhalten bleiben, wie das Ökosystem negativ rückgekoppelt war. Er änderte sich, als im Mittelalter die Siedlungs- und Wirtschaftstätigkeit des Menschen die Systembedingungen veränderte.

In der Gesellschaft bestehen Regelkreise, zu deren Systemelementen u. a. Produktionsstrukturen, Siedlungsstrukturen, Infrastrukturen und Arbeitskräftestrukturen gehören. Sie unterliegen sozioökonomisch bestimmten Prozessen, deren Energiebedarf überwiegend von fossilen Energiequellen gedeckt wird. Greift der Mensch nutzend, belastend oder regelnd in die Wechselwirkungsgefüge der Naturlandschaften ein, so stellt sich aus den Koppelungen und Vernetzungen aller Regelkreise das Ökosystem der **Kulturlandschaft** ein. Je nach dem Grad des Eingriffs bilden sich naturnahe oder naturferne Kulturlandschaften.

1. Beschreiben Sie an einer Mittelgebirgslandschaft Wechselwirkungsgefüge der Geofaktoren. Formulieren Sie Fließgleichgewichte (Abb. 219.1).

Mangel an Pflanzennährstoffen an der Oberfläche des Feldspatkristalls
Feldspat verwittert
Pflanzennährstoffe werden an der Oberfläche des Feldspatkristalls freigesetzt
Feldspatverwitterung läßt nach
Pflanzenwurzeln nehmen die Nährstoffe auf
unverwitterte Feldspatoberfläche wird frei

218.1 Fließgleichgewicht

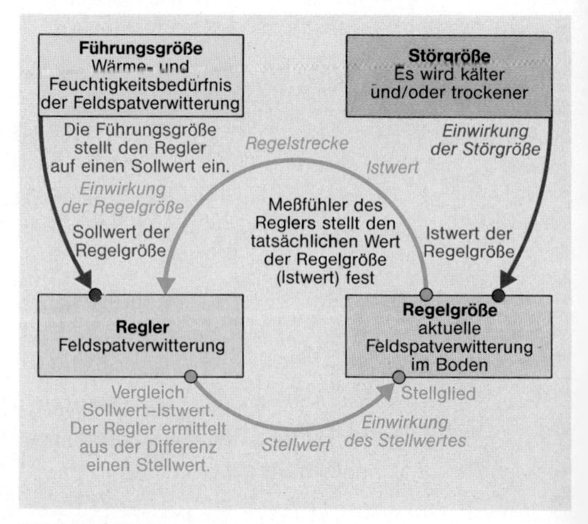

218.2 Regelkreis

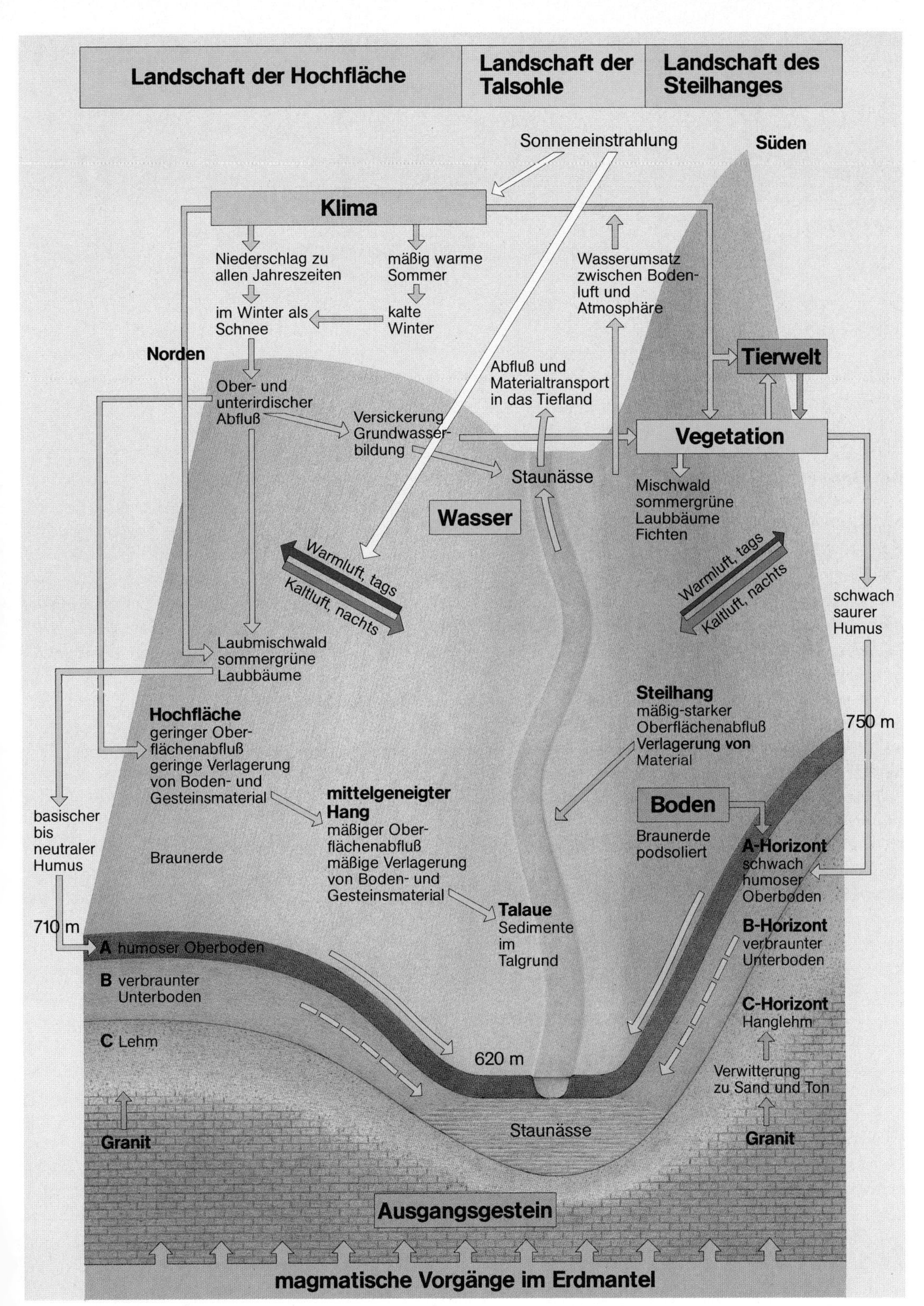

219.1 Landschaftliches Ökosystem

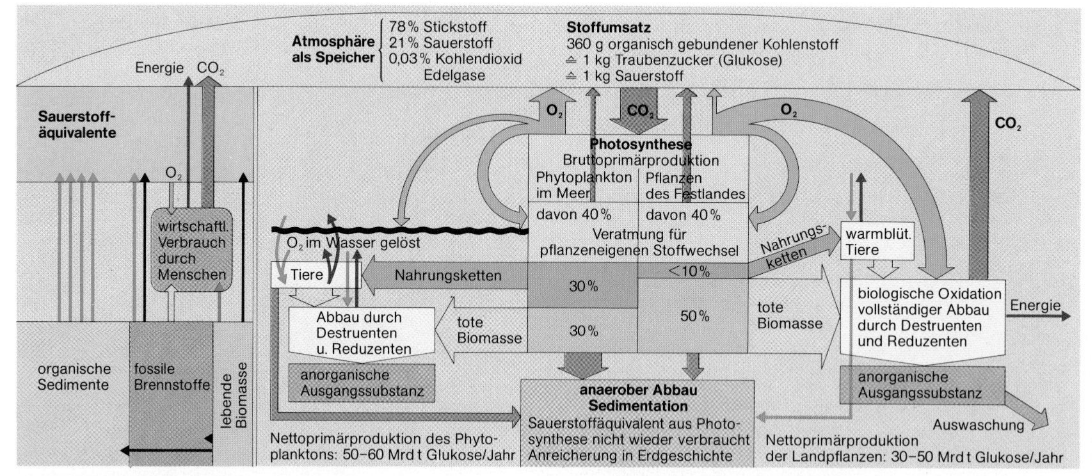

220.1 Sauerstoffkreislauf

Der Sauerstoffhaushalt

Ohne **Sauerstoff** ist auf der Erde kein höheres Leben möglich. Der Sauerstoff in der Atmosphäre stammt fast vollständig aus der *Photosynthese,* und sein Gehalt in der Luft hat im Lauf der Erdgeschichte zugenommen: von etwa 18 Vol.% in der Kreidezeit auf heute 21 Vol.%. Der Sauerstoffgehalt konnte steigen, weil nicht immer die gesamte aufgebaute Biomasse wieder vollständig abgebaut wurde. Wenn wir heute **fossilen Brennstoff** nutzen, dann verbrauchen wir ein entsprechendes **Sauerstoffäquivalent** der ursprünglichen Biomasse. In den USA wurden z. B. 1966 bei der Verbrennung etwa 4,4 Mrd t Sauerstoff verbraucht. Im selben Zeitraum produzierten die heute dort wachsenden lebenden Pflanzen nur 2,6 Mrd t. Der starke Sauerstoffverbrauch seit der zunehmenden Nutzung von fossilen Brennstoffen scheint die **Sauerstoffbilanz** des gesamten Ökosystems noch nicht merklich zu belasten. Das Problem liegt vermutlich bei der entsprechenden Freisetzung von Kohlendioxid, dessen Anteil in der Luft sich in den letzten 50 Jahren um 10% erhöht hat.

Die Rolle der Wälder für unsere **Sauerstoffversorgung** wird oft überschätzt bzw. falsch gesehen: Wälder produzieren zwar erhebliche Mengen an Sauerstoff, verbrauchen aber auch für Atmung und besonders für den Abbau der Biomasse viel Sauerstoff. Insbesondere die *tropischen Regenwälder* sind als **fast geschlossene Ökosysteme** nicht in der Lage, nennenswerte **Sauerstoffüberschüsse** zu produzieren. Die Wälder sind trotzdem von sehr großer ökologischer Bedeutung. Sie sind unverzichtbar für den Wasserhaushalt, für den Bodenschutz, die Selbstreinigungskraft der Luft, und sie haben sicherlich auch eine große Bedeutung für das Klima der Erde, insbesondere für viele Regionalklimate.

Atmosphäre als Mülldeponie?

Die Gashülle der Erde ist höchst ungeeignet als Deponie für Abfallstoffe aller Art. Nur wenige gasförmige Stoffe verbleiben in der Atmosphäre, teilweise mit bisher ungeklärter, aber deshalb nicht gefahrloser Wirkung. Die meisten Schadstoffe werden in der Luft nur zwischengelagert, weiträumig verteilt und dann unkontrolliert und unkontrollierbar in der Biosphäre abgelagert. Die **Reinhaltung der Luft** kann also nur bei der *Schadstoffemission* ansetzen und muß nach dem **Verursacherprinzip** geregelt werden. Danach muß der Verursacher die Kosten für Zurückhaltung bzw. Beseitigung der Stoffe tragen.

Gesetzgeber und Behörden, die für die Bestimmungen und deren Einhaltung bei der Reinhaltung der Luft zuständig sind, wenden das Verursacherprinzip an.

In der **Technischen Anleitung zur Reinhaltung der Luft (TA Luft)** sind die Bestimmungen zusammengefaßt, die bei der Genehmigung und dem Betrieb von Anlagen und deren Überwachung anzuwenden sind. Darin werden allgemeine **Emissionswerte** für staub- und gasförmige Stoffe, **Immissionswerte** zum Schutz vor Belästigung (Geruch) und Krankheitsgefahren (krebserregende Stoffe) sowie **Beurteilungsverfahren** zur Ermittlung der Immissionswerte festgelegt.

Da Vorschriften zur Reinhaltung der Luft beim Verursacher fast immer kostenträchtige Aufwendungen bedingen, verschärft sich an den Bestimmungen der TA Luft die **Kontroverse zwischen Ökologie und Ökonomie.** Den ökologischen Argumenten werden ökonomische wie Konkurrenzfähigkeit, besonders auf internationalen Märkten, Preissteigerungen und Arbeitsplatzverlust entgegengesetzt. Die jeweiligen Bestimmungen spiegeln nicht die ökologischen Erkenntnisse wider, sondern die politische Durchsetzbarkeit von ökologischen Erfordernissen.

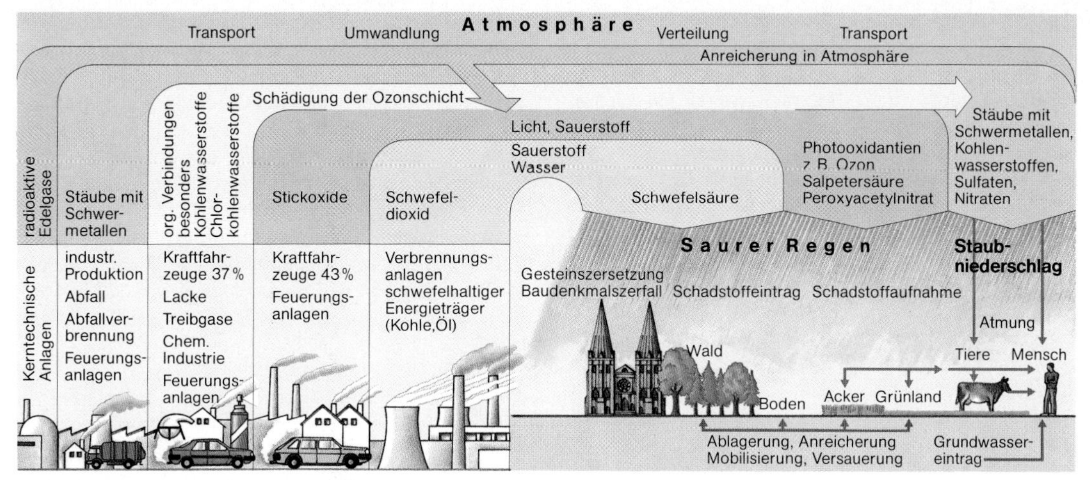

221.1 Luftverschmutzung

Beispiele für Luftverschmutzung

Die größte Kupferhütte Europas gibt jährlich über die Abluft 2 t **Arsen** ab. Der Boden in den östlich des Standortes Hamburg-Veddel gelegenen Stadtteilen mit Wohngebieten, Gärten und Gemüsebau weist eine Arsenbelastung von 200–1000 mg je kg Boden auf. Als Toleranzgrenze gelten heute 20 mg/kg Boden.

Als *Treibgas* für Spraydosen wurde lange Zeit unbedenklich **Fluorchlorkohlenwasserstoff** verwendet. Wissenschaftliche Untersuchungen legen aber die Vermutung nahe, daß solche Treibgase die Ozonhülle der Atmosphäre schädigen, die UV-Strahlung und damit das Hautkrebsrisiko erhöhen. In den USA ist seit 1979 die Verwendung in Spraydosen mit wenigen Ausnahmen verboten. Die EG-Staaten wollen die Verwendung im Aerosolbereich um mindestens 30% gegenüber dem Stand von 1976 verringern. In der Bundesrepublik Deutschland hat sich der Verbrauch auf freiwilliger Basis der Produzenten um 40% gegenüber 1976 verringert.

Asbest galt lange als hervorragender Werkstoff mit großer Hitzebeständigkeit und fand weite Anwendungsbereiche in der Bau- und Kraftfahrzeugindustrie und in Spezialbereichen. Als wissenschaftliche Vermutungen erhärtet wurden, Asbest sei stark gesundheitsgefährdend, sogar krebserregend, schienen ganze Produktionsbereiche bedroht. Die Wirtschaft konnte aber alsbald unter dem Druck eines sonst unvermeidlichen Asbestverbots Alternativen anbieten. Die Asbestzementindustrie legte 1982 ein Innovationsprogramm mit dem Ziel vor, Asbest im Hochbau bis 1990 zu ersetzen. Auch für Bremsbeläge, deren Abrieb besonders gesundheitsschädlich ist, wurden inzwischen gleichwertige und bessere, aber umweltfreundlichere Produkte entwickelt.

Die Hochschornsteinpolitik – ein Pyrrhussieg

Die Konzentration von Kohlekraftwerken und Schwerindustrie wie z. B. im Ruhrgebiet führte zu einer sehr starken Luftbelastung mit einem hohen Feststoffanteil. Dies erhöhte die Dunstbildung, die Smoggefahr, führte zur Rußbelastung, häufiger Sichtbehinderung und starker Gefährdung der Atmungsorgane.

Hier schienen die Hochschornsteine eine Lösung zu bieten, die sich relativ billig und schnell verwirklichen ließ. Tatsächlich wurde die Luft in den Stadträumen des Ruhrgebietes eindeutig besser, wie Meßergebnisse belegen. Die Hochschornsteinpolitik setzte sich überall durch. Aber dadurch wurde der Schadstoffausstoß nicht vermindert. Die Hochschornsteine halfen nur, den Ruß über die Atmosphäre wetterabhängig auf eine größere Fläche zu verteilen. Die Abgasfahnen hinter den Schornsteinen wurden länger, und dadurch konnte die Immissionsmenge pro Fläche verkleinert werden. Besonders die Luvseiten der Gebirge erhalten jetzt mit den Staueniederschlägen die leicht verfrachtbaren Schadstoffe und sind so Hauptopfer der sauren Niederschläge geworden.

1. Erläutern Sie, daß die Hochschornsteine als Pyrrhussieg bezeichnet werden und daß hier nach dem Florians-, aber nicht nach dem Verursacherprinzip verfahren wird.
2. Erläutern Sie, daß das Problem der Luftverschmutzung weitgehend ein Problem der Verschmutzung von Boden, Wasser und Nahrung ist.
3. Begründen Sie, daß man bei der Luftreinhaltung unbedingt nach dem Verursacherprinzip verfahren muß.
4. Diskutieren Sie Beispiele, in denen der einzelne Verbraucher an der Umweltbelastung durch Luftverschmutzung beteiligt ist und wie auch hier nach dem Verursacherprinzip Besserung möglich ist.

Treibhauseffekt: Gutachter fordern staatliche Interventionen

Das Institut für Kernenergetik und Energiesysteme an der Universität Stuttgart (IKE) meint es gut mit der Kernenergie. Die Schwaben trauen Atomkraftwerken z. B. eine Betriebsdauer von 7 500 Stunden im Jahr zu – 1000 mehr als die Baseler Prognos AG in einem Gutachten für die Bundesregierung ausgerechnet hat. Und die Lebenserwartung eines Atommeilers setzen die IKE-Leute großzügig mit 40 Jahren an, doppelt soviel wie die Vereinigung Deutscher Elektrizitätswerke. Die optimistischen Annahmen und ihre Botschaft, verfaßt für die Enquete-Kommission „Vorsorge zum Schutz der Erdatmosphäre" des Bundestags, könnten der Republik einen heißen Energiefrühling bescheren. Denn Nuklearstrom anstelle von Elektrizität aus fossil befeuerten Kraftwerken mindert nicht nur den Ausstoß von Kohlendioxid. Dieses Gas entsteht überwiegend bei der Verbrennung von Kohle, Öl und Erdgas und trägt entscheidend zur Aufheizung der Erdatmosphäre bei. Die Vermeidung von Kohlendioxid-Emissionen mit Hilfe der Kernkraft brächte nach dieser Rechnung sogar Gewinn.

Mit der Neuauflage der Kernenergiedebatte werden es die IKE-Leute trotzdem nicht leicht haben, wenn die Bonner Parlamentarier voraussichtlich im März über die künftige Energiepolitik beraten. Denn die Mehrzahl der über 100 Gutachten zur künftigen Energiepolitik, die zur Zeit in Bonn unter Verschluß liegen, geht in eine andere Richtung. Der Tenor:

- Energiesparen ist die preiswerteste Energiequelle, denn das größte Kohlendioxid-Minderungspotential steckt in der rationellen Energieverwendung.
- Erneuerbare Energiequellen sind zur Zeit noch nicht wirtschaftlich, möglicherweise aber in Zukunft.
- Mit schärferen Vorschriften, neuen Energiekonzepten, dem Abbau von Energiesparhemmnissen und marktkonformen Abgaben auf Kohlendioxid ließe sich der Kohlendioxidausstoß spürbar senken.

Das Freiburger Öko-Institut, als Gutachter mit von der Partie, hat sogar ein vollständiges Energiewendeszenario ohne Atomkraft veröffentlicht. Nach dem für die Grünen erstellten Plan könnte die Kohlendioxid-Emission von knapp 800 Mio t 1990 auf rund 470 Mio t im Jahre 2010 sinken. Das wäre ein Drittel des Wertes, den Prognos als Trend – ohne wesentliche Änderungen in der Energiepolitik – errechnete.

An Möglichkeiten, diesen Wert zu unterschreiten, mangelt es auch den meisten anderen Gutachten nicht. Mehr noch, die Bundesrepublik Deutschland könnte sich mit Hilfe der vorliegenden Empfehlungen weltweit zum Vorreiter bei der Kohlendioxid-Minderung entwickeln.

Zumindest in den nächsten 15 Jahren würden allein Umstellungen bei den fossil befeuerten Kraftwerken „einen wesentlichen Beitrag für die Eingrenzung negativer Klimaveränderungen" leisten. Zu diesem Ergebnis kommen die IKE-Leute in einem anderen Gutachten. Braunkohlenkraftwerke blasen mit 1,18 kg/kWh Strom weit mehr Kohlendioxid in die Luft als Anlagen, die Steinkohle (0,97 kg), Öl (0,85) oder Erdgas (0,53) verfeuern. Denn einen fossilen Brennstoff durch einen weniger kohlendioxidträchtigen zu ersetzen, das wäre konsequent, hätte aber schwerwiegende Auswirkungen auf die Energiemärkte. Während die Erdgasproduzenten sich freuen und die Preise erhöhen würden, stünden unter und über Tage bald viele Räder still, vor allem im Rheinischen Braunkohlenrevier (seit der Vereinigung sind auch die Reviere in Mitteldeutschland und in der Niederlausitz zu berücksichtigen). Wie weit das gehen kann, zeigt das Ultra-Szenario des Öko-Instituts. Die Freiburger würden die Braunkohlenförderung am liebsten von 33 Mio t SKE (Altländer) 1986 auf knapp 14 Mio t im Jahr 2010 zurückfahren. ...

Doch ist mit marktwirtschaftlichen Anreizen und ordnungspolitischen Mitteln auch ohne radikale Enteignung mindestens ebenso viel gegen die Aufheizung der Atmosphäre zu machen. Dies könnten etwa schärfere Wärmeschutz- und Bauvorschriften sein, vor allem auch für bestehende Gebäude. So sind transparente oder lichtundurchlässige Wärmedämmungen sowie neue Materialien und Systeme in der Lage, den jährlichen Heizbedarf in absehbarer Zukunft auf 40 kWh/m^2 Wohnfläche zu drücken. Das wäre ein Viertel des heute üblichen Wertes.

Die Folgen wären beeindruckend, meinen Wissenschaftler von der Forschungsstelle für Energiewirtschaft der TU München. Mit Hilfe „gravierender Spartechniken" könnte bis 2005 der Kohlendioxidausstoß bei der Raumheizung um etwa 42 % und bei der Warmwasserbereitung um bis zu 57 % gesenkt werden. Langfristig dürfte – bedingt durch bessere Produktionsverfahren – auch die Sonnenenergie einen erklecklichen Beitrag zur Kohlendioxid-Minderung leisten. Nach den Münchner Untersuchungen hat bei den Solarzellen, die Licht direkt in Elektrizität umwandeln, der entscheidende Durchbruch gerade stattgefunden. Anders als noch vor einigen Jahren erzeugen sie heute aus Sonnenlicht mehr Strom als zu ihrer Herstellung Energie nötig ist. ...

Daß sich erneuerbare Energiequellen und Energiespartechniken von alleine schnell genug durchsetzen, wird von den Gutachtern der Enquete-Kommission einhellig bezweifelt. Dafür ist das Ziel einer 20 %igen Minderung des Kohlendioxid-Ausstoßes, wie sie die Klimakonferenz im kanadischen Toronto 1988 für das Jahr 2005 weltweit anvisiert, zu hoch gesteckt. Das Institut für Wirtschaftsforschung in Berlin und das Energiewirtschaftliche Institut an der Universität Köln kommen nach Durchsicht aller vorliegenden Energieszenarien zu dem Schluß, daß „ohne politische Interventionen die Kohlendioxid-Emissionen stark ansteigen werden. Mit politischen Interventionen ist der Trend aber umkehrbar."

Daß Vorschriften und Förderprogramme einiges bewirken können, hat das Ifo-Institut für Wirtschaftsforschung in München im Auftrag der Enquete-Kommission ausgerechnet: In der Bundesrepublik Deutschland nahmen die Kohlendioxid-Emissionen im Zeitraum von 1978 bis 1987 um etwa 8 % weniger zu als dies ohne staatliche Vorschriften und Investitionsförderung der Fall gewesen wäre. (Nach: R. Böhmer, in: Wirtschaftswoche, 16.2.1990)

Luftverschmutzung und Umweltschutz in der DDR

Verfassung der DDR, Artikel 15 (Neufassung 1968)

1) Der Boden der DDR gehört zu ihren kostbarsten Naturreichtümern. Er muß geschützt und rationell genutzt werden. Land- und forstwirtschaftlich genutzter Boden darf nur mit Zustimmung der verantwortlichen staatlichen Organe seiner Zweckbestimmung entzogen werden.
2) Im Interesse des Wohlergehens der Bürger sorgen Staat und Gesellschaft für den Schutz der Natur. Die Reinhaltung der Gewässer und der Luft sowie der Pflanzen- und Tierwelt und der landschaftlichen Schönheiten der Heimat ist durch die zuständigen Organe zu gewährleisten und darüber hinaus auch Sache jedes Bürgers.

„Diese Schornsteine, die wie Kanonenrohre in den Himmel zielen und ihre Dreckladung Tag für Tag und Nacht für Nacht auf die Stadt schießen, nicht wie Gedröhn, nein, sachte wie Schnee, der langsam und sanft fällt, der die Regenrinnen verstopft, die Dächer bedeckt, in den der Wind kleine Wellen weht. Im Sommer wirbelt er durch die Luft, trockener, schwarzer Staub, der dir in die Augen fliegt. Nur die Fremden bleiben stehen und reiben sich den Ruß aus den Augen. Die Einwohner von B. laufen mit zusammengekniffenen Lidern durch ihre Stadt, du könntest denken, sie lächeln. Und diese Dünste, die als Wegweiser dienen könnten. Bitte gehen Sie geradeaus bis zum Ammoniak, dann links bis zur Salpetersäure. Wenn Sie einen stechenden Schmerz in Hals und Bronchien verspüren, kehren Sie um und rufen den Arzt, das war dann Schwefeldioxid. Und wie die Leute ihre Fenster putzen. Jede Woche, jeden Tag am besten. Überall saubere Fenster bei diesem gotterbärmlichen Dreck. Sie tragen weiße Hemden, weiße Strümpfe die Kinder. Das mußt du dir vorstellen, mit weißen Strümpfen durch schwarzes, schmieriges Regenwasser ... Weiße Pullover werden hier am liebsten gekauft, hat die Verkäuferin gesagt. Fahr mal, guck mal - ich gucke mir die Augen aus dem Kopf, überall dieser Dreck. Wenn du die Zwerge aus dem Kindergarten in Reih und Glied auf der Straße triffst, mußt du daran denken, wie viele von ihnen wohl Bronchitis haben.

(Monika Maron: Flugasche. Frankfurt am Main, 1981, S. 16).

Bitterfeld - Schwerpunkt des EG-Umweltschutzes

EG-Präsident Jacques Delors begann seinen Besuch in den neuen Ländern der Bundesrepublik Deutschland in Bitterfeld. Es gelte nun den Frieden in Europa und der Welt zu sichern, sagte der Präsident in einer Ansprache. Dazu gehöre auch Frieden mit der Natur. „Wir müssen Formen des Wirtschaftens finden, die es erlauben, die Natur und vor allem die Gesundheit der Menschen zu erhalten". Er sei gekommen, um sich an Ort und Stelle einen persönlichen Eindruck vom Ausmaß der Umweltschädigung zu verschaffen. Die EG leiste Hilfe für Regionen mit besonderen Umweltproblemen und habe aus diesem Fond über 6 Mrd DM für die neuen Länder zur Verfügung gestellt.

„Ich werde mich dafür einsetzen, daß Bitterfeld zum Schwerpunkt der Umweltschutzhilfe der Gemeinschft wird! Sie sollen erfahren, was praktische Zusammenarbeit und Solidarität in unserer und Ihrer Europäischen Gemeinschaft bedeuten", unterstrich Jacques Delors.

Der stellvertretende Ministerpräsident des Landes Sachsen-Anhalt gab bekannt, daß im Raum Bitterfeld ein Zentrum für Umwelttechnologie entstehen werde. Es werde ein für Europa beispielhaftes Modell der ökologischen Sanierung von Gewerbeflächen und der Rekultivierung von Braunkohlentagebauen geschaffen.

Der Minister betonte, daß es jetzt darum gehe, die Hilfe der EG-Kommission, die sie mit dem gemeinsamen Förderkonzept in Höhe von 1,03 Mrd DM gewährt hat, in konkrete Projekte für Arbeitsplätze mit Zukunft umzusetzen. Mit Unterstützung durch den Bund wolle das Land Sachsen-Anhalt den Chemie-Standort Bitterfeld-Wolfen erhalten. (Aus: Mitteldeutsche Zeitung vom 6.6.1991)

T 223.2 Umweltschutz-Sofortprogramm des Gemeinschaftswerkes „Aufschwung Ost" 1991/92

Land	Mio DM	Land	Mio DM
Meckl.-Vorpommern	95,6	Sachsen-Anhalt	144,3
Berlin	62,3	Sachsen	238,5
Brandenburg	128,5	Thüringen	130,6

T 223.1 Emission von luftverunreinigenden Stoffen in ausgewählten Orten der DDR 1987

Bezirk	Staub (kt)	Schwefeldioxid (kt)	Stickoxide (kt)	Kohlenmonoxid (kt)	Fluorverbindungen (t)	Schwefelverbindungen (t)	Chlor (t)	NH_3 und Amine (t)	Kohlenwasserstoffe (t)	Sonstige Schadstoffe (t)
Berlin	36,3	82,3	4,1	161,0	–	1	472	1	2 783	756
Cottbus	464,0	1 326,0	133,2	140,1	427	129	202	250	4 424	483
Dresden	223,8	512,4	30,8	327,7	261	3 242	48	66	5 658	273
Halle	549,4	1 103,7	62,9	404,8	877	9 141	4 962	3 231	64 495	15 114
Leipzig	262,1	1 026,7	42,5	213,5	193	8 061	43	887	19 593	2 163
Rostock	39,9	75,2	4,3	153,6	9	–	–	140	4 223	–
DDR	2 335,2	5 559,5	400,7	3 032,3	2 421	44 205	8 468	12 471	140 445	21 134

Nitratbelastung des Wassers

Zum 30. August 1985 wurde die Norm für den zulässigen Nitratgehalt im Trinkwasser von 90 auf 50 ml/m³ herabgesetzt. Am 1.1.1986 mußte das Gesundheitsamt von Weinsberg in Baden-Württemberg die Bevölkerung warnen, das Trinkwasser aus dem öffentlichen Leitungsnetz nicht mehr für die Säuglingsnahrung zu benutzen. Alle Betroffenen wurden aufgefordert, für Säuglinge nur noch abgepacktes Trinkwasser zu verwenden, das von den Städtischen Wasserwerken bereitgehalten wurde.

Nitrate sind zwar unerläßlich für den Nährstoffhaushalt und das Bodenleben, durch Düngung, insbesondere Stickstoffmineraldünger und Gülle, kommt es aber zur Auswaschung in das Grundwasser. Mit den üblichen Methoden der Aufbereitung kann der Nitratgehalt nicht gesenkt werden. Deshalb ist stark nitrathaltiges Wasser ungeeignet zur Trinkwasseraufbereitung. Nitrat kann sich im Körper zu Nitrit umwandeln und die Sauerstoffaufnahme behindern. Bei Säuglingen bis zu 3 Monaten kann dies Blausucht, eine Sauerstoffunterversorgung des Gehirns, auslösen. Nitrite können sich auch im Darm mit Aminen aus der Nahrung zu stark krebserregenden Nitrosaminen verbinden.

Wassermangel?

Mit zunehmendem Verbrauch in den Haushalten und in der Industrie kommt es in der Gegenwart immer stärker zu Schwierigkeiten, genügend Wasser von ausreichender Qualität für die verschiedenen Verbraucher bereitzustellen. Engpässe in der Wasserversorgung treten überwiegend in Ballungsgebieten auf, die zunehmend ihren Wasserbedarf nicht mehr aus dem eigenen Raum dekken können.

Dabei ist das **Wasserproblem** weniger ein **Mengen-** als ein **Qualitätsproblem,** das nicht von Natur aus gegeben ist, sondern durch die Verschmutzung des Wassers durch den Menschen herbeigeführt wurde.

Wassermangelgebiete für die menschliche Versorgung kann es nur in ariden Räumen, in Karstgebieten und bei natürlicher Versalzung geben. In den humiden Räumen des kühl-gemäßigten Klimas, insbesondere im maritimen Bereich, sind große natürliche Wassermengen vorhanden. Dies läßt sich leicht aus der Niederschlags- und Abflußmenge berechnen.

Fast bis in die Gegenwart konnte der Mensch den Wasserbedarf für sich und sein Vieh aus Seen, Flüssen, Quellen und oberflächennahen Brunnen schöpfen. Erst 1820 wurden in England die ersten *Sandfilter* eingeführt, mit denen der natürliche Reinigungsprozeß technisch nachgeahmt wurde. Inzwischen hat sich die Wasseraufbereitungs- und Filtertechnik zu einer umfangreichen Industrie entwickelt.

Seit Mitte des 19. Jh. wurde in den Industrie- und Großstadträumen die **Wasseraufbereitung** immer dringlicher, weil immer häufiger lokale Cholera- und Typhusepidemien auftraten (z. B. 1893 in Hamburg). Bereits zu Beginn dieses Jahrhunderts konnte man das Wasser der größeren Flüsse nicht mehr direkt als Trinkwasser verwenden. Man ging zur **Uferfiltration** über, indem man aus flußnahen Brunnen das flußabhängige Grundwasser entnahm, das beim Durchsickern der Ufersande gefiltert worden war. Die nächste Stufe der Wasseraufbereitung mit chemischen und technischen Mitteln wurde durch Gesetz erst seit 1950 in der Bundesrepublik Deutschland eingeführt.

Wegen der starken Schadstoffbelastung der Oberflächengewässer und des oberflächennahen Grundwassers muß immer stärker auf *tiefes Grundwasser* mit noch sehr guter Qualität zurückgegriffen werden. Man reicherte das aufbereitete Wasser mit Grundwasser an, um durch Verdünnen der Schadstoffkonzentration die vorgeschriebenen Grenzwerte einhalten zu können. Aber bei stark verschmutzten Flüssen wie etwa der Elbe reicht die Uferfiltration inzwischen nicht mehr aus. Große flußnahe Wassergewinnungswerke mußten bereits aufgegeben werden. Ballungsräume sind gezwungen, ihren Wasserbedarf überwiegend aus Grundwasser-Tiefbrunnen oder Speichern in weit entfernten Räumen zu sichern, wie z. B. Stuttgart aus dem Bodensee.

Umweltproblem Grundwasserentnahme

„Während Bodenschichten im allgemeinen Inhaltsstoffe des Wassers von natürlicher Art und Menge abbauen können, versagt die Selbstreinigungskraft des Bodens gegenüber zivilisationsbedingten Beimengungen und Konzentrationen (Öle, Phenole, Schwermetall- und Cyanverbindungen, Pflanzenschutzmittel, radioaktive Stoffe). Die Wasserwerke sind nicht in der Lage, alle möglichen derartigen Verschmutzungen des Grundwassers durch Aufbereitung zu beseitigen. Der Schutz des Trinkwassers, unseres wichtigsten Lebensmittels, ist letztlich nur zu erreichen, wenn der Wasserkreislauf der Natur frei von schädigenden Einflüssen gehalten wird." (Aus: Trinkwasser für Hamburg. Hamburger Wasserwerke GmbH, 1983, S. 24)

Das **regenerierbare Grundwasser** eines Raumes steht in einem fließenden Gleichgewicht mit der Auffüllung durch die Niederschläge und dem unterirdischen Abfluß. Die **unterirdischen Wasserspeicher** in verschiedenen **Grundwasserstockwerken** stehen untereinander und mit den Oberflächengewässern in Verbindung. Die Kapazität eines **Grundwasserspeichers** ist von der geologi-

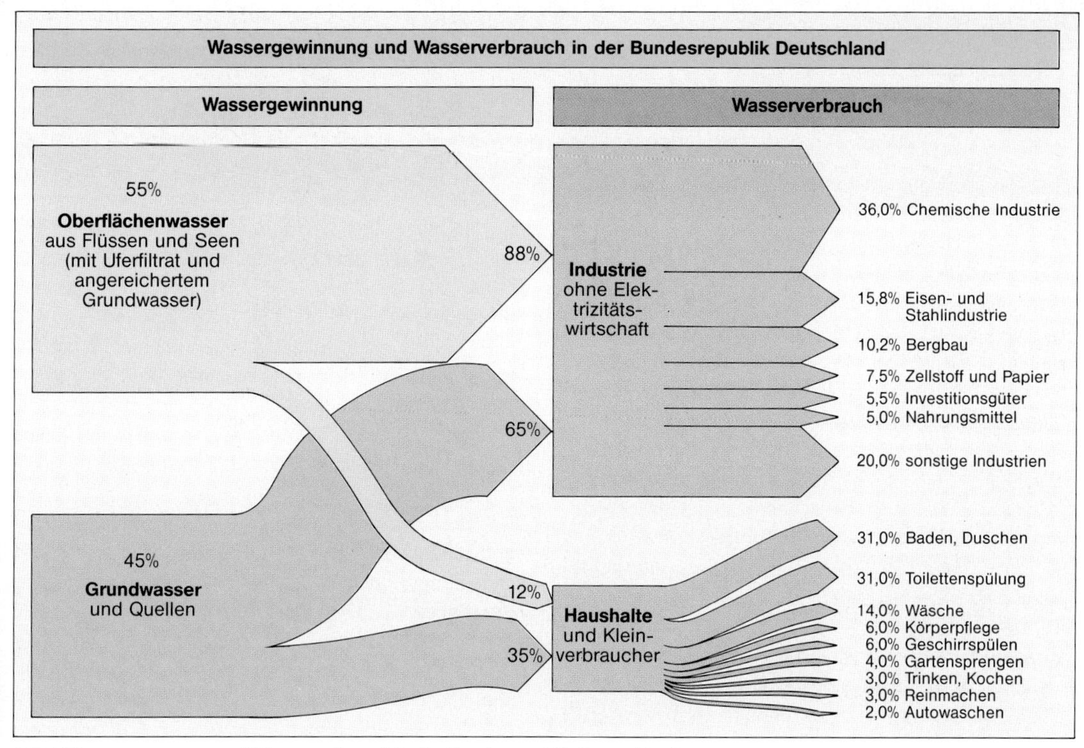

225.1 Wasserversorgung und Wasserverbrauch in der Bundesrepublik Deutschland

schen Struktur des Untergrundes abhängig. Bei großen Grundwasserspeichern wie den mächtigen glazialen Ablagerungen der Lüneburger Heide rechnet man damit, daß je ein Drittel des **Gebietsniederschlages** abfließt, von der Vegetation verbraucht wird und das Grundwasser auffüllt. Daraus ergibt sich die **theoretische Höchstmenge,** die einem Gebiet entnommen werden kann.

Bei den großen **Grundwassergewinnungswerken** (z. B. im Hessischen Ried, im Loisachtal, in den Bayerischen Alpen, im Fuhrberger Forst bei Hannover,in der Nordheide südlich von Hamburg) hat sich überall zweifelsfrei ergeben, daß durch das Abpumpen der **Grundwasserspiegel** gesunken ist, daß Fließwässer teilweise oder ganz trockenfallen, daß Quellen versiegen und daß der Vegetation durch die allgemeine Austrocknung schwere Schäden zugefügt worden sind.

Belastungen der Hydrosphäre

Die Eingriffe in Wasserkreislauf und -haushalt sind vielfältig: Oberflächenversiegelung durch Bebauung und Verkehrswege, Ausbau der Fließgewässer, besonders durch Begradigung, Wärmeeinleitung aus Kühlwasser, Eutrophierung, besonders der Seen, durch Phosphate, aber auch Düngung, Pflanzenschutz, Drainage und Trockenlegung von Feuchtbiotopen.

Die größte Belastung der Hydrosphäre geht aber von der Einleitung von Schadstoffen aus. Wenn es sich um leicht abbaubare Stoffe wie Fäkalien handelt, verbrauchen die Mikroorganismen sehr viel Sauerstoff. Das Gewässer kann wegen Sauerstoffmangel umkippen.

Auch die großen Salzfrachten aus industrieller Einleitung haben einige Flüsse, wie den Rhein sowie besonders die Elbe und die Weser, schwer geschädigt. Der Fischbestand ist stark reduziert, überlebende Fische leiden unter Krankheiten und Parasitenbefall. Viel gefährlicher sind aber organische Verbindungen und Schwermetalle, die von der Natur nicht abgebaut werden können, sich im Grundwasser und den Sedimenten der Flüsse, Seen und Meeresküsten ablagern und langfristig anreichern sowie in Nahrungsketten eindringen.

Fast alle Eingriffe führen dazu, daß die natürlichen Bedingungen der wasserbestimmten Ökotope gestört werden, die natürliche Artenvielfalt stark verarmt und der Nutzwert für den Menschen zunehmend vermindert wird.

1. Diskutieren Sie Notwendigkeit und Möglichkeit der Trennung von Trink- und Brauchwasser.
2. Informieren Sie sich über Wassergewinnung, -aufbereitung, Belastung mit Inhaltsstoffen und Klärung.
3. Erörtern Sie Probleme der Wasserversorgung von Ballungsgebieten.

Ökosystem Boden

Unser Boden – ein Mikrokosmos voller Leben,
– 30 cm, von denen wir leben

Ein gut gepflegter Kulturboden in den gemäßigten Breiten ist keine leblose Materie aus verschiedenen Mineralen. Diese Minerale bilden in den obersten 30 cm Bodenkrume nur die anorganische Grundsubstanz, in der ein zahlreiches und vielfältiges Bodenleben stattfindet. Es sorgt für Humusbildung und Zersetzung von organischem Material, um in einem großen, belebten Recycling aus Biomasse wiederverwertbare Pflanzennährstoffe freizusetzen und neues pflanzliches Wachstum zu ermöglichen. Der Boden ist vergleichbar mit einem gigantischen chemischen Aufbereitungswerk, in dem die Bodenbakterien jährlich eine von den Pflanzen des Festlandes produzierte Biomasse von 100 Mrd t Trockengewicht wieder in ihre Ausgangsbestandteile zerlegen.

In langer Evolution hat sich das Bodenleben im Rahmen der klimatischen Möglichkeiten zu einem sehr differenzierten, artenreichen und komplizierten System entfaltet, in dem alle Komponenten ganz eng miteinander verknüpft sind und gegenseitig voneinander abhängen.

Von großer Wichtigkeit ist der Säuregehalt bzw. pH-Wert des Bodens. Nur in einem sehr schmalen Bereich von schwach sauer bis schwach alkalisch kann sich Bodenleben optimal entfalten, und nur dort sind einige Metalle so festgelegt, daß sich ihre giftige Wirkung nicht entfalten kann.

Stirbt unser Boden?

Bodenvergiftung durch Blei in der Nähe bestimmter Industriestandorte hat in den letzten Jahren für Schlagzeilen gesorgt, weil dort plötzlich die Nahrungsmittel, sogar das Obst aus unbespritzten Hausgärten, gesundheitsschädliche Konzentrationen aufwiesen.

Durch Industrieanlagen, die neben gas- auch metallstaubhaltige Emissionen abgeben, kann es zum Niederschlag von Cadmium, Quecksilber, Arsen, Thallium, Nickel, Kupfer und Zink kommen. Davon sind zwar einige als Spurenelemente im Boden unverzichtbar, andere aber sind giftig, können von der Natur nicht abgebaut werden, dringen in die Nahrungsketten ein und reichern sich im Endverbraucher an.

Bodenleben

Die Welt der Bodenorganismen ist erstaunlich vielfältig und zahlreich: Auf einem Quadratmeter kann bis zu 2,5 kg Bodenleben vorhanden sein, also 25 t je Hektar. Zahlenmäßig dominieren im Bodenleben die Bakterien (bis zu 1 Billiarde je m^2), die vorwiegend die Mineralisation leisten. Strahlenpilze sind Zersetzungsspezialisten für den Holzstoff Lignin und das Insektenpanzermaterial Chinin. Diese sorgen für den typisch frischen Erdgeruch. Die echten Pilze (bis zu 1000 Mrd je m^2) bauen vor allem komplizierte Kohlen- und Stickstoffverbindungen ab und helfen bei der Humusbildung. Algen nehmen in der Mikroflora eine Sonderstellung ein, weil sie über Chlorophyll verfügen und sich so durch Photosynthese selbst versorgen können, sofern Licht vorhanden ist. Einige Blaualgen können sogar Stickstoff aus der Luft binden.

Tierische Einzeller wie Wimper- und Geißeltierchen brauchen zur aktiven Teilnahme am Bodenleben einen Flüssigkeitsfilm auf den Bodenkrümeln, in dem sie schwimmen können. Auch von den Fadenwürmern (Nematoden) kann es im Waldboden je m^2 bis zu 30 Mio geben. Unter den mehr als 1000 Arten gibt es einige pflanzenspezifische, die sich beim Anbau einer Kulturpflanze (z. B. Kartoffel) massenhaft vermehren und dann bei weiterem Anbau wachstumshemmend wirken und damit eine Monokultur dieser Kulturpflanze verhindern. Zu den weiteren Bodentieren gehören noch Milben, Springschwänze und Borstenwürmer, aber auch viele Asseln, Käfer- und Insektenarten. Von besonderer Wichtigkeit ist der Regenwurm, von dem es bis zu 4 t je Hektar geben kann. Er zerkleinert Tier- und Pflanzenreste, belüftet und drainiert den Boden und reichert als Erdfresser im Regenwurmkot den Boden mit pflanzenverfügbarem Kalium, Phosphor und Stickstoff an.

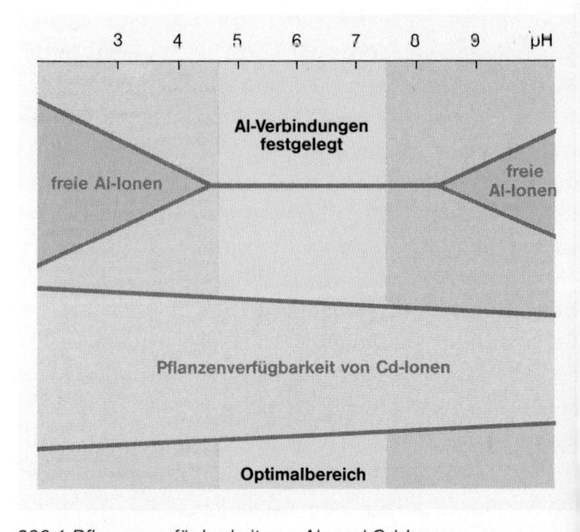

226.1 Pflanzenverfügbarkeit von Al- und Cd-Ionen

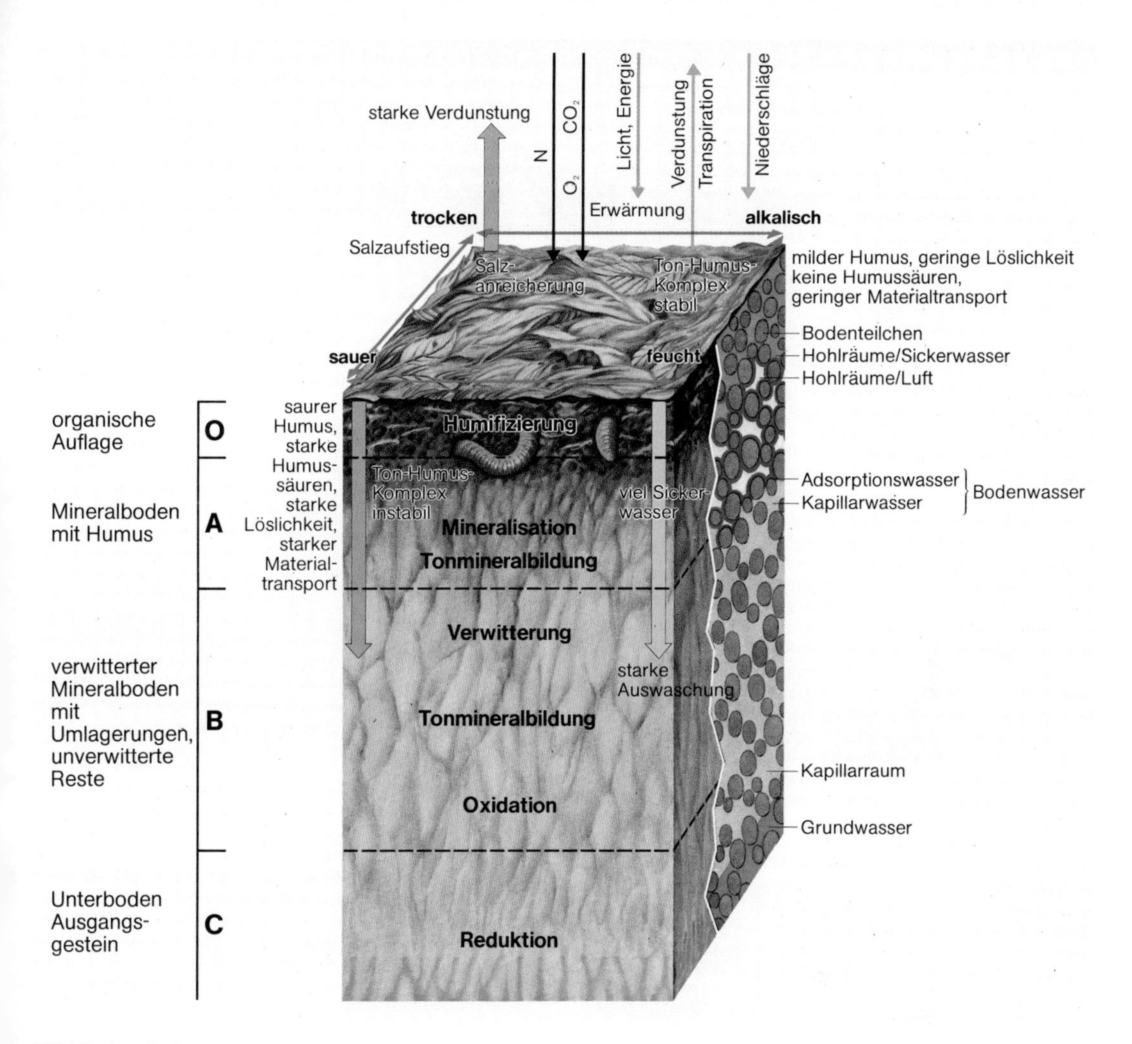

227.1 System Boden

Verwesung

Die Umwandlung der **toten Biomasse** im Boden erfolgt in drei Hauptschritten und führt zu zwei Produktgruppen, den **anorganischen Verbindungen (Mineralisation)** und den **Huminstoffen (Humifizierung).** Im ersten Umwandlungsschritt reagieren nur pflanzeneigene Stoffe miteinander, wie es z. B. in der herbstlichen Blattfärbung sichtbar wird.

Im zweiten Schritt werden die Pflanzenrückstände von den größeren Bodentieren zerkleinert und teilweise in den Boden eingearbeitet. Die chemische Zersetzung ist bis hierher noch gering.

Erst im dritten Schritt erfolgen die **Zersetzung** und **Umwandlung** durch die **Mikroorganismen.** Zuerst werden die leicht zersetzbaren Bestandteile wie Kohlehydrate, Stärke und Eiweiß zersetzt und dann viel langsamer die Zellulose und das schwer abbaubare Lignin.

Definition: **Boden** ist das mit Wasser, Luft und Lebewesen durchsetzte, unter dem Einfluß der Umweltfaktoren an der Erdoberfläche entstandene und eine eigene morphologische Organisation aufweisende Umwandlungsprodukt mineralischer und organischer Substanzen, das in der Lage ist, höheren Pflanzen als Standort zu dienen.

Mit Atmosphäre, Hydrosphäre, Biosphäre und Lithosphäre bildet der **Boden ein System,** das durch den Menschen beeinflußt wird und dessen Tun beeinflußt. Der Boden ist Lebensgrundlage und Lebensraum für Menschen, Tiere und Pflanzen, Teil der Ökosysteme mit ihren Stoffkreisläufen, besonders im Hinblick auf Wasser und Nährstoffhaushalt, prägendes Element der Natur und Landschaft.

(Bodenschutzkonzeption der Bundesregierung, 1985)

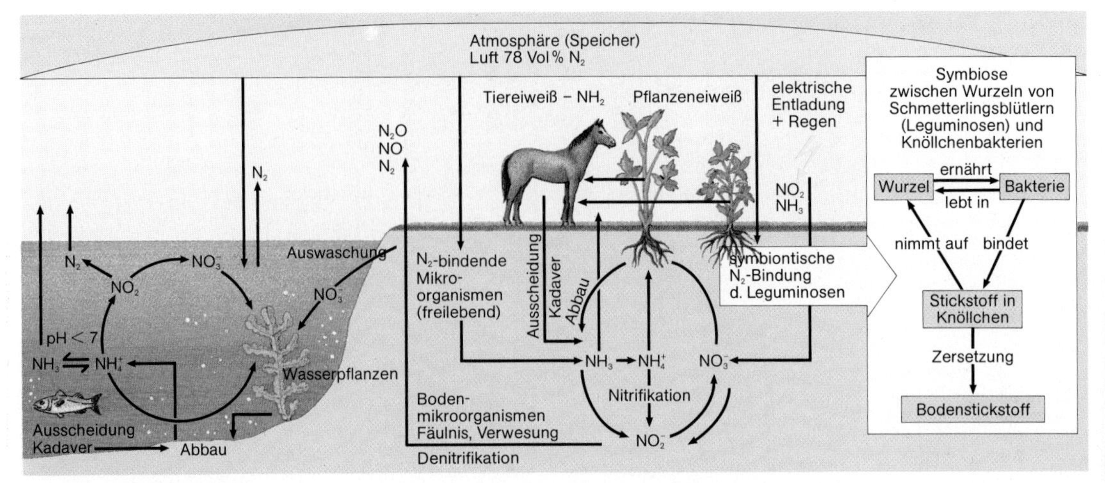

228.1 *Der Stickstoffkreislauf*

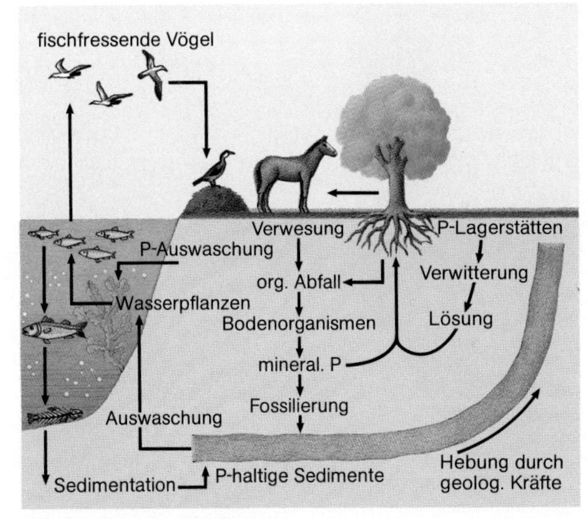

228.2 *Der Phosphorkreislauf*

Kohlenstoff- und Stickstoffkreislauf

Die Destruenten im Boden können nur arbeiten, wenn genügend Wasser, Luft und Wärme vorhanden sind. Ihre Arbeit hängt aber auch von der zu zersetzenden Substanz ab. Beim Abbau kohlenstoffhaltiger Pflanzen braucht die Mikrobe Stickstoff zum Aufbau von Körpereiweiß. Ist in dem Pflanzenrest nicht genügend Stickstoff vorrätig, so werden die Bodenreserven genutzt. Kann auch der Boden keinen Stickstoff mehr bereitstellen, stockt der Abbau, und das Mikrobenleben wird eingeschränkt. So kann es bei gutem Stickstoffgehalt doch zu Stickstoffmangelerscheinungen kommen, weil aller Stickstoff biotisch in der Körpersubstanz der Mikroben festgelegt ist. Stickstoffreiche Pflanzen wie Leguminosen, Kräuter und Gräser können daher weit leichter und schneller abgebaut werden als Nadeln und Heidekraut.

228.4 *Verquickung von Teilkreisläufen*

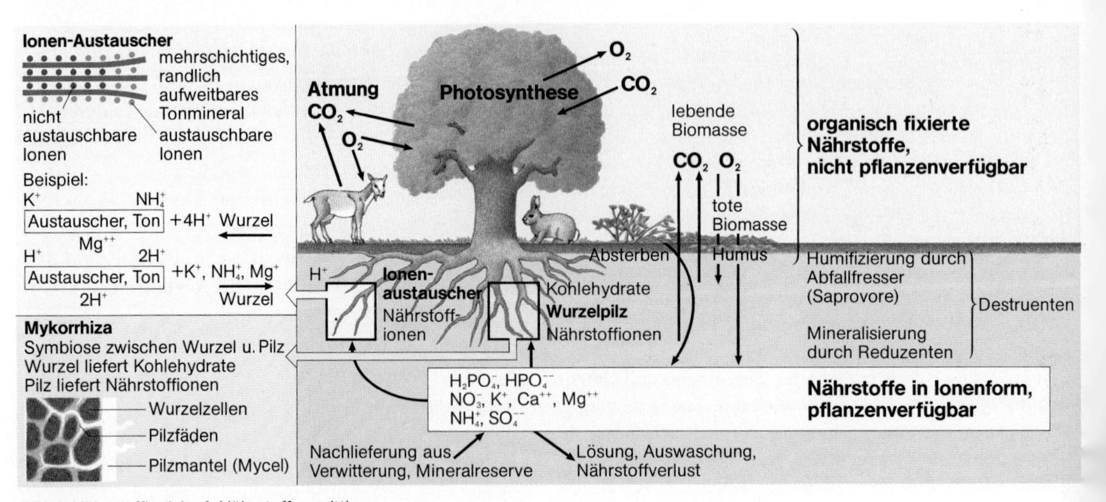

228.3 *Nährstoffkreislauf, Nährstoffvermittlung*

Bodenfruchtbarkeit

Ein Beispiel: Als im 19. Jh. die Mineraldüngung aufkam, begann man, die Böden zu kalken. Gerade die nährstoffarmen Böden auf glazialen Ablagerungen in Norddeutschland bestätigten zunächst durch gute Ertragssteigerungen die Richtigkeit der Kalkung. Aber schon bald traten Ertragsabfall und unbekannte Pflanzenkrankheiten auf. Wo lag der Fehler?

Die Kalkung erhöht den pH-Wert und vergrößert damit die Verfügbarkeit der noch im Boden vorhandenen Nähr- und einiger Spurenelemente. Bei anderen wie Kupfer wurde die Verfügbarkeit dagegen verringert, und die sehr geringen Reserven im Boden waren bald aufgebraucht. Das Gesetz vom Minimum führte zum langfristigen Mißerfolg der reinen Kalkdüngung. Erst Mineraldünger wie Hüttenkalk und Thomasphosphat mit großem Gehalt an Nähr- und Spurenelementen lösten dieses Düngungsproblem.

Bedeutung des pH-Wertes: Der pH-Wert ist ein ganz wichtiger Indikator für viele Bodeneigenschaften, weil praktisch alle *bodenbildenden Prozesse* und die *Verfügbarkeit der Nährstoffe* vom pH-Wert abhängig sind.

Von besonderer ökologischer Bedeutung ist die Tatsache, daß Bodeneigenschaften teils im niedrigeren und teils im höheren pH-Bereich ihre maximale Entfaltung erreichen. Durch diese Gegenläufigkeit ergibt sich ein ganz schmaler pH-Bereich, der optimale Bodenfruchtbarkeit und Wachstum ermöglicht. Diese Gegenläufigkeit verschiedener Bodeneigenschaften hinsichtlich der Fruchtbarkeit bewirkt aber auch die Stabilität des Gesamtsystems eines Biotops, in dem jede einseitige Wirkung verhindert wird und die Tendenz zu einem labilen Gleichgewicht vorherrscht, solange das System von außen nicht aus diesem schmalen optimalen Existenzbereich herausgedrängt wird.

Ton-Humus-Komplex, Krümelstruktur: Für die Bodenfruchtbarkeit spielen die Krümelstruktur und der Ton-Humus-Komplex eine wichtige Rolle. Durch die Tätigkeit der Bodentiere, insbesondere der Regenwürmer, entstehen *organo-mineralische Verbindungen,* die die Bodenteilchen zu sehr lockeren und großen **Krümeln** (0,3–3 mm Durchmesser) verbinden.

Der Ton-Humus-Komplex verfügt über eine sehr große *Ionen-Austauschkapazität* und eine gewisse Resistenz gegen Humusabbau. Die Krümel stabilisieren den Boden gegen Auswaschung und Erosion, vergrößern das Porenvolumen und besonders die Gesamtoberfläche, so daß Luft-, Wasser- und Austauschkapazität positiv beeinflußt werden. Dies wirkt wiederum positiv auf das Bodenleben zurück und verstärkt so auch die Humusbildung.

1. Weisen Sie anhand der Materialien die negative Wirkung reiner Kalkdüngung und die positive Wirkung mineralischer Volldünger nach.
2. Nährstoffe können von Pflanzenwurzeln nur in Ionenform aufgenommen werden. In dieser Form unterliegen sie aber auch der größten Gefahr zur Auswaschung. Wie hat die Natur dieses Problem der Nährstoffgefährdung gelöst? Wie stört Nutzung das natürliche sensible System?
3. Versuchen Sie, die hier dargestellten Teilkreisläufe mit dem Sauerstoff- und Kohlenstoffkreislauf zu einem Gesamtschema zu verbinden.

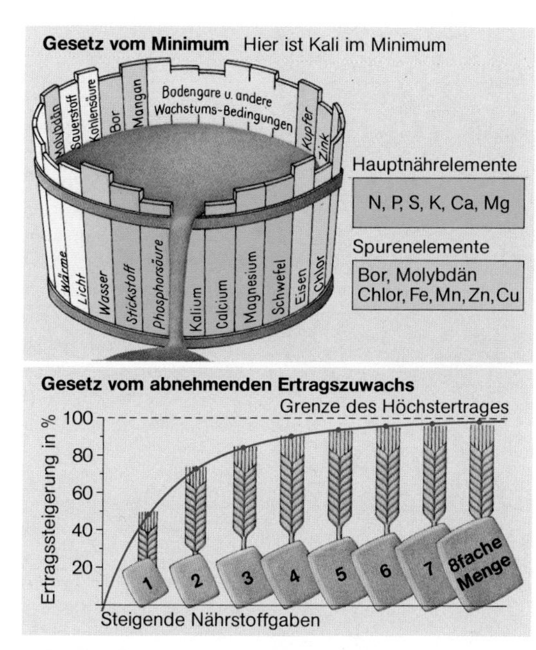

229.1 Zwei Gesetze des Wachstums

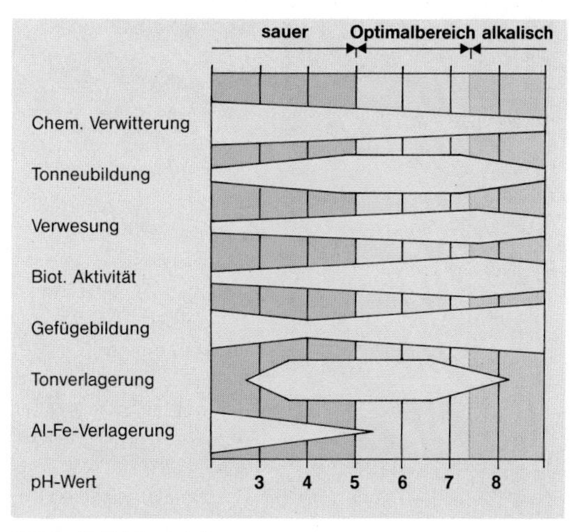

229.2 pH-Abhängigkeiten

Podsol – Bleicherde

Als klimaabhängiger Bodentyp kommt der Podsol in der humiden, kühlgemäßigten Zone der borealen Nadelwälder vor. Aber auch auf den sandigen glazialen Ablagerungen des warmgemäßigten Klimas ist der Podsol substratbedingt weit verbreitet.

Die klare Horizontdifferenzierung und deutliche Farbabstufung sind Folgen des Materialtransportes bei der Bodenbildung. Im A-Horizont finden Lösung und Auswaschung statt, im B-Horizont wegen des nach unten wieder ansteigenden pH-Wertes Ausfällung und damit Anreicherung. Die charakteristischen Färbungen bewirken die dunklen Humusstoffe und das rote Eisenoxid. Tonminerale werden nicht nur verlagert, sondern in dem sauren Milieu auch zerstört.

Bildungsbedingungen:

kühlgemäßigtes, humides Klima, borealer Nadelwald, wasserdurchlässiges Bodensubstrat. Bedingungen, die die Podsolierung fördern bzw. verstärken: nährstoffarmes Bodensubstrat, Rohhumusbildung durch Streu von Nadelbäumen und Heide, sehr hohe Niederschläge mit vollständiger Versickerung

Eigenschaften:

Überwiegend grobe Poren auf Grund der vorherrschenden Korngrößenzusammensetzung, daraus folgen guter Lufthaushalt, gute Wasseraufnahmefähigkeit, aber meist geringe Wasserspeicherkapazität bei allerdings geringem Totwasseranteil.

Nährstoffarmut (Mangel an Tonmineralen, wenig Humus), niedriger pH-Wert (Auswaschung von Kalk), dadurch eingeschränktes Bodenleben, Rohhumus mit starken Humussäuren. Dabei verstärken sich die Faktoren Rohhumusbildung, wenig aktives Bodenleben und niedriger pH-Wert wechselseitig.

Geringe Ionen-Austauschkapazität, meist Einzelkorngefüge, kaum Krümelstruktur wegen des Mangels an Tonmineralen und neutralem wie basischem Humus.

Verfestigung im B_h-Horizont bis zu Ortstein, mit teils positiven Folgen für den Wasserhaushalt im Oberboden, aber sehr negativen Folgen für das Wurzelwachstum. Der Podsol zeigt so eine Tendenz zur Selbstverstärkung.

Durch Kalkung zur geringen Anhebung des pH-Wertes, gute Nährstoffversorgung und intensive Humuswirtschaft mit Grün- und Stalldung kann der Podsol beträchtlich verbessert werden und einen durchaus mittleren Ackerboden abgeben, der sich auf Grund der physikalischen Struktur meist durch eine leichte Bearbeitbarkeit auszeichnet.

Parabraunerde – Fahlerde – Sol Lessivé

Die Parabraunerde ist ein in den gemäßigt-humiden Klimaten Eurasiens und Amerikas weit verbreiteter Bodentyp. In Deutschland ist die Parabraunerde sehr häufig zu finden in den Lößgebieten, den nord- und süddeutschen Jungmoränenlandschaften, auf glazialen Schottern Süddeutschlands, auf lehmigen Sanden in Norddeutschland und gelegentlich auch auf Auelehmen.

Bildungsbedingungen:

Das charakteristische Merkmal besteht in der Tondurchschlämmung, die im A_l-Horizont (l von lessiver, franz. waschen) zur Tonauswaschung und im B_t-Horizont (t von Ton) zur Toneinschlämmung führt. Im A-Horizont überdeckt die dunkle Färbung durch die Humusstoffe die Rotfärbung durch Eisenoxid, die dann im B-Horizont dominiert. In den Bodenbildungsprozessen besteht eine starke Verwandtschaft zur Braunerde, die aber keine Tonverlagerung zeigt.

Eigenschaften:

Geringer Tongehalt im A-Horizont, guter bis hoher Tongehalt im B_t-Horizont, Bildung neutraler und basischer Humusstoffe mit reichem Bodenleben bei oft guter Krümelstruktur, Teilchen des B-Horizontes sind mit Tonhäutchen überzogen, Luft- und Wasserhaushalt im A-Horizont sind günstig, im B-Horizont ist wegen der weniger großen Poren und des hohen Tonanteils eine große Wasserspeicherkapazität gegeben. Humusgehalt im A-Horizont und Tonanteil im B-Horizont sorgen für eine recht große Ionen-Austauschkapazität.

Bei günstiger Bodenart, wie z. B. Lößlehm, werden auf Parabraunerden Erträge erzielt, die denen auf Schwarzerden kaum nachstehen.

Schwarzerde – Tschernosem

Die Schwarzerden sind die fruchtbarsten und stabilsten Böden der Erde. Sie haben ihr Hauptverbreitungsgebiet in den Steppen Eurasiens und Nordamerikas. Auf kalkhaltigem Löß kommen sie aber auch bis in gemäßigt-humide Klimagebiete vor. Die schwarzerdeähnlichen Bördeböden um Erfurt, Halle, Magdeburg und Hildesheim sind unter anderen Klimabedingungen entstanden und entwickeln sich heute zu Parabraunerden.

Bildungsbedingungen: Die Bildungsbedingungen bestehen in einer besonders günstigen Konstellation mehrerer Faktoren: kalkreiches, lockeres Ausgangsgestein, kontinentales, semiarides bis semihumides Klima, Steppenvegetation und Steppentiere. Der hohe Kalkgehalt sorgt für einen günstigen pH-Bereich mit hoher Nährstoffverfügbarkeit und reichem Bodenleben sowie milder Humusbildung. Das kontinentale Klima be- bzw. verhindert im Sommer wie im Winter einen raschen Abbau der Biomasse und eine vollständige Mineralisation. Die semiariden und semihumiden Bedingungen ermöglichen weder Tondurchschlämmung noch Auswaschung, aber auch keine Salzanreicherung im Oberboden. Die artenreiche Steppenvegetation liefert in einer kurzen Vegetationsperiode viel Biomasse, die gut humifizierbar ist. Steppentiere wie Ziesel und Hamster durchwühlen ständig den Boden und arbeiten Biomasse tief in den Boden ein, ihre Gänge und Baue verbessern den Luft- und Wasserhaushalt. Die Bodentiere, insbesondere der Regenwurm, stabilisieren die Humusbildung, in dem sie organische Substanz in höhermolekulare umwandeln, diese intensiv mit Mineralteilchen vermischen und teilweise sehr stabile organo-mineralische Verbindungen bilden.

Eigenschaften: Günstiger pH-Wert, hoher Tongehalt, auch im A-Horizont 15–40%, hoher Humusgehalt von 2–15% bei sehr günstiger Humusform, sehr hohe Ionen-Austauschkapazität, sehr günstiger Luft- und Wasserhaushalt (Gesamtporenvolumen von bis zu 50% des Bodens). Die Wasserkapazität ist so groß, daß bis zu 200 mm Niederschlag in 1 m Boden pflanzenverfügbar gespeichert werden können. Bei Ackernutzung wird die Schwarzerde meist langsam degradiert, weil sich durch die Bearbeitung der mikrobielle Abbau beschleunigt und somit der Humusgehalt abnimmt, und weil sich die physikalische Struktur durch Einschlämmung und Verdichtung verschlechtert.

Latosole

Die Böden der Tropen haben meist eine sehr lange und ungestörte Entwicklung bei gleichbleibenden Klimabedingungen durchlaufen. Unter tropischen Bedingungen haben die physikalischen und chemischen Prozesse zu einer tiefgründigen und vollständigen Umwandlung des ursprünglichen Mineralbestandes und oft auch der Mineralstruktur geführt. Sogar Silikate werden unter tropischen Verwitterungsbedingungen zersetzt, und die lösliche Kieselsäure wird zusammen mit den Alkali- und Erdalkalianteilen fast vollständig ausgewaschen. Überwiegend sehr einfach gebaute Minerale bilden den Hauptbestandteil der Latosole: Aluminium-, Silizium- und reichlich Eisenoxide sowie die am einfachsten gebauten Tonminerale wie Kaolinit.

Eigenschaften: undeutliche Horizontdifferenzierung, diffuse Übergänge zwischen den Horizonten; rote bis rotbraune Farbe im Oberboden, oft rot-gelbe im Unterboden; geringer Humusgehalt des Oberbodens; hohe Porosität und Permeabilität (Durchlässigkeit); niedrige Ionen-Austauschkapazität; wenig austauschbares, pflanzenverfügbares Aluminium wegen der geringen Austauschkapazität und der Festlegung im Aluminiumoxid; oft mäßige bis geringe Fruchtbarkeit. In den *wechselfeuchten Tropen* bilden sich Latosole, die oft über eine günstige physikalische Struktur verfügen und bei schonender Bodenbearbeitung, möglichst ohne Pflügen und mit ständiger Bedeckung, recht gute Ackerbaumöglichkeiten bieten. In den *trockenen Randtropen* ist die Gefahr der Winderosion im Ackerland sehr groß. In den semihumiden Bereichen neigt der Latosol bei totaler Freilegung zur Verhärtung, zur Lateritisierung. In den *immerfeuchten Tropen* kann es in Latosolen auch unter natürlichen Bedingungen zur Lateritisierung kommen, d. h. es bilden sich stark verfestigte Horizonte aus Eisenkonkretionen, die sich im Extremfall zu Lateritpanzern ausbilden können.

Unter *Ausnahmebedingungen* wie auf jungem Schwemmland und Vulkanasche bilden sich nährstoffreiche, sehr dunkel gefärbte Böden: die Vertisole und Andosole.

Beispiel für Schwermetalle: Cadmium

Die Verwendung von Cadmium in der industriellen Produktion ist heute weit gestreut: 30% zum Färben von Kunststoff und Lack, 20% in PVC gegen Alterung (z. B. in Kunststoffenstern), 20% im Rostschutz (Auto, Geräte), 5% werden legiert, z. B. im Lötzinn für Blechdosen. Proben aus Grünlandboden im Ruhrgebiet ergaben teilweise schon Cadmium-Werte zwischen 1,5–37 mg je kg Boden. Untersuchungen an Gemüsearten zeigten, daß bei stark belasteten Böden die Cadmium-Aufnahme in die Pflanzen weit überproportional steigt gegenüber weniger belasteten Standorten.

Im Anhang zur Bodenschutzkonzeption der Bundesregierung wird zum Cadmium nüchtern festgestellt:

0.	Stoff/Verbindung/Trivialname	Cadmium (Cd)
1.	Natürliche Gehalte in Geo- und Biosphäre	0,13 mg/kg (mittlerer Gehalt der Erdkurste) 0,1–1 mg/kg (lufttr. Boden) 0,05–0,2 mg/kg TS (Pflanze)
2.	Produktion/Verbrauch	Produktion (1980) 1 194 t; (1982) 1 030 t Verarbeitung 3 441 t (1980)/Inlandsverbrauch: (1980) 1 946 t; (1982) 1 502 t
2a.	Tendenz	weitgehend gleichbleibend
3.	Mengen in die Umwelt über Edintragspfade (t/a)	186–235
	Abluft	30–40 (1981); 79
	Abwasser, Schlämme	66 (1980); ca. 20 (incl. Klärschlamm: 5) (1982) ca. 45 (1979) (P-Dünger), 20 (1982);
	Agrochemikalien	Anwendungsverbot von Cd-Verbindungen als Pflanzenschutzmittel-Wirkstoff seit 1974
	Sonstiges	ca. 5, diffuse Quellen
4a.	Eintrag auf die Fläche	3,6 g–108 g/ha/a (ländliches Gebiet – Ballungsgebiet) 0,4 bis 3 mg/m²/a kurzzeitig: 36–100 mg/m²/a (Emittentennähe)
4b.	Austrag	1–26 g/ha/a (standortabhängig, Sickerwasser)
	(Grund-, Oberflächenwasser/Luft/ Ernteentzug)	1–3 g/ha und Ernte (max. 8 g/ha und Ernte)
5.	Geographische Bedeutung[1]	lokal ++bis+++ regional +bis++ überregional +
6.	Verhalten im Boden[1]	
	Persistenz	+++ (nicht abbaubar)
	Mobilität	+bis++ (pH-abhängig)
	Anreicherung	+++ (besonders in oberen Bodenhorizonten)
7.	Pflanzenverfügbarkeit[1]	++bis+++ (über die Wurzel, pH-abhängig)
8.	Eingang in die Nahrung	ja
	Aufnahme mit der Nahrung	0,284 mg/Person/Woche (0/ Wert)
9.	Wirkungscharakterisierung und -relevanz für den Menschen nach oraler Aufnahme (Boden/Nahrung)	Relevant, da über die Nahrung aufgenommen (insbesondere in Ballungsgebieten)
9a.	Toxikokinetik (Aufnahme, Verteilung, Metabolismus, Ausscheidung, Akkumulation)	Resorption kann bei Eisen-, Vitamin D- und Ca-Mangel erhöht sein. Langfristige Akkumulation, Spätfolgen. Kritische Cd-Konzentration: ca. 200 µg Cd/g in Nierenrinde (FG). t 1/2 biolog.: = 10–30 a. Mögliche Plazentaschädigung.
	ADI-Wert	n.b.
	Provisional Tolerable Weekly Intake	0,525 mg/Person (70 kg), 7 µg/kg KG
9b.	Spezielle Wirkungen	
	chronisch/akute Toxizität	letale Dosis: 30 mg (lösl. Salze)
	Kanzerogenität	$CdCl_2$-Aerosol nachgewiesen (Tierversuch, Langzeit-Inhalation)
	Mutagenität	nach hohen injizierten Dosen (Tierversuch)
	Teratogenität	Plazentaschädigung möglich
	Fetotoxizität	n.b.
10a.	Wirkungen (Ökotoxikologie) auf	
	Tier	Toxizität bei Fischen: mittel; LC_{50} für Forelle: oberhalb 10 µg/*l* (50 Tage)
	Pflanze	artspezifisch, Wachstumsminderung ab 3 mg/kg Boden
	Mikroorganismen	z. T.: Hemmung der Mineralisationsrate; Toxizität im Boden nachweisbar ab 3 mg/kg Boden
10b.	Spezielles Verhalten in Organismen[1]	
	Anreicherung im Lebewesen	++bis+++ (Meerestiere, Pilze)
	Anreicherung in der Nahrungskette	++bis+++
11.	Besondere Probleme bei der Analysemethodik/Meßtechnik	keine
12.	Besonderheiten	Flächendeckende Bodenuntersuchungen fehlen Gefährdung in Ballungsgebieten, Emittentennähe. Regelungen: TA Luft: 18,2 g/ha/a (umgerechnet) Klärschlamm V: 33,3 g/ha/a tolerierbarer Bodengehalt: ⟨3 mg/kg (lufttr.) Düngemittel V: 4 mg/kg (org.-min.-Misch dünger) Trinkwasser V: 0,006 mg/*l*

[1] + gering ++ mittel +++ hoch n.b. = nicht bekannt oder keine Angaben vorhanden

Schadstoffe für den Boden

Die größten Gefahren für den Boden ergeben sich aus dem **Eintrag** verschiedener **Schadstoffe,** deren Langzeitwirkungen weitgehend unbekannt sind. Von Schadstoffen muß man dann sprechen, wenn es sich um Stoffe handelt, die in den natürlichen Systemen nicht oder kaum vorkommen, für die die Natur keine Neutralisations- oder Abbauvorgänge entwickelt hat, und wenn die eingetragenen Mengen die natürlichen Vorkommen übersteigen.

Die Schadstoffe kommen vor allem mit dem Niederschlag aus Luftverunreinigungen in den Boden, aber auch aus der Düngung (Mineraldünger enthalten z. B. auch Cadmium), den Pflanzenschutzmitteln (indirekt über nicht abbaubare Umwandlungsprodukte) und dem Klärschlamm (Schwermetalle u. a.). Diesen flächenhaften Bodeneinträgen stehen die mehr punkthaften, aber nicht minder gefährlichen Bodeneinträge gegenüber: Austritt von Giftstoffen aus Mülldeponien, Verunreinigungen durch defekte Lagerung von Flüssigkeiten und Verseuchungen bei Unfällen in der Produktion und beim Transport. Die Schädigungen im Boden betreffen vorwiegend das Bodenleben, insbesondere die Mikroorganismen, und haben damit Einwirkungen auf die Humifizierung und die Mineralisation. Die Gefahr für höhere Lebewesen liegt vor allem in der langsamen **Anreicherung im Boden** und damit in einer schleichenden **Anreicherung in den Nahrungsmitteln und bei den Endverbrauchern.**

Die Gefahr der Anreicherung macht es so schwer, für den noch zulässigen Gehalt des Bodens an Schwermetall eindeutige Toleranzwerte oder Höchstmengen anzugeben, zumal die Wirkungsweise vieler Stoffe in den Organismen höherer Lebewesen nicht hinreichend bekannt ist.

Gülledüngung – Gülledeponierung

Bei flächenunabhängiger Massentierhaltung fallen zu allen Jahreszeiten so große Güllemengen an, daß der Boden als Gülledeponie mißbraucht wird und es zu Umweltbelastungen durch Auswaschen von Nitrat und Ammoniakverflüchtigung kommt.

„Problematisch und unverantwortlich sind sehr hohe Güllegaben zur Entleerung des Lagerraumes insbesondere im Sommer und Frühherbst mit anschließender Winterbrache." Folgende Maßnahmen werden empfohlen: Genaue Bemessung und richtiger Zeitpunkt der Mineral- und Gülledüngung, Nutzung bzw. biologische Festlegung des freigesetzten Stickstoffs durch Zwischenfruchtanbau und Strohdüngung, Konservierung von Güllestickstoff, vor allem im Winter, durch Nitrifikationshemmstoffe, Verminderung von Ammoniakverflüchtigung (Geruchsbelästigung) durch sofortiges flaches Einarbeiten in den Boden.
(Deutsches Maiskomitee 1985)

1. Zeigen Sie in allen Einzelstufen den Weg eines Schwermetalls wie Cadmium in der Umwelt.

2. Zeigen Sie an Beispielen auf, daß praktisch jeder zur Verunreinigung des Bodens beiträgt.

3. Leiten Sie aus den Eigenschaften des Systems Boden ab, daß eine Reinigung nicht möglich ist.

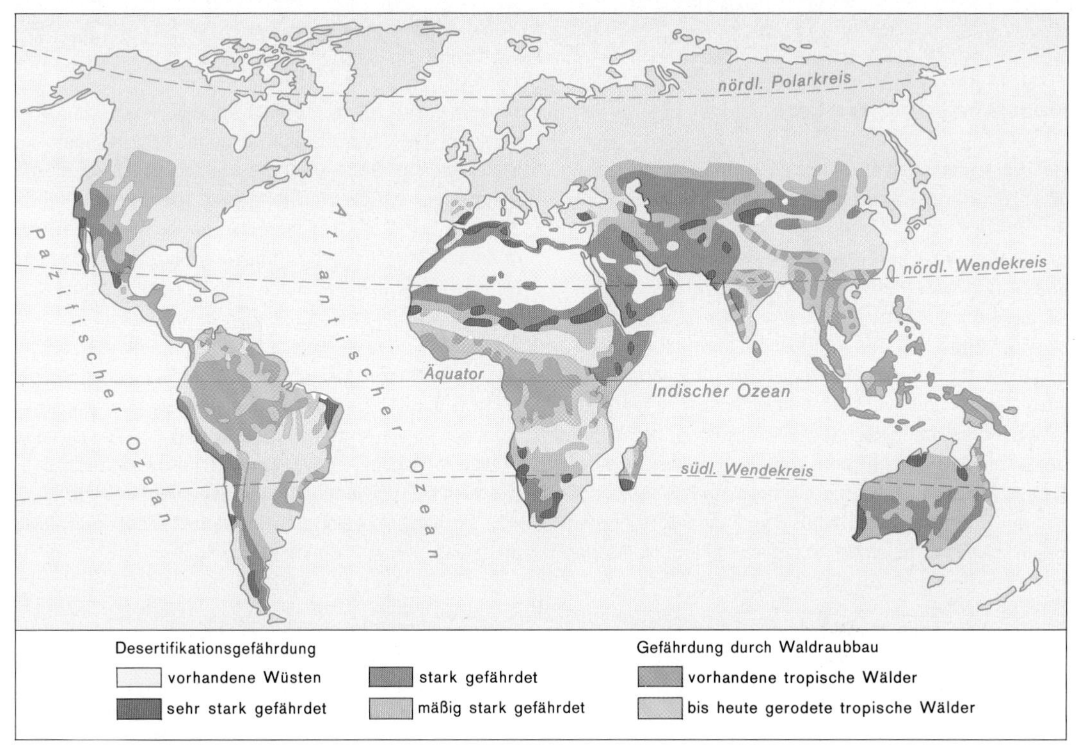

233.1 Weltweite Bodengefährdung

Bodengefährdung

Überall auf der Welt, wo Böden auf Grund von **Entwaldung** oder zur **Ackernutzung** ständig oder periodisch freigelegt werden, ist die Gefahr der Bodenerosion gegeben. Bei starkem Relief, periodischer Aridität, fehlender Krümelstruktur und hohem Feinanteil ist die Erosionsgefahr besonders groß.

In **Bewässerungsgebieten** unter ariden Klimabedingungen besteht eine weitere Gefahr: die **Versalzung.** Bei starker Verdunstung und ungenügender Durchspülung des Bodens werden Salze durch kapillaren Aufstieg an die Oberfläche transportiert und dort angereichert.

In den gemäßigten Breiten verfügen die Böden über die größte **nutzbare Bodenfruchtbarkeit.** Unter gemäßigten Klimabedingungen bilden sich mehrschichtige Tonminerale, stabiler Humus und ein reiches Bodenleben. Die physikalischen, chemischen und biologischen Prozesse werden weder zu stark unterbunden noch zu stark beschleunigt. Hier scheint die Variabilität innerhalb der natürlichen Toleranzgrenzen am größten zu sein.

4. Beschreiben und erklären Sie die Lage von Gebieten
a) mit besonders fruchtbaren und stabilen Böden,
b) mit großer Erosionsgefahr,
c) mit starken Versalzungserscheinungen.

SOS – Save Our Soils

Unter diesem Slogan fordert der Bund für Umwelt und Naturschutz Deutschland (BUND) ein Programm zur Rettung unserer Böden. Auch in der Bundesrepublik Deutschland ist die schleichende Bodenerosion eine ernste Gefahr. Bei Maisanbau können nach Schätzungen bis zu 200 t Boden je Hektar und Jahr verlorengehen. Das Max-Planck- Institut für Landarbeit und Landtechnik kommt nach gründlichen Untersuchungen zu der Auffassung, daß sich verstärkt Wachstumsschäden an Kulturpflanzen beobachten lassen, die auf ein gestörtes Bodenleben hinweisen. Möglicherweise sind die Mikroorganismen, insbesondere die Algen, Bakterien und Pilze, schon erheblich durch das Zusammenwirken von Versauerung und erhöhter Wirksamkeit giftiger Metalle geschädigt.

Auf einer UN-Sonderkonferenz wurde 1979 ein Aktionsplan gegen die zunehmende Bodenunfruchtbarkeit verabschiedet. Das Umweltschutzprogramm der UN (UNEP) richtet sich vor allem gegen die weltweite Ausbreitung der Wüsten.

Auch die Bundesregierung hat 1985 ein Bodenschutzkonzept vorgelegt, in dessen Vorwort festgestellt wird, „daß der Schutz des Bodens als zentrale Lebensgrundlage in der Vergangenheit nicht energisch genug betrieben wurde.“

Wasserhaushalt der Erde

Der Wasserhaushalt stellt eine zahlenmäßige Festlegung (Bilanzierung) des Wasserkreislaufs für die ganze Erde, für großräumige Gebiete oder für einzelne Flußgebiete dar. Die im Wasserkreislauf der Erde umgesetzten Wassermengen haben etwa ein Volumen von 473 000 km³. Der Umschlag erfolgt im Mittel rund 34mal im Jahr oder alle 10,8 Tage. Die Gesamtmenge nimmt dabei nicht zu und nicht ab, wenn das Klima der Erde über längere Zeit gleich bleibt und der Meeresspiegel über längere Zeit eine gleichbleibende Lage besitzt. Dann ist die mittlere Verdunstung (V_E) gleich dem mittleren Niederschlag (N_E). Daraus ergibt sich die Grundformel für den Wasserhaushalt der Erde: $V_E = N_E$. Da auf dem Festland nicht mehr Feuchtigkeit verdunsten und abfließen kann als Niederschlagswasser dem Kreislauf zugeführt wird, müssen der Abfluß (A) und die Verdunstung (V) zusammen im Mittel ebenso groß wie der Niederschlag (N) sein. Man nennt N = A + V die Wasserhaushaltsgleichung.

Bei der großräumigen Bilanzierung kann die Erdoberfläche in Nähr- und Zehrgebiete eingeteilt werden. In Nährgebieten ist der Abfluß A = N – V positiv, es gilt $N > V$. In Zehrgebieten wird dagegen kein Abfluß entstehen, hier gilt $N < V$. Andererseits treten auch Perioden auf, in denen ein Wasserüberschuß zu verzeichnen ist, dann gilt $N > A + V$. Im Boden wird Feuchte und im Grundwasserspeicher sowie in offenen, stehenden Gewässern eine Rücklage (R) gebildet. Sie kann in Zeiten des Wasserdefizits ($N < A + V$) wieder aufgebraucht werden (Aufbrauch = B). Daraus ergibt sich eine erweiterte Wasserhaushaltsgleichung: **N = A + V + (R – B).**

T 234.1: Wassermenge der Erde

	Wassermenge km³	Anteil %	Tiefe (m) bei gleichmäßiger Vertiefung über einen eingeebneten Erdkörper	Mittlere Verweildauer in Jahren
Gesamtmenge	1 454 193 000	100,0	2 851	–
Wasser im Meer	1 370 323 000	93,96	2 687	3 300
Grundwasser	60 000 000	4,12	117,6	5 000
(davon im Bereich des aktiven Wasseraustausches)	4 000 000	0,27	7,8	330
Wasser im Gletschereis	24 000 000	1,65	47,1	9 600
Wasser in Salz- und Süßwasserseen	280 000	0,019	0,55	8
Bodenfeuchte	85 000	0,006	0,17	1
Wasser in der Atmosphäre	14 000	0,001	0,0275	0,0295 (10,8 Tage)
Wasser in Flußläufen	1 200	0,0001	0,00235	0,0343 (12,5 Tage)

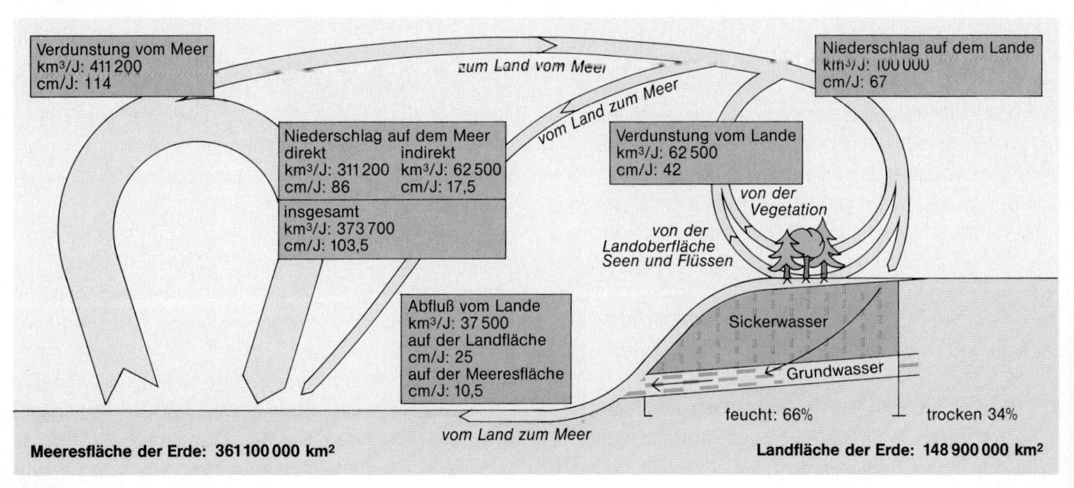

234.1 Wasserkreislauf für die Erde

Wasserhaushalt auf dem Festland

Das Wasser ist ein wichtiger ökologischer Faktor, der sowohl für Pflanzen und Tiere als auch für den Menschen Grenzen setzen kann. Da die Beziehung zwischen Niederschlag und Verdunstung eines Gebietes ein wesentlicher Klimafaktor ist, können wir den Hauptklimazonen drei Grundtypen des Wasserhaushalts zuordnen.

Humides Klima (humidus, lat.: feucht, naß): Der Jahresniederschlag ist im allgemeinen größer als die Verdunstung ($N > V$). Die Gebiete mit Wasserüberschuß sind Nährgebiete. Die Flüsse führen ganzjährig Wasser, es sind perennierende Flüsse (perenne, lat.: mehrjährig, ausdauernd). Im Boden überwiegt die abwärtsgerichtete Wasserbewegung, dabei entstehen Grundwasservorräte. Den Pflanzen steht ohne wesentliche Trockenperioden genügend Wasser zur Verfügung. Zu den humiden Klimaten gehören die tropischen und außertropischen Waldklimate sowie die Feuchtsavannenklimate.

Arides Klima (aridus, lat.: trocken, dürr): Der Jahresniederschlag ist im allgemeinen oder über längere zusammenhängende Perioden geringer als die Verdunstung ($N < V$), so daß die Niederschläge aufgezehrt werden und Wassermangel eintritt. Das Wasser bewegt sich deshalb im Boden vorwiegend aufwärts. Den Pflanzen steht Wasser nur in Feuchtzeiten zur Verfügung.

In diesen Zehrgebieten des Abflusses führen die Flüsse periodisch oder wie in den Halbwüsten episodisch (epeisodios, gr.: vorübergehend, dazwischengeschaltet) Wasser. Lange Zeit liegen die Flußbetten trokken, oder sie führen nur wenig Wasser. Während der Regenzeit kann der Wasserspiegel dagegen um mehr als 10 m ansteigen. Die Flüsse treten über die Ufer. Viele von ihnen erreichen nicht das Meer, sondern enden in Binnenseen (Endseen), die oft salziges Wasser enthalten oder in Salzsümpfe übergehen.

Um so größere Bedeutung haben die Ströme, die mit großen Wassermengen aus humiden Klimagebieten kommen und als Fremdlingsflüsse auch in den Trockengebieten immer Wasser führen. Die Steppen- und Wüstenklimate sowie das Klima der Dornsavanne sind arid.

Nivales Klima (nivalis, lat.: den Schnee betreffend): Die sommerliche Wärme reicht zum Auftauen von Schnee und Eis infolge der geringen Sonneneinstrahlung nicht aus. Es bleibt Schnee liegen, aus dem sich Eis bildet. Eine geschlossene Schneedecke und Gletscher bestimmen den Wasserhaushalt. Das nivale Klima umfaßt das Eisklima der Polaren Zone und der Hochgebirge.

Zwischen diesen Grundtypen des Wasserhaushalts gibt es viele Übergänge. Besonders die Gebiete, die durch Regenzeiten und Trockenzeiten gekennzeichnet sind, haben einerseits humide und andererseits aride Abflußverhältnisse. Man bezeichnet sie als **semihumid** (lat.: halbfeucht), wenn nur wenige Monate des Jahres trokken sind, und als **semiarid** (lat.: halbtrocken), wenn die trockenen Monate vorherrschen. Im Tundrenklima herrschen seminivale Abflußverhältnisse, d. h. während der kurzen Sommermonate hat der Wasserhaushalt humiden Charakter.

1. Erläutern Sie den globalen Wasserhaushalt.
2. Begründen Sie die Verbreitung des humiden, ariden und nivalen Klimas über die Erde.
3. Erläutern Sie die Lage von Fremdlingsflüssen und Endseen auf den Kontinenten.
4. Bestimmen Sie, wie sich der Summand (R – B) in Mitteleuropa in trockenen bzw. feuchten Sommern und innerhalb des Jahresablaufs verändert.
5. Lösen Sie die Wasserhaushaltsgleichung nach A auf und erörtern Sie die Fälle $A > 0$, $A = 0$, $A < 0$.

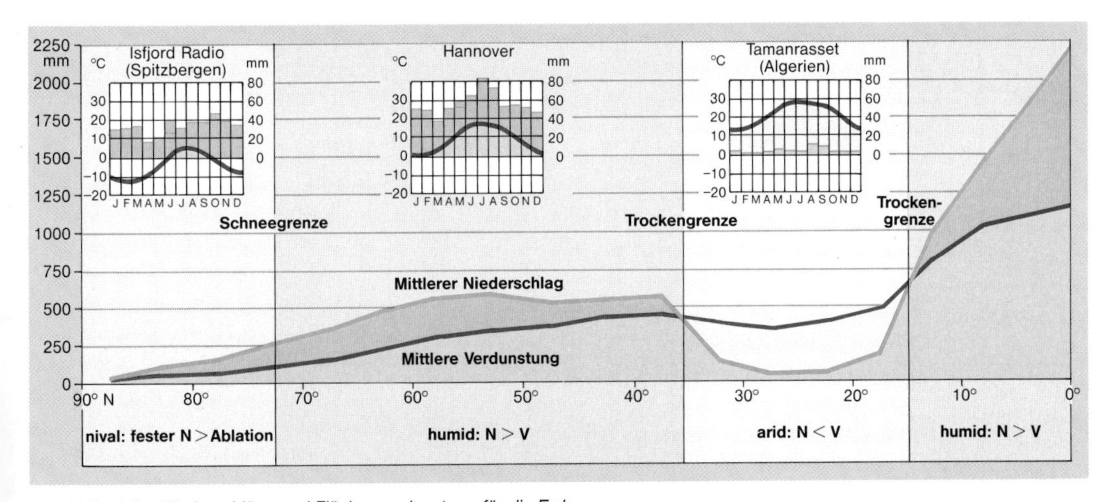

235.1 *Mittel der Niederschläge und Flächenverdunstung für die Erde*

Energiehaushalt der Erde

Strahlungshaushalt im System Erde – Sonne

Die Erde ist bis auf ihre Strahlungsbilanz ein geschlossenes System. Der Strahlungshaushalt wird durch die Sonneneinstrahlung und den Strahlungsverlust bestimmt. Bei diesem Energieaustausch innerhalb des Systems Erde – Sonne befindet sich die kurzwellige solare Einstrahlung mit der langwelligen terrestrischen Ausstrahlung, eingeschlossen die Reflexion kurzwelliger Strahlung, global im Gleichgewicht; anderenfalls müßte es an der Erdoberfläche zunehmend wärmer oder kälter werden. Regional und im jahreszeitlichen Gang der Sonneneinstrahlung sind erhebliche Unterschiede auf der Erde möglich.

Der gegenwärtige Ausgleich im Strahlungshaushalt schließt nicht aus, daß sich im Laufe der Erdgeschichte die energetische Durchlässigkeit der Atmosphäre im Bereich der Iono- und Stratosphäre verändert hat und daß demzufolge die thermischen und klimatischen Verhältnisse an der Erdoberfläche anders waren als in der Gegenwart.

Die Strahlenmenge der Sonne, die an der äußersten Grenze der Atmosphäre auftrifft, wird Solarkonstante genannt. Die absorbierten Energien werden überwiegend an der Erdoberfläche in langwellige Strahlung umgesetzt und an die Atmosphäre zurückgegeben, wobei ein Teil als sogenannte Gegenstrahlung nochmals zur Erdoberfläche zurückkommt. Diese Eigenschaft der Erdatmosphäre wird als Treibhauseffekt bezeichnet, weil die Lufthülle das einfallende kurzwellige Licht durchläßt, die ausgehende langwellige Wärmestrahlung aber größtenteils zurückhält.

Energiehaushalt des Meeres und des Festlandes

Die Temperaturverhältnisse des Meeres sind wesentlich anders als die des festen Landes. Die durchschnittliche Temperaturabnahme im Meerwasser vom Äquator zum Pol ist geringer als die des festen Landes oder der Luft. In den tropischen Meeren herrschen an der Wasseroberfläche Temperaturen um 25 °C, in den Polarmeeren Temperaturen um 0 °C. Außerdem sind die jahreszeitlichen Schwankungen der Wassertemperaturen sehr gering, sie betragen zumeist nur wenige Grade. Das Meer erwärmt sich nirgends so stark und kühlt sich nirgends so tief ab wie das Festland in der gleichen geographischen Breite.

Diese ausgeglichenen Temperaturverhältnisse haben verschiedene Ursachen:

1. Wasser hat eine sehr hohe spezifische Wärme. Um 1 g Wasser um 1 °C zu erwärmen, ist bei Normaldruck die Zufuhr von einer cal notwendig. Demgegenüber betragen diese Werte für z. B. Sand oder Ton nur 0,20 bis 0,22 cal. Somit ist Wasser ein guter Wärmespeicher.
2. Da die Wasserteilchen gegeneinander frei beweglich sind, können sie auf- und absteigen. So werden auch tiefere Wasserschichten erwärmt.
3. Die Energie der Sonneneinstrahlung dringt tiefer in das Wasser ein als in den Boden der Landflächen. Infolge der hohen Absorption im Wasser bleibt die Wirkung der Sonnenstrahlung aber auf die Wasseroberfläche beschränkt. Nur 38% der Strahlungsenergie dringen 1 m, nur 16% 10 m und nur 0,5% 100 m tief in das Wasser ein. Bei etwa 200 m Wassertiefe wird die eindringende Lichtintensität so gering, daß keine pflanzliche Produktion mehr möglich ist.

Aus diesen Gründen enthält das Wasser warmer Meeresräume große Wärmemengen. Werden diese warmen Wassermassen durch Meeresströmungen verfrachtet, so erfolgt damit der Transport großer Energiemen-

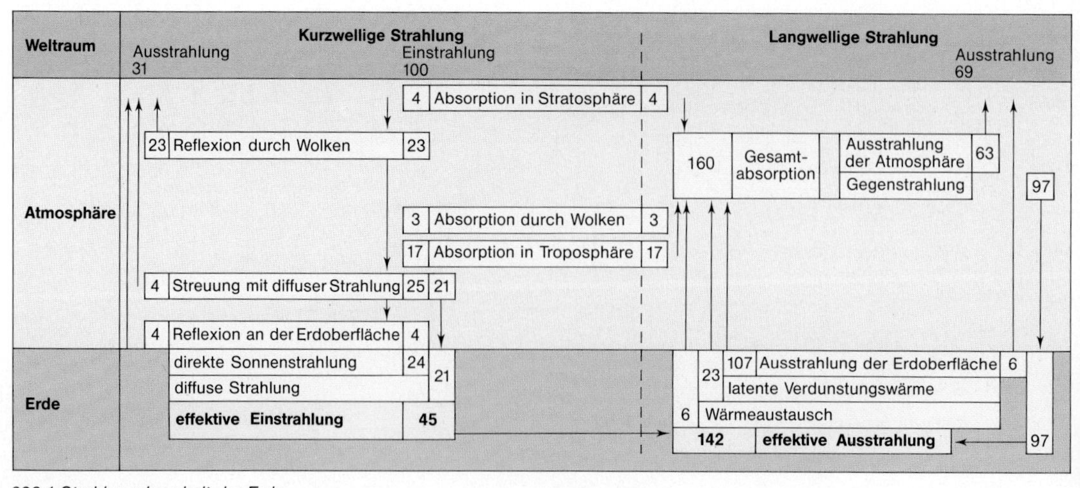

236.1 Strahlungshaushalt der Erde

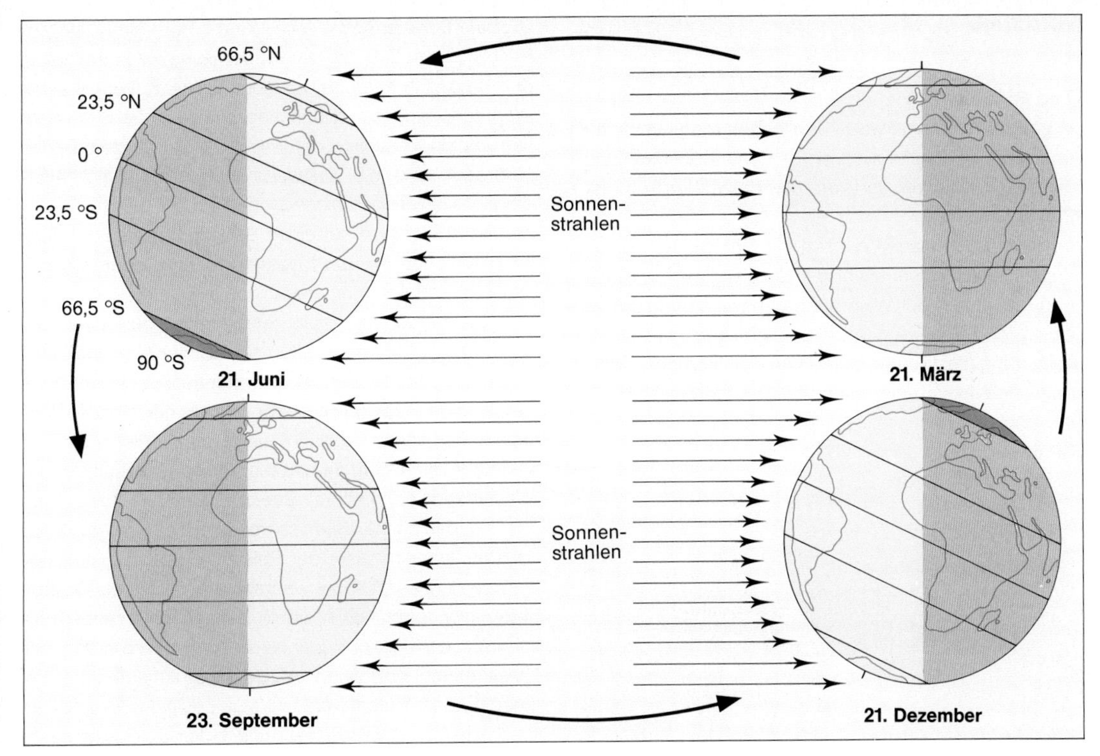

237.1 Beleuchtung der Erde

gen. Diese Erscheinung ist für Wetter und Klima auf der Erde von gravierender Bedeutung. Meeresströmungen und Zirkulation der Atmosphäre bewirken einen Temperaturausgleich zwischen niederen und höheren Breiten.

Auf Grund der Faktoren Erdrotation, Bewegung um die Sonne, Schiefe der Ekliptik und Kugelgestalt der Erde kommt es in verschiedener geographischer Breite und zu verschiedenen Jahreszeiten zu unterschiedlicher Beleuchtung der Erde. Daraus lassen sich fünf Beleuchtungsklimazonen mit charakteristischen Beleuchtungsverhältnissen ableiten. In den beiden Polarzonen steht die Sonne nie im Zenit, die jährlichen Schwankungen in der Tageslänge sind extrem groß, und die Sonnenhöhe ist gering. In den gemäßigten Zonen steht die Sonne ebenfalls nie im Zenit, die Schwankung der Tageslänge ist noch beträchtlich, aber die Sonnenhöhe nimmt zu, und sie ist großen Schwankungen (bis 47°) unterworfen. In der tropischen Zone steht die Sonne über jedem Breitenkreis zwischen den beiden Wendekreisen zweimal im Jahr im Zenit, die Tage sind fast gleichlang, und der Einstrahlungswinkel ist immer größer als 66,5°.

1. Erläutern Sie den Einfluß der o.a. Faktoren auf den Strahlungshaushalt.

2. Erklären Sie die tägliche Einstrahlung auf der Nordhemisphäre.

T 237.1: Tägliche Einstrahlung über der Nordhemisphäre zu verschiedenen Jahreszeiten in Ly (Langley = cal/cm²)

Nordbreite	0°	10°	20°	30°	40°	50°	60°	70°	80°	90°
a) An der Obergrenze der Atmosphäre										
21.Dezember	869	756	624	480	327	181	51	0	0	0
21.März	923	909	867	799	707	593	461	316	160	0
21.Juni	814	900	964	1005	1022	1020	1009	1043	1093	1110
23.September	912	898	857	789	698	586	456	312	158	0
b) An der Erdoberfläche										
21.Dezember	350	330	280	220	130	60	10	0	0	0
21.März	380	420	410	360	290	230	170	120	70	10
21.Juni	310	350	400	450	440	370	360	360	370	380
23.September	370	350	370	370	300	230	170	120	70	10

Tod im Treibhaus

In ganz Deutschland wie in den letzten Monaten heiter und sonnig. Tagestemperatur 29 °C, nachts Abkühlung auf 20 °C. So könnte der Wetterbericht für den Sommer 2050 lauten.

In Bayerns Biergärten suchen die Gäste unter Pinien und Zypressen Schutz vor der Sonnenglast, an Rhein und Mosel reift der Wein auch ohne Zuckergaben zu schwerer Süße. Und an die Ostfriesen, mit ihrem schwarz gefleckten Rindvieh von der Nordsee (sommerliche Wassertemperatur 22 °C) vertrieben, erinnern nur noch ein paar Witze – so könnte es aussehen im Deutschland des Jahres 2050.

(Der Spiegel, 4/1986)

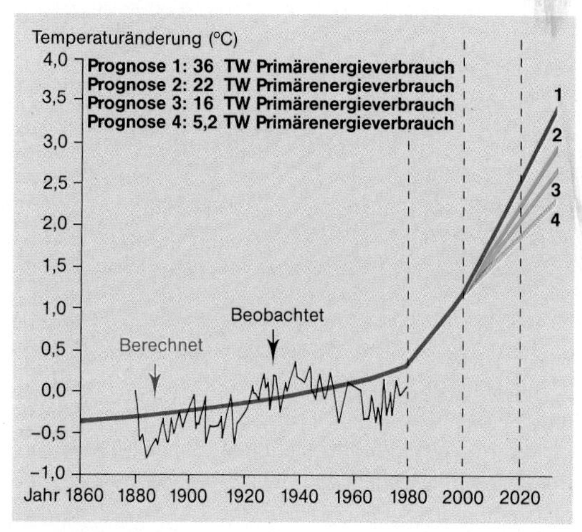

238.1 Temperaturverlauf

Globale Erwärmung

In den letzten 200 Jahren hat der Kohlendioxidgehalt in der Atmosphäre um 25% zugenommen. Er wird sich mit Wahrscheinlichkeit in den nächsten 100 Jahren sogar verdoppeln. Ursachen dafür sind der steigende Energieverbrauch und die weltweite Industrialisierung. Allerdings stellen die durch den Menschen freigesetzten Mengen an Kohlenstoff nur einen Bruchteil dessen dar, was im natürlichen Kreislauf des Kohlenstoffs durch Stoffwechselprodukte umgesetzt wird.

Die Vegetation bildet somit einen Speicher, der durch verstärkte Assimilation zusätzlich Kohlenstoff aufnimmt. Infolge der rasch zunehmenden Brandrodungen in tropischen Wäldern wird jedoch nicht nur mehr Kohlendioxid freigesetzt, sondern auch die Speicherwirkung verringert. Nun steht dem Kohlendioxid-Haushalt mit den Weltmeeren ein weiterer Speicher zur Verfügung. Man schätzt, daß 30 bis 40% des freigesetzten Kohlendioxids im Oberflächenwasser der Polarmeere physikalisch gelöst werden. Es ist sogar wahrscheinlich, daß die Ozeane wesentlich mehr Kohlendioxid aufgenommen haben. Allerdings weiß man nicht, wann die Pufferwirkung der Ozeane erschöpft sein wird, denn bei zunehmender Erwärmung der Polarmeere sinkt die Löslichkeit von CO_2.

Inzwischen wurde festgestellt, daß die Spurengase, Methan, chlorierte Kohlenwasserstoffe (Treibgase, Kühlmittel) und Stickoxide (aus Verbrennungsvorgängen und durch Einsatz von Stickstoffdünger) ebenfalls wärmeisolierende Eigenschaften haben und den Treibhauseffekt des Kohlendioxids verstärken.

In den gerodeten Savannen- und Waldregionen der tropischen Zone breiten sich massenhaft Termiten aus. Zugleich werden Rinderweidewirtschaftsbetriebe eingerichtet. Termiten und Rinder setzen durch Verdauungsvorgänge große Mengen Methan frei.

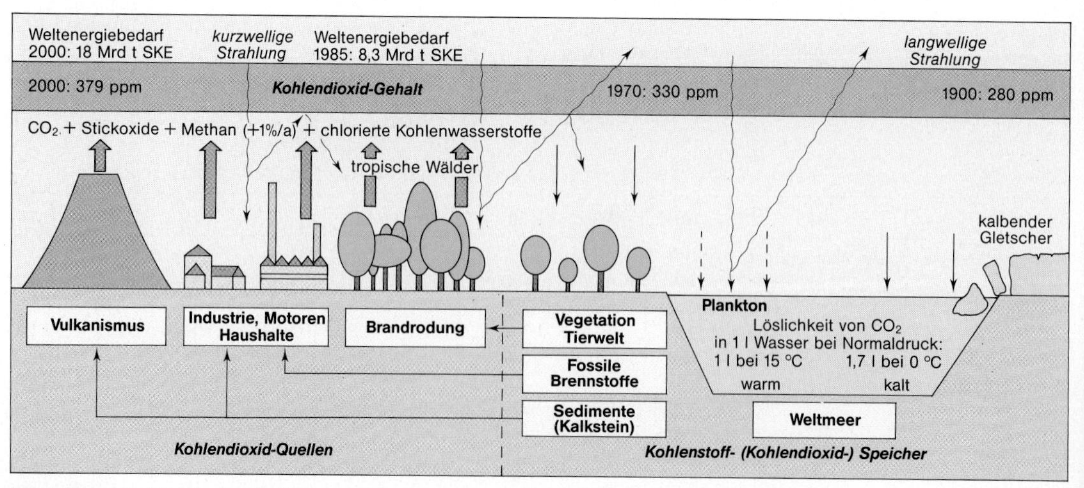

238.2 Kohlendioxid in der Hemisphäre

Globale Abkühlung

Im Gegensatz zum Treibhauseffekt des Kohlendioxids und der Spurengase bewirkt eine Trübung der Atmosphäre durch Stäube ein Wärmedefizit in den bodennahen Luftschichten. An den Staubteilchen wird die kurzwellige Sonneneinstrahlung direkt reflektiert oder diffus zerstreut. Dadurch gelangt weniger Sonnenenergie an die Erdoberfläche.

Stäube werden infolge der Industrialisierung und Verstädterung der Erde zunehmend in die Atmosphäre eingebracht. Rodungen und Umwandlung von Steppen und Savannen in Ackerland bewirken außerdem einen erhöhten Staubeintrag in die Luft. Allerdings gelangen die anthropogen erzeugten Stäube selten in die oberen Schichten der Troposphäre. Entsprechend kurz ist die Verweildauer des Staubes in der Luft. Der bei einem ansteigenden Staubgehalt eintretende Energieverlust könnte nach Schätzungen zu einer Abkühlung um etwa 3 °C führen.

Ungeklärt ist auch die Bedeutung des durch Waldrodungen großen Stils ausgelösten Albedo-Effekts. Unter Albedo versteht man das Verhältnis zwischen Reflexion und Einstrahlung im kurzwelligen Bereich. Mit zunehmender Höhe des Reflexionswertes sinkt deshalb die durch Umwandlung an der Erdoberfläche freigesetzte Wärmestrahlung. Während Laubmischwald eine Albedo von 4,5 bis 9% aufweist, steigt sie bei Ackerland bis 25% und bei trockenem Grasland bis 31% an.

1. Erläutern Sie die Wirkungszusammenhänge zwischen Treibhauseffekt und Albedo-Effekt.
2. Der Treibhauseffekt führt zu einer Kaltzeit. Klären Sie den scheinbaren Widerspruch auf.
3. Inwiefern können Rodungen in der tropischen Zone das Weltklima beeinflussen?

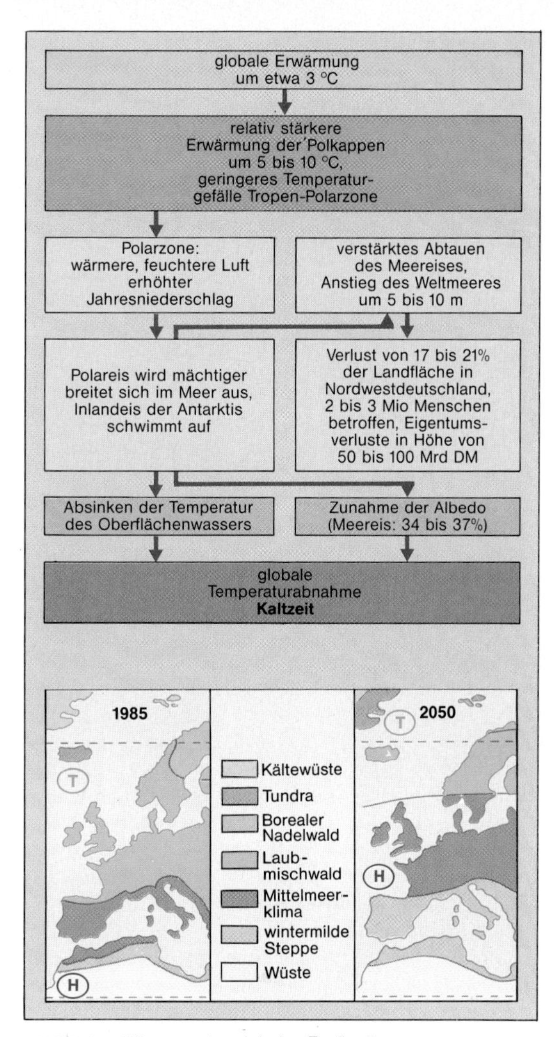

239.2 Auswirkungen der globalen Erwärmung

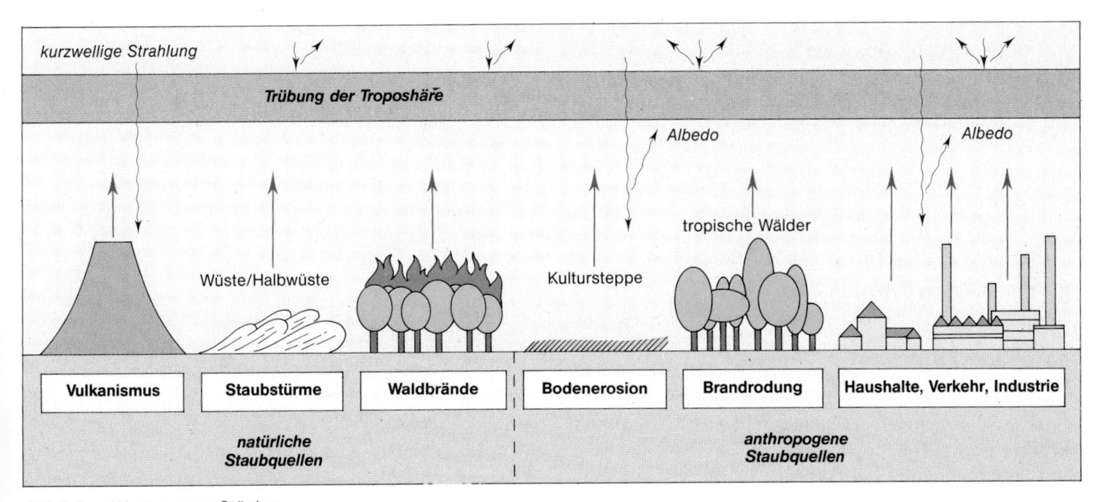

239.1 Anreicherung von Stäuben

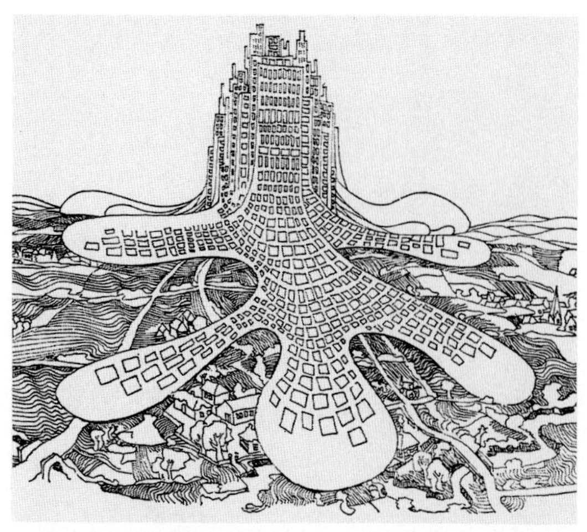

240.1 „Zurück zur Natur"

Erst wenn der letze Baum gerodet,
der letze Fluß vergiftet,
der letze Fisch gefangen,
werdet ihr festellen,
daß man Geld nicht essen kann.
(Creek-Indianer, Motto von Greenpeace)

Und Gott der Herr nahm den Menschen und setzte ihn in den Garten Eden, daß er ihn baute und bewahre.
(1. Mose 2, 15)

Wir waren zufrieden damit, die Dinge so zu belassen, wie sie von Gott geschaffen wurden. Die Weißen waren nie zufrieden, und sie würden Flüsse und Berge verändern, wenn diese ihnen nicht passen würden, wie sie sind
(Chief Joseph, Häuptling der Nez Percé)

Ökologisches Bewußtsein

Der menschliche Beheimatungsraum Erde stellt ein Gebilde dar, das an Gemeinwohlfülle nicht übertroffen werden kann. Umweltbewußtsein ist echt globales Bewußtsein. Gibt es Gemeinsameres, gibt es – um die alte deutsche Sprachform zu gebrauchen – „Gemeinsameres" als Luft und Wasser? Es gibt gar kein Gemeingut, das all-gemeiner wäre als das ökologische System unserer Erde, auf das wir alle ungeteilt gemeinsam angewiesen sind, wenn wir leben und überleben wollen. Wir alle atmen ein und dieselbe Luft, trinken ein und dasselbe Wasser. Dabei müssen wir drei Aspekte unterscheiden:

Auf der ersten Ebene gilt es, die Umwelt-Natur als ein eines Ganzes zu begreifen. Das ökologische System dieser Erde ist eine dichte Einheit, in der sich Veränderungen in einem Teil auf alle anderen Teile auswirken. Umwelt ist ein schlechthin globaler Komplex von Verschränkungen und Zusammenhängen. Entscheidend für die Umweltethik ist der Blick für den gesamten Zusammenhang und für den Zusammenhang des Gesamten. Deswegen ist Umweltschutz mehr als Vogelschutz, mehr als Pflanzenschutz, immer mehr als Lärm- und Gewässerschutz. In der Praxis ist man selbstverständlich auf ökologische Arbeitsteilung angewiesen. Bleibt man aber auf Teilaspekte fixiert, sieht man „vor lauter Bäumen den Wald nicht mehr" – der „Wald" wäre hier eben die Ganzheit Umwelt.

Auf der zweiten Ebene kommt es darauf an, daß Mensch und Umwelt zusammen als ein Ganzes und Eines aufgefaßt werden. Der Wohlstand unseres Planeten, das planetare Gemeinwohl, hängt davon ab, ob sich die beiden Größen Natur und Mensch verstehen, ob sie vernünftig „zusammen-leben". Es geht um die Betonung der Einheit der menschlichen und nichtmenschlichen Welt. Natur und Mensch zusammen bilden eine Gemeinsamkeit, das, was in den alttestamentlichen Psalmen „omnis terra" (die ganze Erde) und „universa terra" (die gesamte Erde) genannt wird (vgl. Ps. 65,4). Alle Geschöpfe bilden eine Art Bruderschaft. Eben diese universale, totale Einheit von menschlicher und natürlicher Schöpfung macht Gemeinwohl aus. Umweltethik bedeutet verantwortliche Berücksichtigung der innigen Zusammengehörigkeit von Mensch und Natur. „Auseinandersetzung" mit der Natur glückt nur, wenn man sich mit ihr „zusammen-setzt".

Auf der dritten Ebene schließlich ist Umwelt auch deswegen ein Gemeingut, weil auch kommende Generationen hier auf Erden eine wohnliche Behausung antreffen wollen. Umweltbewußtsein ist Generationen-Bewußtsein, Umweltethik ist generative Solidarität. Wir heutigen Menschen sind sittsam dazu verpflichtet, die elementaren Bedingungen dafür zu schaffen, daß die Nachkommen nicht nur leben, sondern menschenwürdig leben können; es geht um die Sicherung der Lebensbasis für die Menschheit von morgen, der das Recht auf lebensdienliche Natur nicht abgesprochen werden darf. Wenn wir nur auf die Gegenwart fixiert bleiben und unsere momentanen Bedürfnisse bedenken, dann werden wir der Verpflichtung auf das Gemeinwohl der Generationen nicht gerecht.

Gerade um der Zukunft willen müssen heute alle Menschen in einer Solidarität der sittlichen Haltung und praktischen Aktion umweltschützend tätig werden. Weil wir sämtliche Naturgüter als Güter einer Gemeinschaft, deren Teil wir sind, zu erachten haben, könnte – um ein konkretes Beispiel anzuführen – eines Tages erwogen werden, jenen, die Wälder hegen und so Umwelt-Gemeinwohl realisieren, staatliche Unterstützung zu gewähren. Wenn die Erde Gemeingut ist, dann leuchtet die Verantwortung aller für das sich auf dieser Erde abspielende gemeinsame Schicksal ein.

(Aus: Martin Rock, Theologie der Natur und ihre anthropologisch-ethischen Konsequenzen. In: Ökologie und Ethik, Stuttgart 1983)

Verantwortung für zukünftige Generationen

Es steht heute in unserer Macht, die Erde unseren Nachfahren als einen weit weniger angenehmen Planeten zu hinterlassen, als wir ihn von unseren Vorfahren geerbt haben. Wir können damit fortfahren, uns immer stärker zu vermehren, die fruchtbaren Böden in immer größerem Maße zu veröden, Flüsse, Seen und Ozeane mit unseren Abfällen vollzustopfen, unsere Wälder abzuholzen und die Atmospähre mit Giftgasen zu verpesten. Alle nachdenklichen Zeitgenossen sind sich darüber einig, daß wir dies nicht tun sollten. Die meisten würden sogar sagen, daß die Erhaltung unserer Umwelt nicht nur moralisch (statt bloß wünschenswert) ist, sondern daß wir sie auch unseren Nachkommen schulden, und zwar um ihrer selbst willen. Gewiß sind wir es den kommenden Generationen schuldig, ihnen die Welt nicht als bloße Müllhalde zu hinterlassen. Zwar können unsere Nachfahren, da sie noch nicht leben, nicht schon selbst als ihr Recht eine Welt von uns einfordern, in der sich noch leben läßt. Aber sie haben heute bereits zahlreiche Anwälte, die in ihrem Namen sprechen. Und diese fühlen sich keineswegs als bloße Verwalter, sondern im eigentlichen Sinn als die bevollmächtigten Anwälte zukünftiger Interessen. (Aus: Joel Feinberg, Die Rechte der Tiere und zukünftiger Generationen)

Ökologische Katastrophe – unabwendbar?

Geschlagen mit kollektiver Blindheit für diese Bedingungen hatten wir uns zuletzt alles zugetraut (und völlig übersehen, was dieses „alles" an Möglichkeiten einschloß). „So können wir mit stolzer Freude an dem Aufbau des Zeitalters der Naturwissenschaften weiterarbeiten, in der sicheren Zuversicht, daß es die Menschheit moralischen und materiellen Zuständen zuführen werde, die besser sind als sie es je waren und heute noch sind." So klang es vor nur hundert Jahren anläßlich einer Zusammenkunft der angesehensten deutschen Wissenschaftlerversammlung. „Es liegt . . . kein Grund vor, an der Fortdauer des progressiven Aufschwunges der naturwissenschaftlich-technischen Entwicklung zu zweifeln", versicherte der Festredner damals einem gläubig lauschenden Auditorium, das er am Schluß ermahnte, sich nicht irre machen zu lassen in dem gemeinsamen Glauben daran, „daß unsere Forschungs- und Erfindungsthätigkeit die Menschheit höheren Kulturstufen zuführt, sie veredelt und idealen Bestrebungen zugänglicher macht, daß das hereinbrechende naturwissenschaftliche Zeitalter ihre Lebensnoth, ihr Siechthum mindern, ihren Lebensgenuß erhöhen, sie besser, glücklicher und mit ihrem Geschick zufriedener machen wird." Wir wissen heute, nur drei Generationen später, was dabei herausgekommen ist. Uns beginnt aufzugehen, daß wir heute auch deshalb mit einer ökologischen Katastrophe konfrontiert sind, weil wir der Versuchung nicht haben widerstehen können, die Erde mit diesseitigen Paradies-Erwartungen zu überfordern. Hellsichtige Geister ahnten das sehr viel früher. „Immerhin hat das den Staat zur Hölle gemacht, daß ihn der Mensch zu seinem Himmel machen wollte", hatte Hölderlin schon seinen Hyperion sagen lassen. Aber seine Stimme wurde (wie die vereinzelter anderer Mahner) übertönt vom Jubel der Bataillone des Fortschritts.

Es bedurfte drastischer Signale, um uns aus dem selbstzufriedenen Traum von der allen anderen Instanzen überlegenen Kraft unserer technisch-wissenschaftlichen Intelligenz aufschrecken zu lassen. (Der wir andererseits nun aber nicht – unserer unheilvollen Vorliebe für Entweder-Oder-Entscheidungen folgend – gleich wieder abschwören dürfen, wie es uns so mancher Übereifrige heute voreilig empfiehlt.) Vielleicht genügen die Symptome des anhebenden biosphärischen Zusammenbruchs, um uns zur Besinnung zu bringen. Vielleicht ist selbst die Hoffnung nicht gänzlich illusionär, daß der Effekt noch „in letzter Minute" eintreten könnte. Also vielleicht doch noch, bevor es endgültig zu spät ist. Wer könnte diese Möglichkeit, so unwahrscheinlich sie ist, rundheraus bestreiten? Jedenfalls präsentiert sich die Katastrophe, vor der wir stehen, auch aus diesem Blickwinkel eher als ein heilsames, ein „erweckendes" Geschehen. Einen Grund zur Verzweiflung stellt sie mithin gerade für den nicht dar, der sie wahrhaft ernst nimmt. Dies ist, am Rande vermerkt, auch der Kernpunkt meiner Antwort an jene, die mir vorwerfen werden, ich nähme den Menschen durch den Hinweis auf die Ausweglosigkeit unserer Lage alle Hoffnung. Wir können uns heute nicht länger blind stellen für die seelische Verwüstung, für die von Überdruß und Lebenszweifeln charakterisierte geistige Brache, die wir mit dem hartnäkkig durchgehaltenen Versuch angerichtet haben, den Sinn der Welt und unseres Lebens allein im Licht unserer Intelligenz und beschränkt auf den Rahmen diesseitiger Gesetzlichkeit ausfindig zu machen. So erscheint denn der Gedanke nicht als absurd, daß der Schock, den wir uns auf diesem Wege zugefügt haben, einen Heilungsprozeß in Gang setzen könnte. Selbst dann, wenn der Punkt schon erreicht wäre, an dem nichts mehr unseren Artentod aufhalten kann – und alle Wahrscheinlichkeit spricht dafür, daß wir ihn längst überschritten haben –, bliebe uns noch immer die Chance und bliebe uns auch immer noch die Zeit, die einzige Aufgabe zu bewältigen, vor die unsere Existenz uns letztlich stellt: die eigentliche Bedeutung der Rolle zu erkennen, die uns in der von Geburt und Tod begrenzten Zeitspanne zugewiesen ist. Wie immer man es dreht und wendet: Unsere Not wäre vielfach größer, in vollem Ernst könnten wir überhaupt erst dann von Not sprechen, wenn wir weiterhin unsere Augen verschlössen vor dem bevorstehenden Ende. Wer gelernt hat, daß erst sein Anblick uns die Einsicht erschließt in die Wahrheit und den Sinn unserer Existenz, der versteht, warum Luther beten konnte: „Komm, lieber Jüngster Tag." Und wer begriffen hat, daß dieses Ende nicht das Nichts bedeutet, der kann teilhaben an der Zuversicht, die derselbe Martin Luther in Worte faßte: „Und wenn ich wüßte, daß morgen die Welt unterginge, so würde ich doch heute mein Apfelbäumchen pflanzen." So laßt uns denn ein Apfelbäumchen pflanzen. Es ist soweit.

(Aus: Hoimar v. Ditfurth, So laßt uns denn ein Apfelbäumchen pflanzen. Hamburg 1985)

Begriffswissen

Anbaugrenze
Grenzbereich, bis zu dem eine bestimmte Pflanze mit Erfolg angebaut werden kann. Man unterscheidet Polar-, Höhen-, Naß- und agronomische Trockengrenzen des Anbaus.

Artenschutz
Schutz seltener oder in ihrem Bestand gefährdeter Pflanzen- und Tierarten.

Bannwald
Wald, der geschützt ist. Er darf nicht gerodet werden. Bannwälder dienen z. B. in den Alpen dem Lawinen- und Überschwemmungsschutz. In verschiedenen mitteleuropäischen Laub- und Nadelmischwäldern werden mittels des Bannwald-Konzeptes Naturwaldreservate angelegt.

Bilgenöle
Gemisch aus Öl-, Schmierfett- und Treibstoffresten sowie aus Wasser, das in der Bilge (Sammelstelle im Schiff) anfällt und beim Abpumpen in die Gewässer zu schweren Schäden führt.

Biologisches Gleichgewicht
Ausgeglichenheit einer Lebensgemeinschaft, Gleichgewicht in Artenzusammensetzung und Individuenzahl in einem Biotop. Bei Verlust des biologischen Gleichgewichts können einzelne Arten verdrängt werden, was im Extremfall zum Aussterben führt.

BSB_5
Biochemischer **S**auerstoff-**B**edarf in **fünf** Tagen". Maß für bakteriell angreifbare, „leicht abbaubare" Substanz in Abwässern. Es gibt an, wieviel Sauerstoff Bakterien in fünf Tagen zum Abbau dieser Substanz in Gewässern verbrauchen.

Dünnsäure
Bei bestimmten chemischen Produktionsprozessen (z. B. Titandioxid-Produktion, organischer Farbstoffchemie) auftretende Produktionsrückstände, in denen hauptsächlich verdünnte Säuren, aber auch Schwermetalle und halogenierte Kohlenwasserstoffe (z. B. CH_3Cl) als Umweltgifte enthalten sein können. Ein Teil der Dünnsäure (1980: ca. 1 300 000 t) wird mit Schiffen in die Nordsee eingebracht („Verklappung").

Emission
Abgabe von Stäuben, Gasen sowie Geräuschen, Licht-, Wärme- und radioaktiven Strahlen in die Atmosphäre, z. B. durch Industrie.

Eutrophierung
Zunahme von Nährstoffen, die zur Steigerung der Organismenproduktion bestimmter Arten auf Kosten der natürlichen Lebensgemeinschaft führt (z. B. durch Einleitung von Düngemittelrückständen wie Phosphor- und Stickstoffverbindungen in Gewässer).

Gewässergüteklassen
Bezeichnen den Gütezustand von Oberflächengewässern. Gewässergüteklassen werden nach einem System charakteristischer Organismen (Saprobien = im Faulschlamm lebende Organismen), dem Sauerstoffgehalt (siehe → BSB_5) und hygienisch-bakteriologischen Werten beschrieben. Die Einteilung erfolgt meist in vier Klassen: 1. nicht oder wenig verunreinigt; 2. mäßig v.; 3. stark v.; 4. übermäßig verunreinigt.

Grenzertragsböden
Landwirtschaftlich genutzte Böden, auf denen die Differenz zwischen Ertrag und Kosten so gering ist, daß bei rein ökonomischer Betrachtung die Bewirtschaftung nicht mehr lohnt. Unter ökologischen Gesichtspunkten könnten sie eine wichtige Funktion im Arten- und Biotopschutz einnehmen.

Immission
Aufnahme von luftfremden Stoffen, Geräuschen, Erschütterungen, Licht, Wärme und Strahlen. Immissionen wirken schädigend.

Landschaftsökologie
Versuch der ganzheitlichen Erfassung von Problemstellungen und Prozeßabläufen in der Umwelt mit dem Ziel, das dynamische Gleichgewicht der landschaftlichen Ökosysteme unter Einbeziehung menschlicher Nutzung weitgehend zu erhalten bzw. zu stabilisieren.

Mineralisierung
Umwandlung von organischer in anorganische Substanz.

Naturpotential der Landschaft
Leistungsvermögen der Landschaft für die menschliche Nutzung und Gestaltung.

Ökosystem
Der Begriff ist eine Kurzfassung für „Ökologisches System". Ein System besteht aus einer „untereinander in Beziehung stehenden Anzahl von Komponenten". Der Begriff „ökologisch" geht auf den deutschen Biologen Ernst Haeckel zurück, der ihn 1868 im Zusammenhang mit seinen Studien über die Beziehungen von Pflanzen zu ihrem Lebensraum gebrauchte. Die Ableitung von dem

griechischen Wort „oikos“ (Haus, Heimstätte) weist hin auf die Beziehung des Menschen zu seiner Umwelt als zu seiner Heimstätte. Ökosysteme setzen sich zusammen aus den biotischen Komponenten des Biosystems, d. h. allen Lebewesen, und den abiotischen des Geosystems (Stoffe, Strahlung, Raumstruktur). Ökosysteme umfassen damit alle lebenden und nicht lebenden Bestandteile eines bestimmten, abgrenzbaren Umweltausschnitts, z. B. eines Sees.

Ein wichtiges Merkmal der Ökosysteme ist die Erzeugung von lebendem Material, der Biomasse. Die Beziehungen, Wechselwirkungen und Rückkopplungen innerhalb eines Ökosystems werden häufig modellhaft – in Form von Regelkreisen – dargestellt.

ppm
Parts per million; ein Millionstel des Volumens oder ein Milligramm pro Kilogramm (mg/kg) oder Liter bzw. 1 Gramm pro Tonne (g/t).

Regenerationsfähigkeit
Fähigkeit, einen bestimmten biologischen Zustand nach einer Störung wieder zu erreichen.

Ressourcen
Alle natürlichen Rohstoffe, die dem Menschen zur Verfügung stehen.

Saurer Regen
Natürliches Regenwasser hat einen pH-Wert von etwa 5–6,5. Die Übersäuerung des Niederschlagswassers ist auf den Gehalt von Schwefel- und Salpetersäure zurückzuführen. Diese Säuren bilden sich in der Atmosphäre als Folge der Schwefeldioxid- und Stickoxidbelastungen. Für die Waldschäden, die besonders bei Tannen- und Fichtenbeständen auftreten, ist der saure Regen mitverantwortlich.

Schädlingsbekämpfungsmittel
Chlorierte Kohlenwasserstoffe (z. B. DDT oder Lindan), die leicht löslich in Fetten sind, sind häufig Schädlingsbekämpfungsmittel. Sie werden daher in den Fettschichten der Organismen angereichert und können zu Nerven-, Gehirn- und Erbschäden führen. Sie sind äußerst beständig im Boden, in Pflanzen, Tier und Mensch und haben einen Anreicherungseffekt. Für DDT besteht inzwischen in vielen Ländern Anwendungsverbot.

Schutzwald
Wald, der durch seine Lage, die Art seiner Bestockung und Bewirtschaftung Schäden (z. B. Erosion, Muren, Lawinen) verhindern soll. Bei strengerer Regelung bezeichnet man den Schutzwald als → *Bannwald.*

Selbstreinigung eines Gewässers
Pflanzliche und tierische Organismen bauen unter Verbrauch von Sauerstoff organische Stoffe (z. B. aus Abwässern) ab. Vergl. → BSB_5.

Smog
Kunstwort aus smoke: Rauch und fog: Nebel (engl.). Smog entsteht besonders über industriellen Ballungsräumen bei Wetterlagen mit geringem Luftaustausch (Inversions-, Hochdrucklagen): Der Smog besteht aus Wasserdampf, Staub, Ascheteilchen, Salzkristallen und verschiedenen, zumeist giftigen Gasen. Wegen der Gefahren für die Bevölkerung gibt es inzwischen Smogwarn- und -alarmpläne.

Verursacherprinzip
Rechtsprinzip, das besagt, daß derjenige, der die Umwelt mit Schadstoffen belastet, auch die Kosten für deren Beseitigung zu tragen hat. Als Verursacher gilt neben dem Produzenten auch der Anwender eines Produktes, sofern durch unsachgemäße Anwendung Umweltbelastungen entstehen.

Wärmebelastung
Einleitung von Abwärme (z. B. aus Kraftwerken) in Gewässer. Sie verursacht einen schnelleren Ablauf der Selbstreinigungsprozesse und kann in mit Abwasser stark belasteten Gewässern zu Sauerstoffmangel und Schädigung der Wasserqualität führen.

Waldsterben
Weltweit benutzter Begriff für Schäden an Wäldern. (→ *Saurer Regen*).

Arbeitsthemen

1. Untersuchen Sie in Ihrem Heimatort die Gestaltung von öffentlichen Grünanlagen, Parks, privaten Hausgärten sowie die Begrünung von Gebäuden und Straßen (Plätzen). Kartieren Sie ausgewählte Gebiete nach Gesichtspunkten der Naturnähe, der ökologischen Vielfalt bzw. Monotonie.
2. Kartieren Sie ein landwirtschaftlich genutztes Gebiet mit dem Ziel, eine Aussage über den Grad ökologischer Vielfalt bzw. einseitiger Nutzung der Kulturlandschaft kartographisch belegen zu können.
3. Untersuchen Sie in Ihrem Heimatraum einzelne Gewässer. Machen Sie sich dabei mit dem Einsatz von Indikator-Sets zur Gewässergütebestimmung vertraut und erarbeiten Sie sich die fachgerechte Interpretation der selbst erzielten Meßdaten.
4. Stellen Sie für ein landschaftliches Ökosystem (Nordsee, Alpen, Mittelgebirge) eine Übersicht zu allen Nutzungsformen, Nutzungsinteressenten und -interessen zusammen. Erläutern Sie, wo sich Nutzungsformen negativ beeinflussen bzw. sich gegenseitig ausschließen und welche ökologischen Wirkungen von den Nutzungsformen einzeln oder gemeinsam ausgehen.
5. Ein ökologisches Grundprinzip lautet: Alles hängt mit allem zusammen (Ahaz). Erläutern und belegen Sie dieses Prinzip der Natur, indem Sie Verknüpfungen verschiedener Einzelkreisläufe und Stoffkreisläufe als Teile komplexerer Systeme darstellen.

Literatur

Bätzing, W.: Die Alpen. Frankfurt 1984 (Sendler)

Bundesminister des Inneren (Hrsg.): Was Sie schon immer über Wasser und Umwelt wissen wollten. Stuttgart 1984 (Kohlhammer)
Was Sie schon immer über Luftreinhaltung wissen wollten. Stuttgart 1983 (Kohlhammer)

Der Rat von Sachverständigen für Umweltfragen: Umweltprobleme der Nordsee. Sondergutachten. Stuttgart 1980 (Kohlhammer)

Finke, L.: Landschaftsökologie. Das geographische Seminar. Braunschweig 1986 (Höller & Zwick)

Franz, H.: Ökologie der Hochgebirge. Stuttgart 1979 (Ulmer)

Gerhard, F. (Hrsg.): Naturraum Wattenmeer. München 1983 (Meyster)

Klötzli, F.: Einführung in die Ökologie. Bern 1983 (Pawlak Verlagsgesellschaft, Herrsching)

Leser, H.: Landschaftsökologie. UTB 521. Stuttgart 1976 (Ulmer)

Myers, H.: Die sinkende Arche. Bedrohte Natur – gefährdete Arten. Braunschweig 1985 (Westermann)

Vester, F.: Ballungsgebiete in der Krise. dtv-Sachbuch 10080. München 1983 (dtv)

Walter, H. und Brechle, S.W.: Ökologie der Erde
Band 1: Ökologische Grundlagen in globaler Sicht (1983)
Band 2: Spezielle Ökologie der tropischen und subtropischen Zonen (1984)
Band 3: Spezielle Ökologie der gemäßigten und arktischen Zonen Euro-Nordasiens (1986)
UTB, Stuttgart (Fischer)

Register

Städtischer und ländlicher Lebensraum – Raumordnung

Hannover – Stadtentwicklungsphasen

Die Bürgerstadt des Mittelalters

Das hohe Ufer der Leine („hoen overe") bildete eine natürliche Übergangsstelle (Fährstelle) über den Fluß. Hier kreuzten sich die alten Straßen vom Rhein über Münster nach Magdeburg und von Stade und Bardowick nach Mainz. Als Stapelplatz von Handelswaren bot es Seilwindern, Schmieden, Kupferschlägern und Krämern Anlaß zur Ansiedlung. Heinrich der Löwe machte Hannover zur Stadt, indem er hier eine Burg errichtete. Wie vielen anderen Städten gelingt es auch den Bürgern Hannovers im 14. Jh., die **Städtefreiheit** zu erlangen. Die Stadt erwirbt die vor den Toren der Stadt liegende Burg und schleift sie. In nur zwei Jahrzehnten baut die 5000 Einwohner zählende Stadt Befestigungsanlagen und drei große Kirchen, deren in der Barockzeit veränderte Türme über Jahrhunderte die Silhouette der mittelalterlichen Stadt bestimmen.

Barocke Residenz und erste Stadterweiterung

Mit dem Verfall der Hanse verliert auch ihr Mitglied Hannover an Bedeutung. Eine erneute, rund 80 Jahre währende Blütezeit setzt ein, als mitten im 30jährigen Krieg der Herzog von Calenberg seine Residenz gegen den Protest der Bürger in die gut befestigte Stadt Hannover verlegt. Die Bauten dieser Epoche setzen neue Akzente im Stadtbild: Ein Stadtschloß und die Sommerresidenz Herrenhausen, neue Kirchen, Oper und Schauspielhaus, eine Bibliothek (Verwalter wird der berühmte Philosoph und Mathematiker G. W. Leibniz) werden gebaut. Für die Hofbeamten wird im Westen der Stadt die **Neustadt** als selbständige Stadt angelegt. Eine moderne Befestigung – sie bestimmt bis gegen Ende des 18. Jh. Grenze und Bild der Stadt – umfaßt die beiden Städte. Die rege Bautätigkeit endet, als 1714 der Kurfürst Georg Ludwig als Georg I. den englischen Thron besteigt.

Bürgerstadt zu Beginn der Neuzeit

Durch die Abwesenheit des Hofes bestimmt zunehmend das Besitzbürgertum das gesellschaftliche Leben. Dem geistigen Aufbruch im letzten Drittel des 18. Jh. geht das Bestreben einher, die mittelalterliche Enge der Stadt (in ihr leben zu dieser Zeit etwa 17000 Einwohner) zu überwinden. Der Befestigungsring wird nach und nach beseitigt. Abbruch und Neubau von Häusern verbessern die Wohnverhältnisse. Wälle werden abgetragen, Gräben aufgefüllt. Auf diesen Plätzen legt man Alleen und englische Gärten an und baut Häuser. Die **Entfestigung** bedeutet das Ende der mittelalterlichen Stadt.

Klassizistische Residenz und Stadtplanung

Nach den Napoleonischen Kriegen wird das Kurfürstentum Hannover 1814 Königreich. 1837, nach Auflösung der Personalunion mit England, wird Ernst August erster in Hannover residierender König. Die bauliche Entwicklung erhält neue Impulse. Der Hofbaudirektor G.F. Laves legt die Grundlagen für eine **geplante Stadtentwicklung.** Teil eines Gesamtkonzeptes für die **Stadterweiterung** ist der Plan für den ersten **Durchgangsbahnhof** des Kontinents. Seine Lage wird später entscheidend für die Verlagerung des Stadtzentrums aus der Altstadt sein.

Entwicklung zur modernen Großstadt

1866 wird Hannover preußische Provinzhauptstadt. Die Einführung der preußischen Gewerbefreiheit und die allgemeine wirtschaftliche Belebung 1871–73 („Gründerjahre") führen zu einer Stadtentwicklung ungeahnten Ausmaßes. Rings um die alte Stadt wachsen rasch neue Wohnviertel aus dicht stehenden, fünf- bis sechsgeschossigen schmucklosen Mietskasernen („Wilhelminische Wohnstädte") empor. Zwischen der Altstadt und dem Bahnhof entsteht eine **neue Geschäftsstadt,** die heutige City. Die Alt- und die Neustadt verlieren ihre ursprüngliche Funktion, Wohn- und Wirtschaftsort sowie Verwaltungszentrum zu sein, völlig. Wer es sich leisten kann, zieht aus den engen Altbauten aus. Ein breiter **Straßendurchbruch** soll die Altstadt und die Stadt Linden besser an das neue Geschäftsviertel anbinden. Auf die historische Bausubstanz nimmt die Planung Ende des 19. Jh. keine Rücksicht. Ein Ausdruck der wiedergewonnenen Selbstverwaltung ist der Neubau eines Rathauses, das mit seiner pompösen Kuppel die Marktkirche überragt. In wenigen Jahrzehnten entwickelt sich die kleine Residenzstadt mit 28000 E (1850) zu einer Großstadt mit 100000 E (1873) und mit 427000 E (1939). Zahlreiche Landgemeinden werden eingemeindet; 1920 auch die benachbarte Industriestadt Linden.

Eisenbahnen und Mittellandkanal machen Hannover zu einem für die Industrie interessanten Standort: Hanomag, Continental, Pelikan, Sprengel und Bahlsen nutzen die Verkehrgunst.

Entscheidend für die flächenmäßige Entwicklung Hannovers wird der Bau eines **Straßenbahnnetzes.** 1852 verkehrt zwischen Linden und Hannover fahrplanmäßig eine Pferdeomnibuslinie. Weitere privat betriebene Strecken folgen. Alle enden innerhalb des 3 km-Ringes um den Stadtmittelpunkt. Ab 1893 setzt die **Elektrifizierung** der Straßenbahn ein. Das Schienennetz dehnt sich aus. Die Stadt entwickelt sich **strahlenförmig** in das nahezu ebene Gelände.

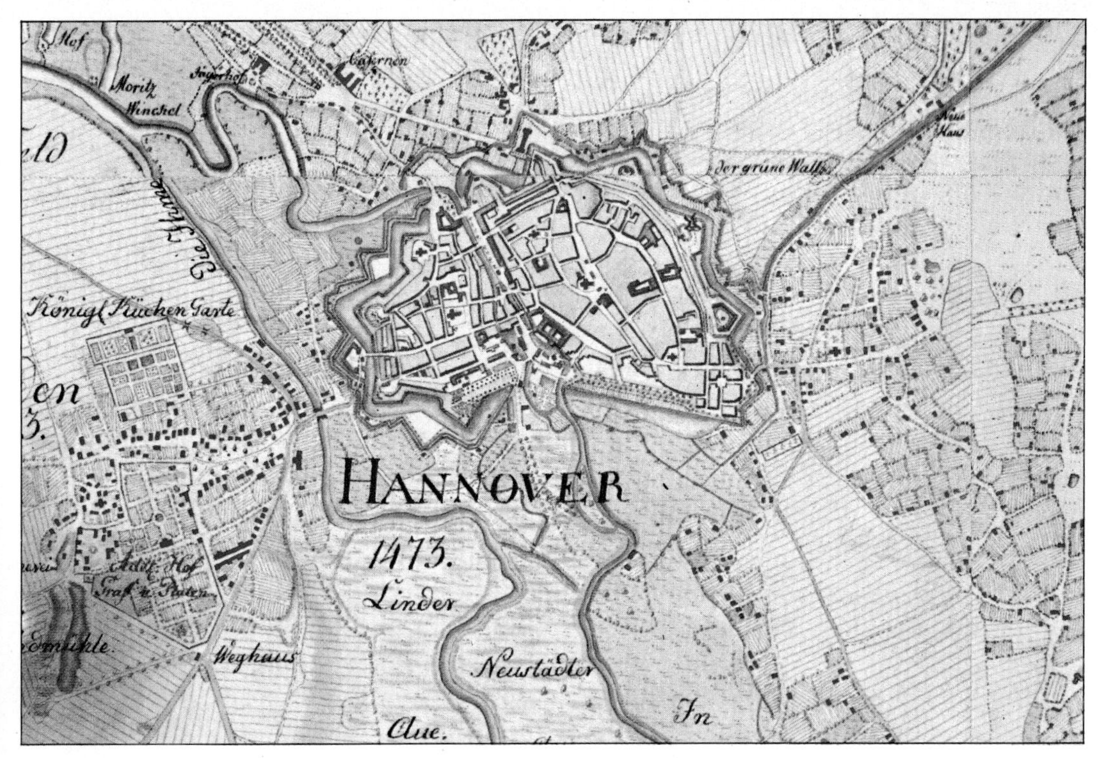

247.1 Hannover um 1780

247.2 Hannover – Stadtmitte heute (Ausschnitt aus der TK 25, Blatt 3624)

248.1 Zerstörtes Hannover

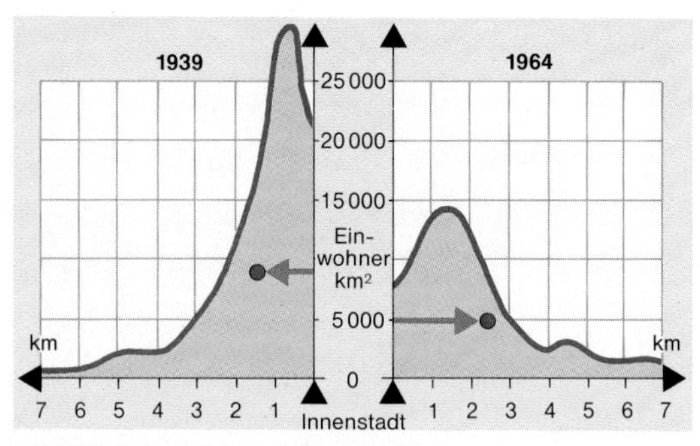

248.2 Einwohnerdichten im Stadtgebiet

T 248.1 Abhängigkeit zwischen Reisegeschwindigkeit und Siedlungsstruktur

Verkehrsmittel	Reisegeschwindigkeit in km/h	Stadtgröße in km²	Siedlungsdichte in E/ha	Stadtform
Fußgänger	5	80	1 000	Fußgängerstadt
Pferdedroschke	8	200	200	Vorortestadt
Straßenbahn/Bus	15	350		Regionalstadt
Pkw	25	1 900	10	
S-Bahn Telekommunikationsmittel	40	2 500	1	Stadt-Land-Verbund

Entwicklung nach 1945

Als am 10. April 1945 amerikanische Truppen in Hannover einrücken, ist die Stadt nach 88 Luftangriffen ein Trümmerfeld. Mehr als 6 Mio m³ Trümmer bedecken das Stadtgebiet. Ein einziger Luftangriff im Oktober 1943 hatte 90% der Innenstadt zerstört. Von 1600 Fachwerkhäusern der Altstadt überstanden den Feuersturm nur 32. Von 147 000 Wohnungen blieben nur 7655 unversehrt, von 87 Schulen nur vier.

Entwicklung zur Stadtregion

Die städtebauliche Entwicklung nach dem Kriege verläuft in drei Phasen:

Erste Phase: Die Jahre bis zur Währungsreform am 20.6.1948

An einen planmäßigen Aufbau ist noch nicht zu denken. Die Straßen müssen von Trümmerschutt geräumt und für den Verkehr instandgesetzt werden; die 217 000 Einwohner, die teilweise in Ruinen wohnen, müssen mit Gas, Wasser und Strom versorgt werden; Schäden am Entwässerungsnetz müssen beseitigt und das Schienennetz der Straßenbahn in Ordnung gebracht werden.

Zweite Phase: Die Jahre des Aufbaus bis gegen Ende der sechziger Jahre

Bereits 1950 beschließt der Rat der Stadt einen **Flächennutzungsplan,** der das gesamte Stadtgebiet umfaßt. Als Folge des Wirtschaftswunders und der zunehmenden Motorisierung breiter Bevölkerungskreise bekommt die **Verkehrsplanung** eine größere Bedeutung. Die der Planung 1950 zugrunde gelegte erwartete Motorisierungsziffer von 1 Pkw auf 10 Einwohner – für damalige Verhältnisse und Vergleichsmöglichkeiten eine hohe Zahl (1938: 1 Pkw auf 32,8 Einwohner) – ist 1960 bereits erreicht. Die Verkehrsplanung setzt neue Leitlinien: Es entsteht das Konzept eines **Ringstraßensystems:** Statt der sternförmig in die Stadtmitte zusammenlaufenden Hauptverkehrsstraßen soll ein tangential angelegtes Straßennetz mit Zubringerstraßen gebaut werden. Man will damit den *überörtlichen Verkehr* vom Durchfahren der Stadt abhalten und den in die Stadt *einströmenden Zielverkehr* (Einpendler) vor der Stadtmitte abfangen und über ringförmige Straßen an den Zielort leiten. Dieses Konzept setzt bis Anfang der 60er Jahre neue Maßstäbe der städtischen Verkehrsplanung.

Dritte Phase: Umbau der Innenstadt und Bau der Stadtbahn, Wohnumfeldverbesserungen

Im Jahre 1961 erreicht die Stadt ihre höchste Einwohnerzahl (572 000 E) vor der Gebietsreform in den 70er Jahren. Seitdem sinkt die Einwohnerzahl nahezu stetig. Gleichzeitig mit dem Verlust von Einwohnern bilden sich im Umland Hannovers Großmärkte, die in Konkurrenz zur hannoverschen City stehen. Erheblich zurückgehende

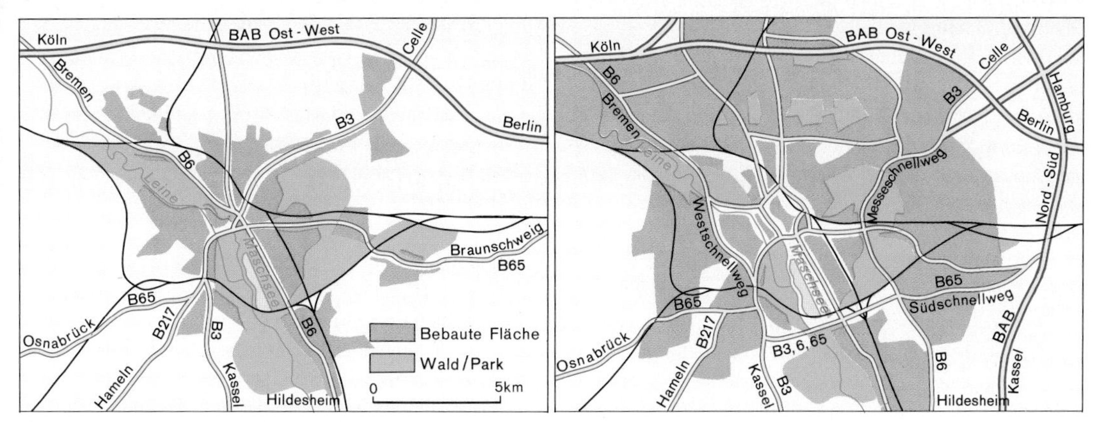

249.1 Hauptverkehrsstraßen 1939 und 1983

Die Verkehrsplanung hatte in den 60er Jahren folgende Entwicklungen zu berücksichtigen:
- Wohn- und Gewerbegebiete verlagern sich immer weiter nach außen; ihr Flächenanspruch nimmt zu.
- Ein großer Teil der Arbeitsplätze, vor allem der Dienstleistungsberufe, konzentrieren sich im Stadtinnern.
- Die Zahl der Pendler nimmt kontinuierlich zu.
- Die Motorisierungsziffer ist ständig gestiegen; eine Sättigung ist noch nicht abzusehen.

Heute gilt für fast alle Großstädte in der Bundesrepublik Deutschland, daß ihr Kern, bestehend aus der City und den angrenzenden Wohngebieten, folgende Entwicklungsprobleme aufweist:
- Einwohnerverluste
- Verdrängungsprobleme durch Umnutzung
- Verkehrsüberlastung
- einseitige Einwohnerstruktur
- bauliche Sanierungsprobleme

Steuereinnahmen sind die Folge für die Großstadt, die andererseits kostenintensive zentrale Funktion für die Umlandbewohner behält (kulturelle Einrichtungen, weiterführende Schulen, Parkanlagen u.v.m.). Durch Maßnahmen, die erhebliche Finanzmittel erfordern, versucht Hannover, der für sie ungünstigen Entwicklung gegenzusteuern. Zu den aufwendigsten Maßnahmen gehören die Umgestaltung der Innenstadt, die Sanierung älterer Wohnviertel und der Bau einer Stadtbahn, die auf eigenen Gleiskörpern und im Kernbereich unterirdisch einen schnellen Zugang zur Innenstadt ermöglicht. Weitere Maßnahmen, durch die die Attraktivität Hannovers als Wohnplatz gesteigert werden soll, sind Wohnumfeldverbesserungen (u. a. Schaffung verkehrsberuhigter Zonen und Anlagen bzw. Umgestaltung von Grünflächen) in den Wohngebieten hoher Verdichtung, so auch in den monotonen Großwohnsiedlungen der 60er und 70er Jahre. Weil die Stadt die für alle diese Maßnahmen benötigten Finanzierungsmittel selbst nicht aufbringen kann, beteiligt sich das Land Niedersachsen an den Kosten einzelner Projekte.

Der Flächennutzungsplan von 1980 nennt als Ursachen für den *Rückgang der Wohnbevölkerung:*
„Seit langem schon übersteigt in Hannover – wie auch in allen anderen Großstädten der Bundesrepublik – die Anzahl der jährlichen Sterbefälle die der Geburten. Durch Zuwanderung von Arbeitssuchenden aus ländlichen Gebieten und später aus den Gastarbeiterländern wurde dieser Bevölkerungsverlust nicht nur ausgeglichen, sondern noch übertroffen. In Hannover stieg daher die Einwohnerzahl noch bis 1961 an. Parallel dazu erhöhte sich jedoch auch der Wohnflächenbedarf der wachsenden Bevölkerung. Während eine Wohnung im Jahre 1950 noch von durchschnittlich 5 Personen bewohnt wurde, sind es heute mit durchschnittlich 2,2 Personen pro Wohnung weniger als die Hälfte.

Bis zum Jahre 1961 konnte dieser Rückgang der durchschnittlichen Belegungsdichte noch durch ausreichenden Wohnungsbau im Stadtgebiet aufgefangen werden. Danach führte die zunehmende Verknappung erschlossenen Baulandes im Stadtgebiet per Saldo zur Abwanderung von Einwohnern in die Nachbargemeinden."

1. Erörtern Sie den Einfluß des Eisenbahnbaus auf die Stadtentwicklung Hannovers.

2. Stellen Sie historisch gewachsene Elemente im heutigen Stadtkörper Hannovers fest (Abb. S.247).

3. Charakterisieren Sie Probleme der durch Randwanderungen verursachten Bevölkerungsumverteilung zwischen Kernstadt und Umland („Suburbanisierung" der Bevölkerung).

Großraum Hannover

Mit Beginn der Industrialisierung, als sich Wirtschaftsunternehmen, Handel und Verwaltungen in Städten konzentrieren und Wohnbevölkerung anzogen, begannen sich **Verdichtungsräume** zu entwickeln. Die Stadt Hannover verzeichnete ein großes Wachstum von 1871 bis 1905 und dann wieder von 1950 bis 1961.

Ab 1960 etwa verstärkte sich der Trend, im *Umland* der (Kern-)Stadt zu wohnen. Der eigene Pkw ermöglichte das Wohnen weit weg vom Arbeitsplatz. Wegen der günstigen *Bodenpreise* entstanden auch am Rande kleinerer Dörfer Neubaugebiete. Die Dörfer wandelten sich zu **städtisch überprägten ländlichen Gemeinden.** Deren Hauptfunktion wurde das Wohnen („Schlafsiedlungen"). Bebauung, neue Verkehrswege und andere der Besiedlung dienende Bodennutzungen (wie Sport- und Spielplätze, Autostellplätze und Garagenhöfe sowie eintönige Rasenflächen) verbrauchten viel Raum. Die freie Landschaft wurde teils zersiedelt, teils versiegelt.

Die überwiegend unplanmäßige Entwicklung schuf Probleme: Über 100 000 **Einpendler** nach Hannover überlasteten täglich Straßen und öffentliche Verkehrsmittel. Im Umland benötigten die dort wohnenden Menschen Versorgungseinrichtungen, die heute zur Wohnqualität gehören: Einkaufsstätten, Kindergärten, Schulen, Büchereien, Wasserversorgung, Kläranlagen, öffentliche Verkehrsmittel u. a. m. Solche Einrichtungen können wegen der hohen Kosten nur geschaffen werden, wenn viele Bürger sie nutzen.

Eine großräumige, die Gemeindegrenzen überschreitende Planung war nötig. **Eingemeindungen** und die Bildung einer **Regionalstadt Hannover** hätten dafür die administrativen Voraussetzungen schaffen können. Der Niedersächsische Landtag entschied sich 1962 aber dafür, den **Verband Großraum Hannover** zu gründen und ihn mit entsprechenden Planungskompetenzen auszustatten.

Die Aufgaben des Verbandes: „Regionale Planung und Ordnung des Gesamtraumes sowie seine Versorgung mit kommunalen Einrichtungen unter einheitlichen Gesichtspunkten". Folgende Grundsätze sind im Verbandsplan u. a. festgelegt:

- Die Planungen sind nicht an die bestehenden Verwaltungsgrenzen gebunden.
- Die Wohngebiete sollen so liegen, daß möglichst viele Arbeitsplätze und zentrale Einrichtungen schnell und bequem zu erreichen sind.
- Siedlungs- und Verkehrsplanung bilden eine Einheit; ein leistungsfähiges Schnellbahnsystem bedient die regionalen Schwerpunkte.
- In den Gemeinden außerhalb der regionalen Siedlungsschwerpunkte soll Eigenentwicklung stattfinden.
- In den Randbereichen sollen die Versorgungseinrichtungen in Mittelpunktgemeinden konzentriert werden.
- Eine Zersiedelung der Landschaft ist zu vermeiden.

Nach der niedersächsischen Gebietsreform in den 70er Jahren besteht der Großraum aus der Landeshauptstadt und dem Kreis Hannover mit 20 Städten und neugebildeten Großgemeinden. Er hat damit ungefähr die Größe des Saarlandes. In ihm wohnen ca. 15% der Bevölkerung Niedersachsens. Etwa 20% des BIP des Landes Niedersachsen werden hier erwirtschaftet.

Die **Neufassung des Großraumgesetzes** von 1977 stellt als wichtigste Sachbereiche für die Planung heraus: Regionalplanung – Bildung, Freizeit und Erholung – öffentlicher Personennahverkehr – Wasser- und Energieversorgung – Abfall- und Abwasserbeseitigung – Krankenhauswesen. In einem **Regionalen Raumordnungsprogramm** sind Prioritäten bezüglich der weiteren räumlichen Entwicklung festgelegt, z. B. wo künftig neue Wohnsiedlungen und Arbeitsstätten entstehen sollen, wo Einrichtungen der Freizeitgestaltung vorzusehen sind, welche zentralen Orte die Versorgung der Bevölkerung mit Gütern des täglichen und gehobenen Bedarfs übernehmen sollen.

Nach Auflösung des Großraumverbandes (1980) übernimmt der „Zweckverband Großraum Hannover" die weiteren Planungsaufgaben.

T 250.1: Strukturdaten des Großraums Hannover

	Einwohnerentwicklung		Wanderungssaldo 1981 je 1000 E	Bevölkerungsdichte 1981 E/Fläche in km²	Siedlungsdichte 1981 E/Siedlungsfläche in km²	Kaufwerte für baureifes Land			
	1981 in 1000	(1975 = 100) in %				1975 DM/m²	(1970 = 100) in %	1981 DM/m²	(1970 = 100) in %
Hannover	534,5	96,6	–0,6	2619,3	4848,7	102,7	140,1	193,5	252,9
Kreis Hannover	545,1	102,6	5,1	261,6	1941,9	52,3	224,5	113,6	487,6
Summe	1079,6								

Warum Familie A nach Laatzen-Mitte gezogen ist

Herr A (47 J.): Wir suchten 1974 eine größere Wohnung. Unser Sohn Peter war damals noch nicht geboren. Unsere Tochter Susanne war fünf Jahre alt. Die Mieten in Hannover, wo wir in einer Zwei-Zimmer-Wohnung lebten, waren sehr hoch; deshalb entschlossen wir uns, in Laatzen eine Eigentumswohnung zu kaufen. Unsere Wohnung hat 4 Zimmer, 96 m^2, Balkon, Gäste-WC; 5. Stock in dem 8stöckigem Hochhaus mit Fahrstuhl.

Frau A (43 J.): Mit ausschlaggebend dafür, in ein Neubaugebiet zu ziehen, waren die bequemen Einkaufsmöglichkeiten; auch die ärztliche Versorgung war damals schon gegeben, heute haben wir praktisch alle Fachärzte hier, außerdem ein Krankenhaus. Unsere Tochter bekam gleich einen Kindergartenplatz, was für mich, die ich meinen Beruf nicht aufgeben wollte, sehr wichtig war. Für meinen Mann ist der Weg zu seinem Arbeitsplatz in Hannover problemlos. Er fährt über den Schnellweg oder mit der Straßenbahn. Als unser Sohn 1974 auf die Welt kam, habe ich dann doch aufgehört zu arbeiten. Der Schulweg für unseren Sohn ist kurz. Auch das Gymnasium ist nur fünf Minuten von hier entfernt. Unsere Tochter macht eine Lehre und besucht die Berufsbildende Schule in Hannover. Für sie ist es wichtig und für uns auch, daß sie auch abends einmal mit der Straßenbahn nach Hannover rein fahren kann. Mein Mann und ich fahren manchmal nach Hannover rein, um einen Schaufensterbummel zu machen; wir gehen auch mal ins Theater oder ins Kino.

Herr A: Am Wochenende sind wir meistens unterwegs; wir fahren in den Harz oder in die Heide. Durch die Autobahn hier sind wir schnell da. Jeder von uns hat auch ein Fahrrad, damit fahren wir durch die Leinemasch oder ins Bockmer Holz.

Frau A: Die Hausbewohner sehen wir kaum; nur mit der Familie über uns sind wir etwas befreundet. Als die Kinder noch klein waren, kam man öfters mit den Mitbewohnern ins Gespräch. Jetzt sehe ich kaum noch jemand.

Herr A.: Wir wissen noch nicht, ob wir hier wohnen bleiben, wenn die Kinder aus dem Haus sind. Wir hatten schon mal überlegt, uns ein Haus zu kaufen, aber das Geld reichte nicht. Im Augenblick sind die Wohnungen auch nicht zu verkaufen.

Warum Familie B nach Harkenbleck gezogen ist

Frau B (35 Jahre): Wir sind 1980 von Hannover hierher gezogen. Mein Mann arbeitet in Hannover-Wülfel, die Fahrt mit dem Auto dorthin ist sehr bequem. Unser Haus hat 120 m^2 Wohnfläche. Das Grundstück ist 520 m^2 groß. Wir sind sehr günstig an das Haus herangekommen. Die Familie, die es 1970 gebaut hat, ist aus beruflichen Gründen nach Süddeutschland gezogen. Meine Mutter wohnt noch bei uns. Sie hilft mit im Haus und im Garten. Unsere Tochter Anja (4 Jahre) geht vormittags in den Kindergarten. Eltern haben ihn in Privatinitiative gegründet, die Gemeinde unterstützt ihn jetzt aber finanziell.

Herr B (42 Jahre): Wir fühlen uns hier wohl. Meine Frau arbeitet gerne im Garten, wir wollten deshalb schon immer ein eigenes freistehendes Häuschen haben. Sonst ist hier natürlich nichts los. Einkaufen fahren wir nach Arnum oder nach Laatzen, wo man immer Parkplätze findet. Wir würden natürlich gern abends auch mal einen Bummel durch Hannover machen, leider sind wir auf das Auto angewiesen; die Busverbindung abends ist sehr schlecht. Nur morgens und nachmittags fahren viele Busse. Unser Sohn Christof ist 13, er besucht die Gesamtschule in Hemmingen. Sein Freund, der auch hier im Ort wohnt, besucht ein altsprachliches Gymnasium in Hannover. Uns gefällt, daß hier keine Hochhäuser sind. Neue Baugebiete werden nicht mehr ausgewiesen.

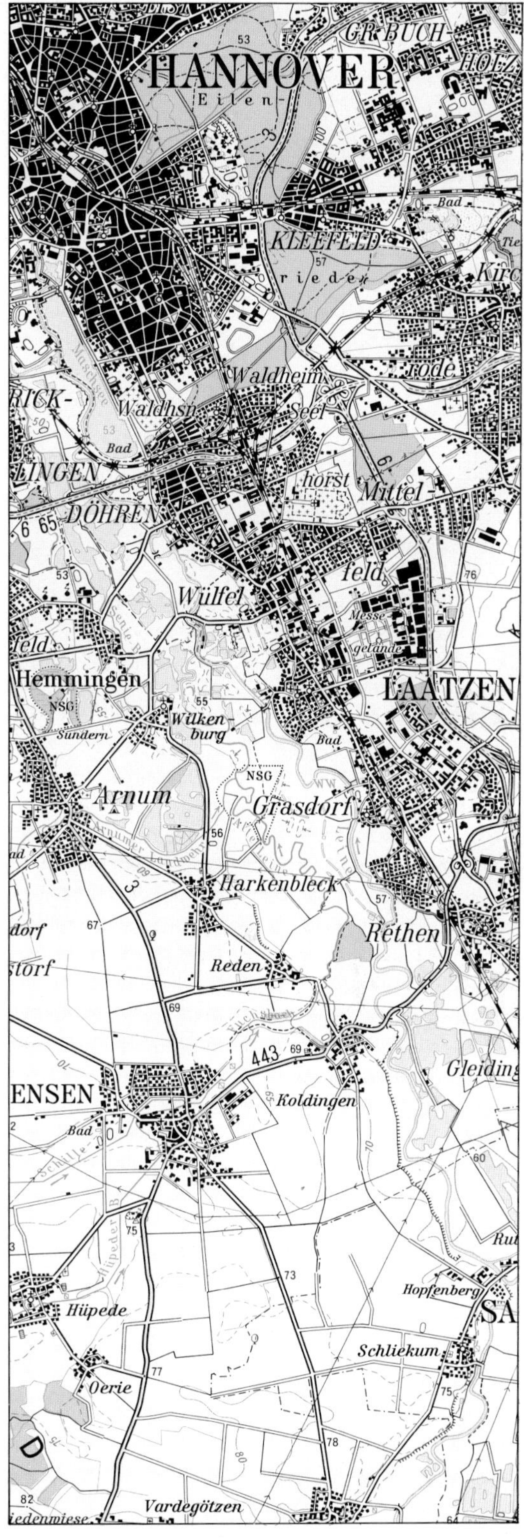

251.1 Ausschnitt aus der TK 100 Hannover

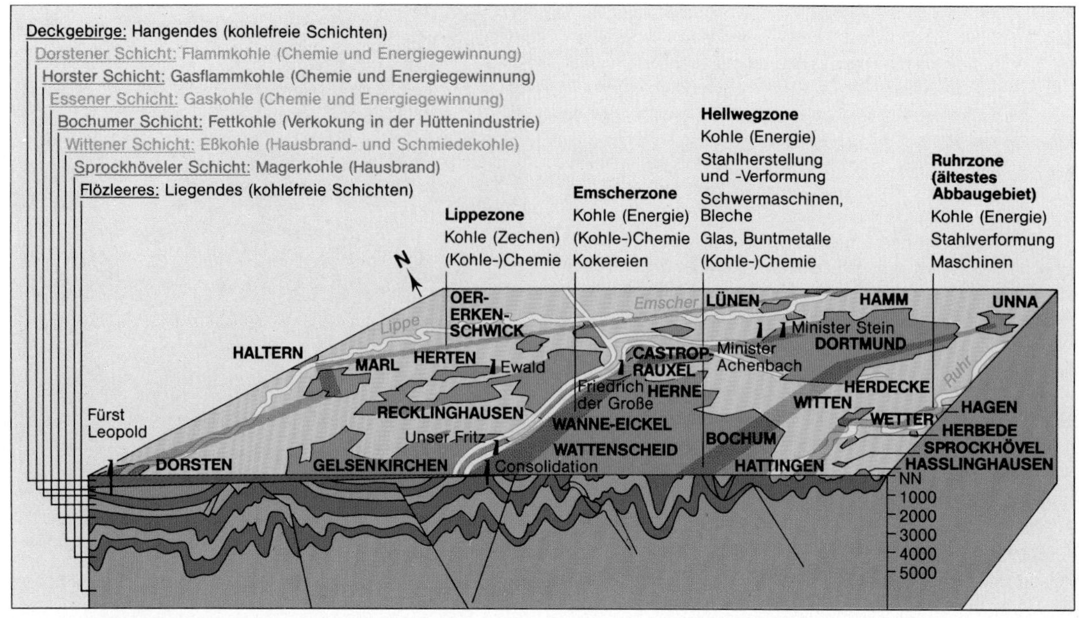

252.1 Eisenschaffende Industrie des Ruhrgebiets

Das Ruhrgebiet – polyzentrischer Verdichtungsraum

Mit 5,4 Mio Einwohnern ist das Ruhrgebiet **Europas größte Industrieregion.** Raumplaner bezeichnen es als den größten polyzentrischen (mehrkernigen) Verdichtungsraum Europas. Es weist eine zonale Gliederung von Süden nach Norden auf. Den Kernraum bildet die Hellwegzone. Entlang dem Hellweg, einem alten Verbindungsweg zwischen Rhein und Weser (Hameln), wurden die Städte Duisburg, Mülheim, Essen, Bochum und Dortmund zu Kristallisationskernen der städtischen Entwicklung. Die ehemaligen Dörfer in ihrer Umgebung wandelten sich im Laufe des Verstädterungsprozesses zu Vororten mit oftmals großer Eigenständigkeit.

Der Abbau verkokbarer Kohle machte die Hellwegstädte zu Standorten der Eisen- und Stahlindustrie sowie der Kohlechemie. Viele Werke entwickelten sich zu Großbetrieben. In ihrem Gefolge konnte sich ein dichter industrieller Verbund von Betrieben der Weiterverarbeitung und Zulieferung entwickeln. **Arbeitersiedlungen** entstanden in unmittelbarer Umgebung der Betriebe, entlang der Ausfallstraßen, aber auch planlos inmitten von Feldern und Wiesen. In der Ruhrzone liegen die ehemals wichtigen Marktorte, die sich mit der Industrialisierung zu Mittelstädten entwickelten.

Zersiedlung der Landschaft. Zwischen den Siedlungskernen breitet sich als Folge des zunehmenden Wohlstandes und der damit verbunden gestiegenen Wohnansprüche eine Einfamilienhausbebauung aus. Raumplaner sprechen bei dieser Form der Stadt-Umland-Wanderung von **Zersiedlung** der Landschaft. Hauptkennzeichen dieses Phänomens ist jedoch das *ungeordnete Nebeneinander* von Verkehrs-, Gewerbe-, Industrie- und Wohnflächen.

Steinkohle- und Stahlkrise. Rund 150 Jahre lang prägten Kohle und Stahl den Charakter der 4400 km² großen Städtelandschaft zwischen Ruhr, Emscher und Lippe.

Als Ende der 50er Jahre preiswertes Rohöl auf den deutschen Markt schwemmte und die Kohle aus vielen Verwendungsbereichen verdrängte und später die Stahlindustrie auf dem Weltmarkt auf enorme Absatzschwierigkeiten stieß, da mußte das weithin montanbestimmte Revier strukturelle Veränderungen vornehmen. Über 400 000 Arbeitsplätze im Montanbereich waren verlorengegangen. Vor allem junge, qualifizierte Facharbeiter wanderten in andere Bundesländer ab.

„Jahrzehntelang bestand zwischen der Wirtschaftskraft des Reviers und den Angeboten in den Bereichen Bildung, Sport und Freizeit ein krasses Mißverhältnis. Als im Zuge der Bergbaukrise immer mehr Bürger ihr Bündel schnürten, entschloß man sich, die längst überfälligen Nachbesserungen in der Infrastruktur vorzunehmen. 1968 schließlich legte die Landesregierung das Entwicklungskonzept Ruhr vor – ein entscheidender Anstoß, die Lebensqualität der Region zu mehren. Das Aktionsprogramm Ruhr sah 1979 Maßnahmen zu weiteren Strukturverbesserungen im Ruhrrevier vor."
(Nach: Kommunalverband Ruhrgebiet, 4300 Essen, 1984)

Aktionsprogramm Ruhr (September 1979):

1. Bekämpfung der Arbeitslosigkeit durch Unterstützung des Bundesprogramms für arbeitspolitische Problemregionen; Schaffung von Teilzeitarbeitsplätzen, um der im Revier mit 42% hohen Frauenarbeitslosigkeit zu begegnen.
2. Förderung der technologischen Entwicklung in den vorhandenen Basisindustrien und in den anderen Industrie- und Gewerbebereichen; Verstärkung der im Ruhrgebiet vorhandenen Foschungskapazität zur Lösung der Strukturprobleme des Reviers.
3. Erhöhung der Lebens- und Wohnqualität durch die Einrichtung eines mit 500 Mio DM ausgestatteten Landesbodenfonds. Mit ihm sollen brachliegende Grundstücke der Spekulation entzogen und für die Industrieansiedlung und den Wohnungsbau mobilisiert werden.
4. Erhöhung der Investitionshilfen für Sekundärentstaubung in Hütten- und Stahlwerken, für Entschwefelungsprogramme und zur Verbesserung der Situation in und um Kokereien.
5. Erhaltung von Arbeitsplätzen und Absatzsicherung heimischer Steinkohle durch den Neubau von Steinkohlekraftwerken; Verminderung der Umweltbelastung durch Stillegung alter Kraftwerke.

253.1 Maßnahmen zur Strukturverbesserung im Ruhrgebiet

Revierparks

Untersuchungen über die Freizeitwünsche und -gewohnheiten der Menschen im Ruhrgebiet zeigten, daß die Freizeit- und Erholungsangebote familiengerechter sein müßten. Ferner sollten sie in der Nähe der Wohnung liegen und nicht nur aus Spiel- und Sportanlagen unter freiem Himmel bestehen.

So entstand das **Revierpark-Konzept:** Spiel- und Sportparks von 25–35 ha Größe mit Freizeithaus, Frei- und Wellenbad, Planschbecken, Liegewiese, Saunen, Solarien, Restaurants und einer Fülle anderer Einrichtungen für Spiel, Sport, Erholung und zur Entfaltung kultureller Aktivitäten. Als Standorte wurden Gebiete ausgewählt, die zusätzliche Frei- und Grünzonen von 25 bis 60 ha für die „stille Erholung" aufwiesen. Der Einzugsbereich sollte jeweils 25–50 000 Einwohner im 15 Minuten-Gehbereich und rund 1 Mio im 20 Minuten-Fahrbereich umfassen.

1. Erläutern Sie Strukturprobleme des Ruhrgebietes.
2. Charakterisieren Sie Elemente der Struktur- und Industriepolitik für das „Revier".
3. Entwerfen Sie den Plan eines Freizeit- und Erholungsparks nach dem Revierpark-Konzept.
4. Erläutern Sie das abgestufte Konzept der Freizeitbereiche im Ruhrgebiet (Abb. 253.2).

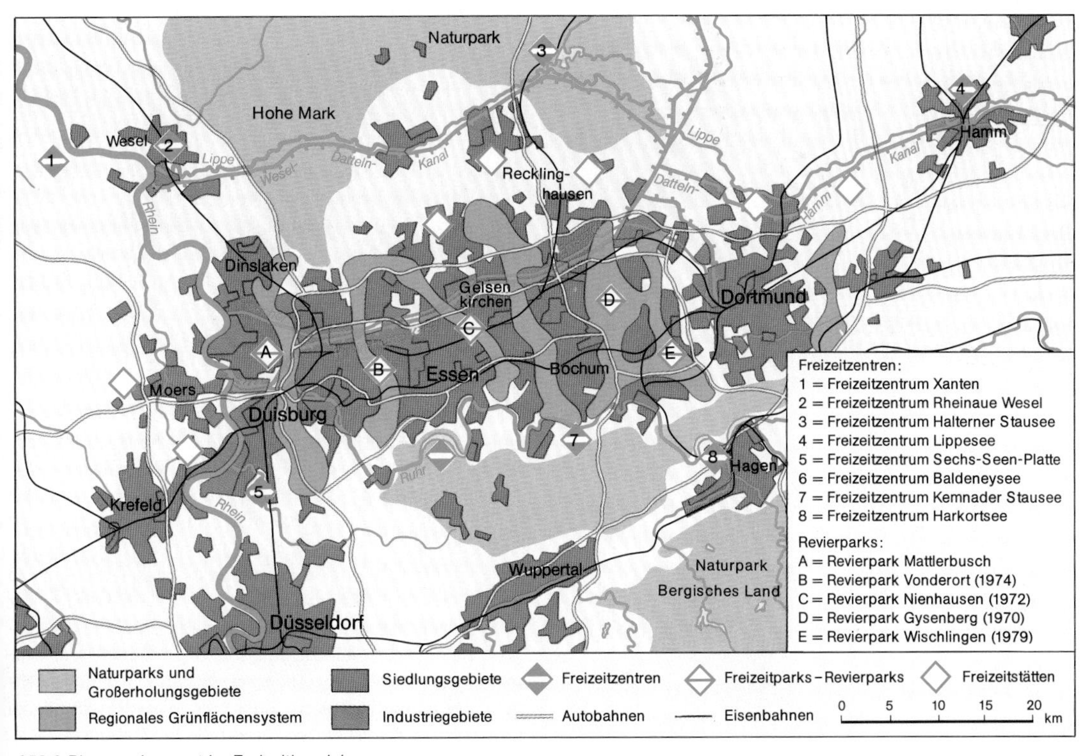

253.2 Planungskonzept im Freizeitbereich

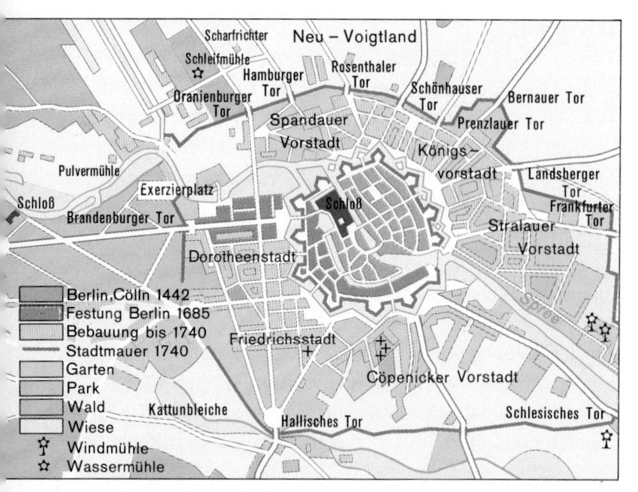

254.1 Berlin um 1750

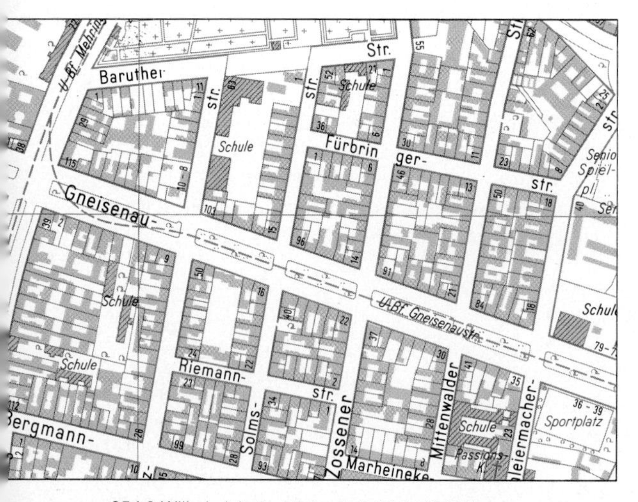

254.2 Wilhelminische Wohnstadt (M 1 : 10 000)

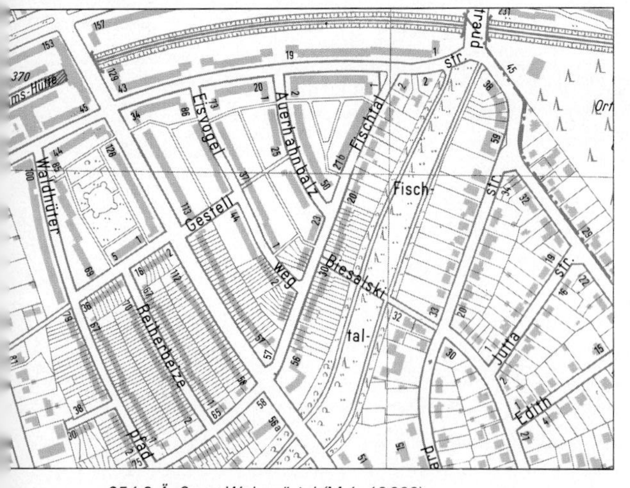

254.3 Äußerer Wohngürtel (M 1 : 10 000)

Im Zuge der deutschen Ostkolonisation erobert der Askanier Albrecht der Bär, der sich seit 1144 Markgraf von Brandenburg nennt, die von den westslawischen Lutizen besiedelte Mittelmark. Seine Nachfolger betreiben eine planmäßige Gründung von Städten und Dörfern. So entsteht an der schmalsten Stelle des Spreetals Anfang des 13. Jh. die **Doppelstadt Berlin-Cölln.** Cölln wird 1237, Berlin 1244 erstmals erwähnt. Im Jahre 1411 wird Friedrich von Hohenzollern als Kurfürst Friedrich I. vom deutschen Kaiser mit der Mark Brandenburg belehnt. Seit 1450 steht das **Residenzschloß** der Hohenzollern auf dem Nordteil der Spreeinsel. Ein kurfürstlicher Reitweg (Kurfürstendamm) verbindet es mit dem Jagdschloß im Grunewald. 1683 wird durch Friedrich Wilhelm das Festungswerk abgeschlossen. Eine erste Stadterweiterung bildet das Friedrichswerder (1662), weitere folgen nach (1674 Dorotheenstadt, ab 1688 Friedrichstadt). 1709 erfolgt die Vereinigung der fünf Städte zur **preußischen Hauptstadt Berlin.** Die Stadt wird 1740 mit dem Bau der Zollmauer vergrößert und bis 1860 in den neuen Grenzen bebaut.

Die zeitweise enorme Bevölkerungszunahme in der zweiten Hälfte des 19. Jh. beruht vor allem auf dem Zuzug von Arbeitssuchenden aus Brandenburg, Pommern, West- und Ostpreußen sowie Schlesien. Auslösende Kräfte sind die Industrialisierung und die Hauptstadtfunktionen seit der Gründung des Deutschen Reiches 1871. Die strahlenförmig von Berlin wegführenden Straßen sind Leitlinien der städtebaulichen Entwicklung. In wenigen Jahrzehnten wachsen die an Ausfallstraßen liegenden Dörfer zu einer **Stadtlandschaft** zusammen. Der Bebauungsplan von Stadtbaurat Hobrecht (1862) sieht die Verbindung der Radialstraßen durch Ringstraßen vor. An den Kreuzungen entstehen repräsentative Plätze. So bildet sich die **Wilhelminische Wohnstadt,** ein innerer Wohngürtel, der besonders im Norden, Osten und Süden von Hofindustrie durchdrungen ist. Nach Westen entwickeln sich bessere Wohnviertel. Das Besitzbürgertum und die Künstler ziehen in die Villenvororte im Westen, am Tegeler Forst und am Müggelsee. In der Innenstadt entfaltet sich zwischen Tiergarten und Alexanderplatz die City der **Weltstadt Berlin.**

Mit dem Groß-Berlin-Gesetz von 1920 wächst die Stadtfläche sprunghaft von 6 586 ha auf 88 400 ha an. Es werden 8 Städte (Berlin, Charlottenburg, Köpenick, Lichtenberg, Neukölln, Schöneberg, Spandau, Wilmersdorf), 59 Landgemeinden und 27 Gutsbezirke zur **Einheitsgemeinde Groß-Berlin** zusammengefaßt. Nach 1920 setzt sich unter dem Einfluß des Bauhauses in Dessau eine neue Baugesinnung durch, die in der Bauordnung von 1925 in Berlin ihren gesetzlichen Rahmen findet. Neue Wohnviertel im geschlossenen Reihenbau mit offenen Innenhöfen werden vorwiegend von Wohnungsbaugesellschaften in einem zweiten Ring zwischen dem Wilhelminischen Wohngürtel und den Villenvororten der Außenzone gebaut. Im Zentrum hält die Citybildung an. Im Zooviertel entsteht eine Nebencity. Mit wachsenden Flächenansprüchen der expandierenden Industrien wird Baugrund in günstiger Verkehrslage bereitgestellt. Neue Industriegebiete entstehen an den Wasser- und Schienenstraßen.

Groß-Berlin

Die Zerstörung der Bausubstanz durch Bombardierung und während des Endkampfes um Berlin im April 1945 sowie die Teilung der Stadt seit 1948 bedeuten eine Zäsur in der **Stadtentwicklung.**

Zunächst mußten die Trümmer abgeräumt und beschädigte Wohnungen instandgesetzt werden. Der eigentliche Wiederaufbau setzt in den 50er Jahren in beiden Teilstädten ein. Es werden Baulücken geschlossen und neue Wohngebiete (Hansaviertel, Otto-Suhr-Siedlung in Berlin (West), Karl-Marx-Allee, Greifswalder Straße in Berlin (Ost) errichtet. Seit den 60er Jahren entstehen auf innerstädtischen Freiflächen Großwohnsiedlungen (in Berlin (West): Märkisches Viertel, Falkenhagener Feld, Gropiusstadt, Lichterfeld-Süd; in Berlin (Ost): Leipziger Straße, Leninallee, Hans-Loch-Viertel, Salvador- Allende-Viertel, Biesdorf-Marzahn), in denen heute etwa 15% der Berliner Bevölkerung leben. Im Ostteil der Stadt werden es bis 1990 etwa 25 bis 30% sein. In beiden Teilstädten entstehen seit den 50er Jahren Zentren, das Zooviertel als Stadtzentrum von Berlin (West) mit wesentlichen Citymerkmalen und das nach dem Leitbild des sozialistischen Städtebaus umgestaltete ehemalige Citygebiet von Groß-Berlin als Zentrum der Hauptstadt der DDR in Berlin (Ost).

Naturgeographische Lage

Berlin liegt im Land der Täler und Platten der Mark Brandenburg. Die Oberflächengestalt der Stadtlandschaft wird durch das Warschau-Berliner-Hamburger Urstromtal bestimmt, das sich als ein bis zu 7 km breiter Talboden von Südosten nach Nordwesten mitten durch die Stadt zieht. Die Talränder der Grundmoränenplatten, des Barnim im Norden und des Teltow im Süden liegen etwa 20 m höher als die Talsohle (34 m). Nur in Kreuzberg (Viktoriapark mit Kreuzberg, 66 m) und Neukölln (ehemalige Rollberge, heute Lessinghöhe) sowie im nördlichen Abschluß des Grunewaldhöhenzuges ist der Plattenrand stärker ausgebildet. Im Westen schneidet die Havelseenrinne das Urstromtal annähernd in Nord-Süd-Richtung.

T 255.1: Bevölkerungsentwicklung Berlins (E in 1000)

Groß-Berlin				Berlin	(West)	(Ost)
1850	420	1900	1890	1950	2100	1200
1860	525	1910	2070	1960	2200	1100
1870	826	1920	3860	1970	2100	1100
1880	1120	1930	4330	1980	1900	1200
1890	1580	1940	4350	1984	1800	1200

1. Verfolgen Sie die Stadtentwicklung Berlins auf einem Stadtplan unter Benutzung der Abbildungen.

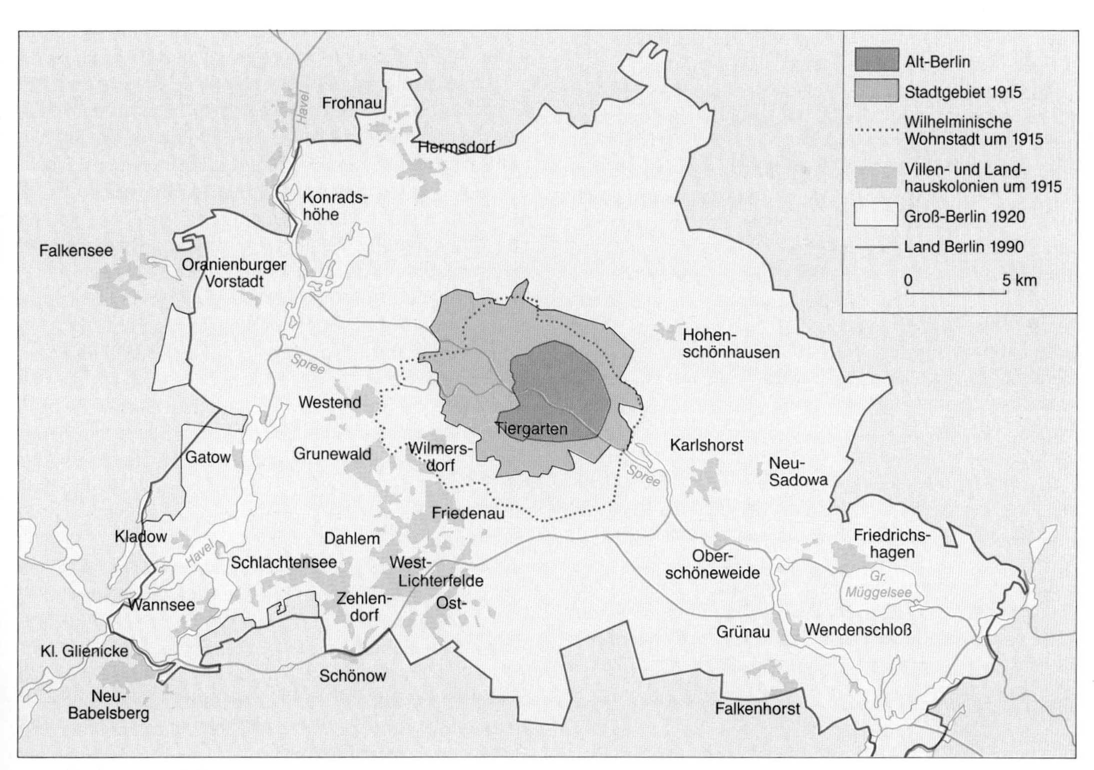

255.1 Stadtlandschaft Berlin

Aufbau und Ausbau der Stadtmitte

Seit 1967 hatte die DDR-Regierung eine städtebauliche Entwicklungsplanung für Gesamt-Berlin aufgegeben. Im Vordergrund stand die Planung für Berlin (Ost) als „Hauptstadt der DDR".

Nach den Vorstellungen der SED-Führung sollte eine sozialistische Hauptstadt und keine westliche City entstehen. Grundlagen der Planung waren die Selbstdarstellung des Staates und des Kollektivgedankens einer sozialistischen Menschengemeinschaft. So entstanden für Demonstrationszüge organisierter Massen geeignete Straßen, die zum Marx-Engels-Platz als Forum der Nation und des sozialistischen Staates führen. Der neue Staat sollte sich an historischer Stelle repräsentieren. Auf dem Fundament des Nordflügels des Berliner Schlosses steht seit 1976 der „Palast der Republik".

Zu diesem Zweck wurde im Gebiet von Alt-Berlin nach dem Kahlschlagprinzip verfahren. 1950 erklärte die Stadtverwaltung die Teilruine des Stadtschlosses, das durch Andreas Schlüter zu Beginn das 18. Jh. zum bedeutendsten Barockbau Norddeutschlands umgebaut worden war, zu einer „nicht mehr aufbauwürdigen Ruine". Bereits 1950 wurde es gesprengt und abgetragen.

Das Forum am Bebelplatz bildet den Auftakt für den Marx-Engels-Platz, den zentralen Platz der Hauptstadt der DDR. Beiderseits des Marx-Engels-Platzes markieren das Museum für Deutsche Geschichte und das Ministerium für Auswärtige Angelegenheiten die Westseite des Platzraumes. Im nördlichen Teil der Spreeinsel liegen die Museumsbauten und der Dom. Das Gebäude des Staatsrates bildet den südlichen Abschluß des zentralen Platzes. Mit dem Palast der Republik erhält der Marx-Engels-Platz seine städtebauliche Vollendung. Der mittlere Teil der zentralen Achse umfaßt den größten Bereich zwischen Spree und Karl-Marx-Allee ...

Hier weitet sich die hauptstädtische Magistrale zu einem großen Komplex mit bedeutenden gesellschaftlichen Einrichtungen, wie dem Haus des Ministerrats, dem Rathaus, dem Rat des Stadtbezirks Mitte, Stätten der Bildung und Kultur mit dem Haus des Lehrers, der Kongreßhalle und dem Ausstellungszentrum, dem Haus des Reisens, Einrichtungen des Handels und der Versorgung mit dem Centrum-Warenhaus, der Markthalle, verschiedenen Spezialläden und Gaststätten und dem Interhotel Stadt Berlin sowie mit Arbeitsstätten, Einrichtungen für Verlage, Vereinigungen Volkseigener Betriebe und Ministerien ... Der große Freiraum um den Fernsehturm und der Alexanderplatz sind städtebaulich-architektonisch so gegliedert, daß unterschiedliche Erlebnisbereiche entstehen. Das Nebeneinander von alter und neuer Bebauung, die Ausstattung des Ensembles mit Brunnen, Wasserspielen und Werken der bildenden Kunst haben den zentralen Bereich Berlins zu einem überzeugenden Beispiel sozialistischen Städtebaus werden lassen. (A.Hoffmann: Berlin - Hauptstadt der DDR. Einführung. Berlin 1973)

1. Erläutern Sie städtebauliche Veränderungen innerhalb der ehemaligen City von Groß-Berlin.

Bauplatz für Regierungszwecke

Fast ein halbes Jahrhundert war dieser Bauplatz tabu. Gegen alle Pläne, den Spreebogen mit Wohnungen und Büros zu bebauen, stand stets die heimliche Hoffnung, hier das neue Regierungsviertel zu errichten. Daß sich keine Regierung der Nachkriegszeit an diesem Brachland vergriffen hat, ist ein kleines Wunder. Jetzt will Berlin den Lohn des langen Wartens. Der Senator für Stadtplanung hat ein Modell vorgelegt, wie Parlament und Regierung rund um den alten Reichstag untergebracht werden können. Die nackten Zahlen besagen, daß der Regierungssitz 870 000 m^2 Fläche braucht, während Berlin 420 000 m^2 in bestehenden Gebäuden anbieten kann. Die Planungen nehmen Abstand von dem ehemaligen Regierungsquartier an der Wilhelmstraße südlich des Brandenburger Tores und konzentrieren sich auf die innere und äußere Seite des Spreebogens. Die Architekten schlagen nördlich des Reichstages ein Abgeordnetenhaus vor, sozusagen einen horizontalen „Langen Eugen" und daneben in zwei großen Viertelkreisen südlich der Spree weitere Büros. Gegenüber dem Reichstag am Platz der Republik soll der Sitz der Ländervertretung entstehen. In die angrenzende Kongreßhalle könnte dann der Bundesrat einziehen. ...

Nördlich des Spreebogens könnten rund um den alten Humboldt-Hafen bis zu 16 Geschosse hohe Turm- und Zeilenhäuser entstehen. Sie sollen eine Fortsetzung des Hansaviertels sein und vor allem Wohnungen der Regierungsmitarbeiter und Parlamentarier aufnehmen. Der geplante Tunnelschnellbahnhof unterhalb des Lehrter Bahnhofs könnte das Regierungsviertel erschließen.

Spektakulär ist der Vorschlag des Senators, im östlichen Zentrum auf dem Marx-Engels-Platz an der Stelle des abzureißenden Palastes der Republik das Kanzleramt zu errichten, dessen Volumen dem zerstörten Schlüterschen Stadtschloß nachempfunden sein soll.

Das einstige Außenministerium der DDR gegenüber soll ebenfalls weichen und dem Auswärtigen Amt Platz machen. Während der Spreebogen zum Parlamentsforum würde, entstünde gegenüber dem Dom und dem Alten Museum ein Regierungsforum.

Einst hatten Bismarck und Kaiser Wilhelm den Reichstag vor die Tore der Stadt verlegt, damit sie das ungeliebte Parlament nicht häufig vor Augen hatten. Diese frühere Randlage am Tiergarten bietet heute den Vorteil, ein „grünes" Regierungsviertel mitten in der Stadt zu schaffen, wie es keine europäische Hauptstadt besitzt. So sinnvoll die Dezentralisierung der staatlichen Institutionen ist, so schwierig wird dies für die Sicherheitsvorkehrungen sein. Die Gefahr besteht, daß das gesamte Berliner Zentrum zu einer Sperrzone wird.

Dennoch besitzt Berlin mit seinem Regierungsbauplatz an der Nahtstelle von Ost und West ein städtebaulich wie politisch-symbolisch ideales Gelände. Welches Gesicht das Gehäuse der neuen gesamtdeutschen Demokratie erhält, darüber wird der Streit zwischen Politikern und Architekten entbrennen.

(Nach: M. Mönninger, in: FAZ, 17.5.1991)

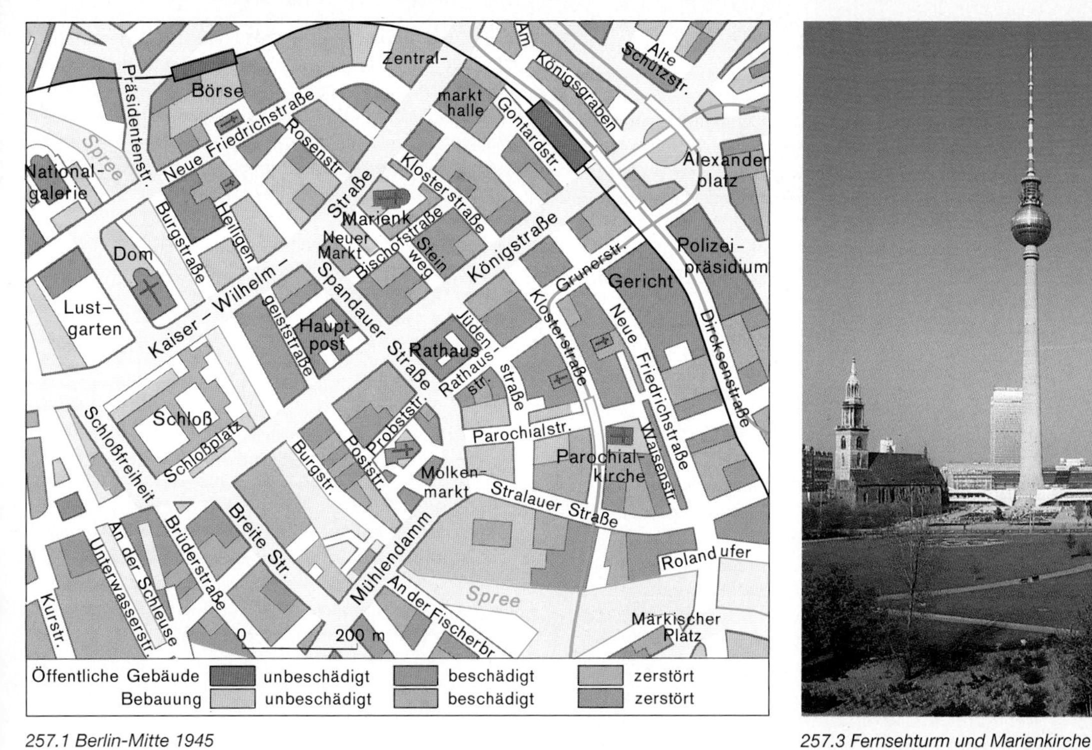

257.1 Berlin-Mitte 1945

257.3 Fernsehturm und Marienkirche

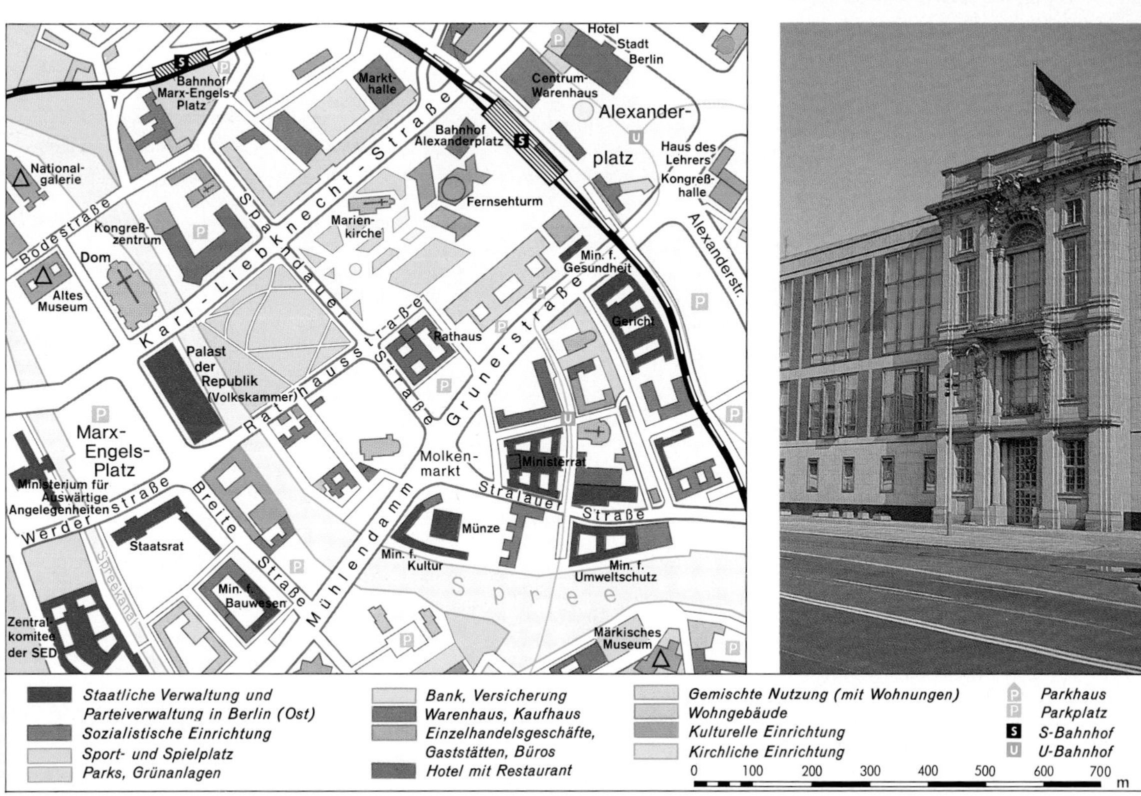

257.2 Berlin-Mitte 1990

257.4 Ehemaliger Sitz des Staatsrats der früheren DDR

Region Berlin

Zielvorstellungen für die Region Berlin

1. Einleitung einer polyzentralen Entwicklung durch Dekonzentration von Einrichtungen und Arbeitsplätzen als Arbeitsteilung zwischen Kernstadt und Umland.
2. Leitbilder der siedlungsstrukturellen Entwicklung sind: Zentrale Orte, Entwicklungsachsen, Entwicklungsschwerpunkte. Das heißt unter anderem:
   - Anstreben einer dezentralen Bevölkerungszunahme,
   - Schaffung leistungsfähiger Gemeinden durch kommunale Neugliederung
   - Stärkung vorhandener und Schaffung neuer Mittelzentren an den Achsenendpunkten: Nauen, Velten, Oranienburg, Bernau, Strausberg, Fürstenwalde, Zossen, Ludwigsfelde,
   - Stärkung der Konkurrenzfähigkeit der bestehenden Oberzentren Brandenburg, Potsdam, Frankfurt/Oder gegenüber Berlin.
3. Entwicklung der Siedlungsbänder nach innen unter starker Überformung der bestehenden Struktur durch
   - Nutzung von Freiflächen und untergenutzter Flächen,
   - Umnutzung brachfallender Gewerbestandorte,
   - Nutzung bisher fremdgenutzter Flächen (Militärstandorte der Sowjetarmee und der NVA).

   Insgesamt stünden etwa 3700 ha Gewerbefläche zur Verfügung.
4. Die Siedlungsachsen böten Raum für zusätzliche 650000 bis 1,4 Mio Einwohner, so daß die Aufnahmegrenze bei einem jährlichen Einwohnerzuwachs von 35000 bis 70000 bis zum Jahre 2010 bei 5,7 Mio Einwohnern liegen könnte.
5. Erhaltung eines Freiflächensystems aus ökologischen Erfordernissen.

   Deshalb sind
   - vorhandene Grünflächen in einem städtischen Freiflächensystem über Grünverbindungen zu vernetzen und übergeordnete Stadt-Umland-Grünräume zu erhalten bzw. vor weiterer Verdichtung zu bewahren. Dabei sind landschaftsräumliche Zusammenhänge von Stadt und Umland zu berücksichtigen.
   - ausreichend große Landschafts- und Erholungsräume in der Nähe und an den Rändern der Kernstadt bzw. an den Siedlungsbändern zu erhalten.
6. Die technische Infrastruktur muß zum Zweck einer umweltverträglichen Ver- und Entsorgung als Teil der Regionalplanung arbeitsteilig organisiert werden. Vor städtebaulichen Entwicklungsmaßnahmen steht zunächst der nachholende Ausbau der technischen Infrastruktur, nämlich
   - das schienengebundene öffentliche Nahverkehrsnetz als vorrangigem Bestimmungselement der baulichen Entwicklung,
   - die Kanalisation als bisher vernachlässigtem Element der Erschließung.

(nach: Regionalausschuß Berlin-Brandenburg, 1990)

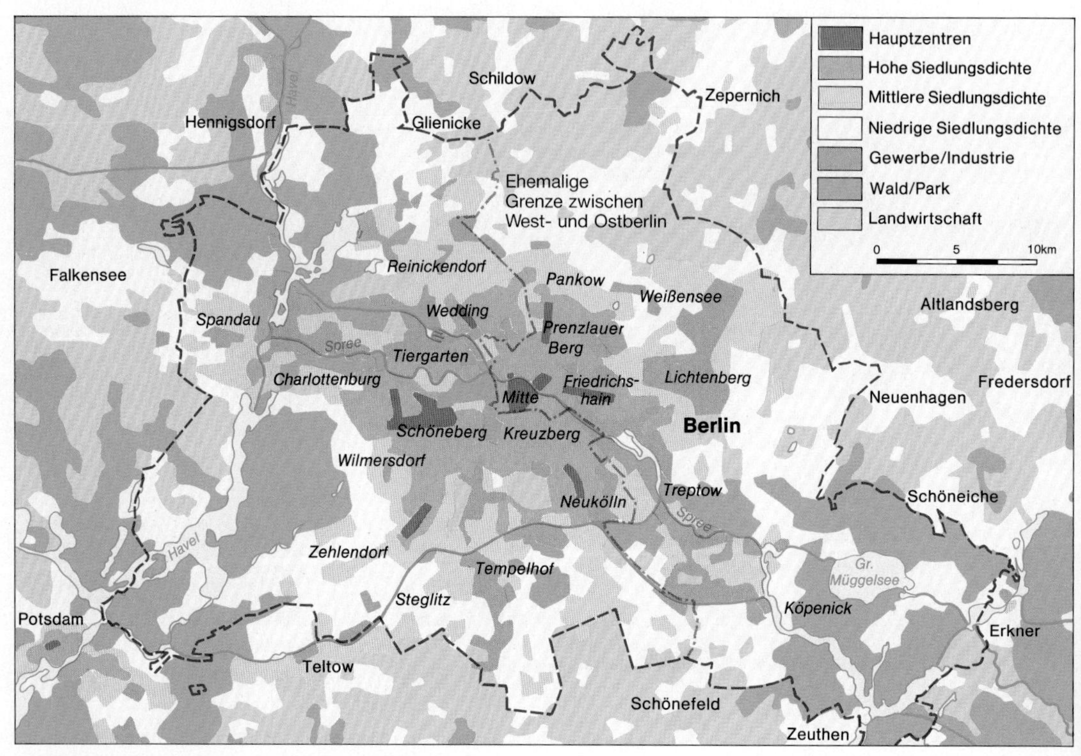

258.1 Struktur der Stadtlandschaft Berlin um 1990

1. Beschreiben Sie die radial-konzentrische Siedlungsstruktur der Region Berlin.
   a) Orientieren Sie sich dabei an den acht Hauptverkehrsachsen bzw. Siedlungsbändern sowie an den ringförmigen Verbindern.
   b) Beachten Sie sowohl das monozentrische Gepräge wie auch polyzentrische Entwicklungsansätze.

2. Erörtern Sie die Zielvorstellungen zur Entwicklung der Region Berlin unter den nachfolgend aufgezählten Gesichtspunkten.
   a) Entlastung der Kernstadt,
   b) Konkurrenzfähigkeit der Oberzentren Brandenburg, Potsdam, Frankfurt/Oder,
   c) ökologische Verträglichkeit der zukünftigen Entwicklung.

T 259.1 Fläche und Bevölkerung in der Region Berlin (1989)

Stadt/Kreis	Fläche (in km²)	Bevölkerung (in 1000)	Bevölkerung je km²
Berlin	883,4	3 413,3	3 808,5
Oranienburg	856,7	128,8	150
Nauen	894,4	76,5	86
Potsdam (Kreis)	737,8	99,0	134
Potsdam (Stadt)	100,6	141,4	1 406
Zossen	765,6	75,3	98
Königs Wusterhausen	725,5	85,8	118
Bernau	757,8	71,7	95
Strausberg	689,4	89,4	130
Fürstenwalde	924,5	104,2	113
Insgesamt	7 335,7	4 285,5	584

T 259.2 Fläche und Bevölkerung der Regionen Berlin, Hamburg und München (1989)

	Region Berlin	Region Hamburg	Region München
Fläche (in km²)	7 336	7 340	4 699
– Stadt	883	755	310
– Umland	6 453	6 585	4 389
Bevölkerung (in 1000)	4 285,5	2 768,0	2 252,4
– Stadt	3 413,3	594,2	1 274,8
Anteil (in %)	79,6	57,6	56,6
– Umland	872,2	1 173,8	977,7
Anteil (in %)	20,4	42,4	43,4
Einwohner je km²	584	377	479
– Stadt	3 866	2 112	4 112
– Umland	135	178	223

Berechnungen des DIW, Berlin

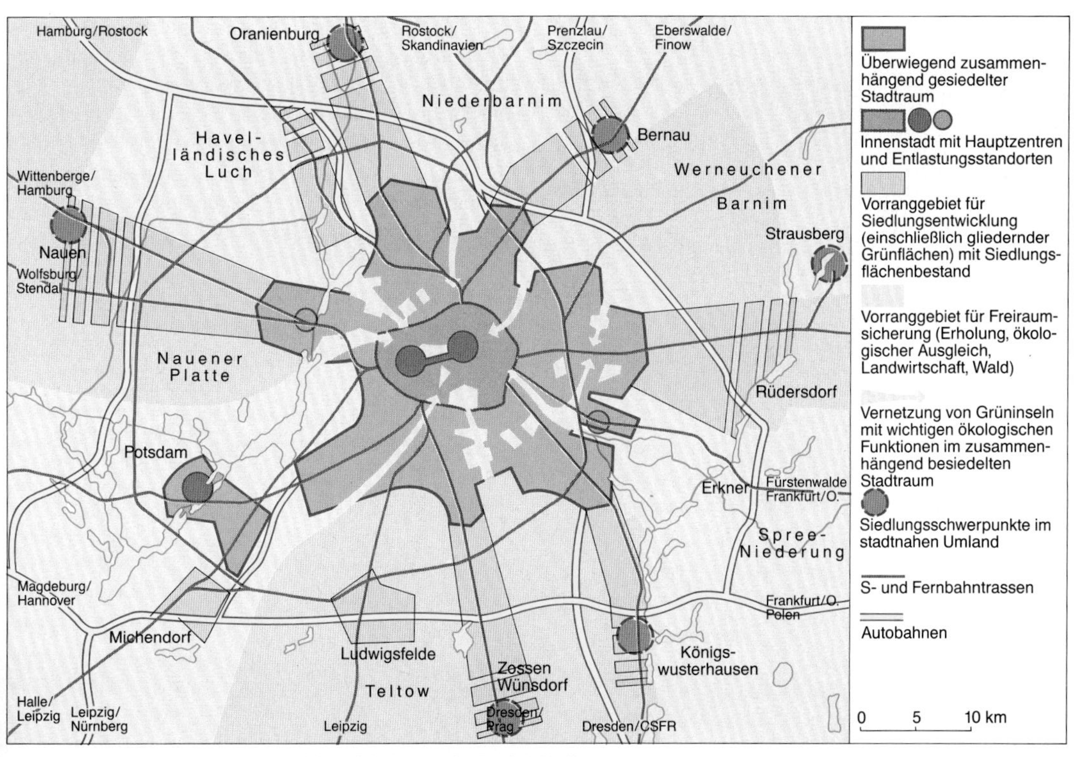

259.1 Schema einer möglichen räumlichen Gliederung der Region Berlin

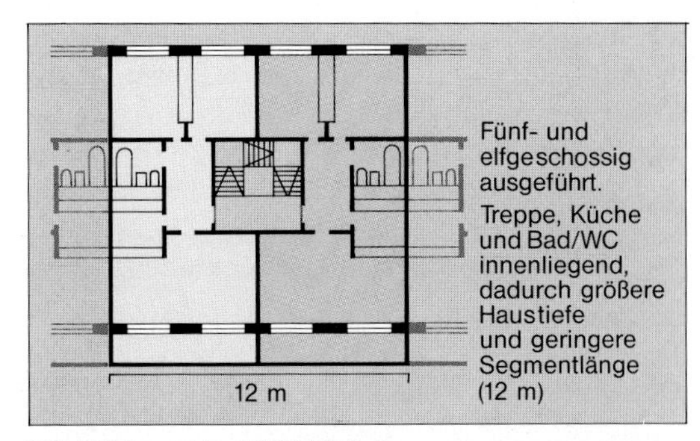

260.1 Wohnungstyp IW 70-P2-Ratio

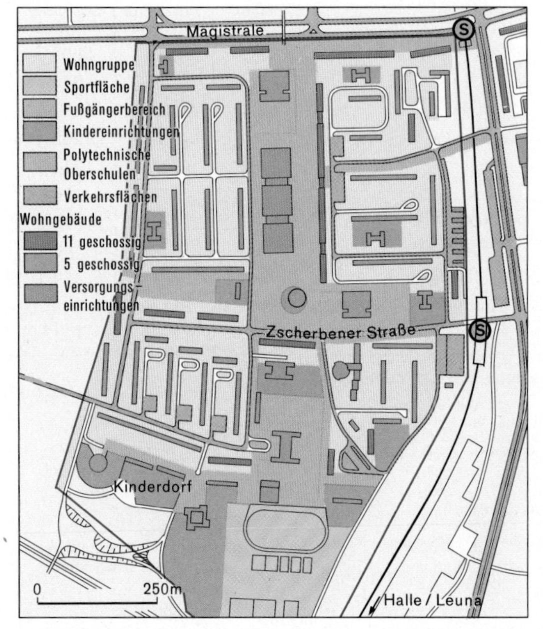

260.2 Wohnkomplex 1

Sozialistischer Städtebau: Halle-Neustadt

„Der Bau der Chemiearbeiterstadt Halle-Neustadt ist eines der größten geschlossenen Städtebauvorhaben der DDR. 1963 beschloß das Politbüro des ZK der SED, daß für die Chemiearbeiter im Ballungsgebiet Halle – Merseburg – Bitterfeld eine moderne Stadt geplant und gebaut wird. Diese neue Stadt sollte ein charakteristisches Beispiel für die umfassende Verbesserung der Lebensbedingungen der Werktätigen und damit zugleich ein weiterer Schritt bei der Verwirklichung der Grundsätze des sozialistischen Städtebaus sein."

(Halle-Neustadt, Rat des Bezirkes Halle. Berlin 1972)

Struktur des Wohnkomplex 1

Ein in Nord-Süd-Richtung verlaufender Grünzug, in den das Wohnkomplexzentrum, eine Polytechnische Oberschule und ein Kindergarten eingeordnet sind sowie eine Querachse als Grünzone mit Schule (alle Schularten, 2880 Plätze) und Kindereinrichtungen gliedern den Wohnkomplex in vier Quartiere. Die Kindereinrichtungen (insgesamt 3036 Plätze) sind den Quartieren zugeordnet. Sportanlagen (5,4 ha) liegen am Südrand. Zehngeschossige Gebäude bilden am Nordrand einen Abschluß des Stadtzentrums. Die zehngeschossige Wohnscheibe ist mit 384 m Länge und 883 Wohnungen das größte Haus in Halle-Neustadt. Das Wohnkomplexzentrum bildet ein dreiteiliger Flachbau mit zwei Gaststätten (498 Plätze), Schulspeisung (Mehrzwecksaal 450 Plätze), Klubräumen (70 Plätze) im südlichen, einer Kaufhalle (1400 m² Verkaufsfläche) im mittleren sowie Sparkasse (4 Schalterplätze), Friseur (34 Arbeitsplätze), Post (7 Schalterplätze), Ambulatorium (8 Arztplätze), Apotheke, Büro der Gebäudewirtschaft und Reparaturannahmestellen im nördlichen Gebäude.

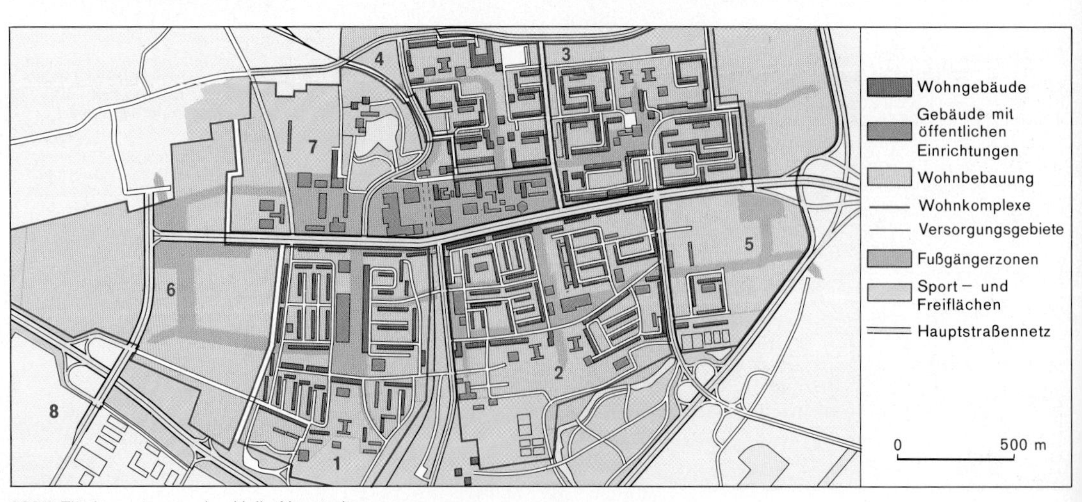

260.3 Flächennutzungsplan Halle-Neustadt

Merkmale der sozialistischen Wohnstadt

Halle-Neustadt verfügt über nahezu 33 000 Wohnungen, deren Standort, Anlage und Ausstattung für alle sozialen Schichten der Bevölkerung gleich sind. Die durchschnittliche Wohnungsgröße beträgt 54 m^2. 60% aller Wohnungen sind 3-Raum-Wohnungen, 8% haben einen, 17% zwei, 14% vier und 1% fünf Räume. Von den Wohnungen liegen 60% in fünf- bis sechs-, 31% in acht- bis elf- und 9% in über elfgeschossigen Gebäuden.

Die Wohngebäude werden nach Typen in industrieller Bauweise errichtet, wobei die Herstellung der Bauelemente in den Plattenwerken der volkseigenen Wohnungsbaukombinate erfolgt. Einerseits beruhen architektonische Monotonie und städtebaulicher Schematismus auf der Technologie des industriellen Massenwohnungsbaus. Andererseits sind sie ideologisch bestimmt; auch der Städtebau ist Teil der sozialistischen Planwirtschaft, und er steht, nach dem Motto: „schneller, besser, billiger", unter dem Zwang der Planerfüllung.

In den Wohnquartieren sollen durch gebaute Umwelt sozialistische Lebensformen entwickelt werden. Deshalb organisiert die SED in jedem Wohnkomplex Haus- und Wohngemeinschaften, schafft Wohngebietsausschüsse und bestimmt Abschnittsbevollmächtigte der Deutschen Volkspolizei. Sie sollen die Mithilfe beim Aufbau des Sozialismus, die Bereitschaft zur Verteidigung der Arbeiter- und Bauernmacht und die Planerfüllung im Betrieb durch Kritik und Selbstkritik unter den Mietern fördern.

Grund und Boden sowie die gesamte Bausubstanz gelten als gesamtgesellschaftliches Volkseigentum. Der Handel und die Dienstleistungen sind ausnahmslos staatliche oder genossenschaftliche Einrichtungen. Der Bau von Einfamilienhäusern in Städten wurde bisher nicht zugelassen.

261.2 Wohnkomplex 1

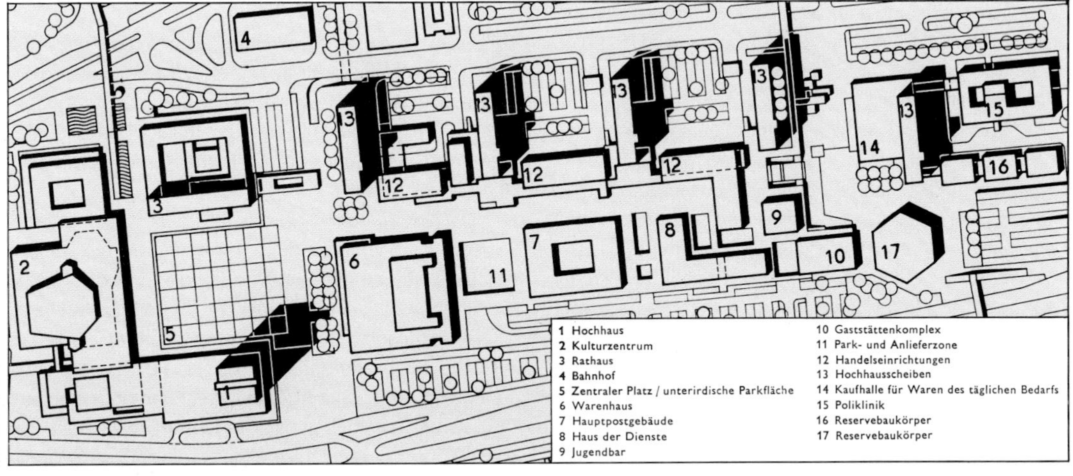

261.1 Stadt- und Bildungszentrum

Zentrale Orte

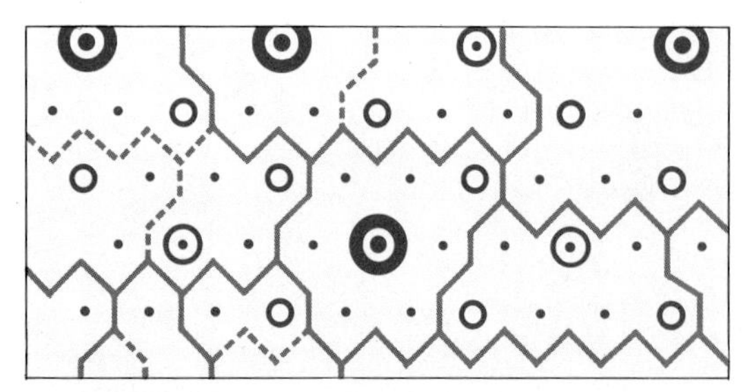

262.1 Wabenstruktur nach Christaller

Orte, die als Versorgungskerne über den Bedarf ihrer eigenen Einwohner hinaus Aufgaben der Versorgung mit sozialen, kulturellen und wirtschaftlichen Einrichtungen für die Bevölkerung des Umlandes übernehmen, werden in der Raumordnung als **Zentrale Orte** bezeichnet.

Je größer und differenzierter das Angebot der Waren und Dienste eines Zentralen Ortes ist, um so größer ist im allgemeinen sein **Einzugsbereich.**

Einem Ort mit hoher **Zentralität** sind mehrere mit geringerer Zentralität zugeordnet. Jeder Zentrale Ort einer höheren Ordnung übt auch die Funktionen der Orte niederer Ordnung aus.

Diese Überlegungen gehen von dem deutschen Geographen W. Christaller aus. In seiner 1933 veröffentlichten Arbeit „Die Zentralen Orte in Süddeutschland" untersuchte er, welche ökonomisch-organisatorischen Gesetzmäßigkeiten die ungleichmäßige Verteilung und Größe städtischer Siedlungen bestimmen.

Christallers Modell besteht aus einem System von vorgegebenen Annahmen, aus denen sich bestimmte Siedlungsstrukturen als Regelmäßigkeiten ergeben.

Das **Hauptmerkmal** eines Zentralen Ortes ist nach Christaller, „Mittelpunkt eines Gebietes zu sein". Die Zentralität ergibt sich aus dem „Bedeutungsüberschuß" des Ortes für sein Umland. Sie zeigt sich in dem Angebot an zentralen Gütern und Diensten, die nur zentral angeboten werden (können).

Zu diesen zentralen Gütern und Diensten zählen der Handel, das Bankwesen, viele Handwerke, die Verwaltungstätigkeit des Staates, schulische und kulturelle Einrichtungen und das Gesundheits- und Verkehrswesen. Der industrielle Sektor wird nicht berücksichtigt.

Wenn nun die Bevölkerung gleichmäßig über den Raum verteilt ist, dann sind – nach dem Gesetz von Angebot und Nachfrage – die Zentralen Orte verschiedener Stufen so verteilt, daß der Abstand zwischen ihnen maximiert ist und gleichzeitig der Raum optimal versorgt wird (Wabenstruktur). Das Modell verändert sich, wenn beispielsweise Transport- und Verwaltungsprinzipien berücksichtigt werden.

Dieses hier nur knapp skizzierte **System der Zentralen Orte** erwies sich als eines der bedeutendsten Modelle der Raumwissenschaft und hat die Überlegungen zur **Raumplanung und Raumordnung** entscheidend beeinflußt. Im **Bundesraumordnungsgesetz** von 1965 wurde das System der Zentralen Orte als grundlegendes *Ordnungsprinzip* für die Planung festgelegt.

Nach § 2 Abs. 1 des Bundesraumordnungsgesetzes ist unabdingbare Voraussetzung der Sicherung des Rechts auf freie Entfaltung der Persönlichkeit (Art. 2 und 3 GG) und der Verwirklichung des sozialen Rechtsstaates, daß für die Bürger *annähernd wertgleiche Lebensbedingungen* in allen Teilen des Landes geschaffen werden.

Die bestmögliche Versorgung der Bevölkerung mit Gütern und Dienstleistungen des täglichen und gehobenen Bedarfs kann jedoch nicht gleichzeitig an allen Orten der überkommenen Gemeindestruktur erfolgen. Die Zentralen Orte sollen daher der Bewältigung dieser vermehrten Aufgaben einer mobilen Gesellschaft im Stadt-Umland-Bereich dienen und ein weiteres Abwandern der Bewohner des ländlichen Raumes verhindern. Auch war es bei dem großen Bedarf der Städte und Gemeinden an öffentlichen Einrichtungen und Dienstleistungen und den knappen Haushaltsmitteln zwingend erforderlich, Schwerpunkte in Form der zentralörtlichen Gliederung zu setzen.

Vor allem sollten jene Gebiete in ihrer Struktur nachhaltig verbessert werden, die in ihrer Entwicklung hinter dem Landesdurchschnitt zurückgeblieben waren. Dadurch sollte schließlich jeder die Möglichkeit erhalten, in seiner Geburtsgemeinde weiterzuleben.

Die zentralörtliche Gliederung sollte daneben Agglomerationsnachteile in den städtischen Ballungsräumen verhindern.

1970 gab es in der Bundesrepublik Deutschland 556 Mittel- und 42 Oberzentren. Dabei ist die Abgrenzung der Zentralen Orte um so schwieriger, je höher die Ordnungsstufe ist. Vor allem in den dicht besiedelten Ballungsräumen von Rhein-Ruhr und Rhein-Main treten zahlreiche Überschneidungen auf.

Der *Einfluß der Natur- und Verkehrsräume,* aber auch unterschiedliche historische und wirtschaftliche Voraussetzungen führen dazu, daß die Einzugsbereiche nicht idealtypisch ausgebildet sind: So treten z. B. Flüsse oft als Linien gehäuften Vorkommens Zentraler Orte auf. In Norddeutschland befinden sich am Rande der Mittelgebirge und an Flußübergängen mehr und bedeutendere Orte als im Geestgebiet. Hier treten nur im Küsten- und Strommündungsbereich Orte mit vergleichbarer Zentralität auf.

T 263.1: Gliederung der Zentralen Orte

Zentralitätsstufe	Einwohnerrichtwert für Ort und Nahbereich	Zentrale Einrichtungen (Auswahl)	Bedeutung für die Versorgung der Bevölkerung	Zumutbare Entfernung (ÖPNV-Fahrzeit = Öffentl. Personennahverkehr-F.)
I. Kleinzentrum	>5 000 E	Hauptschule, Kindergarten, prakt. Arzt, Apotheke, Einzelhandelsbetriebe, Postamt	Grundversorgung	
II. Unterzentrum	>10 000 E	Realschule, mehrere Ärzte, kleines Krankenhaus, verschiedene Kreditinstitute, Dienstleistungen verschiedener freier Berufe, untere Verwaltungsbehörde	Versorgung mit Gütern des längerfristigen Bedarfs	30 min
III. Mittelzentrum	>30 000 E	Höhere Schulen, Berufsschule, Fachärzte, Krankenhaus mit drei Fachabteilungen, vielseitige Einkaufsmöglichkeiten, höhere Verwaltungsbehörden	Versorgung mit Gütern des gehobenen Bedarfs	60 min
IV. Oberzentrum	>100 000 E	Hochschulen, Spezialkliniken, spezialisierte Einkaufsmöglichkeiten, Dienststellen höherer Verwaltungsstufen, Theater, Museen, Banken	Versorgung mit Gütern des höheren, episodisch-spezifischen Bedarfs	90 min

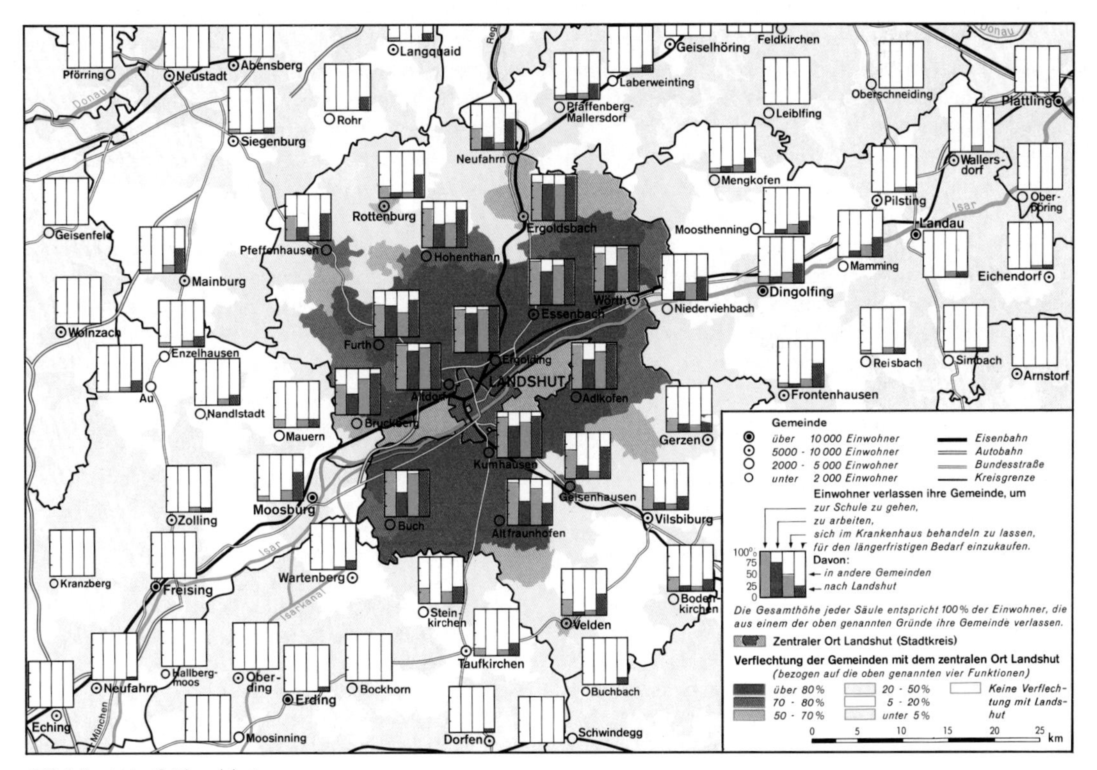

263.1 Zentraler Ort Landshut

1. Ordnen Sie den Kartenausschnitt in eine Karte der Bundesrepublik Deutschland ein,und messen Sie die Entfernung zu den nächsten Oberzentren.

2. Wie lassen sich Daten zur Zentralität eines Ortes (Landshut) erheben?

3. Welche Indikatoren für die Zentralität eines Ortes (Landshut) sind denkbar?

4. Welche Faktoren tragen zur unterschiedlichen Abnahme der Verflechtung der Umlandgemeinden von Landshut bei?

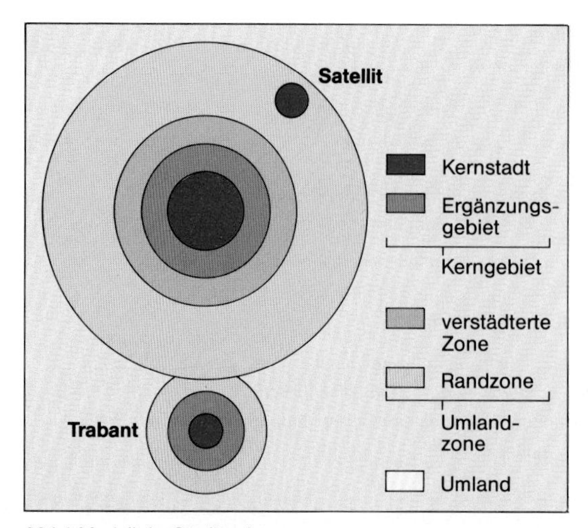

264.1 Modell der Stadtregion

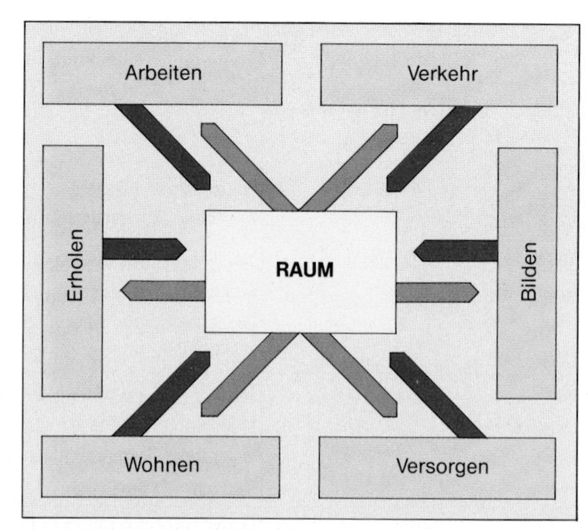

264.2 Daseinsgrundfunktionen

Stadt-Umland-Beziehungen seit 1950

Nach dem Zweiten Weltkrieg zeigen die Städte in der Bundesrepublik Deutschland ein enormes **Flächenwachstum.** Es vollzieht sich eine starke **Zersiedelung** der zuvor ländlich geprägten Stadtrandzone und des stadtnahen Umlandes.

Der Wunsch nach Wohnungseigentum und Wohnen im Grünen wird durch preisgünstiges Bauland in diesen Gebieten gefördert. Die *Zunahme der Motorisierung* und der *Ausbau des Nahverkehrsnetzes* fördern bzw. ermöglichen die Zunahme der Entfernung zwischen Wohn- und Arbeitsplatz. Die Städte wachsen mit ihren Baukörpern über die Stadtgrenzen hinaus. Es entwickeln sich **Stadtregionen,** wie z. B. das Ruhrgebiet oder die Räume Rhein-Neckar und Mittlerer Neckar. Die ländlichen Siedlungen im stadtnahen Umland verlieren ihren dörflichen Charakter; sie werden zu Auspendlerorten. Ein modernes, dichtes Straßen- und Schienennetz zerschneidet die verbliebenen Freiflächen. Versorgungseinrichtungen des täglichen Bedarfs (Verbrauchermärkte) nutzen die günstigen Verkehrsanbindungen. Auch Betriebe mit hohem Flächenbedarf siedeln sich hier neu an.

Der Flächenverbrauch beträgt in der Bundesrepublik Deutschland etwa 2% jährlich.

1. „Städte sind Gebilde und Standorte, die in besonderem Maße die sog. Daseinsgrundfunktionen der Menschen und der Gesellschaft befriedigen." Erörtern Sie, wie sich in der heutigen Zeit die Befriedigung der Daseinsgrundfunktionen räumlich auf die Städte auswirkt.

Als „Kernstadt" gilt das Verwaltungsgebiet der zentralen Stadtgemeinde(n). Als „Ergänzungsgebiet" werden solche Gemeinden der Kernstadt zugeordnet, die an sie unmittelbar – bzw. im Verband mit gleichartigen Gemeinden auch nur mittelbar – angrenzen und ihr sowohl im Siedlungscharakter als auch in struktureller bzw. funktionaler Hinsicht weitgehend ähneln.

Zum „Kerngebiet" werden Kernstadt und Ergänzungsgebiet zusammengefaßt und bei der Abgrenzung der Stadtregion als das Zentrum des gesamten Raumes behandelt. Dementsprechend werden auch die Zielpendler der einzelnen Gemeinden für dieses Kerngebiet insgesamt ermittelt und nicht etwa nur für die Kernstadt selber, wie das sonst in der Pendlerstatistik üblich ist. Begründet wird dieses Vorgehen durch die Erkenntnis, daß sich häufig städtische Betriebe aus steuerlichen oder sonstigen Gründen „vor den Toren der Stadt" niedergelassen haben, betrieblich und organisatorisch aber noch zu dem kernstädtischen Wirtschaftskomplex gehören. Berücksichtigt man nur die Zielpendler nach der Kernstadt innerhalb ihrer Verwaltungsgrenzen, so erhält man ein nicht zutreffendes Bild der tatsächlichen wirtschaftlichen Zusammenhänge des Raums. Die „Verstädterte Zone" bildet den Nahbereich der Umlandgemeinden. Bei einer erheblich aufgelockerten Siedlungsweise hat ihre Bevölkerung noch eine ausgesprochen gewerbliche Erwerbsstruktur und arbeitet zum überwiegenden Teil in dem Kerngebiet.

Die „Randzonen" umfassen die übrigen Umlandgemeinden. Bei ihnen nimmt der Anteil der landwirtschaftlichen Erwerbspersonen nach der Peripherie hin allmählich zu, ohne jedoch eindeutig das Übergewicht zu erlangen; durch die hier wohnhaften gewerblichen Arbeitskräfte ergibt sich eine nicht unerhebliche Pendelwanderung, die überwiegend zum Kerngebiet geht." (Handwörterbuch für Raumforschung und Raumordnung. Hannover. Jänecke 1970, S. 3206–3209)

Verdichtungsgebiete (VG)		Ländliche Gebiete (LG)
Kern	Umland	
Verdichtung durch: – Zuzüge aus ländlichen Gebieten – Einwanderung von Gastarbeitern – höhere Wohnflächenansprüche (früher: 13...20 m^2 E, jetzt: 35 m^2/E und mehr) – größere Flächenansprüche der Industrie – größere Flächenansprüche des Tertiärbereiches	**Kennzeichen:** – fehlende bzw. mangelhafte Infrastruktur – schlechte Verkehrserschließung (ÖPN) ← – vorausschauende Planung fehlt ←	Trotz Geburtenüberschuß (bis ± 1970) nur geringes Wachstum, da – Arbeitsplätze (qualifizierte) fehlen und – Abwanderungen in VG folgen, durch – Mechanisierung der Landwirtschaft und Aufgabe von Grenzertragsflächen verstärkt
Folgewirkungen: – Verlagerung der Wohnnutzung → – Verödung der Innenstädte = Verlust an Urbanität – Verlagerung von Gewerbebetrieben → – soziale Probleme: nur benachteiligte Gruppen bleiben im Kern (Entmischung), Sanierung wird dringender und problematischer – wachsende Immissionen →	Schlafsiedlungen, Zersiedlungserscheinungen Industrie im Umland der VG → Immissionen Zuwanderungen verstärkt	Verbesserung der Infrastruktur durch – Konzentration auf wenige Standorte – Ausbau des Straßennetzes Trotz dem Anreiz zur Schaffung neuer Arbeitsplätze nicht ausreichend; besseres Straßennetz → Zunahme der Fernpendler, Zunahme des Freizeitverkehrs → Überlastung des Straßennetzes in bestimmten Bereichen durch JV, da ÖPN nicht leistungsfähig und zu teuer (Stillegung von Bahnlinien!).
Durch räumliche Trennung von Wohnen, Arbeiten, Einkauf, Bildung, Freizeit: **Mobilitätsbedürfnis** steigt an, dazu Wunsch nach individueller Mobilität und besserer Freizeitnutzung sowie höhere Einkommen → **Vollmotorisierung** → Zunahme des JV bei stagnierendem bzw. rückläufigen ÖPN; Gebietsstruktur nicht optimal für ÖPN, da kompaktes Stadtgefüge aufgelöst; wachsende Immissionen durch Verkehr. → Verschlechterung des Wohnwertes, vor allem in Kernbereichen und an Verkehrsbändern.		↔ Verschärfung der **Verkehrsprobleme** auch in LG, vor allem in den zentralen Orten. Durch lange Wege – hohe Kosten, für Bewohner strukturschwacher Gebiete besonders spürbar.
Wandlungen im Bereich der **Infrastruktur** und **Versorgung:** – Einrichtungen im Kernbereich z. T. nicht mehr ausgelastet (Kindergärten, Schulen). – Maßstabsvergrößerung (z. B. Verbrauchermärkte) verschlechtert Erreichbarkeit	– Einrichtungen fehlen oder zu klein, Ausbau erfordert hohe Kosten – lange Wege erforderlich (Zeitaufwand)	**Infrastruktur** und **Versorgung:** Durch Maßstabsvergrößerung – Verlust zentralörtlicher Funktionen – längere Wege
Flächenbedarf: – Standorte für Anlagen mit großem Flächenbedarf fehlen (z. B. Flugplätze, Mülldeponien) → – Wasserversorgung in VG kaum noch möglich → – Flächen für Freizeit und Erholung fehlen →		**Nutzungsbeschränkungen** zugunsten der VG unausweichlich, dadurch nachteilige Wirkungen für Eigenentwicklung **Freizeiteinrichtungen** und **Freizeitwohnen** bringen besondere Problematik für landschaftlich bevorzugte Gebiete
Derzeitige Situation – Überblick		
– **Umweltschäden** schon gravierend – **Flächenknappheit:** insbesondere Flächen für Freizeittätigkeiten – **Verkehrsprobleme:** trotz U-Bahn-Bau und Fußgängerzonen nur teilweise gelöst – **Tertiärbereich:** verdrängt Wohnnutzungen → Probleme im Umland und in den Kernen (Verödung durch Neubauten, Verlust der Identität der Städte und ihrer Umgebung)		– **zu wenig** gute **Arbeitsplätze** außerhalb der Landwirtschaft – **Infrastruktur** z. T. noch mangelhaft oder aber lange Wege; Versorgung (Läden) bereits gefährdet – **Verkehrsproblem:** vor allem in Zentralorten – **Entleerung** der Dörfer, Fernpendler, Sozialbrache (Landschaftspflege) – **Überlastung** bestimmter Bereiche durch Freizeitanlagen und -wohnungen

265.1 Entwicklung der Verdichtungsgebiete und der ländlichen Gebiete seit dem Zweiten Weltkrieg

Stadtsanierung – Stadterneuerung

266.1 Altbausubstanz

266.2 Monotone Wohnbauten der 60er Jahre

266.3 Lebensfeindliche Straße

Städtebauliche Mißstände

Mit der Industrialisierung begannen die großen Einbrüche in das Gefüge der alten Städte. Vor den Städten entstanden entlang der Ausfallstraßen die ersten Vorstadtsiedlungen. Wer es möglich machen konnte, zog aus der Altstadt aus in ein Neubaugebiet. Die Altstadt wurde zu einer schlechten Adresse. Mit dem Bevölkerungsanstieg wurden die Wohnungen knapp. In den ehemaligen „Einfamilienhäusern" der Altstadt wurden nun Kleinwohnungen eingerichtet. Balken, Stützen, Kopfbänder, die beim Umbauen im Wege standen, nahm man einfach fort. Eine nicht seltene Folge: Die Konstruktionen senkten und verzogen sich oder stellten sich schief. Mit dem Einbau von Kleinwohnungen und billigen Installationen setzte bei allgemein niedriger Miete der Verfall ein.

Die Altstadt wurde mehr und mehr zur Rumpelkammer der Stadt, sie blieb aber Zentrum der ins Land ausgreifenden Siedlung. Gewerbebetriebe nutzten leerstehende Scheunen. Ställe wurden zu Lagern hergerichtet. Was ehemals Hof war, wurde mit Neben- und Erweiterungsbauten vollgestellt.

Andere nach heutigen Maßstäben sanierungsbedürftige Wohnviertel entstanden in der Gründerzeit mit den Arbeitersiedlungen in unmittelbarer Nachbarschaft zu den Industriebetrieben.

In den 50er Jahren gab es einen weiteren Einbruch durch den wachsenden Verkehr. U.a. brachte er das Problem der Stellplätze. Wenn es irgend geht, wollte und will jedermann sein Auto vor der Tür stehen haben. Gärten, Höfe und freie Plätze wurden zu Stellflächen. Kaufhäuser, Geschäfte, Büros verdrängten und ersetzten verfallene Altbauten. Man kaufte heruntergekommene Häuser billig auf, brach sie ab, schüttete etwas Schotter auf die Fläche und hatte durch eine derartige Sanierung einen „Schandfleck" beseitigt und Parkplätze geschaffen. Damals ist viel historische Bausubstanz, die den Krieg überdauert hatte, vernichtet worden.

Sanierungsmaßnahmen

In vielen Gemeinden war die oberste Leitlinie der Stadterneuerung die *autogerechte Stadt.* **Flächensanierungen,** bei der größere zusammenhängende Gebäudekomplexe dem Erdboden gleichgemacht wurden, schufen Platz für neue Straßenzüge, Geschäfte und Wohnblocks.

Die Ölpreiskrise von 1973, die vielen Bürgern die Grenzen des Wirtschaftswachstums und der Rohstoffe deutlich gemacht hat, förderte eine Bewußtseinsänderung. Der Umweltschutzgedanke kam auf, Konsum war nicht mehr der einzige Wert der Gesellschaft. Man erkannte, daß zu einer lebenswerten Umwelt nicht nur sauberes Wasser, reine Luft und unberührte Natur, sondern auch eine intakte bauliche Umgebung gehören. Der Begriff der humanen Stadt kam auf.

Die in den 60er Jahren und Anfang der 70er Jahre erbauten Neubausiedlungen mit hoher Verdichtung und geplanter Monotonie empfand man nun als unmenschlich. Zu historischen Altstädten und Altbauten entwickelte sich eine neue Einstellung. Bund und Länder förderten durch Finanzierungshilfen die Sanierung von Altbauten, im besonderen von **Kulturdenkmälern.** Denkmalpflege wurde zu einer öffentlichen Aufgabe. Die Abkehr von der Flächensanierung mit willkürlichen Abbrüchen zur behutsamen Objektsanierung zeigt den Wandel in der Bewertung alter Bausubstanz.

Auch die Einstellung zum Verkehr hat sich geändert: In den Innenstädten entstanden Fußgängerzonen, in den Wohngebieten wurden erste Maßnahmen zur Verkehrsverdünnung bzw. Verkehrsberuhigung („verkehrsberuhigte Zonen") durchgeführt.

267.1 Objektsanierung

Durch zahlreiche Maßnahmen versucht die Kommune, die Wohn- und Lebensqualität der Städte zu verbessern; unter anderem durch
- die Schaffung von Freiräumen (Grünflächen, Spielplätzen) in verdichteten Wohngebieten,
- Neuanstriche von Gebäuden, Wandbegrünung, Begrünung von Hinterhöfen in Altbaugebieten,
- Neuanpflanzung von Bäumen,
- Bepflasterung der Wege und Straßen mit Kunst- oder Natursteinen statt einer Asphaltdecke,
- Blumenschalen und Pflanzkästen,
- Bau von Brunnen, Aufstellen von Bänken und anderen Sitzgelegenheiten,
- natürlichere Baustoffe (Holz, Klinker) bei Neubauten statt Beton, Giebeldächer statt Flachdächer.

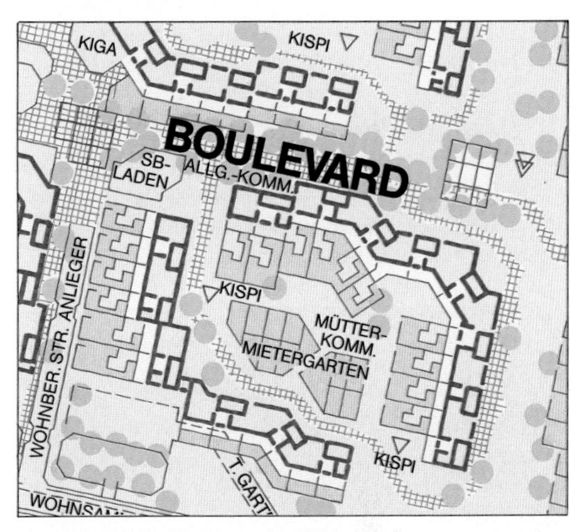

267.2 Wohnumfeldverbesserung (Planskizze)

Vor allem in den eintönigen Hochhaussiedlungen erstrebt man durch solche und andere Maßnahmen eine **Wohnumfeldverbesserung.** Der Bund unterstützt die Sanierungsmaßnahmen.

Das **Städtebauförderungsgesetz** bildet die gesetzliche Grundlage dazu. Es fordert die Beteiligung der Bürger an der Planung eines Sanierungsvorhabens.

Durch bundesweite Wettbewerbe wie „Bürger, es geht um Deine Gemeinde" soll die **Bürgerbeteiligung** aktiviert werden.

1. Erörtern Sie Vor- und Nachteile der Flächensanierung.
2. Erörtern Sie, warum der Staat Interesse an Sanierungsmaßnahmen hat.
3. Kennzeichnen Sie die städtebauliche Situation einer Ihnen bekannten Stadt.

267.3 Verkehrsberuhigung

Stadtplanung

Die „Neue Stadt" Wulfen

Diese an der nördlichen Randzone des Ruhrgebietes gelegene Stadt ist allen Stadtplanern ein Begriff. 1958 wurde in Wulfen eine Schachtanlage abgeteuft. Weitere Industriebetriebe sollten folgen. Um den geschätzten 8000 Bergarbeitern einen attraktiven Wohnort zu schaffen, begann 1960 die Planung. Eine vom Land Nordrhein-Westfalen und dem Bund eingesetzte Planergruppe konnte „lautlos und flexibel" das erforderliche Bauland erwerben und mit dem Aufbau beginnen. Die Stadt wurde für 50 000 Einwohner konzipiert. Neben der industriellen Entwicklung ging die Planung davon aus, Teile der aus dem Ruhrgebiet abwandernden Bevölkerung aufzunehmen und einer ungeordneten Zersiedlung des Ballungsrandes entgegenzuwirken. Durch die in den 60er Jahren einsetzende Bergbaukrise – Öl statt Kohle – verlief das Wachstum Wulfens langsamer als geplant. 1984 lebten in Wulfen 15 500 Menschen, die Zielgröße der Planer liegt jetzt bei 20 000.

Wulfen hat wie viele neue Städte einen großen Anteil junger Menschen, die in den Arbeitsprozeß eingegliedert werden müssen. Anfang 1984 standen den ca. 5000 Erwerbstätigen in Wulfen ca. 2000 Arbeitsplätze zur Verfügung, d. h. sie müssen auspendeln.

• Planungsgrundsätze

Unter Berücksichtigung des Landschaftsbildes wurde das Siedlungsgefüge entsprechend den naturräumlichen Gegebenheiten entwickelt. Schon seit Beginn der 60er Jahre berücksichtigt das stadtlandschaftliche Konzept ökologische Zusammenhänge. Wertvoller Baum- und Strauchbestand blieb erhalten. Mit Maschenweiten von mehreren hundert Metern bildet das wabenartige Straßennetz große autoverkehrsfreie Bereiche. In ihnen liegen die Wohngebäude entlang der Wege und Plätze – von den Straßen getrennt. Ein engmaschiges Wegenetz ermöglicht kurze und sichere Wege für Radfahrer und Fußgänger. Dieses Wegenetz und die hierin eingewobenen Grünflächen sind zum Spielen, Sport und Verweilen nutzbar.

• Stadtentwicklung

Zu Beginn der Stadtentwicklung entstanden fast ausschließlich Mehrfamilienhäuser mit Mietwohnungen unterschiedlicher Größe und Grundrisse. Ab 1970 verstärkte sich der Bau von Einfamilienhäusern (zumeist Reihen- und Gartenhofhäuser). Eine Bebauung auf kleinen Grundstücken verringerte den Flächenbedarf und ermöglichte individuelles Wohnen innerhalb städtischer Dichte.

Die Versorgung mit öffentlichen Einrichtungen wie Kindergärten, Schulen, Bibliothek, Kirchen und Sportstätten begann schon frühzeitig und hat heute durch das Gemeinschaftshaus mit Schwimmbad einen ausreichenden Stand erreicht. (Nach Unterlagen der Entwicklungsgesellschaft Wulfen 1984)

268.1 Schrägluftbild von Wulfen

Phasen der Stadtentwicklung in Deutschland	
	Marktort/Herrensitz/röm. Lager
Mittelalter (10.–15. Jh.)	Planmäßige Stadtgründung Mittelalterliche Stadterweiterung (Neustadt)
Renaissance (15.–16. Jh.)	Bastionenbefestigung
Barock/ Absolutismus (17.–18. Jh.)	Fürstengründung
19. Jh.	Schleifung der Stadtbefestigung/ Industrieanlagen/Mietwohnungen/ Verflechtung von Wohnen und Arbeit
20. Jh.	Funktionsentflechtung Gartenstadt/ öffentl. Grünflächen/Industriegebiete/Citybildung Bauleitplanung: Urbanisierung/Verdichtung/ Sanierung

Von der Anpassungs- zur Entwicklungsplanung

Die Stadtentwicklung blieb lange Zeit den Mechanismen des Marktes überlassen; Phänomene wie Bodenspekulation und soziale Verdrängungsprozesse ließen die Mängel der „Anpassungs- und Auffangsplanung" deutlich werden. Daher ging man zur „Entwicklungsplanung" über. Dabei werden *Anreize* wie Ausbau der Infrastruktur und *Restriktionen* wie vorgeschriebene Flächennutzung zu wichtigen Steuerungselementen der Stadtplanungsämter.

Mit der Politik des **„goldenen Zügels"** werden heute durch Bundeszuschüsse bestimmte Bereiche, wie z. B. Denkmalschutz, bundesweit gezielt unterstützt.

Stadtentwicklung der 80er und 90er Jahre

Die Stadtentwicklungspolitik der Zukunft muß sich veränderten Rahmenbedingungen anpassen:
Auf vielen Märkten zeigen sich Sättigungserscheinungen sowohl beim privaten Konsum als auch in vielen Sektoren öffentlicher Infrastruktur wie Schulen, Krankenhäusern oder Straßen. In allen hochindustrialisierten Staaten scheinen zudem die Grenzen der Belastbarkeit des Raumes erreicht. Verschmutzte Luft, bedrohte Grünflächen, Lärm, vergiftetes Grundwasser, versiegelter Boden und zersiedelte Landschaft sind negative Begleiterscheinungen des bisherigen Industrialisierungs- und Siedlungsprozesses.

Gedrosseltes Bautempo

Als Maßnahmen für eine ökologisch und ökonomisch sinnvolle Planung bei der Stadtentwicklung der Zukunft werden u. a. vorgeschlagen:

Viele Gemeinden, gerade in alten Industrierevieren, haben damit zu kämpfen, daß Produktionsstätten aufgegeben und **Industriebrachen** zurückgelassen werden. Die jährliche Zubaurate, die Anfang der 70er Jahre noch 2,5% betrug, ist in vielen Regionen bei 1% angelangt. Das Schwergewicht zukünftiger Stadtentwicklung wird daher kaum noch in der Neuausweisung von Siedlungsgebieten und in Neubauten zu sehen sein.

Erhaltende Stadterneuerung

Stadtplanung wird sich vornehmlich im Bereich der erhaltenden Stadterneuerung vollziehen. Hier stellen sich vier Hauptaufgaben:

- Erhalten preiswerten Wohnraumes bei sozialverträglicher Modernisierung.
- Verbesserung der Wohnumfeldbedingungen und Maßnahmen im Bereich der Stadtökologie.
- Sichern der betrieblichen Entwicklungsmaßnahmen am vorhandenen Standort, d. h. Abkehr von dem Konzept der strikten Entmischung städtischer Funktionen.
- Flankierender Neubau (Baulücken beseitigen).

Flächenrecycling

Besonders in altindustrialisierten Ballungsräumen besteht die Notwendigkeit, brachliegende Industrie-, Zechen- und Verkehrsflächen einer gezielten Wieder- oder Umnutzung zuzuführen. Die Umnutzung in Grünflächen wird mit dem Begriff „Rückbau" gekennzeichnet.
(Nach E.-H. Ritter, 1984)

Stadtplanung und Bürgerbeteiligung

Städtebauliche Konzepte und Maßnahmen sind sinnvoll nur zu entwickeln und zu realisieren, wenn die Bürger und insbesondere die Betroffenen möglichst weitgehend Gelegenheit zur Mitwirkung erhalten. Das wachsende Umweltbewußtsein wird die Sensibilität des Bürgers für Nutzen und Nachteile städtebaulicher Konzepte und Maßnahmen weiter erhöhen.
(Aus: Reform des Städtebaurechts, 1984)

1. Stellen Sie Planungsprinzipien für die „Neue Stadt" Wulfen zusammen.
2. Erstellen Sie nach dem Schrägluftbild von Wulfen eine Skizze der funktionalen Gliederung.
3. Welche Konsequenzen könnte das wachsende Umweltbewußtsein für die zukünftige Planung im Stadtbereich haben?

Bayerischer Wald und Böhmer Wald

Grenzgebirge in Randlage

Am 2. Juni 1991 begann in Bayerisch Eisenstein an der deutsch-tschechischen Grenze ein neues Zeitalter: Der Bahnhof, den die Staatsgrenze in zwei spiegelbildliche Hälten teilte, wurde wieder für den grenzüberschreitenden Eisenbahnverkehr geöffnet, nachdem bereits ein Jahr zuvor die allgemeine Grenzöffnung gefeiert worden war.

Gut 40 Jahre lang lag der Bayerische Wald wegen des Eisernen Vorhangs zwischen Ost und West in einer absoluten Randlage. Nach Öffnung der Grenzen wird er wieder zu einem Durchgangsland zwischen Bayern und Böhmen. Seither ist der Luftkurort Eisenstein (1700 Einwohner) ein Durchgangsort für den Straßen- und Schienenverkehr, der sich durch das enge Tal des Großen Regen windet. 1990 passierten dort knapp 900 Lkw die Grenze, im ersten Halbjahr 1991 waren es bereits über 5000. Allein im Juni 1991 überquerten 1100 Lkw, 113 000 Pkw sowie 1300 Busse mit 500 000 Reisenden die Grenze in Eisenstein. Dies entspricht etwa dem Verkehrsaufkommen der Jahre 1976 bis 1987.

Natur und Ruhe waren die bisherigen Verkaufsargumente der Touristik im Bayerischen Wald. Die Belastungen durch den Transitverkehr in den engen Tälern stehen dazu im scharfen Widerspruch und rufen nicht nur Naturschützer auf den Plan, sondern auch Kommunalpolitiker und Gewerbetreibende protestieren.

Bayerischer Wald und Böhmer Wald bilden das größte zusammenhängende Waldgebiet Mitteleuropas. Seit jeher dünn besiedelt, sind beide Waldgebirge verkehrsmäßig nur weitmaschig erschlossen. Die Grenze ist im Straßennetz deutlich erkennbar, weil es in den vergangenen Jahrzehnten nur zur jeweils einseitigen Erschließung angelegt wurde und keine grenzüberschreitende Funktion hatte.

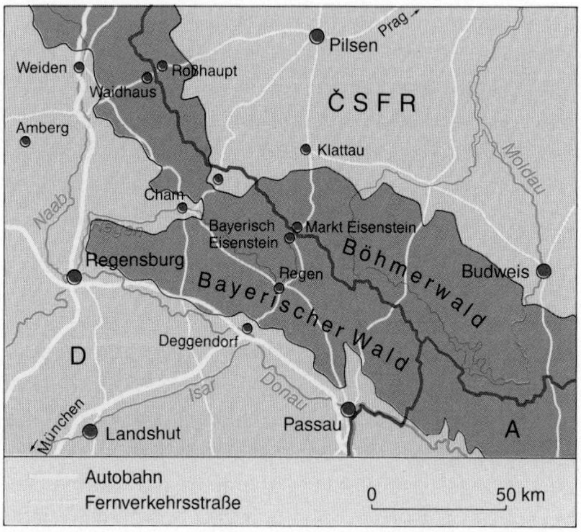

270.1 Der Bayerische Wald und der Böhmer Wald

Die trennende Funktion der beiden Gebirge mit der in Kammlage verlaufenden Grenze bestand so nicht immer. Die Gebirge sind ein altes Durchgangsland, weil sich beiderseits seit Jahrhunderten wirtschaftliche Aktivräume befanden. Der Goldene Steig, ein Saumpfad als damals üblicher Höhenweg angelegt (höchster Punkt: 1140 m ü. NN), wurde bereits 1088 urkundlich belegt. Auf ihm transportierten Lasttiere Salz aus Reichenhall und Getreide aus Böhmen zwischen Passau und Prachatitz.

Der Eisenbahnbau im 19. Jahrhundert bevorzugte wegen der gleichmäßigen Steigung die Tallagen als Verkehrsachsen. So entstanden die ersten modernen Querverbindungen zwischen den parallel zum Gebirge verlaufenden Hauptstrecken Regensburg – Passau und Pilsen – Budweis. 1861 wurde die Eisenbahnstrecke Schwandorf – Cham – Furth i. W. – Grenze und 1877 die Strecke Deggendorf – Eisenstein eröffnet, mit Bahnhofsgebäuden auf der Grenze.

Die Verkehrsungunst der Waldgebirge zeigt sich darin, daß sich der Quer- bzw. Durchgangsverkehr auf wenigen Hauptstrecken stark bündelt. Die quer zur Streichrichtung der Gebirge verlaufenden Verkehrsachsen führen dann zur Überlastung der Verkehrswege, heute besonders der Straßen, und zu einer fast unerträglichen Belastung der Orte.

Der Naturraum

Bestimmende Naturfaktoren dieses Mittelgebirgsraums sind das Relief, die Höhenlage und die Streichrichtung des Gebirges von Südosten nach Nordwesten, etwa quer zur vorherrschenden Windrichtung.

In Finsterau (1000 m) im Hinteren Bayerischen Wald schwanken die Monatsmitteltemperaturen zwischen –4,4 °C im Januar und 14 °C im Juli. Die Jahresniederschläge steigen auf Grund der Westwetterlagen von West nach Ost an: 650 bis 1400 mm im Vorderen Bayerischen Wald, bis 1850 mm im Hinteren Bayerischen Wald und auf rund 2000 mm in Gipfellagen, z. B. am Lusen. Budweis auf der Ostseite des Böhmer Waldes erhält dagegen nur 650 mm Niederschlag im Jahr. Im Winter tritt häufig der Böhmwind auf, ein eisiger, scharfer Ostwind aus dem kontinentalen Kältehoch. Er verursacht schneidende Kälte und hohe Schneeverwehungen.

Der zweitwichtigste Naturfaktor ist das Gestein. Das geologisch sehr alte Gebirge ist vorwiegend aus kristallinen Gesteinen, Gneisen und Graniten aufgebaut. Diese Gesteine verwittern zu abgerundeten Formen und bilden große Stein- und Blockmeere. Die Böden sind flachgründig, sehr kalkarm und arm an Nährstoffen. Ein etwa 150 km langer reiner Quarzgang bildet eine geologische Besonderheit: Die Verwitterung hat das widerständige Quarzgestein freigelegt, so daß der Quarzgang (der Pfahl) markante, 20 bis 30 m hohe Felswände bildet.

Das Relief und das rauhe Klima mit seiner kurzen Vegetationszeit und der langen Schneedauer sowie die mageren Böden bestimmen Vegetation und Bodennutzung: Zwischen 700 und 1150 m wachsen überwiegend Bergmischwälder mit Fichten, Tannen und Laubgehölzen, vor allem Buchen. In höheren Lagen wachsen außerhalb der ausgedehnten Hochmoore reine Bergfichtenwälder mit Ebereschen als Unterwuchs. Bis 1850 bestanden die Wälder des Bayerischen Waldes zu 25 % aus Weißtannen, zu 40 % aus Fichten und zu 35 % aus Laubbäumen. Heute hat die Fichte 70 % erreicht, die Tanne ist auf 4 % zurückgegangen und die Buche nimmt noch 25 % ein. Der Bergfichtenwald unterscheidet sich deutlich von einem aufgeforsteten Fichtenforst. Der lokkere Baumbestand läßt einen dichten und artenreichen Unterwuchs aus Moosen, Heidelbeeren, Farnen, Hainsimse, Labkraut und Bärwurz zu.

Besiedlung und wirtschaftliche Erschließung

Die späte Besiedlung zeigt deutlich, daß die ungünstigen Bedingungen für die Landwirtschaft schon immer bewußt waren. Vom 12. Jh. bis 1809 entstanden unter dem Schutz von Reichsklöstern, Bischöfen und Adelsgeschlechtern Siedlungs- und Rodungsinseln, teilweise mit geplanten Waldhufendörfern. Im 17. und 18. Jh., als viele Neusiedlungen entstanden, kamen die Siedler aus der bäuerlichen Unterschicht der Umgebung. Die ungünstigen Siedlungsbedingungen boten eine Alternative zu ihrer bisherigen wirtschaftlichen Lage. Erst die oft genutzte Auswanderung nach Amerika brachte im 19. Jh. erneut einen Wandel.

Die gewerbliche Nutzung war zu Beginn rohstofforientiert. Der Bergbau ab dem 13. Jh. kam aber über eine geringe Bedeutung nicht hinaus. Wirtschaftlich bedeutend wurde ab 1500 die Glasbläserei, die im 17. und 18. Jh. ihre Blütezeit erlebte. Die Glashütten nutzten die Quarzvorkommen und vor allem das Holz zur Feuerung und zur Gewinnung der Pottasche als Glasflußmittel. In dieser Zeit blühte auch das Köhlerhandwerk. Die Umstellung auf Kohlefeuerung brachte aber bereits 1900 viele Glashütten zum Erliegen. Bis heute haben sich nur wenige Betriebe erhalten können, die sich auf hochwertiges, mundgeblasenes und künstlerisch gestaltetes Glas spezialisiert haben. Im 19. Jh. entwickelte sich auch mit steigender Nachfrage die Holzwirtschaft, die neben dem Rohstoff Holz auch die Wasserkraft nutzte. Die Forst- und Holzwirtschaft hat bis heute ihre standortbedingte Bedeutung behaupten können und stellt auf Grund der Standortungunst für anderes Gewerbe einen wichtigen Wirtschaftszweig in dieser Region dar.

Die Strukturschwäche des Raumes wird durch ein weiteres Merkmal bis heute deutlich: Unter den unselbständig Beschäftigten gibt es viele Fernpendler, die nur am Wochenende nach Hause kommen, sowie viele Saisonarbeiter, vor allem im Baugewerbe.

Naturschutz und Tourismus

Erst die Entwicklungen im Freizeit-, Erholungs- und Tourismusbereich brachten einen neuen Aufschwung. Jetzt wandelte sich die Bedeutung der Standortfaktoren: Das Klima wird zum Gunstfaktor für Wintersport. Die Standortfaktoren Relief und Waldreichtum sowie die geringe Siedlungsdichte machen den Bayerischen Wald zu einem beliebten Wander- und Erholungsgebiet.

Allerdings boten die alten Siedlungen und die meist kleinbäuerliche Struktur wenig bodenständige Entwicklungsmöglichkeiten im Fremdenverkehr. Es fehlte weitgehend an Fremdenverkehrstradition, und viele alte Gehöfte boten keine Voraussetzungen für die Beherbergung. Die Kapitalschwäche behinderte überdies die private Initiative im neuen Wirtschaftszweig. So bestimmen heute große moderne Touristikzentren den Fremdenverkehr. Dieses neue Siedlungselement steht z.T. im scharfen Kontrast zur Landschaft und zum überkommenen Siedlungsbild.

Die großen siedlungsarmen bzw. siedlungsleeren Wälder, insbesondere an den Kammlagen entlang der Grenze, boten gute Voraussetzungen für die Errichtung von Naturparks und einem Nationalpark in der Umgebung des Rachel (1453 m). Dieser Nationalpark dient dem Naturschutz, der wissenschaftlichen Forschung und Beobachtung sowie der Bildung und Erholung der Besucher, soweit der Schutzzweck es erlaubt. Eine Nutzung ist völlig eingestellt.

1. Erläutern Sie die Folgen der Grenzöffnung für den Bayerischen Wald. Stellen Sie Vor- und Nachteile abwägend gegenüber.
2. Vergleichen Sie die Situation des Bayerischen Waldes als Durchgangsraum mit dem der Alpen.
3. Diskutieren Sie Auswirkungen und Konflikte, die sich aus der Nutzung des Bayerischen Waldes als Verkehrsraum, Erholungsraum und als Naturschutzgebiet (Nationalpark) ergeben.

Räumliche Disparitäten

Lebensbedingungen und **Lebenschancen** sind regional z. T. ungleich und ungleichwertig. So sind z. B. die Ausbildungs- und Berufsmöglichkeiten in einem dünnbesiedelten peripheren ländlichen Raum wesentlich ungünstiger als in einem Verdichtungsraum. **Räumliche Disparitäten** gibt es global, zwischen Staaten, innerhalb von Staaten, in Regionen, sogar in Städten. Das **Bundesraumordnungesgesetz** fordert, das Ungleichgewicht zwischen den Lebensbedingungen in den strukturschwachen Räumen der Bundesrepublik Deutschland und den Verdichtungsgebieten möglichst auszugleichen.

1. Erläutern Sie die Ziele der Raumordnung anhand des abgedruckten Gesetzestextes. Orientieren Sie sich über Maßnahmen in Ihrer Heimatregion.
2. Erstellen Sie einen Merkmalskatalog, an dem sich Strukturschwäche messen läßt.
3. Charakterisieren Sie anhand geographischer Merkmale die strukturschwachen Räume der Bundesrepublik Deutschland.
4. Bringen Sie Beispiele für Disparitäten in einer Großstadt.
5. Erörtern Sie raumordnerische Maßnahmen, mit denen Strukturschwächen gemildert werden könnten. Geben Sie Beispiele.

Raumordnungsgesetz

Vom 8. April 1965

(BGBl. I S. 306, zuletzt geänd. durch G vom 1.6.1980, BGBl. I S. 649)

Der Bundestag hat mit Zustimmung des Bundesrates das folgende Gesetz beschlossen:

§ 1. Aufgaben und Ziele der Raumordnung. (1) Das Bundesgebiet ist in seiner allgemeinen räumlichen Struktur einer Entwicklung zuzuführen, die der freien Entfaltung der Persönlichkeit in der Gemeinschaft am besten dient. Dabei sind die natürlichen Gegebenheiten sowie die wirtschaftlichen, sozialen und kulturellen Erfordernisse zu beachten.

(2) Das Ziel der Wiedervereinigung des gesamten Deutschland ist zu berücksichtigen und seine Verwirklichung zu fördern. Dabei ist der räumliche Zusammenhang der Gebiete zu beachten und zu verbessern.

(3) Die Raumordnung im Bundesgebiet hat die räumlichen Voraussetzungen für die Zusammenarbeit im europäischen Raum zu schaffen und sie zu fördern.

(4) Die Ordnung der Einzelräume soll sich in die Ordnung des Gesamtraumes einfügen. Die Ordnung des Gesamtraumes soll die Gegebenheiten und Erfordernisse seiner Einzelräume berücksichtigen.

§ 2. Grundsätze der Raumordnung. (1) Grundsätze der Raumordnung sind:

1. Die räumliche Struktur der Gebiete mit gesunden Lebens- und Arbeitsbedingungen sowie ausgewogenen wirtschaftlichen, sozialen und kulturellen Verhältnissen soll gesichert und weiter entwickelt werden.
In Gebieten, in denen eine solche Struktur nicht besteht, sollen Maßnahmen zur Strukturverbesserung ergriffen werden.
Die verkehrs- und versorgungsmäßige Aufschließung, die Bedienung mit Verkehrs- und Versorgungsleistungen und die angestrebte Entwicklung sind miteinander in Einklang zu bringen.

2. Eine Verdichtung von Wohn- und Arbeitsstätten, die dazu beiträgt, räumliche Strukturen mit gesunden Lebens- und Arbeitsbedingungen sowie ausgewogenen wirtschaftlichen, sozialen und kulturellen Verhältnissen zu erhalten, zu verbessern oder zu schaffen, soll angestrebt werden.

3. In Gebieten, in denen die Lebensbedingungen in ihrer Gesamtheit im Verhältnis zum Bundesdurchschnitt wesentlich zurückgeblieben sind oder ein solches Zurückbleiben zu befürchten ist, sollen die allgemeinen wirtschaftlichen und sozialen Verhältnisse sowie die kulturellen Einrichtungen verbessert werden.
In den Gemeinden dieser Gebiete sollen die Lebensbedingungen der Bevölkerung, insbesondere die Wohnverhältnisse sowie die Verkehrs- und Versorgungseinrichtungen allgemein verbessert werden. In einer für ihre Bewohner zumutbaren Entfernung sollen Gemeinden mit zentralörtlicher Bedeutung einschließlich der zugehörigen Bildungs-, Kultur- und Verwaltungseinrichtungen gefördert werden.

4. Die Leistungskraft des Zonenrandgebietes ist bevorzugt mit dem Ziel zu stärken, daß in allen seinen Teilen Lebens- und Arbeitsbedingungen sowie eine Wirtschafts- und Sozialstruktur geschaffen werden, die denen im gesamten Bundesgebiet mindestens gleichwertig sind. Die Bildungs-, Kultur-, Verkehrs-, Versorgungs- und Verwaltungseinrichtungen sind vordringlich zu schaffen.

5. Es sind die räumlichen Voraussetzungen dafür zu schaffen und zu sichern, daß die land- und forstwirtschaftliche Bodennutzung als wesentlicher Produktionszweig der Gesamtwirtschaft erhalten bleibt. Die Landeskultur soll gefördert werden.
Für die landwirtschaftliche Nutzung gut geeignete Böden sind nur in dem unbedingt notwendigen Umfang für andere Nutzungsarten vorzusehen. Das gleiche gilt für forstwirtschaftlich genutzte Böden. Für ländliche Gebiete sind eine ausreichende Bevölkerungsdichte und eine angemessene wirtschaftliche Leistungsfähigkeit sowie ausreichende Erwerbsmöglichkeiten, auch außerhalb der Land- und Forstwirtschaft, anzustreben.
Nummer 3 Sätze 2 und 3 finden entsprechende Anwendung.

6. In Verdichtungsräumen mit gesunden räumlichen Lebens- und Arbeitsbedingungen sowie ausgewogener Wirtschafts- und Sozialstruktur sollen diese Bedingungen und Strukturen gesichert und, soweit nötig, verbessert werden. Der Verdichtung von Wohn- und Arbeitsstätten, die zu ungesunden räumlichen Lebens- und Arbeitsbedingungen sowie zu unausgewogenen Wirtschafts- und Sozialstrukturen führt, soll entgegengewirkt werden. Wo solche ungesunden Bedingungen und unausgewogenen Strukturen bestehen, soll deren Gesundung gefördert werden.
Maßnahmen zur Erreichung dieser Ziele sind eine vorausschauende örtliche und regionale Planung, die Verbesserung der Verkehrsverhältnisse und der der Versorgung der Bevölkerung dienenden Einrichtungen sowie die Entwicklung von Gemeinden zu Entlastungsorten für die Aufnahme von Wohn- und Arbeitsstätten in angemessener Entfernung. Art und Umfang dieser Maßnahmen sollen die Verwirklichung der Grundsätze nach den Nummern 1 bis 5 in den anderen Gebieten nicht beeinträchtigen. Sie sollen auch der Erhaltung der den Verdichtungsräumen zugeordneten Landschaft dienen.

7. Für den Schutz, die Pflege und die Entwicklung von Natur und Landschaft einschließlich des Waldes sowie für die Sicherung und Gestaltung von Erholungsgebieten ist zu sorgen.
Für die Reinhaltung des Wassers, die Sicherung der Wasserversorgung und für die Reinhaltung der Luft sowie für den Schutz der Allgemeinheit vor Lärmbelästigungen ist ausreichend Sorge zu tragen.

8. Die landsmannschaftliche Verbundenheit sowie die geschichtlichen und kulturellen Zusammenhänge sollen berücksichtigt werden. Auf die Erhaltung von Kulturdenkmälern ist zu achten.

9. Die Erfordernisse der zivilen und militärischen Verteidigung sind zu beachten.

(2) Die Grundsätze sind von den in § 3 genannten Stellen im Rahmen des ihnen zustehenden Ermessens gegeneinander und untereinander nach Maßgabe des § 1 abzuwägen.

(3) Die Länder können weitere Grundsätze aufstellen, soweit diese dem Absatz 1 und dem § 1 nicht widersprechen.

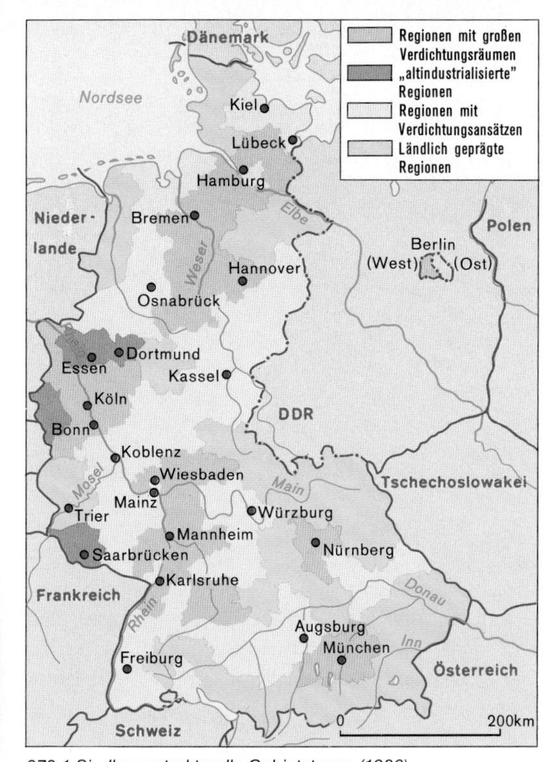

273.1 *Siedlungsstrukturelle Gebietstypen (1986)*

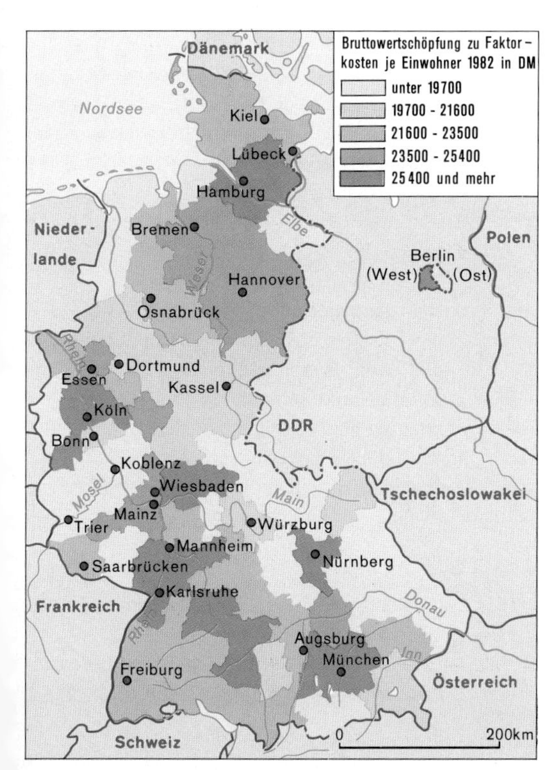

273.2 *Wertschöpfung (1982)*

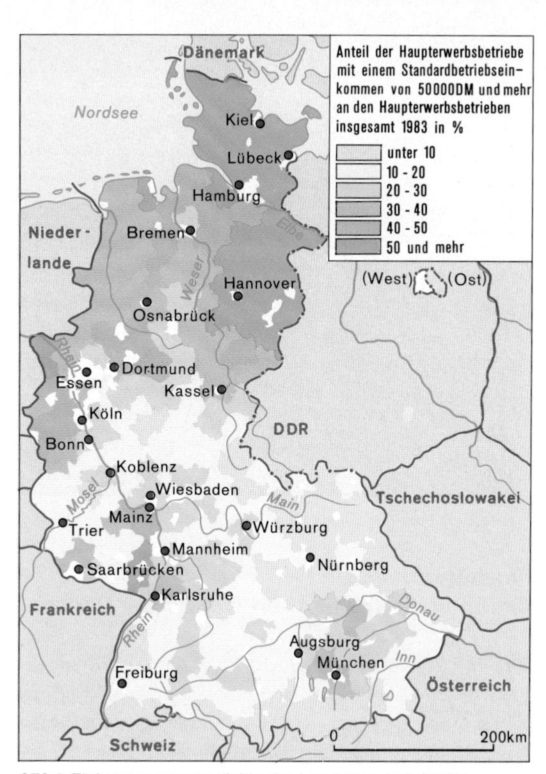

273.3 *Einkommenspotential in der Landwirtschaft (1983)*

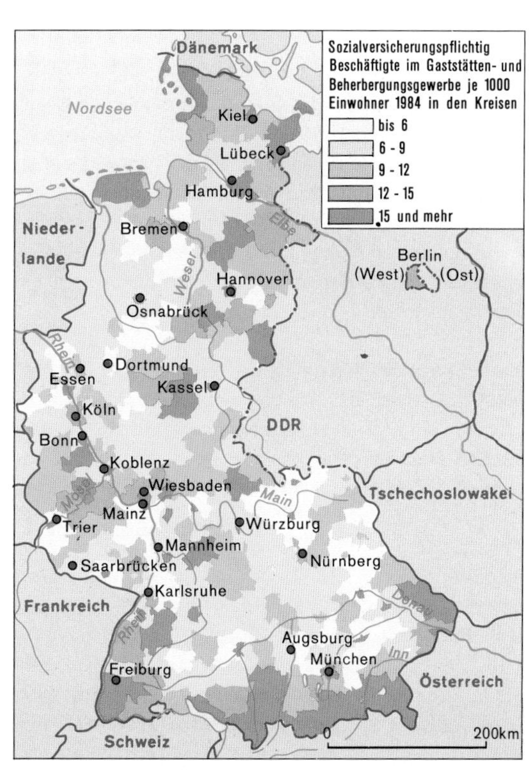

273.4 *Erwerbsmöglichkeiten im Fremdenverkehr (1984)*

274.1 „Ausgeräumte“ Landschaft

Flurbereinigung – Ordnungsinstrument im ländlichen Raum

Das Interesse des Staates, die Ernährung der Bevölkerung durch eine möglichst hohe Eigenversorgung zu sichern, und der Anspruch der Landwirte, mit anderen Beschäftigtengruppen vergleichbare Einkommen zu erhalten, führten in vielen Gebieten der Bundesrepublik Deutschland dazu, die ländliche Flur neu zu ordnen.

Besonders in Süd- und Westdeutschland, wo seit Generationen die **Erbteilung** des landwirtschaftlichen Besitzes üblich war, ergab sich der Zwang, die stark zersplitterte Flur zusammenzulegen, wollte der Landwirt seinen Betrieb nach wirtschaftlichen Gesichtspunkten führen. Es gab Fälle, wo ein Betrieb von 6 ha über 70 Besitzparzellen bearbeiten mußte. Die Abwanderung vieler Kleinbauern in andere Berufe gab anderen Landwirten die Möglichkeit, ihren Betrieb erheblich aufzustocken.

In der Phase des Wirtschaftswachstums in der Bundesrepublik Deutschland war das einzige Ziel der Flurneuordnung, die land- und forstwirtschaftliche Produktion zu fördern. Aus dieser Rahmenbedingung, die das Flurordnungsgesetz des Bundes von 1953 steckte, ergab sich, daß die Grundstücke möglichst groß sein sollten. Mit der **Arrondierung** der Besitzfläche verbunden war die **Aussiedlung** des Hofes aus dem zu eng gewordenen Dorf und die Neuansiedlung inmitten seiner Felder. Die **Gewannflur** wurde zu einer **Blockflur.**

Ein vollarrondierter Betrieb draußen in der Gemarkung bringt erhebliche betriebswirtschaftliche Vorteile, weil sich u. a. die Wegezeiten der modernen Fahrzeuge und Maschinen erheblich verkürzen. Andererseits ist die Streulage der Aussiedlerhöfe sehr kostenintensiv: Jeder Hof bedarf eigener Stränge im Versorgungsnetz (Wasser, Elektrizität, Telefon). Auch hat sie den Nachteil, daß traditionelle nachbarschaftliche Bindungen, wie sie im Dorf typisch sind, erschwert werden bzw. völlig verlorengehen.

Verständlicherweise wuchs die Forderung nach optimal geformten Grundstücken noch, als durch den EG-Vertrag der Wettbewerb erheblich zunahm. Viele Hecken, Baumreihen und einzeln stehende Bäume sowie kleine Gräben und Tümpel wurden beseitigt, da sie als Hindernis für die Bewirtschaftung der Agrarflächen angesehen wurden. Die ländliche Kulturlandschaft verödete. Unzählige **Kleinbiotope** wurden zerstört. Eine erschreckende Verarmung der Artenvielfalt bei Tieren und Pflanzen ist heute festzustellen.

Das Flurbereinigungsgesetz in der Fassung von 1976 berücksichtigt die verschiedenen Nutzungsansprüche an den ländlichen Raum. Bodenschützende, landschaftsgestaltende und -erhaltende Maßnahmen sind Teil der modernen Flurbereinigungsverfahren. Sie müssen in Einklang gebracht werden mit den konkurrierenden ökonomischen Interessen und Ansprüchen an die Flächennutzung.

1. Beschreiben und begründen Sie die Flurbereinigungsmaßnahmen in den 50er Jahren anhand eines Beispiels im Atlas.
2. Weisen Sie die veränderten Vorstellungen bei neueren Flurbereinigungsmaßnahmen nach (Abb. 275.1 und 275.2).
3. Erörtern Sie den Zielkonflikt zwischen Ökologie und Ökonomie in der Landwirtschaft (vgl. S. 51).

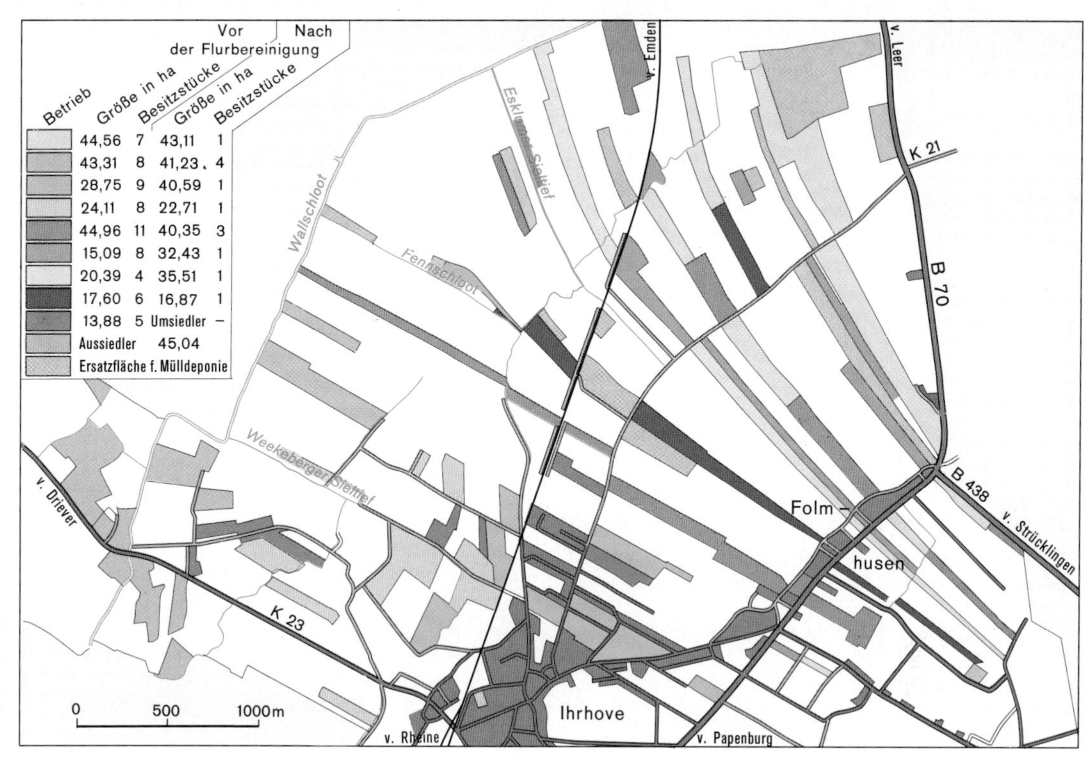

275.1 Gemarkung Westoverledingen (Emsland): Alter Zustand

275.2 Zustand nach der Flurbereinigung (1980)

„Eine Prognose ist eine schwierige Sache, vor allem, wenn es sich um die Zukunft handelt."

Im Februar 1974 wurden Fremdenverkehrsexperten um eine Prognose zum Urlaub 1985 gebeten:

... Das Umweltbewußtsein des Menschen der achtziger Jahre, insbesondere des Urlaubers, wird stark zugenommen haben. Dementsprechend wird er beim Aussuchen seines Ferienortes kritisch darauf achten, daß er eine saubere Umwelt vorfindet ... (Claudio Bonvecchio)

... Neue städtische Gebiete werden ohne jeden Reiz und ausschließlich funktionell sein. Die Stadtbewohner suchen in gewiß steigender Zahl die verlorene Lebensqualität im außerstädtischen Raum, das heißt in den künstlichen Dörfern, den Zweitwohnungen und den „Freizeitzentren", Produkte, die heute noch selten und teuer sind, deren Vermehrung und relative Verbilligung jedoch unvermeidbar scheinen ... (Pierre Ponatien)

... Für viele kleine Orte, die bis jetzt vom Fremdenverkehr nur wenig berührt waren, wird die Fremdenverkehrszukunft beginnen. Während überall sonst Rationalisierung und Automatisierung die echte Gastlichkeit doch sehr reduzieren werden, dürfte man sie in diesen Orten noch finden ... (Hans Saugel)

... Erholungs- und Bildungsurlaub, Reduzierung des Pensionsalters auf 58 Jahre, Erhöhung der Lebenserwartung auf 85 bis 90 Jahre, 32-Stunden-Arbeitswoche.

... Neue Zielgebiete werden gemeinsam von den Verkehrsträgern gefördert. Flugzeuge mit Kapazitäten bis 1000 und mehr Passagieren und Überschallmaschinen werden die Massen bewegen.

... Gebiete mit riesigen Hotelkästen werden diese abreißen und zurück zur Natur gehen. Hotelbauten in Höhe eines Palmbaumes werden en vogue ... (Karl Silberreis)

... Global betrachtet wird sich im Fremdenverkehr bis 1985 grundlegend nur wenig verändern.
(Hans Ludwig Zankl)

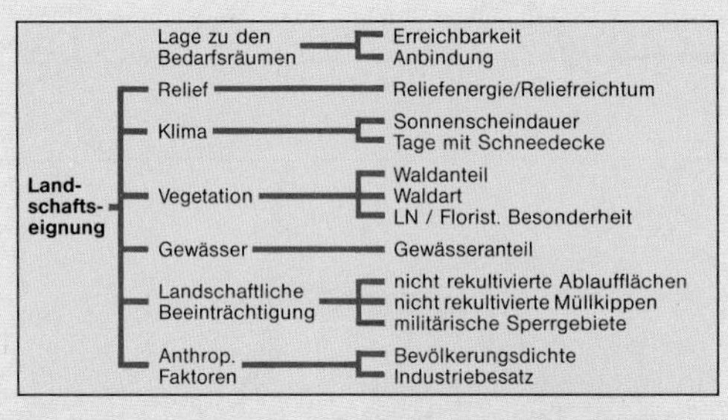

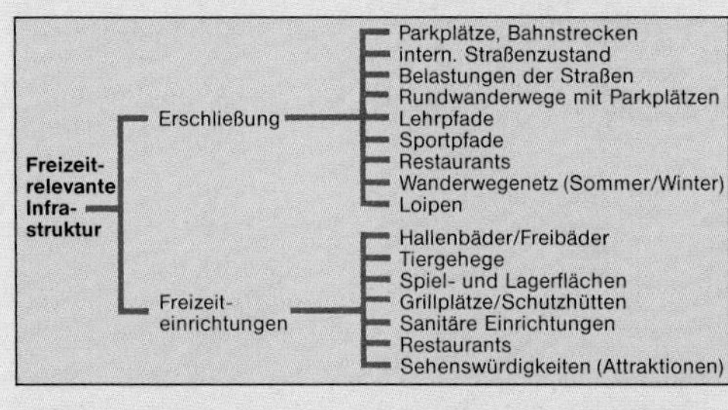

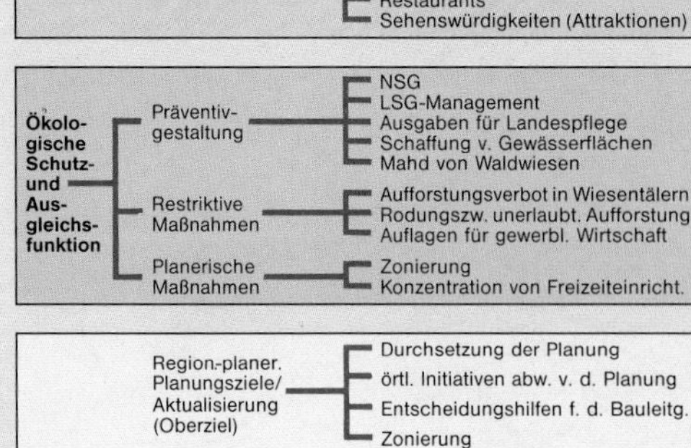

276.1 Freizeit und Infrastruktur

Raumansprüche des Freizeitverhaltens

Man unterscheidet nach der räumlichen Distanz zwischen **Quell- und Zielgebieten** der Freizeitbewegungen:
- das **Wohnumfeld:** Es ist problematisch in Ballungsgebieten. Wohnumfeldverbesserungen, d. h. Schaffung von Grünflächen und Freizeiteinrichtungen, sind gegenwärtig zentrales Problem der Stadtentwicklung.
- **Naherholungsgebiete:** Im Durchschnitt werden in der Bundesrepublik Deutschland an jedem Wochenende etwa 12 Mio Ausflüge und Kurzreisen in die Naherholungsgebiete unternommen. Mehr Freizeit und die im allgemeinen noch unfreundliche Wohnumwelt erzeugen schubweise Mobilität mit extrem hohen Belastungen für Straßennetz und Erholungsgebiete.
- **Fremdenverkehrsgebiete:** Bevorzugte Zielgebiete des Urlaubsverkehrs in Europa sind die Meeresküsten, die Seengebiete und die Hoch- und Mittelgebirge.

Jedes Zielgebiet erfordert eine spezifische **freizeitorientierte Infrastruktur.** Für die Räume zwischen den Quell (Herkunfts-)gebieten und den Zielgebieten entstehen besondere verkehrsmäßige Probleme.

Die Freizeitansprüche der Erholungssuchenden stehen oft im Gegensatz zu ökologischen Erfordernissen.

Befragung von Fremdenverkehrsplanern

Der ADAC befragte 1985 die Tourismusverantwortlichen von 96 Fremdenverkehrsorten in der Bundesrepublik Deutschland. Es waren dazu Fremdenverkehrsgemeinden ausgewählt worden, die mindestens 300 Gästebet-

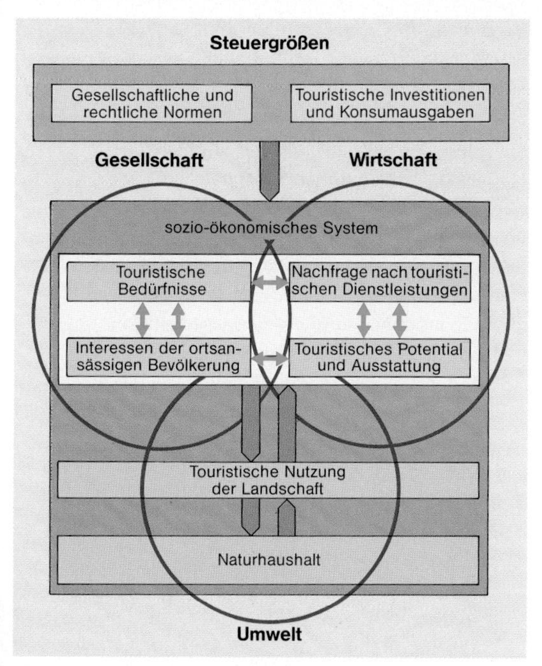

277.1 Das System Fremdenverkehr

ten und 30000 Übernachtungen zu verzeichnen hatten. 20% der befragten Orte gaben an, sie lebten „fast ausschließlich" vom Fremdenverkehr. Große Anstrengungen wollen die meisten Orte unternehmen, um den Auslastungsgrad ihrer Einrichtungen zu erhöhen. Als Umweltschutzmaßnahmen will über die Hälfte (58%) der befragten Gemeinden Maßnahmen zur Verkehrsberuhigung einleiten, doch rangiert bei der Erstellung der Flächennutzungspläne die Bereitstellung neuer Bauflächen genauso hoch wie der Landschafts- und Naturschutz. 40% der Fremdenverkehrsorte gaben an, bei ihnen werde bereits der „Sanfte Tourismus" praktiziert, d. h. ein Reiseverkehr, „der gegenseitiges Verständnis der Einheimischen und der Gäste füreinander schafft, die kulturellen Eigenheiten des besuchten Gebietes nicht beeinträchtigt und der Landschaft mit größtmöglicher Schonung begegnet".

1. Nennen Sie Infrastruktureinrichtungen, die Sie von einem Fremdenverkehrsgebiet in einer Seen- bzw. Gebirgslandschaft erwarten. Überprüfen Sie Ihr Ergebnis an einem Ihnen bekannten Beispiel aus der Bundesrepublik Deutschland.

2. „Strukturschwache Räume können durch die Förderung des Fremdenverkehrs entwickelt werden." – Diskutieren Sie dieses Konzept an selbstgewählten Beispielen aus der Bundesrepublik Deutschland und anderen europäischen Staaten.

3. Bearbeiten Sie den „Goslar-Fragebogen" für Ihren Heimatort und erproben Sie ihn.

Goslar-Test – Inspektion einer Stadt

... **Goslar** möchte Ihnen ein noch besseres Angebot an Vielfalt, Entspannung, Erholung, Ruhe und Anregung machen können: Goslar möchte sinnvoll und genau planen. Dazu bedarf es vielfältiger Anregungen – durch S I E, den Besucher.

Testbogen

3. Welche Verkehrsmittel haben Sie auf Ihrer Reise nach GOSLAR benutzt? o Pkw, o Bahn, o Bus, o Sonstige.
4. Wie empfinden Sie die Verkehrsanbindung von GOSLAR? o günstig, o weniger günstig, o ungünstig
10. Für welche der folgenden Aufenthaltsmotive scheint Ihnen GOSLAR besonders gut geeignet?
    o Erholungsaufenthalt
    o Tagungs- und Kongreßbesuche
    o Bildungsurlaub (Weiterbildung)
    o Städtetourismus (Besichtigungen)
    o für keine der genannten Aufenthaltsarten
    o keine Meinung
11. Für welche der folgenden Arten von Ferien- und Freizeitaufenthalten scheint Ihnen GOSLAR gut geeignet?
    o Jahresurlaub (10 Tage und länger)
    o Zweiturlaub (etwa 7 bis 10 Tage)
    o Kurzurlaub (etwa 3 bis 7 Tage)
    o Wochenendurlaub (etwa 2 bis 3 Tage)
    o Tagesbesuche
    o für Ferien- und Freizeitaufenthalte ungeeignet
    o keine Meinung
12. Welche Urlaubsorte bzw. Urlaubsgebiete bevorzugen Sie? (Bitte nennen Sie drei Orte/Gebiete)
    ....
13. Für welche der folgenden Personengruppen dürfte GOSLAR ein besonders geeignetes Ziel sein?
    o Leute, die gern essen und trinken
    o Menschen, die gern allein sind
    o Naturfreunde
    o Leute, die gern einkaufen
    o geschichtlich Interessierte
    o sportlich Interessierte
    o Verliebte
    o Kunstfreunde
    o Leute vom Lande
    o Menschen, die gern wandern
    o ältere Menschen
    o Leute aus Norddeutschland
    Welche sonst? ....
26. Was gefällt Ihnen in GOSLAR besonders gut?
    o das geschlossene historische Stadtbild
    o die waldreiche und gebirgige Umgebung
    o die gastfreundliche und hilfsbereite Bevölkerung
    o die Reinheit der Luft
    o die günstige Preislage der Gaststätten- und Beherbergungsbetriebe
27. Welche Einrichtungen müßten Ihrer Meinung nach in GOSLAR dringend geschaffen bzw. vermehrt werden?
    o Größere Fußgängerzone im Zentrum
    o Erschließung der Harzrandhöhen durch Wanderwege
    o Bergbau- und Geologie-Lehrpfad
    o Eigene Vorschläge ....

(Auszugsweise aus: Goslar-Test 74, Geogr. Institut der Universität Göttingen)

Raumordnungspolitik in Deutschland

Die planmäßige Anlage von Städten und Dörfern im Zuge der deutschen Ostkolonisation des Mittelalters, die Gründung von barocken Reißbrettstädten wie Neustrelitz oder Mannheim, die Kultivierung der Hochmoore in Nordwestdeutschland oder des Oderbruchs durch Friedrich den Großen oder die Ausbeutung der Silbererze im Erzgebirge durch die Kurfürsten von Sachsen sind Beispiele für Bemühungen um die Landesentwicklung und die Erschließung und Nutzung von Ressourcen.

Als Folge der Industrialisierung und anderer seit mehr als 100 Jahren wirkenden gesellschaftlichen Kräfte ist eine tiefgreifende Veränderung der Kulturlandschaft eingetreten. Es sind neue Raumtypen naturferner Kulturlandschaften wie Industrie- und Ballungsgebiete und damit auch erhebliche räumliche Ungleichgewichte entstanden. Den Verdichtungsräumen stehen periphere oder ländliche Räume gegenüber. In diesen Räumen sind zumindest einige der Daseinsgrundfunktionen Wohnen, Arbeiten, Sich versorgen, Am Verkehr teilnehmen, Sich erholen und Sich bilden nicht in gleicher Weise gewährleistet. Konzentrieren sich in den Ballungsgebieten die Ansprüche an die Flächennutzung in einem Maße, daß der Staat regelnd eingreifen muß, so darf er die Infrastruktur der ländlichen Räume nicht vernachlässigen.

Raumordnung in der Bundesrepublik Deutschland

Die Richtlinien für die Raumordnung sind im Raumordnungsgesetz von 1965 festgelegt. Damit wurde keine abschließende und vollständige Regelung getroffen, vielmehr in einer sehr allgemeinen Formulierung in § 1 ein Leitbild der Raumordnung aufgestellt. Dessen Kerngedanke ist die Forderung: „Das Bundesgebiet ist in seiner allgemeinen räumlichen Struktur einer Entwicklung zuzuführen, die der freien Entfaltung der Persönlichkeit in der Gemeinschaft am besten dient. Dabei sind die natürlichen Gegebenheiten sowie die wirtschaftlichen, sozialen und kulturellen Erfordernisse zu beachten."

Außerdem soll Raumordnungspolitik das im Grundgesetz verankerte Wiedervereinigungsgebot berücksichtigen und die europäische Zusammenarbeit fördern.
Die grundlegenden Satzungen nennt § 2:

1. Der Strukturverbesserungs-, Verdichtungs- und Harmonisierungsgrundsatz (in den Verdichtungsräumen sind gesunde räumliche Lebens- und Arbeitsbedingungen, ausgewogene Wirtschafts- und Sozialstrukturen zu sichern bzw. zu fördern; in den ländlichen Räumen soll die Erhaltung der land- und forstwirtschaftlichen Nutzung gefördert werden)
2. Abwehr ungesunder Verdichtung und Landschaftspflege
3. Förderung des Zonenrandgebietes.

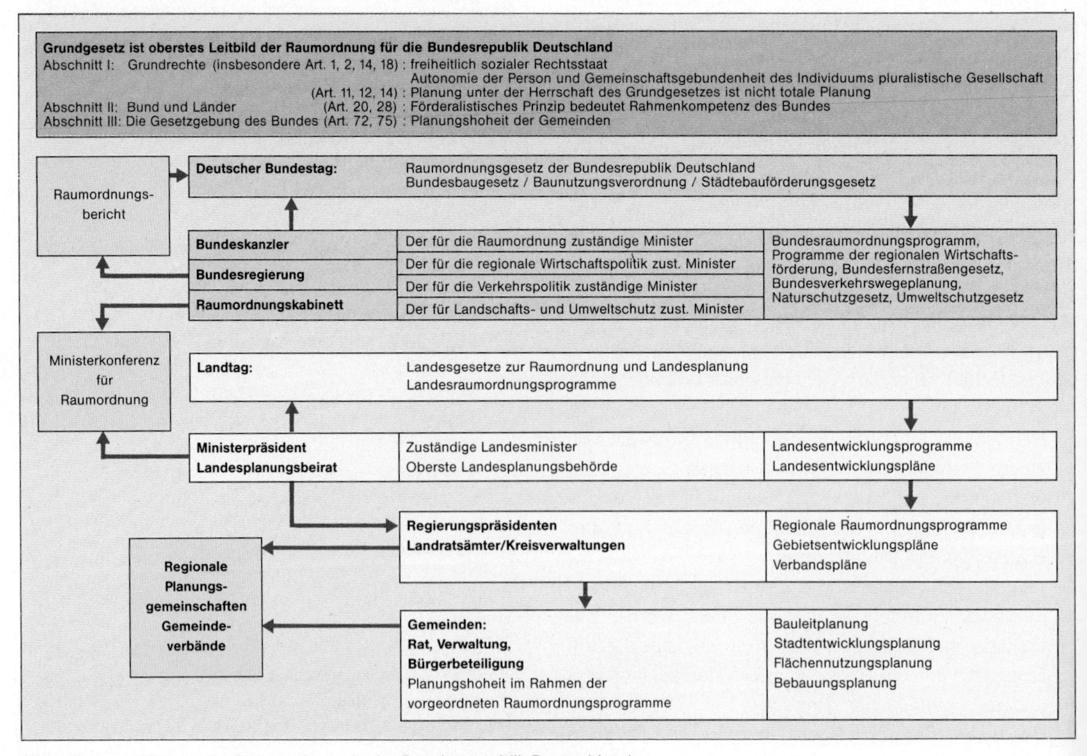

278.1 Ziele und Träger der Raumordnung in der Bundesrepublik Deutschland

„Die allgemeinen Aufgaben der Territorialplanung bei der Gestaltung der sozialistischen Gesellschaft

Die Territorialplanung ist als Bestandteil der Leitung und Planung der sozialistischen Gesellschaft, insbesondere ihrer Volkswirtschaft,auf eine spezielle Seite des gesellschaftlichen Reproduktionsprozesses gerichtet. Territorialplanung ist planmäßige Gestaltung der räumlichen Beziehungen der gesellschaftlichen Reproduktion im Sozialismus/Kommunismus.

Die Territorialplanung nimmt aktiven Einfluß auf die Entwicklung der Produktivkräfte durch deren rationelle Standortverteilung entsprechend den Anforderungen, die an die materiell-technische Basis der entwickelten sozialistischen Gesellschaft zu stellen sind.

Entsprechend ihrer gesellschaftlichen Zielsetzung hat die Territorialplanung die Vorzüge und Entwicklungstriebkräfte sozialistischer Produktionsverhältnisse vollständig wirksam zu machen, die territorialen (räumlichen) Bedingungen für die Ausnutzung des dem Sozialismus eigenen Systems der ökonomischen Gesetze zu beherrschen und insbesondere die territorial-ökonomischen Grundlagen für die Festigung der politischen Macht der Arbeiterklasse, für die Klassenauseinandersetzung mit dem Imperialismus und für die Entfaltung des gesamten gesellschaftlichen Lebens in der DDR zu stärken."

(Bönisch u.a. (Hrsg.): Territorialplanung. Berlin (Ost), 1980, S.11)

Territorialplanung in der DDR

Die Planung auf regionaler Ebene in den Bezirken, Kreisen und Gemeinden wurde in der DDR Territorialplanung genannt. Sie war ein wesentliches Instrument der sozialistischen Planwirtschaft, und deshalb hatte sie kein selbständiges Grundkonzept, etwa dem Raumordnungsgesetz der Bundesrepublik Deutschland entsprechend, zu entwickeln.

Als ein oberster Grundsatz der räumlichen Planung mußte im Rahmen der „planmäßigen Gestaltung der räumlichen Beziehungen der gesellschaftlichen Reproduktion" die Vermeidung volkswirtschaftlicher Verluste angesehen werden. Dabei war mit gesellschaftlicher Reproduktion die Wiederherstellung der verbrauchten Produktionsmittel und die Erneuerung der Arbeitskräfte gemeint. Die Reproduktion bildete „die materielle Grundlage für das Bestehen und die Fortentwicklung der Gesellschaft". Daraus wurden raumordnungspolitische Ziele hergeleitet:

1. eine zweckmäßige und ausgewogene Organisation und Struktur der Wirtschaft in den Bezirken,
2. die Steuerung der Standortverteilung von Industrie, Wohnstätten, Versorgungseinrichtungen.

1. Vergleichen Sie Ziele und Träger der Raumordnung in der Bundesrepublik Deutschland und der DDR.

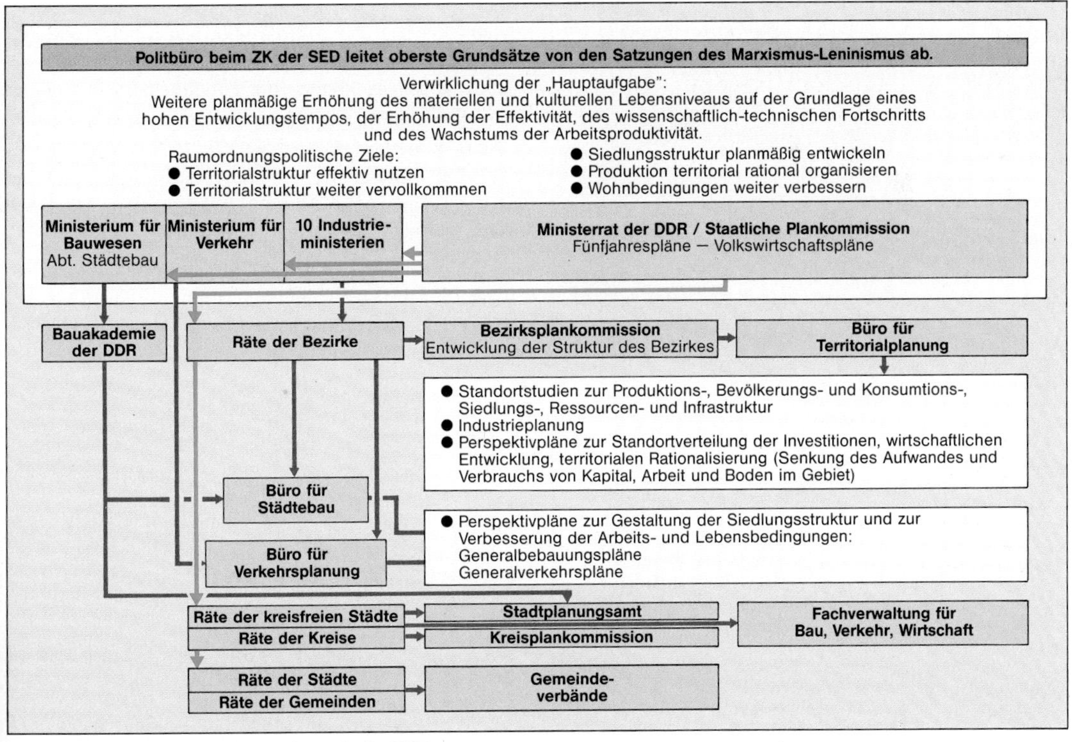

279.1 Ziele und Träger der Raumordnung in der DDR

Physiognomie: Schachbrettgrundriß (New York!), Hochhausbebauung (skyscraper = Wolkenkratzer), Vertikalstadt, Skyline (siehe Denver, Dallas, New York!).

Funktionale Gliederung: Downtown („City“ bei uns), Central Business District (Zentraler Geschäftsbereich), Mischzone (Wohnen + Arbeiten), Suburbs (Stadtrandzone) mit Shopping Center, Commercial Strip (Geschäfte, Autowerkstätten etc. entlang der Ausfallstraßen). Industrial Park und Wohnwagenparks (seit etwa 1950). Überall „drive-in“-Einrichtungen (Bank, Kino, Restaurant – alles mit Auto möglich). Städtebänder → Megalopolis.

Probleme: Pendler/Verkehr (Rush hour), öffentliche Verkehrsmittel, Urban Sprawl (Zersiedelung), Slums, Ghettos, rassische, soziale und gesellschaftliche Segregation (Harlem!). Flächensanierung (z.T. mit Bulldozer), Stadterneuerung.

280.1 Mitschrift einer Vorlesung

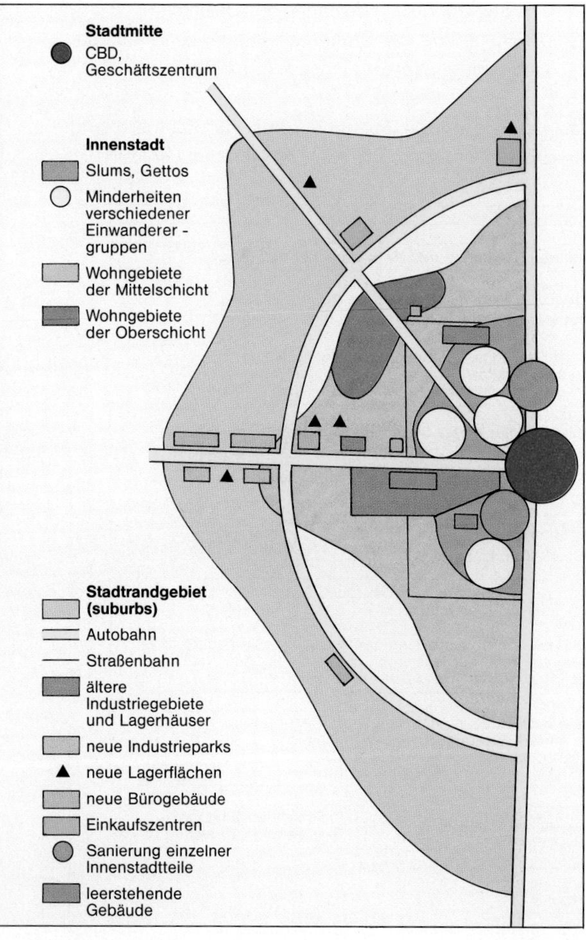

280.2 Modell einer US-amerikanischen Stadt

Die nordamerikanische Stadt

New York – Hauptstadt der Welt

„Der New Yorker nimmt die Stadt an wie ein Schwimmer die Ozeanwelle, entschlossen, sich von ihr nicht überrollen, sondern von ihr erheben zu lassen. Ihre Bewohner fühlen sich von der Stadt herausgefordert, und wen sie nicht unterkriegt, der wächst mit. ...Wo immer das möglich ist in einer Stadt, in der privater Profit als Gift und Lebenselexier zugleich das oberste Gesetz ist, hat man versucht, das Gigantische und das Intime, Ruhe und Energie, Kommerz und Kunst miteinander zu versöhnen. ...Die apokalyptische Stimmung der vergangenen Dekade hat, kaum mehr erwartet, den Versuch gezeugt, die Stadt wieder lebenswerter für Bewohner und Besucher zu machen.“ (Nach: Sabina Lietzmann: New York – Die wunderbare Katastrophe, Hamburg 1976)

New York – Statistik

Mit einer Fläche von 816 km² ist New York, das auf dem Breitengrad von Neapel liegt, anderthalbmal so groß wie der Bodensee. Das weltgrößte U-Bahn-System hat 460 Stationen und ist 1176 km lang; täglich benutzen etwa 3,5 Mio Menschen dieses über 80 Jahre alte Subway-System. 1,5 Mio Autos rollen jeden Arbeitsmorgen über die 17 Brücken und durch 4 Tunnel nach Manhattan. Besucher kommen wegen der 500 Theater, der 480 Kunstgalerien, der 80 Museen, sie bestaunen die Hochhäuser Manhattans, die mondäne Fifth Avenue und den Broadway. 100 000 Hotelzimmer, 12 000 Restaurants, 1500 Antiquitätengeschäfte, 12 Fernsehstationen, 157 UNO-Botschaften, 80 Konzernzentralen, 2,9 Mio Wohnungen, davon 600 000 in Manhattan. Mit 2 Mrd Dollar Einnahmen ist die Tourismusbranche nach der Bekleidungsindustrie der zweitgrößte Arbeitgeber. New York 1982, das heißt aber auch von 7,7 Mio Einwohnern 300 000 Rauschgiftsüchtige, 1 Mio Wohlfahrtsempfänger, 36 000 Obdachlose ...

T 280.1: Bevölkerungsveränderungen von New York

	1970 in 1000	1980 in 1000	1970–80 in %
Standard Consolidated Statistical Area	17 035	16 121	– 5,4
Metropolitan Area	9 974	9 120	– 8,6
City of New York	7 896	7 072	–10,4
Innerstädtische Boroughs:			
Bronx	1 472	1 169	–20,6
Brooklyn	2 602	2 231	–14,3
Manhattan	1 539	1 428	– 7,2
Queens	1 987	1 891	– 4,8
Staten Island	295	352	+19,2

New York – Licht und Schatten

New York war der Anfang des „amerikanischen Traums“: Zwischen 1836 und 1910 schleuste New York 20 Mio Immigranten in die Neue Welt. Hier fanden sie die erste Arbeit, vornehmlich in der Bekleidungsindustrie und den Zehntausenden von Handwerksbetrieben. Ihre Kinder schafften oft gleich die nächste Stufe – der Besuch der New Yorker Universität war für alle frei.

In den 50er und 60er Jahren strömten die unterprivilegierten Amerikaner, die Neger aus Alabama oder die „latins“ aus Puerto Rico in die Stadt, um ihren Anteil am amerikanischen Glück einzuklagen. Sie mußten erkennen, daß New York zuviel versprochen hatte – New York wurde für sie zur Falle:
Ein Leben in Ghettos, ohne Job, den protzigen Luxus vor Augen; die Kriminalität nahm zu – sie schien vielen die einzige „Fahrkarte aus dem Ghetto“ zu sein.

Bronx

1874	nach New York eingemeindet; bewohnt von deutschen und irischen Einwanderern.
1913	642 000 Einwohner, viele Bewohner haben den sozialen Aufstieg geschafft; Wohlstand.
Ab 1940	Starke Zuwanderung von Schwarzen aus den Südstaaten und Puertoricanern. Beginn der sozialen Spannungen.
1950–60	Gedrängt von Neuzuwanderern und angelockt vom staatlich geförderten Wohnungsbau ziehen viele der weißen Bronx-Bewohner in die Vororte.
Ab 1950	Niedergang der New Yorker Textilindustrie.
Ab 1960	Läden schließen, Raubüberfälle; Grundbesitzer lassen – wegen der Mietpreiskontrolle – die Wohnblocks verkommen. Zuzug von Wohlfahrtsempfängern aus den sanierten Slums der West Side.
Ab 1980	Basisgruppen („grassroot organizations“) sanieren mit minimaler öffentlicher Unterstützung Wohnblocks.

Milwaukee ist mit 636 000 Einwohnern (1980) die größte Stadt des Bundesstaates Wisconsin. Die Siedlung – zunächst Handelsplatz weißer Fell- und Pelzhändler (1795) – entwickelte sich am Zusammenfluß des Milwaukee und des Menomonee River. Das Schachbrett-Grundrißmuster geht auf ein Gesetz zurück, nach dem alle neuerschlossenen Gebiete westlich der Neuenglandstaaten so auszumessen waren.

In Milwaukees **Downtown** befinden sich die städtischen Behörden wie das Rathaus, überregionale Einrichtungen wie die Bundesstaatsregierung, kulturelle Einrichtungen wie Theater und Museen. Der private **Tertiäre Sektor** tritt mit beherrschenden Bauten von Banken, Versicherungen und Konzernzentralen in Erscheinung.

Die Wisconsin Avenue, an der das neue Bundeshaus und die Universität liegen, ist die Hauptachse des Geschäftszentrums. Neuerrichtete Shopping Centers am Stadtrand konkurrieren erfolgreich mit diesem Einkaufszentrum.

Auf eine **Übergangszone** folgen **Wohnregionen** mit zumeist viergeschossigen Mietshäusern. Daran schließen sich ausgedehnte Areale mit Ein- und Zweifamilienhäusern an. Östlich des Milwaukee River wohnt vornehmlich weiße, westlich des Flusses schwarze, Bevölkerung.

Die **Industrie** bevorzugt hafennahe Standorte. **Autobahnen** bringen die Einpendler aus den Vororten über einen komplizierten Verteiler bis ins Stadtzentrum.

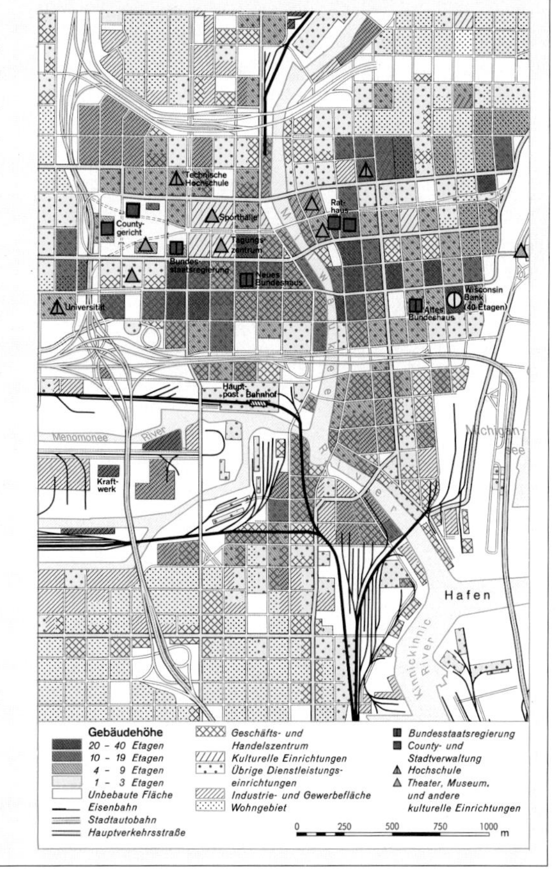

281.1 Das Beispiel Milwaukee

Die lateinamerikanische Stadt

Leben in Mexiko-Stadt

Mexiko ist eine der großzügigsten und schönsten Städte Amerikas mit breiten Boulevards, strahlenden Bauwerken, gepflegten Parks und teuren Einkaufsstraßen wie in Paris und New York. Jede Woche gibt es mehr als ein Dutzend verschiedener Aufführungen aller Art. Elf wichtige Tageszeitungen erscheinen, und sechs TV-Kanäle verbreiten ihr Programm.

Aber das ist die Stadt der Reichen und Touristen. Die vielen anderen Leute leiden unter der sehr hohen Inflationsrate. Selbst Doppelverdiener in guten, bürgerlichen Positionen leben oft von der Hand in den Mund, gehören als Besitzer fester Arbeit aber zu den Glücklichen. Offiziell sind nur 12% arbeitslos. Aber ist etwa ein 35jähriger Mann mit Frau und Kindern beschäftigt, wenn er den Tag damit verbringt zu hoffen, Schuhe putzen zu können? Sicherlich sind an die 40% unterbeschäftigt.

Sozial schlechter gestellt als Arbeiter und Gelegenheitsarbeiter sind die Pepenadores, die Müllsucher, die zum Überleben die Müllberge nach wiederverkaufbaren Resten durchwühlen. Allein auf der städtischen Zentraldeponie sollen es 2500 sein, grob gerechnet einer je Tonne Abfall, die hier täglich anfällt.

Noch tiefer stehen vielleicht jene, die nichts mehr tun als in den Straßen der City zu betteln. Einbruch, Diebstahl und Straßenraub sind alltägliche Erscheinungen, die in den letzten Jahren stark zugenommen haben, insbesondere von Kindern und Jugendlichen, die teilweise in Straßenbanden organisiert sind.

Merkmale der Agglomeration

Mexiko-Stadt liegt rund 2400 m hoch in einem Hochbekken von etwa 10 000 km² Größe, das von Bergen bis über 5000 m Höhe umgeben ist. Da die dünne Höhenluft weniger Sauerstoff enthält, geben Verbrennungsmotoren mehr Schadstoffe ab als auf Meereshöhe.

Drei Millionen Autos und 7000 Dieselbusse belasten mit Schadstoffen die Luft, ebenso die 130 000 Fabriken. Die tägliche chemische Umweltbelastung beträgt 11 000 t verschiedenster Stoffe. Aber diese Stadt produziert auch täglich 14 000 t Abfall, von denen nur 8000 t ordnungsgemäß beseitigt werden. Viele ältere Mexikaner erinnern sich noch wehmütig an das wunderbare Panorama der schneebedeckten Berge, das sich einst von der Stadt aus bot. Heute lagert ständig eine graubraune Dunstglocke wie eine Giftwolke über der Stadt.

Im Hochtal von Mexiko-Stadt, auf etwa 0,5% des mexikanischen Territoriums, leben etwa 25% der Bevölkerung, 50% der Industrie sind hier angesiedelt, 60% aller Autos fahren hier. Allein hier sind gut 40% aller Dauerarbeitsplätze verankert, mit denen über 50% aller Löhne und Gehälter verdient werden. Im Stadtgebiet werden 50% aller Verbrauchsgüter abgesetzt.

Mexiko-Stadt erreichte die 2-Mio-Grenze erst nach 1945, hatte 1950 aber schon 3 Mio und war 1985 mit etwa 17 Mio Einwohnern die größte Stadt der Erde.

Die nationale Politik der Urbanisation und Industrialisierung unterstützte ein beispielloses Wachstum der Stadt: Die Hälfte des Zuwachses ist bedingt durch die hohe Geburtenrate von 3,1%, die andere Hälfte stammt aus dem dauernden Zustrom vom Land. Zwei Mio der Stadtbevölkerung haben kein fließendes Wasser, mehr als drei Mio leben ohne Abwasserkanalisation.

Slumbildung

26% der Stadtfamilien mit durchschnittlich 5,5 Personen leben in einer Einraumwohnung. Zwar sind die Mieten gering, weil staatlich eingefroren, aber das Wohnungsangebot bleibt weit hinter dem Bedarf zurück. Die Zuwanderer vom Land können nicht warten. Sie bauen illegal Hütten auf irgendjemandes Land in den Außenbezirken der Stadt. Sie kommen und bauen so schnell, daß sie paracaidistas, Fallschirmspringer, genannt werden. Auch hier verdienen betrügerische Geschäftemacher, die Bauerlaubnisse kaufen und verkaufen. Auf Staatsland reißt die Polizei oft die Hütten wieder ein, auf Privatland versuchen Wachen, die illegale Siedlung zu verhindern. Zum öffentlichen Problem werden die Siedlungen, wenn die Bewohner Wasser und andere Versorgung verlangen. Dann beginnt das politische Spiel endloser Verhandlungen und Vertröstungen. Die Regierung behauptet, wegen der Illegalität nichts tun zu können. Gleichzeitig läßt sie durchblicken, daß die Wahl der Regierungspartei die Versorgung möglich machen könnte.

Warum kommen dennoch täglich neue Zuwanderer vom Land in die Stadt? Offenbar betrachten die Landbewohner alle Widrigkeiten der Stadt als eine Verbesserung gegenüber der hoffnungslosen Armut in ihren Dörfern.

Nehmen wir als Beispiel den jungen Mixtec-Indianer, der aus den Bergen von Oaxaca in eine illegale Stadtrandsiedlung herunterkam. Mit Gelegenheitsarbeit schaffte er es, ein Unterkommen in einer Hüttensiedlung zu finden, in das er seine nicht mexikanisch sprechende Frau mit seinen beiden Kindern nachholen konnte. Er hat noch keine feste Arbeit gefunden. Aber er hat die Hoffnung, hier in dieser Stadt eine Chance zu haben.

Von Tenochtitlan zur Ciudad de Mexico

Tenochtitlan, auf natürlichen und künstlichen Inseln im Texcoco-See angelegt und von schwimmenden Gärten umgeben, war im 15. Jh. die politische und religiös-kulturelle Metropole des Aztekenreiches. Nach der Überlieferung 1325 auf göttliche Weisung gegründet, beherbergte die aztekische Stadt um 1440 bereits etwa 400 000 Einwohner.

„Venedig kannte nicht seinesgleichen. Dank des Himmels und Hernan Cortez, der das große Mexiko eroberte, hat Venedig jetzt ein Ebenbild" – schrieb der spanische Dichter Miguel de Cervantes Saavedra, als er Tenochtitlan selbst gesehen hatte.

Im Jahr 1521 eroberten und zerstörten die Spanier Tenochtitlan, aber schon bald wurde es als *Ciudad de Mexico* die Metropole des kolonialen Neu-Spanien: Seit 1528 Bischofssitz, seit 1535 Sitz der spanischen Vizekönige und seit 1553 erste Universitätsstadt in der Neuen Welt.

Ciudad de Mexico wurde als erste spanische Stadt der Neuen Welt mit schachbrettförmigem Grundriß angelegt. Das politisch-kulturelle Zentrum der Aztekenstadt wurde auch zum zentralen Platz Neu-Spaniens, dem Zocola, denn Cortes ließ auf den Fundamenten des Montezuma-Palastes seinen Palast bauen, der später Sitz des Vizekönigs wurde und heute Präsidentensitz ist. Auf den Trümmern des Quetzalcoatl-Tempels wurde von 1573–1667 eine barocke Kathedrale errichtet, in der der Erzbischof residiert.

Die Stadt erlebte Ende des 18. Jh. die größte Blüte. Den prächtigen Barockbauten fügten reiche Nacendados, Bergwerksmillionäre, Kaufleute und Bankiers ebenso großartige neoklassizistische Bauwerke hinzu. Sie stellten ihren Reichtum durch Paläste und Stiftungen von Klöstern, Hospitälern, Schulen und Kirchen zur Schau. Der Vizekönig förderte nach Kräften Wissenschaft und Künste.

Natürlich wurde *Mexiko-Stadt* auch die Hauptstadt des unabhängigen, heute republikanischen Staates Mexiko. Die spanische Tradition der zentralen Verwaltung wurde trotz bundesstaatlicher Organisation beibehalten und teilweise noch verstärkt. Dies alles hat zu einer ungeheuren Konzentration von Macht, Verwaltung, Kultur, Kunst, Wissenschaft und Wirtschaft in der Megalopolis von Mexiko-Stadt geführt.

Die Innenstadt hat wahrhaft weltstädtisches Format. Es würde Wochen in Anspruch nehmen, um von den Kirchen, Klöstern, Museen, Kunstschätzen, Bibliotheken, Universitäts-, Verwaltungs- und Regierungsgebäuden auch nur die bedeutendsten genauer anzusehen.

Seit 1980 versucht die Regierung mit einem Millionenprogramm, das historische Zentrum zu restaurieren, die Reste aztekischer Bauten freizulegen, archäologisch zu erforschen und die architektonischen Schätze der spanischen Zeit zu erhalten.

Die wichtigste Aufgabe aber der Gegenwart ist, in den neuen Stadtteilen für Infrastruktur und Wohnraum zu sorgen. Der Bauboom der vergangenen Jahre hat gewaltige, oft modern-triste Wohnviertel entstehen lassen. Die Zerstörungen durch das Erdbeben 1985 haben aber auch gezeigt, wie unzureichend hier konstruiert und gebaut wurde auf dem oft nicht geeigneten Boden des trockengelegten Texcoco-Sees.

1. Stellen Sie Merkmale und Probleme der lateinamerikanischen Stadt am Beispiel von Mexiko-Stadt zusammen.

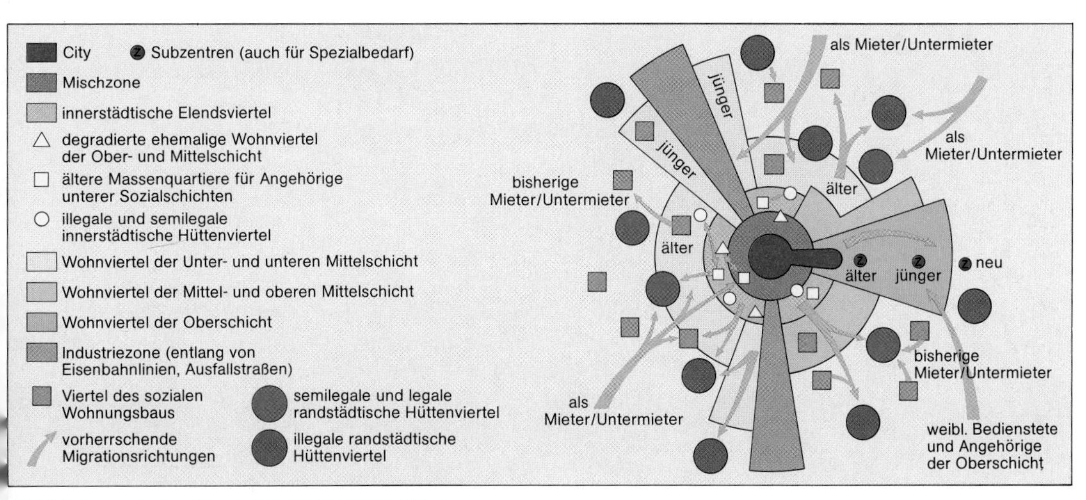

283.1 *Schema der heutigen lateinamerikanischen Stadt*

Die westafrikanische Stadt

Das Beispiel Kano

Eine Chronik belegt, daß Kano als Siedlung mit einer Eisenschmelze bereits im 10. Jh. existierte und sich seit dem 15. Jh., aus dem die Befestigungsanlage stammt, zu einem wichtigen Handelszentrum entwickelte. Der Schwerpunkt lag lange im transsaharischen Handel (um 1850 noch 30 000 Kamelladungen Salz), aber Handelsbeziehungen reichten auch bis Ostafrika und Indien.

„Der große Vorteil Kanos ist, daß Handel und Herstellung von Textilwaren Hand in Hand gehen, nahezu jede Familie nimmt daran teil. Es geht von dieser Industrie, die weithin bekannt ist, etwas Großartiges aus ...“ (Heinrich Barth, 1858)

Nach dem Niedergang des transsaharischen Handels und dem Aufblühen des atlantischen Seeverkehrs konnte Kano trotz frühindustrieller kolonialer Konkurrenz Europas im Textilhandel seine Bedeutung behaupten, weil das agrarische Umland nun große Mengen begehrter Kolonialprodukte wie Erdnüsse und Baumwolle über Kano in die oberguineischen Häfen lieferte. Die Wirtschaftsentwicklung wurde wesentlich gestützt durch ein gut ausgebautes Straßennetz und vor allem seit 1911 durch eine Eisenbahn nach Lagos.

Kanos Altstadt, Hauptwohnbereich der alteingesessenen Bevölkerung, vermittelt noch immer den Eindruck des vorkolonialen afrikanischen Stadttyps. Ein 18 km langer und etwa 10 m hoher Erdwall umschließt nicht nur die Altstadt, sondern auch einen Teil des stadtnahen Agrarlandes. Mittelpunkt der Altstadt ist der große Markt, auf den alle Straßen strahlenförmig zulaufen. Das Stadtbild der Altstadt ist gekennzeichnet durch eine unregelmäßige Anlage von meist quadratischen ein- und zweistöckigen Lehmbauten mit Innenhof.

Seit der britischen Eroberung im 19. Jh. hat sich die Stadt außerhalb der Wallanlagen kräftig entwickelt. Ehemalige Nomadenlager vor den Toren im Norden sind inzwischen zu festen Wohnvierteln geworden. Hier lebt vorwiegend die aus dem islamischen Norden zugezogene Bevölkerung. Zu Beginn der Kolonialzeit wurden Handelsniederlassungen und Verwaltungsgebäude im Osten der Stadt errichtet. Dieser Teil hat – wie in vielen kolonial überformten Städten – bis heute seine architektonische Sonderstellung bewahrt. Im Osten entstand auch die planmäßig angelegte Neue Stadt, die **Sabon Gari** in der Haussa-Sprache. Hier wohnen die afrikanischen Zuwanderer aus den andersgläubigen Regionen, in Kano besonders die christlichen Ibo (bis zum Bürgerkrieg 1966) und heute vorwiegend Yoruba aus dem Südosten bzw. dem Süden Nigerias. Die Zuwanderer halten sich oft

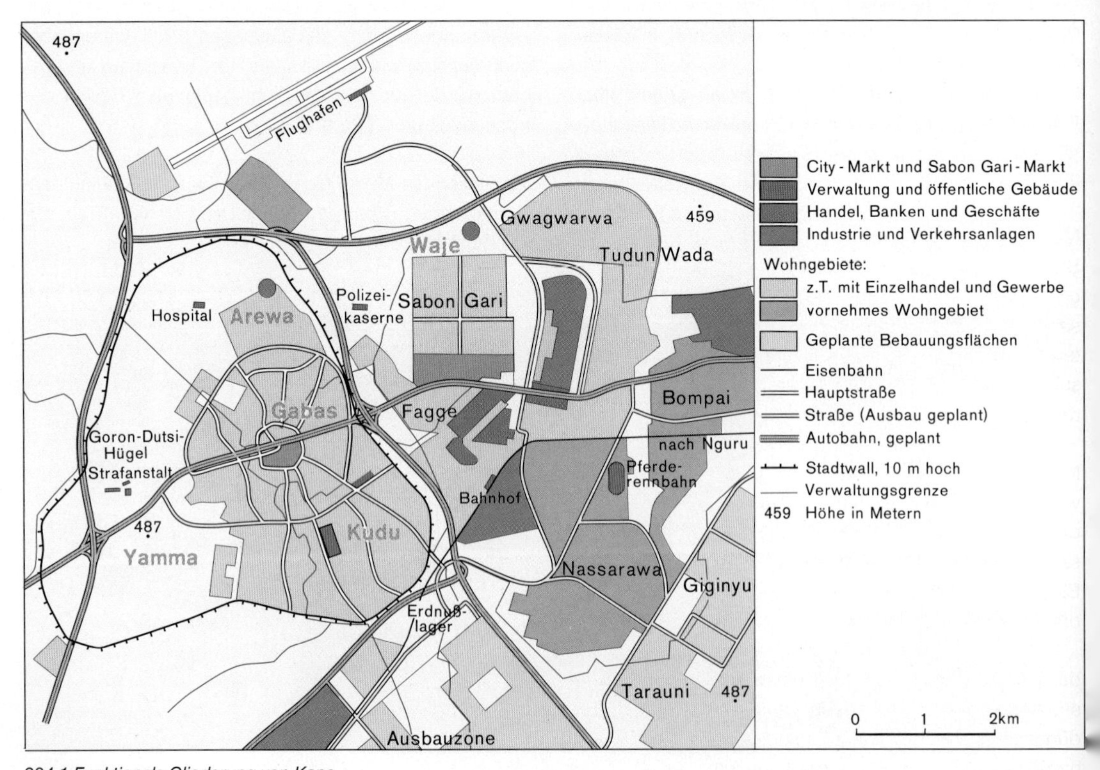

284.1 Funktionale Gliederung von Kano

nur zeitlich begrenzt in Kano auf, gehen ihren Geschäften und wirtschaftlichen Tätigkeiten nach, können und wollen sich aber nicht in die islamische Stadtkultur und -struktur eingliedern.

Viertelsbildung und funktionale Gliederung

Die Stadterweiterung in der Kolonialzeit hat ganz neue, z. T. sehr eigenständig geprägte Stadtviertel entstehen lassen. Diese Sabon Garis werden in der Gegenwart planmäßig durch verbesserte Infrastruktur, neue Industrie-, Gewerbe- und Wohnviertel ergänzt und erweitert, wie es der Stadtplan von Kano im Südosten ausweist. Dieses funktionale Gliederungsprinzip hat sich auch in anderen afrikanischen Städten der Gegenwart durchgesetzt.

Die Viertelsbildung selbst ist aber auch in der traditionellen afrikanischen Stadt nichts Ungewöhnliches. Die einzelnen Wohnviertel waren und sind meist ethnisch, religiös und kulturell, aber auch wirtschaftlich und sozial bedingt. Häufig sind ethnische und wirtschaftlich-soziale Merkmale miteinander verbunden, wie etwa in südnigerianischen Städten die islamischen Haussa-Quartiere, deren Bewohner überwiegend im Viehhandel tätig waren, oder bei den Tuareg-Quartieren vor den Toren der Altstadt, weil die Tuareg mit ihren zahlreichen Kamelen nicht in der engen Altstadt leben konnten.

Die Viertelsbildung im Norden ist einmal bedingt durch die starke islamische Prägung, die eine Integration Andersgläubiger ablehnt. Zum anderen trug auch die britische Kolonialverwaltung zur Segregation und Viertelsbildung bei, weil sie eigene ethnische Viertel anlegte und die traditionellen Sozial- und Herrschaftsstrukturen zu bewahren suchte.

Moderne Stadtentwicklung

Stadtkultur hat auch in Westafrika eine jahrhundertelange Tradition. Früher lagen die städtischen Zentren ausschließlich im Landesinneren in der Savanne. Sie bildeten bedeutende religiöse, wissenschaftliche und politische Zentren und besonders am Südrand der Sahara reiche Handelsmetropolen.

Mit dem Untergang der mittelalterlichen Reiche wie Mali oder Songhai schwand auch die politische und wirtschaftliche Bedeutung der Städte. In der Neuzeit gingen Handelsströme und Wachstumsimpulse an diesen Städten wie Timbuktu oder Djenne vorbei. Mit dem Beginn der Kolonialzeit in Afrika bekamen Küstenstandorte besondere Bedeutung.

Zunächst bildete sich trotz der Hafenfeindlichkeit der Küste eine ganze Reihe von Handels- und Militärstützpunkten, die über offene Reedehäfen an der Brandungsküste verfügten. Wenige geschützte Tiefwasserbuchten (z. B. bei Dakar) oder künstlich mit dem Meer verbundene Lagunen (z. B. bei Abidjan) boten günstige Hafenstandorte, die sich rascher als benachbarte Stützpunkte entwickelten. Solche Zentren gewannen mit dem Bau von Hauptstraßen und Eisenbahnlinien in das Hinterland einen entscheidenden Standortvorteil.

Einige dieser Küstenstädte haben sich etwa seit 1950 zu großstädtischen Agglomerationen entwickelt, die im Kernbereich alle Merkmale westlicher Großstädte aufweisen und in den ungeordnet bebauten Außenbezirken das ungeheure Wachstum von Städten in der Dritten Welt dokumentieren.

Neuerdings versuchen einige Regierungen, durch Funktionsverlagerung die Küstenstädte zu entlasten, indem die Regierungssitze in neue Hauptstädte im Innern verlegt werden (z. B. von Abidjan nach Yamoussoukro oder von Daressalam nach Dodoma).

T 285.1: Bevölkerungsentwicklung unterschiedlicher Städte

Timbuktu/ehem. Hauptstadt des Songhai-Reiches		**Abidjan**/junge Hauptstadt	
16. Jh.	40–50 000	1900	zwei Fischerdörfer
1855	13 000	1939	46 000
1900	5 000	1962	285 000
1973	10 000	1972	600 000
1980	20 000	1980	1,9 Mio

1. Vergleichen Sie die traditionelle und moderne Stadt Westafrikas mit der Stadtentwicklung in Europa.
2. Entwerfen Sie thematische Kartenskizzen zur Wirtschaftsentwicklung Westafrikas (Alte Zentren, vorkoloniale und koloniale Reiche, heutige Staaten, Hauptstädte, Eisenbahnen, Häfen und Hauptexportprodukte). Vgl. auch Abb. 131.1.

285.1 Kano

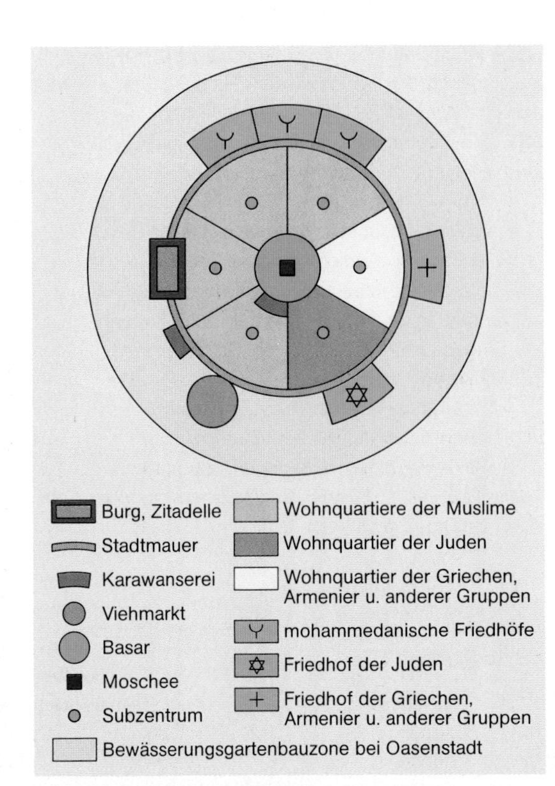

286.1 Traditionelle islamische Stadt

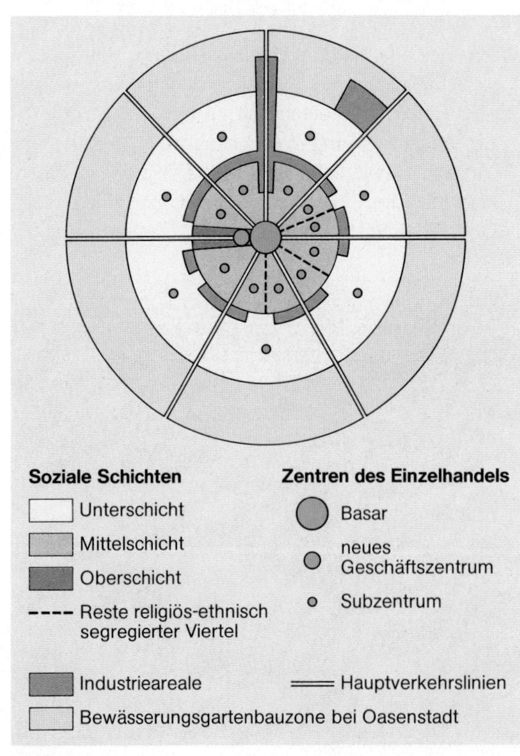

286.2 Heutige orientalische Stadt

Die orientalische Stadt

Strukturelemente der traditionellen Stadt

In vielen Merkmalen entspricht die Stadt des Orients, wie sie seit dem 7. Jh. durch den Islam geprägt wurde, der vorindustriellen deutschen Stadt. Die **Burg/Zitadelle (Kasbah)** ist Sitz der weltlichen, die **Hauptmoschee** Mittelpunkt der geistlichen Herrschaft. Um die Große Freitagsmoschee dehnt sich der **Basar (Suq)** aus, dessen Branchengliederung die Wertigkeit von Handel und Handwerk ausdrückt. In unmittelbarer Nähe der Hauptmoschee erstreckt sich das Angebot auf religionsbezogene Artikel wie Gebetsketten und Koranbücher; Gold- und Silberschmiede sowie Tuchverkäufer und Schneider schließen sich an. Haushaltsartikel werden in weiterer Entfernung angeboten. Den äußeren Ring bilden Handwerksbetriebe, bei denen die Produktion mit Lärm- und Geruchsbelästigung verbunden ist. Um den Basar gruppieren sich die **Karawansereien,** über die der Groß- und Fernhandel abgewickelt wird. Die in der Stadt ansässigen Großgrundbesitzer, Kaufleute und Geldverleiher ziehen Ertragsanteile von den Pächtern auf dem Land und Betrieben in der Stadt ab (Rentenkapitalisierung).

Die **Wohnquartiere** ethnisch und religiös unterschiedlicher Gruppen wie die der Muslime, Christen und Juden sind räumlich vom Basar und auch voneinander, z. T. durch Mauern, getrennt. Innerhalb der Wohnquartiere lebt die Oberschicht in der Mitte des jeweiligen Viertels. Reichtum wird nicht nach außen gezeigt. Der Abschluß einzelner Stadtviertel von der Nachbargruppe, d. h. Bewahrung der Gruppenhomogenität, und die Forderung des Islam nach Privatheit der Familie führt zur Ausbildung des **Sackgassengrundrisses.** Die enge und verwinkelte Altstadtbebauung behindert jedoch die Entwicklung in der Neuzeit, insbesondere die Verkehrserschließung. In den durch Landflucht anwachsenden Stadtrandsiedlungen kehrt er als Bauprinzip wieder.

Entwicklung und Strukturwandel

Heute gewinnt in der orientalischen Stadt der moderne tertiäre Sektor auch in der alten Innenstadt zunehmend an Bedeutung. Neben dem Basar, in dem noch die Preise ausgehandelt werden, entsteht die westlich geprägte **City** mit Geschäften, Verwaltungen, Banken und Versicherungen. Sie ist zugleich Wohngebiet der neuen Oberschicht. Auf Grund der neuen Transportmittel werden die Karawansereien funktionslos, Groß- und Fernhandel weichen auf Lagerhallen außerhalb der Innenstadt aus. Die **Industrie** ist stadtrandbezogen bzw. orientiert sich an den Hauptverkehrswegen. Bei der Industrialisierung treten wieder rentenkapitalistische Verhaltensmuster auf, die sich in Bodenspekulationen und der geringen Neigung zu langfristigen Investitionen äußern.

Das Beispiel Damaskus: Die heutige Hauptstadt der Arabischen Republik Syrien ist eine der ältesten, durchgehend besiedelten Städte der Welt. Sie wird bereits in Inschriften aus dem 14. Jh. v.Chr. und in der Bibel erwähnt. Das Jahr 636 n.Chr. markiert das Eindringen der Araber, die Damaskus zum Sitz des Kalifen und damit zum Mittelpunkt des Weltreiches der Omaijaden machten (bis 750 n.Chr.). Nach Mekka und Jerusalem ist Damaskus die dritte heilige Stadt des Islam. Trotz einer zwölf Jahrhunderte dauernden islamischen Herrschaft sind Spuren der hellenistischen, vorislamischen Zeit in Teilen des geometrischen Straßengrundrisses erhalten.

Die erste Phase der Verwestlichung dauerte bis zum Ersten Weltkrieg. Außerhalb der Altstadt gab es bereits modernere Wohnviertel sowie einige Straßendurchbrüche in Gebieten älterer Bebauung. In der zweiten Phase zwischen den beiden Weltkriegen – während der französischen Mandatszeit – erschlossen Boulevards und Avenuen nach französischem Vorbild neue Wohnquartiere. Die dritte Phase begann nach dem Zweiten Weltkrieg mit der Erlangung der Unabhängigkeit. In den Außenbezirken entstehen großflächig moderne Wohnviertel für die stark anwachsende Bevölkerung (1888: 48000 E, 1985: 1,2 Mio E). Trabantenstädte sind auf dem Bergrücken des Jabal Kassiun im Nordwesten und in der Wüstenzone der Guta im Süden geplant.

1. Stellen Sie Merkmale der traditionellen und modernen orientalischen Stadt gegenüber.

2. Vergleichen Sie Damaskus mit dem Strukturmodell der idealtypischen islamisch-orientalischen Stadt. Ziehen Sie andere Städte des Orients zum Vergleich heran (Atlas).

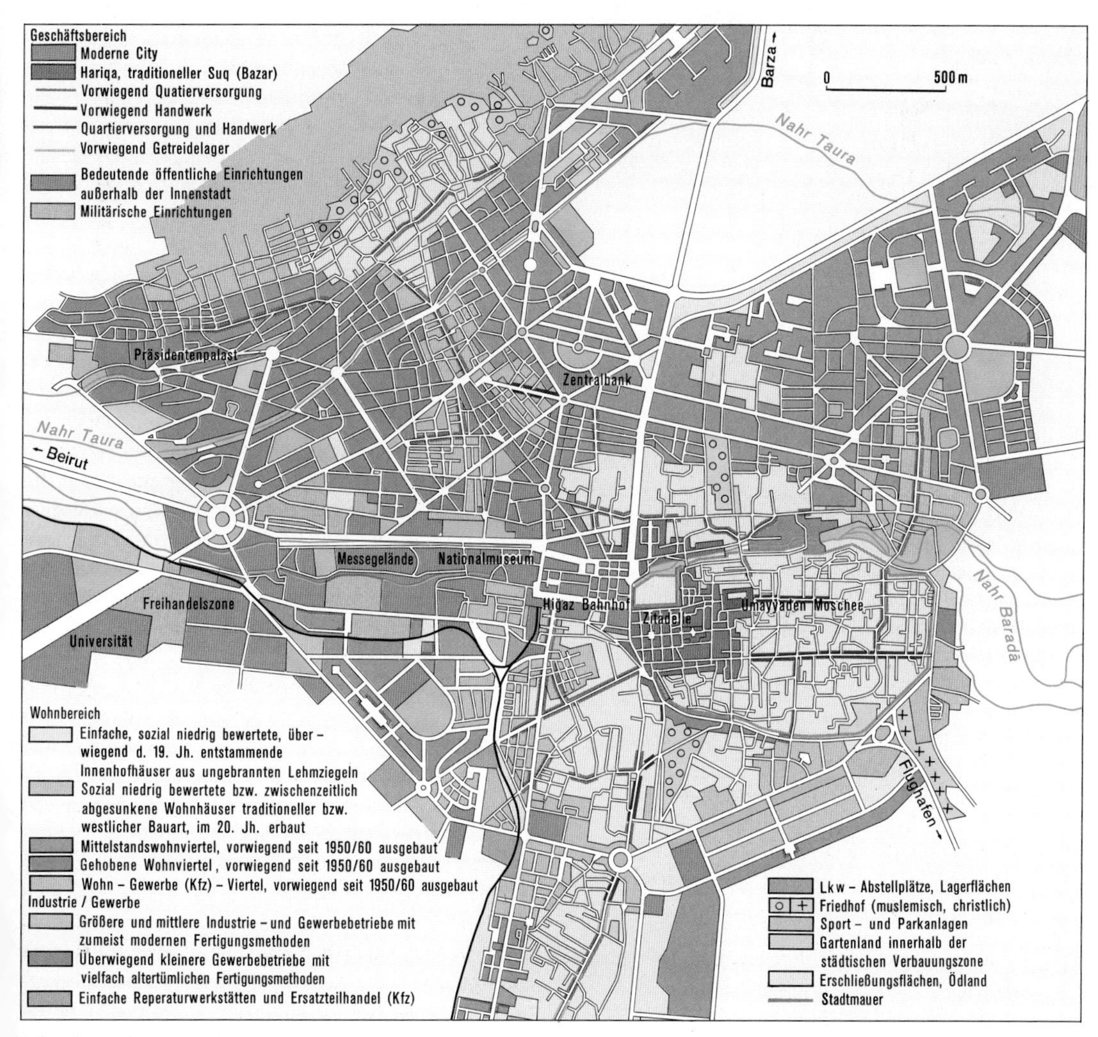

287.1 Damaskus

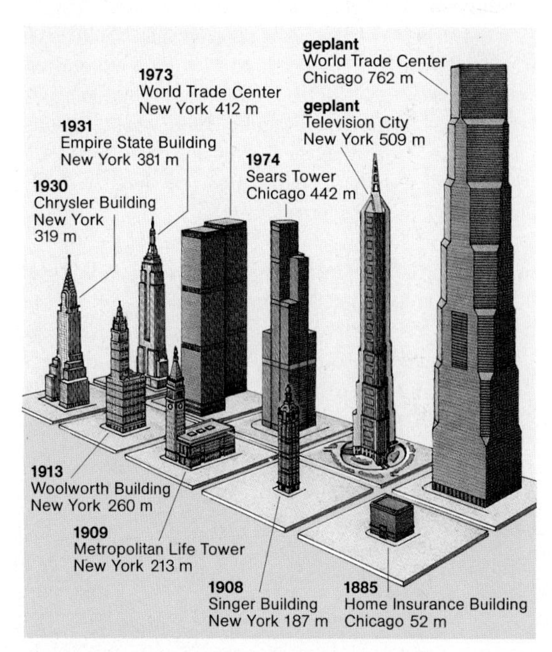

288.1 Häuser wachsen in den Himmel

Die Datschenbesitzer von Peredelkino haben Angst: Seit der kleine Ort, berühmt durch sein „Schriftstellerdörfchen" und die orthodoxe Kirche hinter dem Friedhof, auf dem Pasternaks Grab liegt, vor wenigen Monaten eingemeindet wurde und nun zur Stadt Moskau gehört, befürchten sie, ihre malerischen Holzhäuschen müßten in naher Zukunft schon jenen im Schnitt 14- bis 17stöckigen weißen Betonwohnblocks weichen, die so charakteristisch sind für sowjetische Satellitenstädte. „Peredelkino wird nicht zerstört", versichert Alexander Budantzew, Vizeplanungschef des Moskauer Stadtrates, „es bleibt als grüne Oase erhalten". Doch die Bewohner der 25 km vom Moskauer Stadtzentrum entfernten Waldidylle können das nicht so recht glauben. Der Moloch Moskau verschlingt die Natur.
(Aus: Hannoversche Allgemeine Zeitung, 9.2.1985)

Traum und Alptraum: Mexiko Stadt
Die Geschichte der Stadt und deren faszinierende Spuren werden schon seit Jahren überlagert von den allzu aktuellen Problemen. Die bevölkerungsreichste Stadt der Erde droht zu ersticken: unter einem chaotischen Verkehr, unter der Zuwanderung Hunderttausender aus der Provinz, unter der Glocke des Smogs, den die Autos und die Industrie Tag für Tag ausstoßen. Ein Programm zur Aussiedlung von Industriebetrieben, ständige Straßenerweiterungen und eine Untergrundbahn, deren Bau vor den Olympischen Spielen des Jahres 1968 begann, konnten das Problem nur mildern, nicht lösen.
(Aus: FAZ, 21.9.1985)

Globales Phänomen

Der weltweite Prozeß der Verstädterung, der nach den gegenwärtigen Erkenntnissen nicht mehr umkehrbar zu sein scheint, setzt mit dem Übergang von der Agrargesellschaft zur Industriegesellschaft ein. So beginnt die Verstädterung Anfang des 19. Jh. in England und Wales und erfaßt noch im gleichen Jahrhundert fast alle Länder Europas, die USA und Japan.

Die Bevölkerungslehre versteht darunter die Zunahme der in Städten lebenden Bevölkerung eines Gebietes, die mit dessen Landwirtschaft in keinem direkten Abhängigkeitsverhältnis mehr stehen. Der Verstädterungsgrad dagegen ist der Anteil der Stadtbevölkerung an der Gesamtbevölkerung. Dabei besteht die Tendenz zur örtlichen Konzentration von Gebäuden mit städtischen Funktionen. Das Erscheinungsbild der Städte kann jedoch bei gleichen Verstädterungsgraden sehr verschieden sein. Es wird von der gesellschaftlichen Ordnung und der kulturellen Tradition mitbestimmt. So unterscheiden sich bereits Städte der beiden Staaten in Deutschland in ihrer baulich-funktionalen Struktur und erst recht die Städte verschiedener Kulturerdteile voneinander.

Keinesfalls erschöpft sich der Verstädterungsprozeß in der zahlenmäßigen Zunahme städtischer Siedlungen. Er bedeutet auch nicht allein ein Wachstum der Städte nach der Bevölkerungszahl bzw. ein überproportionales Wachstum der städtischen gegenüber der ländlichen Bevölkerung oder das räumliche Anwachsen der Stadt in ihr ländliches Umland hinein. Mit dem Verstädterungsprozeß ist zugleich eine Urbanisierung verbunden, ein Prozeß der Verdichtung und Ausbreitung städtischer Lebensformen. Die Stadt wird zur Kernsiedlung mit einer Verdichtung von Einrichtungen des tertiären Bereichs (städtische Funktionen) einerseits und der Vielfalt von Sozialgruppen andererseits. Als Merkmale der Urbanisation können arbeitsteilig Wirtschaft, Trennung von Wohn- und Arbeitsstätte, starke berufliche Spezialisierung und Differenzierung, ausgeprägte soziale Schichtung, ethnische Separierung, starke soziale und regionale Mobilität, wachsende Bedeutung von Freizeit oder beschäftigungsloser Zeit, Verdichtung des Verkehrs und rasche Veränderungen im Stadtbild genannt werden. Ein unkontrollierter und stürmisch verlaufender Verstädterungsprozeß hat nachhaltige Folgen, wie Verkehrsprobleme in den Kernstädten, soziale Spannungen bis zur Slumbildung, Verschuldung der Kommunen, Zersiedlung der Landschaft mit Zerstörung naturnaher Kulturlandschaften und wachsender Belastung der Umwelt sowie zunehmende Versorgungs- und Entsorgungslasten.

Die Verstädterung in den *Industrieländern* verlief parallel zur Industrialisierung. Die in der Land- und Forstwirtschaft tätige Bevölkerung nahm z. B. in Deutschland von etwa 75% zu Beginn des vorigen Jahrhunderts auf gegenwärtig etwa 5% in der Bundesrepublik Deutschland und 11% in der DDR ab. Um 1800 lebten nur 12% der deutschen Bevölkerung in Siedlungen mit mehr als 5000 Einwohnern, nur Berlin und Hamburg hatten mehr als 100000 Einwohner. Heute leben in der Bundesrepublik Deutschland etwa 35% und in der DDR etwa 26% der Wohnbevölkerung in Städten über 100000 Einwohner. Die Bundesrepublik Deutschland hat einschließlich Berlin (West) 67 Großstädte, davon drei Millionenstädte. In der DDR gibt es 15 Großstädte mit der Millionenstadt Berlin (Ost).

Seit Ende des Zweiten Weltkrieges hat der Verstädterungsprozeß auch die *Entwicklungsländer* erfaßt. Die Großstädte wachsen zur Zeit um etwa 8% jährlich. Das bedeutet eine Bevölkerungsverdoppelung alle 8–9 Jahre. Bis 1990 wird es auf der Erde wahrscheinlich 27 Megalopolen mit jeweils über 10 Mio Einwohnern geben. Von diesen Stadtlandschaften werden 18 in Entwicklungsländern liegen.

Trends und Folgen des Verstädterungsprozesses lassen sich folgendermaßen zusammenfassen:
- Die Stadt ist in allen Ländern der Erde, trotz teilweise ungünstiger Umweltbedingungen, zur bedeutendsten Arbeits- und Wohnstätte der Menschen geworden.
- Bei fortgesetzter Verstädterung werden in spätestens drei Generationen etwa 90% der Erdbevölkerung in städtischen Siedlungen leben.
- Die Umweltbedingungen in den Ballungsgebieten werden sich zunehmend verschlechtern.
- Raumordnungspolitische Maßnahmen werden immer dringlicher.
- Die Infrastruktur wird erhebliche Finanzmittel, neue Organisationsformen und neue Technologie erfordern. Diese Mittel werden möglicherweise in naher Zukunft nur von reichen Staaten aufgebracht werden können.
- In den Entwicklungsländern bilden aber die unaufhaltsam wachsenden Slums Krisenherde, in denen es zu katastrophenartigen Entwicklungen kommen kann.

1. Informieren Sie sich im Atlas über die räumliche Verteilung von Millionenstädten auf der Erde. Beachten Sie Raumkategorien wie Klimazonen, Oberflächengestalt oder Industrie- und Entwicklungsländer sowie Kulturerdteile.

2. Inwiefern sind die Industrieländer von sozialen Katastrophen in den Slums der Entwicklungsländer betroffen?

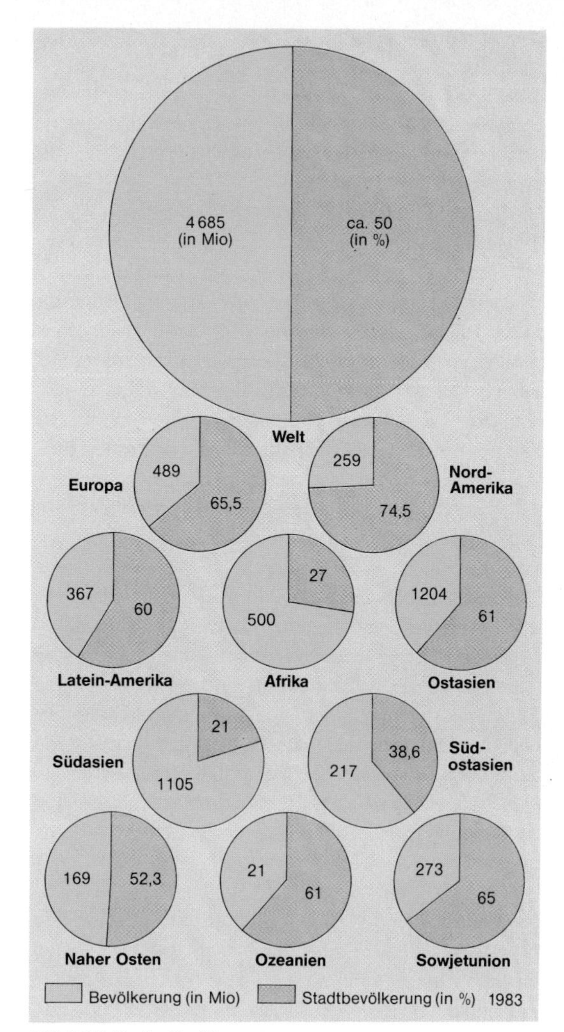

289.1 Städtische Bevölkerung

T 289.1: Die größten Städte der Erde 1950 und 2000

1950		2000	
Stadt/Aggl.	Bevölkerung (Mio)	Stadt/Aggl.	Bevölkerung (Mio)
New York	12,3	**Mexiko Stadt**	31,0
London	10,4	**São Paulo**	25,8
Rhein-Ruhr	6,9	Tokyo	24,2
Tokyo	6,7	New York	22,8
Shanghai	5,8	**Shanghai**	22,7
Paris	5,5	**Beijing** (Peking)	19,9
Buenos Aires	5,3	**Rio de Janeiro**	19,0
Chicago	4,9	**Bombay**	17,1
Moskau	4,8	**Kalkutta**	16,7
Kalkutta	4,4	**Jakarta**	16,6
Los Angeles	4,0	**Seoul**	14,2
Osaka	3,8	Los Angeles	14,2
Mailand	3,6	**Kairo**	13,1
Mexiko Stadt	3,0	**Madras**	12,9

Landflucht – Slumbildung

Landflucht

Ursachen und Erklärungsansätze für die Landflucht sind vielfältig. Dependenztheoretiker vertreten folgenden Ansatz:

Die Subsistenzwirtschaft löste sich in vielen heutigen Entwicklungsländern mit dem kolonialen Eindringen kapitalintensiver Agroindustrien auf: Oft wurden nun auf den besten Ländereien in Plantagenwirtschaft Handelsgewächse für den Export angebaut. Die Gewinne aus dem Export flossen in die Küstenstädte ab, ohne daß damit gleichzeitig eine Industrie aufgebaut wurde, die die ländliche Überschußbevölkerung aufnehmen konnte. Bei starkem Bevölkerungswachstum und knapper werdenden Landreserven versuchten die Landbewohner, den steigenden Nahrungsmittelbedarf durch rücksichtslose Nutzung des Bodens zu erwirtschaften.

Das Bevölkerungswachstum übertraf jedoch in den meisten Fällen die Ertragsteigerung in der Landwirtschaft – Verarmung der Landbevölkerung war die Folge, zumal die ortsansässigen Handwerks- und Gewerbebetriebe durch Importware aus den Industrieländern immer stärker unter Druck gerieten. Damit gab es auf dem Land kaum noch Erwerbsmöglichkeiten außerhalb der Landwirtschaft. Hinzu kam, daß durch die Mechanisierung in der Landwirtschaft noch weitere Arbeitsplätze verloren gingen.

Durch Medien und verstärkte Außenkontakte erkannten die Landbewohner immer deutlicher, wie bescheiden ihre Lebensumstände waren: Der Mangel an Schulen und Einrichtungen des Gesundheitswesens, die unzureichende Wasserversorgung, die unbefriedigende Verkehrsausstattung, aber auch das mangelhafte Güterangebot wurden ihnen bewußt; die Attraktivität der großen Städte nahm für sie immer mehr zu. Landflucht war die Konsequenz: Insbesondere junge arbeitsuchende Menschen und Familien zogen in die sich zu Industriestädten wandelnden (Küsten-) Städte. Sie verschärften damit den ohnehin schon bestehenden Gegensatz zwischen städtischen und ländlichen Räumen.

Slums in der Dritten Welt

Begriffsklärung: Für die Siedlungen der Armen in den Städten der Dritten Welt gibt es eine Unzahl verschiedener Bezeichnungen:

Slums werden zumeist gekennzeichnet mit innerstädtischer, zentraler Lage, alter, schlechter Bausubstanz, illegalen Nutzungsverhältnissen, mangelnder Infrastruktur und Überbelegung mit Bewohnern „unterer Einkommensschichten".

Hauptmerkmal der Bezeichnung **squatter-Siedlung** ist die Illegalität der Inbesitznahme von Grund und Boden durch die Bewohner.

Der Ausdruck **Spontansiedlung** betont die Spontanität des Entstehungsprozesses dieser Siedlungen, z. B. der selbstorganisierten Besetzung der *barriadas* in Lima (Peru).

Der Begriff **Marginalsiedlung** weist besonders auf die soziale, ökonomische und politische Randstellung ihrer Bewohner hin.

Neben diesen allgemein verwendbaren Begriffen erscheinen in Reiseberichten usw. oft die lokal gültigen Bezeichnungen wie *favelas* in Brasilien, *colonias proletarias* in Mexiko, die *bustees* in Indien und *klongs* in Thailand.

Shantytown, bidonvilles oder *Hüttensiedlung* sind dagegen eher unspezifische Bezeichnungen des Erscheinungsbildes dieser Siedlungen.

Ursachen der Slumbildung

Die Armen, die vom Land in die Stadt ziehen, haben die Hoffnung, sozial aufzusteigen. Zumindest aber gehen sie davon aus, daß das Elend hier erträglicher sei. Tatsächlich hat ein arbeitslos gewordener Landarbeiter, der zumeist kein eigenes Landstück besitzt, in der Stadt eher eine Chance, eine bezahlte Arbeit zu finden und damit seine Familie, die zunächst noch im Dorf bleibt, zu ernähren.

Da er kaum Besitz mitbringt und möglichst nah am städtischen (Gelegenheits-)Arbeitsmarkt sein muß, wird er – wie die meisten Zuwanderer – die innerstädtischen Slums als erste Anlaufstation benutzen. Gelingt es ihm, eine Tätigkeit zu finden, so wird er seine Familie nachholen und eine Hütte in einer der Marginalsiedlungen am Rande der Großstadt bauen. Das minimale und meist auch unregelmäßige Einkommen läßt eine andere Wohnform nicht zu.

Das äußere Erscheinungsbild dieser Siedlungen der Armen ist auf der ganzen Welt ähnlich. Nicht nur die Armut der Bewohner, auch ihre Sorge, von dem oft illegal besetzten Grundstück vertrieben zu werden, führt dazu, daß diese *squatter-Siedlungen* nur über primitive Behausungen und eine unzureichende Infrastruktur verfügen.

Erst wenn die Bewohner die Vertreibung – oft mittels Planierraupe – nicht mehr fürchten müssen und ihre Siedlung von den Behörden legalisiert wird, verbessern sich die Wohnumstände, insbesondere dann, wenn Selbsthilfeaktionen in Gang kommen.

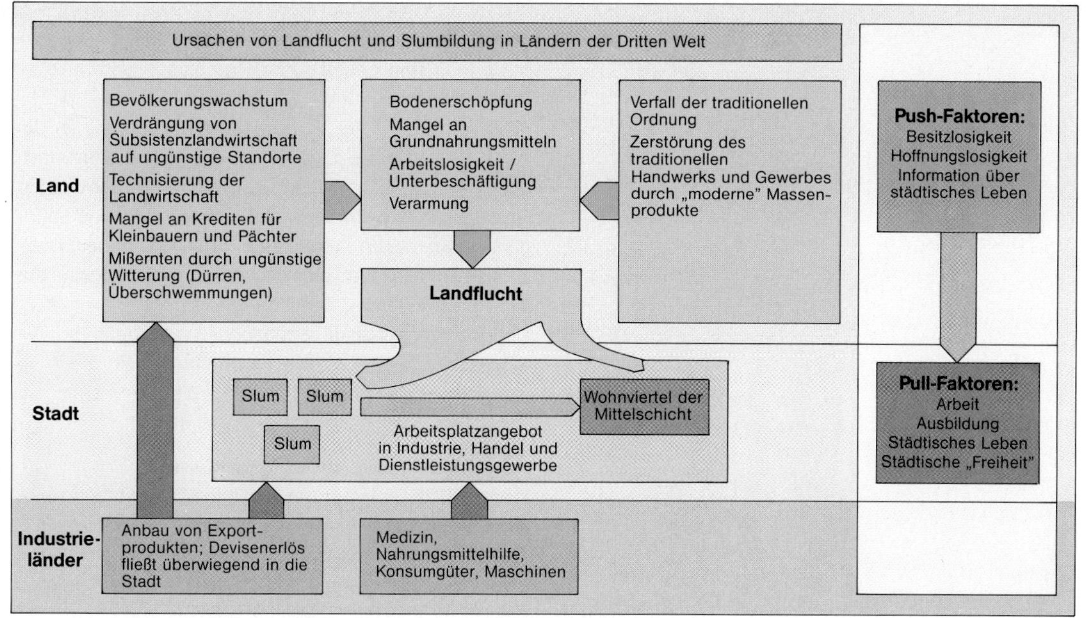

291.1 Ursachen von Landflucht und Slumbildung in Ländern der Dritten Welt

Praktiken der Slumsanierung

Bis in die 50er Jahre war Slum„sanierung" in den Städten der Dritten Welt gleichbedeutend mit *Vertreibung* der Bewohner und Zerstörung der Slums. Politische Überlegungen – Sorge vor Unruhen – führten dazu, daß man später dazu überging, die Zerstörung mit „relocation"-Programmen zu verbinden. So wurden innerstädtische Slumbewohner am Stadtrand wieder angesiedelt.

Eine andere, pragmatische Strategie zur Bewältigung des squatter-Problems war die stillschweigende *Duldung* durch die Behörden. Die Verwaltung nahm diese Siedlungen einfach nicht zur Kenntnis, fühlte sich dadurch aber auch nicht verpflichtet, die Bewohner mit den städtischen Dienstleistungen – Wasserversorgung, Kanalisation, Schulen, Transportmittel – zu versorgen.

Um eine Wohnungsversorgung für die Ärmeren finanziell erreichbar zu machen, wurden vornehmlich die folgenden Konzepte angewandt:

1. low-cost-housing-Programme

Wohneinheiten – zumeist 4–8geschossige Wohnblocks – und Infrastruktur werden mit öffentlichen Mitteln in Billigstbauweise erstellt. Der Verkauf der Wohnungen erfolgt zum Selbstkostenpreis mit niedrigen, langfristigen Ratenzahlungen. Auch subventionierte Vermietung der Wohnungen ist üblich. Die Slumbewohner werden „umgesetzt", der ehemalige Slum abgerissen.

2. Site and Service-Programme

Erschlossene Flächen am Stadtrand werden von der Kommunalverwaltung bereitgestellt. Die Anschlüsse der Ver- und Entsorgungsleitungen zu den ca. 150 m² großen Grundstücken müssen selbst verlegt werden. Die einzelnen Parzellen werden an Bewerber mit sehr geringem Einkommen vergeben. Es muß sicher sein, daß der Käufer oder Pächter die monatlichen Raten zahlen kann. Der Hütten- und Hausbau erfolgt in Selbst- und Nachbarschaftshilfe. Behördliche Bauauflagen sollen Boden- und Wohnraumspekulation unterbinden.

1. Die Dritte Welt muß ihre Städte ärmer planen.
„Es muß nicht immer Beton sein. Lehm tut es auch. Und wenn diese Häuser nur eine Lebensdauer von 15 Jahren haben – bis dahin können wir uns bessere Materialien leisten", meinte der indische Architekt Charles Correa auf der 7. UN-Konferenz „Habitat" 1976.

2. Wirklicher Wandel kommt nur durch die Beteiligung der Bevölkerung am Entscheidungsprozeß zustande.

3. Der Staat muß sich mit seiner Planung zurückhalten und der Initiative des einzelnen mehr Spielraum geben (Prinzip der Selbsthilfe).

1. Starkes Bevölkerungswachstum, niedriges BSP, hohe Bevölkerungsdichte und kapitalistische Wirtschaftsform ergeben Landflucht und Slumbildung. Prüfen und ergänzen Sie diese Aussage.
2. Südamerikanische Politiker behaupten: „Slumsanierung fördert Slumbildung und Landflucht". Nehmen Sie dazu Stellung.
3. Vergleichen und bewerten Sie low-cost-housing-Programme und Site and Service-Programmen.

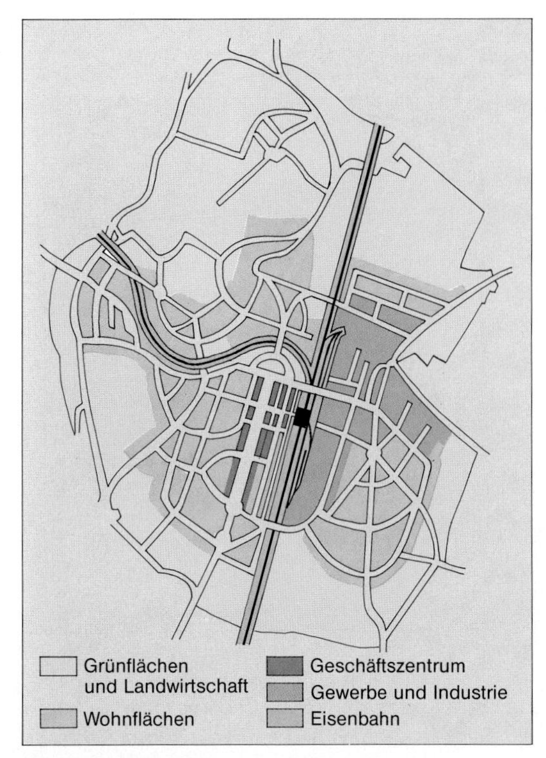

292.1 Gartenstadt Welwyn

Neue Städte

Neue Städte in Industrieländern

Der Städtebau des 20. Jh. verdeutlicht Möglichkeiten und Grenzen der Planung. Als Folge der Industriellen Revolution bildeten sich bereits vor 1850 in England industrielle Ballungsräume, die „conurbations". Damals entstanden in Lancashire, in den Midlands und in Schottland (Glasgow) ausgedehnte Mischlagen aus Industriegebieten und Wohnbereichen mit zum Teil sehr hohen Einwohnerdichten.

Gegen die immer weiter planlos wuchernde Ausbreitung dieser ersten Industriestädte und ihre bedrückende Monotonie entwickelte der englische Stadtplaner *Ebenezer Howard (1850–1928)* die Idee der **Gartenstadt:**

Neue, selbständige Orte im Grünen mit Eigenheimen und großen Gärten sollten abgesetzt von den Großstädten errichtet werden. Diese Gartenstädte sollten für sich lebensfähig sein und alle notwendigen öffentlichen Einrichtungen enthalten: Schulen, Kirchen, Läden, aber auch gewerbliche Betriebe. Tatsächlich entstanden nach diesem Konzept seit 1903 mehrere Gartenstädte – vor allem im Großraum London.

Auch in Deutschland wurde der Gedanke dieser englischen „New Towns" aufgegriffen (z. B. Dresden-Hellerau, Essen-Margarethenhöhe).

Aus dieser Gartenstadt-Konzeption entwickelten sich in der Folgezeit die Grundgedanken, Methoden, Organisationsformen und gesetzlichen Grundlagen neuzeitlicher Stadtplanung.

Wegweisend für den modernen Städtebau ist die 1933 veröffentlichte *„Charta von Athen":* In diesem städtebaulichen Manifest wird u. a. gefordert: Ausreichende Grünflächen in Wohnungsnähe, Trennung der Industriegebiete von den Wohngebieten durch Grünzonen, Hierarchisierung der Verkehrswege nach ihren Funktionen: Wohnwege, Haupt-, Durchgangs- und Schnellstraßen; eigenes Wegenetz für Fußgänger und Radfahrer. Als Schlüsselfunktionen sollen Wohnung, Arbeit, Erholung und Verkehr gleichrangig die Planung bestimmen.

Neue Städte in Entwicklungsländern

Während Stadtplanung in Europa zur Gestaltung und Organisation des Raumes für die Entwicklung der Industriegesellschaft notwendig war, diente Stadtplanung in den selbständig gewordenen Kolonien – wo industrielles Wachstum zunächst kaum zu schaffen war – eher der Dokumentation der neuen Unabhängigkeit, die ihren sichtbarsten Ausdruck in der Planung und Realisierung neuer Hauptstädte, wie z. B. Islamabad, Chandigarh oder Brasília, fand. Die Planung und Realisierung derartiger Großprojekte war auf Grund der besonderen politischen Situation möglich. Planungskonzepte schlossen an europäische Leitbilder an, denn die Planer stammten aus Europa bzw. waren hier ausgebildet.

Das Beispiel Brasília.

Brasília ist wohl das bekannteste Beispiel jener nach festem Plan gegründeten Hauptstädte, die aus nationalen politisch-geographischen Gründen angelegt worden sind. Brasília liegt als ultramoderne Regierungs- und Verwaltungsmetropole im brasilianischen Hochland der Savanne, 1000 km von den anderen Zentren des Landes.

Die Planer wollten sie freihalten von den Überbevölkerungs- und Wirtschaftsproblemen der Küste. In den Jahren des Auf- und Ausbaus (1957–60) war zwar der Zustrom von Menschen eine entscheidende Voraussetzung für den Erfolg, doch hatten die Planer zu wenig bedacht, welche Attraktivität die neue Hauptstadt auf die große und ständig wachsende Zahl der mittellosen Brasilianer ausüben würde.

Der „Plan Piloto" war für maximal 500 000 Einwohner ausgelegt – 1978 überschritt die Einwohnerzahl jedoch bereits die Millionengrenze. Sollte die jährliche Wachstumsrate von fast 15 % (Bevölkerungszunahme Brasiliens: 2,9 %) weiter andauern, dann werden im Jahre 2000 im Großraum Brasília rund 5 Mio Menschen leben.

Der Wohnungsbau hielt zu keiner Zeit mit der Zuwanderung Schritt. Spontane, wilde Ansiedlungen (Favelas) waren die Folge. Ein großer Teil der Zuwanderer –

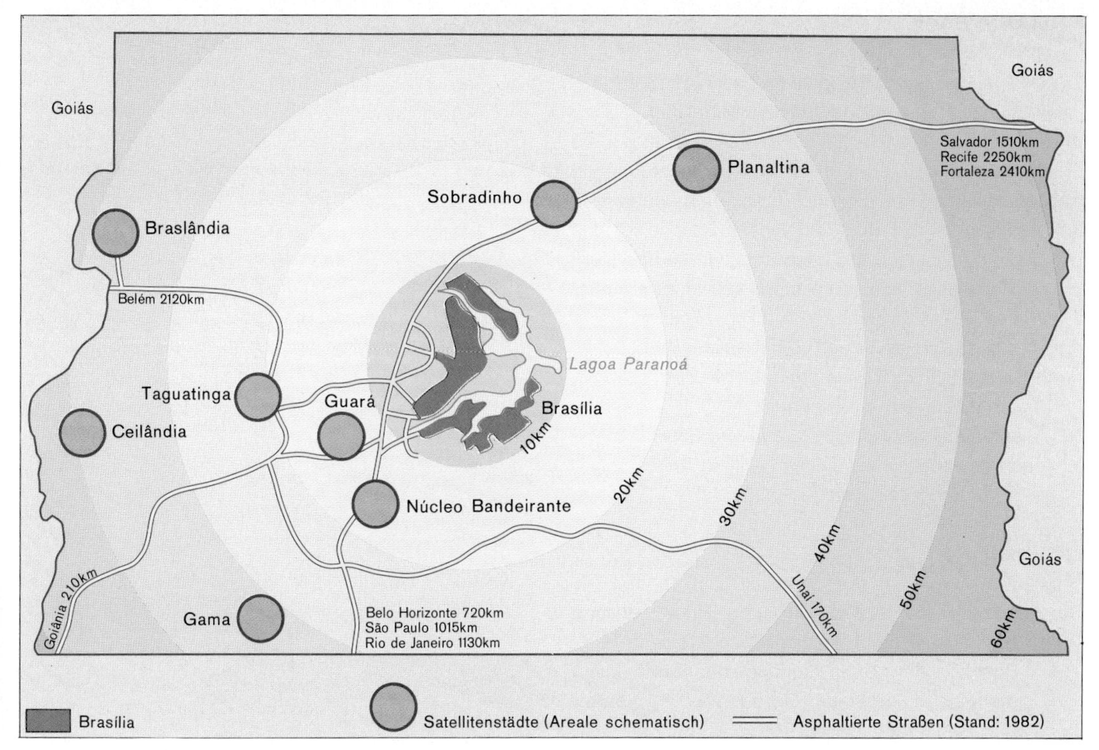

293.1 Bundesdistrikt Brasília mit Satellitenstädten

über 50 000 jährlich – konnte wirtschaftlich nicht integriert werden. In der Aufbauphase lockte die Aussicht auf eine Beschäftigung im Baugewerbe vor allem arbeitslose Analphabeten aus dem von Dürre geplagten Nordosten und dem ländlichen Raum von Goiás an.

Hatten noch 1972 16,5% aller Erwerbspersonen in der Bauwirtschaft Beschäftigung, so waren es 1983 nur noch knapp 5% – bei sinkender Tendenz. Der tertiäre Sektor aber bietet nur in Ausnahmefällen Arbeitsplätze mit Qualifikationsanforderungen, die dem niedrigen Bildungsniveau der Zuwanderer entsprechen. Dabei ist der traditionelle tertiäre Sektor – vor allem der Einzelhandel mit rund 14 000 Betrieben – wie in allen Städten der Dritten Welt überbesetzt. Der informelle Sektor ist durch versteckte Arbeitslosigkeit gekennzeichnet. Das von Anfang an mitgeplante Industriegebiet beschränkt sich im wesentlichen auf Kleinbetriebe, die für den lokalen Markt arbeiten (Lebensmittel, Baumaterial, Druckereien). Es liegt weitab der geplanten Wohnzonen im Westen der Stadt mit direktem Anschluß an Fernstraßen und Eisenbahn.

„Schutzgürtel" für Brasília

1975 legten Planer ein Raumordnungskonzept vor, das die drohende Hyperurbanisierung verhindern soll. Die lokale Ebene, d. h. Brasílias Umgebung, der Bundesdistrikt, ist in diesem „Programa Especial da Região Geoeconomica de Brasília" als Entlastungs- und agrarwirtschaftliches Versorgungsgebiet vorgesehen. Die hier bereits existierenden Satellitenstädte sollen eine eigene wirtschaftliche Basis erhalten. Hier sollen Arbeitsplätze entstehen. Der ländliche Raum soll gezielt gefördert werden, um mit Obst, Gemüse, Milch und Fleisch mehr als bisher zur Nahrungsmittelversorgung Brasílias beizutragen. Die bisherige Mißachtung der Marktdistanz – Lebensmittel wurden aus 800 km Entfernung herangeschafft – soll im Sinne eines Intensitätssystems nach dem Vorbild der „Thünenschen Ringe" aufhören.

Auf regionaler Ebene sollen als äußerer Gürtel ausgewählte Klein- und Mittelzentren in einer Entfernung von 200 bis 300 km gefördert werden. Nach den Vorstellungen der Planer soll hier der auf Brasília gerichtete Zuwandererstrom durch die Schaffung von Arbeitsplätzen aufgefangen werden.

1. Brasília entstand nach dem städtebaulichen Prinzip der räumlichen Funktionstrennung. Erläutern Sie.
2. Diskutieren Sie Pro und Contra der Funktionstrennung am Beispiel Brasília.
3. „Viele Stadtentwicklungskonzepte in den Entwicklungsländern orientieren sich an europäischen und nordamerikanischen Vorbildern. Es ist eine dringliche Aufgabe, hier eigenständige, ökologisch verträgliche neue Ideen und Konzepte zu entwickeln." Skizzieren Sie Möglichkeiten.

Arbeitsthemen

1. Beschreiben Sie an Beispielen Phasen der Stadtentwicklung in Deutschland seit dem Mittelalter.
2. Erklären Sie räumlich-funktionale Veränderungen, die die Städte und die Stadt-Umland-Verflechtungen in Deutschland durch die Industrialisierung erfahren.
3. Untersuchen Sie die Siedlungsstruktur in beiden Staaten in Deutschland nach Zahl, Größe und Lage der Ballungsgebiete, räumlicher Verteilung, zentraler Orte sowie Größe und Lage ländlicher Räume.
4. Informieren Sie sich über Vorhaben der Stadt- bzw. Ortsplanung in Ihrer Heimatgemeinde. Beurteilen Sie Planungsziele und -maßnahmen.
5. Zeigen Sie Gegenwartsprobleme und Entwicklungstendenzen ausgewählter Großstädte in den verschiedenen Kulturerdteilen auf.

Literatur

Der Bundesminister für Raumordnung, Bauwesen und Städtebau (Hrsg.): Raumordnungsbericht 1986. Schriftenreihe „Raumordnung“ des Bundesministers für Raumordnung, Bauwesen und Städtebau. Sonderheft. Bonn 1986.

Der Bundesminister für Raumordnung, Bauwesen und Städtebau (Hrsg.): Programmatische Schwerpunkte der Raumordnung. Heft 06.057. Bonn 1985

Heineberg, H.: West-Ost-Vergleich städtischer Zentren: Berlin. In: Geographische Rundschau 31 (1979), Heft 11, S. 435 – 442

Nedden, F. zur: Hannover. Ehemals, gestern und heute. Stadt im Wandel zwischen Bewahren und Erneuern Stuttgart 1984 (Steinkopf)

Richter, D.: Die sozialistische Großstadt – 25 Jahre Städtebau in der DDR. In: Geographische Rundschau 26 (1974). Heft 5, S. 183 – 191

Sander, H.-J.: Mexiko – Stadt. Problemräume der Welt, Heft 3. Köln 1983 (Aulis)

Stewig, R.: Die Stadt in Industrie- und Entwicklungsländern. UTB 1247. Paderborn 1983 (Schöningh)

Wuthe, K.: Berlin. Von der Doppelstadt zur geteilten Stadt, eine historisch-geographische Betrachtung. In: Geographische Rundschau 37 (1985). Heft 9, S. 428 – 436.

Register

Weltwirtschaft und Welthandel

Handelsmächte

Vor 150 Jahren umfaßte die Tonnage aller Handelsflotten kaum mehr als 5 Mio t; heute beträgt sie knapp 400 Mio Bruttoregistertonnen. Etwa 80 000 Handelsschiffe befahren die Weltmeere.

1830 wurde die erste Eisenbahnlinie von Manchester nach Liverpool gebaut, 1835 die erste Strecke in Deutschland von Nürnberg nach Fürth eröffnet. Heute ist das Eisenbahnnetz der Erde über 1,3 Mio km lang.

Südfrüchte waren früher in Deutschland ein Luxusgut, das sich nur wenige Reiche leisten konnten. Im statistischen Durchschnitt betrug der Verbrauch um 1800 pro Kopf 70 Gramm. Heute verzehrt jeder bundesdeutsche Bürger jährlich über 25 kg Südfrüchte.

Internationaler Handel ist wegen der Nutzung von Kostenvorteilen und größerer Märkte für alle von Vorteil. Nachteilig ist jedoch die daraus entstehende Abhängigkeit von anderen Ländern in Krisenzeiten. Ein großer Binnenmarkt, über den z. B. die USA verfügen, vereinigt die Vorteile überregionaler Arbeitsteilung und großer wirtschaftlicher Unabhängigkeit. Beides kann als Zielsetzung der EG angesehen werden.

T 296.1: Welthandel nach Ländergruppen und Ländern (1980)

Ländergruppen Länder	Import Mrd US-$	 %	Export Mrd US-$	 %
Industrieländer	1 435,6	70,8	1 270,3	63,9
EG	731,6	36,1	665,2	33,6
davon BR Deutschland	188,0	9,3	192,9	9,7
EFTA	137,5	6,8	116,4	5,9
USA	255,7	12,6	216,7	10,9
Japan	140,5	6,9	129,2	6,6
übrige Industrieländer	170,3	8,4	142,8	7,2
Entwicklungsländer	430,4	21,2	559,7	28,2
OPEC-Länder			296,4	14,9
Ostblock	161,4	8,0	157,4	7,9
davon Sowjetunion	68,5	3,4	76,4	3,8
Welt insgesamt	2 027,4	100	1 987,4	100

1. Erläutern Sie die Art der Darstellung des Kartogramms Handelsmächte (Abb. 296.1). Vergleichen Sie es mit thematischen Weltkarten im Atlas.

2. Ordnen Sie Ihnen bekannte Welthandelsgüter nach selbstgewählten Gruppen.

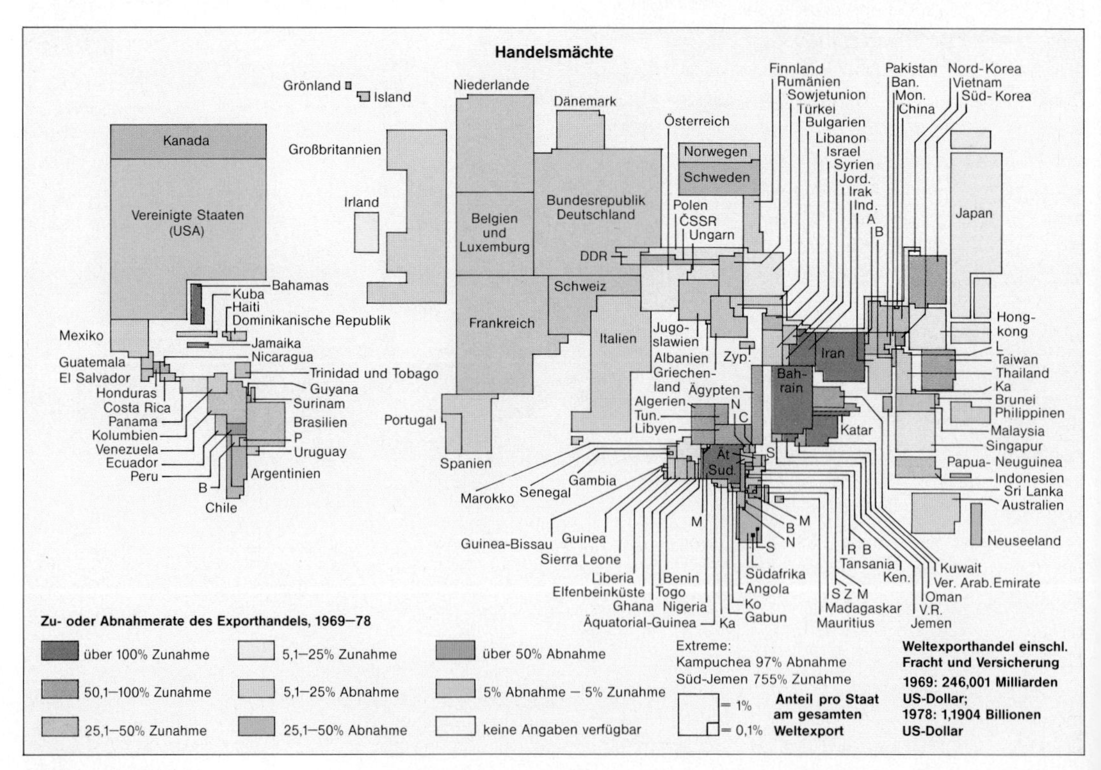

296.1 Handelsmächte

Entwicklung des Welthandels

Fernhandelsbeziehungen sind schon für die Steinzeit und die Bronzezeit nachgewiesen. In Gräbern auf Kreta aus der Mitte des 3. vorchristlichen Jahrtausends fand man Bernsteinschmuck. Das eine wirtschaftliche Ergänzungsgebiet des mediterranen Raumes lag im Norden und reichte bis zur Ostseeküste. Von hier stammte der Bernstein, aber auch Gold, Kupfer und Zinn sind frühe Handelsgüter des Nordens. Der andere Ergänzungsraum lag mit Kleinasien im Osten. Er wurde durch ägyptische Seefahrer bis Ostafrika ausgedehnt. Edelhölzer, Weihrauch, Gold, Edelsteine und Farbstoffe waren die begehrtesten Handelsgüter.

Zur Zeit der Völkerwanderung im 4. Jh. n.Chr. verfügt China über eine Monopolstellung im Seidenhandel. Die „Seidenstraße" war ein Land-See-Weg, der über Indien und Persien nach Europa führte. Im Spätmittelalter (15. Jh.) handelt die Hanse im nördlichen Europa vor allem mit Getreide, Fellen, Salz, Wein, Tuchen und Waffen. Zur gleichen Zeit sind im Mittelmeerraum Genua und Venedig die führenden Handelsmächte. Als im 15. Jh. den abendländischen Kaufleuten der kontinentale Weg nach Ostasien von den Türken verschlossen wird, beginnt die Zeit der Entdeckungsfahrten.

Der Periode des Handelsaustausches schließt sich bald die der Kolonisierung an. Mit dem Aufbau der Plantagen beginnt der berüchtigte Dreieckshandel.

Am Ende des 18. Jh. sind Edelmetalle, Diamanten, Rohrzucker, Gewürze, Kaffee und Tee die wichtigsten Welthandelsgüter. Der Austausch von Massengütern ist durch ungelöste Transportprobleme begrenzt. Im 19. Jh. ändert sich das Gefüge der Weltwirtschaft: Entkolonialisierung Amerikas, Aufhebung der Sklaverei, aber auch die Züchtung der Zuckerrübe und der Bau von leistungsfähigen (Dampf-)Schiffen sind wichtige Ursachen.

Die Baumwolle erlangt als erstes Massengut weltwirtschaftliche Bedeutung. Um die Mitte des 19. Jh. wird der Weizen zum bedeutendsten Welthandelsgut.

Die beiden Weltkriege und die Weltwirtschaftskrise der 30er Jahre trafen die bis dahin stürmisch gewachsenen Welthandel empfindlich. Nach dem Zweiten Weltkrieg nahm er – auch dank der Fortschritte in der Verkehrs- und Kommunikationstechnik – rasch zu.

Am stärksten weitete sich der Außenhandel zwischen den westlichen Industrieländern aus. Der allgemeine Wohlstand nahm in diesen Ländern sehr schnell zu; die starke Erhöhung der Kaufkraft führte zu verstärkter Nachfrage.

Die Ostblockstaaten verfolgen das Konzept einer möglichst weitreichenden Selbstversorgung. Heute geschieht dies im Rahmen des RGW und bedingt damit den bescheidenen Anteil am Welthandel.

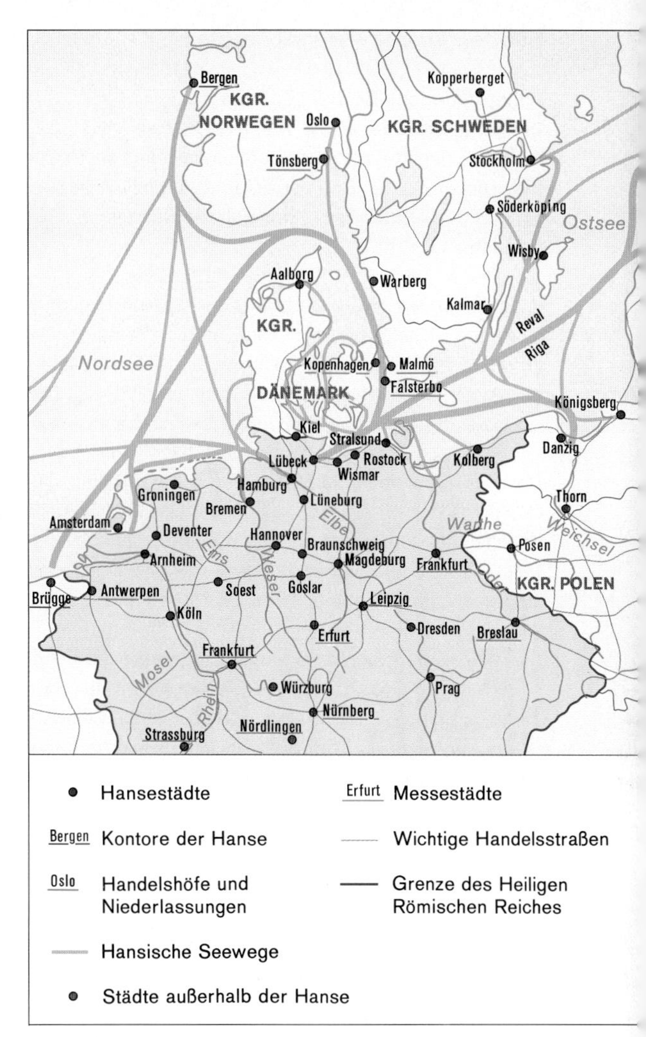

297.1 Die Hanse

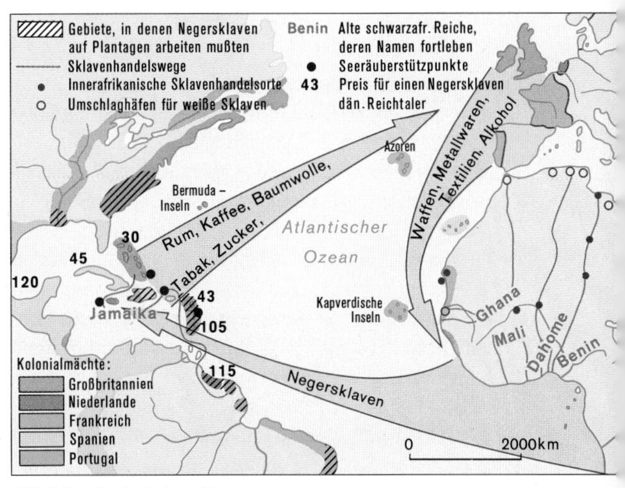

297.2 Der Dreieckshandel

Handelsländer – Handelsgüter

Rohstoffländer – Beispiel Sambia

Die Wirtschaft Sambias. Nach der Klassifikation der Weltbank gehört Sambia zu den Ländern mit „mittleren Einkommen“. Das Bruttosozialprodukt (BSP) betrug 1981 600 Dollar pro Einwohner (Bundesrepublik Deutschland: 13450).

Dieser statistische Durchschnittswert verdeckt jedoch die großen gesellschaftlichen, wirtschaftlichen und räumlichen Ungleichgewichte in Sambia. So trägt der moderne Sektor, in dem nur etwa 25% der Erwerbstätigen beschäftigt sind, mit mehr als 90% zum BSP bei. Die Subsistenzwirtschaft ist statistisch nicht erfaßbar.

Der Kupferbergbau Sambias. Der Bergbau bildet die Grundlage der sambischen Wirtschaft. Das Kupfer- und Kobalt-Bergbaugebiet des Copper Belt ist das südliche Teilstück eines Kupfererzgebietes, das als eines der größten der Erde betrachtet wird. Hier liegt ein Viertel der Weltvorräte.

Während die nordamerikanischen und chilenischen Erze einen Cu-Gehalt von nur 2% aufweisen, liegen die Werte für den sambischen Copper Belt und das zairische Shaba bei 4% bzw. 6%. Der sambische Kupferbergbau wurde 1970 durch Übernahme der Kapitalmehrheit unter die Kontrolle des Staates gestellt.

Heute gehören die Produktionskosten der sambischen Minen zu den höchsten der Welt. Sie lagen zeitweise sogar über dem Weltmarktpreis (T 299.1). Ursachen hierfür sind nicht nur die Abhängigkeit von Importen und Fachkräften, sondern auch zunehmender Untertagebau, steigende Kosten für Förderung und Aufbereitung sowie hohe Verwaltungskosten. Gestiegene Transportkosten auf langen Eisenbahnstrecken und Preisdruck durch weltweiten Nachfragerückgang verschärfen die Situation für den Binnenstaat Sambia zusätzlich.

Das Kupferrohstoffkartell CIPEC. 1968 gründeten die Kupferexportländer Chile, Peru, Zaire und Sambia eine der OPEC ähnliche Organisation, die CIPEC (Consejo Indergobernamental de Paises Exportadores del Cobre). Damit wollten sie ihre Abhängigkeit von Preisschwankungen auf dem Weltmarkt mindern und langfristig höhere Exporterlöse erzielen. Kupferrecycling und -substitution (z. B. Glasfaser) und damit Nachfragerückgang und Überproduktion ließen diesen Versuch jedoch scheitern. Zudem traten die beiden größten Kupferproduzenten, USA und UdSSR, der CIPEC nicht bei.

Von 1970 bis 1978 sanken die Terms of Trade auf 44% (1970 = 100%), d. h. Sambia konnte 1978 vom Erlös einer Tonne Kupfer nur 44% der Waren einführen, die es 1979 dafür erhielt.

Der Sambia-Experte W. Gaebe urteilte 1982 (Afrika-Informationen, Heft 4)

- „Solche verkrüppelten Volkswirtschaften sind Ausdruck der ungleichen Arbeitsteilung zwischen Entwicklungs- und Industrieländern. Die Produktionsstruktur zeigt noch 18 Jahre nach der Unabhängigkeit das koloniale Produktionsmuster (1889–1964): Produktion von Rohstoffen für den Export in Industrieländer ... und Import von Produktionsanlagen, Ersatzteilen, Luxuskonsumgütern und Nahrungsmitteln“. Er führt hierzu Beispiele an; u. a. werden für die Herstellung von Bier Hopfen und Malz eingeführt; für die Bauindustrie werden u. a. Fliesen, Glas und Bodenbeläge importiert.
- „Die binnenwirtschaftliche Entwicklung wird weiterhin vom Förder-, Produktions- und Absatzinteresse der Industrieländer bestimmt, von ausländischem Kapital, know how und ausländischen Investitionsentscheidungen“.
- „Sehr stark sind noch immer die kulturelle Abhängigkeit und die Abhängigkeit von ausländischen Experten. ... Eine Sambianisierung, d. h. Übernahme aller Führungspositionen durch Sambier und Verringerung der personellen Abhängigkeit, ist bisher nicht erreicht“. Nach einer Untersuchung von 1977 waren zu diesem Zeitpunkt 81% der Manager im Finanzbereich und Rechnungswesen Ausländer, 77% der Produktmanager. Dagegen waren über 90% der Personaldirektoren Sambier.

Die Bundesstelle für Außenhandelsinformation urteilte 1984 über die wirtschaftliche Entwicklung Sambias so: „Sambia, dreimal so groß wie die Bundesrepublik Deutschland, mit einer Bevölkerung von mittlerweile offiziell ca. 6,2 Mio Einwohnern, besitzt durch seine Kupfervorkommen, fruchtbaren Böden und günstigen klimatischen Bedingungen trotz seiner Binnenlage und Weltmarktferne bessere Entwicklungschancen als die Mehrzahl der schwarz-afrikanischen Länder. Leider hat Sambia in den ersten neunzehn Jahren nach der Unabhängigkeit (1964) seine wirtschaftlichen Möglichkeiten nicht voll genutzt. Zu Zeiten hoher Kupferpreise in den 60er und frühen 70er Jahren hat Sambia seine Devisen nicht, wie alle rückschauend bedauernd feststellen müssen, zur Entwicklung seiner Landwirtschaft, sondern überwiegend dazu benutzt, ausländische Industrieunternehmen in Sambia aufzukaufen und neue rohstoffimportabhängige staatliche Industrien zu errichten. Dies entsprach zwar dem politischen Programm des Unabhängigkeitskampfes (Aufbau einer sozialistischen Staatswirtschaft, industrielle Unabhängigkeit von Südrhodesien), aber nicht unbedingt den wirtschaftlichen Rahmenbedingungen.

In der Wirtschaftspolitik bleibt die Diversifizierung der Wirtschaft und insbesondere der Exporte bei gleichzeitiger Importsubstitution das dringende Gebot der Stunde. Importsubstitution erscheint dabei leichter als Exportdiversifizierung. Letztere ist vor allem wichtig und unabweislich für ein wirtschaftliches Überleben Sambias in der Nachkupferzeit im nächsten Jahrhundert, die nicht mehr so fern ist. Die sambische Führung strebt an, Sambia auf längere Sicht zum Agrarexportland zu machen und hofft auf weitere Mineralienvorkommen, die im nächsten Jahrhundert Sambia Devisen bringen sollen. Sambia hat jedoch kaum Voraussetzungen, ein Agrar-Nettoexportland zu werden. Dafür ist es geographisch zu weit von den Weltmärkten entfernt, und die Nachbarstaaten haben weder Bedarf für sambische Produkte noch Devisen. Sambia muß also weitere Bodenschätze zu erschließen versuchen. Hinsichtlich Uran kann es sich bereits Hoffnungen machen".

Rohstoffländer – Entwicklungsländer

Die Hauptausfuhrgüter der meisten Entwicklungsländer sind nach wie vor Rohstoffe. Dabei sind noch immer einige Länder hochgradig von einem einzigen Exportprodukt abhängig. 1982 sanken die Rohstoffpreise – mit Ausnahme der Brennstoffe – auf den niedrigsten Stand der Nachkriegszeit.

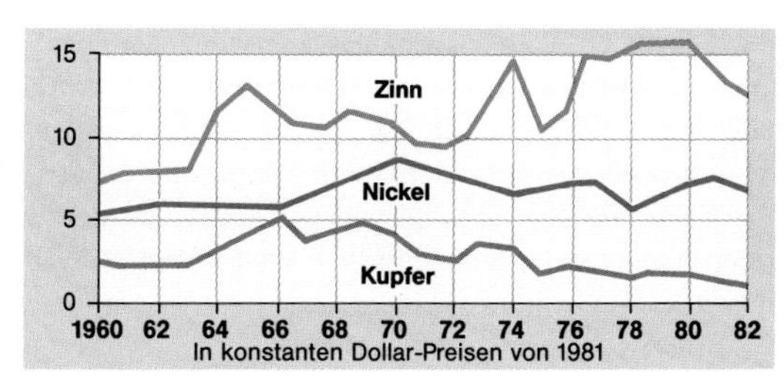

299.1 Weltmarktpreise von Buntmetallen

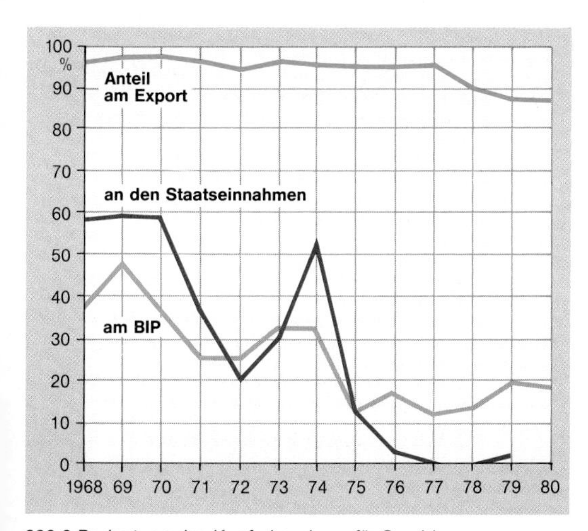

299.2 Bedeutung des Kupferbergbaus für Sambia

T 299.1: Verhältnis Kupferweltmarktpreis zu den Produktionskosten in Sambia (pro Tonne)

Jahr	Preis	Kosten
1973	1 042	450
1975	736	900
1977	969	960
1979	1 500	1 100

T 299.2: Sambias Staatshaushalt 1970-1980 (in Mio Kwacha)*

	Einnahmen insg.	Einnahmen aus dem Bergbau	Einnahmen Kredite, Sonstige	Ausgaben	Einnahmeüberschuß/ -defizit
1970	432	171	42	275	+157
1972	315	28	168	363	– 48
1974	648	252	48	441	+207
1976	443	12	60	609	–166
1978	547	0	68	643	– 96
1980	758	–	–	838	– 80

*1,00 DM entspricht etwa 0,4 Kwacha

T 299.3: Monostrukturierte Rohstoffländer (Auswahl)

Land	Exportprodukt	Anteil am Gesamtexport	Land	Exportprodukt	Anteil am Gesamtexport
Äthiopien	Kaffee	75%	Gambia	Erdnüsse/ Erdnußöl	76%
Bangla Desh	Rohjute/ Jutewaren	72%	Ghana	Kakao	76%
Burundi	Kaffee	90%	Sambia	Kupfer	90%

T 299.4: Terms of Trade (1975 = 100)

	1978	1981
Sambia	89	67
Indien	108	66
Ghana	193	75
Türkei	95	67
Brasilien	108	56
Venezuela	92	212
Saudi-Arabien	94	205
Vereinigte Staaten (USA)	95	86
Bundesrepublik Deutschland	101	86

1. Notieren Sie typische Probleme von Rohstoffländern.

2. Die staatliche Entwicklungsplanung Sambias ging von hohen Staatseinnahmen aus dem Kupferexport aus. Werten Sie vor diesem Hintergrund Abb. 299.1 und 2 sowie T 299.2 aus.

3. Warum ist der sambische Kupferexport mit sehr hohen Transportkosten und -risiken belastet (Atlas)?

Industrieländer – Beispiel Frankreich

Der Franzose – statistisch gesehen. Jeder Franzose verfügte 1983 über ein Pro-Kopf-Einkommen von 10 390 US-Dollar (nachfolgend in Klammern die Werte für die Bundesrepublik Deutschland: 11 430), seine durchschnittliche Lebenserwartung hatte sich gegenüber 1960 von 70 auf 76 Jahre erhöht (70/73).

1981 lebten bereits 78% (85%) der Franzosen in Städten, 1960 waren es erst 62% (77%) gewesen. 1960 gingen 10% der 20-24jährigen zu einer höheren Schule oder Universität, 1979 waren es 25% (6%/26%).

In der französischen Wirtschaft sind viele Ausländer beschäftigt: 1,6 Mio (1,8) der 23 Mio (25,5) Erwerbstätigen stammen aus dem Ausland, sie haben unter der steigenden Arbeitslosigkeit besonders zu leiden. Nach der Statistik kann sich jeder Franzose mehr als satt essen: Pro Tag stehen ihm 3391 Kalorien, d. h. 134% des Bedarfs, zur Verfügung (3561 kcal entsprechen in der Bundesrepublik 133% des Bedarfs, da in diese Bedarfsberechnung neben Alter und Geschlecht auch die Klimabedingungen des Landes eingehen).

Vom Agrarstaat zum Industriestaat. Frankreich war bis nach dem Zweiten Weltkrieg – trotz punktueller Industrialisierung – stark von der Landwirtschaft geprägt. In der Folge führte der zunehmende Wandel der Beschäftigungsstruktur zu einer starken Abwanderung aus den landwirtschaftlichen Ungunsträumen in die Ballungsräume, vorwiegend in die Region Paris.

Hauptkennzeichen, aber auch Hauptproblem in Frankreich ist die noch immer ungleiche regionale Verteilung der Industrie. 1975 waren 42% aller Industriebeschäftigten Frankreichs im Großraum Paris beschäftigt. Hier hat sich die verarbeitende Industrie in hohem Maße konzentriert. Mit staatlichen Programmen, z. B. Regionalbeihilfen, wurde versucht, dieses historisch bedingte Ungleichgewicht abzubauen. So hat man z. B. die Industrieansiedlung in Ausgleichszentren gefördert.

Kennzeichnend ist ferner die geringe Zahl von Großbetrieben. 1973 gab es – bei insgesamt 41 025 Industriebetrieben – nur 201 mit mehr als 2000 Beschäftigten (0,5%). Ihr Umsatz lag dagegen bei 45,7% des Gesamtumsatzes der Industrie. 38,8% aller Industriebeschäftigten arbeiten in diesen Betrieben.

In den Großbetrieben spielt der Staat eine bedeutende Rolle. Besonders nach dem Zweiten Weltkrieg wurde ein großer Teil der Grundstoffindustrie (Kohle, Kali, Stahl, Gas, Strom), aber auch der Großbanken und Versicherungen verstaatlicht. Auch der Automobilkonzern Renault ist ein Staatsbetrieb.

Heute sind Strukturwandel und Modernisierung der französischen Industrie die Hauptprobleme der Wirtschafts- und Sozialpolitik.

Frankreich – ein rohstoffarmer Industriestaat. Außer Eisenerz, Bauxit und einigen weiteren Erzen verfügt das Land nur über wenig Rohstoffe. Selbst während der Kolonialzeit war Frankreich bei der Rohstoffversorgung nicht autark. Noch ungünstiger ist seine Energiesituation. Die wichtigsten europäischen Kohlevorkommen erreichen das Land nur mit ihren Ausläufern. Nur 1% des benötigten Erdöls wird in Frankreich gefördert. Erdgas wird dagegen in nennenswertem Umfang am Fuß der Pyrenäen gewonnen. Bedeutend ist die Ausnutzung der Wasserkraft im Zentralmassiv, in den Alpen und den Pyrenäen. Daneben verfügt Frankreich bei St. Malo über das einzige Gezeitenkraftwerk Europas.

Frankreich war 1983 mit 26,3 Gigawatt Leistung der zweitgrößte Kernenergieproduzent der Welt (USA: 64,9; UdSSR: 19,1; Japan: 17,7; BR Deutschland: 11,1; Großbritannien: 10,8). 1982 deckten 20 Kernkraftwerke 37,7% des Strombedarfs. 1990 sollen es bereits 50% sein. Zur Wiederaufbereitung der abgebrannten Uranbrennelemente dient die umstrittene Anlage bei La Hague.

Frankreich – der fünftgrößte Industriestaat der Erde. Nach den USA, den UdSSR, Japan und der Bundesrepublik Deutschland ist Frankreich der fünftgrößte Industriestaat der Erde. Diese Stellung wird aus der Gewichtung verschiedener Indikatoren gewonnen: Frankreich nimmt den 5. Rang im Maschinenbau, in der Elektro-, Elektronik- und Automobilproduktion ein. Den 6. Rang belegt es beim Weltenergieverbrauch, in der Stahlerzeugung und bei der Zement-, Textil- und Papierproduktion. Auf dem 3. Rang liegt es im Flugzeugbau, an 4. Stelle beim Weltvergleich des Außenhandelsumfanges.

Industriestaaten sind daran zu erkennen, daß
- der Beschäftigtenanteil im primären Sektor im Verhältnis zum sekundären und tertiären Sektor gering ist,
- ab einem gewissen Entwicklungsstadium der tertiäre Sektor bei Beschäftigung und Anteil am BSP die führende Stellung einnimmt,
- die Bevölkerung eine hohe Lebenserwartung hat,
- der Grad der Verstädterung und Mobilität zunimmt,
- kapitalstarke Großunternehmen schneller als die Gesamtwirtschaft wachsen,
- höhere Berufsqualifikationen bei wechselndem Bedarf und zunehmender Spezialisierung verlangt werden und einen Ausbau des Bildungswesens erfordern,
- die Landwirtschaft einen hohen Mechanisierungsgrad aufweist und viel Energie und Dünger einsetzt,
- ein insgesamt hoher Energie-/Stromverbrauch zu verzeichnen ist und
- die Menge und Vielfalt der produzierten Güter und Dienstleistungen wächst.

Bedeutungswandel der „Schlüsselindustrien"
In der frühen Phase der Industrialisierung galt die wenig kapital-, aber sehr arbeitsintensive Textilindustrie als Schlüsselindustrie. Heute zählt sie in den „alten" Industrieländern mit hohem Lohnniveau oftmals zu den notleidenden Wirtschaftszweigen.

Kohle- und Stahlindustrie hielt man lange Zeit für den Gradmesser der wirtschaftlichen Stärke eines Landes. Heute gilt häufig die Automobilindustrie auf Grund ihres Gesamtumsatzes, aber auch auf Grund ihrer weitreichenden gesamtwirtschaftlichen Verflechtung als kennzeichnende Schlüsselindustrie marktorientierter Industriestaaten.

Für alle „modernen" Industriezweige ist ein hoher Automatisierungsgrad charakteristisch.

1. Charakterisieren Sie die Probleme der französischen Energieversorgung.
2. Vergleichen Sie den Strukturwandel Frankreichs mit dem anderer marktwirtschaftlich orientierter Industriestaaten (T 301.2).

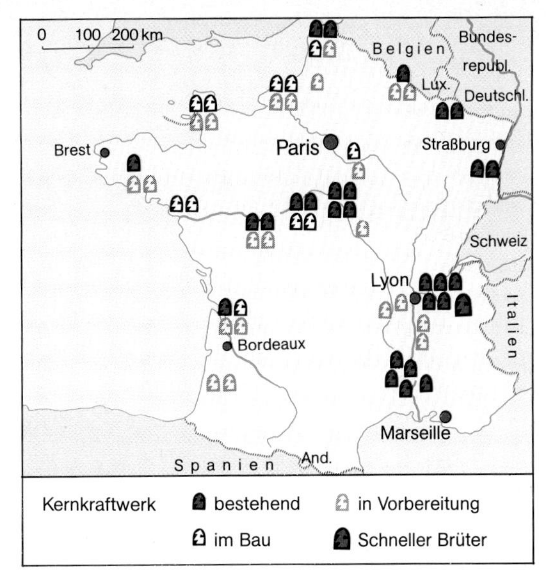

301.1 Kernkraftwerke

T 301.1: Die Entwicklung der aktiven Erwerbsbevölkerung Frankreichs nach Branchen (in %)

	1896	1913	1929	1938	1949	1954	1963	1968	1974	1980
1. Landwirtschaft und Forsten	43,4	37,4	32,5	31,4	29,0	26,1	18,5	14,6	10,7	8,8
2. Ausgewählte Industriebranchen										
– Maschinenbau/Elektrotechnik	3,4	4,4	6,9	6,2	7,5	8,1	10,2	10,2	11,8	
– Chemie	0,6	0,6	1,0	1,1	1,5	1,6	1,9	2,1	2,1	
– Textil/Bekleidung	14,5	14,3	11,3	9,6	8,3	7,4	6,1	5,1	4,2	
– Bauindustrie	4,3	4,8	5,5	4,2	5,3	6,9	8,5	9,9	9,6	
Gesamte Industrie	31,2	33,9	36,6	32,3	34,4	35,9	38,6	38,9	39,4	35,9
3. Ausgewählte Dienstleistungsbereiche										
– Handel	5,2	6,3	7,4	8,8	8,2	8,6	9,9	11,0	11,8	
– Verwaltung	5,8	6,5	5,4	7,7	9,8	11,1	13,3	13,5	13,7	
Gesamte Dienstleistungsbereiche	25,4	28,7	30,9	36,3	36,7	38,0	42,9	46,5	49,9	55,3

T 301.2: Ausgewählte Strukturdaten zu marktwirtschaftlich orientierten Industriestaaten

	%-Anteil der Erwerbspersonen in						Durchschnittliche jährliche Wachstumsraten							
	Landwirtschaft		Industrie		Dienstleistungen		Landwirtschaft		Industrie		Verarbeitendes Gewerbe*		Dienstleistungen	
Land	1965	1981	1965	1981	1965	1981	1965	1983	1965	1983	1965	1983	1965	1983
Frankreich	18	8	40	39	42	53	1,7	–	6,7	–	–	–	5,2	–
Großbritannien	3	2	46	42	51	56	2,6	2,4	2,1	−0,3	2,6	−1,9	3,3	1,9
Belgien	6	3	46	41	48	56	2,2	1,9	6,4	0,7	7,4	1,0	4,4	2,6
Niederlande	9	6	43	45	48	49	5,0	–	6,5	–	–	–	5,0	–
Bundesrepublik Deutschland	10	4	48	46	42	50	2,5	2,1	4,9	1,6	5,3	1,8	4,4	2,6
USA	5	2	36	32	59	66	1,8	1,4	2,8	1,2	2,9	1,4	3,5	3,0
Japan	26	12	32	39	42	49	2,1	−1,6	13,5	5,5	–	–	8,3	3,8

*Das Verarbeitende Gewerbe ist Teil des industriellen Sektors; sein Anteil am BIP wird jedoch gesondert ausgewiesen, da es typischerweise der dynamischste Bereich des industriellen Sektors ist. (Aus: Weltentwicklungsbericht 1985)

T 302.1: Die wichtigsten Einfuhrwaren (in Mio Dollar)

	1975	1980
Benzin und Gasöle	20,9	52,8
Straßenfahrzeuge	23,3	44,1
Maschinen	20,9	36,1
Elektrische Maschinen	9,4	26,8
Eisen und Stahl	19,2	25,6
Metallwaren	9,0	19,7
Düngemittel	11,0	17,8
Garne, Gewebe, Stoffe	10,7	17,3
Papier, Pappe und ähnliches	6,0	15,8
Luftfahrzeuge	0,5	12,2
Fernseh- und Rundfunkgeräte	4,5	11,2

T 302.2: Außenhandelsindizes und Terms of Trade (1975 = 100)

Jahr	Einfuhr Volumen-Preis-[1] Index[2]		Ausfuhr Volumen-Preis-[1] Index[2]		Terms of Trade
1976	73	114	106	112	98
1977	85	127	119	147	116
1978	112	128	114	133	104
1979	113	146	151	119	82
1980	103	177	168	124	70
1981	81	207	125	161	78

[1] Durchschnittswerte.

[2] Berechnet auf nationaler Währungsbasis.

Steigende Terms of Trade bedeuten, daß für den Erlös mengenmäßig konstanter Exporte mehr Waren importiert und bezahlt werden können. Terms of Trade über 100 werden daher als günstig bezeichnet, da sie anzeigen, daß sich das Austauschverhältnis im Außenhandel gegenüber dem Basisjahr verbessert hat. Terms of Trade unter 100 besagen das Gegenteil.

T 302.3: Die wichtigsten Lieferanten und Kunden Malawis 1982

Lieferanten		Kunden	
Südafrika	32,8%	GB und Nordirland	28,0%
Großbritannien u. Nordirland	12,7%	Vereinigte Staaten	7,5%
Simbabwe	5,5%	Simbabwe	6,8%
Japan	5,3%	Bundesrepublik Deutschland	5,9%
Bundesrep. Deutschland	4,9%	Südafrika	5,2%
Frankreich	3,0%	Japan	4,9%
Singapur	2,5%	Niederlande	3,3%

Agrarländer – Beispiel Malawi

Das Agrarland Malawi in der Statistik. In den wenigen Städten des Landes lebten 1983 10% der Bevölkerung. Etwa 90% der Erwerbstätigen waren in der Landwirtschaft tätig. Subsistenzwirtschaft war weit verbreitet, wurde aber statistisch nicht erfaßt. Das BSP pro Kopf lag bei 220 US-Dollar; 41% des BIP wurden in der Landwirtschaft erwirtschaftet. Hier wurden auch die wichtigsten Exportprodukte Malawis erzeugt: Auf Tabak entfielen 59%, auf Tee 19% und auf Zuckerrohr 14% der Exporteinnahmen. Die Zuckerproduktion verzeichnete ab 1982 infolge des gesunkenen Weltmarktpreises sowie des Fortfalls des wichtigsten Abnehmers (USA) wegen der Einführung neuer Zuckereinfuhrquoten große Einbußen im Export.

Die etwa 120 hochproduktiven Großplantagen, die Betriebsflächen von 200 bis 400 ha aufwiesen, erzeugten etwa 70% aller für den Export bestimmten Produkte.

Die Entwicklung des produzierenden Gewerbes (1979: 105 Betriebe) wurde durch die Begrenztheit des Binnenmarktes, die hohen Transportkosten und den Mangel an Fachkräften behindert. Es handelte sich vornehmlich um Betriebe der Nahrungs- und Genußmittelbranche (Tabak- und Teeverarbeitung, Konservenfabriken, Schlacht- und Kühlhäuser).

Kennzeichen von Agrarländern

- Nur etwa 10% der Bevölkerung leben in Städten.
- Das Bruttosozialprodukt pro Einwohner ist niedrig.
- Der überwiegende Teil der Bevölkerung ist in der Landwirtschaft tätig.
- Subsistenzwirtschaft mit traditionellen Anbaumethoden ist verbreitet.
- Kapitalausstattung, Mechanisierungsgrad und Einsatz von Mineraldünger sind gering.
- Der Anteil der Landwirtschaft am Bruttoinlandsprodukt (BIP) ist sehr hoch.
- Kapitalintensive Großbetriebe produzieren für den Export.
- Agrargüter sind die wichtigsten Exportprodukte, Industriegüter und Kraftstoffe die wichtigsten Importprodukte.
- Die Terms of Trade verschlechtern sich, da die Preise für Industriegüter schneller steigen als für Agrargüter.

Manche nennen Malawi ein Musterland, manche kritisieren das politische System scharf. Die einen verweisen dabei auf die seit Jahren beachtlichen Zuwachsraten der Nahrungsmittelproduktion. Keiner der rund sechs Millionen Einwohner muß hungern. Die anderen verweisen dagegen auf den patriarchalisch-autoritären Regierungsstil des Präsidenten auf Lebenszeit, Kamuzu Banda, von dessen Entscheidung alles und jedes abhängt. Statistisch zählt der Binnenstaat Malawi zu den wirtschaftlich am wenigsten entwickelten Ländern der Erde. Es besitzt keine nennenswerten Bodenschätze, Industrie und Handwerk sowie Verkehrs- und Nachrichtensysteme sind kaum entwickelt.

Kennzeichen Malawis. Die Landwirtschaft richtete sich – soweit wir aus Berichten Livingstones (1813–1873) und anderer wissen – vor dem Eindringen der Europäer fast ausschließlich auf **Selbstversorgung.** Wanderfeld- und Hackbau stellten die übliche Form der Bodennutzung dar. Daueranbau fand sich nur in den dichter besiedelten Gebieten wie der Uferzone des Malawisees. Auf Grund der überall gleichen Besitzverhältnisse erfuhr die Landwirtschaft eine räumliche Differenzierung im wesentlichen durch die unterschiedlichen natürlichen Voraussetzungen, Stammesgewohnheiten und -traditionen und die verschiedene Intensität der Nutzung.

Mit der europäischen Kolonialherrschaft erfolgte eine stärkere Differenzierung – einerseits durch die Veränderung der Landbesitzstrukturen, andererseits durch den Zwang zum Bargelderwerb (Kopfsteuer), der den Anbau von Früchten für den ausländischen Markt (cash crops) vorantrieb.

Wenn die afrikanische Landwirtschaft heute trotzdem nur eine geringe Vielfalt der Betriebsstrukturen aufweist, so deshalb, weil der ganz überwiegende Teil des Landes nach wie vor *Stammesland* ist, auf dem nur zeitlich begrenzte Nutzungsrechte vergeben werden.

Der größte Teil der Arbeitslast in der Landwirtschaft ruht auf der Frau. Nachbarschafts- und Verwandtenhilfe spielen eine wesentliche Rolle. Das hat sich noch durch die Wanderarbeit – die Männer arbeiten größtenteils in den Minen Südafrikas – und die Binnenwanderung verstärkt. Die Auswirkungen der temporären Abwesenheit der Männer durch befristete Aus- oder Binnenwanderung auf die Landnutzung können in vielen Punkten mit denen in Abwanderungsgebieten in den europäischen Mittelmeerländern verglichen werden.

Bodennutzungsformen. *Auffälligstes Kennzeichen der malawischen Landwirtschaft ist, wie in vielen tropischen Entwicklungsländern, das Nebeneinander von kommerziellen Großbetrieben und kleinbäuerlichen Betrieben auf nach traditionellem Recht vergebenem Land. Das bedeutet für die Nutzung:*

Traditionelle arbeits*intensive und* ***moderne kapital****intensive Formen bilden die Pole der Bodennutzung. Flächenmäßig dominieren die traditionellen Formen. Aus Amerika oder Asien eingeführte Nutzpflanzen haben eine große Bedeutung: Erdnuß, Baumwolle, Süßkartoffel (Batate), Kartoffel, Tabak, Sisal und Mais aus Süd- und Mittelamerika; Tungnuß, Mangobau, Teestrauch, Reis, Zuckerrohr und Banane aus Südasien. Wichtigste einheimische Pflanzen sind die als Grundnahrungsmittel dienende Hirse sowie einige Hülsenfrüchte. Wichtigste* ***Plantagenpflanzen*** *Malawis sind Tee und vor allem Tabak. Wertvollste Subsistenzfrucht ist heute der Mais, der relativ hohe Erträge bringt und einen hohen Nährwert besitzt. Die einst weit verbreitete shifting cultivation (Wanderfeldbau mit Brandrodung) beschränkt sich heute auf die dünn besiedelten Teile der Nordregion.*

Bäuerliche Forstwirtschaft gibt es nicht. Der Wald ist jedoch wichtig als Brenn- und Bauholzquelle. In dichter besiedelten Gebieten stellt die Abholzung mit den Folgen der Bodenerosion und dem Sinken des Grundwasserspiegels ein immer stärker zunehmendes Problem dar.
(Nach: Lienau, C., Malawi – Geographie eines unterentwickelten Landes. Darmstadt 1981)

Bei den Gesprächen mit Vertretern Malawis klang nicht ohne Stolz immer wieder durch, daß dieses Land seit einiger Zeit bei der Nahrungsversorgung auf Einfuhren nicht mehr angewiesen sei. 90 Prozent der Bevölkerung arbeiten in der Landwirtschaft. Verarbeitende Industrien sind erst in bescheidenen Anfängen vorhanden. Die Regierung bemüht sich um Auslandskapital. Es ist willkommen und keinen Beschränkungen unterworfen. Der Gewinntransfer ist erlaubt. Es wird von Regierungsseite nicht darauf bestanden, daß Afrikaner im Management vertreten sein müssen. Zwar will man die Afrikanisierung, jedoch nicht überhastet.

Der Ausbau der Landwirtschaft hat nach wie vor Priorität. Dabei spielt der Tabakanbau eine große Rolle. Tabak ist inzwischen zum bedeutendsten Exportartikel geworden. Auch ein deutscher Zigarettenkonzern ist ein wichtiger Käufer der dort gezüchteten Spezialtabake, die für „Leicht-Zigaretten" benötigt werden.

Die Regierung will die Industrialisierung des Landes mit Schwerpunkt bei der Verarbeitung und Veredelung landwirtschaftlicher Produkte vorantreiben. Auch soll das starke Nord-Süd-Gefälle verringert werden. Daher wurde u. a. die Hauptstadt des Landes vom Süden in die Mitte des Landes verlegt, von Zomba nach Lilongwe.
(Nach: Cellesche Zeitung vom 6. 10. 1979)

1. Stellen Sie die Fakten zusammen, die Malawi
a) als Agrarland und
b) als Entwicklungsland ausweisen.
Benützen Sie dazu die Tabellen und die Texte dieser Seiten.

2. Kennzeichnen und beurteilen Sie Malawis Entwicklungsstrategie anhand der Materialien und Texte dieser Seiten.

Kennzeichen Weizen

- wichtigste Brotfrucht der Erde;
- eine der ältesten Kulturpflanzen mit Urheimat in den Steppen Persiens und Kleinasiens; in Europa in der jüngeren Zeit, um 2000 v.Chr., bereits weit verbreitet;
- Welternte 1984: mit 521 Mio t ist Weizen – im Gegensatz zum Reis (468 Mio t), der zu 97% in den Ursprungsländern verbraucht wird – ein bedeutendes Welthandelsgut;
- verlangt mehr Wärme, mehr Feuchtigkeit, bessere Böden und eine längere Wachstumszeit als Roggen;
- Winterweizen – mit Aussaat im Herbst in Räumen mit mildem Winter – ist ertragreicher und ertragssicherer als Sommerweizen – mit Aussaat im Frühjahr in winterkalten Räumen. Die Ernteerträge liegen in der EG bei 46 dt/ha, in den USA bei 26, den Ostblockländern bei 22, in den meisten Entwicklungsländern unter 18 dt/ha;
- Weizen hat die beste Backfähigkeit aller Getreidearten. Dies liegt an seinem Klebergehalt. Die Klebergüte hängt vornehmlich von der Sorte, die Klebermenge von Züchtung, Umwelteinflüssen und Düngetechnik ab;
- Weizen gestattet eine vielseitige Verwendung in Backwerk (wie Brot, Kuchen, Zwieback) und Teigwaren (wie Nudeln, Spaghetti, Grieß).

Teilung der Welt in Brotesser und Breiesser?

Folgt man der Annahme, daß sich Konsum- und Anbauregionen entsprechen und berücksichtigt man, daß sich die Anbaubedingungen für Reis und Weizen weitgehend ausschließen, so stimmt die These von der Teilung der Welt in die außertropischen brotessenden Völker und die tropischen „Breiesser“. Betrachtet man die Konsumregionen jedoch genauer, werden die Schwächen der These deutlich. Das Beispiel Japan weist darauf hin, daß bei steigendem Wohlstand eine Konsumverschiebung zugunsten der Brotnahrung eintritt. Wird die Beziehung zwischen Anbaueignung, Anbauregion und Konsumregion gesprengt, so entwickelt sich Handel mit Nahrungsmitteln.

Wichtige Weizenrouten

Route	Entfernung
Montreal-Hamburg	6900 km
New Orleans-Hamburg	9400 km
Buenos Aires-Hamburg	12900 km
Adelaide-Hamburg (über Kap der Guten Hoffnung)	22400 km
Adelaide-Yokohama	9700 km
Seattle-Rotterdam	17000 km

Aussaat — Winterweizen — Ernte

O N D J F M A M J J

Daten für Mitteleuropa — Sommerweizen

304.1 Weizenernte

Agrarische Rohstoffe – Beispiel Weizen

Geschichte des Weizenhandels. Im Altertum importierten die griechischen Stadtstaaten und Rom in großem Umfang Weizen aus den damaligen Überschußgebieten des Mittelmeerraumes, so aus der Niloase in Ägypten, aus Sizilien und Spanien. Mit dem Verfall des römischen Imperiums verlor die mittelmeerische Weizenwirtschaft an Bedeutung. Bedeutende Weizenhandelsbeziehungen lassen sich erst im 13./14. Jh. nachweisen: Vornehmlich die Hanse transportierte Getreideüberschüsse der Ostsee-Anliegerstaaten in das dichtbesiedelte Westeuropa. Der Sprung vom europäisch bestimmten Weizenhandel zum interkontinentalen Weizenhandel erfolgte gegen Ende des 19. Jh. mit Exporten aus Nordamerika. Heute ist Weizen vor Kaffee, Zucker, Mais und Reis das wichtigste agrarische Welthandelsgut.

Die verbesserten Möglichkeiten des Seetransports ließen Nordamerika zu einem immer wichtiger werdenden Ergänzungsraum für Europa wachsen. Der überseeische Weizenhandel verband damit zunächst Räume mit *gleicher Konsumstruktur.*

Verbesserte Transporttechnik, Nutzung ertragreicher Neulandböden durch europäische Aussiedler bäuerlicher Herkunft und der Bevölkerungsanstieg in Europa ließen den Weizenhandel rasch anwachsen.

Die „Europäisierung der Erde“ fand u. a. in den riesigen Weizenfeldern der USA, Kanadas, Australiens und Argentiniens ihren Ausdruck. Die Anbaugebiete dieser Überschußländer wiesen viele Gemeinsamkeiten auf: So ermöglichten die Lage in großen Ebenen und gute Böden eine großzügige maschinelle Bearbeitung bei geringem Düngereinsatz. Die niederschlagsarmen Erntezeiten gewährleisteten problemlose Ernten und einfache Lagermöglichkeiten.

Durch den Eisenbahnbau wurden die riesigen menschenleeren Binnenräume erschlossen. Die Dampfschifffahrt revolutionierte den Seetransport. Zum Aufbau der Transportstruktur wurde viel Kapital benötigt; hierdurch entstand z. T. eine Auslandsabhängigkeit, die bis heute spürbar ist.

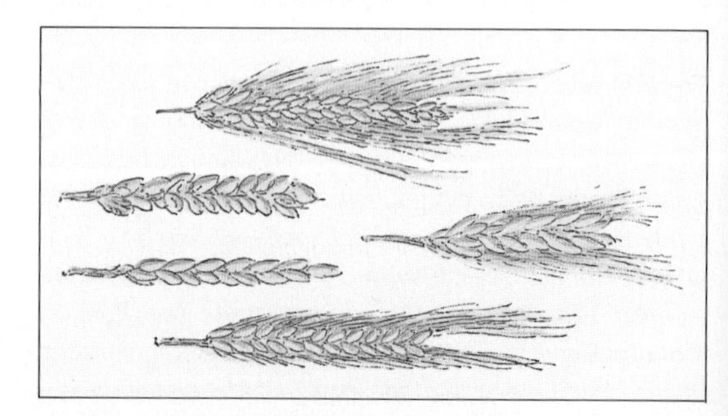

304.2 Fruchtähren verschiedener Weizensorten

T 305.1: Handel mit Weizen und Weizenmehl (in Mio t)

Land	1981/82	1982/83	1983/84
Ausfuhr gesamt	100,7	96,8	98,0
USA	49,0	39,2	38,0
Kanada	17,0	21,2	21,5
EG[1]	13,5	14,1	15,0
Australien	11,0	8,5	11,1
Argentinien	4,0	7,5	7,5
Sowjetunion	1,0	0,5	0,5
übrige Länder	5,2	5,8	4,5
Einfuhr insgesamt	100,7	96,8	98,0
Entwicklungsl.	61,5	61,3	63,5
VR China	13,2	12,8	11,5
Sowjetunion	19,6	20,0	17,5
Japan	5,6	5,6	5,6
EG[1]	4,7	3,5	3,8
übrige Länder	9,3	6,4	7,6

[1] ohne Handel der EG-Länder untereinander

Weizen als Waffe?

Die Weltmärkte für Nahrungsmittel sind durch die zahlreichen Handelskontrollen, die von den Überschußproduzenten – zumeist den reichen Ländern Nordamerikas und der Europäischen Gemeinschaft – errichtet worden sind, instabiler geworden. Diese Länder beschränken den Import der meisten Nahrungsmittelerzeugnisse und periodisch auch den Export durch Kontrollen und Abgaben. Damit bezwecken sie, die hohe Inlandsproduktion zur möglichst weitgehenden Selbstversorgung aufrechtzuerhalten, der eigenen Landwirtschaft hohe Einkommen zu gewährleisten und die Inlandsmärkte vor den internationalen Schwankungen zu schützen. Aber mit dieser Politik haben sie oft teure Überschüsse produziert, die häufig mit Hilfe von Subventionen im Ausland verkauft werden – womit einigen Entwicklungsländern geholfen ist, aber auch den Exporten anderer Länder Konkurrenz gemacht wird.
Auf dem Weizenmarkt wurde durch die Preis- und Vorratspolitik Nordamerikas und Westeuropas in der Überschußperiode vor 1970 zuviel Weizen erzeugt, in der darauffolgenden Zeit der Verknappung entstanden aber Versorgungslücken.
Da diese Länder nicht viel weniger verbrauchen, wenn der Weizenpreis steigt, können die Auswirkungen einer Mißernte nur aufgefangen werden, indem man die Vorräte abbaut, indem man weniger an das Vieh verfüttert oder indem die Menschen in den armen Ländern weniger essen. ... Darum sind größere Nahrungsmittelreserven notwendig.
(Aus: Bericht der Unabhängigen Kommission für Internationale Entwicklungsfragen. In: BMZ, Materialien Nr. 69, 1981, S. 22.)

... Der Anteil von etwa 70% am Weltgetreideexport gibt den Nordamerikanern zweifellos eine oligopolartige Marktstellung. ... Nordamerikanischer Weizen wird heute in fast allen Entwicklungsländern verbraucht, in denen sich die Amerikaner in mehr als zwei Jahrzehnten Märkte aufgebaut haben. Dabei spielten die aus Agrar-Überschüssen gespeisten Nahrungsmittelhilfsprogramme eine entscheidende Rolle. Länder, deren Grundnahrung früher vorwiegend aus Reis oder verschiedenen Hirsearten sowie aus Knollenfrüchten bestand, haben nach jahrzehntelanger Gewöhnung an Nahrungsmittelhilfe oft die Entwicklung ihrer eigenen Landwirtschaft vernachlässigt und ihre Verzehrgewohnheiten nicht unwesentlich geändert. Dies trifft besonders auf die Stadtbevölkerung zu. ...
Wenige Tage vor dem Sturz des sozialistischen Präsidenten Allende verweigerten die USA die Lieferung von Weizen auf Kredit an Chile. Einige Wochen danach lieferten sie ein Mehrfaches der ursprünglich gewünschten Menge.
... Zu einem mit der Petro Power vergleichbaren Pressionsinstrument würde Nahrung allenfalls dann werden, wenn das weltweite Angebot an Grundnahrungsmitteln, insbesondere Getreide, hinter dem Gesamteinfuhrbedarf zurückbleiben sollte. Eine solche Lage könnte theoretisch bei der Bildung eines Getreidekartells, welches das Angebot knapp hält, entstehen. Im Unterschied zur Petro Power hätte eine solche Food Power jedoch mittelfristig keine Macht, da die betroffenen Länder sich selbst helfen könnten, indem sie ihre Anstrengungen zur Steigerung der Nahrungsproduktion erhöhen.
(Aus einem Referat von O. Matzke, dem ehemaligen Direktor des FAO World Food Program, 1980)

Getreideimporte der Sowjetunion
... Mit Rücksicht auf sein einstiges Wahlversprechen und auf die amerikanischen Farmer hat US-Präsident Reagan den Rückzug von dem Getreideembargo angetreten, mit dem sein Vorgänger Carter den Protest gegen den sowjetischen Einmarsch in Afghanistan (1979) hatte fühlbar machen wollen.
Nach den neuen sowjetisch-amerikanischen Getreideabkommen nimmt Moskau bis 1988 jedes Jahr mindestens neun Millionen Tonnen ab, je zur Hälfte Weizen und Mais. Andere wichtige Bezugsquellen sind Australien, Frankreich, Brasilien und vor allem Argentinien, das während des amerikanischen Embargos eingesprungen war. ...
Zwischen 1971 und 1981 importierte die Sowjetunion Getreide im Wert von 25,5 Mrd Dollar. Die Devisenausgaben für Nahrungsmittel waren damit höher als die Ausgaben für den Kauf ausländischer Investitionsgüter.
(Aus: Süddeutsche Zeitung vom 21. 8. 1984)

1. „Da die Zentren des Weizenimports in Westeuropa und Japan küstennah liegen, ist für den landseitigen Transportwegeanteil die Lage der Anbaugebiete in den Überschußländern entscheidend". Untersuchen Sie unter diesem Aspekt die Transportwege in den USA, Australien und Argentinien.
2. „Weizen als Waffe". Welche Überlegungen verbergen sich hinter dieser Formel?

Mineralische Rohstoffe – Beispiel Kupfer

Die Norddeutsche Affinerie in Hamburg ist die einzige Kupferhütte in der Bundesrepublik Deutschland, die Kupfererzkonzentrat zu Rohkupfer verarbeitet. Jährlich werden davon im Hamburger Hafen etwa 500 000 t gelöscht. Die bis zu 30 000 tdw großen Erzfrachter bringen die pulverisierte Substanz, die ca. 25% Kupfergehalt besitzt, aus Australien, Chile, Indonesien, Papua-Neuguinea, Peru, Sambia und Zaire. Der Kupfergehalt der abbauwürdigen Erze liegt hier zwischen 0,5 und 5%. Vornehmlich aus Transportkostengründen verschiffen die Exportländer Kupfererzkonzentrat. In Hamburg wird es im Hüttenwerk zu Rohkupfer (Cu-Gehalt 97–99%) oder in der Affinerie auf chemisch-elektrolytischem Weg zu Elektrolytkupfer (99,9% Cu) verarbeitet. Über die Hälfte des Kupfers verbraucht die elektrotechnische und mikroelektronische Industrie.

Mineralische Rohstoffe

Neben Eisenerz gibt es **Edelmetalle** wie Gold, Silber und Platin und **Buntmetalle** wie Kupfer (Cu), Blei (Pb), Zink (Zn), Zinn (Sn), Antimon (Sb) und Quecksilber (Hg). Zu den **Stahlveredlern** zählen Chrom (Cr), Kobalt (Co), Mangan (Mn), Molybdän (Mo), Nickel (Ni), Titan (Ti), Niob/Tantal (Nb/Ta), Wolfram (W) und Vanadium (V). **Leichtmetalle** sind Aluminium (Al), Lithium (Li) und Magnesium (Mg); Industrieminerale sind Asbest, Diamanten und Flußspat.

Alle mineralischen Rohstoffe werden auf dem Weltmarkt gehandelt. **Ihre Vorräte sind endlich.**

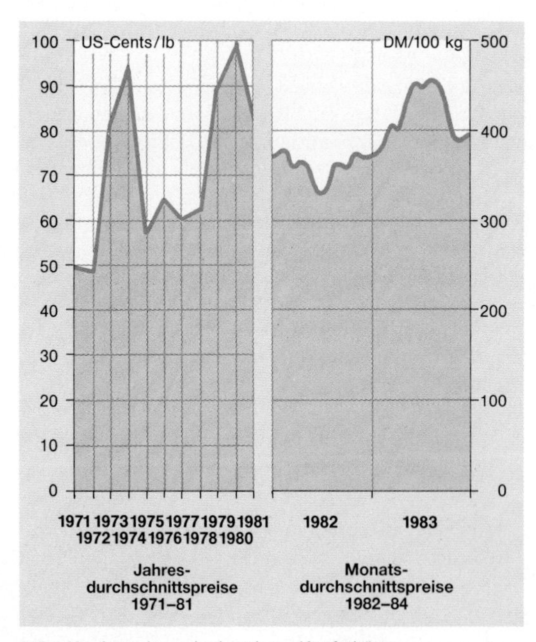

306.1 Kupferpreis an der Londoner Kupferbörse

Struktur des internationalen Kupfermarktes. Marktmacht kann sich nur bilden, wenn das Angebot bis zu einem gewissen Grad konzentriert oder begrenzt ist.

Da die rohstoffproduzierenden Entwicklungsländer ihre natürlichen Reichtümer wegen der Begrenztheit des Binnenmarktes nur zu einem geringen Teil im Inland nutzen können, bildet der Handel mit ihnen zumeist eine wichtige Einnahmequelle für den Staat.

T 306.1: Weltproduktion von Kupfererzkonzentraten 1960–1990

Länder	1960		1970	1979	1990	
	1 000 t	%	%	%	1 000 t	%
Nordamerika	1 288,4	30,4	34,0	26,2	2 590	22,6
Westeuropa	123,9	2,9	2,3	2,5	232	2,0
Japan	89,2	2,1	1,9	0,7	80	0,7
Australien	111,2	2,6	2,5	2,9	300	2,6
Andere westl. Länder	2 004,0	47,3	40,2	42,3	5 520	48,1
Chile	532,1	12,5	10,8	13,3	1 520	13,2
Sambia	576,4	16,6	10,7	7,4	515	4,5
Zaire	302,3	7,1	6,0	5,0	560	4,9
Mexiko	60,3	1,4	1,0	1,4	360	3,1
Rep. Südafrika	48,4	1,1	2,3	2,6	185	1,6
Peru	184,0	4,3	3,5	5,0	720	6,3
Jugoslawien	33,3	0,8	1,4	1,4	235	2,0
Philippinen	44,2	1,0	2,5	3,7	430	3,7
Papua-Neuguinea	–	–	–	2,1	340	3,0
Westliche Länder	3 616,7	85,3	80,9	77,1	8 722	76,0
Östliche Länder	625,2	14,7	19,1	22,9	2 755	24,0
UdSSR	500,0	11,8	14,5	14,5	1 650	14,4
Volksrep. China	72,0	1,7	1,6	2,0	530	4,6
Polen	17,4	0,4	1,3	4,3	475	4,1
Welt	4 241,9	100,0	100,0	100,0	11 477	100,0

(Aus: Habig, G.: Möglichkeiten und Grenzen einer Kontrolle internationaler Rohstoffmärkte durch Entwicklungsländer, Hamburg 1983, S. 33)

Besitzverhältnisse. Die hohen technologischen Erfordernisse der kapitalintensiven Rohstoffextraktion und -verarbeitung sowie die risikoreichen Explorationsaufwendungen trugen dazu bei, daß die Kupferindustrie lange Zeit von wenigen großen Privatkonzernen beherrscht wurde. So deckten 1947 vier private Gesellschaften allein etwa 60% des Weltbedarfs (ohne UdSSR). Hier ist ein entscheidender Wandel eingetreten: Betrug 1960 der Staatsanteil am Kupferbergbau der westlichen Welt nur 2,5%, so befanden sich 1980 rund 40% ganz oder teilweise in Staatsbesitz. Damit haben die kupferproduzierenden Entwicklungsländer an Einfluß auf dem Kupferweltmarkt gewonnen. In Entwicklungsländern (EL) werden neue Bergbauprojekte in der Regel nur noch mit staatlicher Beteiligung genehmigt.

Fünf kupferproduzierende Entwicklungsländer haben sich 1967 zur **CIPEC** (**C**onsejo **I**ntergobernamental de **P**aises **E**xportadores del **C**obre) zusammengeschlossen; diesem Rohstoffkartell gehören Chile, Peru, Sambia, Zaire und Indonesien an.

- In *Chile* kontrolliert die staatliche CODELCO den gesamten Großbergbau. Er war vor der Nationalisierung im Besitz von drei US-amerikanischen Gesellschaften.
- Der größte Teil des *peruanischen* Kupfers wird noch immer von ausländisch kontrollierten Gesellschaften produziert; Verhüttung und Vermarktung erfolgen jedoch durch einen Staatsbetrieb.
- In *Sambia* gehören 51% der beiden Kupfergesellschaften dem Staat (siehe S. 298).
- In *Zaire* beträgt der Staatsanteil 90%. Die belgische Gesellschaft wurde 1967 enteignet.
- Die *indonesische* Kupfergrube ist im Besitz der USA.

T 331.1: Daten des CIPEC (1979)

	Einheit	Chile	Peru	Sambia	Zaire	Indonesien
Bevölkerung	Mio	10,91	7,29	5,65	27,9	148,5
BSP pro Kopf	US-$	755	707	581	188	329
Anteil der Kupferexporte[a] an Exporterlösen	%	47,8	19,4	82,7	40,7	0,9[b]
Kupferbergwerksproduktion	1 000 t	1 060,6	400,4	588,3	399,8	56,0
Reserven	Mio t	97 000	31 700	33 500	23 600	o.A.
Reichweite der Produktion in Jahren[c]		91	79	57	59	o.A.

[a] ohne Beiprodukte [b] geschätzt [c] bezogen auf 1979
(Aus: Habig, G., S. 315)

Die Leitfähigkeit von Kupfer für Elektrizität und Wärme wird nur von Edelmetallen übertroffen. Auch Kupferlegierungen wie Bronze und Messing finden vielseitige Verwendung und sind bisher nur z. T. durch andere Werkstoffe zu ersetzen.
Je höher der Kupferpreis steigt, desto lohnender wird die Wiederverwendung (Recycling) von Altkupfer.
Kupfer, Blei und Zinn zählen heute nach Meinung westlicher Rohstoffexperten zu den „alten Metallen". So wird zum Beispiel der Bedarf an Kupferkabeln zur Nachrichtenübermittlung bald drastisch zurückgehen, weil Glasfaserkabel billiger und leistungsfähiger sind. Im Augenblick wird noch ein Viertel der Kupferproduktion für Kabel verbraucht.

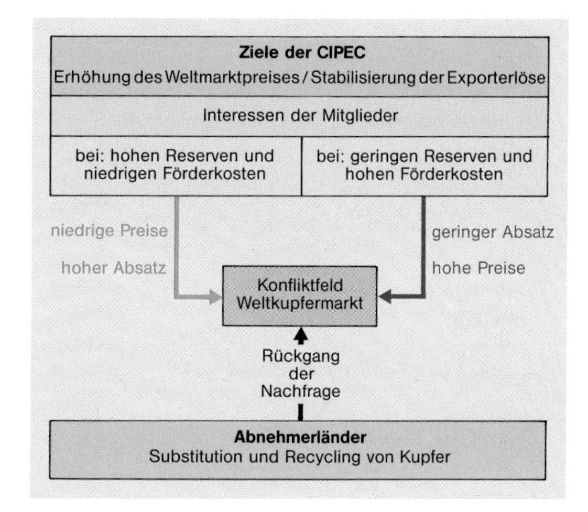

307.1 *Weltkupfermarkt*

Kupferbergbau der USA unter Anpassungsdruck

Bis 1981 war die USA bei der Bergwerksförderung von Kupfer weltweit führend. Jetzt aber sind die oberflächennahen Lagerstätten mit reichem Erzgehalt weitgehend abgebaut. Der Metallgehalt liegt nunmehr rund ein Drittel niedriger als derjenige ausländischer Erzvorkommen. Ferner haben sich die Energie- und Kapitalkosten (zur Erschließung neuer Vorkommen) beträchtlich erhöht. Besonders für die Kupferhütten haben die Umweltschutzauflagen des Clean Air Act von 1970 zu erheblichen Kostenbelastungen geführt. Diese Auflagen werden 1988 nochmals verschärft und führen bereits jetzt zu Wettbewerbsverzerrungen. Damit wird die Tendenz zunehmender Importe auch in den kommenden Jahren anhalten.
(Nach: Deutsches Institut für Wirtschaftsforschung, 1984)

1. Welchen Einfluß hat die Verteilung der Kupferreserven auf die Marktmacht der Produzenten?
2. Prüfen Sie die Erfolgschancen des CIPEC-Kartells.
3. Erläutern Sie das Hewett-Modell. Vergleichen Sie dazu den Bericht über den Kupferbergbau der USA.

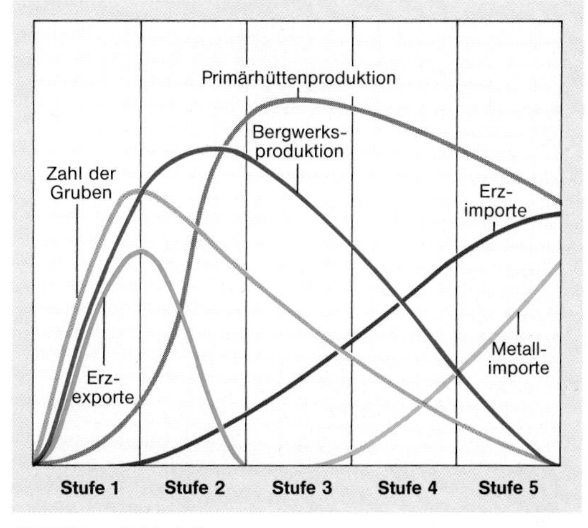

307.2 *Hewett-Modell*

Die weltwirtschaftliche Entwicklung nach 1945

Nach dem Zweiten Weltkrieg
- *ist das Weltsozialprodukt, d. h. die Summe aller Güter und Dienstleistungen der Welt, trotz mancher Abschwünge stärker gewachsen als je zuvor;*
- *hat sich die Menschheit stark vermehrt. Die jährliche Wachstumsrate liegt bei fast 2%;*
- *sind nahezu alle ehemaligen Kolonien unabhängig geworden;*
- *blieb trotz zahlreicher regionaler Kriege der Weltfrieden erhalten.*

Setzt man das Wachstum des Weltsozialprodukts mit dem Bevölkerungswachstum in Beziehung, so ergibt sich ein durchschnittliches jährliches Pro-Kopf-Wachstum von weltweit 2,6%, in den Industrieländern allein von 3,2%. Hinter diesen Zahlen verbergen sich jedoch große Unterschiede für einzelne Perioden und Regionen.

Wachstum des Weltsozialprodukts (real, Jahresdurchschnitt)	
1950–1959	4,6%
1960–1973	5,2%
1974–1980	3,3%

Anteil der USA am Weltsozialprodukt	
um 1900	fast 25%
1945	mehr als 40%
1950	35%
1970	25%
1980	fast 23%

Den größten Anteil an der Weltwirtschaft haben – noch immer – die Vereinigten Staaten. In der Zeit nach 1945 fiel den USA die unangefochtene Führungsrolle im Westen zu, da sie als einziger großer Industriestaat aus dem Krieg ohne Zerstörung hervorgegangen waren. Dadurch betrug ihr Anteil am Weltsozialprodukt zu diesem Zeitpunkt über 40%. Ihre Produktions-, Verteilungs- und Konsumgewohnheiten breiteten sich über den ganzen Globus aus. Hohe amerikanische Auslandsinvestitionen unterstützten diesen Prozeß. Trotzdem verringerte sich ihr Anteil am Weltsozialprodukt in der Folgezeit.

Eine ähnliche Entwicklung hatte es schon einmal gegeben: In den ersten hundert Jahren nach der industriellen Revolution war Großbritannien die im Wirtschaftswachstum führende Nation. Nach dem Zweiten Weltkrieg fiel die britische Wirtschaft zurück.

Ursachen des Wachstums

Ressourcennutzung. Schnelles Wachstum trat immer dann ein, wenn nach Kriegen oder ähnlichen Phasen der Zerstörung Material und Ausrüstung wieder ausreichend zur Verfügung standen, um den Nachholbedarf an Gütern zu befriedigen. So stieg das Sozialprodukt der Bundesrepublik Deutschland in der Wiederaufbauphase 1948–50 um 120%; in Italien stieg es 1945–50 um 200%; in Japan zwischen 1947 und 1955 um 100%.

Organisatorischer und technischer Fortschritt. Verbesserte Nutzung vorhandener Kapazitäten und technischer Fortschritt führen zu Produktivitätsgewinn. Der Einsatz von EDV-Anlagen oder Montagerobotern können hierfür als Beispiele stehen. Die Fortschritte beruhen auf der Kreativität einzelner Menschen bzw. Länder, aber auch auf der Fähigkeit, Innovationen des Auslandes zu nutzen. Nicht zu Unrecht gilt die Anzahl der Patente und Erfindungen pro Jahr als ein Indikator für die wirtschaftliche Stärke einer Nation.

Welthandel. Die Liberalisierung des Welthandels führt zur Ausweitung des Handels in allen beteiligten Ländern. Durch größere Märkte wird die kostensenkende Wirkung der Arbeitsteilung verbessert.

Am Beispiel der EG in ihrer „Glanzzeit" zwischen 1958–73 ist dies gut erkennbar: Das zusammengefaßte BSP der EG-Staaten stieg damals mit einer durchschnittlichen Jahresrate von 4,9%, der Export von Gütern und Dienstleistungen wuchs aber mit 10,2%.

Die eindrucksvolle Entwicklung im Fernen Osten - Japan, Südkorea, der Stadtstaaten Hongkong und Singapur – wäre ohne das Klima des freieren Welthandels nicht möglich gewesen.

Zukünftige technologische Fortschritte könnten in Verbindung mit einer weiteren Liberalisierung des Welthandels entscheidend dazu beitragen, die gegenwärtige Wachstumsschwäche zu überwinden. Als aussichtsreiche Bereiche gelten die Energieerzeugung und -verteilung, die Mikroelektronik und die Genforschung.

Verfügungsmacht über strategische Rohstoffe. Die Herrschaft über Rohstoffe, die für andere Staaten unverzichtbar sind, hat in den 70er Jahren einigen Ländern zu raschem Wohlstand und zu weltpolitischer Bedeutung verholfen: Das bedeutendste Beispiel hierfür ist die Gruppe der erdölexportierenden Staaten. Der Erfolg der OPEC-Staaten hat mehrere Ursachen:
- die Ausrichtung ganzer Wirtschaftszweige auf das Öl,
- die enorme Ölabhängigkeit Westeuropas und Japans,

- den Übergang der USA vom Ölexporteur zu einem bedeutenden Importeur,
- die Rivalität der Supermächte im Nahen Osten und
- die weltweite Abnahme der nachgewiesenen Ölreserven. 1984 schätzte man das Verhältnis Jahresförderung zu Weltölreserve auf 1:25.

Die sprunghaften Preiserhöungen der OPEC von 1973 und 1979 hatten für die Weltwirtschaft einschneidende Konsequenzen. Wichtige Industriezweige wurden empfindlich getroffen, staatliche Eingriffe in das Wirtschaftsleben nahmen weltweit zu, die Energie-Diskussion gewann an Bedeutung, die Welthandels- und -finanzströme nahmen – zeitweise – eine andere Richtung, und die Gefahr von Kriegen um Rohstoffe wuchs.

Trotz einiger Versuche gelang es den vornehmlich rohstoffexportierenden Staaten jedoch nicht, den Erfolg der OPEC mit dem Erdöl bei einem anderen Rohstoff zu wiederholen. Der Markt, vor allem die westlichen Industrieländer, reagierte bei steigenden Preisen der Rohstoffe mit nachlassender Nachfrage und dem verstärkten Einsatz von Substituten – wie letztlich auch beim verteuerten Erdöl.

1. Welche Rohstoffe eignen sich als strategische Rohstoffe?

2. Welchen Einfluß hat die Zunahme der Weltbevölkerung auf das weltwirtschaftliche Wachstum?

3. Nennen Sie zukünftige Wachstumschancen der Weltwirtschaft.

T 309.1: Das Weltsozialprodukt im Jahre 1980*

	Sozialprodukt real Milliarden US-$ (1980)	Anteil am Weltsozialprodukt in %	Einwohner Millionen	Anteil an der Weltbevölkerung in %	Sozialprodukt pro Kopf real US-$ (1980)
Gesamte Welt	11269,1	100,0	4487,9	100,0	2511
Industrieländer	8475,6	75,2	1185,2	26,4	7151
Entwicklungsländer	2793,5	24,8	3302,7	73,6	846
Nichtkommunistische Staaten	8792,4	78,0	2962,2	66,0	2968
Industrieländer	6655,2	59,1	787,8	17,6	8448
Entwicklungsländer	2137,1	19,0	2174,4	48,5	983
Kommunistische Staaten	2476,7	22,0	1525,6	34,0	1623
Industrieländer	1820,4	16,2	397,4	8,9	4581
Entwicklungsländer	656,4	5,8	1128,3	25,1	582
NATO-Staaten	4951,9	43,9	578,5	12,9	8560
Vereinigte Staaten	2556,7	22,7	227,6	5,1	11231
Frankreich	504,9	4,5	53,6	1,2	9420
Bundesrepublik Deutschland	642,8	5,7	61,3	1,4	10487
Italien	303,5	2,7	57,2	1,3	5308
Großbritannien	297,6	2,6	55,9	1,2	5323
Warschauer-Pakt-Staaten	1748,1	15,5	375,0	8,4	4662
Sowjetunion	1280,1	11,4	265,5	5,9	4822
Bulgarien	29,9	0,3	8,9	0,2	3368
Tschechoslowakei	85,0	0,8	15,3	0,3	5540
DDR	99,6	0,9	16,8	0,4	5945
Ungarn	39,4	0,3	10,7	0,2	3664
Polen	124,9	1,1	35,6	0,8	3511
Rumänien	89,3	0,8	22,2	0,5	4015
OPEC-Staaten	559,7	5,0	335,4	7,5	1669
Japan	955,3	8,5	117,0	2,6	8163
VR China	591,7	5,3	1032,1	23,0	573
Indien	302,1	2,7	680,1	15,2	444

*Sozialprodukt: Geldwert aller in einem Jahr produzierten Güter und erbrachten Dienstleistungen, abzüglich des Eigenverbrauchs.

Der Trennung von Industrie- und Entwicklungsländern liegt das reale Pro-Kopf-Einkommen des Jahres 1979 zugrunde: Die Trennlinie beträgt 2245 US-$ (1980).

(Aus: Orientierungen 11 (1/1982), H. Block: Die Weltwirtschaft 1950-1980, S. 3.)

Welthandelsabkommen und wirtschaftliche Zusammenschlüsse

GATT

Das vor dem Ersten Weltkrieg weitgehend freie System der Weltwirtschaft wurde nach 1918 durch Schutzzölle eingeschränkt und durch die Weltwirtschaftskrise 1928/29-1933 zerstört.

Nach dem Zweiten Weltkrieg drängten vor allem die USA auf eine Wiederherstellung des freien Weltmarktes. 1947 wurde von 23 Staaten das GATT (**G**eneral **A**greement on **T**arifs and **T**rade = Allgemeines Zoll- und Handelsabkommen) abgeschlossen. Es erreichte in mehreren Verhandlungsrunden weltweite Zollsenkungen. 1984 umfaßte das GATT 90 Länder, darunter auch Ostblockstaaten. Es verpflichtet seine Mitglieder, die „Meistbegünstigungsklausel" einzuhalten, d. h. jede einem Land gewährte Zollsenkung muß auch den anderen Mitgliedern eingeräumt werden.

UNCTAD

Die UN-Konferenz für Handel und Entwicklung – **U**nited **N**ations **C**onference on **T**rade **a**nd **D**evelopment – wurde 1964 als Organ der UN-Generalversammlung mit dem Ziel ins Leben gerufen, die internationalen Wirtschaftsbeziehungen in Richtung auf eine volle Einbeziehung der Entwicklungsländer fortzuentwickeln und neu zu gestalten (Neue Weltwirtschaftsordnung). Die UNCTAD zählt inzwischen 167 Mitglieder; sie umfaßt damit alle Staaten, die der UNO angehören. Die Verhandlungen erfolgen weitgehend nach geographischen Gruppen: Es sind die Gruppe der afro-asiatischen (A) und latein-amerikanischen (C) Entwicklungsländer, die marktwirtschaftlich orientierten Industrieländer (B), alle sozialistischen Länder (D) und schließlich die VR China, die allein auftritt. Die wichtigsten von den Entwicklungsländern in der UNCTAD gestellten Forderungen sind:

- Öffnung der Märkte der Industrieländer für Halb- und Fertigwaren aus Entwicklungsländern;
- Schuldenerlaß für die ärmsten Entwicklungsländer;
- Erhöhung der Entwicklungshilfe auf 0,7% des BSP der Industrieländer;
- Anlage von internationalen Rohstofflagern zur Preisstabilisierung.

IWF

Das Ziel des IWF ist die Förderung der internationalen Zusammenarbeit in der Währungspolitik und der Währungsstabilität.

Der IWF nimmt durch die Höhe der Kredite und seine Rückzahlungsbedingungen unmittelbaren Einfluß auf die nationale Wirtschaftspolitik von Mitgliedsländern. Er spielt damit bei der Lösung der Verschuldungskrise der Entwicklungsländer und der damit verbundenen Gefährdung des internationalen Finanzsystems eine bedeutende Rolle.

Dem **I**nternationalen **W**ährungs**f**onds gehören 145 Länder der Erde an. Die Sowjetunion, die 1944 an den Gründungsverhandlungen teilnahm, ist nie Mitglied geworden. Sie lehnt diese Organisation als „imperialistisches Werkzeug" ab und nötigte 1950 Polen und 1954 die Tschechoslowakei zum Austritt. Rumänien gehört dagegen seit 1972, Ungarn seit 1982 dem IWF an. Polen stellte 1981 einen Antrag auf Wiederaufnahme. Die Ausrufung des Kriegsrechts in Polen im Dezember 1981 führte jedoch zu einem „Aufnahme-Veto".

In Westeuropa entstand 1961 die **Organisation für wirtschaftliche Zusammenarbeit** (**OECD/O**rganization for **E**conomic **C**ooperation and **D**evelopment). Sie ging aus einer Hilfsorganisation zur Durchführung des Marshall-Plans hervor. Mit dem Marshall-Plan halfen die USA den westeuropäischen Staaten nach dem Zweiten Weltkrieg, ihre Wirtschaft wieder aufzubauen. Heute ist die OECD ein lockerer Zusammenschluß von 20 europäischen Staaten, den USA, Kanada, Japan, Australien und Neuseeland.

1952 entstand die **Montanunion.** Ihr gehörten neben den Gründungsmitgliedern Frankreich und der Bundesrepublik Deutschland auch Italien und die Beneluxstaaten an. Den Anstoß zu dieser Vereinigung gab der damalige französische Außenminister Robert Schumann. Er ging davon aus, daß die Zusammenlegung der deutsch-französischen Produktion von Kohle, Eisen und Stahl zu einer „Montanunion", deren Organe der nationalen Zuständigkeit entzogen werden, jede kriegerische Auseinandersetzung zwischen der Bundesrepublik Deutschland und Frankreich in Zukunft unmöglich machen würde.

Die sechs Länder der Montanunion erweiterten 1957 ihre Zusammenarbeit durch den Abschluß der Römischen Verträge. Das Kernstück des Vertrages dieser Europäischen Wirtschaftsgemeinschaft, der **EWG,** stellte die Zollunion dar. Sie sollte stufenweise bis 1970 verwirklicht werden. 1972 traten Dänemark, Großbritannien und Irland bei, 1981 als 10. Mitglied Griechenland. Spanien und Portugal kamen am 1. Jan. 1986 hinzu.

Die **EG** bildet seit 1972 eine Freihandelszone mit der **EFTA** (**E**uropean **F**ree **T**rade **A**ssociation). Ihr gehören Norwegen, Österreich, Portugal, Schweden, Island und die Schweiz an. In einem ähnlichen Vertragsverhältnis zur EG – als assoziierte Staaten – stehen Finnland, die Türkei, Algerien, Marokko, Tunesien und Israel.

Die EG verfolgt eine eigene Politik der Zusammenarbeit mit Ländern der Dritten Welt. Aus geschichtlichen Gründen ist Afrika dabei am bedeutsamsten. Einige EG-Staaten besaßen dort früher Kolonien. Das beeinflußt auch heute noch die Handelsströme zwischen den beiden Kontinenten.

1975 hat die EG in Lomé (Togo) ein Abkommen mit insgesamt 58 Staaten Afrikas **(A)**, der Karibik **(K)** und des Pazifiks **(P)** abgeschlossen.

Dieses Abkommen von Lomé – 1984 als **Lomé II** erneuert – versucht die Handelssituation der **AKP-Staaten** gegenüber den EG-Staaten zu verbessern. Es garantiert den AKP-Staaten für 44 Agrar-Rohstoffe stabile Erlöse. Dazu wurde ein System zur Stabilisierung der Exporterlöse eingeführt. Es ist unter der Abkürzung **STABEX** bekannt geworden.

OPEC

1960 schlossen sich die erdölexportierenden Staaten Iran, Irak, Kuwait, Saudi-Arabien und Venezuela zur OPEC zusammen. Bis 1977 kamen Algerien, Ecuador, Gabun, Indonesien, Katar, Libyen, Nigeria und die Vereinigten Arabischen Emirate hinzu.

Die OPEC erzwang eine stufenweise Erhöhung des Erdölpreises. Dies führte 1973 als Folge des Nahost-Krieges und 1979 nach der Islamischen Revolution im Iran zu „Ölpreiskrisen", die die Weltwirtschaft erschütterten. 1983 wurde eine Reduzierung des Richtpreises beschlossen. Neue Förderquoten und Exportbegrenzungen sollten den Preisverfall bremsen (Konkurrenz durch Nordseeöl).

RGW

Als Gegengewicht zum Marshall-Plan wurde 1949 der **R**at für **g**egenseitige **W**irtschaftshilfe (RGW, engl.: **COMECON/ Co**uncil for **M**utual **Econ**omic Aid) gegründet. Mitglieder sind die UdSSR, die DDR (seit 1950), Bulgarien, Polen, Rumänien, Ungarn, die Tschechoslowakei, die Mongolische Volksrepublik, Kuba (seit 1972), Vietnam (seit 1978). Beobachterstatus haben Afghanistan, Äthiopien (seit 1980), Angola, Guyana, Jamaika, die VR Jemen, Laos, Nordkorea, Mosambik und Nicaragua (1983).

Die Aufgabe des RGW besteht in der langfristigen Abstimmung der Wirtschaftspläne der in ihm zusammengeschlossenen Planwirtschaften. Ferner wird hier eine Aufgabenteilung und -verteilung unter den Mitgliedern – zugunsten der UdSSR – vorgenommen. Der bilaterale Handel erfolgt zumeist nach dem Prinzip „Ware gegen Ware".

In der Ära Stalins (bis 1953) mußten sich die europäischen Ostblockstaaten mehr und mehr von den wirtschaftlichen Verflechtungen mit dem Westen lösen und ihre Wirtschaft auf die Sowjetunion ausrichten.

Später galt das Prinzip: Jedes Land soll im Rahmen einer sozialistischen Großraumwirtschaft die Güter produzieren, für die es besonders günstige Voraussetzungen mitbringt. Das Ziel ist die Verstärkung der östlichen Volkswirtschaften durch Anpassung der Pläne und gesteigerte Arbeitsteilung im RGW-Raum.

Seit 1973 wird der Weltmarkt verstärkt berücksichtigt. 1980 betrug der Anteil der Ostblockstaaten am Weltexportvolumen 7,9% (siehe T 296.1).

Ost-West-Handel

Anfang der siebziger Jahre versuchten die RGW-Staaten, ihren Handel mit den westlichen Industriestaaten zu intensivieren. Die Exportschwäche führte jedoch in den kleineren RGW-Staaten zu einem raschen Anstieg der Verschuldung. Die Sowjetunion dagegen profitierte von der enormen Erlöszunahme beim Energieexport. Die sowjetische Invasion in Afghanistan und die Zahlungsprobleme Polens und Rumäniens führten seit 1981 zu einer Stagnation im Ost-West-Handel. Eine Integration Osteuropas in die Weltwirtschaft ist ebenso ausgeblieben wie eine umfassende industrielle Kooperation zwischen Ost und West.

Eine Sonderinstitution im Rahmen der OECD ist die 1974 gegründete **I**nternationale **E**nergie **A**gentur **(IEA).** Ihr gehören 18 OECD-Mitglieder an. Diese verpflichten sich zur gegenseitigen Versorgungshilfe im Krisenfall, verstärkter Zusammenarbeit und verbesserter Information über den Ölmarkt. Die Schaffung eines Solidaritätsfonds für den Krisenfall wird angestrebt. Damit soll die Abhängigkeit von Ölimporten gemindert werden.

Forderung der Entwicklungsländer auf der Welthandelskonferenz UNCTAD IV 1976 in Nairobi:

Mit einem Integrierten Rohstoffprogramm sollen die Märkte für Rohstoffe und Nahrungsmittel international gesteuert werden. Dazu ist die Preisbildung von den Angebots- und Nachfrageveränderungen zu lösen. Für – zunächst 18 – Rohstoffe sind stabile Preise festzulegen. Ihre Entwicklung wird an die Industriepreise gekoppelt. Ausgleichslager („buffer stocks") gleichen Angebots- und Nachfrageschwankungen aus. Die Kosten für Aufbau und Unterhalt der buffer stocks sind vornehmlich von den Industrieländern aufzubringen.

Konferenzteilnehmer aus Industrieländern äußern die Befürchtung, daß durch diese Regelung das Marktgeschehen erheblich gestört werde. Es könnten ähnliche Folgen wie auf dem Agrarmarkt der EG auftreten: Z. B. eine zunehmende Überschußproduktion, deren Lagerhaltung und Vermarktung aus Steuermitteln bezahlt werden muß.

(Nach deutschen Zeitungsberichten 1976)

EG ruft gegenüber Japan das GATT an

Brüssel. – Die EG-Kommission führt in einer Beschwerde vor dem GATT an, daß bestimmte Einfuhr- und Zollpraktiken Japans den GATT-Regeln zuwiderlaufen.

Japan habe seinen Markt für ausländische Fertigwaren praktisch verschlossen. Dadurch verliere die EG die Vorteile, die sie auf Grund der Absprachen über gemeinsame Handelserleichterungen hätten erwarten können. Der Anteil von Fertigprodukten an der gesamten japanischen Einfuhr sei sehr gering geblieben.

Die japanischen Ausfuhren von Fertigwaren sind von 3 Mio US-Dollar 1960 auf 13,64 Mrd Dollar 1981 gestiegen. Die japanischen Einfuhren von Fertigwaren, die 1960 0,77 Mio Dollar betrugen, stiegen im gleichen Zeitraum lediglich auf 2,82 Mrd Dollar.

(Nach: Süddeutsche Zeitung vom 8. 9. 1982)

1. „Der Handel ist eine Brücke über die Kluft, die Ost und West voneinander trennt."
Nehmen Sie zu dieser Aussage Stellung.

„Buy British"

Shelagh Roberts, Leiterin der Kauf-britisch-Kampagne und Mitglied des Europäischen Parlaments, sieht in der Befolgung ihres patriotischen Aufrufs die einzige Möglichkeit, Großbritannien wieder auf die Beine zu bringen. Wenn jeder britische Haushalt nur drei Pfund seiner wöchentlichen Ausgaben für heimische Produkte anstatt für Importe ausgäbe, dann würden allein dadurch 350000 Jobs auf der Insel gerettet.

Wenn jeder Bürger Birminghams britische Kleidung trüge, würden 40 000 Arbeitsplätze erhalten und viele neue entstehen ...

(Aus britischen Pressemitteilungen im April 1984)

Keine Rezepte für die Sanierung der Weltwirtschaft

Paris. – In der OECD-Zentrale befaßten sich die Finanz- und Wirtschaftsminister der 24 Mitgliedsländer dieser Organisation mit mittel- und langfristigen Problemen der Weltwirtschaft.

Der deutsche Wirtschaftsminister charakterisierte die Risiken, die einen weltweiten Wirtschaftsaufschwung belasten. Als Ursachen nannte er

- die hohen Defizite der öffentlichen Haushalte, die das Zinsniveau ungünstig beeinflussen,
- der zu hohe Anteil des Staates am Wirtschaftsgeschehen,
- die zu rasch gestiegenen Sozialaufwendungen,
- das unzureichende Niveau der privaten Investitionen,
- die Versuchung verschiedener Länder, nationale Probleme durch protektionistische Maßnahmen und Subventionen auf andere Länder zu verlagern und
- die extreme Verschuldung einiger Entwicklungsländer.

Der Minister warnte mit Nachdruck vor dem Rückgriff auf protektionistische und interventionistische Defensivstrategien. Sie seien ein Kurieren an Symptomen, ohne daß der Patient Weltwirtschaft oder auch die nationalen Volkswirtschaften daran gesunden könnten.

Die Nichtbereitschaft, sich dem internationalen Wettbewerb zu stellen und das künstliche Am-Leben- Erhalten nicht mehr wettbewerbsfähiger Industrien verschärfe nur die Probleme. Die unabdingbare Strukturbereinigung werde dadurch nur hinausgeschoben.

(Nach: Süddeutsche Zeitung vom 19.2.1984)

Strukturprobleme der Weltwirtschaft

Protektionismus

Zu Beginn der 30er Jahre führten mangelnde internationale Kooperationsbereitschaft und -fähigkeit zur Devisenzwangswirtschaft, d. h. in vielen Ländern bestimmte der Staat und nicht der Markt den Wechselkurs der Währung. Importe bedurften einer Bewilligung. Der liberale Welthandel kam so zum Erliegen; die weltweite Arbeitslosigkeit stieg weiter an, die Krise weitete sich aus.

Ab Mitte der 30er Jahre wurde sie durch Rüstungsprogramme scheinbar gemeistert. Die negativen Erfahrungen mit dem untauglichen Versuch, die Krise im „nationalen Alleingang" auf Kosten anderer Länder durch Einfuhrbeschränkungen und Ausfuhrförderungsmaßnahmen – wie dem Export zu Preisen unter den eigenen Herstellungskosten (Dumpingpreise) – überwinden zu wollen, dürften protektionistische Argumente widerlegen.

Die gegenüber damals enorm zugenommene Wirtschaftsabhängigkeit der Industrieländer läßt heute einen „Handelskrieg" zum unkalkulierbaren Risiko werden. Andererseits verschärfen Rezession und stark steigende Arbeitslosenzahlen den innenpolitischen Druck.

Ab 1977 nahmen Handelsbeschränkungen (Restriktionen) zwischen den Industrieländern wieder zu. Sie betrafen insbesondere den Auto- und Stahlexport sowie landwirtschaftliche Erzeugnisse. Gegen die Exporte der Entwicklungsländer verhängten die Industrieländer zusätzliche Restriktionen, indem sie z. B. zu höheren Zöllen, Importquoten und „freiwilligen" Exportbeschränkungsabkommen griffen. „Qualitäts"- und „Hygiene"-Vorschriften wurden verschärft. Zugleich erhöhten die Regierungen die Subventionen für Investitionsgüterexporte, was Entwicklungsländer begünstigte, die diese Güter kauften, aber jene schädigte, die mit den Industrieländern im Wettbewerb standen.

Die protektionistischen Maßnahmen der Industrieländer waren im Bereich der Landwirtschaft am wirksamsten (vgl. T 313.1). Die Entwicklungsländer gerieten auch auf dritten Märkten unter Druck. Hier standen sie im Wettbewerb mit subventionierten Agrarprodukten aus Industriestaaten. Durch Exporthilfen versuchten diese, ihre Fett-, Zucker- und Rindfleischüberschüsse abzusetzen. Im Fertigwarenexport erzielten die Entwicklungsländer dagegen Fortschritte (T 313.2).

Auf internationalen Konferenzen sind sich die Delegierten aller Länder stets darüber einig, daß Protektionismus für alle Beteiligten schädlich sei. Damit könnten keine weltwirtschaftlichen Strukturprobleme gelöst werden. Vielmehr schaffe Protektionismus politische Spannungen zwischen den Partnerländern.

Trotzdem stützen die Politiker häufig ihre notleidenden Branchen wie Schiffbau, Stahl- oder Textilindustrie aus Gründen der Arbeitsplatzsicherung. Auch Gründe der Selbstversorgung (Landwirtschaft) oder der nationalen Sicherheit (Rüstungsindustrie) spielen dabei eine wichtige Rolle.

*Als **Protektionismus** bezeichnet man das handelspolitische Konzept, das durch Eingriffe des Staates in den freien Wettbewerb die heimische Wirtschaft gegen ausländische Konkurrenz zu schützen versucht.*

Protektionistische Maßnahmen sind Schutzzölle, Einfuhrbeschränkungen, Devisenkontrollen, staatliche Lager- und Vorratshaltung sowie die Subventionierung eigener Wirtschaftszweige.

In starkem Gegensatz zum Protektionismus stehen die Freie Marktwirtschaft und der Freihandel.

1. Erläutern Sie die These: „Freihandel fordert immer der wirtschaftlich Stärkere“.
2. Charakterisieren Sie die Veränderung der Fertigwarenexporte der Entwicklungsländer in die Industrieländer (T 313.2 und 313.3).
3. Welche Faktoren sind für die wirtschaftliche Konkurrenzfähigkeit eines Landes auf dem Weltmarkt entscheidend? Begründen Sie die von Ihnen angeführten Faktoren.

Offene Märkte – Die beste Hilfe

Die Intensivierung des Nord-Süd-Handels stößt zunehmend auf Kritik von Wirtschaftsverbänden und Gewerkschaften in den Industriestaaten. Sie kritisieren, daß eigene Produkte verdrängt und Arbeitsplätze gefährdet werden.

Eine OECD-Studie kommt zu der Erkenntnis, daß gegenseitiger Handel die beste Entwicklungshilfe ist. Bei dem Lohnkostenvorsprung der Entwicklungsländer stellt er allerdings eine Gefährdung klassischer Arbeitsplätze in den Industriestaaten dar. Dabei verlieren die Industrieländer im Investitionsgüterbereich in etwa halb so viele Arbeitsplätze wie bei den Konsumgütern. Besonders Einfach-Produktionen werden in „Billiglohnländer“ verlegt. Den Industrieländern kann nur eine Umstrukturierung helfen. Dafür gibt es allerdings noch kein Konzept.
(Nach: Süddeutsche Zeitung v. 3./4.12.1983)

T 313.1: Anteil der Entwicklungsländer-Ausfuhr am Verbrauch ausgewählter Agrarerzeugnisse in den Industrieländern, 1970–80

	Anteil am geschätzten Verbrauch (in %)		Marktanteile der Einfuhr (jahresdurchschnittliche Veränderung in %)
Erzeugnis	1970	1980	1970-80
Zucker	7,8	3,9	–6,7
Tabak	21,1	30,2	3,6
Rind- u. Kalbfl.	2,3	0,9	–9,0
Weizen	0,9	0,1	–19,3
Reis	1,4	1,9	3,1
Mais	5,1	1,4	–12,1
Tomaten	5,3	4,7	–1,2

T 313.2: Anteil der Entwicklungsländer – Ausfuhr am Verbrauch von Fertigwaren in den Industrieländern, 1970–80

Land oder Handelsgruppe	Anteil am geschätzten Verbrauch (in %) 1970	1980	Jahresdurchschnittliche Veränderung (in %) 1970-77	1977-80
Australien	2,1	5,5	14,9	2,9
EWG*	2,5	4,6	6,6	7,5
Japan	1,3	2,4	7,8	12,9
Kanada	1,3	2,1	5,5	4,2
Schweden	2,8	3,8	4,0	4,2
Vereinigte Staaten	1,3	2,9	10,6	5,1
Insgesamt	1,7	3,4	8,4	7,6

*Europäische Wirtschaftsgemeinschaft

T 313.3: Anteil der Entwicklungsländer-Ausfuhr am Verbrauch ausgewählter Fertigwaren in den Industrieländern, 1970–80

Verarbeitete Erzeugnisse	Anteil am geschätzten Verbrauch (in %) 1970	1980
Nahrungsmittel	3,5	3,7
Bekleidung, Textilien und Schuhe	3,1	10,5
Bekleidung	4,0	16,3
Textilien	2,3	5,4
Schuhe	2,6	16,3
Lederwaren	6,2	17,3
Holzwaren	1,9	3,6
Papier	0,2	0,5
Chemische Erzeugnisse	2,0	3,8
Mineralische Produkte (ohne Metalle)	0,3	1,1
Unedle Metalle	3,5	4,1
Maschinenbauerzeugnisse	0,4	2,1
Besteck und Handwerkszeug	0,8	3,3
Einrichtungsgegenstände aus Metall	0,6	1,6
Radio-, Fernsehgeräte u. a.	1,1	6,7
Sonstige	4,0	8,0
Insgesamt	1,7	3,4

314.1 Dollar-Note

Verschuldung

Die gegenseitige Abhängigkeit der Industrie- und Entwicklungsländer wurde in den Jahren 1980-83 besonders deutlich: Konjunkturschwäche bzw. Rezession in den Industrieländern bedeuteten für die Entwicklungsländer geringere Exportmöglichkeiten. Viele Länder der Dritten Welt mußten sich daraufhin stärker einschränken; sie importierten weniger und verschärften damit u. a. die Beschäftigungsprobleme der Industriestaaten.

Alle Länder forderten als Gegenmaßnahme niedrigere Zinsen. Damit sollten die Volkswirtschaften billigere Kredite erhalten und angeregt werden, wieder verstärkt zu investieren: Eine wachsende Wirtschaft sollte dann auch das Beschäftigungsproblem lösen.

Die enorm hohe und sehr schnell gewachsene Verschuldung wichtiger Entwicklungsländer sowie die gewaltigen Rüstungsausgaben in der Welt stehen dieser Lösungsstrategie entgegen. Die Theorie, durch Wirtschaftswachstum die weltweiten Beschäftigungsprobleme lösen zu können, wird heute stark bezweifelt. Bei diesem Modell müßte das BSP der Länder über einen längeren Zeitraum jährlich um 6% wachsen. Dies ist nicht nur unerreichbar, es wäre auch ökologisch bedenklich.

Die kreditnehmenden Länder können ihre Schulden nur bedienen, wenn sie im Export ausreichende Deviseneinnahmen erwirtschaften.

T 314.2: Kennzahlen zur wirtschaftlichen Lage ausgewählter Staaten Lateinamerikas

Land	Auslandsschulden 1984 in Mrd US-$	Verschuldung pro Kopf in US-$	Schuldentilgung (% Exporteinnahmen)	Entwicklung des BSP 1983 (%)	Inflationsrate (%)
Brasilien	93,1	734	51,7	−3,3	211
Mexiko	89,8	1230	56,7	−4,0	92
Argentinien	45,3	1554	58,1	+2,0	401
Venezuela	31,4	2372	28,1	−2,0	24
Chile	18,6	1619	55,9	−0,5	24
Peru	12,5	686	35,2	−12,0	125

T 314.1: Schlüsselkennzahlen, 1973 bis 1982 (in %)

Jahr	1973	1974	1975	1976	1977	1978	1979	1980	1981	1982[a]
Welthandelswachstum (Volumen)[b]	12,5	4,0	−4,0	11,5	4,5	5,0	6,5	1,5	0,0	−2,0
Industrieländer										
BIP-Wachstum	6,3	0,6	−0,7	5,1	3,6	3,9	3,2	1,3	1,0	−0,2
Arbeitslosigkeit	3,4	3,7	5,5	5,5	5,4	5,1	5,0	5,6	6,5	8,0
Inflationsrate	7,7	11,6	10,2	7,3	7,4	7,3	7,3	8,8	8,6	7,5
Entwicklungsländer										
Ölimporteure										
BIP-Wachstum	6,5	5,3	4,0	5,3	5,6	6,6	4,2	5,0	2,2	2,0
Schuldendienstquote[c]	12,6	11,4	13,3	12,6	12,7	15,7	14,7	13,9	16,6	21,5
Ölexporteure[d]										
BIP-Wachstum	9,1	7,2	3,7	8,2	4,8	2,4	1,2	−1,3	1,5	1,9
Schuldendienstquote	12,2	6,7	7,8	8,4	11,1	14,9	15,5	13,0	15,7	19,1

[a]Geschätzt. [b]IWF-Angaben für 1973 bis 1981. GATT-Angaben für 1982. [c]Schuldendienst auf mittel- und langfristige Verbindlichkeiten in % der Ausfuhren von Gütern und Dienstleistungen. [d]Ohne China.

Das Bedrohungspotential der Dritten Welt

Die Verschuldung der Entwicklungsländer hat in den 70er Jahren dem Nachfragemangel in den westlichen Industrieländern entgegengewirkt. Gleichzeitig wurde die Verschuldung durch diesen Nachfragemangel mit verursacht. Die Politik des „billigen Geldes" hat die Tendenz, Kredite aufzunehmen, d. h. Schulden zu machen, nachhaltig gefördert. Damit die Hauptschuldner zahlungsfähig bleiben, müssen die Industrieländer ihnen durch Umschuldungsaktionen, z. T. sogar durch Schuldenerlaß, helfen.

Die mit der Schuldenkrise entstandene verminderte Importfähigkeit einzelner Entwicklungsländer könnte für deren Volkswirtschaften auch eine Chance darstellen: Gerade arme Bevölkerungsgruppen verbrauchen mehr Produkte, die im Lande mit einem hohen Anteil heimischer Vorprodukte und einfacher Technologie hergestellt werden können (z. B. Textilien).

Die Industriestaaten gehen davon aus, daß starke Rohstoff-Preissteigerungen nur unter außergewöhnlichen Umständen wie Naturkatastrophen oder Kriege zu befürchten sind. Allerdings könnten arme Rohstoffländer eine Preissteigerung als einzigen Ausweg ansehen, wenn ihre Importmöglichkeiten durch die Verschuldung noch weiter zurückgehen sollten.

Hauptleidtragende wären dann die ärmeren Bevölkerungsgruppen der Industrie- und Entwicklungsländer. Die jeweiligen „Eliten" würden davon eher begünstigt: Die Ausfuhr von Luxusgütern könnte damit zum Vorteil beider gesteigert werden. Eine echte Entwicklung der Dritten Welt käme allerdings weiterhin nicht zustande. Nichts spricht bislang dafür, daß in Krisenzeiten gesellschaftliche und wirtschaftliche Reformen in Entwicklungsländern durchgeführt werden. So führten Sparauflagen, die die Weltbank hochverschuldeten südamerikanischen Schuldnerländern auferlegte, zu drastischen Kürzungen im sozialen Bereich. Die eingeschränkte Staatsnachfrage hatte ferner zahllose Konkurse und steigende Arbeitslosigkeit zur Folge. Die Verschuldung könnte jedoch auch noch weitere Konsequenzen haben:

Um ihre Herrschaft zu sichern, können die „Eliten" in der Dritten Welt auch versuchen, antiwestliche Gefühle zu mobilisieren. Viele sich als sozialistisch bezeichnende Regime in der Dritten Welt zeigen, wie gut sich antiwestlicher Nationalismus mit innenpolitischer Mißwirtschaft und gesellschaftlicher Reformfeindlichkeit verbinden läßt. Ähnliche Blitzableiterfunktionen können lokale Kriege in der Dritten Welt erfüllen, die im Regelfall den Einfluß der ökonomisch zwar schwachen, als Waffenlieferant aber interessanten Sowjetunion vergrößern. (...) Die Krise legt Strukturprobleme der Weltwirtschaft offen, nämlich die historisch neue Abhängigkeit der wirtschaftlichen Expansion in den Industrieländern von der wirtschaftlichen Expansion auch in den Entwicklungsländern."

(Aus: Hartmut Elsenhans, Das Bedrohungspotential der Dritten Welt. Entwicklung und Zusammenarbeit, Heft 5/1984)

Hohe Zinsen gefährden Lösung der Schuldenprobleme

New York. – Ökonomen haben errechnet, daß jeder Anstieg der Dollarzinsen um einen Prozentpunkt den Schuldendienst der Entwicklungsländer pro Jahr mit 4 Mrd Dollar zusätzlich belastet. ... Lateinamerika hat bei den Industrieländern und ihren Banken 350 Mrd Dollar Schulden; die Gesamtverpflichtungen der Dritten Welt betragen über 800 Mrd $.

Die hohen Zinsen haben einen „Schereneffekt" zur Folge gehabt, meint der Bankpräsident Pedro Pablo Kucynski, der Venezuela hinsichtlich seiner Auslandsschulden berät. Zum einen erhöhe sich die Belastung durch den Schuldendienst, zum anderen hätten hohe Zinsen aber auch die Preise der Rohstoffe gedrückt, die immer noch rund 80% der lateinamerikanischen Exporte ausmachen. Gemessen an den „Terms of Trade" – dem Verhältnis der Einfuhr- zu den Ausfuhrpreisen – zahle Lateinamerika auf seine Auslands-Bankschulden reale Zinsen von rund 17%.

(Nach: Süddeutsche Zeitung vom 26.3.1984)

Über 400% Inflation in Argentinien

Die achtjährige Militärherrschaft und der verlustreiche Falklandkrieg haben die einstmals gesunde argentinische Volkswirtschaft ruiniert. Das Vertrauen in den argentinischen Peso hat im eigenen Land den Nullpunkt erreicht. Bei 45 Mrd Dollar Auslandsschulden und über 400% Inflation versucht jeder Argentinier, seine Pesos sofort in Dollars umzutauschen. Sparen wäre ein reines Verlustgeschäft; der Zinssatz für Spareinlagen liegt weit unter der Inflationsquote. Auto- und Immobilienkäufe werden nur noch auf Dollarbasis abgewickelt. Von der Regierung wurden der Dienstag und der Freitag zu fleischlosen Tagen erklärt. Rindfleisch ist neben Getreide Argentiniens wichtigstes Exportgut. Ohne verstärkte Exporte ist das Land völlig außerstande, seinen enormen Auslandsverpflichtungen nachzukommen, die Währung zu stabilisieren und die inländische Produktion wieder anzukurbeln. Auf Grund der Krise sind derzeit 70% der Industriekapazität ungenutzt.

(Nach deutschen Zeitungsberichten vom Juli 1984)

1. Steigen die Zinsen der amerikanischen Banken um 1%, so erhöht sich der jährliche Zinsendienst Lateinamerikas um 2,7 Mrd Dollar. Erläutern Sie die Konsequenzen an ausgewählten Ländern (T 314.1).
2. „Verstärkter Rohstoffexport, Verkauf von Staatsbesitz und weniger Bevölkerungswachstum lösen das Verschuldungsproblem Lateinamerikas!" Beurteilen Sie diese Strategie.
3. Stellen Sie den „Schereneffekt", den die hohen Zinsen für rohstoffexportierende Länder bewirkten, graphisch dar, und kommentieren Sie ihn.

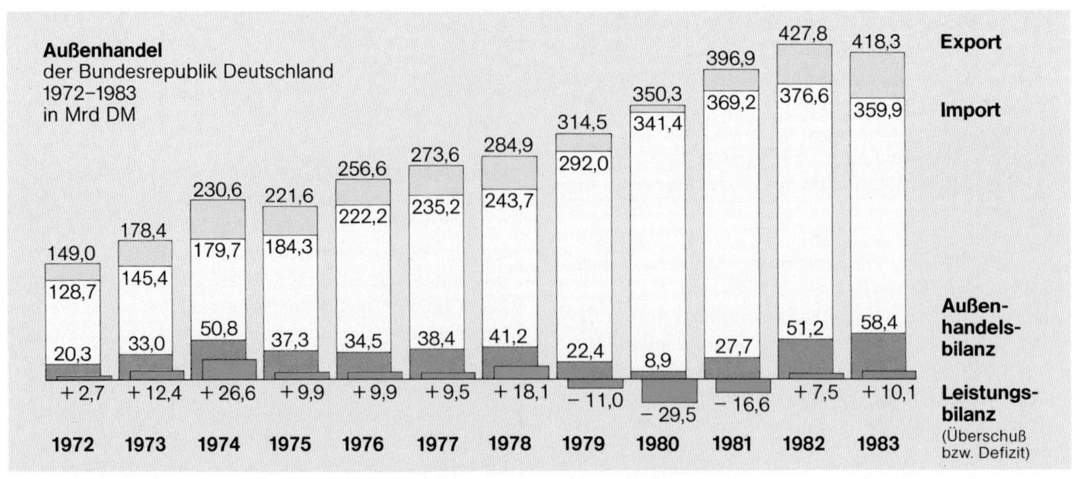

316.1 Außenhandel und Leistungsbilanz der Bundesrepublik Deutschland

T 316.1: Außenhandel der Bundesrepublik Deutschland nach Warengruppen 1983 (Mio DM)

Warengruppe	Einfuhr	Ausfuhr
Nahrungsmittel	38592	18876
Gemüse/Obst/Südfr.	12172	1501
Kaffee, Tee, Kakao	5969	1987
Energierohstoffe	82803	14632
Erdöl, -produkte	64378	6372
Gas/Erdgas	15491	3683
übrige Rohstoffe	28975	9832
Chem. Erzeugnisse	31893	56761
Maschinen/Fahrzeugbau, elektrotechnische Erzeugnisse	85093	196397
Kraftfahrzeuge	19360	67964
Maschinen	32592	80033
Sonstige Verarbeitungsgüter	118792	133005
Eisen/Stahl	13119	20350
Bekleidung	17102	6454

Wirkung einer DM-Aufwertung

Für den Export	Für den Import	Für den Tourismus
Dt. Waren im Ausland teurer	Ausländ. Waren in der Bundesrepublik billiger	Urlaub im Ausland billiger
Weniger Exporte, Drosselung der Konjunktur	Mehr Importe, billigere Importe, besonders Rohstoffe Preisstabilisierung	mehr Auslandsreisen
Ausländer mit DM-Guthaben erzielen Aufwertungsgewinne		

Die Stellung der Bundesrepublik Deutschland in der Weltwirtschaft

Die Bundesrepublik Deutschland nimmt nach den USA und vor Japan den zweiten Platz im Welthandel ein. Über 5,5 Mio Erwerbstätige arbeiten für den Export, d. h. jeder vierte Beschäftigte in der Bundesrepublik lebt von Exportaufträgen – in den USA ist es nur jeder zwölfte. Einige Branchen wie der Maschinen- oder der Automobilbau exportieren über 50% ihrer Produktion ins Ausland.

Mit diesen Deviseneinnahmen konnte die rohstoffarme Bundesrepublik Deutschland bislang mühelos die notwendigen Nahrungsmittel- und Rohstoffimporte bezahlen. Der Exportüberschuß führte zu einem Handelsbilanzüberschuß, zu einer aktiven Handelsbilanz. Damit konnten die Defizite ausgeglichen werden, die in der passiven Dienstleistungsbilanz z. B. durch die Auslandsreisen und in der Übertragungsbilanz, z. B. durch die Heimatüberweisungen der Gastarbeiter, entstanden.

Bis 1978 verzeichnete die Bundesrepublik Deutschland daher stets eine aktive Leistungsbilanz. Die Devisenreserven stiegen in manchen Jahren sogar so rasch an, daß sich die Bundesbank entschloß, die DM aufzuwerten: Eine Überhitzung der Konjunktur sollte so vermieden werden. Man wollte keine importierte Inflation und berichtigte daher den Wechselkurs. 1979 trat durch die 2. Ölpreiskrise erstmals ein Leistungsbilanzdefizit auf, das sich 1980 bereits auf 29,5 Mrd DM vergrößerte. Die Arbeitslosenzahl stieg auf über 2 Mio an, der Staat nahm immer neue Kredite zu immer höheren Zinsen auf. Zu diesem Zeitpunkt schien die internationale Wettbewerbsfähigkeit der deutschen Wirtschaft ernstlich gefährdet. Wirtschaftliche Anstrengungen und ein hoher Dollarkurs führten zu hohen Leistungsbilanzüberschüssen in den Jahren 1983 und 1985.

Der Schweizer Wirtschaftsforscher Peter G. Rogge im November 1982 vor der Augsburger Industrie- und Handelskammer:

- Zwischen 1970 und 1980 hat der Weltmarktanteil der Bundesrepublik Deutschland stagniert – der Anteil Japans hat zugenommen ...
- Die USA und Japan haben auf Schlüsselgebieten den technischen Fortschritt rasch vorangetrieben. Daher erzielen sie eine höhere Produktivität. Japan benötigt z. B. zur Herstellung eines Farbfernsehers 1,9, die Bundesrepublik 3,9, Großbritannien 6,1 Arbeitsstunden ...
- Die Wettbewerbsverhältnisse haben sich verschoben durch einen Rückstand bei der technischen Entwicklung, durch Verzögerungen bei technisch-organisatorischen Neuerungen und notwendigen Investitionen und nicht zuletzt durch nationale Eigenbröteleien ...

... Weder läßt sich eine überholte Industriestruktur durch Beschäftigungsprogramme und Subventionen auf die Dauer halten, noch lassen sich Arbeitskosten und Steuern so weit senken, daß zum Beispiel unsere Werften mit denen Südkoreas konkurrieren können. Der Weg zurück in die sechziger Jahre ist versperrt. Der Ausweg geht nach vorn – hin zu der großen Wachstumsindustrie der Informationstechnologie und der künftigen Wachstumsindustrie der Biotechnik und hin zu einer Erneuerung des Produktionsapparats unserer Volkswirtschaft mit Hilfe dieser Technologien. Können wir wohl auch mit einem solchen Rezept das Problem der Arbeitslosigkeit vorerst nicht lösen, so lösen wir durch den Aufbau einer hochproduktiven Wirtschaft wenigstens die Frage der Finanzierung von Arbeitslosenunterstützung und Renten.
(Aus: Der Spiegel Nr. 43/1983, S. 171: „Deutschlands Ende, Japans Größe?")

Der ehemalige Bundeskanzler Helmut Schmidt in einem Vortrag vor Bankiers in Hamburg:

... „Aber es ist überhaupt nicht einzusehen, warum nicht dieser selbe Wille (Anm.: der Väter) zur Qualitätsleistung, zur Pünktlichkeit, zur Ablieferung genau dessen, was bestellt ist, plus Service, warum das in der nachfolgenden Generation nicht genutzt wird für ganz was Neues. Wir müssen uns klar machen, daß wir mit Stahl und Schiffen auf die Dauer keine Blumenpötte mehr gewinnen können ...
Infolgedessen müssen wir unseren hohen Lebensstandard dadurch wahren, daß wir auf der Welt Dinge anbieten, die die anderen noch nicht können ..."
(Aus: Gesprächskreis Wirtschaft und Politik vom 1.12.1983)

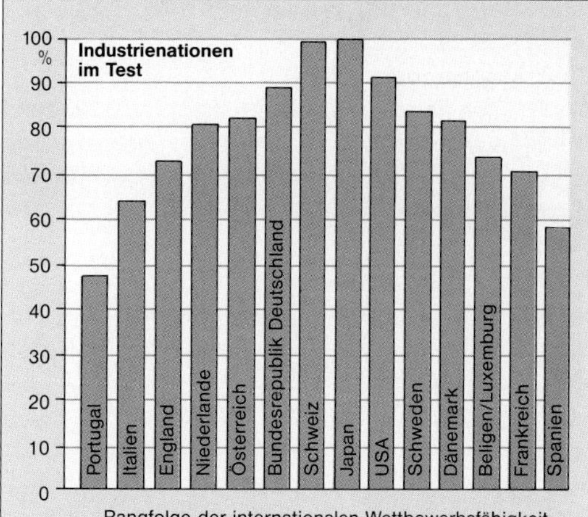

Der 4. Rang der Bundesrepublik Deutschland beruht auf dem guten internationalen Ruf der deutschen Industrie, dem Service, der Qualität und dem technischen Standard der Produkte; der positiven Handelsbilanz, den Devisenreserven, der Geldwertstabilität, der Wirtschaftsordnung und der stabilen politischen Verhältnisse. Schlechte Noten gab es für geringe Arbeitszeit, hohe Arbeitskosten, hohe Abgabenbelastung, mangelndes Risikokapital und geringe Verzinsung des Kapitals.

317.1 Industrienationen im Test

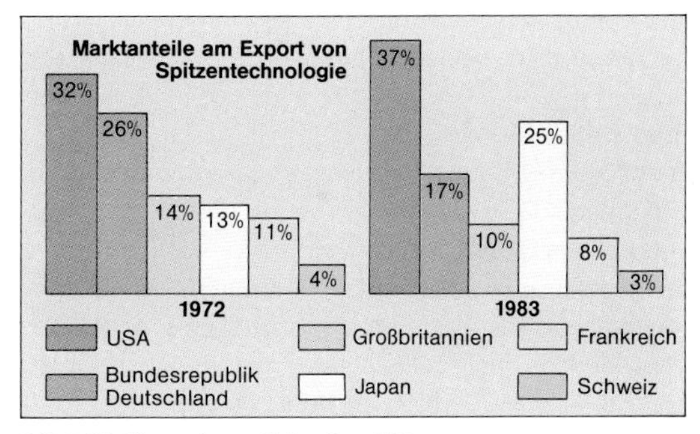

317.2 Wettbewerb um Zukunftsmärkte

1. Die Wirtschaftspolitik ist in jedem Wahlkampf ein zentrales Thema. Begründen Sie.
2. Beurteilen Sie die Auswirkungen großer Exportabhängigkeit (über 50%) für Beschäftigung, Wachstum und Preisentwicklung im Inland.
3. Nennen Sie Faktoren, die auf die internationale Wettbewerbsfähigkeit eines Landes Einfluß haben.
4. Erläutern Sie die These: „Rohstoffimporte erhalten und schaffen Arbeitsplätze. Sie sichern und erhöhen den Lebensstandard."
5. Erläutern Sie Auswirkungen einer DM-Schwäche.
6. Welche Wege sehen Sie, die internationale Wettbewerbsfähigkeit einer Volkswirtschaft zu stärken?

Grundbegriffe der Weltwirtschaft

Bruttoinlandsprodukt (BIP)

Das BIP mißt die gesamte Enderzeugung von Gütern und Dienstleistungen in DM, die von der Wirtschaft eines Landes erstellt wird, d. h. alle Leistungen innerhalb der Landesgrenzen werden erfaßt.

Bruttosozialprodukt (BSP)

Das BSP mißt die gesamte in- und ausländische Erzeugung, die den Bewohnern eines Landes zur Verfügung steht. Es umfaßt also das BIP, vermehrt z. B. um die Erträge aus Kapitalanlagen, die Inländern aus dem Ausland zufließen. Abgezogen werden entsprechend davon Einkommen, die im Inland verdient werden, aber im Ausland lebenden Personen zuwachsen.

Aussagen über das BSP pro Kopf der Bevölkerung sind mit mehreren Unsicherheitsfaktoren belastet: Wechselkurse entsprechen nicht immer den realen Austauschverhältnissen; in den osteuropäischen Staatshandelsländern werden sie staatlich festgelegt.

In vielen Entwicklungsländern beruhen selbst die Bevölkerungsstatistiken auf Schätzungen. Die Subsistenzwirtschaft spielt in vielen dieser Länder eine bedeutende Rolle; sie wird jedoch statistisch nicht erfaßt.

Ein wachsendes BSP muß nicht zugleich verbesserte Lebensqualität bedeuten. Soziale Kosten, die durch dieses Wachstum entstehen, werden nicht erfaßt. Über die Verteilung des Einkommens sagt der Wert nichts aus.

Euro-Dollar-Markt

Bei den Euro-Dollars handelt es sich um international frei verfügbares Geld, das nach sicherer Anlage sucht und zumeist aus Staaten stammt, wo es zu wenig attraktive Investitionsmöglichkeiten gibt. Da diese Geschäfte vorwiegend auf Dollarbasis erfolgen, obwohl weder der Kreditgeber noch der Kreditnehmer in den USA ansässig ist, spricht man von „Euro-Dollar-Beträgen".

Nicht nur private Unternehmen, sondern auch Staaten mit Zahlungsbilanzdefiziten bedienen sich dieses Kreditmarktes, da hier Geld ohne politische Auflagen erhältlich ist. Die Euro-Märkte haben nach der Ölpreiskrise von 1973 wesentlich dazu beigetragen, die unerwartet hohen Ölrechnungen bezahlen zu können. Ein Teil der Mehreinnahmen der OPEC-Staaten floß über den Euro-Dollar-Markt als Kredit wieder an die Industrieländer zurück.

Exportabhängigkeit

Die Wirtschaftsentwicklung und der Wohlstand vieler Länder, insbesondere auch der Bundesrepublik Deutschland, sind in hohem Maße außenhandelsabhängig. Die Exportquote, d. h. der Anteil der Ausfuhr am gesamten Bruttosozialprodukt, stieg im Falle der Bundesrepublik Deutschland von rund 9% im Jahre 1950 auf über 23% in den 70er Jahren.

Die außerordentliche Größe des US-amerikanischen Binnenmarktes mit 230 Mio Einwohnern hat dagegen zur Folge, daß für die USA die Exportabhängigkeit der Wirtschaft mit einer Exportquote von um 10% weitaus geringer ist. In der Bundesrepublik Deutschland ist jeder vierte Erwerbstätige direkt oder indirekt vom Ex- und Import abhängig.

Inflation

Inflation bedeutet Geldentwertung. Unterschiedliche Inflationstendenzen beeinflussen die Waren- und Leistungsströme zwischen den Ländern und damit die Wechselkurse ihrer Währungen. Der im Vergleich zur Bundesrepublik stärkere Preisanstieg in anderen Ländern schwächt deren Export- und Wettbewerbsfähigkeit bei gleichzeitigem Importanstieg. Der dadurch wachsende Devisenbedarf dieser Länder führt zu Abwertungstendenzen ihrer Währung.

Schuldendienst

Unter Schuldendienst versteht man die Zahlungen für Zinsen und Tilgung laufender Kredite.

Inzwischen benötigen die Entwicklungsländer im Durchschnitt jährlich ein Viertel ihrer gesamten Exporterlöse für Zinsen und Kreditrückzahlungen. In den Extremfällen Brasilien und Argentinien waren es Ende 1982 sogar 87 bzw. 103%. Diese Länder sind stark überschuldet. Sie versuchen in ihrer Finanznot, durch Aufnahme kurzfristiger Kredite langfristige Schulden zu tilgen. Schulden werden mit Schulden, nicht mit Exporten, bezahlt.

Der Vergleich der Preise von Rohstoffen zu Fertigwaren ist jedoch problematisch, da u. a. der technische Fortschritt nur unzureichend erfaßt wird. Beispiel: Ein Mittelklassewagen, Baujahr 1970, bietet weniger Sicherheit und verbraucht mehr Kraftstoff als ein ähnliches Modell von 1985.

Verschuldungsquote

Gradmesser für die Verschuldung eines Landes ist weniger die Höhe seiner Auslandsverbindlichkeiten als vielmehr seine Verschuldungsquote. Darunter versteht man den Schuldenstand ausgedrückt in Prozent der jährlichen Exporteinnahmen. In den 70er Jahren galt die kritische Verschuldungsschwelle als erreicht, wenn die Auslandsverschuldung 150% der jährlichen Exporterlöse überschritt.

Wechselkurs (Devisenkurs)

Er bezeichnet das Austauschverhältnis zwischen den

Währungen zweier Länder. Freie Wechselkurse bilden sich am Devisenmarkt aus Angebot und Nachfrage. Bei diesem „Floating“ (to float = schwanken) wird die jeweilige Notenbank des Landes von der Verpflichtung befreit, ihr angebotene Devisen zu einem festen Kurs aufzukaufen. Zur Stabilisierung des Kurses kauft oder verkauft jedoch z. B. die Bundesbank Dollar. Damit stärkt sie das Vertrauen, das die DM international genießt.

Feste Wechselkurse beruhen auf internationalen Vereinbarungen; eine Anpassung an die Marktverhältnisse erfolgt hier durch Auf- oder Abwertung.

Weltkonjunktur
In den 20er Jahren stellte der russische Wirtschaftswissenschaftler Kondratieff fest, daß die Weltkonjunktur seit dem Beginn der Industrialisierung in langen Wellen verläuft. Ein Aufschwung fällt stets zusammen mit der Einführung grundlegender neuer Techniken, wie etwa die Nutzung der Dampfkraft und der mechanischen Webstühle.

Terms of Trade (engl. „Bedingungen des Handels“)
Jamaika bezahlte den Import eines Traktors 1977 mit dem Gegenwert von 20 t Zucker, 1980 mit 80 t. – Jamaikas außenwirtschaftliche Situation hat sich also erheblich verschlechtert, solange es nur Rohstoffe exportiert und Fertigwaren importiert. Dieses Austauschverhältnis im Außenhandel kennzeichnen die Terms of Trade. Um dieses Verhältnis zu berechnen, werden die Preise, die man für ausländische Ware bezahlen muß, zu jenen Preisen, die man für eigene Exportgüter erhält, in Beziehung gesetzt.

$$\text{TOT} = \frac{\text{Preisindex der Exportgüter}}{\text{Preisindex der Importgüter}}$$

Zahlungsbilanz
Darstellung des gesamten Waren-, Leistungs- und Zahlungsverkehrs zwischen einer Volkswirtschaft und dem Ausland während eines Jahres in fünf Teilbilanzen: Die Salden aus Handelsbilanz, Dienstleistungsbilanz und Übertragungsbilanz ergeben die Leistungsbilanz. Ihr stehen die Kapital- und Devisenbilanz gegenüber. Je nachdem, ob Überschüsse oder Defizite in der Devisenbilanz auftreten, spricht man von die verschuldeten (Entwicklungs-) Länder setzen eher auf Beschneidung der Importe als auf Ausweitung der Exporte, die Rohstoffnachfrage und -preise reagieren zu wenig auf den Aufschwung, weil er sich recht einseitig in den USA abspiele. Durch Abbau der Devisenreserven und/oder durch Kreditaufnahme kann das Defizit vorübergehend ausgeglichen werden. Auf Dauer müssen jedoch die Importe gesenkt und/oder die Exporte gesteigert werden.

Arbeitsthemen Weltwirtschaft

Trübe Aussichten für Rohstoffländer
Bei schwacher Weltkonjunktur wachsen BIP bzw. BSP kaum. Länder mit starker Exportabhängigkeit von Rohstoffen bekommen wegen der Verschlechterung der Terms of Trade bei ihren Rohstoffen eine schlechtere Zahlungsbilanz – es sei denn, sie importieren weniger Waren als früher. Zur Finanzierung von Entwicklungsprojekten wenden sich die Regierungen an den Euro-Dollar-Markt. Hier werden für Kredite hohe Zinsen verlangt.

Der Schuldendienst verschlingt daher bei einigen Ländern einen immer größeren Anteil ihrer Exporteinnahmen. Durch die schwache Weltkonjunktur kann der Export aber kaum ausgeweitet werden, zumal manche Importländer sogar protektionistische Maßnahmen ergriffen haben. Die Verschuldungsquote des exportabhängigen Rohstofflandes steigt daher weiter an. Inflation im eigenen Land ist die Folge. Der Lebensstandard der Bevölkerung sinkt, die Arbeitslosigkeit nimmt weiter zu.

- Versuchen Sie, den Zeitungskommentar an Beispielen zu erläutern. Erklären Sie dabei die die vorkommenden Fachbegriffe.

Über Wachstum zum Schuldenabbau
Das „Institute of International Finance“, das führende Geschäftsbanken aus 39 Staaten 1983 gründeten, legte 1984 eine Studie vor, die mit Vorstellungen des Internationalen Währungsfonds (IWF) und der Regierungen westlicher Industriestaaten übereinstimmt. Demnach können die Schuldenprobleme bewältigt werden, wenn in den Industriestaaten ein Wirtschaftswachstum von 3,5–5% bei niedriger Inflation gesichert wird, die Ölpreise höchstens um die Inflationsrate steigen, die Zinsen sinken und die Exporte der Dritten Welt zunehmen. Das könnte ein Wirtschaftswachstum von 4% und einen Anstieg des Pro-Kopf-Einkommens um 1–2% in den Entwicklungsländern schaffen. Dieses Wachstum führe zum Abbau sozialer und wirtschaftlicher Spannungen.

- Diskutieren Sie die Erfolgschancen dieses Konzepts anhand selbstgewählter Beispiele.

US-Aufschwung fördert Welthandel kaum
Genf. Das GATT-Sekretariat gibt der Unsicherheit in der Welthandelspolitik die Hauptschuld für den fehlenden Aufschwung. Europa reagiere konservativ und unflexibel, die verschuldeten (Entwicklungs-) Länder setzen eher auf Beschneidung der Importe als auf Ausweitung der Exporte, die Rohstoffnachfrage und -preise reagieren zu wenig auf den Aufschwung, weil er sich recht einseitig in den USA abspiele. Außerdem sei der dynamische moderne Sektor, wie Mikroelektronik, Industrieroboter, Biotechnologie und Lasertechnologie, der den Aufschwung trage, wenig energie- und rohstoffintensiv ...

- Welche Lösungsmöglichkeiten für die Weltwirtschaftsprobleme werden die GATT-Beamten vorschlagen?

Arbeitsteilung kann nicht an den Landesgrenzen enden, denn nach reinen Wirtschaftlichkeitsüberlegungen sollten sich Länder auf die Güterproduktionen spezialisieren, bei denen sie Kostenvorteile haben. Der dann notwendige Güteraustausch führt zur verbesserten Güterversorgung aller Beteiligten *(Lehrmeinung aus der Schule des Wirtschaftsliberalismus).*

- Internationale Arbeitsteilung kann den beteiligten Ländern neue und zusätzliche Beschäftigungsmöglichkeiten erschließen und durch Wirtschaftswachstum zur Steigerung des Bruttosozialprodukts beitragen. Wo liegen die Risiken?

Heutiger Streit um die Wirtschaftslenkung
Strategie A „Mehr Markt", Forderungen:
- Reduzierung der Abgabenlast („Lohnnebenkosten")
- Reduzierung der staatlichen Reglementierungen
- Wiederbelebung der Marktkräfte (z. B. durch Privatisierung staatlicher Einrichtungen)
- Anreize für Innovation und Wachstum

Strategie B „Mehr Lenkung", Forderungen:
- Ausweitung der privaten Inlandsnachfrage
- Ausweitung der Staatsnachfrage
- Arbeitszeitverkürzung
- Ausbau der staatlichen Steuerungskompetenz („Investitionslenkung").

- Erläutern Sie die beiden Konzepte. Welches überzeugt Sie eher?

Der frühere Bundeswirtschaftsminister Professor Karl Schiller meinte im Sommer 1984 zur Frage der Funktionsfähigkeit der Marktwirtschaft:
„Die Marktwirtschaft ist ein System, in dem fehlerhaftes Verhalten bestraft wird ... Der Staat darf seine Aufgabe nicht darin sehen, die Untüchtigen mit Zuwendungen aus der Steuerkasse zu belohnen oder sie durch Reglementierungen vor der Konkurrenz der Tüchtigeren in Schutz zu nehmen."

- Welche Grundposition steht hinter dieser Ansicht? Begründen Sie Ihre Auffassung.

Wirtschaftstheorien

Im 16.–18. Jh. war das wirtschaftstheoretische Denken der europäischen Herrscher vornehmlich auf die Stärkung ihrer Macht ausgerichtet. Damit war dieses Zeitalter des Merkantilismus vom Geist des Protektionismus und vom Streben nach Autarkie geprägt: Dazu wurden die inländischen Manufakturen unterstützt – sie sollten exportfähige Fertigwaren herstellen; Fertigwarenimporte wurden dagegen ebenso wie Rohstoffexporte durch Verbote und Zölle unterbunden. Jeder Herrscher dachte, er könne seinen Handel nur auf Kosten eines anderen ausweiten.

Mit dieser merkantilistischen Sichtweise, in der der Staat den Wirtschaftsablauf bestimmte, setzt sich der Schotte **Adam Smith** (1723–1790) auseinander. Er behauptete in seinem 1776 erschienenen Buch über den „Wohlstand der Nationen" (Wealth of Nations), ein Wirtschaftssystem funktioniere dann am besten, wenn jeder Mensch das mache, was ihm selbst nütze.

Auf diesem Prinzip des Eigennutzes beruht die kapitalistische Wirtschaftsordnung noch heute. Smith sah im menschlichen Egoismus die Triebkraft der Wirtschaft und ging davon aus, daß sich in einer Freien Marktwirtschaft Angebot und Nachfrage von selbst regulieren. Der Staat hat bei ihm im wesentlichen lediglich für Rechtssicherheit und Schutz vor „Gewalttätigkeit und Angriffen anderer Nationen" zu sorgen („Nachtwächterstaat").

Mit dieser Theorie gilt Smith als der Begründer der Volkswirtschaftslehre und Verfechter des Wirtschaftsliberalismus.

Der englische Ökonom **David Ricardo** (1772–1823) widerlegte Adam Smith' These, wonach der Kapitalismus eine harmonische Wirtschaftsform sei, deren wachsender Ertrag der gesamten Gesellschaft zugute käme. Er wies nach, daß nicht alle Klassen der Gesellschaft in gleicher Weise vom wachsenden Wohlstand profitierten.

Weit mehr als bei der allgemeinen Konjunkturpolitik dürfte die Hauptschwierigkeit der sektoralen Strukturpolitik darin liegen, als richtig erkannte Maßnahmen politisch gegen den Widerstand der Betroffenen durchzusetzen. Wenn es darum geht, zukunftsträchtige Branchen zu fördern, gibt es keine Probleme. Anders sieht es aus, wenn Branchen schrumpfen sollen. Die sektorale Strukturpolitik hätte dann eigentlich nur die Aufgabe, vorübergehende Anpassungshilfen zu gewähren, um soziale Härten zu vermeiden. In Wirklichkeit werden aus den Anpassungshilfen meist Erhaltungssubventionen. Bei diesem Druck auf den Gesetzgeber sind sich Unternehmensverbände und Gewerkschaften zumeist einig: Den Unternehmern ist daran gelegen, Verluste durch staatliche Zuschüsse zu verhindern; die Gewerkschaften wollen Arbeitsplätze erhalten.

Auch die Wirksamkeit der regionalen Strukturpolitik ist fraglich. Staatliche Investitionszulagen führen oft nur zu „Mitnahmeeffekten".

- Erläutern Sie Probleme der Strukturpolitik. Kennen Sie Beispiele?

Große Beachtung fand zur damaligen Zeit auch **Thomas Robert Malthus** (1776–1834) mit seiner „Abhandlung über das Bevölkerungsgesetz". Darin stellt er die Behauptung auf, die Menschheit werde sich alle 25 Jahre verdoppeln und sich damit schneller vermehren als die für die Ernährung erforderlichen Nahrungsmittel. Daher werde der größte Teil der Menschheit eines Tages verhungern. Für Malthus bedeuteten deshalb Pest und Pokken ein Segen, Frühehen, Armenspeisungen und „Sozialhilfe" ein Fluch. Er forderte Enthaltsamkeit und war davon überzeugt, daß der Wohlstand die Schuld an der Vermehrung der Menschheit habe.

Karl Marx (1818–1883) ist der Begründer des „wissenschaftlichen Sozialismus". Ein Kernbegriff seiner Lehre ist der Mehrwert. Dabei handelt es sich um den Wert, den die Arbeit des Lohnarbeiters über seinen Lohn hinaus hat. Der Unternehmer verwendet diesen Mehrwert, das Kapital, um Maschinen anzuschaffen, die die menschliche Arbeit ersetzen. Damit erzeugt er Arbeitslosigkeit, der Wert der „Ware Arbeit" sinkt, die Löhne können gedrückt werden. Wir sprechen dann von der *„Verelendungstheorie".*

Die neuen Maschinen produzieren mehr Waren, gleichzeitig aber sinkt die Kaufkraft der arbeitslosen oder für Hungerlöhne arbeitenden Massen. Auch die Kapitalisten können die Masse der hergestellten Konsumgüter nicht abnehmen, da sie ihr Geld in Produktionsmittel investiert haben. Der Absatz stockt, es kommt zur Krise *(„Krisentheorie").*

Selbst wenn die Krise überwunden wird, sehen die Kapitalisten ihre Gewinne geschmälert: Gewinn ist nur aus dem Mehrwert der menschlichen Arbeit, nicht aus der Arbeit der Maschine zu erzielen. Der Anteil der Maschinenarbeit aber wird durch Rationalisierung immer größer *(„Gesetz der fallenden Profitrate").*

Folglich muß der Kapitalist immer mehr Kapital einsetzen, um Gewinn zu erzielen. Viele können dies nicht, geben auf, die Produktion und das Kapital konzentrieren sich dadurch auf immer weniger Personen *(„Monopolkapitalismus").*

Den wenigen Besitzenden (Kapitalisten) steht ein immer größeres Heer von Besitzlosen (Proletariern) gegenüber. Diese werden sich schließlich ihrer Lage bewußt, schließen sich zusammen, übernehmen die Lehre des Kommunismus und vertreiben in der Weltrevolution die Ausbeuter.

Der bedeutendste sozialistische Ökonom nach Karl Marx war **Rudolf Hilferding** (1877–1941). Er ist Schöpfer einer Theorie, die – von Lenin später erweitert – unter dem Begriff des staatsmonopolistischen Kapitalismus bekannt wurde.

Diese „Stamokap-Theorie" geht davon aus, daß der Staat sich als „Reparaturbetrieb des Kapitalismus" betätigt. So verteilt er Subventionen und Aufträge, um schwache Großunternehmen zu stützen und damit drohende Arbeitsplatzverluste abzuwenden. Bei dieser Politik werden Verluste sozialisiert, Gewinne privatisiert. Die Interessenvertreter des Kapitals sitzen in den Parlamenten und bestimmen die Regierungspolitik.

Für Hilferding sind die Banken die wahren Herrscher des Spätkapitalismus: Ihr Finanzkapital erwirbt eine immer größere Macht über das „produktive Kapital", die Fabriken. Die Vertreter der Banken sitzen in den Aufsichtsräten der Firmen und bestimmen von hier aus die Geschäfts- und Finanzpolitik.

Findet das Finanzkapital keine profitablen Anlagemöglichkeiten mehr im Inland, so drängt es zum Kapitalexport, lautet eine weitere These Hilferdings. Der Staat hat dann dafür zu sorgen, daß sich die fremden Länder „aufnahmebereit" zeigen, notfalls durch Krieg. Diese Praktiken sind als „Kanonenboot-Politik" und „Wirtschaftsimperialismus" in die Geschichte unseres Jahrhunderts eingegangen.

Der Engländer **John Maynard Keynes** (1883–1946) gilt als bedeutendster Ökonom des 20. Jh. Seine Konjunkturtheorie wird auch heute noch von vielen Politikern und Wirtschaftswissenschaftlern als wirksamste Waffe gegen die Arbeitslosigkeit angesehen. Dabei soll der Staat eine antizyklische Konjunkturpolitik betreiben: Ist die private Nachfrage zu gering, so hat der Staat verstärkt Geld auszugeben („deficit spending"). Er nimmt dabei bewußt Schulden in Kauf, die er später bei besserer Konjunktur und damit höheren Steuereinnahmen zurückzahlen kann.

Strikt gegen solche staatlichen Konjunktur- und Beschäftigungsprogramme wendet sich der Amerikaner **Milton Friedman.** Er glaubt nach wie vor an den klassischen Kapitalismus Adam Smith'scher Prägung.

Da staatliche Beschäftigungsprogramme zumeist mit Krediten finanziert werden, belasten sie den Kapitalmarkt, steigern die Zinsen, senken die Investitionsbereitschaft der Unternehmen und führen zur Inflation. Als Monetarist (Geldtheoretiker) hält er es für entscheidend, daß der Staat die Ausweitung der Geldmenge stets – auch um den Preis hoher Arbeitslosigkeit - streng dem Wirtschaftswachstum anpaßt. Nur so kann eine Inflationsmentalität vermieden werden.

1. Setzen Sie sich mit den skizzierten Wirtschaftstheorien auseinander, und beurteilen Sie deren Aussagen im Hinblick auf ihre Durchführung. Belegen sie Ihre Erkenntnisse an Beispielen.

Die Thünenschen Ringe

Standorttheorien versuchen, allgemeine Grundsätze für die räumliche Lage von Wirtschaftsunternehmen aufzustellen. Eine Theorie zum Standort landwirtschaftlicher Betriebe und die Art der Landnutzung stellte 1826 der deutsche Agrartheoretiker **Johann Heinrich von Thünen** (1783–1850) in seinem berühmt gewordenen Werk „Der isolierte Staat in Beziehung auf Landwirtschaft und Nationalökonomie" vor. Dabei untersuchte er den Zusammenhang zwischen Raumlage, Raumüberwindung und Transportkosten.

Er nimmt dabei ein isoliertes, von einer unerschlossenen Wildnis umgebenes Staatsgebiet an, dessen Mitte von einer gleichmäßigen, fruchtbaren Ebene mit einer einzigen Stadt als zentralem Marktort ausgefüllt ist.

Unter diesen Voraussetzungen sind nach Thünen die Transportkosten direkt proportional zur Entfernung des landwirtschaftlichen Produktionsstandortes vom Marktort und dem Gewicht der Agrarprodukte; daneben beeinflussen noch Volumen und Verderblichkeit der Produkte die Höhe der Transportkosten – vorausgesetzt, alle Landwirte erstreben eine Gewinnmaximierung. Deshalb ordnen sich die Landnutzungszonen kreisförmig nach Intensitätsgraden um den Marktort; es bilden sich die **Thünenschen Ringe** (vgl. Abb. 322.1).

Durch die Beschränkung auf eine Variable (Transportkosten) – die anderen Faktoren wurden als Prämissen festgesetzt – gelangte Thünen zu *modellhaften Einsichten.* Er vereinfachte die wirkliche Welt, um einige ihrer Charakteristika deutlich zu zeigen. Mit seinem Modell der Landnutzungszonen wies er nach, daß der Bodenwert im ländlichen Raum mit zunehmender Entfernung vom städtischen Zentrum sinkt.

Anwendung der Theorie

- Ein Produkt, bei dem ein hohes Gewicht pro Anbaufläche auftritt, oder eine aus anderen Gründen, z. B. der Verderblichkeit, schwer transportierbare Ware wird nicht weit vom Marktort entfernt produziert werden dürfen – es weist eine steile Angebot/Aufwand-Preiskurve auf (Abb. 322.2).
- Umgekehrt wird ein „leichtes" Produkt mit niedrigem Gewicht pro Anbaufläche wie Hopfen oder Heilkräuter oder eine transportfreundliche Ware wie Baumwolle weniger empfindlich auf zunehmende Entfernung vom Markt reagieren.
- Die Bodennutzung in entlegeneren Gebieten wird daher der schlechten Erreichbarkeit angepaßt: So wird die Milch auf den Almen zu Käse veredelt, Getreide im abgelegenen Schottland zu Whisky verarbeitet. In den USA veredeln Farmer den Mais über den Schweinemagen: Sie verkaufen Räucherschinken und Dauerwurst auf fernen Märkten.
- Bei Marktferne ist es rentabler, durch extensive Anbaumethoden einen geringeren Hektarertrag zu erzielen als mit Düngemitteleinsatz einen höheren.

Bedeutung der Theorie

Thünen selbst – und in der Folgezeit zahlreiche Wissenschaftler – haben das ursprüngliche Ringmodell variiert und durch *empirische Untersuchungen* auf seine Gültigkeit untersucht.

Das Modell erwies sich als widerspruchsfrei. Thünen hat damit eine allgemeine Theorie der optimalen Raumnutzung entwickelt, die nicht nur auf den Agrarsektor anwendbar ist, sondern zu einer Theorie der städtischen Bodennutzung weiterentwickelt werden konnte. Diese Theorie findet heute bei vielen Planungen in Städten ihre praktische Anwendung.

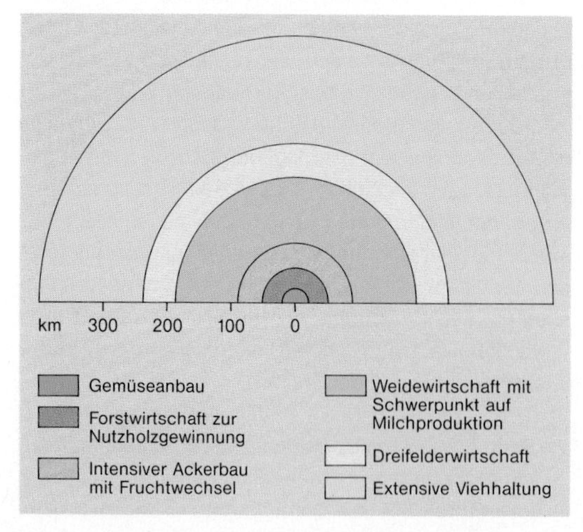

322.1 Landnutzungszonen in Thünens isoliertem Staat

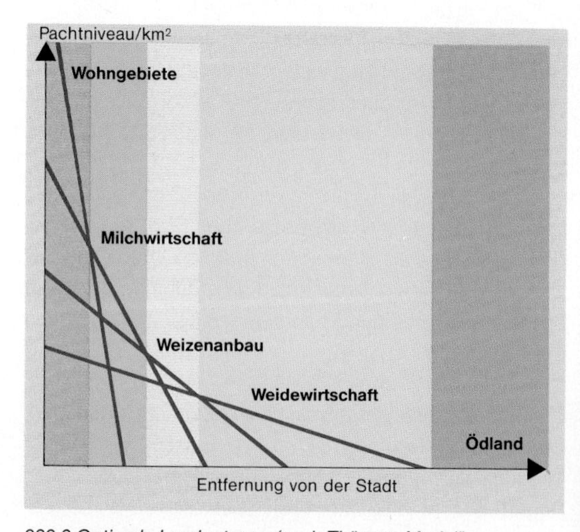

322.2 Optimale Landnutzung (nach Thünens Modell)

Regelhafte Landnutzungszonen – weltweit nachweisbar?

Im 19. Jh. bildete sich in Westeuropa und im östlichen Teil Nordamerikas eine größere städtisch-industrielle Kernzone heraus. Diesem Kernraum kann man eine ganz ähnliche Rolle in den internationalen Wirtschaftsverflechtungen zusprechen wie dem zentralen Marktort in Thünens Modell. Der britische Geograph Richard Peet hat auf diese Grundannahme hin ein Land des industriellen Kerngebietes genauer untersucht: Großbritannien.

Während des Zeitraumes von 1800 bis zum Ausbruch des Ersten Weltkrieges 1914 vervierfachte sich die Bevölkerung auf den Britischen Inseln, der Lebensstandard stieg, und der Pro-Kopf-Verbrauch an Lebensmitteln nahm zu. Woher stammten die Lebensmittel?

Wandel der Herkunftsgebiete am Beispiel des Weizens

Die Durchschnittsentfernung der Herkunftsgebiete, aus denen Großbritannien seinen Weizen bezog, stieg von knapp 4000 km in den Jahren um 1830 auf 9500 km beim Ausbruch des Ersten Weltkrieges 1914. Um die Mitte des 19. Jh. bezogen die Engländer ihren Weizen vom südlichen Ostseeraum (Preußen) und den Schwarzmeerhäfen. Rußland wurde in seiner Bedeutung als Kornkammer in den 70er Jahren des 19. Jh. von Nordamerika überflügelt. In den USA rückte in den 80er Jahren die Weizenfront weiter westwärts in die Great Plains vor und erreichte schließlich Westkanada. Um 1900 trat nach Argentinien auch Australien als großer Weizenexporteur in Erscheinung (vgl. Abb. 323.1).

Diese nach außen gerichtete Bewegung der Zonen beruhte zum einen auf der wachsenden Nachfrage in den industriellen Zentren, zum anderen auf dem weltweiten Rückgang der Kosten für die Schiffsfracht.

Obwohl die „Ringe“ in diesem System weitgehend durch die Umrisse der Kontinente und Ozeane unterbrochen werden, sind die Grundgedanken des Thünenschen Modells auch hier noch nachweisbar.

(Nach: Haggett, 1983, S. 537)

1. Erläutern Sie Thünens Modell der Landnutzungszonen im isolierten Staat mit eigenen Worten. Nennen Sie zunächst Thünens Prämissen.
2. Überprüfen Sie die Theorien Thünens auf ihre heutige Gültigkeit. Nehmen Sie dazu Karten der Landnutzung (Wirtschaftskarten) im Atlas zu Hilfe.
3. „Die Thünensche Theorie zentralperipherer Anordnung der Produktion hat als Erklärungsansatz an Bedeutung verloren. Der Transportkostenfaktor spielt heute nicht mehr die entscheidende Rolle.“ Prüfen Sie diese These.

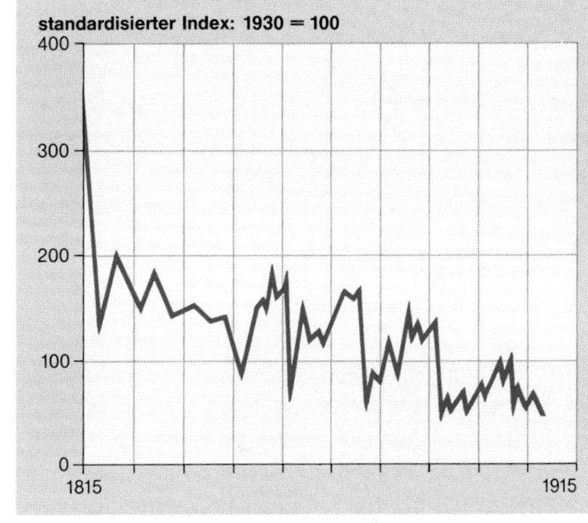

323.2 Seefrachttarife amerikanischer Exporte

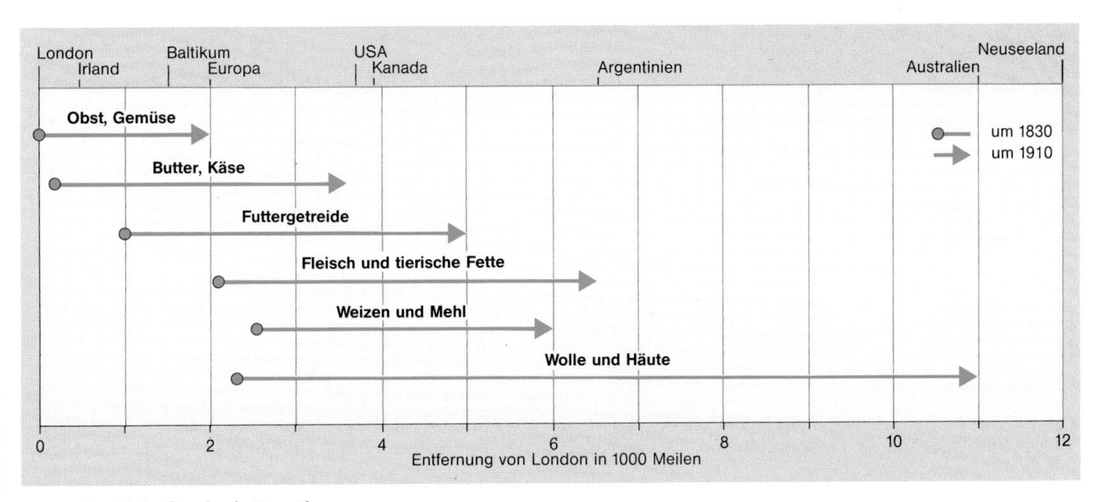

323.1 Wandel der Durchschnittsentfernungen

Die Industriestandorttheorie Alfred Webers

Alfred Weber (1868–1958) behandelt in seinem 1909 erschienenen Werk „Über den Standort der Industrie“ die Standortfrage. Dabei untersucht er den **optimalen Standort** für einen Industriebetrieb. Bei seiner Theoriebildung geht Weber von folgenden Annahmen aus:

- die Standorte der Rohmaterialien sind bekannt,
- die räumliche Verteilung der Absatzmöglichkeiten ist bekannt und gegeben,
- es gibt keine Transportkostenunterschiede durch unterschiedliche Tarife oder Verkehrsmittel; die Transportkosten sind eine Funktion von Gewicht und Entfernung,
- die räumliche Verteilung der Arbeitskräfte ist bekannt; die Arbeitskräfte sind immobil, die Lohnhöhe ist konstant, jedoch räumlich differenziert; die Anzahl der Arbeitskräfte ist unbegrenzt verfügbar,
- das wirtschaftliche, politische und kulturelle System ist homogen (einheitlich).

Von diesen Annahmen ausgehend beeinflussen nach Weber drei Standortfaktoren – im Sinne von Kostenvorteilen – die industrielle Standortwahl:

- die Transportkosten für Materialien und Fertigerzeugnisse,
- die Arbeitskosten und
- die Agglomerationsvorteile.

Zunächst ermittelt Weber den Standort mit der geringsten **Transportkosten**belastung. Nach seinen Modellvoraussetzungen hängen die Transportkosten ausschließlich vom **Gewicht** der zu transportierenden Güter und der **Entfernung** ab, die zwischen Rohstoffvorkommen, Produktions- und Konsumort zu überwinden ist. So läßt sich nach Weber der „tonnenkilometrische Minimalpunkt“, d. h. der Standort mit der niedrigsten Transportkostenbelastung berechnen. Das bei der Produktion eingesetzte Material unterteilt Weber in

1. **Lokalisiertes Material** – seine Gewinnung ist an bestimmte Fundorte gebunden. Es wird unterteilt in
   - Reingewichtsmaterial, das mit seinem ganzen Gewicht in das Fertigprodukt eingeht wie z. B. Mineralwasser, und
   - Gewichtsverlustmaterial, das gewichtsmäßig überhaupt nicht wie die Energieträger Kohle, Öl, Gas oder nur zum Teil, wie z. B. Erz, in das Fertigprodukt eingeht.
2. **Ubiquitäten** (lat.: überall vorkommende Güter) sind an jedem Standort in unbegrenzter Menge vorhanden. Verbindet man in einer Zeichnung die Fundorte der Materialien mit dem Konsumort, so entsteht eine geometrische Standortfigur.

1. Beispiel: M_1 = Reingewichtsmaterial
M_2 = Reingewichtsmaterial
K = Konsumort/Absatzort
P = Produktionsort

Wenn nun z. B. M_1 und M_2 zu je 10 Tonnen in das Fertigprodukt (von 20 t) eingehen, so liegt der „tonnenkilometrische Minimalpunkt“ im Konsumort, d. h. Konsumort und Produktionsort müssen identisch sein.

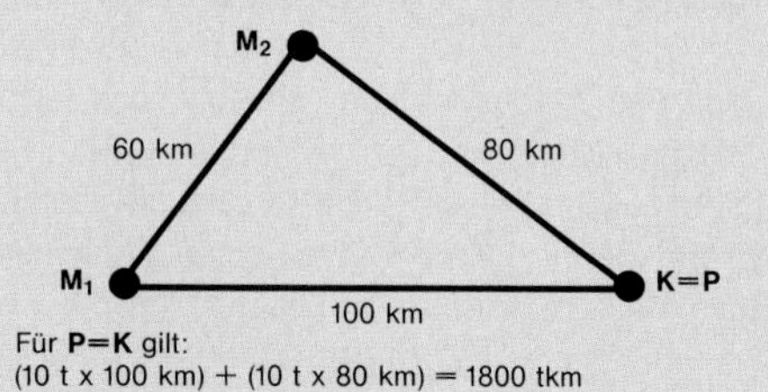

Für **P=K** gilt:
(10 t x 100 km) + (10 t x 80 km) = 1800 tkm

Dagegen gilt für **P=M_2**:
(10 t x 60 km) + (20 t x 80 km) = 2200 tkm > 1800 tkm

2. Beispiel: M_1 = Ubiquität, z. B. Luft
M_2 = Gewichtsverlustmaterial

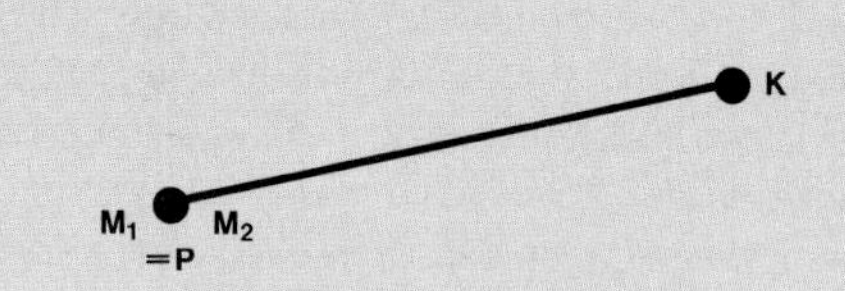

Wo liegt der optimale Produktionsort?
Der Fundort des Gewichtsverlustmaterials ist optimal, denn nur hier treten keine Transportkosten für das Material auf, das nicht in das Endprodukt eingeht.

Regel
Je höher der Gewichtsverlust der Rohstoffe beim Veredelungsprozeß, desto näher liegt der Produktionsort am Fundort des Rohstoffs.
Je geringer der Gewichtsverlust der Rohstoffe beim Veredelungsprozeß, desto näher liegt der Produktionsort am Absatzort.
*Man spricht hierbei heute von **rohstofforientierter** und **absatzorientierter** Industrie.*

Nach den Transportkosten untersuchte Weber den Einfluß der Arbeitskosten und der Agglomerationsvorteile auf die Standortwahl. Trotz berechtigter Einwände haben die Grundzüge der Theorie Webers noch heute Gültigkeit. Sie dienen den Wissenschaftlern als Ausgangspunkt für die Bewertung von Industriestandorten.

Stadium I

Welches Standortmuster sich bei dieser Art der Eisenherstellung herausbildete, läßt sich anhand des mittelalterlichen Europas veranschaulichen. Die Produktion in dieser ersten Phase ist an vielen Stellen nachzuweisen. Kleinere Eisenerzlagerstätten in der Nähe oder an der Erdoberfläche finden sich häufig. Entscheidend waren ausreichende Holzvorräte, denn man benötigte für 10 t Eisen das Holz von 0,8 ha Wald für die Herstellung der Holzkohle. Als zweiter Faktor war eine ständige Wasserkraft zum Antrieb der Blasebälge und Hammerwerke erforderlich. Diese erste Phase wiederholt sich im 18. Jh. an der Ostküste Nordamerikas. Auch hier entwickelte sich die Eisenindustrie zunächst auf der Basis von Holzkohle.

Stadium II

Verbesserungen der Schmelztechnik auf Kohlebasis führten dazu, daß im frühen 19. Jh. Kohle (Koks) die Holzkohle vollständig verdrängt hatte. Eisenhütten wurden nun in der Nähe von Kohlevorkommen errichtet, denn man benötigte achtmal soviel Kohle wie Eisenerz. Die von der Industriellen Revolution beschleunigte Nachfrage nach Stahl führte zum Entstehen der Schwerindustriezentren von Pittsburgh in den USA, von Sheffield in England, von Lüttich in Belgien und des Ruhrgebietes im damaligen Deutschen Reich.

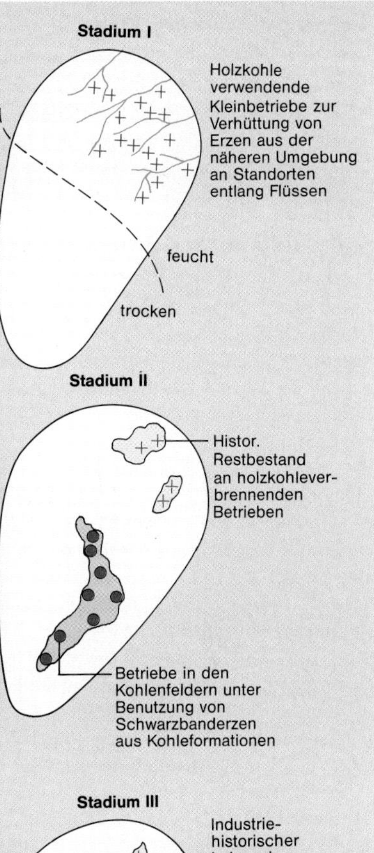

Stadium III

Diese Phase der Standortentwicklung erstreckt sich vom Ende des 19. Jh. bis heute. Aus entwicklungspolitischen Gründen hat sich die Zahl der Stahlstandorte nach 1950 erhöht. Besaßen zu diesem Zeitpunkt 32 Staaten eigene Stahlhütten, so produzierten 1985 bereits über die Hälfte aller Staaten der Erde Stahl im eigenen Land.

Die Kohlegebiete verloren überall an Bedeutung, da man dank neuer technischer Verfahren heute zur Stahlherstellung nur noch halb soviel Koks wie Eisenerz benötigt. Wo bedeutendere Erzvorkommen in entlegeneren Gebieten ohne einheimische Märkte wie in Schefferville (Kanada) oder im mauretanischen Teil der Sahara vorkamen, wurde das Erz exportiert. Dies führte insgesamt zu einem wachsenden internationalen Handel mit Eisenerzen. Inzwischen sind – mit Ausnahme der UdSSR – die großen Stahlerzeugerländer wie die USA, Japan, die Bundesrepublik Deutschland und Großbritannien hochgradig von Importerzen abhängig.

Daher gewannen die Küstenstandorte an Bedeutung. In Nordamerika führte das dazu, daß die Industriekomplexe von Cleveland, Detroit, Chicago und Gary sowie Hamilton (Kanada), die alle an den Großen Seen liegen, ihr Erz aus Labrador oder Venezuela auf dem Wasserweg beziehen. Sie haben den kohleorientierten Standort Pittsburgh inzwischen überrundet. – In Europa läßt sich der Zug zur Küste, zum „nassen Standort", für Südwales, IJmuiden in den Niederlanden, Dünkirchen in Frankreich und Bremen nachvollziehen.
(Nach: Haggett, 1983, S. 545 f.)

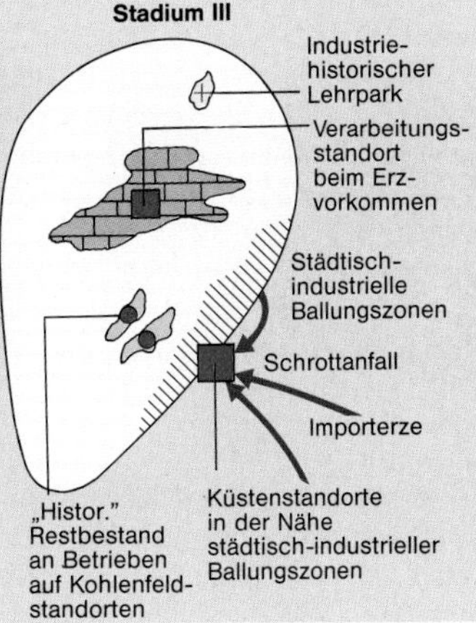

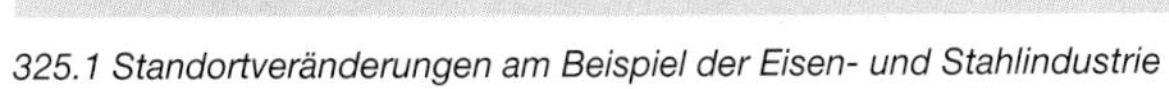

325.1 Standortveränderungen am Beispiel der Eisen- und Stahlindustrie

Insgesamt hat sich die Abhängigkeit von den Rohstoffquellen vermindert. Die Marktnähe gewinnt an Bedeutung. Neben diesem Wandel ist die Beharrungstendenz unverkennbar. Dafür sind die enormen Investitionen für ein Stahlwerk ebenso verantwortlich wie die bestehende Infrastruktur und regionalpolitische Argumente (Arbeitsplatzsicherung, Kaufkrafterhalt). Das Saarland, der Raum Peine-Salzgitter und Lothringen sind hierfür Beispiele.

1. Nach Weber werden Produkte, die aus Reinmaterialien und Ubiquitäten bestehen, am Konsumort hergestellt. Begründen Sie dies.
2. Zementfabriken und Kohlekraftwerke gelten als rohstoff-, Brauereien als absatzorientiert. Begründen Sie dies unter Berücksichtigung der Weberschen Standorttheorie.
3. Erläutern Sie die drei Phasen der Standortveränderungen (Abb. 325.1).

Industriestandortfaktoren heute
Neben Transportkosten, Arbeitskräften und Agglomerationsvorteilen wurden bei *Befragungen* von Unternehmen zur Wahl ihres Standortes immer wieder folgende Faktoren genannt (Reihenfolge nicht nach Häufigkeit): Grundstück; Absatzmarkt; Verkehrswege; Steuern und öffentliche Fördermaßnahmen; Wohn- und Freizeitwert; Energiekosten; Konkurrenzsituation. Nicht zuletzt spielen private Gründe eine wichtige, aber kaum quantifizierbare Rolle, Die genannten Faktoren können auch zur Charakterisierung des Makrostandortes (regionale, nationale und internationale Ebene) verwendet werden.

Standorttheorie – Standortwandel

Arbed-Saarstahl, der mit noch immer 17 200 Beschäftigten zweitgrößte Arbeitgeber an der Saar, hat mittlerweile 3 Mrd DM an öffentlichen Hilfen erhalten. Dies läßt sich nur mit der besonderen Bedeutung dieser saarländischen Hütte für den kleinsten Flächenstaat der Bundesrepublik Deutschland rechtfertigen.

Das Schicksal des Saarreviers ist seit Beginn der Industrialisierung vor gut 100 Jahren auf das engste mit der Montanindustrie verknüpft. Durch die Zugehörigkeit zu Frankreich bis 1956 blieb das Saarland lange Zeit abgekapselt. Deshalb kamen auch die Flüchtlinge, die in anderen Regionen der Bundesrepublik Deutschland besonders die mittelständische Industrie mit aufbauten, erst sehr spät. Die verantwortlichen Politiker haben es aber auch versäumt, frühzeitig die Ansiedlung neuer Industriebetriebe zu fördern. Jetzt jedoch sieht sich das finanzschwache Saarland nicht in der Lage, die Standortnachteile, vor allem der langen Verkehrswege, durch finanzielle Anreize auszugleichen. Daher gibt es kaum Möglichkeiten, für im Montanbereich wegfallende Arbeitsplätze Ersatz zu schaffen; das bedeutet: Der Konkurs von Arbed-Saarstahl muß unbedingt vermieden werden. Er würde auf mittlere Sicht nach Berechnungen der Industrie- und Handelskammer des Saarlandes 50 000 Arbeitsplätze kosten. Allein im Bergbau sichert das Unternehmen durch die jährliche Abnahme von 2 Mio t Kokskohle 4000 Arbeitsplätze. Als Regel gilt: Ein Stahlarbeitsplatz sichert drei weitere Arbeitsplätze in der Region.

(Nach Zeitungsberichten im Nov. 1983)

„Es ist nicht einzusehen, daß wir aus aller Herren Länder Erze herankarren, um sie mittels einer Technologie, die jedermann kennt, und mit Hilfe ausländischer Arbeitskräfte zu Massenstahl zu verarbeiten, den wir dann wieder zu exportieren versuchen. Hier stimmt doch nichts mehr: weder der – auch gemessen an anderen Wirtschaftszweigen – Rekordlohn und die Rekordsozialleistungen, noch der Weltrekord-Energiepreis, noch der welthöchste Standard an Umweltschutzauflagen, noch der Wille der deutschen Abnehmerschaft, die liebend gern den billigeren Stahl aus dem Ausland beziehen würden. Hier stellt jede Investitionsmark eine Ressourcenvergeudung dar. Niemand auf Erden kann sich für einen solchen Betrieb interessieren. Er wäre geschenkt zu teuer."

(Aus einem Zeitungskommentar im Dez. 1982)

Eine Stadt kämpft um ihren Stahl

Die Kirchenglocken läuteten, Straßenbahnen und Busse blieben stehen, Läden, Büros und die Stadtverwaltung hatten vorzeitig geschlossen, damit auch diese Menschen Seite an Seite mit den Stahlarbeitern an der größten Demonstration in der Geschichte Dortmunds teilnehmen konnten, die nach dem Willen des Oberbürgermeisters ein in der ganzen Bundesrepublik widerhallendes Warnsignal an den holländisch-deutschen Stahlkonzern Hoesch-Estel sein sollte. ... An diesem verregneten Freitag zählten in der östlichen Ruhrmetropole nicht mehr Konfession und Partei – sie alle, die sich auf dem Neuen Markt drängten, waren nur noch Dortmunder, aufgeschreckt von der Angst, daß es eines Tages aus sein könnte mit der Stahlproduktion in ihrer Stadt. Seitdem im vergangenen Monat bekannt wurde, daß der deutsch-holländische Stahlkonzern sein Versprechen, die veralterten Hochöfen in Dortmund durch ein modernes Blasstahlwerk zu ersetzen, zunächst einmal nicht erfüllen will, stiegen Emotionen und Spannungen im Revier von Tag zu Tag. Bürgerinitiativen wurden gegründet, innerhalb weniger Tage über 100 000 Unterschriften für den Bau des neuen Stahlwerkes gesammelt. Der Rat der Stadt verabschiedete auf einer Sondersitzung in demonstrativer Einigkeit eine Resolution, mit der der Bau des neuen Stahlwerkes nachdrücklich verlangt wurde. Selbst den Bau eines Kernkraftwerkes wollte der Oberbürgermeister hinnehmen, wenn dessen, so hoffte er, billige Elektrizität den Aufsichtsrat bewegen könnte, doch noch ja zu sagen zum Ersatz der alten Siemens-Martin-Öfen.
Zur Zeit zumindest ist es schwer vorstellbar, daß sich innerhalb von drei Monaten die Zeiten so ändern könnten, daß Hoesch-Estel wieder jenen „wirtschaftlichen Untergrund" unter den Füßen spürt, der nach den Worten des Hoesch-Vorstandsvorsitzenden derzeit für die 500-Mio-DM-Investition fehlt. Das europäische Stahlkartell weiß schon jetzt kaum, wohin mit seinen Produktionen. Solch ein privatkapitalistisches, marktwirtschaftliches Einmaleins ist auch den Dortmundern geläufig, helfen tut es ihnen nicht. Sie wollen das neue Stahlwerk, das auf lange Sicht die 23 000 Arbeitsplätze der Stahlkocher sichern würde. In den letzten Jahren jedoch investierten Hoeschs holländische Partner bereits 800 Mio DM in die deutsche Tochter in Dortmund.

(Aus: Badische Zeitung vom 29./30.11.1980)

1. Erläutern Sie die Argumente, die zum Thema Stahlstandort genannt werden.

Standortwandel durch Arbeitskosten und Know-how

Lohnkostenvorteile begünstigen Entwicklungsländer. Als in den 60er Jahren in den westlichen Industrieländern die Arbeitskräfte knapp wurden, verlagerten viele Firmen arbeitsintensive Produktionsgänge in Entwicklungsländer. Die Löhne betrugen dort nur 15–20 Prozent von denen in den Industriestaaten. Viele Entwicklungsländer unterstützten den Aufbau ausländischer Betriebe, denn sie versprachen sich davon einen Zuwachs an Know-how, ausgebildeten Industriearbeitern und Exporteinnahmen. Die in Niedriglohnländern investierenden Unternehmen hatten den Vorteil, billig zu produzieren und damit ihre internationale Konkurrenzfähigkeit zu verbessern. Infolgedessen sank z. B. die Zahl der Beschäftigten in der deutschen Textil- und Bekleidungsindustrie zwischen 1970 und 1983 von 880000 auf 450000; gleichzeitig stiegen die Textil- und Bekleidungsimporte – trotz Beschränkung durch das Welttextil-Abkommen – von 1,2 auf rund 7 Mrd DM. Dieser Industriezweig gilt inzwischen wieder als Zukunftsbranche. Wie ist das möglich?

Rückverlagerung durch Automatisierung. Mikro-Chips berauben diejenigen Entwicklungsländer, die sich noch in der ersten Industrialisierungsphase (Produktion billiger Massengüter für den Export) befinden, ihres größten Vorteils: Billige Arbeitskräfte sind plötzlich weniger wert. Für einige Fabrikationsgänge mit hohem Automatisierungspotential lohnt es sich wieder, im Industrie- und Absatzland zu produzieren. Auf Grund der Mikroprozessoren-Technologie braucht man nur noch wenige, aber hochqualifizierte Arbeitskräfte.

Durch vereinfachte Bauelemente ist die Herstellungszeit vieler Produkte drastisch gesunken: ein Farbfernsehgerät wird heute in 100 Arbeitsminuten produziert – früher waren es 700; der direkte Lohnkostenanteil an einem Fernsehgerät beträgt jetzt nur noch sechs Prozent. Weshalb soll ein Hersteller deshalb eine Fabrik in der Freihandelszone von Colombo (Sri Lanka) oder Manaus (Brasilien) errichten, wenn er weitaus besser im bestehenden Werk in Celle, Hannover oder Fürth produzieren kann?

Nach Transportkosten und Rohstoffen haben Arbeitskostenunterschiede als Standortfaktor an Bedeutung verloren.

Typische Standortnachteile vieler Entwicklungsländer gewinnen dagegen wieder mehr Beachtung: Schwierigkeiten mit der Bürokratie des Landes, politische Unsicherheit, Qualitätsschwankungen, Terminprobleme ...

Ein **Rückverlagerungstrend** zeichnet sich ab. Die automatisierte Produktion bringt in Europa jedoch kaum Arbeitsplatzgewinne.

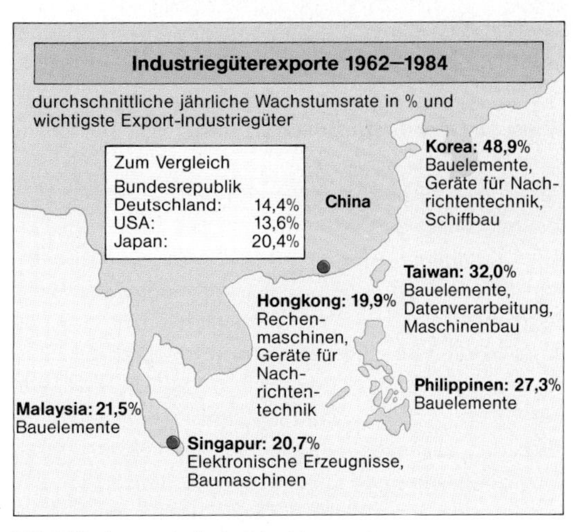

327.1 Wachstum der Industriegüterexporte

Der Aufstieg der vier Drachen

In Ostasien haben Südkorea, Taiwan, Singapur und Hongkong den technischen Fortschritt nutzen können. Alle vier Länder, die klein, rohstoffarm und überbevölkert sind, merkten rechtzeitig, daß sie mit „Hemden und Strümpfen" an Exportgrenzen stießen.

Daher begannen sie ihre Weltmarktposition durch die Kombination von produktivitätssteigernden Automaten mit (relativ noch immer) billigen Arbeitskräften zu verbessern und höherwertige Produkte herzustellen, wie z. B. Computer. Außerdem erwiesen sie sich als sehr erfinderisch, ihr bisher erworbenes Know-how in Produktionsnischen weiter zu verwerten. Darüber hinaus reagieren sie sehr flexibel auf neue Trends, indem sie – wie ein Ostasien-Experte feststellte – „vorgestern Perücken, gestern Digitaluhren, heute Schachcomputer und morgen drahtlose Telefonsysteme herstellen".

In Singapur wird schon in der Volksschule der Umgang mit Computern geübt.

Nicht mehr die billige Massenproduktion, sondern äußerstes Streben nach technologisch Höherwertigem ist die Industriepolitik der vier Drachen.

(Nach: I. Krugmann-Randolf, Der Aufstieg der vier Drachen, In: Entwicklung und Zusammenarbeit, 3/1985, S. 10–11)

1. Notieren Sie Gründe für die Standortverlagerung arbeitsintensiver Produktionen in Entwicklungsländer.
2. Begründen Sie den Rückverlagerungstrend, und zeigen Sie mögliche Folgen auf.
3. Kennzeichnen Sie die erfolgreiche Strategie der „vier Drachen".

Industrialisierung in Europa

Wurzeln der Industrialisierung

Der mittelalterliche Fernhandel im 12.-15. Jh. förderte die überregionalen Kontakte zwischen den einzelnen Wirtschaftsräumen. Insbesondere hochwertige, lagerfähige Rohstoffe und Exportgüter des langfristigen Bedarfs wie Schmuck, Tuche oder Stahlwaren bildeten die Grundlage dieser großräumlichen Beziehungen. Träger des Fernhandels waren sowohl exportorientierte Gewerbestädte wie Augsburg, Danzig oder die flandrischen Städte als auch Handelsmetropolen mit hoher Verkehrszentralität wie Köln, Bremen und Lübeck sowie weitere Hafen- und Hansestädte. Viele dieser Städte konzentrierten Handelskapital auf sich.

Durch die Entstehung von Verlagssystemen weiteten sich Arbeitsteilung und Spezialisierung aus. Ein Verlag war ein von städtischem Kapital finanzierter Gewerbebetrieb, der vorwiegend im ländlichen Raum des Stadt-Umlandes errichtet wurde. Die Produktion erfolgte in Heimarbeit; der Verleger sorgte für die Organisation und Vermarktung des Produktes.

Das ökonomische Wachstum der zunächst noch relativ isolierten Wirtschaftsräume beschleunigte sich mit der Zunahme ihrer Außenverflechtungen. Dies ist die Kernaussage der **Exportbasistheorie:**

Güter und Dienste, die über die Grenzen eines Wirtschaftsraumes exportiert werden und damit Kapitalrückflüsse bewirken, lösen ökonomisches Wachstum aus. So kommt es zu einer unterschiedlichen Entwicklung städtischer Wirtschaftsräume.

Im Zeitalter des Merkantilismus (16.-18. Jh.) wurden diese Wirtschaftsräume auf Kosten der Städte und Stände in größere flächenstaatliche Einheiten mit politischen Grenzen zusammengefaßt. Denn man hatte erkannt, daß sich die Stärkung der Wirtschaft und des Staates wechselseitig bedingen. Entsprechend der geschichtlichen Entwicklung waren diese neu entstehenden Wirtschaftsregionen in Frankreich, Großbritannien und den Niederlanden größer als in Mitteleuropa. Hier wirkte die politische Kleinstaaterei zunächst hemmend. Aber auch hier war das Ziel die höchstmögliche Mobilisierung aller landeseigenen Wirtschaftskräfte.

Drei Maßnahmen wurden durch die meisten Landesherren verfügt:

1. Peuplierung des Landes, d. h. die Vermehrung der Einwohnerzahl und ihre sinnvolle räumliche Verteilung sowie die Anwerbung und Aufnahme von wirtschaftlich besonders aktiven Bevölkerungsgruppen wie z. B. den französischen Hugenotten in Preußen. Dörfer und Städte wurden planmäßig angelegt. Beispiele sind Karlsruhe, Potsdam, aber auch Petersburg, das heutige Leningrad.
2. Verkehrswegebau zur Förderung des Handels. Zu der Zeit wurden die ersten Chausseen in Preußen gebaut.
3. Binnenkolonisation durch Trockenlegung von Sümpfen und Mooren.

Mit der von England ausgehenden Industriellen Revolution setzte gegen Ende des 18. Jh. ein erneuter Wandel der europäischen Wirtschaftsräume ein.

Voraussetzungen des Industrialisierungsprozesses

Folgende Voraussetzungen sind für den Industrialisierungsprozeß entscheidend:

1. Effizienz der Nahrungsgüterproduktion. Die Landwirtschaft muß einerseits Arbeitskräfte freistellen, die in den wachsenden gewerblichen und industriellen Branchen benötigt werden, andererseits hat sie den steigenden Nahrungsmittelbedarf zu decken. Beides verlangt eine Produktivitätssteigerung der Landwirtschaft.
2. Vorhandensein eines leistungsfähigen Verkehrsnetzes.
3. Qualifiziertes Arbeitskräfteangebot. Eine breitgefächerte gewerblich-handwerkliche Tradition ist unverzichtbar. Eine berufliche und psychologische Erziehung zu industriegerechtem Verhalten sollte gegeben sein.
4. Kapital in Form von Rohstoffen, Sach- oder Geldkapital. Sparleistung und Konsumverzicht stellen das Kapital bereit, um langfristige Investitionen vorzunehmen.
5. Zunehmende Kaufkraft und Nachfrage nach Gütern.
6. Bauernbefreiung, Freizügigkeit und Gewerbefreiheit.

Veränderung der Standortorientierung

Frühindustrielle Raumstrukturen in Mitteleuropa.

Nachdem sich in der merkantilistisch-absolutistischen Wirtschaftspolitik ein Trend zur räumlichen Gleichverteilung von Handwerk und Gewerbe angebahnt hatte, begann bereits mit der Frühindustrialisierung in Europa der Prozeß der Konzentration von Mensch und Kapital auf bestimmte Vorzugsräume. Besondere Gunstfaktoren boten zunächst einige Mittelgebirgsregionen, vor allem in Mitteleuropa.

- Sie verfügten über mineralische Rohstoffe, die nun verstärkt abgebaut wurden.
- Sie deckten über Holzkohle und Wasserkraft der Bergbäche den Energiebedarf.

- Sie boten entwicklungsfähige Produktionsstandorte durch bereits bestehende Glashütten, Hammerwerke, Eisenschmieden und Manufakturbetriebe.
- Sie besaßen eine arbeitsame Bevölkerung mit Produktionserfahrung. Diese konnte sich bei Erschöpfung der heimischen Rohstoffe leicht auf technologisch neue Produktionsvorgänge umstellen.

Diese Rohstoff-, Energie- und Arbeitsorientierung verschaffte zahlreichen deutschen Mittelgebirgsregionen wie Nordböhmen, dem Bergisch-Märkischen Land, dem Siegerland oder dem Thüringer Wald eine neue wirtschaftliche Blütezeit.

Als ab 1830 in Mitteleuropa die Steinkohlenreviere erschlossen wurden, begannen sich neue Raumstrukturen herauszubilden.

Raumstrukturen während der Hochindustrialisierung

Die neue Entwicklung wurde vor allem durch die Schwerindustrie bestimmt. Eine technische Innovation markierte ihren Beginn: Seit 1837 wurde im Ruhrgebiet – wie zuvor bereits in England – der Tiefbau von Steinkohle in Stollen und Schächten mit Hilfe der Dampfmaschine möglich. Damit konnten bislang unerreichbare Rohstofflager erschlossen werden.

Der Eisenbahnbau reduzierte die Transportkosten für die Zufuhr von Erzen und ließ „auf der Kohle“ Schwerindustriezentren entstehen. Zugleich erwies sich die Eisenbahn als der bedeutendste Kunde. Zwischen 1850 und 1890 produzierte die deutsche Eisenindustrie etwa zur Hälfte für den Eisenbahnbau. Auch der Kohlebedarf stieg gewaltig an.

Insgesamt ist eine zunehmende Verflechtung der Wirtschaftsräume kennzeichnend. Sie kommt in Abb. 329.1 zum Ausdruck.

Heutige Raumstrukturen

Mit der flächendeckenden Elektrifizierung verlor der energieorientierte Standort rasch an Bedeutung. Die Ersetzung der Steinkohle durch andere Primärenergieträger wie Gas und Öl führte zu einer weiteren Schwächung der europäischen Kohlereviere. Ihr Strukturwandel ist bis heute keineswegs abgeschlossen und hat schwere soziale Spannungen zur Folge.

Trotz staatlich betriebener Raumordnung sind zwei Phänomene für die heutige Raumstruktur Mitteleuropas kennzeichnend:
- Eine Südwanderung der Industrie.
- Eine Konzentration der Industrie auf Verdichtungsräume.

1. Erläutern Sie die Exportbasistheorie, und geben Sie heutige Beispiele.
2. Überprüfen Sie, inwieweit die genannten Voraussetzungen für den Industrialisierungsprozeß heute auch für Entwicklungsländer anwendbar sind.
3. Lokalisieren und beschreiben Sie die wirtschaftsräumliche Organisation Nordwestdeutschlands um 1870 (Abb. 329.1).

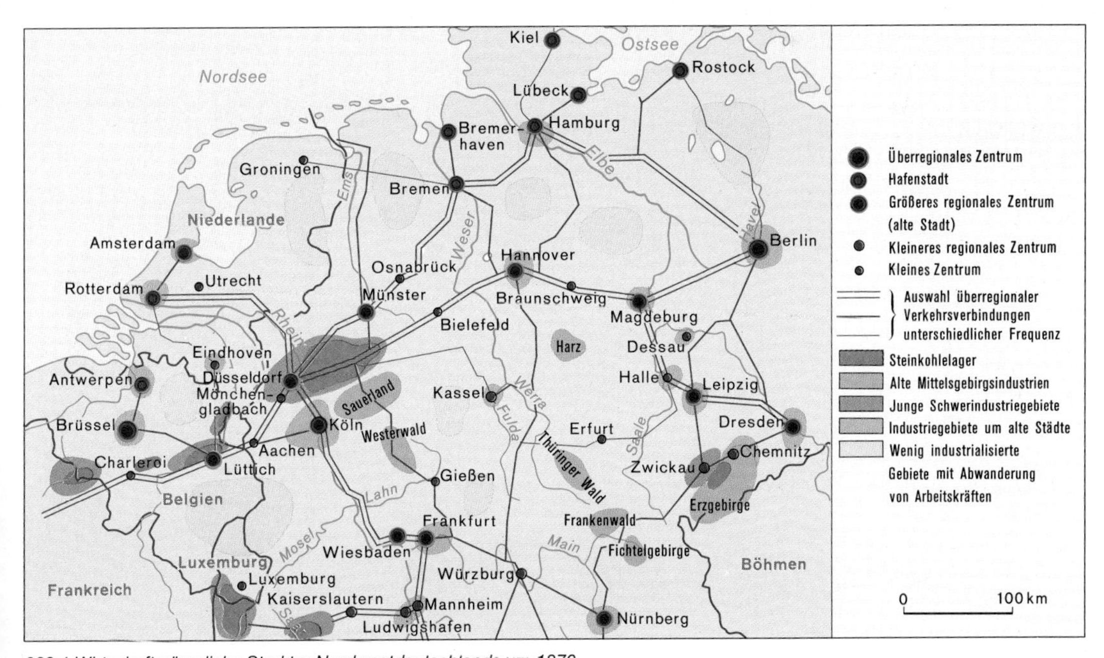

329.1 Wirtschaftsräumliche Struktur Nordwestdeutschlands um 1870

Industrielle Revolution in Großbritannien

Keine Veränderung im Leben der Menschen seit der Erfindung des Ackerbaus und der Entdeckung der Metalle ist so grundlegend gewesen wie die Industrialisierung. Diese völlige Umwandlung des überlieferten Wirtschaftsverhaltens, die Industrielle Revolution, vollzog sich zuerst – um die Mitte des 18. Jh. – in Großbritannien. Hier ging man in der Baumwollindustrie erstmalig zur industriellen Massenproduktionsweise über. Bald wurde Großbritannien zur „Werkstatt der Welt", zum bedeutendsten Importeur und Exporteur, Reeder, Kolonialherrn und Investor. Es konnte diese politische und wirtschaftliche Vormachtstellung fast ein Jahrhundert lang behaupten und galt 1960 noch immer als die drittgrößte Wirtschaftsmacht der Erde.

Die Tatsache, daß Großbritannien seine Industrielle Revolution im 18. Jh. durchführte, hat gewisse Probleme verringert, die in Ländern auftraten, die sich später industrialisierten und damit einen größeren Abstand zwischen „Rückständigkeit" und technischem Fortschritt überwinden mußten.

Außerdem begünstigte eine Reihe von geographischen Faktoren Englands Aufstieg:

- Die globale Zentrallage am atlantischen Saum des europäischen Kontinents.
- Die Nähe zum Meer. Kein Punkt des Landes ist mehr als 120 km vom Meer, kein Industriebetrieb mehr als 150 km von einem der zahlreichen Häfen entfernt.
- Die wasserreichen, gefällearmen Flüsse. Sie ermöglichten einen kostengünstigen Transport von Massengütern in das Landesinnere.
- Das Vorhandensein von Basisrohstoffen. Zudem liegen Steinkohle und Eisenerze dicht beieinander.

Die Baumwollindustrie, der „leading sector" der Industriellen Revolution

Innerhalb von nur 25 Jahren stieg die Baumwollindustrie zum bedeutendsten Gewerbezweig auf. 1815 bestritt sie bereits 40% des britischen Exports. Über den spektakulären Durchbruch der Baumwollindustrie gibt es verschiedene Erklärungsansätze:

- Die Baumwollindustrie war zwar neu, unterschied sich jedoch von den anderen Textilbranchen nicht grundlegend. Sie konnte auf alle Techniken, Institutionen und weiterverarbeitenden Gewerbe zurückgreifen, die für das Woll-, Seiden- und Leinengewerbe entwickelt worden waren.
- Die Baumwollindustrie war eher arbeits- als kapitalintensiv. Die wachsende Bevölkerung suchte Arbeit.

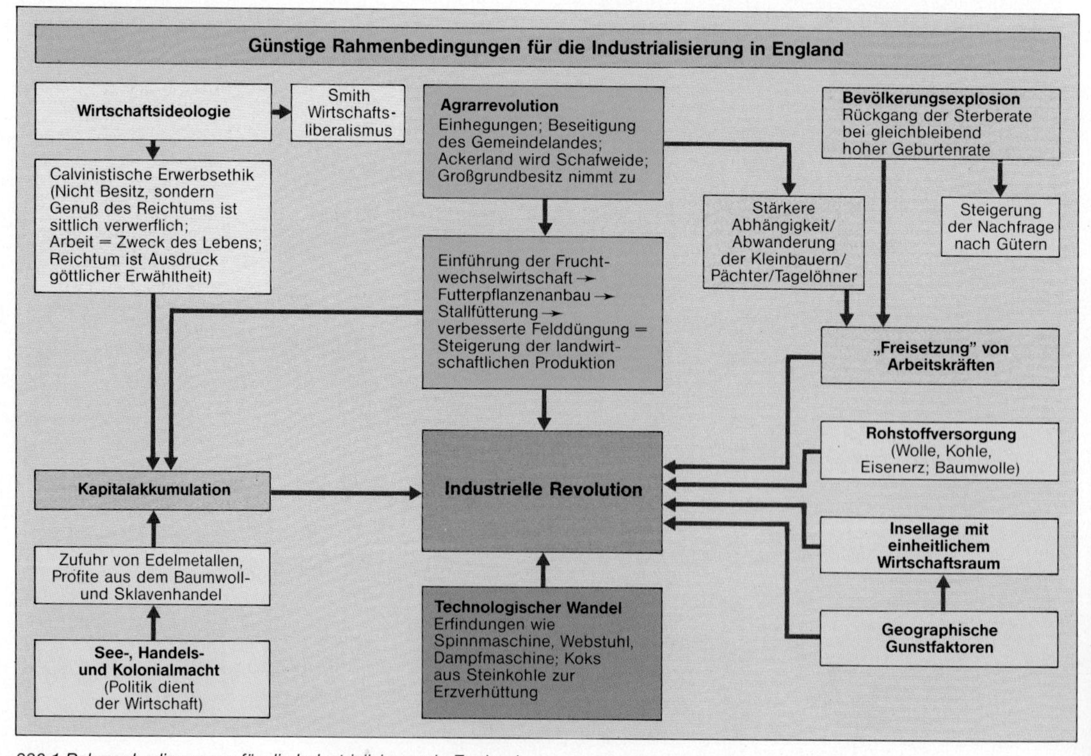

330.1 Rahmenbedingungen für die Industrialisierung in England

- Baumwollprodukte waren nicht neu, eine Veränderung der Verbrauchsgewohnheiten war daher nicht nötig. Indischer Kattun war seit langem auf den von englischen Kaufleuten belieferten Märkten gefragt.
- Die systematische Zerstörung des bis dahin blühenden indischen Baumwollgewerbes durch die siegreiche englische Kolonialmacht zwang Indien, fortan Rohware aus- und Fertigware einzuführen.
- Die späteren Industrien und Transportzweige entwickelten sich zu wichtigen Helfern für die Weiterentwicklung der Baumwolltextilindustrie.

Aufstieg der Baumwollindustrie – Beispiel Manchester

Manchesters Entwicklung zum Zentrum der britischen Baumwollindustrie war begünstigt

- durch die Nähe des Hafens von Liverpool, wo die Rohbaumwolle aus Westindien und Amerika angelandet wurde;
- die Erfindung der Dampfmaschine, die die Textilindustrie revolutionierte, und
- ein dichtes Transportnetz, dessen Fäden in Manchester zusammenliefen.

Die Kohle für die Dampfmaschinen wurde auf Kanälen nach Manchester gebracht. Kanalbau war zwar teurer als Straßenbau, er bot den privaten Investoren jedoch Aussicht auf hohe Renditen. 100 t Kohle wurden in einem Kanalboot von 5 Pferden, auf der Straße dagegen von 60 vierrädrigen Wagen mit mindestens 120 Pferden bewegt. Die eigentliche Kanalära begann 1754; 1762 verband der Herzog von Bridgewater seine Kohlengruben in Worsley mit Manchester durch einen 38 Meilen langen Kanal. Daraufhin fielen die Kohlepreise um die Hälfte, und Manchester verzeichnete seinen ersten Investitionsboom. Entlang der Kanäle blühten Landwirtschaft und Industrie rasch auf. Nicht der Staat, sondern private Investoren waren Träger dieses Kanalbaus, der ab 1830 vom Eisenbahnbau überholt wurde.

Die ersten Slums der Welt breiteten sich in der Nähe der Fabriken aus, die riesige Mengen von Qualm, Teer und Schwefelsäure in die neblige Marschenluft ausspieen.

Die Bewohner dieser Hütten arbeiteten täglich zwölf Stunden in den Baumwoll-Dampfspinnereien inmitten heißer, giftiger Dämpfe. Bronchitis und Tuberkulose waren die typischen Manchester-Krankheiten. Trotzdem trieb die Aussicht auf Lohn Tausende arbeitsloser Landarbeiter nach Manchester. „Where there's muck there's money." – Wo Dreck ist, ist auch Geld hieß es damals. Die Bevölkerung nahm von 20 000 im Jahre 1770 auf 240 000 im Jahre 1840 zu. Die ärmsten Zuwanderer stammten aus Süd- und Westirland. „Help yourself" wurde zum Motto des „Manchester-Liberalismus", der für unbegrenzten Freihandel eintrat und zu der Zeit politisch tonangebend war.

1. Die Textilindustrie galt als Motor der Industriellen Entwicklung. Läßt sich dieser Weg auf die Situation heutiger Entwicklungsländer übertragen?

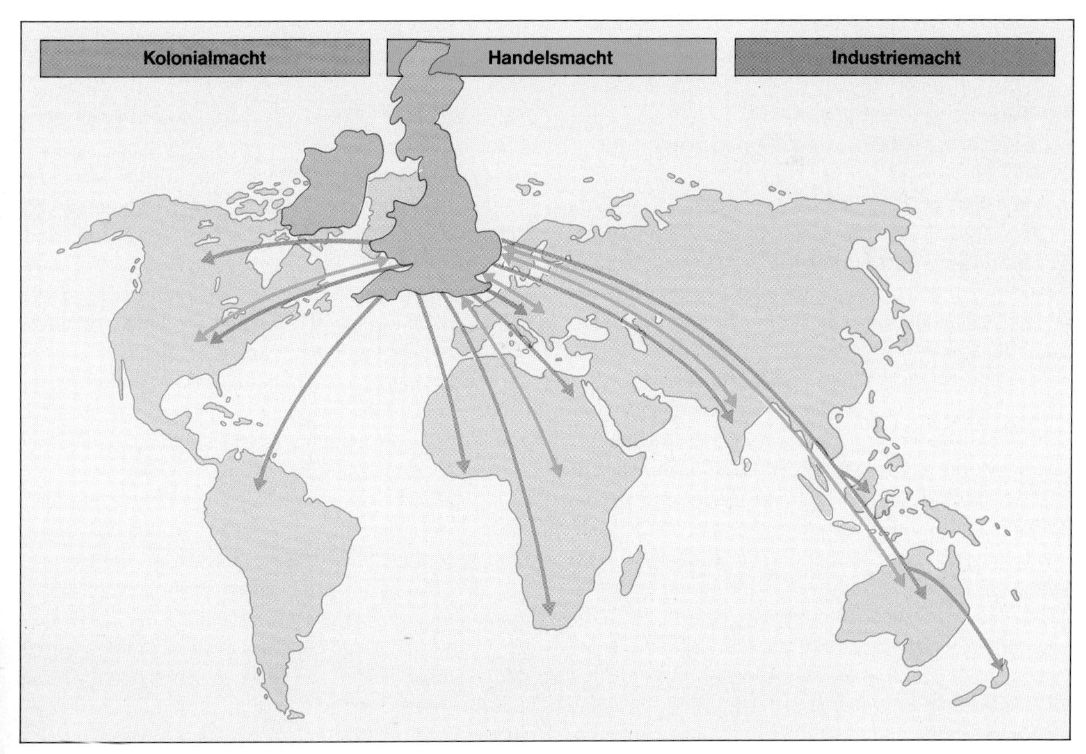

331.1 Die Bedeutung Großbritanniens im 19. Jh.

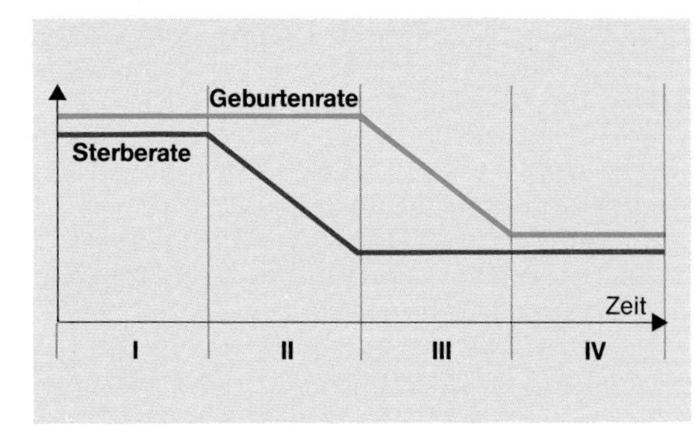

332.1 Phasen der Bevölkerungsentwicklung

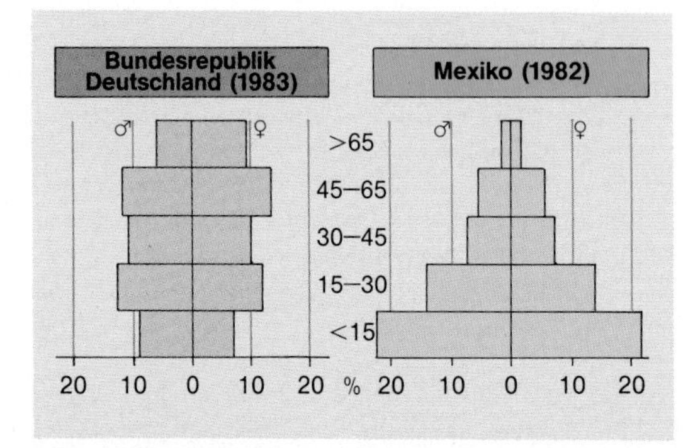

332.2 Bevölkerungsschere

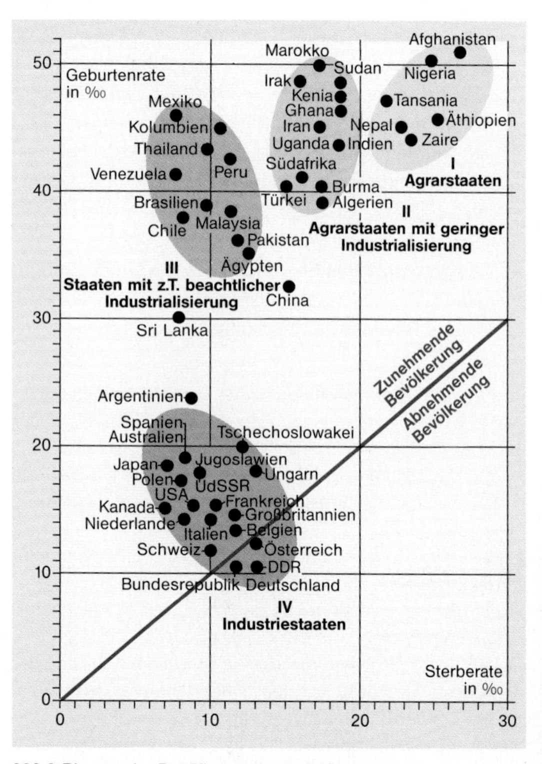

332.3 Phasen der Bevölkerungsentwicklung

Tragfähigkeit der Erde

Bevölkerungswachstum – ein Existenzproblem der Menschen?

Täglich erhöht sich die Zahl der Menschen auf der Erde um etwa 200 000. Der volkreichste Staat der Erde, China, hat heute über 1 Mrd Einwohner. Auf Grund intensiver Familienplanung liegt die Zuwachsrate heute nur noch bei 1 %. Das bedeutet aber immer noch eine Verdoppelung in 70 Jahren.

Thomas Malthus (1766–1834) beschäftigte sich angesichts der Ernährungssituation einer wachsenden Bevölkerung mit der Frage nach der Tragfähigkeit der Erde. In seinem Buch *„Essay on the Principle of Population"* (1798) begründete er die moderne Bevölkerungslehre (Demographie) mit dem Lehrsatz, daß sich die Bevölkerung einer Region immer über den naturbedingten Nahrungsspielraum hinaus vermehre. Die Begründung leitete Malthus aus den Beobachtungen ab, daß die Bevölkerungszahl exponentiell wächst, die Nahrungsproduktion aber nur linear gesteigert werden könne. Aus dem Theorem von Malthus folgt, daß nur Hunger, Krieg, Seuchen und Elend die Bevölkerungszahl dem Nahrungsangebot, der Tragfähigkeit wieder anpassen können.

Nun kann aber gerade in Europa, wo Malthus seine These entwickelt hat, im Laufe des 19. und besonders im 20. Jh. eine Entwicklung beobachtet werden, die einer wachsenden Bevölkerung eine immer bessere Ernährung ermöglichte. Überdies waren immer weniger Landwirte nötig, um die Ernährung sicherzustellen, und der Einkommensanteil, der für die Ernährung ausgegeben werden muß, sank in Mitteleuropa von etwa drei Viertel auf weniger als ein Drittel. Es leuchtet aber auch ein, daß ein unbegrenztes Wachstum der Zahl der Menschen auf Grund der Endlichkeit der Erde und ihrer Ressourcen sowie wegen der Gesetze vom Minimumfaktor und vom abnehmenden Ertragszuwachs nicht möglich ist.

Angesichts eines globalen Bevölkerungswachstums, vieler hungernder Menschen in unterversorgten Regionen sowie eines neuen, geschärften Bewußtseins von den ökologischen Gefahren einer rücksichtslosen Ausbeutung der Natur stellt sich heute die Frage nach der Tragfähigkeit der Erde neu, zwar nicht unbedingt in der düsteren Vision von Malthus, aber doch als das entscheidende Problem der Zukunft mit agrar- und ernährungswirtschaftlichen, aber auch politischen und ethischen Aspekten.

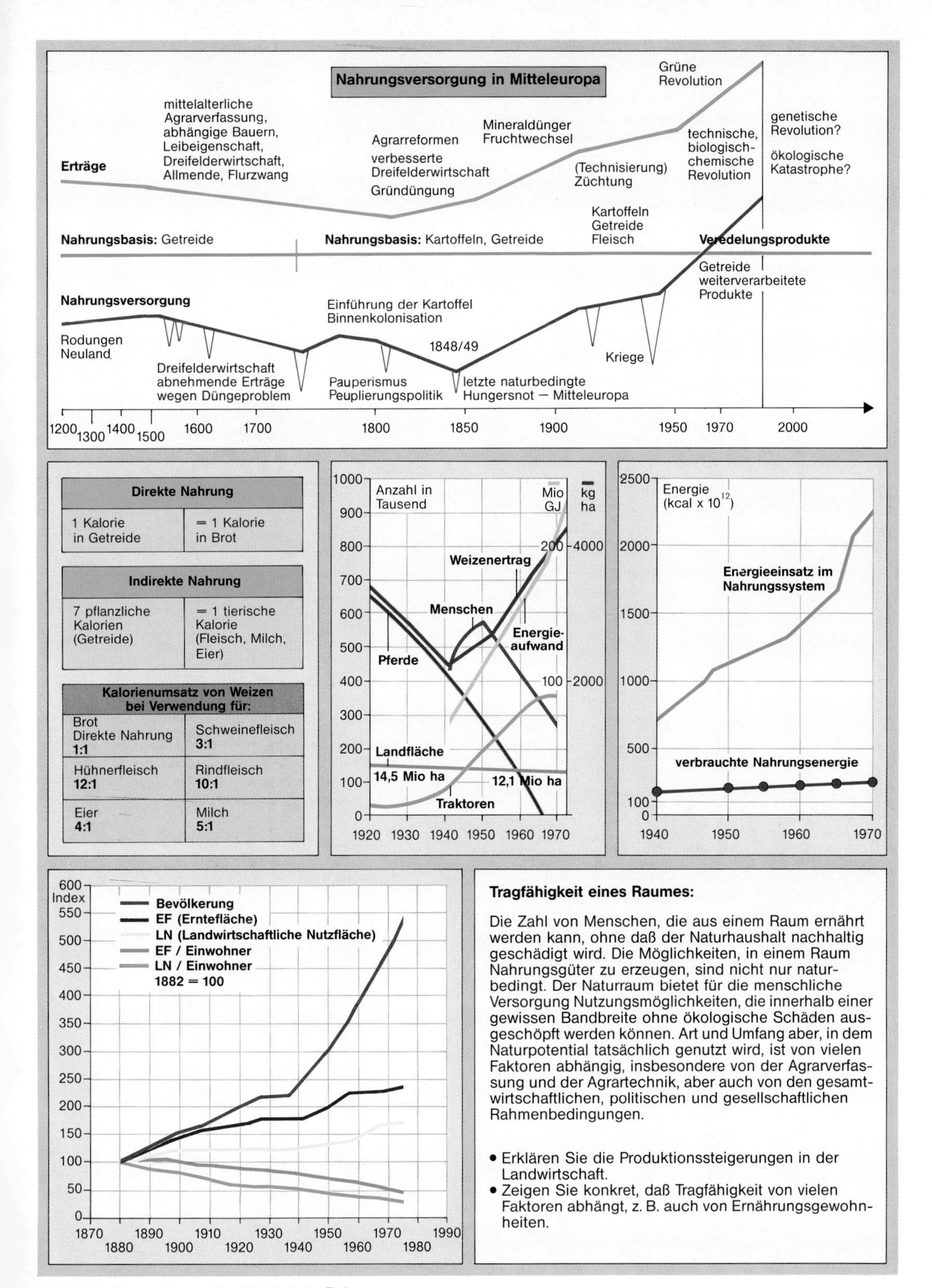

Direkte Nahrung	
1 Kalorie in Getreide	= 1 Kalorie in Brot

Indirekte Nahrung	
7 pflanzliche Kalorien (Getreide)	= 1 tierische Kalorie (Fleisch, Milch, Eier)

Kalorienumsatz von Weizen bei Verwendung für:	
Brot Direkte Nahrung **1:1**	Schweinefleisch **3:1**
Hühnerfleisch **12:1**	Rindfleisch **10:1**
Eier **4:1**	Milch **5:1**

Tragfähigkeit eines Raumes:

Die Zahl von Menschen, die aus einem Raum ernährt werden kann, ohne daß der Naturhaushalt nachhaltig geschädigt wird. Die Möglichkeiten, in einem Raum Nahrungsgüter zu erzeugen, sind nicht nur naturbedingt. Der Naturraum bietet für die menschliche Versorgung Nutzungsmöglichkeiten, die innerhalb einer gewissen Bandbreite ohne ökologische Schäden ausgeschöpft werden können. Art und Umfang aber, in dem Naturpotential tatsächlich genutzt wird, ist von vielen Faktoren abhängig, insbesondere von der Agrarverfassung und der Agrartechnik, aber auch von den gesamtwirtschaftlichen, politischen und gesellschaftlichen Rahmenbedingungen.

- Erklären Sie die Produktionssteigerungen in der Landwirtschaft.
- Zeigen Sie konkret, daß Tragfähigkeit von vielen Faktoren abhängt, z. B. auch von Ernährungsgewohnheiten.

333.1 Material zum Thema Tragfähigkeit der Erde

Energierohstoffe

„Die Energieprognosen von Global 2000 deuten nicht auf eine baldige Lösung der weltweiten Energieprobleme hin. Die Prognosen zeigen, daß die Förderkapazität bei Erdöl nicht so schnell wie die Nachfrage steigt. Technische und geologische Überlegungen deuten darauf hin, daß die Erdölproduktion auf der Erde noch vor dem Ende dieses Jh. ihren Höhepunkt erreichen wird. Politische und ökonomische Entscheidungen der OPEC-Länder könnten zu einer Festschreibung der Fördermengen unterhalb der technisch bedingten Grenzen führen. Eine weltweite Befreiung aus der Abhängigkeit vom Erdöl ist notwendig, aber wie sich dieser Wandel vollziehen soll, ist noch sehr ungewiß. Angesichts dieser Unsicherheiten war es ... Ende 1977 nicht möglich, stichhaltige Energieprognosen über das Jahr 1990 hinaus zu erstellen."

Während die Preise für fast alle kommerziellen Energiequellen steigen werden, obwohl mittelfristig noch keine echten Mangelsituationen vorliegen, wird Brennholz, das Öl der Armen, nicht nur teurer, sondern auch sehr viel knapper als heute werden. Die FAO schätzt, daß der Brennholzbedarf der Dritten Welt bei einer jährlichen Nachfragesteigerung von 2,2% in den 90er Jahren nur noch zu Dreiviertel befriedigt werden kann. In der Sahelzone erfordert das Brennholzsammeln in einigen Gegenden bereits 360 Arbeitstage im Jahr für eine Familie. In einigen westafrikanischen Großstädten müssen manche Familien 20–30% ihres Einkommens für Holz ausgeben. Auf der ganzen Welt werden jährlich schätzungsweise an die 400 Mio t Dung als Brennstoff verwendet. Allein in Indien werden etwa 70 Mio t Kuhdung von 40 Mio t Pflanzenabfälle verfeuert, was etwa einem Drittel des jährlichen Gesamtverbrauchs an nicht-kommerzieller Energie entspricht.

Mit dem 1. Ölpreisschock von 1973 wurden die exponentiellen Wachstums- und Energieverbrauchstrends jäh gestoppt. Kurz darauf erschienen die ersten sehr pessimistischen Energie-Versorgungsprognosen. Der Begriff der Energielücke kam auf: Viele Energieprognosen gingen und gehen davon aus, daß der wachsende Bedarf mittelfristig nicht mit herkömmlichen Energieträgern zu dekken sei.
Der bis in die 80er Jahre rapide steigende Ölpreis bewirkte eine riesige internationale Kapitalumverteilung und löste einen enormen Schub zur Energieeinsparung, zu rationellerer Energieverwendung und zur Förderung anderer Energieträger aus. Die größten Forschungs- und Entwicklungsmittel flossen unter dem Druck der vermeintlichen Energielücke in Bereiche der Kernenergie.
Die Energiediskussion unterliegt einer starken Polarisierung: Die einen sehen die alleinige Rettung aus der Energiekrise in der Atomenergie, die anderen halten diese für einen technischen und energiepolitischen Irrweg.

(Nach: Global 2000, Frankfurt, 1980)

T 334.1: Erdöl – Weltförderung und -reserven

Jahr	Weltförderung in Mio t	Weltreserven in Mio t
1939	271	4200
1950	523	10700
1955	770	21500
1965	1504	46300
1968	2000	56500
1972	2428	87015
1975	2702	89551
1979	3251	87293
1983	2760	91137

T 334.2: Reserven an fossilen Primärenergieträgern in der Welt (Stand 1.1.1975)

Energieträger	Reserven nach heutigem Stand ökonomisch gewinnbar Mrd t SKE	Reserven vermutlich technisch gewinnbar Mrd t SKE	Reserven insgesamt vorhanden Mrd t SKE
Steinkohle	420	1425	7900
Braunkohle	125	333	1900
Torf	nicht bek.	90	90
Kohle	545	1848	9890
Erdöl	141	418	1044[1]
Erdgas	96	313	313
Ölsande (Ölinhalt)	57	392	490
Ölschiefer[2]	47	353	705
Kohlenwasserstoffe	341	1476	2552
Fossile Energieträger insgesamt	886	3324	12442

[1] Oil in place [2] Ölschiefer mit > 40 *l* Schieferöl/t Gestein
(Aus: Bundesanstalt für Geowissenschaften und Rohstoffe, zitiert nach M. Grathwohl: Energieversorgung. Ressourcen. Technologien. Perspektiven. Berlin/New York 1978, S. 53.)

T 334.3: Anteile der Energieträger am Energieverbrauch

	Bundesrepublik Deutschland			Welt Verbrauch an Primärenergieträgern	
Energieträger	Anteil der Energieträger am Primärenergieverbrauch 1983	Stromerzeugung Anteil am Einsatz von Primärenergieträgern 1983	Öffentl. Stromversorgung Anteil an Bruttoerzeugung 1985	Anteile 1975	Prognose Global 2000 Anteile 1990
Steinkohle	21,7%	35,2%	28%	28%	20%
Braunkohle	10,6%	25,2%	24%		
Erdöl	43,1%	3,5%	1%	46%	47%
Erdgas	15,3%	9,6%	4%	19%	17%
Kernenergie	5,9%	17,7%	36%	8%	16%*
Wasser, sonst.	3,4%	8,8%	7%		

*Kernenergie, Wasser

Mineralische Rohstoffe

Die Rohstoffe Aluminium, Kupfer, Eisen, Phosphat, Kali und Schwefel sind als nicht-energetische mineralische Rohstoffe heute von grundlegender Bedeutung für den materiellen Wohlstand und den Welthandel. Insgesamt werden aber über 100 mineralische Rohstoffe, die nicht primär als Brennstoffe genutzt werden, abgebaut, verarbeitet und international gehandelt. Den wirklichen Wert vieler mineralischer Rohstoffe erkennt man erst in plötzlichen, unvorhergesehenen Mangelsituationen, wenn industrielle und landwirtschaftliche Prozesse, die wir heute für ziemlich selbstverständlich halten, aufs schwerste gestört werden. Dies wäre in der Weltwirtschaft bereits sehr spürbar der Fall, wenn etwa ein Dutzend kritischer Mineralien nicht mehr in zuverlässiger Weise und zu vernünftigen Preisen angeboten würde. (Global 2000)

Ressourcen und Reserven. Die Erde bietet dem wirtschaftenden Menschen ein **endliches Potential an Rohstoffen,** die **Ressourcen.** Ein Teil dieser Ressourcen ist wegen der unvollständigen geologischen Erforschung der Erde noch unbekannt. Ein Teil der Ressourcen ist wahrscheinlich, weil die geologischen Verhältnisse Rohstoffvorkommen vermuten lassen, diese aber noch nicht durch Bohrungen nachgewiesen sind. Ein je nach Rohstoff sehr unterschiedlicher Teil der Ressourcen ist zwar bekannt, kann aber aus gegenwärtigen wirtschaftlichen und technologischen Beschränkungen nicht erschlossen werden. Nur ein Teil der Ressourcen steht tatsächlich als wirtschaftliche **Reserve** zur Verfügung. Diese Reserven umfassen also die Lagerstätten, die mit der zur Verfügung stehenden Technik unter den gegebenen wirtschaftlichen Bedingungen erschlossen werden können.

T 335.1: Reserven und Reichweite mineralischer Rohstoffe

	Reserven 1970	jährliche Zuwachsrate des Verbrauchs in % 1970	Lebensdauer in Jahren: Bedarf bleibt wie 1970	Lebensdauer in Jahren: Bedarf wächst lt. Zuwachsrate	Reserven 1974	Verbrauch (Bedarf) 1974	Prognose: Bedarfszuwachsrate in %	Lebensdauer in Jahren: Bedarf bleibt wie 1974	Lebensdauer in Jahren: Bedarf wächst lt. Prognose
Eisenerz	100 Mrd t	1,8	240	93	100 Mrd t	520 Mio t	2,95	216	68
Blei	91 Mio t	2,0	26	21	149,7 Mio t	3,075 Mio t	3,14	47	29
Zink	123 Mio t	2,9	23	18	235,87 Mio t	5,8 Mio t	3,05	29	21
Kupfer	308 Mio t	4,6	36	21	408,2 Mio t	6,57 Mio t	2,94	60	35
Chrom	775 Mio t	2,6	420	95	523,4 Mio t	2,45 Mio t	3,27	249	68
Mangan	800 Mio t	2,9	97	46	1826 Mio t	9,27 Mio t	3,36	268	69
Wolfram	1,320 Mio t	2,5	40	28	1,78 Mio t	0,386 Mio t	3,26	45	28
	D. Meadows, Grenzen des Wachstums, 1973				Global 2000, 1980				

„Auch wenn man wirtschaftliche Faktoren wie Preiserhöhungen bei Verknappung nicht in Betracht zieht, erscheinen uns die gegenwärtigen Vorräte an Platin, Gold, Zink und Blei nicht mehr ausreichend, um die Nachfrage zu befriedigen. Bei der gegenwärtigen Expansionsrate können Silber, Zink und Uran selbst bei sehr hohen Preisen noch in diesem Jahrhundert knapp werden. Bei der gegenwärtigen Verbrauchsrate ist zu erwarten, daß um 2050 die Vorkommen weiterer Minerale erschöpft sind."
(D. Meadows, Grenzen des Wachstums, 1973, S.45)

„Prognosen über die Weltproduktion nicht-energetischer Mineralien bis zum Jahr 2000 sind weder aus Regierungs- noch aus anderen Quellen zu entnehmen. ... Die relativ kurze Lebensdauer einiger ... Rohstoffe impliziert keine drohende Erschöpfung der Vorräte, zeigt aber deutlich an, daß die Reserven für mindestens ein halbes Dutzend Mineralien – Industriediamanten, Silber, Quecksilber, Zink, Schwefel und Wolfram – erweitert werden müssen, wenn eine adäquate Produktion in den vor uns liegenden Jahrzehnten gewährleistet werden soll."
(Global 2000, S. 469 f.)

1. Erläutern Sie die Abhängigkeit der Reichweite von Rohstoffen von folgenden Faktoren: Entwicklung der Reserven, Förderkosten, Rohstoffpreise, Ersatzstoffe (Substitution), Einsparungen, Recycling, Wiedergewinnungskosten, technische Verfahren, Verbrauchsgewohnheiten, wirtschaftliche Entwicklung usw.
   Zeigen Sie, daß diese Faktoren auch untereinander abhängig sind.
2. Erarbeiten Sie für einige Rohstoffe die geographische Verteilung der Reserven und folgern Sie daraus politische Implikationen.
3. Vergleichen Sie die Texte und Materialien hinsichtlich ihrer Aussagen über die Verfügbarkeit und die Reichweite von Energie- und Nicht-Energierohstoffen.
4. Diskutieren Sie kurzfristige und langfristige (grundsätzliche) Aspekte der Versorgung mit Rohstoffen und Energieträgern für die Bundesrepublik Deutschland, für Europa und andere westliche Industrieländer sowie für die Entwicklungsländer.

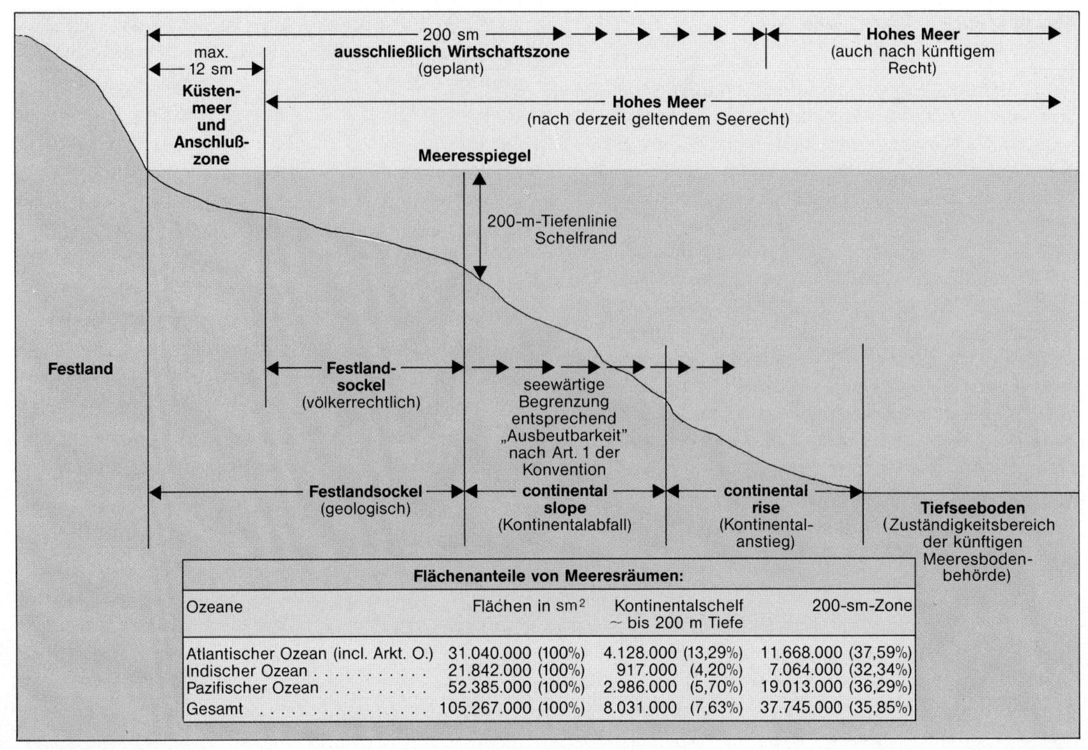

Flächenanteile von Meeresräumen:

Ozeane	Flächen in sm²	Kontinentalschelf ~ bis 200 m Tiefe	200-sm-Zone
Atlantischer Ozean (incl. Arkt. O.)	31.040.000 (100%)	4.128.000 (13,29%)	11.668.000 (37,59%)
Indischer Ozean	21.842.000 (100%)	917.000 (4,20%)	7.064.000 (32,34%)
Pazifischer Ozean	52.385.000 (100%)	2.986.000 (5,70%)	19.013.000 (36,29%)
Gesamt	105.267.000 (100%)	8.031.000 (7,63%)	37.745.000 (35,85%)

336.1 Einteilung des Meeres

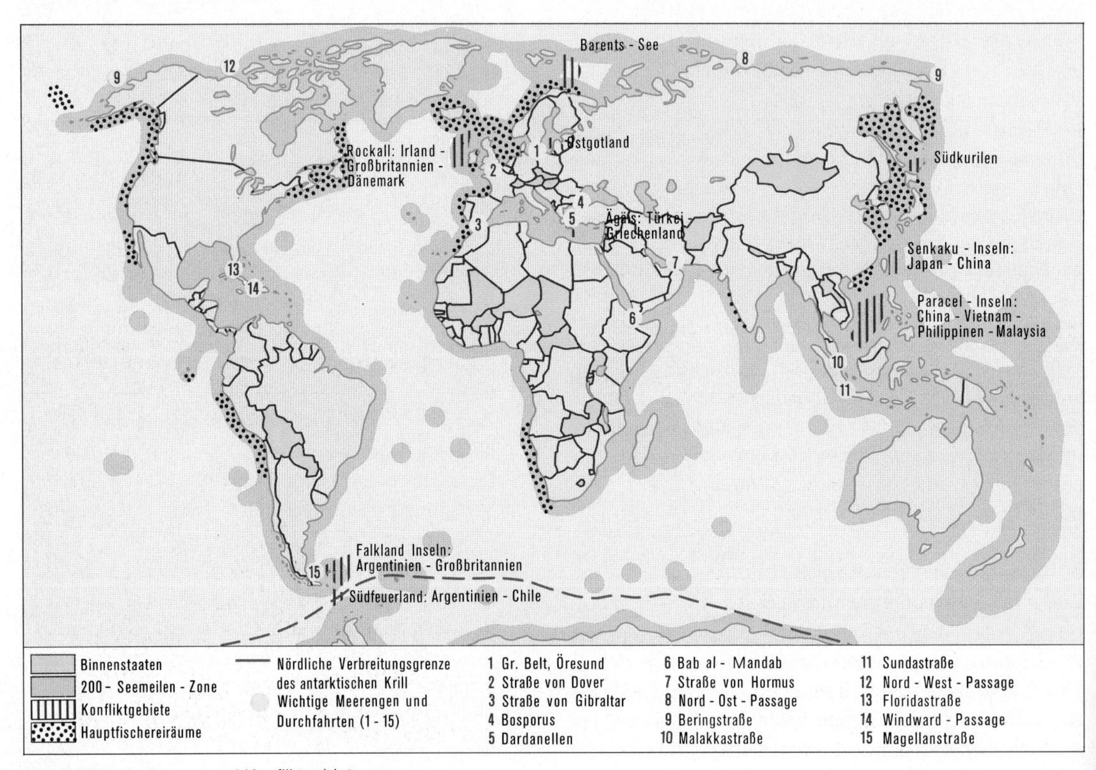

336.2 Wirtschaftzonen und Konfliktgebiete

Die Nutzung der Weltmeere

Die Aufteilung der Meere. Die Ressourcen der festen Erdoberfläche sind weitgehend erforscht und in Besitz genommen. Daher konzentrieren besonders Industriestaaten ihre Anstrengungen zunehmend darauf, das Potential der Ozeane an Rohstoffen und auch Nahrungsmitteln für sich nutzbar zu machen. Deshalb ist die Frage des Zugangs zu den Meeren ein hochpolitisches Problem geworden.

Das Seerecht unterschied bislang zwischen dem **Küstenmeer,** das die Drei-Seemeilen-Zone umfaßt und der Hoheit des angrenzenden Staates untersteht, und dem **Hohen Meer,** auf dem die „Freiheit der Meere" gilt (Schifffahrt; Fischerei; das Recht, Kabel und Pipelines zu verlegen; das Überfliegungsrecht). Neue Regelungen sehen Änderungen des bisherigen Rechts vor:

- Erweiterung der 3-sm-Zone auf 12 sm.
- Ausweisung einer 200-sm-Zone (exklusive Wirtschaftszone), die nicht der politischen Hoheit des Küstenstaates untersteht, ihm allein aber die Ausbeutung der Meeresschätze erlaubt.
- Einschränkung der Freiheit der Meere durch Internationalisierung der Bodenschätze des Meeresbodens und deren Überwachung als „gemeinsames Erbe der Menschheit".

In der 200-sm-Wirtschaftszone liegen 87% der marinen Kohlenwasserstoffe und 10% der Manganknollenfelder. 80% der Weltfischvorkommen sind hier anzutreffen.

Fischfang. Die Hauptfischfanggebiete liegen in Zonen mit hoher Primärproduktion an Phytoplankton, dem ersten Glied der Nahrungskette. Die ertragreichsten Meeresräume liegen im Mischbereich von kaltem und warmem Meereswasser sowie in den Küsten- und Schelfmeeren. Der Weltfischfang hat von 17,2 Mio t (1948) auf 76,2 Mio t (1982) zugenommen. Darin sind ca. 30% „Industriefische" enthalten, die für den menschlichen Genuß nicht geeignet sind und als Fischmehl Verwendung finden. Die Gesamtfänge auf der Nordhalbkugel, die seit den 70er Jahren wegen der begrenzten Reproduktionsfähigkeit der Fischbestände stagnieren, sind dreimal so hoch wie Erträge auf der Südhalbkugel, deren Fangpotential noch nicht ausgeschöpft ist.

1. Nennen Sie Folgen des diskutierten neuen Seerechts für die Bundesrepublik Deutschland, Österreich, Burkina Faso, die USA und Peru.
2. Beschreiben und begründen Sie die Lage der Hauptfischfanggebiete der Erde.
3. Die Verschmutzung der Weltmeere gefährdet die Nahrungsressourcen. Welche Fischfanggebiete sind besonders betroffen?

T 337.1: Fangerträge der See- und Binnenfischerei (in 1000 t)

	1975	1982
Japan	10508,5	10775,1
UdSSR	10357,0	9956,7
VR China	6880,0	4926,7
USA	2798,7	3988,3
Chile	1128,7	3673,0
Peru	3447,5	3452,0
Norwegen	2550,4	2499,9
Indien	2328,0	2335,2
Dänemark	2052,6	2281,7
Süd-Korea	2133,4	2281,3
Indonesien	1389,9	2020,0
Thailand	1369,9	1920,0
Philippinen	1341,6	1787,7
Nord-Korea	800,0	1550,0
Mexiko	499,4	1506,0
Kanada	1023,8	1389,3
Spanien	1532,9	1351,0
Vietnam	1013,5	1000,0
Großbritannien	979,8	901,5
Island	994,8	788,7
Frankreich	805,8	764,5
Bangla Desh	640,0	724,8
Malaysia	473,6	682,6
Ecuador	223,4	636,5
Südafrika	1314,7	624,3
Polen	800,7	604,9
Birma	485,1	584,4
Nigeria	506,8	512,0
Niederlande	350,5	505,5
Argentinien	224,4	475,0
Italien	368,6	468,6
BR Deutschland	438,6	286,4
DDR	279,4	269,9

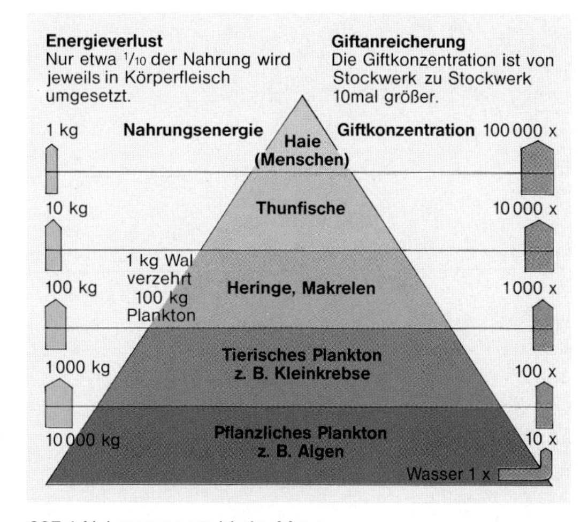

337.1 Nahrungspyramide im Meer

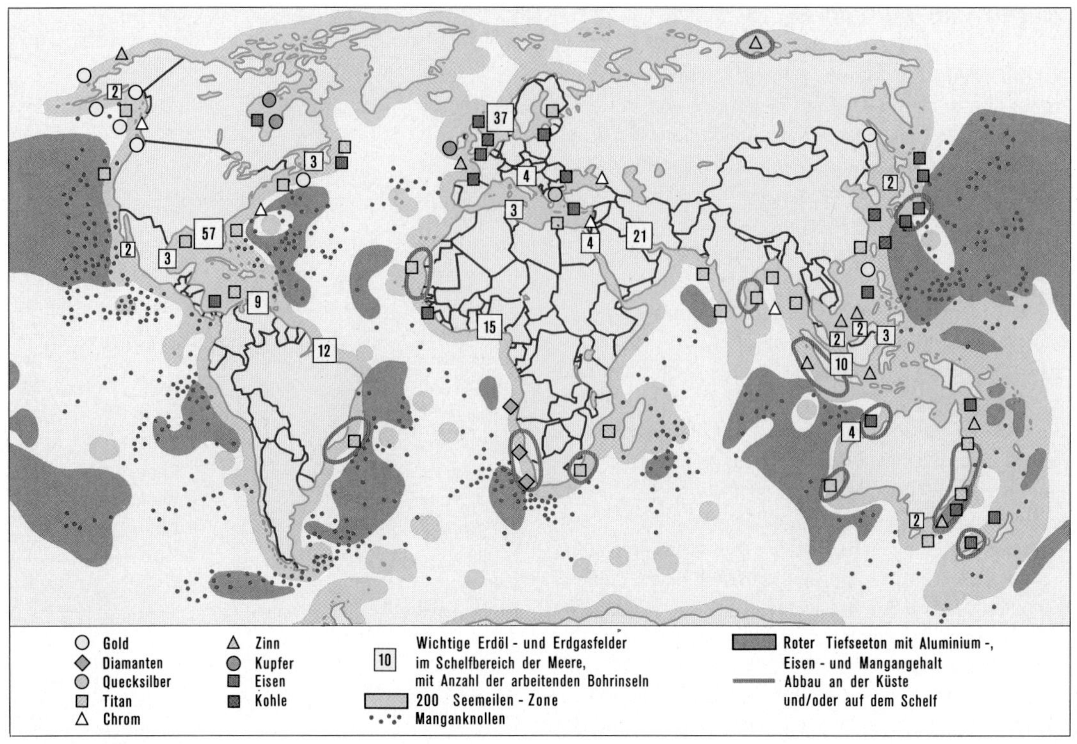

338.1 Bodenschätze

T 338.1: Gesamtmenge ausgewählter mineralischer Rohstoffe in den obersten Kilometern der Erdkruste und im Weltmeer

Element	Gesamtvorräte (in t)	
	Erdkruste	Weltmeer
Aluminium	100,8 $\times 10^{15}$	16 $\times 10^{9}$
Eisen	62 $\times 10^{15}$	16 $\times 10^{9}$
Mangan	1,24 $\times 10^{15}$	3 $\times 10^{9}$
Chrom	248 $\times 10^{12}$	78 $\times 10^{6}$
Zink	164 $\times 10^{12}$	16 $\times 10^{6}$
Nickel	99 $\times 10^{12}$	3 $\times 10^{9}$
Kupfer	87 $\times 10^{12}$	5 $\times 10^{9}$
Zinn	50 $\times 10^{12}$	5 $\times 10^{9}$
Blei	19,8 $\times 10^{12}$	46 $\times 10^{6}$
Gold	1,24 $\times 10^{9}$	6 $\times 10^{6}$
Silber	124 $\times 10^{9}$	0,5 $\times 10^{9}$
Titan	5,46 $\times 10^{15}$	1,5 $\times 10^{9}$
Wolfram	62 $\times 10^{12}$	150 $\times 10^{6}$
Kobalt	28,5 $\times 10^{12}$	0,8 $\times 10^{9}$
Beryllium	7,4 $\times 10^{12}$	78 $\times 10^{6}$
Uran	5 $\times 10^{12}$	5 $\times 10^{9}$
Molybdän	3,7 $\times 10^{12}$	16 $\times 10^{9}$
Kalium	32,1 $\times 10^{15}$	0,6 $\times 10^{15}$
Phosphor	1,46 $\times 10^{15}$	110 $\times 10^{9}$
Schwefel	645 $\times 10^{12}$	1,4 $\times 10^{15}$

Mineralische Rohstoffe. Die Rohstoffvorkommen des Meeres lassen sich gliedern in Rohstoffe unter dem Meeresboden, auf dem Meeresboden und im Meerwasser selbst.

Im Meerwasser sind nahezu alle Elemente in verschiedener Konzentration vorhanden. So enthält z. B. eine Tonne Meerwasser 1,3 mg Uran. Der überwiegende Teil der Elemente ist chemisch komplex gebunden und liegt in äußerster Verdünnung vor. Deshalb steht zur Zeit der zur Gewinnung erforderliche technische und wirtschaftliche Aufwand in keiner Relation zur Nutzung dieser Vorräte. Selbst für die Kochsalzgewinnung aus dem Meerwasser sind die Kosten verhältnismäßig hoch.

Auf dem Meeresboden kommen im *Schelfbereich* als marine Lagerstätten *(Primärlagerstätten)* Seemuschel- und Korallenkalk (Abbau als Baumaterial) und Phosphate (zur Düngemittelherstellung) vor. In Lagerstätten umgelagerter Mineralien *(Sekundärlagerstätten)* findet man u. a. Zinn, Diamanten, Gold, Platin, Ilmenit und Rutil (zur Titangewinnung) sowie Zirkon. Außerdem werden Sand und Kies abgebaut.

Zu den bekannten Rohstoffvorkommen im **Tiefseebereich** zählen Erzschlämme mit einer Mächtigkeit bis zu 10 m (z. B. im Roten Meer), Roter Tiefseeton (Sediment mit hohem Aluminium-, Eisen- und Mangangehalt) sowie Manganknollen, die den Meeresboden bis in eine

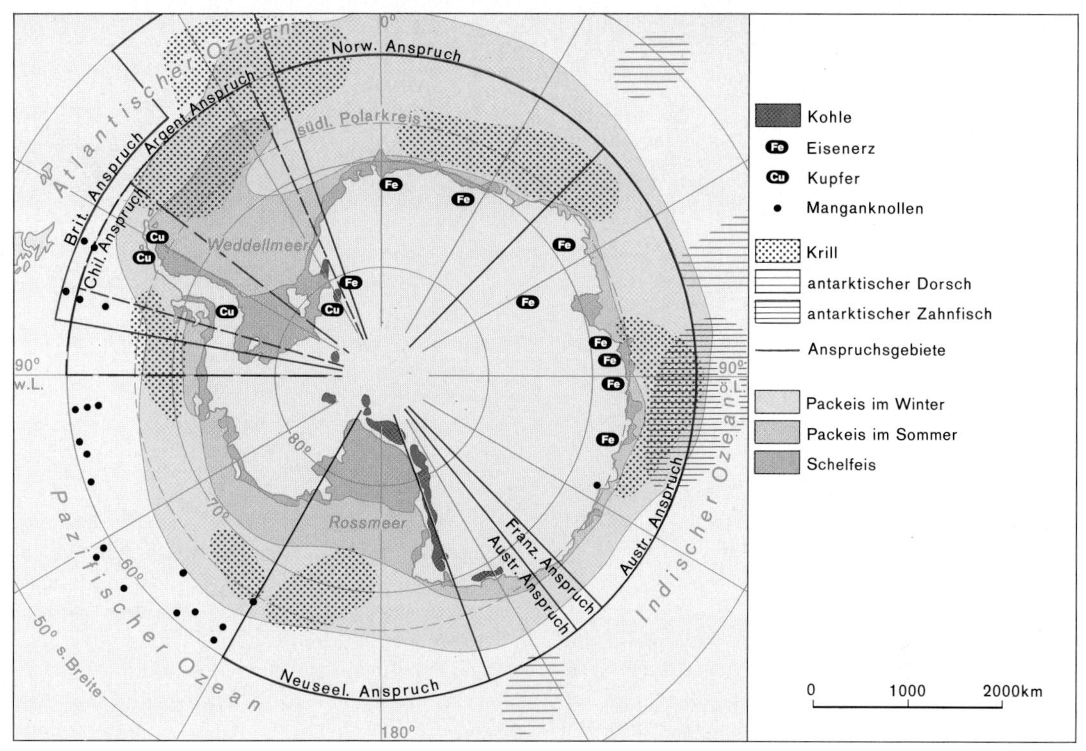

339.1 Antarktis

Tiefe von 6000 m bedecken. Neben Mangan und Eisen enthalten sie eine Reihe von Buntmetallen (u. a. Nickel, Kupfer und Kobalt), deren Gewinnung in absehbarer Zeit industriell interessant werden dürfte. Die Förderung der Manganknollen ist jedoch noch mit einem erheblichen technischen und finanziellen Aufwand verbunden und wird nur dann konkurrenzfähig werden, wenn die kontinentalen Lagerstätten entscheidend abnehmen.

Unter dem Meeresboden sind zur Zeit die Lagerstätten von Erdöl und -gas die bedeutendsten. Rund 20% der Weltförderung stammen aus „off-shore"-Vorkommen wie aus der Nordsee. Ein Viertel der Weltreserven vermutet man unter dem Schelfmeer, ein weiteres Viertel unter dem Tiefseeboden.

Ressourcen in der Antarktis. Nach amerikanischen Berechnungen gibt es in der Antarktis ca. 900 Lagerstätten, von denen z. Z. noch keine als abbauwürdig gilt. Nur 20 Lagerstätten liegen in eisfreiem Gebiet. Besonderes Interesse gilt dem erdölhöffigen Schelfgebiet, in dem soviel wie 15% der Reserven des Nahen Ostens vermutet werden. Der Antarktis-Vertrag, den 1979 auch die Bundesrepublik Deutschland unterzeichnete, soll die Vergabe von Bergrechten klären. Die USA und die UdSSR erkennen keine Hoheitsansprüche an. Die „Konvention zum Schutz der lebenden Ressourcen der Antarktis", 1980 unterzeichnet, entstand aus der Sorge um die Unversehrtheit des marinen Ökosystems, das durch Fisch-, Wal- und Krillfang in seinem Gleichgewicht bedroht ist.

Insbesondere der Krill, eine bis zu 6 cm lange Leuchtgarnele, könnte wegen seines hohen Eiweißgehaltes für die menschliche Ernährung an Bedeutung gewinnen. Gegenwärtig stehen dem Verbrauch auch noch Verarbeitungsschwierigkeiten entgegen: Wegen des im Panzer enthaltenen Fluors, das in das Muskelfleisch übertritt, müssen Schälen und Konservieren innerhalb von zwei Stunden erfolgen. Bedingt durch die immer noch anhaltende Überjagung der Wale – die Sowjetunion und Japan bejagen weiterhin die noch nicht geschützten Zwergwale in den antarktischen Gewässern – konnte sich der Krill stark vermehren. Die jährliche Nettoproduktion wird auf 200 Mio t geschätzt, die Krillfänge der Sowjetunion und Japans belaufen sich auf ca. 500 000 t pro Jahr.

1. Bewerten Sie die zukünftige Meeresnutzung im Hinblick auf das Verhältnis von Industrie- zu Entwicklungsländern.
2. Die Antarktis – möglicher Rohstofflieferant der Industrieländer? Bewerten Sie die Hypothese nach politischen, ökonomischen und ökologischen Gesichtspunkten

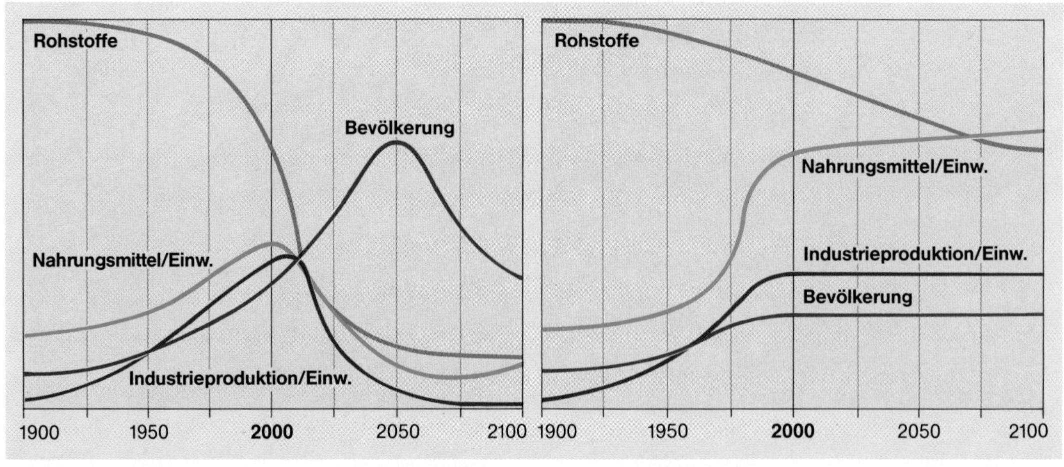

340.1 Entwicklungsmodelle (nach Meadows, Club of Rome)

Prognosen über die zukünftige Tragfähigkeit

Im Jahr 1973 erschien das mit dem Friedenspreis des Deutschen Buchhandels ausgezeichnete Buch „Die Grenzen des Wachstums, Bericht des Club of Rome zur Lage der Menschheit" von Dennis Meadows u. a.. Mit computergestützten Modellrechnungen kommen die Autoren zu dem Ergebnis, daß der menschlichen Zivilisation ein baldiges Ende bevorsteht, falls sich gewisse Verhaltensweisen nicht schnell und grundlegend änderten. In späteren Berichten des Club of Rome werden diese globalen Aussagen modifiziert und hinsichtlich der einzelnen Kontinente differenziert. Der warnende Charakter blieb erhalten.

Der Standardlauf des Weltmodells nach Meadows zeigt die Ergebnisse der Computer-Simulation unter der Voraussetzung, daß keine größeren Veränderungen physikalischer, wirtschaftlicher und sozialer Zustände eintreten. Es wird angenommen, daß die Entwicklung nach den Tendenzen verläuft, die sich gegenwärtig abzeichnen.

Ein anderes unter den zahlreichen Computerläufen, die der Bericht von Meadows enthält, das „Stabilisierte Weltmodell I" gibt eine vergleichsweise günstige Zukunftsprognose. Es setzt aber voraus, daß die jetzigen Verhaltensweisen und Einstellungen sich stark wandeln.

Eine gegensätzliche Position vertritt der Amerikaner Herman Kahn in seinem Buch „The next 2000 years". Kahn glaubt, daß im 21. Jh. der Übergang zur sog. quartären Gesellschaftsform beginnt. Für ihn ist es die dritte große Wende in der Geschichte der Menschheit. Die erste große Wende ist nach ihm die landwirtschaftliche Revolution, die vor 10 000 Jahren im „fruchtbaren Halbmond" im Nahen Osten begann. Die zweite große Wende ist die Industrielle Revolution, die vor etwa 200 Jahren in England und Holland begann. Ende des 20. und Anfang des 21. Jh. werden die „superindustriellen" und „postindustriellen" Wirtschaftsformen entstehen. Die gegenwärtigen primären, sekundären und tertiären Wirtschaftsbetätigungen werde es nicht mehr geben. Die Existenzsicherung würde die Menschen nur noch zu einem kleinen Teil im Tagesablauf beanspruchen. Nach Kahns Prognosen wird die gegenwärtige Epoche maximaler Bevölkerungszunahme in den nächsten 200 Jahren durch ein „Nullwachstum" abgelöst werden. Die Erdbevölkerung werde dann etwa 15 Mrd Menschen betragen.

Delphi-Prognosen sind qualitative Aussagen über die Zukunft, die einen Querschnitt der Expertenmeinungen zu einem speziellen Thema darstellen. Die Delphi-Methode wird zum Beispiel angewandt, wenn der Zeitpunkt des Durchbruchs einer technischen Errungenschaft auf dem Markt vorhergesagt werden soll.

(Trend)projektionen sind einfache Verlängerungen von beobachteten vergangenen und gegenwärtigen Trends in die Zukunft hinein.

Szenarios sind ohne formale Schlüssigkeit getroffene Voraussagen zukünftiger Situationen; sie beruhen mehr auf einer Argumentationsreihe als auf mathematischen Berechnungen.

Simulationen sind Reproduktionen von komplexen Realsituationen im Modell, wobei die Komplexität der Daten meist ein Computerprogramm notwendig macht. Vom Wortsinn her ist Simulation die Kunst oder Wissenschaft des Vortäuschens.

Das Standardwerk über das weltweite ökologische Gleichgewicht wurde seit 1980 die sehr materialreiche Studie „Global 2000", ein Bericht an den amerikanischen Präsidenten. Ihre wichtigsten Erkenntnisse:

- Das rapide Wachstum der Weltbevölkerung wird sich bis zum Jahre 2000 nur unwesentlich verlangsamen. Die Weltbevölkerung wird von 4 Mrd im Jahre 1975 auf 6,35 Mrd im Jahre 2000 anwachsen. Die jährliche Wachstumsrate wird nur geringfügig von 1,8 auf 1,7% zurückgehen.
- Während das Wirtschaftswachstum der unterentwickelten Länder voraussichtlich größer ist als das der Industrienationen, bleibt das Bruttosozialprodukt pro Kopf in den meisten unterentwickelten Ländern jedoch niedrig.
- Die Nahrungsmittelproduktion auf der Erde wird sich zwischen 1970 und 2000 um 90% steigern. Das bedeutet eine globale Pro-Kopf-Zunahme für den gleichen Zeitraum von weniger als 15%.
- Die landwirtschaftliche Nutzfläche wird sich bis zum Jahr 2000 nur um 4% vergrößern, so daß die Nahrungsmittelsteigerungen hauptsächlich über höhere Erträge erreicht werden müssen. Die meisten Faktoren, die heute zur Erzielung höherer Erträge beitragen – Düngemittel, Pestizide, Energie – sind stark abhängig von Erdöl und Erdgas.
- Die reichen Industrienationen werden in der Lage sein, sich genug Öl und andere wirtschaftliche Energiequellen zu sichern. Die weniger entwickelten Länder werden aus Kostengründen auf zunehmende Schwierigkeiten bei der Deckung ihres Energiebedarfs stoßen.
- Die nicht-regenerierbaren Brennstoffe – Kohle, Erdöl, Erdgas, Ölschiefer, Teersand, Uran – reichen theoretisch noch für Jahrhunderte. Da sie aber nicht gleichmäßig verteilt sind, werfen sie schwerwiegende ökonomische und politische Probleme auf.
- Die sonstigen mineralischen Rohstoffe scheinen auszureichen, um den voraussichtlichen Bedarf bis über das Jahr 2000 zu decken. Die Erschließung weiterer Vorkommen wird aber erforderlich sein. Jenes Viertel der Weltbevölkerung, das in den Industrienationen lebt, wird weiterhin drei Viertel der Weltproduktion an mineralischen Rohstoffen verbrauchen.
- Regionale Wasserknappheit wird zu einem immer ernsteren Problem. Zwischen 1970 und 2000 wird allein schon das Bevölkerungswachstum auf der halben Erde zu einer Verdoppelung des Wasserbedarfs führen. Noch größere Steigerungen wären erforderlich, um den Lebensstandard zu erhöhen.
- Die Wälder auf der Erde verschwinden heute mit einer Geschwindigkeit von 18–20 Mio ha jährlich. Die Prognosen besagen, daß um 2000 etwa 40% der heute noch vorhandenen Walddecke in den unterentwickelten Ländern verschwunden sein werden.
- Infolge von Erosion, Verlust an organischen Stoffen, Wüstenausbreitung (Desertifikation), Versalzung, Alkalisierung und Versumpfung wird es weltweit zu einer Verschlechterung der landwirtschaftlichen Nutzfläche kommen.
- Die Ausrottung von Pflanzen- und Tierarten wird dramatisch zunehmen. Hunderttausende von Arten müßten verlorengehen, wenn ihre Lebensräume, vor allem in den tropischen Wäldern, zerstört werden.
- Die Konzentration von Kohlendioxid und ozonabbauenden Chemikalien in der Atmosphäre wird in einem solchen Maß zunehmen, daß sich das Klima auf der Erde und die obere Atmosphäre bis zum Jahr 2050 entscheidend verändern. Saurer Regen infolge gesteigerter Verwendung fossiler Brennstoffe bedroht Seen, Böden und Ernten. Radioaktive und andere gefährliche Stoffe verursachen in einer zunehmenden Zahl von Ländern Gesundheitsprobleme.

T 341.1: Prognosen für die Nettoexportländer von Weizen (mittleres Wachstum, Variante mit steigenden Energiepreisen)

	(Mio metrische Tonnen)							
	1970		1985		2000		Durchschn.	Jahreszuw.
	Exporte	Anteil in %	Exporte	Anteil in %	Exporte	Anteil in %	1970–85	1985–2000
USA	17881	39	48838	58	58226	57	7	1
Australien/Neuseeland	8300	18	12165	15	16084	16	3	2
Argentinien	1640	4	6410	8	13974	14	10	5
Kanada	11750	26	15288	18	7311	7	2	1
Südafrika	60	–	839	1	4108	4	19	11
UdSSR	4799	11	127	–	1995	2	–22	20
Indien	–	–	–	–	166	–	–	–
Europäische Sechs	1170	3	–	–	–	–	–	–
Insgesamt	45600	101	83667	100	101862	100	4	1

Arbeitsthemen

1. Erläutern Sie Ursachen und Folgen der Verschuldung ausgewählter Länder der Dritten Welt.
2. „Protektionismus ist Gift für die Weltwirtschaft. Er nützt niemandem!“ Untersuchen Sie diese These für Länder wie die Bundesrepublik Deutschland, Japan, die USA, Brasilien, Malawi . . .
3. Charakterisieren Sie die Stellung der Bundesrepublik Deutschland in der Weltwirtschaft der Gegenwart mittels ausgewählter Indikatoren.
4. Erläutern Sie Ziele der wirtschaftlichen Zusammenschlüsse in der Welt an selbstgewählten Beispielen.
5. Vergleichen Sie die historische und gegenwärtige Rolle ausgewählter tropischer Länder am Welthandel.
6. Ordnen Sie ausgewählte Staaten nach ihrer Energie- und Rohstoffsituation in Gruppen. Begründen Sie Ihre Kriterienauswahl. Bewerten Sie die Situation einzelner Staaten unter dem Aspekt der weltweiten Ressourcenverknappung.
7. Erläutern Sie die Risiken bei den Schätzungen der regionalen und weltweiten Rohstoffreserven.

Literatur

Boesch, H : Weltwirtschaftsgeographie. Braunschweig 1977 (Westermann)

Global 2000: Der Bericht an den Präsidenten. Frankfurt 1980 (Zweitausendeins)

Hagget, P: Geographie. Eine moderne Synthese. New York 1983 (Harper & Row)

Harms Handbuch der Geographie: Sozial- und Wirtschaftsgeographie. 3 Bände. München 1980, 1982, 1984 (List Schroedel)

Lienau, C.: Malawi – Geographie eines unterentwickelten Landes. Wissenschaftliche Länderkunden 20. Darmstadt 1981 (Wissenschaftliche Buchgesellschaft)

Meadows, D. u. a.: Die Grenzen des Wachstums. 1. Bericht des Club of Rome zur Lage der Menschheit. Stuttgart o. J. (Deutsche Verlags-Anstalt)

Nohlen, D. (Hrsg.): Lexikon Dritte Welt. rororo-Handbuch 6295. Hamburg 1984 (Rowohlt)

Schätzl, L.: Wirtschaftsgeographie. 3 Bände.
Band 1: UTB 782. Paderborn ²1981 (Schöningh)
Band 2: UTB 1052. Paderborn 1981 (Schöningh)
Band 3: UTB 1383. Paderborn 1986 (Schöningh)

Weltbank: Weltentwicklungsberichte. Washington. Erscheinen seit 1977 jährlich (Vertrieb: UNO-Verlag, Simrockstr. 23, 5300 Bonn 1)

Register

Die Klausur

Im Fach Erdkunde machen Raum- und Regionalanalysen sowie länderkundlich orientierte Themen den überwiegenden Anteil an den Klausuren aus. Das gilt in noch höherem Maße für Klausuren unter Abiturbedingungen. Wenn auch die Aufgabenstellungen jeweils besondere Schwerpunkte setzen, gibt es doch eine Reihe grundsätzlicher Arbeits- und Erschließungstechniken methodischer und inhaltlicher Art, die immer wieder anzuwenden sind. Sie sollen im folgenden zunächst systematisiert und dann an einem Beispiel erläutert werden.

1. **Die Vorbereitungsphase**
   - Formulierung des Klausurthemas analysieren;
   - Inhalt und Zweck der Teilaufgaben bestimmen;
   - Inneren Zusammenhang der Teilaufgaben beachten;
   - Zielsetzung der Gesamtaufgabe feststellen.
2. **Die Erarbeitungsphase**
   - Die Materialien sind Grundlage für die Erarbeitung;
   - die einzelnen Teilaufgaben unter genauer Beachtung der Aufgabenstellung stichwortartig erarbeiten;
   - das Vorwissen mit einbringen;
   - bei der Arbeit an den Materialien grobe Zuordnungen vornehmen, Tendenzen und Auffälligkeiten herausarbeiten sowie Erklärungen bedenken. Ergebnisse als Thesen formulieren und aufeinander beziehen.
3. **Die Herstellung des inhaltlichen Zusammenhangs**
   - Eine zum Thema hinführende Einleitung erstellen, die den allgemeinen Rahmen absteckt, z. B. Einordnung in den Großraum vornehmen;
   - die Verwendung der Fachsprache berücksichtigen;
   - Zahlen durch Vergleichswerte veranschaulichen;
   - eine Argumentationsbasis herstellen. Nicht die eigene Meinung ist zunächst gefragt, sondern die fachliche, auf Grund des Materialstudiums ermittelte Situation;
   - die Teilergebnisse überprüfen und diese gegeneinander abwägen. Dabei können durch Verweis auf ähnlich gelagerte Fälle (Transfer) Fachwissen nachgewiesen und das Ergebnis abgesichert werden;
   - das eigene Urteil ist nur einzubringen, wenn die Aufgabenstellung es fordert. Auch dann ist eine Bewertung nur unter aller Vorsicht und auf der Grundlage der Ergebnisse vorzunehmen. Emotionale Wertungen sind nicht gefragt.

Thema: Länderkunde, Raum-/Regionalanalyse	
I Räumliche Strukturen/Standortfaktoren	**Arbeitstechniken/-verfahren**
1. Lagebedingungen – Gradnetz – Region/Großraum – Klima-/Vegetationszone – Böden – Orographische Einflüsse – Hydrographie – Anbauzonen/Wirtschaftsweise/ Bodennutzung – Besiedlung/-sdichte 2. Zusammenschau einiger der durch die Aufgabenstellung geforderten Faktoren für den Untersuchungsraum – wertende Beschreibung des Raumes unter Abwägung nach Gunst- und Ungunstfaktoren – Erfüllung der Forderungen gemäß Aufgabenstellung	gründliche Auswertung der vorgelegten Materialien; Quellenanalyse; Zitate zusätzlich kommen in Frage: – Atlas: Karteninterpretation verschiedener thematischer Karten – Vorwissen, Fachtermini Synthese der Einzelergebnisse Interpretation der Ergebnisse Formulierung von Problembereichen
II Untersuchung der Problembereiche	
– Beschreibung der speziellen Probleme eines Raumes – Untersuchung der Ursachen – Erstellung einer Ursachenkette – Nennen von Konsequenzen – Vergleich mit ähnlich gelagerten Fällen – Überprüfung auf die Regelhaftigkeit der gefundenen Strukturen	→ Organisation: Materialien analysieren Tendenzen entnehmen kausalanalytisches Denken durch – Studium der vorgelegten Materialien – Aufstellen eines konsequent durchdachten Denkmodells Transfer (= Übertragung) Abstraktion (= Verallgemeinerung)
III Problemlösung	
– Einordnung des Problems nach seiner Zugehörigkeit und Dimension – Überprüfung der Ursachenkette auf spezielle Gegen-/Hilfsmaßnahmen – ggf. Entwicklung von Alternativen – Kritische Stellungnahme = Gesamtwertung	→ Vorwissen → Vorwissen, z. T. neue Materialien → Transfer, gedank. Konsequenzen → hoher Grad an Sachbezogenheit: nicht eine Meinung wird eingeholt, sondern eine sachliche Beurteilung auf Grund fachspezifischer Analysen.

Abitur Frühjahr 1985 — Prüfungsfach Erdkunde

Thema: *Agrarindustrie in den südlichen Plains der USA*

Bearbeitungszeit: *4 Zeitstunden*

Aufgaben:

1 a) Charakterisieren Sie die klimatischen Verhältnisse der Great Plains und begründen Sie diese.

b) Arbeiten Sie heraus, inwieweit sich die südlichen Plains für eine landwirtschaftliche Nutzung eignen. *Mat. 1 a, 1 b; Atlas*

2) Beschreiben Sie die räumlichen und strukturellen Veränderungen im Bereich der US-amerikanischen Rindermast und analysieren Sie sie auf ihre Ursachen. *Mat. 2–8*

3) „Die moderne, technisierte Landwirtschaft ist ein problemloser Weg zur sicheren Steigerung der landwirtschaftlichen Erträge." Nehmen Sie begründend Stellung. *Mat. 9*

Hilfmittel: *Atlas*

Materialien:

Mat. 1 a, b
aus: Hahn, USA, Stuttgart 1981, S. 200

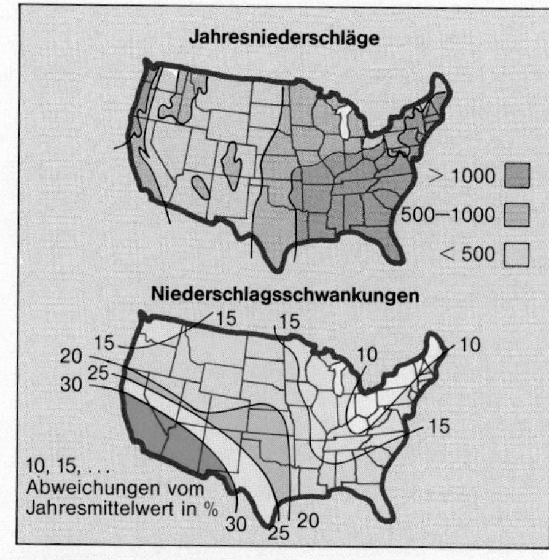

Mat. 3 – 9
aus: Thomä: Agrarindustrie, Feedlots in den südlichen Plains, Praxis Geographie 11/1982

Mat. 3

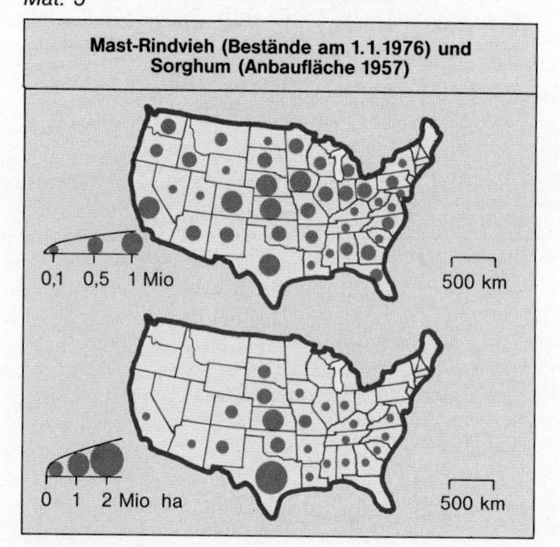

Quelle: Windhorst 1976

Mat. 2
aus: Meschede:
Die Vereinigten Staaten von Amerika – Wirtschaft- und sozialräumliche Strukturen, Frankfurt 1981

Ansprüche der wichtigsten Nutzpflanzen der USA an das Klima

Anbauprodukte	Mindestdauer der Vegetationsperiode in Tagen	Mindesttemperatur des WM in °C	Trockengrenze (Jahresnied. in mm)	Sommertrockenheit verbessert Qualität	Ganzjährige Feuchtigkeit notwendig
Sorghum	90	25	400	X	
Sojabohne	200	22	600		X
Körnermais	200	22	600		X
Silomais	175	15	600		X

Mat. 4

Die Entwicklung der wichtigsten Nutztierbestände in den USA zwischen 1950 und 1979 (in 1000 Tiere)

Jahr	Rindvieh			Geflügel		Schweine
	Milchkühe	Mastrinder	Sonstiges	Hühner	Broiler	
1950	23853	4390	49720	423773	631458	–
1955	23462	5795	67335	368595	1091684	50474
1960	19527	7547	69135	351766	1794933	59026
1965	16962	9979	81828	374220	2332341	50792
1970	12067	13190	86848	402572	2984959	67483
1975	11211	10167	110448	379192	2932711	49602
1979	10810	12223	87831	399676	3939832	66950

344.1 Beispiel einer Klausur

Mat. 5

Veränderung der Rindermast nach Regionen in %

Jahr	Corn Belt	Northern Plains	Southern Plains	California	übrige Staaten
1955	39	17	14	12	18
1960	38	15	16	12	19
1965	34	17	20	13	16
1970	30	17	31	8	14
1975	22	17	39	8	14
1978	20	18	45	5	12

Quelle: Reimund et al. 1981

Mat. 6

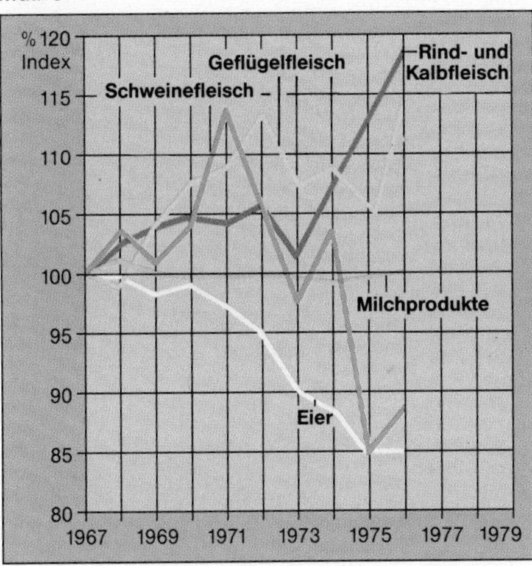

Mat. 7

Veränderung der Anteile der wichtigsten pflanzlichen und tierischen Produkte am Gesamtwert der Agrarproduktion zwischen 1950 und 1971.

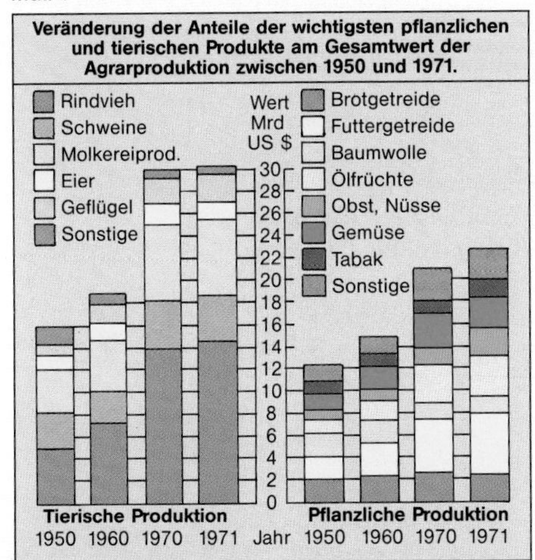

Quelle: Windhorst 1975

Mat. 8

Vermarktete Mastrinder, geordnet nach der Größe der Betriebe

Feedlot Kapazität in Stückzahl	Vermarktete Mastrinder 1964		1974	
	Anzahl in 1000 Stück	%	Anzahl in 1000 Stück	%
unter 1000	11194	61	8261	35
1000– 3999	2190	12	2046	9
4000–15999	3149	18	4395	19
über 16000	1711	9	8628	37
alle Feedlots	18244	100	23330	100

Quelle: Reimund et al. 1981

Mat. 9

Feedlot in Kalifornien (wie sie sich auch in den südlichen Plains befinden)

Möglicherweise die wichtigste biologische Innovation aber war die Entwicklung von hybridem Sorghum. Diese Entwicklung in Verbindung mit verbesserten Bewässerungstechniken machte die südlichen Plains zu einem wichtigen Körnerfutterlieferanten. Dazu kamen in den fünfziger Jahren agrarpolitische Entscheidungen des Staates, die den Anbau von Sorghum begünstigten. Der Staat ordnete nämlich aus marktwirtschaftlichen Überlegungen an, die Anbauflächen für Getreide und Baumwolle zu reduzieren. Das betraf in erster Linie Grenzertragsböden, wie sie u.a. in den westlichen Gebieten der südlichen Plains anzutreffen sind. Die Begrenzung des Getreideanbaus bezog sich in erster Linie auf Weizen; Sorghum galt als minderwertige Futterpflanze, deren Erträge keiner strengen Kontrolle unterlagen. Auch dadurch kam es zu einer Steigerung des Sorghumanbaus als oft einziger Alternative zu den flächenmäßig eingeschränkten Nutzpflanzen.
Steigender Rindfleischbedarf, Kostenreduzierung der Arbeit und neue Fütterungsmethoden benötigten neue Wege der Organisation in der Rindermast. Um die Bereitstellung von hohen Kapitalmengen zur Errichtung von großen *feedlots* zu ermöglichen und die Risiken bei der Mast zu kalkulieren, wurden spezialisierte Großbetriebe aufgebaut, die, um auch Kapital aus nichtagraren Bereichen zu aktivieren, nach dem Vorbild der Industrie als Aktiengesellschaften mit am Gewinn orientierten Dividendenausschüttungen arbeiten. Damit entstand auch für gut verdienende Privatpersonen aus ganz anderen Berufsfeldern (Ärzte, Anwälte usw.) der Anreiz, Kapital in der Rindermast zu investieren.

Lösung der Aufgabe 2

Sebastian Trapp
Gymnasium Carolinum, Osnabrück

Die Rindermast hat sich in den USA stark entwickelt. Grund dafür ist der steigende Verbrauch an Rindfleisch auf Kosten des Schweinefleischs. Infolge der stetig steigenden Nachfrage wurden neue Masttechniken entwickelt. Diese Entwicklung geht konform mit dem allgemeinen Trend der US-amerikanischen Landwirtschaft zur Technisierung. Durch sie ist es möglich, immer größere Flächen mit immer weniger Arbeitskräften zu bewirtschaften. So entwickelte sich auch in der Mastviehhaltung der Trend von der Weidewirtschaft zu „feedlots". Bei ihnen handelt es sich um riesige mechanisierte Farmen, auf denen die Tiere auf Kleinfeldern oder in Boxen gehalten und durch automatische Fütterungsanlagen versorgt werden. Diese Farmen sind hervorragend durchorganisiert und erzielen hohe Produktionsziffern. Durch den hohen Spezialisierungsgrad sind sie aber auch sehr kapitalintensiv. Das hat dazu geführt, daß Aktiengesellschaften entstanden, die das Kapital branchenfremder Personen in „feedlots" investieren. Damit ist auch die Rindermast voll in die industrialisierte Landwirtschaft eingebunden.
Interessant ist hier, daß sich die Rindermast immer mehr auf die Great Plains, speziell auf Texas und Oklahoma, konzentriert, auf Staaten also, die um den 100. Längengrad herum liegen: die Jahresmittel der Niederschläge liegen etwa bei 500 mm, die Temperaturen sind ganzjährig warm. Durch die stagnierende Nachfrage für Milchprodukte und die gleichzeitig durch die biologische Revolution erfolgte Steigerung der Milchleistung bedingt, sank der Bestand an Milchkühen zwischen 1950 und 1979 auf die Hälfte ab. Die dabei freigesetzten Kapazitäten konnten zusammen mit den durch die Industrialisierung der Betriebe neu entstandenen voll für die Mastrinderhaltung genutzt werden. Der Prozeß der Intensivierung bedeutete einen höheren Kapitaleinsatz, in dessen Folge die Betriebsgrößen stark anstiegen. Hatten die Betriebe über 16000 Stück Vieh 1964 noch einen Anteil von 9% alter „feedlots" aufgemacht, so waren es 10 Jahre später schon 37%. Diese Tendenz wird sich weiter fortgesetzt haben. Die Ursachen liegen klar auf der Hand: verursacht durch die biologische und chemische, vor allem aber die maschinelle Revolution in der Tierhaltung, kamen neue Techniken auf den Markt, die zwar höhere Erträge sicherten, aber auch teurer waren. Nur solche Produzenten konnten sich teures Spezialgerät leisten, die über genügend Kapitel und entsprechend große Kapazitäten verfügten. Die Mastviehhaltung ist durch spezielle Züchtungen extrem kostenintensiv,... Kleinere Farmen konnten nicht mehr mithalten, ihr Produktionsanteil sank von 61% (1964) auf 35% (1974). Viele mußten auch aufgegeben werden, da sie nicht mehr rentabel arbeiteten.
Dieser Prozeß der Konzentration bei Intensivierung ist ein typisches Merkmal der US-amerikanischen Landwirtschaft, das zur Entwicklung der „belts" geführt hat. Da die Rindermast nicht so große Ansprüche an das Klima stellt, hat eine räumliche Verlagerung stattgefunden. In den traditionellen Gebieten hat die Rindermast teilweise erheblich abgenommen, während sie in den Southern Plains bis 1978 auf 45% des Gesamtbestandes zunahm. Eine wesentliche Ursache ist die von der Regierung verfügte Einschränkung des Weizen- und Baumwollanbaus. Auf den Grenzertragsböden der westlichen Southern Plains stellten sich die Farmer deshalb auf den Anbau von Sorghum-Hirse zur Kraftfutterherstellung um. Für die Anlage von „feedlots" boten die ebenen Flächen der Plains durch die klimatischen Gegebenheiten (s. Aufgabe 1!) und auch durch niedrige Bodenpreise, es dürfte sich um extensiv genutztes Weideland gehandelt haben, günstige Voraussetzungen. Anstieg von 5 Mrd US-$ (1950) auf fast 15 Mrd US-$ (1971) etwa proportional zur Zahl der Mastrinder. Das ist der stärkste Kapitalzuwachs in allen Sparten der US-Landwirtschaft.
Die wichtigste Tendenz in der US-amerikanischen Landwirtschaft ist also in räumlicher Hinsicht eine Verlagerung und in struktureller Hinsicht eine Intensivierung. Dadurch hat sich das rechnerische Verhältnis von Klein- zu Großbetrieben von 6:1 (1950) auf 1:1 (1974) verändert. Großbetriebe sind durch ihre finanziellen Möglichkeiten in der Lage, die technischen und organisatorischen Voraussetzungen für eine Ausweitung der Tierhaltung zu schaffen. Hinzu kommen oft Verflechtungen mit Betrieben der Weiterverarbeitung, des Transports und Verkaufs. Diese „vertikale Konzentration" bringt weitere Wettbewerbsvorteile.

im angegebenen Zeitraum ①
– Der neue Trend in der intensiven Viehhaltung hat einen verringerten Flächenbedarf pro Rind, benötigt aber wieder mehr Arbeitskräfte! ②
um s.o.
diese
Guter Ansatz – richtige Schlußfolgerung ③
④ Statt den 100. Längengrad zu nennen, wäre es besser gewesen, die agronomische Trockengrenze zu erwähnen und die Klimawerte darauf zu beziehen, welche Voraussetzungen für die Rinderhaltung bestehen!
f. ⑤
ausgezeichneter Umgang mit Mat. 8!
technische
R
Richtige Prognose, eigenständige Ursachenanalyse und Folgerungen ⑥
Hervorragende Typisierung unter Verwendung von Sachwissen ⑦ ⑧
Materialbezug gut!
Wieder eigenständige Ursachenanalyse, z.T. unter Verwendung von Mat. 9
Verknüpfung von Mat. gelungen!
Bezug?
gelungene Zusammenfassung!
gute Verknüpfung mit dem Vorwissen!

Erläuterungen zu den Randbemerkungen

1 *Ungenau: nach Mat. 6 steigt auch der Anteil des Geflügelfleisches ab 1975 deutlich an.*
2 *Hier wird Sachwissen eingebracht: die technische, chemische und biologische Revolution in der Landwirtschaft wurden im Unterricht behandelt.*
3 *Vorgriff auf einen Aspekt des Mat. 9, hier aber durchaus sinnvoll verwendet.*
4 *Ungenau: Mat. 3 weist auch Kansas, Nebraska und Iowa als Schwerpunkte der Mastrinderhaltung aus, Kansas dazu als Schwerpunkt des Sorghumanbaus.*
5 *Fachsprache: Temperaturen sind hoch, nicht warm!*
6 *Hier fehlt die Herstellung des inneren Zusammenhangs zwischen dem Ergebnis der Aufgabe 1a und den Aussagen des Mat. 2: Die Sorghum-Hirse findet hier beinahe ideale Wachstumsbedingungen vor. Die traditionelle agronomische Trockengrenze im Bereich des 100. Längengrades entspricht der 500 mm Niederschlagslinie (Isohyete), die zwar durch eine recht große Variabilität gekennzeichnet ist, die aber der Hirse mit ihrem geringeren Wasserbedarf von 400 mm im Jahr nicht gehährlich werden dürfte. Ein Vordringen des Anbaus nach Westen ist rein rechnerisch möglich. Zusätzlich spricht Mat. 9 von verbesserten Bewässerungstechniken für den Anbau von Sorghum.*
7 *Hier sind Äußerungen des Verfassers über die Kosten der Rinderzucht ausgelassen worden, in denen er fächerübergreifend Kenntnisse aus der Biologie, einem seiner Leistungsfächer, einbringt.*
8 *Der Hinweis auf die „belts" an dieser Stelle ist zwar interessant, hinkt aber in sachlicher und historischer Sicht. Die Namengebung der „belts" orientierte sich an der wichtigsten Anbaufrucht, neben der es aber eine Fülle weiterer gab. So konnte man die „belts" nicht als Räume mit beherrschender Monokultur ansprechen.*

Beurteilung der Aufgabe 2

Die Bearbeitung vermag inhaltlich, methodisch, sprachlich und formal sehr zu überzeugen.
Im inhaltlichen Bereich gefallen Breite und Verfügbarkeit des Sachwissens, an dem der Verfasser sich bei der Einordnung und Erklärung neuer Sachverhalte orientiert. Auffällig ist auch der bis auf eine Ausnahme sichere Gebrauch der geographischen Fachsprache. Die erzielten Ergebnisse sind stimmig.
Der Umgang mit den Materialien ist von Sicherheit im methodischen Vorgehen und Übersicht bei der Verwendung der Ergebnisse gekennzeichnet. Nachteilig wirkt sich aber die Vernachlässigung des Mat. 2 aus. Herausragend ist die Fähigkeit, ermittelte Sachverhalte zu problematisieren, umsichtig zu erklären und in Zusammenhänge einzuordnen. Die Lösung der Aufgabe 2 wird mit 13 Punkten bewertet.

Anforderungsbereich I: Wissen

Aufgabenstellungen wie: beschreiben, darstellen, aufzeigen, nennen, zusammenfassen, wiedergeben, skizzieren u. a. deuten auf den AB I hin.

Wiedergabe von Sachverhalten
- Grundtatsachen, z. B. Gradnetz und Großgliederung der Erde; Klima- und Vegetationszonen;
- Fachwissenschaftliche Begriffe
- Ereignisse: z. B. Naturkatastrophen;
- Prozesse: z. B. Erosion, Verstädterung, Migration;
- Strukturen und Ordnungen: z. B. Ökosysteme;
- Normen und Konventionen wie Umweltschutz;
- Theorien und Modelle, z. B. Plattentektonik, Entwicklungstheorien.

Kennen von Darstellungsformen und Arbeitstechniken

Anforderungsbereich II: Verwenden

Aufgabenstellungen wie: Thesen formulieren, zuordnen, vergleichen, erläutern, interpretieren, auswerten u. a. deuten auf den AB II hin.

Selbständiges Erklären und Anwenden des Gelernten:
- Erklären von Sachverhalten, z. B. Versalzung;
- Verarbeiten und Ordnen unter bestimmten Fragestellungen: z. B. Pull- und Pushfaktoren;
- Anwendung des Bekannten auf neue Zusammenhänge, z. B. des Modells des demographischen Übergangs für ein Entwicklungsland;
- Vergleich von Bekanntem mit neuen Sachverhalten.

Anwenden von fachspezifischen Methoden:
- Anfertigen von Grafiken, Karten, Statistiken u. a.;
- Übertragung in andere Darstellungsformen;
- Erschließung von Arbeitsmaterialien, z. B. Zeitung.

Anforderungsbereich III: Urteilen

Aufgabenstellungen wie: beurteilen, bewerten, Stellung beziehen, sich auseinandersetzen, Alternativen aufzeigen u. a. deuten auf den AB III hin.

Problembezogenes Denken, Urteilen, Begründen:
- Einbeziehen von Kenntnissen und Einsichten bei der Entwicklung eines selbständigen Urteils;
- Beurteilen der Tragfähigkeit eines Materials, z. B. der Angabe des BSP bei Entwicklungsländern;
- Einbeziehen von Normen, Konventionen, ihrer Ursachen und Ziele bei der Beurteilung;
- Selbständige Problematisierung;
- Entwickeln von Lösungsstrategien, Erörtern von Hypothesen, Aufzeigen von Alternativen.

Tabelle und Diagramm

Tabellen
Tabellen sind gegliedert in **Zeilen** und **Spalten.** Der **Tabellenkopf** bietet – neben der Überschrift, d. h. dem Thema – eine inhaltliche Untergliederung, z. B. verschiedene Jahre bei Zeitreihen. Eine **Vorspalte** ordnet entsprechend den *Inhalt der Zeilen.* Am unteren Tabellenrand befindet sich oft eine **Summenzeile.**

Tabellenwerte können *absolut, relativ* oder als **Indexzahl** angegeben sein. Bei relativen Werten, z. B. Prozentzahlen, sollte die gleich 100% gesetzte Summe in absolutem Maß genau vermerkt sein. Bei Indexzahlen wird ein Mittelwert zumeist gleich 1 oder 100% gesetzt. Die Bezugsbasis (z. B. Produktion 1970 = 100) muß angegeben sein.

Fehlende Werte werden mit „-“ (nichts vorhanden), „0“ (Wert kleiner als die Hälfte der benutzten Maßeinheit), „*“ (keine Angaben verfügbar) oder „*“ (Schätzung) gekennzeichnet. Fehlende statistische Angaben können z. B. auf den – geringen – Entwicklungsstand eines Landes oder auf eine bewußte – politisch bedingte – Informationsunwilligkeit hinweisen.

Diagramme
In Diagrammform läßt sich umfangreiches Zahlenmaterial übersichtlich und *anschaulich* wiedergeben. Durch geeignete Darstellungsformen können wesentliche Punkte herausgehoben, Vergleiche erleichtert und mehrere Funktionen gleichzeitig dargestellt werden.
Zugleich aber wächst damit die *Gefahr der Manipulation.* So können mit solchen „Zweckdiagrammen“ Entwicklungen dramatisiert oder verharmlost werden.

Häufige Diagrammtypen:
Kurvendiagramme
Sie dienen hauptsächlich zum Aufzeichnen von Wertveränderungen als Funktion der *Zeit.* In einem Koordinatennetz verwendet man zur Darstellung von Zeitreihen in der Regel die x-Achse für die Zeit. Die Teilung muß streng proportional der Zeit und daher lückenlos-kontinuierlich vorgenommen sein.

Kurvendiagramme sind geeignet für die Darstellung von kontinuierlichen Prozessen und Veränderungen (s. Abb. 349.5).

Stab-, Säulendiagramme/Banddiagramme
Sie eignen sich vor allem zur Darstellung von Größen und/oder ihrer Gliederung in Teilmengen. Das Mehrfach-Säulendiagramm dient dem Vergleich. Um 90° gedreht, wird es zum Banddiagramm. Es dient den gleichen Zwecken.

Kreisdiagramme/Kreissektorendiagramme
Sie ermöglichen die kombinierte Darstellung sowohl absoluter als auch relativer Werte. Absolute Werte werden durch den Durchmesser, d. h. die Fläche, relative Werte durch Sektoren, d. h. Kreisanteile, ausgewiesen.

Signaturendiagramme
Hier werden abstrakte oder bildliche Kleinsignaturen verwendet. Durch Auszählen der Signaturen kann die Größenordnung erfaßt werden. Zeitungen bedienen sich häufig dieser figürlichen Diagrammform.

Kombinierte Darstellungen, z. B. Kartogramme
Karten und Diagrammformen werden miteinander verbunden. Die Diagrammformen bieten bei dieser Darstellung eine bessere und genauere Information über absolute und relative Größe einer Erscheinung als Signaturen.

Interpretationshilfen
Die Interpretation von Statistiken und Diagrammen kann nach gleichem Muster erfolgen. Zumeist ist die Ablesegenauigkeit bei Diagrammen geringer, das Generalisieren und Vergleichen dafür einfacher als bei Statistiken.

1. Formale Beschreibung
Leitfrage: „Wie ist die Tabelle aufgebaut?“
Tabellenüberschrift, Zahlenart (absolute, relative oder Indexzahlen), inhaltliche Abgrenzung (z. B. der erfaßte Zeitraum der Statistik, Begriffsklärung), Quellenangabe.

2. Inhaltliche Beschreibung
Leitfrage: „Was wird dargestellt?
Höchst- und Tiefstwerte heraussuchen, Entwicklungen beschreiben (gleichmäßig oder sprunghaft?), Durchschnittswerte kennzeichnen, daran Vergleiche anstellen, ggf. zur Veranschaulichung (Teile der) Tabelle graphisch umsetzen.

3. Erklärung und Bewertung von Inhalt und Form
Leitfrage: „Wie ist das zu erklären und zu bewerten?
Übereinstimmung von Themen und Aussage überprüfen. Aussagekraft und Aktualität der Daten feststellen. Erkannte Phänomene in einen geographischen, historischen und politischen Zusammenhang stellen, d. h. eigenes Vorwissen nutzen. Hauptaussagen, wenn möglich Regelhaftes, herausstellen. Vergleiche herstellen. Eigene Überlegungen auch sprachlich deutlich machen.

4. Kritik
Leitfrage: „Wo liegen die Grenzen der Aussage?“
Sind Manipulationen zu vermuten? Wurden gleichmäßige Zeitreihen gewählt oder gibt es Sprünge? Wurden Schwellenwerte/Größenklassen sinnvoll gewählt? Ist die Quelle amtlich oder von einer Interessengruppe? Ist bei %-Werten die Datenbasis und Art der Erhebung angegeben (z. B. Teilerhebung oder Zufallsstichprobe)? Wird bei Indexzahlen die Bezugsbasis offengelegt?

Gesamtwirtschaftliche Entwicklung Bundesrepublik Deutschland 1966–1981

Jahr	Arbeits-losen-quote [1]	Kurz-arbeiter (Tsd)	Preisniveau-entwicklung [2]	Wachs-tumsrate des BSP[3]
1966	0,7	16	3,5	2,5
1967	2,1	143	1,7	–0,1
1968	1,5	10	1,7	6,5
1969	0,8	1	1,9	8,0
1970	0,7	10	3,3	5,9
1971	0,8	86	5,2	3,3
1972	1,1	76	5,6	2,3
1973	1,2	44	7,0	4,9
1974	2,6	292	7,0	0,3
1975	4,8	773	6,0	–1,8
1976	4,6	277	4,3	5,3
1977	4,5	231	3,7	2,9
1978	4,4	191	2,7	3,6
1979	3,8	88	4,1	4,4
1980	3,8	137	5,5	1,8
1981	5,4	340	5,9	–0,5

[1]) Prozentualer Anteil der Arbeitslosen an den abhängigen Erwerbspersonen.
[2]) Entwicklung des Preisindex der Lebenshaltung aller privaten Haushalte (prozentuale Veränderung gegenüber dem Vorjahr).
[3]) Prozentuale Veränderung des Bruttosozialprodukts gegenüber dem Vorjahr, berechnet zu konstanten Preisen von 1970.
Quellen: Jahresgutachten des Sachverständigenrates zur Begutachtung der gesamtwirtschaftlichen Entwicklung; Monatsberichte der Deutschen Bundesbank.

Entwicklung der Terms of Trade

Zeit-raum	Index der Ausfuhr-preise 1976 = 100	Index der Einfuhr-preise 1976 = 100	Terms of Trade [1])
1966	66,6	67,7	98,4
1967	66,5	66,3	100,3
1968	65,8	65,8	100,0
1969	68,4	66,9	102,2
1970	70,5	66,2	106,5
1971	72,9	66,5	109,6
1972	74,4	66,1	112,6
1973	79,2	74,6	106,2
1974	92,7	95,8	96,8
1975	96,3	94,2	102,2
1976	100,0	100,0	100,0
1977	101,7	101,5	100,2
1978	103,3	97,7	105,7
1979	108,2	109,1	99,2
1980	115,1	125,3	91,9
1981	121,3	142,9	84,9

[1]) Index der Ausfuhrpreise in Prozent des Index der Einfuhrpreise.
Quelle: Sachverständigengutachten 1982/83

Gegenwert von 350 Sack Kaffee

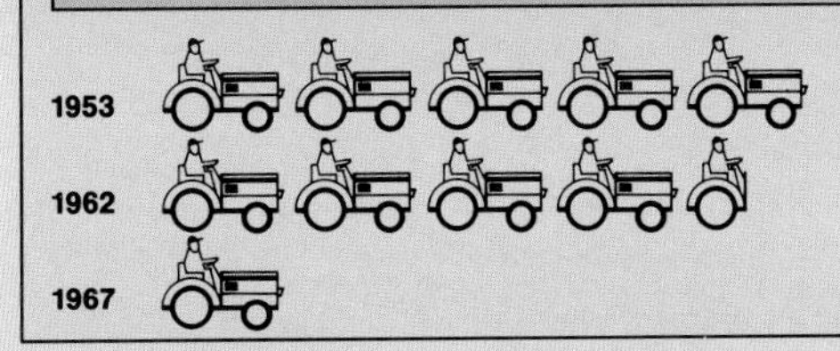

Bei der Darstellung der Terms of Trade spielt die Basis der Berechnung eine entscheidende Rolle.

	bei Basis 1958/60	bei Basis 1954/56
Ausfuhrpreise (1968/70)	**+ 13%**	**+ 0%**
Einfuhrpreise (1968/70)	**+ 9%**	**+ 13%**
Terms of Trade	**+ 3%**	**– 12%**

Eine Verschlechterung der Terms of Trade tritt dann ein, wenn entweder die Preise für Importe steigen oder die Preise der Exporte sinken oder auch wenn beides eintritt.

Importe und Exporte der Bundesrepublik Deutschland nach Warengruppen 1984 (in %)

Import

- Nahrungsmittel 13%
- Rohstoffe 18%
- Halbwaren 18%
- Fertigwaren – Vorerzeugnisse 13%
- Fertigwaren – Enderzeugnisse 38%

Export

- Rohstoffe 2%
- Nahrungsmittel 6%
- Halbwaren 8%
- Fertigwaren – Vorerzeugnisse 18%
- Fertigwaren – Enderzeugnisse 66%

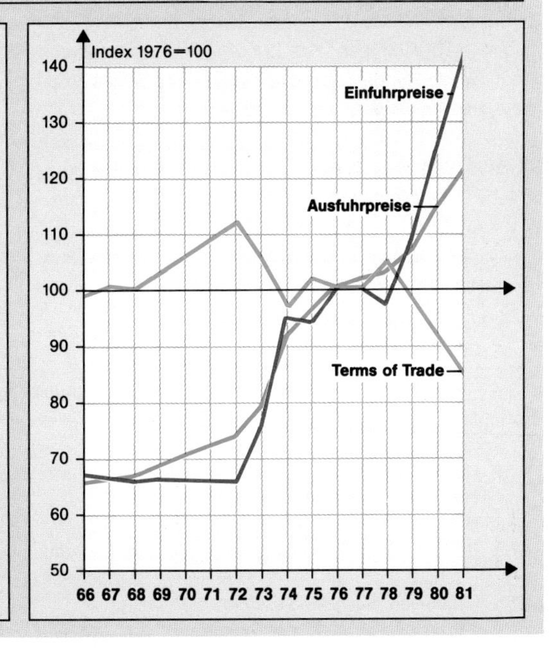

349.1 Tabellen und Diagramme

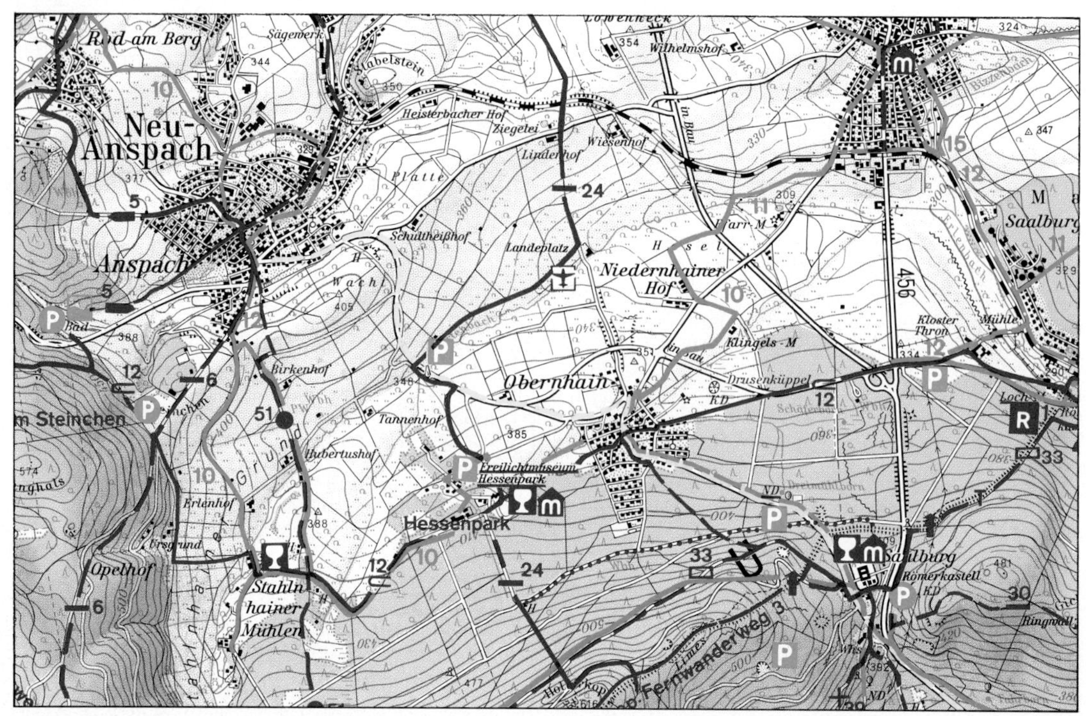

350.1 Saalburg (Ausschnitt aus der TK 50)

Topographische und Thematische Karten

Vom Meßtischblatt zur Internationalen Weltkarte

Topographische Karten geben durch Darstellung der Geländeerscheinungen eine allgemeine Landbeschreibung. Für die Bundesrepublik Deutschland gibt es amtliche topographische Kartenwerke im Maßstab 1:25 000 (TK 25, früher „Meßtischblätter" genannt); 1:50 000 (TK 50); 1:100 000 (TK 100); 1:200 000 (TÜK 200); Topographische Übersichtskarte); 1:500 000 (ÜK 500, Übersichtskarte) und 1:1 Mio (IWK, Internationale Weltkarte).

Die **Situationsdarstellung** umfaßt Siedlungen, Verkehrsnetz, Gewässer, Bodenbedeckung, Grenzen und wichtige topographische Gegenstände.

Die **Höhendarstellung** erfolgt bei Karten mittlerer Maßstäbe (1:10 000 bis 300 000) durch Höhenlinien und formplastische Schummerung. **Schriftenartenunterschiede** dienen der Unterscheidung ungleichartiger Objekte. Schriftgrößen und Schriftstärken dienen der bedeutungs- und größengerechten Abstufung gleichartiger Objekte.

Thematische Karten

Kennzeichen. Jede thematische Karte wird auf der Grundlage einer topographsichen Karte erstellt. Bei thematischen Karten stehen jedoch weniger die Geländeerscheinung im Mittelpunkt, vielmehr werden bestimmte

Hilfen zur Kartenauswertung topographischer Karten

I. Maßstab, landschaftliche und politische Zugehörigkeit feststellen.

II. 1. Relief (Oberflächenformen) erfassen und deuten. Höhenunterschiede ermitteln.
2. Gewässernetz: Dichte und Richtung ermitteln.
3. Bodenbedeckung: Verbreitung beschreiben, ggf. Rückschlüsse auf Bodengüte, Wasserverhältnisse, Exposition (Sonnen-/Schattenlage) ziehen.
4. Siedlungen: Anhand der Schriftgröße und mit Hilfe der Signaturen Siedlungsgrößen bestimmen; Siedlungen nach Lage und Form analysieren. Grundrißformen deuten.
5. Wirtschaft: Signaturen auf Hinweise zur Bodenbedeckung und landwirtschaftlichen Nutzung prüfen.
6. Verkehrsnetz: Hauptverkehrswege beschreiben; Beziehung zu Gelände und Siedlungen herausarbeiten.

III. Zusammenschau (Synthese): Kennzeichnende Raumstrukturen, Zusammenhänge und Entwicklungen zusammenfassend formulieren.

Themen *graphisch* umgesetzt. Dabei eignen sich alle Phänomene, die räumlich verbreitet und gleichzeitig qualitativ oder/und quantitativ unterschiedlich sind, für eine kartographische Darstellung. Thematische Karten sind heute in vielen Wissenschaften die „zweite Schrift“. Sie sind besonders geeignet, Informationen exakt und rasch überschaubar wiederzugeben.

Signaturen. Bei modernen thematischen Karten wird meist eine Kombination aus *bildhaften und geometrischen* Signaturen verwendet. Damit erreicht der Kartograph die notwendige Anschaulichkeit, aber zugleich auch Gruppierungs- und Quantifizierungsmöglichkeiten. Mittels naturnaher **Flächenfarben** und **Strukturraster** faßt er landschaftliche Einheiten zusammen. Dadurch sind z. B. Agrarlandschaften, für die bestimmte Anbauprodukte typisch sind, leicht abgrenzbar. Verwandte Produkte werden durch gleiche Farbgebung der Signaturen optisch zusammengefaßt. Eine wesentliche Leistung des Kartographen liegt darin, das wissenschaftlich gewonnene Datenmaterial angemessen zu **generalisieren,** d. h. inhaltlich und graphisch zu vereinfachen. Er erreicht dies durch Auswahl, Zusammenfassung und Typisierung.

Beispiel: „Strukturwandel im Raum Bochum“

Hier wird für einen Teilraum im Ruhrgebiet ein zeitlicher Vergleich vorgenommen. Der Strukturwandel kann zunächst **getrennt nach Hauptaspekten** vorgenommen werden. Es eignen sich dazu die Bereiche Industriebesatz/Branchenstruktur – Siedlungsstruktur – Infrastruktur/Verkehr. Erst im 2. Schritt sollte bei dieser Darstellung eine Vernetzung erfolgen. Im 3. Schritt schließen sich Erklärungsversuche und Kartenkritik an. Neben einer verbalen Analyse könnte in einer statistischen Analyse – in Form einer Tabelle – der Wandel der Industriestruktur zahlenmäßig verdeutlicht werden.

Arbeitsschritte bei der Kartenauswertung

1. Was wird untersucht/dargestellt?
   – Thema und (Zusatz-)Legende der Karte auswerten
2. Wo liegt der Raum? Wie groß ist er?
   – Maßstab; topographische Grundorientierung, dazu ggf. im Register nachschlagen.
3. Was gibt es? Wie oft? An welcher Stelle?
   – Wichtige Signaturen nach Lage und Häufigkeit beschreiben, ggf. auszählen, messen, berechnen.
4. Warum hat sich der Raum so entwickelt?
   – Versuch einer Erklärung der Lage und Verteilung ausgewählter Phänomene (Zusammenhänge).
5. Wie ist der Raum zu bewerten?
   – Versuch einer Bewertung des Raumes (z. B. durch Vergleich mit ähnlichem Raum); positive wie negative Folgen der Umwertung des Raumes gewichten.
6. Wo liegen die Grenzen der Kartenaussage?
   – Kartenkritik; Zusatzinformationen vermerken.

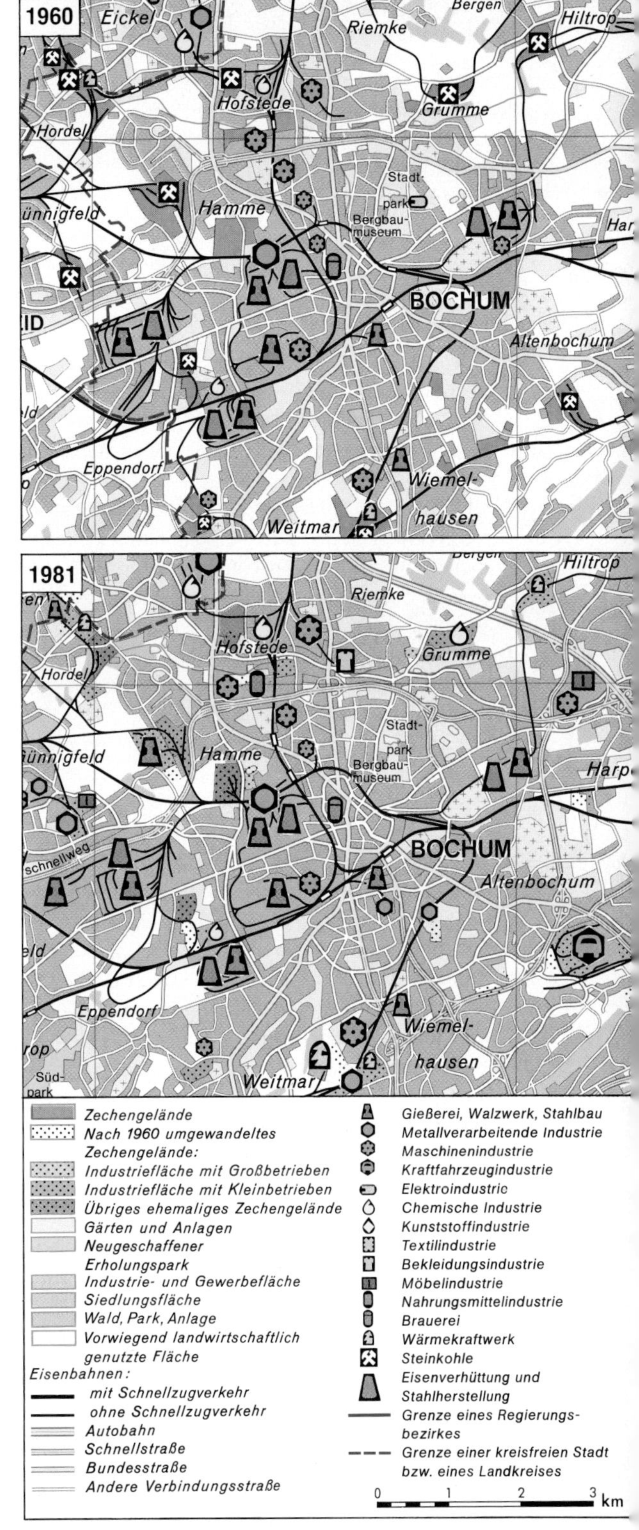

351.1 Bochum 1960/1981

Referate

Rem tene, verba sequentur
Halte dich an die Sache, dann kommen die Worte von selbst (Marcus Porcius Cato)
Tritt frisch auf! Tu's Maul auf! Hör bald auf!
(Martin Luther)

Anfertigen von Referaten

1. Vorbereitung
1.1. Absprachen treffen mit dem Fachlehrer über die Thematik, ggf. über die Schwerpunktsetzung (Beispiel: USA-Industrie: Silicon Valley in Kalifornien).
1.2. Umfang, Form und Abgabetermin des schriftlichen Manuskriptes klären.
1.3. Literatur/Material sammeln: Lehrbuch als Einstieg, ggf. Lehrbuchfragen als Leitfragen nutzen; Zusatzmaterial beim Lehrer nachfragen; Stadtbibliothek (Auskunft, Schlagwortregister, Ausleihe) nutzen.
2. Erarbeitung
2.1. Literatur sichten; bei Büchern ggf. nur Vorwort/ Inhaltsverzeichnis studieren, dann sogleich zielgerichtet lesen; Buchregister nutzen.
2.2. Bei Lektüre Hauptgedanken in Stichworten notieren, dabei Quelle (Titel/Seite) vermerken. Anschauliche Beispiele, Schaubilder, Abbildungen zum Thema suchen.
2.3. Gliederung entwerfen.
2.4. Text formulieren gemäß Gliederungsentwurf und Stichwortsammlung.
2.5. Im Schlußteil der Arbeit wesentliche Punkte knapp zusammenfassen, eventuell als Antwort oder Ergebnis zu einleitend formulierten Problemen. Offene oder weiterführende Fragen notieren.
2.6. Verwendete Literatur in alphabetischer Folge notieren (siehe unten).

Zitiertechnik

Innerhalb jedes Textes einer wissenschaftlichen Arbeit sind wörtliche und sinngemäße Zitate zu kennzeichnen:

- Wörtliche Zitate werden dabei im Text in Anführungszeichen „..." gesetzt und mit einer Anmerkung versehen, die die Textstelle belegt.
- Sinngemäße Zitate werden durch ein „vgl." oder „nach" gekennzeichnet (z. B.: vgl. Rügemer, W., 1985, S.42).
- Der vollständige Titel des Buches steht am Ende des Manuskriptes (z. B.: Rügemer, W.: Neue Technik – alte Gesellschaft: Silicon Valley, Köln 1985).

Wörtliche Zitate sollten auf ein Minimum beschränkt werden, eigene Formulierungen sind gefragt.

Vortrag von Referaten

Entlastungsstrategie:

1. Ausformuliertes Manuskript griffbereit dabei; dazu großen Stichwortzettel mit Gliederung und wichtigen Begriffen sowie Zitaten erstellt.
2. An der Tafel (oder auf Folie) gut lesbar für die Zuhörer die Grundstruktur des Referats veranschaulicht.
3. Gegebenenfalls Umdruck/Kopien mit Thema, Gliederung, Begriffsklärungen, Tabellen, Diagrammen, Skizzen und Ergebnissen für die Teilnehmer vorbereitet.
4. Wandkarte (zur Verortung) bereit? Gegebenenfalls Atlas- oder/und Lehrbuchseiten zur Thematik notiert (dienen zur Veranschaulichung oder Dokumentation).
5. Vortrag zu Hause mit Kassettenrecorder üben.
6. Vortrag auf maximal 20 Minuten begrenzen.

Vortragshilfen:

1. In kurzen Sätzen sprechen.
2. Das Fachvokabular verwenden. Begriffe, die man nicht erklären kann, vermeiden.
3. Gedanken durch Beispiele veranschaulichen; Zahlen wirken eindrucksvoller im Vergleich.
4. Eigene Meinung kenntlich machen.
5. Zeitkontrolle üben (Uhr auf dem Tisch).

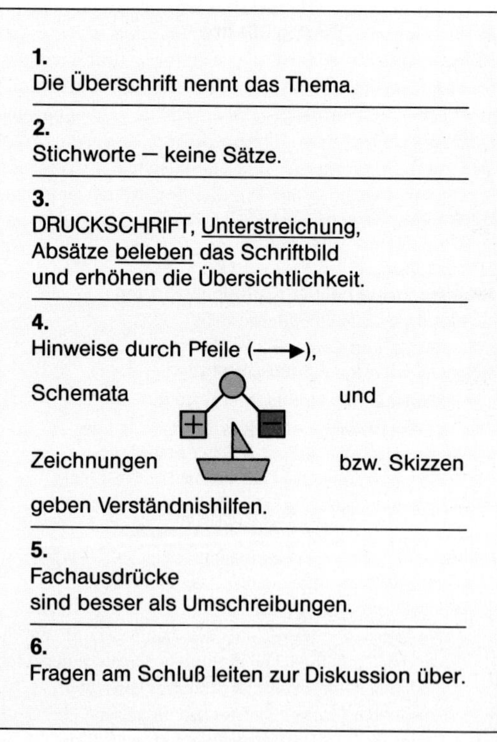

352.1 Hinweise zum Aufbau einer Folie

Der Inhalt der Kurse, zusammengestellt und geordnet nach unterrichtsrelevanten Teilbereichen der Geographie

Naturgeographie

Naturräume/Ökosysteme

Boden/Bodengeographie

Wirtschaftsgeographie

Siedlungsgeographie

Regionale Geographie

Sachregister

Ortsregister